2019
部门综合统计报表制度

国家统计局 编

中国统计出版社
China Statistics Press

图书在版编目（C I P）数据

部门综合统计报表制度. 2019 / 国家统计局编. --
北京 : 中国统计出版社, 2019.1
ISBN 978-7-5037-8785-0

Ⅰ. ①部… Ⅱ. ①国… Ⅲ. ①统计报表制度－中国－
2019 Ⅳ. ①C829.22

中国版本图书馆 CIP 数据核字(2019)第 008481 号

部门综合统计报表制度. 2019

作　　者/国家统计局
责任编辑/冯燕玲　许立舫　杜络维　丁小珊　尹　伊
封面设计/李雪燕
出版发行/中国统计出版社
通信地址/北京市丰台区西三环南路甲 6 号　邮政编码/100073
电　　话/邮购（010）63376909　书店（010）68783171
网　　址/http://www.zgtjcbs.com/
印　　刷/河北鑫兆源印刷有限公司
经　　销/新华书店
开　　本/880mm×1230mm　1/16
字　　数/1400 千字
印　　张/49.75
版　　别/2019 年 1 月第 1 版
版　　次/2019 年 1 月第 1 次印刷
定　　价/328.00 元

《部门综合统计报表制度—2019》

编辑委员会与编辑部人员名单

编者说明

一、本书依据《中华人民共和国统计法》的有关规定编制。

《中华人民共和国统计法》第七条规定："国家机关、企业事业单位和其他组织及个体工商户和个人等统计调查对象，必须依照本法和国家有关规定，真实、准确、完整、及时地提供统计调查所需的资料，不得提供不真实或者不完整的统计资料，不得迟报、拒报统计资料。"

《中华人民共和国统计法》第九条规定："统计机构和统计人员对在统计工作中知悉的国家秘密、商业秘密和个人信息，应当予以保密。"

《中华人民共和国统计法》第二十二条规定："县级以上人民政府有关部门应当及时向本级人民政府统计机构提供统计所需的行政记录资料和国民经济核算所需的财务资料、财政资料及其他资料，并按照统计调查制度的规定及时向本级人民政府统计机构报送其组织实施统计调查取得的有关资料。"

二、本书根据国务院办公厅转发的《关于加强和完善部门统计工作的意见》（国办发〔2014〕60号）精神，按照规范统一、消除重复、顶层获取、资源共享的原则，在整合国家统计局综合类统计报表和对部门综合类数据需求，并征求相关部门意见的基础上形成。

三、本书包括调查表式、统计分类和目录以及统计指标解释等内容，是各级政府统计部门开展工作的专业用书，同时也是政府综合管理部门了解我国统计工作的重要参考书籍。

四、本书所涉及的国家统计调查制度包括2018年统计年报和2019年定期统计报表。

五、本书未包括常用统计标准，相关内容参见其他统计用书、国家统计局门户网站和国家统计局内部信息网等。

六、本书所列各项统计调查制度由国家统计局负责解释。

望各部门按照制度规定按时报送数据，一如既往支持国家统计局工作！

编　者

2019年1月

目　录

总 说 明

（一）为进一步规范使用部门统计数据资源，促进部门间统计数据共享，全面反映我国经济、政治、文化、社会、生态文明建设情况，依据《中华人民共和国统计法》和《中华人民共和国统计法实施细则》制定本制度。

（二）本制度依据规范统一、消除重复的原则，在全面梳理和整合国家统计局现行综合类统计报表制度和对有关部门的综合类数据需求的基础上整理形成，统一指标设计，统一报表布置，统一数据报送，保证数据收集的规范化、制度化。

（三）本制度统计内容包括：农业、气候环境、能源资源、外贸旅游、社会、科技、文化、运输、邮电、软件业等领域的主要业务指标，金融业和其他服务业等相关行业的企业、行政事业单位和民间非营利组织的主要财务指标以及固定资产投资、交通运输与邮政业价格等主要指标。

（四）本制度分为综合年报和综合定报，共 709 张报表。表号以 3 开头为综合年报表，以 4 开头为综合定报表，以 7 开头为试行报表。根据统计需求变化情况和各有关部门制度制修订情况每年修订一次。

（五）本制度的报送单位包括：最高人民法院、最高人民检察院、中央统战部及发改委、教育部、科技部等国务院有关部委局，共计 50 个部门；中华全国总工会、中华全国妇女联合会、中国科学技术协会等 11 个社会团体；中国铁路总公司、中石油、中石化等 5 个集团公司。

（六）本制度是国家统计调查制度的一部分，是国家统计局对各有关部门的综合要求，各部门应按照全国统一规定的计算方法、统计口径、统计范围、填报目录、报送时间和报送方式，认真组织实施，按时报送。为方便统计用户和社会公众正确理解和使用统计数据，请报送数据时，对主要指标数据来源、指标解释、调查范围、调查方法、样本量以及数据异常波动情况作简要说明。

（七）相关报表按照各部门报表目录所列示的分工由国家统计局相关专业司负责。

部 门 报 表

最高人民法院

（一）报 表 目 录

表号	表名	报告期别	报送时间及方式	负责单位	备注
综合年报					
GF301 表	人民法院审理各类一审案件情况	年报	6 月 30 日前，通过“国家统计局部门综合数据管理系统”报送数据。	社科文司	
GF302 表	人民法院审理刑事一审案件情况	年报			
GF303 表	人民法院审理民事一审案件情况	年报			
GF304 表	人民法院审理婚姻家庭、继承一审案件情况	年报			
GF305 表	人民法院审理行政一审案件情况	年报			
GF306 表	罪犯情况	年报			
GF307 表	女性罪犯情况	年报			
GF308 表	全国法官及建立少年法庭情况	年报			

（二）调 查 表 式

综 合 年 报

人民法院审理各类一审案件情况

表　　号：G F 3 0 1 表
制定机关：国 家 统 计 局
文　　号：国统字〔2019〕3号
有效期至：2 0 1 9 年 9 月
综合机关名称：最高人民法院　　　　2 0 　　年　　　　计量单位：　　　件

项　　目	代码	收案	结案
甲	乙	1	2
总计	01		

单位负责人：　　　　填表人：　　　　报出日期：2 0 　　年　　月　　日

说明：报送时间：6月30日前。

人民法院审理刑事一审案件情况

表　　号：G F 3 0 2 表
制定机关：国 家 统 计 局
文　　号：国统字〔2019〕3号
有效期至：2 0 1 9 年 9 月
综合机关名称：最高人民法院　　　　2 0 　　年　　　　计量单位：　　　件

项　　目	代码	收案	结案
甲	乙	1	2
合　计	**01**		
危害公共安全罪	02		
破坏社会主义市场经济秩序罪	03		
侵犯公民人身权利民主权利罪	04		
侵犯财产罪	05		
妨害社会管理秩序罪	06		
危害国防利益罪	07		
贪污贿赂罪	08		
渎职罪	09		
其他	10		
合计中含自诉案件	11		

单位负责人：　　　　填表人：　　　　报出日期：2 0 　　年　　月　　日

说明：1. 报送时间：6月30日前。
　　　2. 审核关系：01=02+03+…+10；01>11。

人民法院审理民事一审案件情况

表　　号：G F 3 0 3 表
制定机关：国 家 统 计 局
文　　号：国统字〔2019〕3 号
有效期至：2 0 1 9 年 9 月

综合机关名称：最高人民法院　　2 0　年

项目	代码	收案	结案	判决	不予受理	驳回起诉	撤诉	调解	其他
甲	乙	1	2	3	4	5	6	7	8
合计	01								
人格权纠纷	02								
婚姻家庭、继承纠纷	03								
物权纠纷	04								
合同、无因管理、不当得利纠纷	05								
知识产权与竞争纠纷	06								
劳动争议、人事争议	07								
海事海商纠纷	08								
与公司、证券、保险、票据等有关的民事纠纷	09								
侵权责任纠纷	10								
其他	11								

单位负责人：　　填表人：　　报出日期：2 0　年　月　日

说明：1. 报送时间：6 月 30 日前。
　　　2. 审核关系：01=02+03+…+11。

人民法院审理婚姻家庭、继承一审案件情况

表　　号：G F 3 0 4 表
制定机关：国 家 统 计 局
文　　号：国统字〔2019〕3 号
有效期至：2 0 1 9 年 9 月

综合机关名称：最高人民法院　　　　2 0　　年　　　　计量单位：　　件

项目	代码	收案	结案	判决	不予受理	驳回起诉	撤诉	调解	其他
甲	乙	1	2	3	4	5	6	7	8
婚姻家庭、继承纠纷合计	01								
婚姻家庭纠纷小计	02								
离婚纠纷	03								
抚养纠纷	04								
扶养纠纷	05								
赡养纠纷	06								
收养关系纠纷	07								
监护权纠纷	08								
探望权纠纷	09								
其他	10								
继承纠纷小计	11								
法定继承纠纷	12								
遗嘱继承纠纷	13								
其他	14								
其他	15								

单位负责人：　　　　填表人：　　　　报出日期：2 0　　年　　月　　日

说明：1. 报送时间：6 月 30 日前。
2. 审核关系：01=02+11+15；02=03+04+…+10；11=12+13+14。

人民法院审理行政一审案件情况

表　　号：G F 3 0 5 表
制定机关：国 家 统 计 局
文　　号：国统字〔2019〕3 号
有效期至：2 0 1 9 年 9 月
计量单位：　件

综合机关名称：最高人民法院　　2 0　年

项目	代码	收案	结案	判决	不予立案	驳回起诉	撤诉	调解	其他
甲	乙	1	2	3	4	5	6	7	8
合计	01								
公安	02								
资源	03								
城乡建设	04								
计划生育	05								
工商	06								
商标	07								
质量监督检验检疫	08								
卫生	09								
食品药品安全	10								
农业	11								
物价	12								
环境保护	13								
交通运输	14								
信息电讯	15								
邮政	16								
专利	17								
新闻出版	18								
税务	19								
金融	20								
外汇	21								
海关	22								
财政	23								
劳动和社会保障	24								
审计	25								
经贸	26								
水利	27								
旅游	28								
烟草专卖	29								
司法	30								
民政	31								
教育	32								
文化	33								
广播电视电影	34								
统计	35								
电力	36								
国有资产	37								
外资	38								
盐业	39								
体育	40								
行政监察	41								
乡政府	42								
其他	43								

单位负责人：　　填表人：　　报出日期：2 0　年　月　日

说明：1. 报送时间：6 月 30 日前。
　　　2. 审核关系：01=02+03+…+43。

罪犯情况

表　　号：G F 3 0 6 表
制定机关：国　家　统　计　局
文　　号：国统字〔2019〕3号
有效期至：2 0 1 9 年 9 月

综合机关名称：最高人民法院　　　　2 0　　年　　　　计量单位：　　人

项目	代码	罪犯人数	作案时年龄				女性罪犯人数	作案时年龄	
			不满18岁	18岁以上不满25岁	25岁以上不满60岁	60岁以上		不满18岁	18岁以上不满25岁
甲	乙	1	2	3	4	5	6	7	8
合计	01								
危害公共安全罪	02								
破坏社会主义市场经济秩序罪	03								
侵犯公民人身权利民主权利罪	04								
侵犯财产罪	05								
妨害社会管理秩序罪	06								
危害国防利益罪	07								
贪污贿赂罪	08								
渎职罪	09								
其他	10								
其中：自诉案件	11								

单位负责人：　　　　填表人：　　　　报出日期：2 0　　年　　月　　日

说明：1.报送时间：6月30日前。
　　　2.审核关系：01=02+03+…+10；01>11。

女性罪犯情况

表　　号：G F 3 0 7 表
制定机关：国 家 统 计 局
文　　号：国统字〔2019〕3 号
有效期至：2 0 1 9 年 9 月

综合机关名称：最高人民法院　　　2 0　　年　　　计量单位：　　人

项目	代码	犯罪人数	女性犯罪人数
甲	乙	1	2
按年度判处女性犯罪数量较高案件排列	01		

单位负责人：　　　填表人：　　　报出日期：2 0　　年　　月　　日

说明：1. 报送时间：6 月 30 日前。
　　2. 审核关系：1>2。

全国法官及建立少年法庭情况

表　　号：G F 3 0 8 表
制定机关：国 家 统 计 局
文　　号：国统字〔2019〕3 号
综合机关名称：最高人民法院　　　　2 0　　年　　　　有效期至：2 0 1 9 年 9 月

指标名称	计量单位	代码	本年	上年同期
甲	乙	丙	1	2
一、法官及陪审员情况	—	—		
全国法院法官人数	人	01		
其中：女	人	02		
高级法院法官人数	人	03		
其中：女	人	04		
人民陪审员人数	人	05		
其中：女	人	06		
二、建立少年法庭数	个	07		

单位负责人：　　　　填表人：　　　　报出日期：2 0　　年　　月　　日

说明：1.报送时间：6 月 30 日前。
　　　2.审核关系：01>02；03>04；05>06。

（三）主要指标解释

青少年罪犯　指人民法院在报告期内判决发生法律效力的有罪判决中 14 周岁以上不满 25 周岁的罪犯。其中 14 周岁以上不满 18 周岁的罪犯为未成年罪犯。

行政案件　指公民、法人和其他组织不服行政机关作出的具体行政行为，向人民法院提起行政诉讼，人民法院依法审理的案件。

单独赔偿　指单独提起行政赔偿的案件。当事人对行政行为的合法性没有争议，就行政侵权造成的损害赔偿单独提起赔偿诉讼。

民事案件中离婚案件数　指全国各级人民法院在报告期内按照《中华人民共和国婚姻法》审理的当事人向人民法院提出，通过诉讼程序解除婚姻关系的案件数。

最高人民检察院

（一）报 表 目 录

表号	表名	报告期别	报送时间及方式	负责单位	备注
综合年报					
GJ301 表	人民检察院直接立案侦查案件情况	年报	6 月 30 日前，通过“国家统计局部门综合数据管理系统”报送数据	社科文司	
GJ302 表	人民检察院审查逮捕、审查起诉情况	年报			
GJ303 表	人民检察院办理刑事抗诉案件情况	年报			
GJ304 表	人民检察院办理民事、行政抗诉案件情况	年报			
GJ305 表	人民检察院受理举报、控告和申诉案件情况	年报			
GJ306 表	人民检察院处理申诉案件情况	年报			
GJ307 表	人民检察院纠正违法情况	年报			
GJ308 表	人民检察院检察官基本情况	GJ308 表			
GJ309 表	人民检察院批捕和起诉刑事犯罪嫌疑人情况	GJ309 表			
GJ310 表	人民检察院办理涉未成年人犯罪案件情况	GJ310 表			

（二）调 查 表 式

综 合 年 报

人民检察院直接立案侦查案件情况

表　　号：G J 3 0 1 表
制定机关：国　家　统　计　局
文　　号：国统字〔2019〕3 号
综合机关名称：最高人民检察院　　　　2 0　　年　　　　有效期至：2 0 1 9 年 9 月

案件分类	代码	受案（件）	立案件数（件）	立案人数（人）		结案件数（件）	结案人数（人）
					要案		
甲	乙	1	2	3	4	5	6
合　计	01						
贪污	02						
贿赂	03						
挪用公款	04						
集体私分	05						
巨额财产来源不明	06						
滥用职权	07						
玩忽职守	08						
徇私舞弊	09						
其他	10						

单位负责人：　　　　填表人：　　　　报出日期：2 0　　年　　月　　日

说明：1. 报送时间：6 月 30 日前。
　　2. 审核关系：2>3；4>5；01=02+03⋯+10。

人民检察院审查逮捕、审查起诉情况

表　　号：G J 3 0 2 表
制定机关：国　家　统　计　局
文　　号：国统字〔2019〕3 号
有效期至：2 0 1 9 年 9 月

综合机关名称：最高人民检察院　　　　2 0　　年

案件分类	代码	批捕、决定逮捕合计		决定起诉合计	
		（件）	（人）	（件）	（人）
甲	乙	1	2	3	4
合　计	01				
危害公共安全案	02				
破坏社会主义市场经济秩序案	03				
侵犯公民人身、民主权利案	04				
侵犯财产案	05				
妨害社会管理秩序案	06				
危害国防利益案	07				
军人违反职责案	08				
贪污贿赂案	09				
渎职侵权案	10				
其他	11				

单位负责人：　　　　填表人：　　　　报出日期：2 0　　年　　月　　日

说明：1. 报送时间：6 月 30 日前。
　　　2. 审核关系：01=02+03…+11。

人民检察院办理刑事抗诉案件情况

表　　号：G J 3 0 3 表
制定机关：国 家 统 计 局
文　　号：国统字〔2019〕3 号
有效期至：2 0 1 9 年 9 月

综合机关名称：最高人民检察院　　　　2 0　　年

案件类别	代码	提出抗诉（件）	审判结果合计（件）	改判		维持原判（件）	发回重审（件）
				（件）	（人）		
甲	乙	1	2	3	4	5	6
合　计	01						
二审	02						
贪污贿赂案件	03						
渎职侵权案件	04						
刑事案件	05						
再审	06						
贪污贿赂案件	07						
渎职侵权案件	08						
刑事案件	09						

单位负责人：　　　　填表人：　　　　报出日期：2 0　　年　　月　　日

说明：1. 报送时间：6 月 30 日前。
　　2. 审核关系：01=02+06；02=03+04+05；06=07+08+09。

人民检察院办理民事、行政抗诉案件情况

表　　号：G J 3 0 4 表
制定机关：国 家 统 计 局
文　　号：国统字〔2019〕3 号
有效期至：2 0 1 9 年 9 月
计量单位：　　件

综合机关名称：最高人民检察院　　　　2 0　　年

案件类别	代码	合计	民事案件	行政案件
甲	乙	1	2	3
提请抗诉	01			
抗　诉	02			
提出再审检察建议	03			
抗诉案件再审	04			
改　判	05			
发回重审	06			
调　解	07			
维持原判	08			
其　他	09			

单位负责人：　　　　填表人：　　　　报出日期：2 0　　年　　月　　日

说明：1. 报送时间：6 月 30 日前。
　　2. 审核关系：04=05+06+07+08+09。

人民检察院受理举报、控告和申诉案件情况

表　　号：G J 3 0 5 表
制定机关：国 家 统 计 局
文　　号：国统字〔2019〕3 号
有效期至：2 0 1 9 年 9 月

综合机关名称：最高人民检察院　　2 0　　年　　计量单位：　　件

案件类别	代码	受理	处理		
				检察机关办理	转其他机关
甲	乙	1	2	3	4
合　计	01				
首次举报	02				
首次控告	03				
首次申诉	04				

单位负责人：　　填表人：　　报出日期：2 0　　年　　月　　日

说明：1. 报送时间：6 月 30 日前。
　　2. 审核关系：2>3+4；01=02+03+04。

人民检察院处理申诉案件情况

表　　号：G J 3 0 6 表
制定机关：国 家 统 计 局
文　　号：国统字〔2019〕3 号
有效期至：2 0 1 9 年 9 月

综合机关名称：最高人民检察院　　2 0　　年　　计量单位：　　件

案件分类	代码	受案	立案复查	结案	
					改变原决定
甲	乙	1	2	3	4
合　计	01				
不服检察机关处理决定	02				
不服不批捕	03				
不服不起诉	04				
不服撤案	05				
不服原免予起诉	06				
其他	07				
不服法院刑事判决裁定	08				
刑罚执行中被害人申诉	09				
刑罚执行中被告人申诉	10				
刑罚执行完毕后被害人申诉	11				
刑罚执行完毕后被告人申诉	12				
其他	13				

单位负责人：　　填表人：　　报出日期：2 0　　年　　月　　日

说明：1. 报送时间：6 月 30 日前。
　　2. 审核关系：3>4；01=02+08；02=03+04+05+06+07；08=09+10+11+12+13。

人民检察院纠正违法情况

表　　号：G J 3 0 7 表
制定机关：国 家 统 计 局
文　　号：国统字〔2019〕3 号
有效期至：2 0 1 9 年 9 月

综合机关名称：最高人民检察院　　　　2 0　　年

项　　目	代码	本年	上年同期	备注
甲	乙	1	2	丙
书面提出纠正件次合计（件次）	01			
立案监督小计	02			
监督立案	03			
监督撤案	04			
侦查监督小计	05			
刑事审判监督	06			
刑罚执行监督人次小计（人次）	07			
监管活动	08			
超期羁押	09			
减刑、假释、保外就医	10			
已纠正件次合计（件次）	11			
立案监督小计	12			
监督立案	13			
监督撤案	14			
侦查监督小计	15			
刑事审判监督	16			
刑罚执行监督人次小计（人次）	17			
监管活动	18			
超期羁押	19			
减刑、假释、保外就医	20			

单位负责人：　　　　填表人：　　　　报出日期：2 0　　年　　月　　日

说明：1. 报送时间：6 月 30 日前。
2. 审核关系：01=02+05+06；02=03+04;；07=08+09+10；11=12+15+16；12=13+14。

人民检察院检察官基本情况

表　　号：G J 3 0 8 表
制定机关：国　家　统　计　局
文　　号：国统字〔2019〕3 号
有效期至：2 0 1 9 年 9 月
计量单位：　　　人

综合机关名称：最高人民检察院　　　　2 0　　年

指标名称	代码	本年	上年同期
甲	乙	1	2
全部检察官人数	01		
其中：女	02		
检察长人数	03		
其中：女	04		
副检察长人数	05		
其中：女	06		
检察员人数	07		
其中：女	08		
助理检察员	09		
其中：女	10		

单位负责人：　　　　填表人：　　　　报出日期：2 0　　年　　月　　日

说明：1. 报送时间：6 月 30 日前。
　　2. 审核关系：01>02；03>04；05>06；07>08；09>10；01=03+05+07+09；02=04+06+08+10。

人民检察院批捕和起诉刑事犯罪嫌疑人情况

表　　号：G J 3 0 9 表
制定机关：国　家　统　计　局
文　　号：国统字〔2019〕3 号
有效期至：2 0 1 9 年 9 月

综合机关名称：最高人民检察院　　　　2 0　　年

指标名称	计量单位	代码	本年	上年同期
甲	乙	丙	1	2
全国批准逮捕刑事犯罪嫌疑人	人	01		
其中：女	人	02		
全国提起公诉刑事犯罪被告人数	人	03		
其中：女	人	04		

单位负责人：　　　　填表人：　　　　报出日期：2 0　　年　　月　　日

说明：1. 报送时间：6 月 30 日前。
　　2. 审核关系：01>02；03>04。

人民检察院办理涉未成年人犯罪案件情况

表　　号：G J 3 1 0 表
制定机关：国 家 统 计 局
文　　号：国统字〔2019〕3 号
有效期至：2 0 1 9 年 9 月

综合机关名称：最高人民检察院　　2 0 　年

指标名称	计量单位	代码	本年	上年同期
甲	乙	丙	1	2
批准逮捕未成年人	人	01		
批捕未成年犯罪嫌疑人比例	%	02		
不批准逮捕未成年人	人	03		
不捕未成年犯罪嫌疑人比例	%	04		
起诉未成年犯罪被告人数	人	05		
起诉未成年犯罪被告人比例	%	06		
不起诉未成年犯罪被告人数	人	07		
不起诉未成年犯罪被告人比例	%	08		
附条件不起诉	人	09		
书面通知指定辩护	人	10		
批准逮捕侵害未成年人犯罪嫌疑人	人	11		
其中：侵害农村留守儿童犯罪嫌疑人	人	12		
决定起诉侵害未成年人犯罪被告人	人	13		
其中：侵害农村留守儿童犯罪被告人	人	14		

单位负责人：　　填表人：　　报出日期：2 0 　年　月　日

说明：1. 报送时间：6 月 30 日前。
　　　2. 审核关系：11>12；13>14。

（三）主要指标解释

人民检察院直接立案侦查案件 指按照管辖的规定，由人民检察院直接立案侦查的贪污贿赂犯罪、渎职犯罪、国家机关工作人员利用职权实施的侵犯公民人身权利和民主权利的犯罪以及经省级人民检察院决定立案侦查的国家机关工作人员利用职权实施的其他重大犯罪案件。

要案 指县、处级以上干部的犯罪案件。该指标主要反映职务犯罪案件中县、处级以上干部被人民检察院依法立案侦查的情况。

批准逮捕 指人民检察院对公安机关、国家安全机关、监狱管理机关提出逮捕的犯罪嫌疑人进行审查，根据事实，依法做出逮捕决定。该指标主要反映人民检察院对提请逮捕犯罪嫌疑人进行审查后依法做出批准逮捕决定的情况。

决定逮捕 指人民检察院对直接立案侦查的案件，认为需要逮捕犯罪嫌疑人时，依据法律做出的逮捕决定。该指标主要反映人民检察院对直接受理的案件行使决定逮捕权的情况。

提起公诉 指人民检察院对公安机关、国家安全机关、监狱管理机关和检察机关侦查部门等移送起诉的案件进行审查，根据事实，做出提起公诉的案件。该指标主要反映人民检察院对各种刑事案件向人民法院提起公诉的情况。

适用简易程序 指人民法院对依法可能判处三年以下有期徒刑、拘役、管制、单处罚金的公诉案件，事实清楚，证据充分，人民检察院建议或者同意适用简易程序的案件；告诉才处理的案件；被害人起诉的有证据证明的轻微刑事案件。

提出抗诉 指人民检察院对人民法院的判决、裁定认为确有错误，向人民法院提出对案件重新进行审理的诉讼活动。包括按照第二审程序提出的抗诉和按照审判监督程序（再审程序）提出的抗诉。

撤回抗诉 指上级人民检察院对下级人民检察院按照第二审程序提出的抗诉，经审查，认为抗诉不当时向同级人民法院撤回抗诉，同时通知提出抗诉的下级人民检察院。

立案监督 指人民检察院对侦查机关刑事立案活动的监督。包括对应当立案而不立案的监督和不应立案而立案的监督。

监督立案 包括侦查机关接到要求说明不立案理由后主动立案和执行通知立案两个内容。

监管活动 指人民检察院对监狱等监管改造场所的管理活动进行的监督。

附条件不起诉 刑诉法规定的专门适用于未成年犯罪的附条件不起诉制度。是指在规定的犯罪案件中，对于符合起诉条件，可能判处1年有期徒刑以下刑罚，且未成年人犯罪嫌疑人有悔罪表现的，作出附条件不起诉的决定。

书面通知 指定辩护对涉罪未成年人没有委托辩护人的，检察机关书面通知法律援助机构指派律师为其提供辩护。

农村留守儿童 指父母双方外出务工或一方外出务工，另一方无监护能力，无法与父母正常共同生活的不满十六周岁农村户籍未成年人。

中央统战部

（一）报 表 目 录

表号	表名	报告期别	统计范围	报送时间及方式	接收单位	备注
701 表	部门服务业企业财务状况	年报	宗教组织中执行企业会计制度的单位	6月30日前，电子邮件或光盘内部交换	服务业司	《部门服务业财务统计报表制度（试行）》
702-1 表	部门服务业行政单位财务状况	年报	宗教组织中执行行政单位会计制度的单位			
702-2 表	部门服务业事业单位财务状况	年报	宗教组织中执行事业单位会计制度的单位			

（二）调 查 表 式

综 合 年 报

部门服务业企业财务状况

（表式及指标解释见通用表）

部门服务业行政单位财务状况

（表式及指标解释见通用表）

部门服务业事业单位财务状况

（表式及指标解释见通用表）

国家发展和改革委员会

（一）报 表 目 录

表号	表名	报告期别	报送时间及方式	负责单位	备注
FG701 表	应对气候变化相关情况	年报	7月31日前； 邮寄或电子邮件 nyshjc@stats.gov.cn	能源司	《应对气候变化部门统计报表制度》
FG702 表	绿色发展基本情况（一）	年报	次年7月15日前； 邮寄或电子邮件 nyszhc@ stats.gov.cn	能源司	《绿色发展统计报表制度》（试行）

（二）调 查 表 式

综 合 年 报

应对气候变化相关情况

表　　号：F G 7 0 1 表
制定机关：国 家 统 计 局
文　　号：国统字〔2019〕3 号
有效期至：2 0 1 9 年 9 月

综合机关名称：国家发展和改革委员会　　　　2 0 　年

指标名称	计量单位	代码	本年
甲	乙	丙	1
节能投入	万元	01	

单位负责人：　　　　填表人：　　　　报出日期：2 0 　年　月　日

说明：报送时间：7 月 31 日前。

绿色发展基本情况（一）

表　　号：F G 7 0 2 表
制定机关：国 家 统 计 局
文　　号：国统字〔2019〕3 号
有效期至：2 0 1 9 年 9 月

综合机关名称：国家发展和改革委员会　　　　2 0　　年

地　区	代码	绿色产品市场占有率 （高效节能产品市场占有率） （%）
甲	乙	1
全　国	**01**	
北　京	02	
天　津	03	
⋮	⋮	
新　疆	32	

单位负责人：　　　　填表人：　　　　报出日期：2 0　　年　月　日

说明：1. 本表数据保留 2 位小数，报送的电子版和纸质版数据要保持一致。
2. 统计范围是各省、自治区、直辖市。
3. 报送时间：7 月 15 日前。

（三）主要指标解释

节能投入 指用于节约能源的中央财政资金，主要包括用于支持十大节能重点工程、高效节能产品和节能新机制推广以及节能管理能力建设等活动的资金。

单位 GDP 二氧化碳排放降低率 指报告期内单位 GDP 二氧化碳排放量的降低速度。单位 GDP 二氧化碳排放量指报告期内二氧化碳排放量与国内（地区）生产总值（以万元计，按不变价计算）的比值。计算公式为：

$$\text{单位GDP二氧化碳排放降低率} = (1 - \frac{\text{二氧化碳排放量发展速度}}{\text{国内（地区）生产总值发展速度（不变价）}}) \times 100\%$$

绿色产品 指在保证产品性能的基础上，对人体健康无害或危害小、能源资源利用效率高、生态环境友好的产品。考虑到现有工作基础以及数据的可获得性，“十三五”期间侧重于统计高效节能产品销售量，以居民生活中较为普及的空调、冰箱、洗衣机、平板电视、油烟机、燃气灶等产品为重点，统计高效节能产品市场占有率情况。

高效节能产品市场占有率 指高效节能产品销售量占产品市场销售总量的百分比。计算公式为：

$$\text{高效节能产品市场占有率} = \frac{\text{高效节能产品销售量}}{\text{产品市场销售总量}} \times 100\%$$

教　育　部

（一）报 表 目 录

表号	表名	报告期别	填报范围	报送时间及方式	负责单位	备注
JY302 表	研究与试验发展（R&D）人员情况	年报	理工农医类全日制普通高等学校及附属医院；人文社科类全日制普通高等学校	4 月 30 日前，电子邮件 sksk jc@stats.gov.cn	社科文司	《科技综合统计报表制度》
JY303 表	研究与试验发展（R&D）经费情况	年报	理工农医类全日制普通高等学校及附属医院；人文社科类全日制普通高等学校			
JY304 表	研究与试验发展（R&D）产出情况	年报	理工农医类全日制普通高等学校及附属医院；人文社科类全日制普通高等学校			
JY305 表	研究与试验发展（R&D）项目（课题）情况	年报	理工农医类全日制普通高等学校及附属医院；人文社科类全日制普通高等学校			
JY306 表	研究机构情况	年报	理工农医类全日制普通高等学校及附属医院；人文社科类全日制普通高等学校			
JY307 表	研究与试验发展（R&D）情况快报	年报	理工农医类全日制普通高等学校及附属医院；人文社科类全日制普通高等学校	1 月 10 日前，电子邮件 sksk jc@stats.gov.cn		
JY308 表	各级各类学校、教职工和专任教师情况	年报		6 月 30 日前，通过“国家统计局部门综合数据管理系统”报送数据。	社科文司	
JY309 表	各级各类学历教育学生情况	年报				
JY310 表	各级各类非学历教育学生情况	年报				
JY311 表	全国各级教育入学率及升学率情况	年报				
JY312 表	外国留学生及我国留学人员情况	年报				
JY313 表	分类型普通高等学校情况	年报				
JY314 表	分学科研究生情况	年报				
JY315 表	分学科本科学生情况	年报				
JY316 表	分学科专科学生情况	年报				
JY317 表	普通高中情况	年报				
JY318 表	中等职业学校分学科学生情况	年报				
JY319 表	进城务工子女和农村留守儿童在校情况	年报				
JY320 表	分地区普通高等学校（机构）和教职工情况	年报				
JY321 表	分地区普通高等教育学生情况	年报				

表号	表名	报告期别	填报范围	报送时间及方式	负责单位	备注
JY322 表	分地区中等职业学校情况	年报		6 月 30 日前，通过“国家统计局部门综合数据管理系统”报送数据。	社科文司	
JY323 表	分地区义务教育情况	年报				
JY324 表	分地区特殊教育情况	年报				
JY325 表	分地区学前教育情况	年报				
JY326 表	分地区各级学校生师比	年报				
JY327 表	分地区每十万人口各级学校在校生数	年报				
JY328 表	分地区设有健康和养老服务业相关专业的学校情况	年报				
JY329 表	分地区健康和养老服务业相关专业学生情况	年报				
JY330 表	教育经费情况	年报				
JY331 表	各级教育生均公共财政预算教育事业费和生均公共财政预算公用经费情况	年报				
JY332 表	高等教育学校(机构)数	年报				
JY333 表	分地区高等教育学校(机构)数	年报				
JY334 表	初中阶段学校情况	年报				
JY335 表	初中学生情况	年报				
JY336 表	小学校数、教学点数及学生情况	年报				
JY337 表	特殊教育学校数和学生情况	年报				
JY338 表	幼儿园数、班数情况	年报				
JY339 表	各级各类学校学生及信息化情况年快报	年报		1 月 15 日前，通过“国家统计局部门综合数据管理系统”报送数据。		
JY340 表	学校基本情况年快报（一）	年报		4 月 20 日前，通过“国家统计局部门综合数据管理系统”报送数据。		
JY341 表	学校基本情况年快报（二）	年报				
JY342 表	民办教育情况	年报		6 月 30 日前，通过“国家统计局部门综合数据管理系统”报送数据。		
JY343 表	分地区技工学校情况	年报				
JY344 表	各级各类学校信息化情况	年报		6 月 30 日前，通过“国家统计局部门综合数据管理系统”报送数据。	服务业司	《互联网经济统计报表制度》
702-1 表	部门服务业行政单位财务状况	年报	教育业中执行行政单位会计制度的单位	6 月 30 日前，电子邮件或内部交换 dczxjtc@stats.gov.cn	服务业司	《部门服务业财务统计报表制度》(试行)
702-2 表	部门服务业事业单位财务状况	年报	教育业中执行事业单位会计制度的单位			

（二）调 查 表 式

综 合 年 报

研究与试验发展（R&D）人员情况

表　　号：J Y 3 0 2 表
制定机关：国 家 统 计 局
文　　号：国统字〔2019〕3 号
有效期至：2 0 1 9 年 6 月

综合机关名称：教育部　　　　　　2 0　　年

指标名称	代码	单位数（个）	有 R&D 活动单位	从业人员*（人）	R&D 人员（人）	其中：女性	其中：研究人员	其中：全时人员	非全时人员
甲	乙	1	2	3	4	5	6	7	8
总　　计									
一、按隶属关系分									
二、按行业分									
三、按地区分									
四、按地市分									

续表

其中：博士毕业	硕士毕业	本科毕业	其他学历	R&D 人员折合全时当量（人年）	其中：研究人员	其中：基础研究	应用研究	试验发展
9	10	11	12	13	14	15	16	17

单位负责人：　　　　填表人：　　　　报出日期：　2 0　　年　　月　　日

说明：1. 统计范围：理工农医类全日制普通高等学校及附属医院；人文社科类全日制普通高等学校。
2. 报送时间：加“*”指标 6 月 20 日前，其他指标 4 月 30 日前，分别报送。
3. 审核关系：（1）1≥2　（2）4≥5　（3）4≥6　（4）4=7+8=9+10+11+12　（5）13≥14　（6）13=15+16+17

研究与试验发展（R&D）经费情况

表　　号：J Y 3 0 3 表
制定机关：国 家 统 计 局
文　　号：国统字〔2019〕3 号
有效期至：2 0 1 9 年 6 月

综合机关名称：教育部　　　　2 0　　年　　　　计量单位：　万　元

<table>
<tr><td rowspan="3">指标名称</td><td rowspan="3">代码</td><td rowspan="3">R&D 经费内部支出</td><td colspan="3">其中：</td><td colspan="4">其中：</td></tr>
<tr><td rowspan="2">基础研究</td><td rowspan="2">应用研究</td><td rowspan="2">试验发展</td><td rowspan="2">日常性支出</td><td></td><td rowspan="2">资产性支出</td><td></td></tr>
<tr><td>人员劳务费</td><td>仪器和设备</td></tr>
<tr><td>甲</td><td>乙</td><td>1</td><td>2</td><td>3</td><td>4</td><td>5</td><td>6</td><td>7</td><td>8</td></tr>
<tr><td>总　计
一、按隶属关系分
二、按行业分
三、按地区分
四、按地市分</td><td></td><td></td><td></td><td></td><td></td><td></td><td></td><td></td><td></td></tr>
</table>

续表

<table>
<tr><td colspan="4"></td><td rowspan="3">R&D 经费外部支出</td><td colspan="4"></td></tr>
<tr><td colspan="4">其中：</td><td rowspan="2">对境内研究机构支出</td><td rowspan="2">对境内高等学校支出</td><td rowspan="2">对境内企业支出</td><td rowspan="2">对境外支出</td></tr>
<tr><td>政府资金</td><td>企业资金</td><td>境外资金</td><td>其他资金</td></tr>
<tr><td>9</td><td>10</td><td>11</td><td>12</td><td>13</td><td>14</td><td>15</td><td>16</td><td>17</td></tr>
</table>

单位负责人：　　　　填表人：　　　　报出日期：2 0　　年　　月　　日

说明：1. 统计范围：理工农医类全日制普通高等学校及附属医院；人文社科类全日制普通高等学校。
2. 报送时间：4 月 30 日前，分别报送。
3. 审核关系：
（1）1=2+3+4=5+7=9+10+11+12　（2）5≥6　（3）7≥8　（4）13≥14+15+16+17

研究与试验发展（R&D）产出情况

表　　号：JY304表
制定机关：国家统计局
文　　号：国统字〔2019〕3号
有效期至：2019年6月

综合机关名称：教育部　　　　20　　年

指标名称	代码	专利申请数（件）	发明专利	专利授权数（件）	发明专利	有效发明专利数（件）
甲	乙	1	2	3	4	5
总　　计						
一、按隶属关系分						
二、按行业分						
三、按地区分						
四、按地市分						

续表

专利所有权转让及许可数（件）	专利所有权转让及许可收入（万元）	集成电路布图设计登记数（件）	植物新品种权授予数（项）	形成国家或行业标准数（项）	发表科技论文（篇）	国外发表*	出版科技著作（种）
6	7	8	9	10	11	12	13

单位负责人：　　　　填表人：　　　　报出日期：20　　年　　月　　日

说明：1.统计范围：理工农医类全日制普通高等学校及附属医院；人文社科类全日制普通高等学校。
2.报送时间：加“*”指标6月20日前，其他指标4月30日前，分别报送。
3.审核关系：（1）1≥2　（2）3≥4　（3）11≥12

研究与试验发展（R&D）项目（课题）情况

表　　号：JY305表
制定机关：国家统计局
文　　号：国统字〔2019〕3号
有效期至：2019年6月

综合机关名称：教育部　　　　20　　年

指标名称	代码	项目（课题）数（项）	项目（课题）参加人员折合全时当量（人年）	研究人员	项目（课题）经费内部支出（万元）
甲	乙	1	2	3	4
总　　计					
一、按项目（课题）来源分					
二、按项目（课题）合作形式分					
三、按项目（课题）活动类型分					
四、按学科分类分					
五、按项目（课题）服务的国民经济行业分					
六、按项目（课题）社会经济目标分					
七、按隶属关系分					
八、按行业分					
九、按地区分					
十、按地市分					

单位负责人：　　　　填表人：　　　　报出日期：20　　年　　月　　日

说明：1.统计范围：理工农医类全日制普通高等学校及附属医院；人文社科类全日制普通高等学校。
2.报送时间：4月30日前，分别报送。
3.审核关系：2≥3

研究机构情况

表　　号：J Y 3 0 6 表
制定机关：国 家 统 计 局
文　　号：国统字〔2019〕3 号
有效期至：2 0 1 9 年 6 月

综合机关名称：教育部　　　　20　　年

指标名称	代码	机构数（个）	R&D人员（人）			R&D经费支出（万元）	科研用仪器设备原价（万元）	
				博士毕业	硕士毕业			进口
甲	乙	1	2	3	4	5	6	7
总　计								
一、按学科分								
二、按机构服务的国民经济行业分								
三、按机构组成类型分								
四、按隶属关系分								
五、按行业分								
六、按地区分								
七、按地市分								

单位负责人：　　　　填表人：　　　　报出日期：20　年　月　日

说明：1. 统计范围：理工农医类全日制普通高等学校及附属医院；人文社科类全日制普通高等学校。
2. 报送时间：4 月 30 日前，分别报送。
3. 审核关系：（1）2≥3+4　　（2）6≥7

研究与试验发展（R&D）情况快报

表　　号：J Y 3 0 7 表
制定机关：国 家 统 计 局
文　　号：国统字〔2019〕3 号
有效期至：2 0 1 9 年 6 月

综合机关名称：教育部　　　　20　　年

指标名称	代码	R&D经费内部支出（亿元）		R&D人员折合全时当量（万人年）
			基础研究	
甲	乙	1	2	3
总　计	01			
理工农医类	02			
人文社科类	03			

单位负责人：　　　　填表人：　　　　报出日期：20　年　月　日

说明：1. 统计范围：理工农医类全日制普通高等学校及附属医院；人文社科类全日制普通高等学校。
2. 报送时间：1 月 10 日前分别报送。
3. 审核关系：1≥2

各级各类学校、教职工和专任教师情况

表　　号：J Y 3 0 8 表
制定机关：国 家 统 计 局
文　　号：国统字〔2019〕3 号
有效期至：2 0 1 9 年 9 月

综合机关名称：教育部　　　　2 0　　年

项　　目	代码	学校数（所）	教职工数（人）	女	专任教师（人）	女
甲	乙	1	2	3	4	5
高等教育	**01**					
研究生培养机构（不计校数）	02					
普通高校	03					
科研机构	04					
普通高等学校	05					
本科院校	06					
其中：独立学院	07					
高职(专科)院校	08					
其他普通高校机构(不计校数)	09					
成人高等学校	10					
民办的其他高等教育机构	11					
中等教育	**12**					
高中阶段教育	13					
高中	14					
普通高中	15					
完全中学	16					
高级中学	17					
十二年一贯制学校	18					
成人高中	19					
中等职业教育	20					
普通中专	21					
成人中专	22					
职业高中	23					
技工学校	24					
其他中职机构(不计校数)	25					

续表

项　目	代码	学校数（所）	教职工数（人）	女	专任教师（人）	女
甲	乙	1	2	3	4	5
初中阶段教育	26					
初中	27					
初级中学	28					
九年一贯制学校	29					
十二年一贯制学校	30					
完全中学	31					
职业初中	32					
成人初中	33					
初等教育	**34**					
普通小学	35					
小学	36					
九年一贯制学校	37					
十二年一贯制学校	38					
成人小学	39					
其中：扫盲班	40					
工读学校	**41**					
特殊教育	**42**					
学前教育	**43**					
其中：城区公办幼儿园	44					
镇区公办幼儿园	45					
乡村公办幼儿园	46					

单位负责人：　　　　填表人：　　　　报出日期：2 0　　年　　月　　日

说明：1. 报送时间：6 月 30 日前。

2. 审核关系：2>3；4>5。

02=03+04；06>07；12=13+26；14=15+19；15=16+17+18；26=27+33；34=35+39；35=36+37+38；39>40；43>44+45+46。

第 1 列：20=21+22+23+24；第 2、3、4、5 列：20=21+22+23+24+25。

3. 数据为学年度数据。

注：完全中学的学校数和教职工数计入高中阶段教育，九年一贯制学校的校数和教职工数计入初中阶段教育，十二年一贯制学校的校数和教职工数计入高中阶段教育。其中，专任教师按照教育层次进行归类。

各级各类学历教育学生情况

表　　号：J Y 3 0 9 表
制定机关：国 家 统 计 局
文　　号：国统字〔2019〕3 号
有效期至：2 0 1 9 年 9 月

综合机关名称：教育部　　　　2 0　　年

项　　目	代码	毕业生数	女	招生数	女	在校生数	女
甲	乙	1	2	3	4	5	6
高等教育	**01**						
研究生	02						
博　士	03						
硕　士	04						
普通本专科	05						
本　科	06						
专　科	07						
成人本专科	08						
本　科	09						
专　科	10						
网络本专科生	11						
本　科	12						
专　科	13						
中等教育	**14**						
高中阶段教育	15						
高中	16						
普通高中	17						
完全中学	18						
高级中学	19						
十二年一贯制学校	20						
成人高中	21						
中等职业教育	22						
普通中专	23						
成人中专	24						
职业高中	25						
技工学校	26						
初中阶段教育	27						
初中	28						
初级中学	29						
九年一贯制学校	30						
十二年一贯制学校	31						
完全中学	32						
职业初中	33						
成人初中	34						

续表

项　　目	代码	毕业生数	女	招生数	女	在校生数	女
甲	乙	1	2	3	4	5	6
初等教育	**35**						
普通小学	36						
小学	37						
九年一贯制学校	38						
十二年一贯制学校	39						
成人小学	40						
其中：扫盲班	41						
工读学校	**42**						
特殊教育	**43**						
学前教育	**44**						

单位负责人：　　填表人：　　报出日期：20　年　月　日

说明：1. 报送时间：6 月 30 日前。
2. 审核关系：1>2；3>4；5>6；02=03+04；05=06+07；08=09+10；11=12+13；14=15+27；15=16+22；16=17+21；17=18+19+20；22=23+24+25+26；27=28+34；28=29+30+31+32+33；35=36+40；36=37+38+39；40>41。
3. 数据为学年度数据。

注：1. 完全中学、九年一贯制学校和十二年一贯制学校的学生数按教育层次分别计入对应教育阶段的学生数中；
2. 特殊教育学生数中包括义务教育阶段随班就读的学生、其他学校附设特教班。

各级各类非学历教育学生情况

表　　号：J Y 3 1 0 表
制定机关：国　家　统　计　局
文　　号：国统字〔2019〕3 号
有效期至：2 0 1 9 年 9 月

综合机关名称：教育部　　20　年　　计量单位：人

项　　目	代码	结业生数	注册生数
甲	乙	1	2
总　　计	**01**		
高等教育	**02**		
研究生课程进修班	03		
自考助学班	04		
普通预科生	05		
进修及培训	06		
其中：资格证书培训	07		
岗位证书培训	08		
中等职业教育	**09**		
其中：资格证书培训	10		
岗位证书培训	11		
中等职业学校	12		
其中：资格证书培训	13		
岗位证书培训	14		
职业技术培训机构	15		
其中：资格证书培训	16		
岗位证书培训	17		

单位负责人：　　填表人：　　报出日期：20　年　月　日

说明：1. 报送时间：6 月 30 日前。
2. 审核关系：01=02+09；02=03+04+05+06；06>07+08；09>10+11；12>13+14；15>16+17。
3. 数据为学年度数据。

全国各级教育入学率及升学率情况

表　　号：J Y 3 1 1 表
制定机关：国 家 统 计 局
文　　号：国统字〔2019〕3 号
有效期至：2 0 1 9 年 9 月
综合机关名称：教育部　　　　2 0　　年　　　　计量单位：　　%

指标名称	代码	本年	上年同期
甲	乙	1	2
学前三年毛入园率	01		
小学学龄儿童净入学率	02		
其中：男	03		
女	04		
小学升学率	05		
初中阶段毛入学率	06		
初中升学率	07		
九年义务教育巩固率	08		
高中阶段毛入学率	09		
高中升学率	10		
高等教育毛入学率	11		

单位负责人：　　　　填表人：　　　　报出日期：2 0　　年　　月　　日

说明：报送时间：6 月 30 日前。

外国留学生及我国留学人员情况

表　　号：J Y 3 1 2 表
制定机关：国 家 统 计 局
文　　号：国统字〔2019〕3 号
有效期至：2 0 1 9 年 9 月

综合机关名称：教育部　　　　2 0　　年　　　　计量单位：人、人次

项　　目	代码	毕（结）业生数	授予学位数	招生数	在校生数	来华留学生人数	出国留学生人数	学成回国留学人员
甲	乙	1	2	3	4	5	6	7
外国留学生数	01						—	—
其中：女	02						—	—
按层次分							—	—
博士研究生	03						—	—
硕士研究生	04						—	—
本科	05						—	—
专科	06						—	—
培训	07						—	—
按经费来源分							—	—
中国政府奖学金生	08						—	—
自费生	09						—	—
按大洲分							—	—
亚洲	10						—	—
非洲	11						—	—
欧洲	12						—	—
北美洲	13						—	—
南美洲	14						—	—
大洋洲	15						—	—
按国家分（前 15 位）							—	—
韩国	16						—	—
美国	17						—	—
泰国	18						—	—
巴基斯坦	19						—	—
印度	20						—	—
俄罗斯	21						—	—
印度尼西亚	22						—	—
哈萨克斯坦	23						—	—
日本	24						—	—
越南	25						—	—
法国	26						—	—
老挝	27						—	—
蒙古	28						—	—
德国	29						—	—
马来西亚	30						—	—
按地区分							—	—
北京	31						—	—
天津	32						—	—

续表

项　目	代码	毕（结）业生数	授予学位数	招生数	在校生数	来华留学生人数	出国留学生人数	学成回国留学人员
甲	乙	1	2	3	4	5	6	7
…	…						—	—
新疆	61						—	—
我国出国留学生数	**62**	—	—	—	—	—		
国家公派	63	—	—	—	—	—		
单位公派	64	—	—	—	—	—		
自费留学	65	—	—	—	—	—		
学成回国留学人员	**66**	—	—	—	—	—		
国家公派	67	—	—	—	—	—		
单位公派	68	—	—	—	—	—		
自费留学	69	—	—	—	—	—		

单位负责人：　　填表人：　　报出日期：２０　　年　　月　　日

说明：1. 报送时间：6 月 30 日前。

2. 审核关系：01>02；01=03+…+07；01=08+09；01=10+…+15；01>16+…+30；01=31+…+61；62=63+64+65；66=67+68+69。

3. 数据为学年度数据。

分类型普通高等学校情况

表　　号：J Y 3 1 3 表
制定机关：国 家 统 计 局
文　　号：国统字〔2019〕3 号
有效期至：2 0 1 9 年 9 月

综合机关名称：教育部　　　　2 0　　年　　　　计量单位：　　所

项　　目	代码	合计	本科院校	高职（专科）院　　校	
					高等职业技术学院
甲	乙	1	2	3	4
合　　计	**01**				
综合大学	02				
理工院校	03				
农业院校	04				
林业院校	05				
医药院校	06				
师范院校	07				
语文院校	08				
财经院校	09				
政法院校	10				
体育院校	11				
艺术院校	12				
民族院校	13				

单位负责人：　　　　填表人：　　　　报出日期：2 0　　年　　月　　日

说明：1. 报送时间：6 月 30 日前。
2. 审核关系：3>4；01=02+…+13。
3. 数据为学年度数据。

分学科研究生情况

表　　号：J Y 3 1 4 表
制定机关：国 家 统 计 局
文　　号：国统字〔2019〕3号
有效期至：2 0 1 9 年 9 月

综合机关名称：教育部　　2 0　　年　　计量单位：人

项　目	代码	毕业生数	博士	硕士	招生数	博士	硕士	在校生数	博士	硕士
甲	乙	1	2	3	4	5	6	7	8	9
分学科研究生数(总计)	**01**									
其中：女	02									
其中：学术型学位	03									
其中：专业学位	04									
哲　学	05									
经济学	06									
法　学	07									
教育学	08									
文　学	09									
历史学	10									
理　学	11									
工　学	12									
农　学	13									
医　学	14									
军事学	15									
管理学	16									
艺术学	17									
分学科研究生数(普通高校)	**18**									
其中：女	19									
其中：学术型学位	20									
其中：专业学位	21									
哲　学	22									
经济学	23									
法　学	24									
教育学	25									
文　学	26									
历史学	27									
理　学	28									
工　学	29									
农　学	30									
医　学	31									
军事学	32									
管理学	33									
艺术学	34									

续表

项　目	代码	毕业生数			招生数			在校生数		
			博士	硕士		博士	硕士		博士	硕士
甲	乙	1	2	3	4	5	6	7	8	9
分学科研究生数（科研机构）	**35**									
其中：女	36									
其中：学术型学位	37									
其中：专业学位	38									
哲　学	39									
经济学	40									
法　学	41									
教育学	42									
文　学	43									
历史学	44									
理　学	45									
工　学	46									
农　学	47									
医　学	48									
军事学	49									
管理学	50									
艺术学	51									

单位负责人：　　　　填表人：　　　　报出日期：２０　　年　　月　　日

说明：1. 报送时间：6 月 30 日前。

2. 审核关系：1=2+3；4=5+6；7=8+9；01>02；01>03；01>04；01=05+. . . +17；18>19；18>20；18>21；18=22+⋯+34；35>36；35>37；35>37；35=39+⋯+51。

3. 数据为学年度数据。

分学科本科学生情况

表　　号：ＪＹ３１５表
制定机关：国　家　统　计　局
文　　号：国统字〔2019〕3号
有效期至：２０１９年９月

综合机关名称：教育部　　　　２０　　年　　　　计量单位：人

项　目	代码	普通本科			成人本科			网络本科		
		毕业生数	招生数	在校生数	毕业生数	招生数	在校生数	毕业生数	招生数	在校生数
甲	乙	1	2	3	4	5	6	7	8	9
总　计	**01**									
其中：女	02									
其中：师范生	03									
哲　学	04									
经济学	05									
法　学	06									
教育学	07									
文　学	08									
其中：外语	09									
历史学	10									
理　学	11									
工　学	12									
农　学	13									
医　学	14									
管理学	15									
艺术学	16									

单位负责人：　　　　填表人：　　　　报出日期：２０　　年　　月　　日

说明：1. 报送时间：6 月 30 日前。
2. 审核关系：01>02；01>03；01=04+05+06+07+08+10+…+16；08≥09。
3. 数据为学年度数据。

分学科专科学生情况

表　　号：J Y 3 1 6 表
制定机关：国　家　统　计　局
文　　号：国统字〔2019〕3 号
有效期至：2 0 1 9 年 9 月

综合机关名称：教育部　　　　2 0　　年　　　　计量单位：人

项　目	代码	普通专科			成人专科			网络专科		
		毕业生数	招生数	在校生数	毕业生数	招生数	在校生数	毕业生数	招生数	在校生数
甲	乙	1	2	3	4	5	6	4	5	6
总　计	01									
其中：女	02									
其中：师范生	03									
农林牧渔大类	04									
资源环境与安全大类	05									
能源动力与材料大类	06									
土木建筑大类	07									
水利大类	08									
装备制造大类	09									
生物与化工大类	10									
轻工纺织大类	11									
食品药品与粮食大类	12									
交通运输大类	13									
电子信息大类	14									
医药卫生大类	15									
财经商贸大类	16									
旅游大类	17									
文化艺术大类	18									
新闻传播大类	19									
教育与体育大类	20									
公安与司法大类	21									
公共管理与服务大类	22									

说明：1. 报送时间：6 月 30 日前。
　　2. 审核关系：01>02；01>03；01=04+…+22。
　　3. 数据为学年度数据。

普通高中情况

表　　号：J Y 3 1 7 表
制定机关：国 家 统 计 局
文　　号：国统字〔2019〕3 号
有效期至：2 0 1 9 年 9 月

综合机关名称：教育部　　　　2 0　　年

项　目	代码	学校数（所）	完全中学	高级中学	十二年一贯制学校	教职工数（人）	专任教师	毕业生数（人）	招生数（人）	在校生数（人）	女	受资助学生数（人次）
甲	乙	1	2	3	4	5	6	7	8	9	10	11
总　计	**01**											
教育部门	02											
其他部门	03											
地方企业	04											
民办	05											
城区	**06**											
教育部门	07											
其他部门	08											
地方企业	09											
民办	10											
镇区	**11**											
教育部门	12											
其他部门	13											
地方企业	14											
民办	15											
乡村	**16**											
教育部门	17											
其他部门	18											
地方企业	19											
民办	20											
按地区分组												
北京	21											
天津	22											
…	…											
新疆	51											

单位负责人：　　　　填表人：　　　　报出日期：2 0　　年　　月　　日

说明：1. 报送时间：6 月 30 日前。
2. 审核关系：1=2+3+4；5>6；9>10；01=02+03+04+05；06=07+08+09+10；11=12+13+14+15；16=17+18+19+20；01=21+22+…51。
3. 数据为学年度数据。
4. 本表完全中学的学校数和教职工数计入高中阶段教育，十二年一贯制学校的校数和教职工数计入高中阶段教育。其中，专任教师是按照教育层次进行归类。

中等职业学校分学科学生情况

表　　号：J Y 3 1 8 表
制定机关：国 家 统 计 局
文　　号：国统字〔2019〕3 号
有效期至：2 0 1 9 年 9 月

综合机关名称：教育部　　　　2 0　　年　　　　计量单位：　　人

项　　目	代码	毕业生数	获得职业资格证书	招生数	在校学生数
甲	乙	1	2	3	4
总　计	**01**				
其中：女	02				
农林牧渔类	03				
资源环境类	04				
能源与新能源类	05				
土木水利类	06				
加工制造类	07				
石油化工类	08				
轻纺食品类	09				
交通运输类	10				
信息技术类	11				
医药卫生类	12				
休闲保健类	13				
财经商贸类	14				
旅游服务类	15				
文化艺术类	16				
体育与健身	17				
教育类	18				
司法服务类	19				
公共管理与服务类	20				
其他	21				

单位负责人：　　　　填表人：　　　　报出日期：2 0　　年　　月　　日

说明：1. 报送时间：6 月 30 日前。
2. 审核关系：1>2；01>02；01=03+04+…+21。
3. 数据为学年度数据。

进城务工子女和农村留守儿童在校情况

表　　号：J Y 3 1 9 表
制定机关：国 家 统 计 局
文　　号：国统字〔2019〕3 号
有效期至：2 0 1 9 年 9 月

综合机关名称：教育部　　2 0　　年　　计量单位：人

项目	代码	普通小学					初中			
		毕业生数	招生数	受过学前教育	在校生数	女	毕业生数	招生数	在校生数	女
甲	乙	1	2	3	4	5	6	7	8	9
总　计	01									
进城务工人员随迁子女	02									
其中：外省迁入	03									
本省外县迁入	04									
农村留守儿童	05									

单位负责人：　　填表人：　　报出日期：2 0　　年　　月　　日

说明：1. 报送时间：6 月 30 日前。
2. 审核关系：2>3；4>5；8>9；02=03+04。
3. 数据为学年度数据。

分地区普通高等学校(机构)和教职工情况

表　　号：J Y 3 2 0 表
制定机关：国 家 统 计 局
文　　号：国统字〔2019〕3 号
有效期至：2 0 1 9 年 9 月

综合机关名称：教育部　　2 0　　年　　计量单位：人

地区	代码	学校数（所）	教职工数	校本部									
					专任教师						行政人员	教辅人员	工勤人员
						正高级	副高级	中级	初级	未定职级			
甲	乙	1	2	3	4	5	6	7	8	9	10	11	12
合　计	01												
北京	02												
天津	03												
…	…												
新疆	32												

单位负责人：　　填表人：　　报出日期：2 0　　年　　月　　日

说明：1. 报送时间：6 月 30 日前。
2. 审核关系：2>3；3=4+10+11+12；4=5+…+9；01=02+…+32。
3. 数据为学年度数据。

分地区普通高等教育学生情况

表　　号：JY321表
制定机关：国家统计局
文　　号：国统字〔2019〕3号
有效期至：2019年9月

综合机关名称：教育部　　　　20　　年　　　　计量单位：人

地　区	代码	毕业生数			授予学位数	招生数			在校生数			预计毕业生数		
			本科	专科			本科	专科		本科	专科		本科	专科
甲	乙	1	2	3	4	5	6	7	8	9	10	11	12	13
合　计	01													
北京	02													
天津	03													
…	…													
新疆	32													

单位负责人：　　　　填表人：　　　　报出日期：20　　年　　月　　日

说明：1. 报送时间：6月30日前。
2. 审核关系：1=2+3；5=6+7；8=9+10；11=12+13；01=02+…+32。
3. 数据为学年度数据。

分地区中等职业学校情况

表　　号：JY322表
制定机关：国家统计局
文　　号：国统字〔2019〕3号
有效期至：2019年9月

综合机关名称：教育部　　　　20　　年　　　　计量单位：人

地　区	代码	学校数（所）	教职工数	专任教师		毕业生数	获得职业资格证书	预计毕业生数	招生数	在校生数	免费学生数	受资助学生数
					双师型教　师							
甲	乙	1	2	3	4	5	6	7	8	9	10	11
合　计	01											
北京	02											
天津	03											
…	…											
新疆	32											

单位负责人：　　　　填表人：　　　　报出日期：20　　年　　月　　日

说明：1. 报送时间：6月30日前。
2. 审核关系：2>3；3>4；5>6。
3. 数据为学年度数据。

分地区义务教育情况

表　　号：J Y 3 2 3 表
制定机关：国　家　统　计　局
文　　号：国统字〔2019〕3号
有效期至：2 0 1 9 年 9 月

综合机关名称：教育部　　　　　　　2 0　　年

项　目	代码	学校数（所）	专任教师（人）	女	城区	镇区	乡村	学历合格高一级教师	在校学生数（人）	女	城区	镇区	乡村	免费住宿学生数	学生营养改善计划受益学生数	国家级试点
甲	乙	1	2	3	4	5	6	7	8	9	10	11	12	13	14	15
初中	**01**															
北京	02															
天津	03															
…	…															
新疆	32															
小学	33															
北京	34															
天津	35															
…	…															
新疆	64															

续表

校舍建筑面积（平方米）	教学及辅助用房面积（平方米）	城区	镇区	乡村	小学学龄儿童净入学率（%）	初中毕业升学率（%）	残疾人在校生数（人）
16	17	18	19	20	21	22	23

单位负责人：　　　　　　　填表人：　　　　　　　报出日期：2 0　　年　　月　　日

说明：1. 报送时间：6月30日前。
2. 审核关系：2>3；8>9；8>13；8>14；01=02+03+…+32；33=34+35+…+64（21、23列除外）。
3. 数据为学年度数据。

分地区特殊教育情况

表　　号：J Y 3 2 4 表
制定机关：国 家 统 计 局
文　　号：国统字〔2019〕3 号
有效期至：2 0 1 9 年 9 月
综合机关名称：教育部　　　　2 0　　年　　　　计量单位：人

地　区	代码	学校数（所）	专任教师		毕业生数	招生数	在校生数	
				女				女
甲	乙	1	2	3	4	5	6	7
合　计	**01**							
北京	02							
天津	03							
…	…							
新疆	32							

单位负责人：　　　　填表人：　　　　报出日期：2 0　　年　　月　　日

说明：1. 报送时间：6 月 30 日前。
2. 审核关系：2>3；6>7；01=02+03+…+32。
3. 数据为学年度数据。

分地区学前教育情况

表　　号：J Y 3 2 5 表
制定机关：国 家 统 计 局
文　　号：国统字〔2019〕3 号
有效期至：2 0 1 9 年 9 月
综合机关名称：教育部　　　　2 0　　年

地　区	代码	幼儿园数（所）	专任教师数（人）		在园幼儿数（人）		
				女		女	公办幼儿园
甲	乙	1	2	3	4	5	6
合　计	**01**						
北京	02						
天津	03						
…	…						
新疆	32						

单位负责人：　　　　填表人：　　　　报出日期：2 0　　年　　月　　日

说明：1. 报送时间：6 月 30 日前。
2. 审核关系：2>3；4>5；4>6；01=02+…+32。
3. 数据为学年度数据。

分地区各级学校生师比

表　　号：J Y 3 2 6 表
制定机关：国 家 统 计 局
文　　号：国统字〔2019〕3 号
有效期至：2 0 1 9 年 9 月

综合机关名称：教育部　　2 0　　年　　（教师人数=1）

地　区	代码	普通小学	初中	普通高中	中等职业学校	普通高校
甲	乙	1	2	3	4	5
全国	**01**					
北京	02					
天津	03					
…	…					
新疆	32					

单位负责人：　　填表人：　　报出日期：2 0　　年　　月　　日

说明：1. 报送时间：6 月 30 日前。
2. 数据为学年度数据。

分地区每十万人口各级学校在校生数

表　　号：J Y 3 2 7 表
制定机关：国 家 统 计 局
文　　号：国统字〔2019〕3 号
有效期至：2 0 1 9 年 9 月

综合机关名称：教育部　　2 0　　年　　计量单位：　人

地　区	代码	学前教育	小学	初中阶段	高中阶段	高等教育
甲	乙	1	2	3	4	5
全国	01					
北京	02					
天津	03					
…	…					
新疆	32					

单位负责人：　　填表人：　　报出日期：2 0　　年　　月　　日

说明：1. 报送时间：6 月 30 日前。
2. 数据为学年度数据。

分地区设有健康和养老服务业相关专业的学校情况

表　　号：J Y 3 2 8 表
制定机关：国 家 统 计 局
文　　号：国统字〔2019〕3 号
有效期至：2 0 1 9 年 9 月

综合机关名称：教育部　　　　2 0　　年

地　　区	代码	本科学校	高职（专科）学校	中等职业学校
甲	乙	1	2	3
合　计	**01**			
北京	02			
天津	03			
…	…			
新疆	32			

单位负责人：　　　　填表人：　　　　报出日期：2 0　　年　　月　　日

说明：1. 报送时间：6 月 30 日前。
2. 审核关系：01=02+…+32。
3. 数据为学年度数据。

分地区健康和养老服务业相关专业学生情况

表　　号：J Y 3 2 9 表
制定机关：国 家 统 计 局
文　　号：国统字〔2019〕3 号
有效期至：2 0 1 9 年 9 月

综合机关名称：教育部　　　　2 0　　年

地　　区	代码	毕业生数（万人）	研究生	普通本科生	普通专科生	中等职业教育学生	在校生数（万人）	研究生	普通本科生	普通专科生	中等职业教育学生
甲	乙	1	2	3	4	5	6	7	8	9	10
合　计	**01**										
北京	02										
天津	03										
…	…										
新疆	32										

单位负责人：　　　　填表人：　　　　报出日期：2 0　　年　　月　　日

说明：1. 报送时间：6 月 30 日前。
2. 审核关系：1=2+3+4+5；6=7+8+9+10；01=02+…+32。
3. 数据为学年度数据。

教育经费情况

表　　号：J Y 3 3 0 表
制定机关：国 家 统 计 局
文　　号：国统字〔2019〕3 号
有效期至：2 0 1 9 年 9 月
计量单位：　万　元

综合机关名称：教育部　　　　2 0　　年

地　区	代码	合计	国家财政性教育支出	公共财政教育支出	对个人和家庭的补助支出	九年义务教育支出	普通高中支出	中等职业教育支出
甲	乙	1	2	3	4	5	6	7
总　计	**01**							
中央	02							
地方	03							
按地区分组								
北京	04							
天津	05							
…	…							
新疆	34							

续表

民办学校中举办者投　入	捐赠收入	事业收入	学费	其他教育经费	公共财政预算公用经　费	九年义务教育	城镇	农村	普通高中	中等职业教育
8	9	10	11	12	13	14	15	16	17	18

单位负责人：　　　　填表人：　　　　报出日期：2 0　　年　　月　　日

说明：1. 报送时间：6 月 30 日前。

2. 审核关系：1=2+8+9+10+12；2>3；2>4；2>5；2>6；2>7；10>117；13>14；13>17；13>18；14=15+16；01=02+03；03=04+…+34。

3. 数据为学年度数据。

各级教育生均公共财政预算教育事业费和生均公共财政预算公用经费情况

表　　号：J Y 3 3 1 表
制定机关：国 家 统 计 局
文　　号：国统字〔2019〕3 号
有效期至：2 0 1 9 年 9 月

综合机关名称：教育部　　　　2 0　　年

地　区	代码	生均公共财政预算教育事业费								
		普通小学	城市	农村	普通初中	城市	农村	普通高中	中等职业教育	普通高等学校
甲	乙	1	2	3	4	5	6	7	8	9
全　国	01									
按地区分组										
北　京	02									
天　津	03									
…	…									
新　疆	33									

续表

地　区	代码	生均公共财政预算公用经费								
		普通小学	城市	农村	普通初中	城市	农村	普通高中	中等职业教育	普通高等学校
甲	乙	10	11	12	13	14	15	16	17	18
全　国	01									
按地区分组										
北　京	02									
天　津	03									
…	…									
新　疆	33									

单位负责人：　　　　填表人：　　　　报出日期：2 0　　年　　月　　日

说明：1. 报送时间：6 月 30 日前。
2. 数据为学年度数据。

高等教育学校(机构)数

表　　号：J Y 3 3 2 表
制定机关：国 家 统 计 局
文　　号：国统字〔2019〕3 号
有效期至：2 0 1 9 年 9 月
计量单位：所

综合机关名称：教育部　　　　2 0　　年

项目	代码	合计	中央部门			地方				民办
			小计	教育部	其他部门	小计	教育部门	其他部门	地方企业	
甲	乙	1	2	3	4	5	6	7	8	9
研究生培养机构（不计校数）	01									
普通高校	02									
科研机构	03									
普通高等学校	04									
本科院校	05									
#独立学院	06									
高职(专科)院校	07									
成人高等学校	08									
民办的其他高等教育机构	09									

单位负责人：　　　　填表人：　　　　报出日期：2 0　　年　　月　　日

说明：1. 报送时间：6 月 30 日前。
2. 审核关系：1=2+5+9；2=3+4；5=6+7+8；01=02+03；04=05+07。

分地区高等教育学校(机构)数

表　　号：J Y 3 3 3 表
制定机关：国 家 统 计 局
文　　号：国统字〔2019〕3 号
有效期至：2 0 1 9 年 9 月
计量单位：所

综合机关名称：教育部　　　　2 0　　年

地　区	代码	普通高校	#中央部门	本科院校	高职(专科)院校	成人高等学　　校	#中央部门	民办的其他高等教育机构
甲	乙	1	2	3	4	5	6	7
全　国	01							
按地区分组								
北　京	02							
天　津	03							
…	…							
新　疆	32							

单位负责人：　　　　填表人：　　　　报出日期：2 0　　年　　月　　日

说明：1. 报送时间：6 月 30 日前。
2. 审核关系：1>2；1=3+4；5>6；01=02+03+…+32。

初中阶段学校情况

表　　号：J Y 3 3 4 表
制定机关：国　家　统　计　局
文　　号：国统字〔2019〕3 号
有效期至：2 0 1 9 年 9 月

综合机关名称：教育部　　　　　　2 0　　年　　　　　　计量单位：　　　所

项目	代码	合计	初级中学	九年一贯制学校	职业初中
甲	乙	1	2	3	4
总　计	01				
教育部门	02				
其他部门	03				
地方企业办	04				
民办	05				
城区	06				
教育部门	07				
其他部门	08				
地方企业办	09				
民办	10				
镇区	11				
教育部门	12				
其他部门	13				
地方企业办	14				
民办	15				
乡村	16				
教育部门	17				
其他部门	18				
地方企业办	19				
民办	20				
总计中独立设置少数民族学校	21				

单位负责人：　　　　　　　　　填表人：　　　　　　　　　报出日期：2 0　　年　　月　　日

说明：1. 报送时间：6 月 30 日前。
　　　2. 审核关系：1=2+3+4；01=02+03+04+05；06=07+08+09+10；11=12+13+14+15；16=17+18+19+20；01=06+11+16；01>21。

初中学生情况

表　　号：J Y 3 3 5 表
制定机关：国 家 统 计 局
文　　号：国统字〔2019〕3 号
有效期至：2 0 1 9 年 9 月

综合机关名称：教育部　　　　2 0　　年　　　　计量单位：人

项　目	代码	毕业生数	招生数	在校生数	#女
甲	乙	1	2	3	4
总　计	01				
教育部门	02				
其他部门	03				
地方企业办	04				
民办	05				
城区	06				
教育部门	07				
其他部门	08				
地方企业办	09				
民办	10				
镇区	11				
教育部门	12				
其他部门	13				
地方企业办	14				
民办	15				
乡村	16				
教育部门	17				
其他部门	18				
地方企业办	19				
民办	20				

单位负责人：　　　　填表人：　　　　报出日期：2 0　　年　　月　　日

说明：1. 报送时间：6 月 30 日前。
2. 审核关系：3>4；01=02+03+04+05；06=07+08+09+10；11=12+13+14+15；16=17+18+19+20；01=06+11+16。

小学校数、教学点数及学生情况

表　　号：J Y 3 3 6 表
制定机关：国　家　统　计　局
文　　号：国统字〔2019〕3 号
综合机关名称：教育部　　　　　　2 0　　年　　　　　　有效期至：2 0 1 9 年 9 月

项　目	代码	学校数（所）	教学点数（个）	毕业生数（人）	招生数（人）	#受过学前教育	在校生数（人）	# 女
甲	乙	1	2	3	4	5	6	7
总　计	01							
教育部门	02							
其他部门	03							
地方企业办	04							
民办	05							
城区	06							
教育部门	07							
其他部门	08							
地方企业办	09							
民办	10							
镇区	11							
教育部门	12							
其他部门	13							
地方企业办	14							
民办	15							
乡村	16							
教育部门	17							
其他部门	18							
地方企业办	19							
民办	20							
总计中：								
五年制	21							
九年一贯制学校	22							
十二年一贯制学校	23							
独立设置的少数民族学校	24							

单位负责人：　　　　　　填表人：　　　　　　报出日期：2 0　　年　　月　　日

说明：1. 报送时间：6 月 30 日前。
　　2. 审核关系：4>5；6>7；01=02+03+04+05；06=07+08+09+10；11=12+13+14+15；16=17+18+19+20；01=06+11+16。

特殊教育学校数和学生情况

表　　号：J Y 3 3 7 表
制定机关：国　家　统　计　局
文　　号：国统字〔2019〕3 号
有效期至：2 0 1 9 年 9 月

综合机关名称：教育部　　　　2 0　　年

项目	代码	学校数（所）	毕业生数（人）	招生数（人）	在校生数（人）	
						#女
甲	乙	1	2	3	4	5
总　计	01					
#女	02					
少数民族学生	03					
寄宿生	04					
特殊教育学校中：寄宿生	05					
职业技术班	06					
视力残疾	07					
听力残疾	08					
智力残疾	09					
其他残疾	10					
特殊教育学校	11					
视力残疾	12					
听力残疾	13					
智力残疾	14					
其他残疾	15					
城区	16					
镇区	17					
乡村	18					

单位负责人：　　　　填表人：　　　　报出日期：2 0　　年　　月　　日

说明：1. 报送时间：6 月 30 日前。
　　2. 审核关系：4>5；01>=02；01>03；01>04；01>05；01>06；01=07+08+09+10；01=16+17+18；11=12+13+14+15。

幼儿园数、班数情况

表　　号：J Y 3 3 8 表
制定机关：国　家　统　计　局
文　　号：国统字〔2019〕3 号
有效期至：2 0 1 9 年 9 月

综合机关名称：教育部　　　　　　2 0　　年

项　　目	代码	幼儿园数（所）	#少数民族	班数（个）
甲	乙	1	2	3
总　计	01			
教育部门	02			
其他部门办	03			
地方企业	04			
事业单位	05			
部队	06			
集体办	07			
民办	08			
城区	09			
教育部门	10			
其他部门办	11			
地方企业	12			
事业单位	13			
部队	14			
集体办	15			
民办	16			
镇区	17			
教育部门	18			
其他部门办	19			
地方企业	20			
事业单位	21			
部队	22			
集体办	23			
民办	24			
乡村	25			
教育部门	26			
其他部门办	27			
地方企业	28			
事业单位	29			
部队	30			
集体办	31			
民办	32			

单位负责人：　　　　　　填表人：　　　　　　报出日期：2 0　　年　　月　　日

说明：1. 报送时间：6 月 30 日前。
2. 审核关系：1>2；01=02+03+04+05+06+07+08；09=10+11+12+13+14+15+16；17=18+19+20+21+22+23+24；25=26+27+28+29+30+31+32；01=09+17+25

各级各类学校学生及信息化情况年快报

表　　号：J Y 3 3 9 表
制定机关：国 家 统 计 局
文　　号：国统字〔2019〕3 号
综合机关名称：教育部　　　　20　年　　　　有效期至：2 0 1 9 年 3 月

指　标	计量单位	代码	招生数	在校生数	毕业生数	本年
甲	乙	丙	1	2	3	4
研究生	万人	01				—
普通本专科	万人	02				—
中等职业教育	万人	03				—
普通高中	万人	04				—
初中	万人	05				—
普通小学	万人	06				—
特殊教育	万人	07				—
幼儿园	万人	08	—		—	
九年义务教育巩固率	%	09	—	—	—	
高中阶段毛入学率	%	10	—	—	—	
每百人拥有教学用计算机数	台	11	—	—	—	
接入互联网学校数	个	12	—	—	—	
占各级各类学校数的比重	%	13	—	—	—	

单位负责人：　　　　填表人：　　　　报出日期：2 0　　年　　月　　日

说明：报送时间：1 月 15 日前。

学校基本情况年快报（一）

表　　号：J Y 3 4 0 表
制定机关：国 家 统 计 局
文　　号：国统字〔2019〕3 号
综合机关名称：教育部　　　　20　年　　　　有效期至：2 0 1 9 年 6 月

指　标	代码	单位	普通高等学校	普通本专科		普通高中	中等职业教育	初　中		普通小学	特殊教育	学前教育
					专科				职业初中			
甲	乙	丙	1	2	3	4	5	6	7	8	9	10
学校数	01	所		—	—				—			
专任教师数	02	万人		—	—				—			
招生数	03	万人	—									
在校学生数	04	万人	—									
毕业生数	05	万人	—									

单位负责人：　　　　填表人：　　　　报出日期：2 0　　年　　月　　日

说明：1. 报送时间：4 月 20 日前。
2. 逻辑关系：1>2；2>3；6>7。

学校基本情况年快报（二）

表　　号：J Y 3 4 1 表
制定机关：国 家 统 计 局
文　　号：国统字〔2019〕3 号
有效期至：2 0 1 9 年 6 月

综合机关名称：教育部　　　　2 0　　年

指　　标	代码	单位	本年	指　　标	代码	单位	本年
甲	乙	丙	1	甲	乙	丙	1
研究生情况				**升学率**			
招生数	01	人		小学	11	%	
在校生数	02	人		初中	12	%	
毕业生数	03	人		高中	13	%	
出国留学人员	04	人		**每十万人口各级学校在校生数**			
学成回国留学人员	05	人		高等教育	14	人	
小学学龄儿童净入学率	06	%		高中阶段	15	人	
毛入学率				初中阶段	16	人	
小学(按各地相应学龄计算)	07	%		小　学	17	人	
初中阶段(12-14 周岁)	08	%		学前教育	18	人	
高中阶段(15-17 周岁)	09	%					
高等教育(18-22 周岁)	10	%					

单位负责人：　　　　填表人：　　　　报出日期：2 0　　年　　月　　日

说明：报送时间：4 月 20 日前。

民办教育情况

表　　号：J Y 3 4 2 表
制定机关：国 家 统 计 局
文　　号：国统字〔2019〕3 号
有效期至：2 0 1 9 年 6 月

综合机关名称：教育部　　　　　　2 0　　年

项　　目	代码	学校数（所）	毕业生数（人）	招生数（人）	在校生数（人）	教职工数（人）	专任教师（人）	另有其他学生数（人）
甲	乙	1	2	3	4	5	6	7
民办高等教育	01							
民办高校	02							
#硕士	03							
本科	04							
专科	05							
其中:独立学院	06							
本科	07							
专科	08							
民办其他高等教育机构（不计校数）	09							
民办中等教育	10							
高中阶段教育	11							
民办普通高中	12							
民办中等职业教育	13							
初中阶段教育	14							
民办普通初中	15							
民办普通小学	16							
民办幼儿园	17							
民办培训机构(不计校数)	18							

单位负责人：　　　　填表人：　　　　报出日期：2 0　　年　　月　　日

说明：报送时间：6 月 30 日前。

分地区技工学校情况

表　　号：J Y 3 4 3 表
制定机关：国　家　统　计　局
文　　号：国统字〔2019〕3 号
综合机关名称：教育部　　　　　　　　2 0　　年　　　　　　有效期至：2 0 1 9 年 6 月

地区	代码	学校数（个）	在职教职工数（人）		专任教师数（人）	招生数（人）	在校学生数（人）		毕业生数（人）
				女性				女性	
甲	乙	1	2	3	4	5	6	7	8
合计	01								
北京	02								
天津	03								
…	…								
新疆	32								

单位负责人：　　　　　　　　　　填表人：　　　　　　　　　　报出日期：2 0　　年　　月　　日

说明：1. 报送时间：6 月 30 日前。
2. 审核关系：2≥3；6≥7；01=02+03+…+32。

各级各类学校信息化情况

表　　号：J Y 3 4 4 表
制定机关：国　家　统　计　局
文　　号：国统字〔2019〕3 号
有效期至：2 0 1 9 年 6 月

综合机关名称：教育部　　　　20　年

指标名称	计量单位	代码	普通高等学校（机构）	中等职业教育学校（机构）	普通高中	初中	普通小学
甲	乙	丙	1	2	3	4	5
学校数	所	01					
其中：建立校园网学校数	所	02					
光纤方式接入互联网的学校数	所	03					
覆盖校园无线网的学校数	所	04					
计算机	台	05					
其中：教学用计算机	台	06					
教职工数	人	07					
其中：信息化工作人员数	人	08					
接受过信息技术相关培训的专任教师人次数	人次	09					
数字资源量	--	--	--	--	--	--	--
电子图书	册	10					
电子期刊	册	11					
学位论文	册	12					
音视频	小时	13					
上网课程数	门	14					
信息网络及软件购置更新支出	万元	15		--	--	--	--

单位负责人：　　　　填表人：　　　　报出日期：　　年　　月　　日

说明：1. 报送时间：6 月 30 日前。
　　　2. 审核关系：01≥02，01≥03，01≥04，05≥06，07≥08。

部门服务业行政单位财务状况

（表式及指标解释见通用表）

部门服务业事业单位财务状况

（表式及指标解释见通用表）

（三）主要指标解释

科技活动 是指在自然科学、农业科学、医药科学、工程与技术科学、人文与社会科学领域（简称科学技术领域）中与科技知识的产生、发展、传播和应用密切相关的有组织的活动。为核算科技投入的需要，科技活动可分为科学研究与试验发展（R&D）、科学研究与试验发展成果应用及相关的科技服务三类活动。

R&D（研究与试验发展） 是指在科学技术领域，为增加知识总量、以及运用这些知识去创造新的应用进行的系统的创造性的活动，包括基础研究、应用研究、试验发展三类活动。

基础研究 是指为了获得关于现象和可观察事实的基本原理的新知识（揭示客观事物的本质、运动规律，获得新发现、新学说）而进行的实验性或理论性研究，它不以任何专门或特定的应用或使用为目的。其成果以科学论文和科学著作为主要形式。

应用研究 是指为获得新知识而进行的创造性研究，主要针对某一特定的目的或目标。应用研究是为了确定基础研究成果可能的用途，或是为达到预定的目标探索应采取的新方法（原理性）或新途径。其成果形式以科学论文、专著、原理性模型或发明专利为主。

试验发展 是指利用从基础研究、应用研究和实际经验所获得的现有知识，为产生新的产品、材料和装置，建立新的工艺、系统和服务，以及对已产生和建立的上述各项作实质性的改进而进行的系统性工作。其成果形式主要是专利、专有技术、具有新产品基本特征的产品原型或具有新装置基本特征的原始样机等。在社会科学领域，试验发展是指把通过基础研究、应用研究获得的知识转变成可以实施的计划（包括为进行检验和评估实施示范项目）的过程。人文科学领域没有对应的试验发展活动。

R&D 人员 指单位内部从事基础研究、应用研究和试验发展三类活动的人员。包括直接参加上述三类项目活动的人员以及这三类项目的管理人员和直接服务人员。为研发活动提供直接服务的人员包括直接为研发活动提供资料文献、材料供应、设备维护等服务的人员。

R&D 人员中女性 指单位研发人员中的女性人数。

R&D 人员中研究人员 指从事新知识、新产品、新工艺、新方法、新系统的构想或创造的专业人员及 R&D 项目（课题）或 R&D 机构的高级管理人员。研究人员一般应具备中级以上职称或博士学历。从事 R&D 的博士研究生应被视作研究人员。

R&D 人员中全时人员 在报告年度实际从事研发活动的时间占制度工作时间 90%及以上的研发人员。在科技管理部门（科研管理处、部、科）专职从事研发活动管理工作的人员、单位所属常年有开发任务的研发机构中专职从事研发活动及其管理和直接服务的人员，以及上述人员以外在报告年度主要从事研发项目的人员可视作研发活动全时人员。

R&D 人员中非全时人员 在报告年度实际从事研发活动的时间占制度工作时间 10%（含 10%）至 90%的研发人员。

R&D 人员中博士毕业 指研发人员中具有博士学历（学位）的人员。

R&D 人员中硕士毕业 指研发人员中具有硕士学历（学位）的人员。

R&D 人员中本科毕业 指研发人员中具有本科学历（学位）的人员。

R&D 人员中其他学历 指研发人员中不具有上述博士、硕士和本科学历（学位）的人员。

R&D 人员折合全时当量 由参加 R&D 项目人员的全时当量及应分摊在 R&D 项目的管理和直接服务人员的全时当量两部分相加计算。一个折合全时当量是一人年。例如，一个人在 R&D 活动上花费了 30%的正常工作时间而 70%的时间用于其他工作，则其折合全时当量为 0.3。

研究人员折合全时当量 指研究人员的折合全时当量。

基础研究人员折合全时当量 由参加基础研究的全时当量及应分摊在这类项目上的管理和直接服务人员的全时当量两部分相加计算。

应用研究人员折合全时当量 由参加应用研究的全时当量及应分摊在这类项目上的管理和直接服务人员的全时当量两部分相加计算。

试验发展人员折合全时当量 由参加试验发展研究的全时当量及应分摊在这类项目上的管理和直接服务人员的全时当量两部分相加计算。

R&D 经费内部支出 指调查单位在报告年度用于内部开展 R&D 活动（基础研究、应用研究和试验发展）的实际支出。包括用于 R&D 项目（课题）活动的直接支出，以及间接用于 R&D 活动的管理费、服务费、与 R&D 有关的基本建设支出以及外协加工费等。不包括生产性活动支出、归还贷款支出以及与外单位合作或委托外单位进行 R&D 活动而转拨给对方的经费支出。

R&D 经费内部支出中的日常性支出 包括 R&D 活动人员的劳务费及其他日常支出。其他日常支出包括因开展研发活动而发生的各项管理费用和购买非资产性的材料、物资费用等。具体包括原料、材料、辅料、元器件、零配件、低值易耗品的费用（包括包装、运输、储存及各种杂费等）；房屋租金、水电费、燃料费、维修费；科研项目前期论证费、调研差旅费、资料费、计算机服务费、印刷费、邮寄费、专题技术及学术会议费、成果鉴定费；办公费、行政管理费、人事及财务管理费等。提供间接服务人员（如司机、保安人员、炊事人员、医疗保健人员等）的劳务费按其为 R&D 活动提供服务的时间比例分摊计入本项支出。

R&D 日常性支出中人员劳务费（含工资） 指以货币或实物形式直接或间接支付给 R&D 活动人员的劳动报酬。包括各种形式的工资、补助工资、津贴、价格补贴、奖金、福利、失业保险、养老保险、医疗保险、工伤保险、人民助学金等。为 R&D 活动提供间接服务人员的劳务费不计入此项。无论是 R&D 项目经费支出的劳务费还是非 R&D 项目经费支出的 R&D 人员的劳务费（含工资）均应计算在内。

R&D 经费内部支出中资产性支出 指调查单位在报告年度为开展 R&D 活动而进行建造、购置、安装、改建、扩建固定资产，以及进行设备技术改造和大修理等实际支出的费用。

资产性支出中土建工程 指调查单位在报告年度为开展 R&D 活动而用于建设科研楼、中试车间、试验场地等土建项目的实际支出。

资产性支出中仪器和设备 指调查单位在报告年度为开展R&D活动而用于购买仪器和设备的实际支出。

R&D 经费内部支出中基础研究支出 指报告年度调查单位内部基础研究项目的实际经费支出，以及应分摊在这类项目上的管理费用、直接服务费用和其他费用。

R&D 经费内部支出中应用研究支出 指报告年度调查单位内部应用研究项目的实际经费支出，以及应分摊在这类项目上的管理费用、直接服务费用和其他费用。

R&D 经费内部支出中试验发展支出 指报告年度调查单位内部试验发展基础研究项目的实际经费支出，以及应分摊在这类项目上的管理费用、直接服务费用和其他费用。

R&D 经费内部支出中政府资金 指调查单位 R&D 经费内部支出中来自各级政府部门的各类资金，包括财政科学技术拨款、科学基金、教育等部门事业费以及政府部门预算外资金的实际支出。

R&D 经费内部支出中企业资金 指调查单位 R&D 经费内部支出中来自本企业的自有资金和接受其他企业委托而获得的经费，以及科研院所、高校等事业单位从企业获得的资金的实际支出。

R&D 经费内部支出中境外资金 指调查单位 R&D 经费内部支出中来自中国境外的企业、大学、国际组织、民间组织、金融机构及外国政府的资金的实际支出。

R&D 经费内部支出中其他资金 指从上述渠道以外获得的计划用于 R&D 活动的经费，如企业从金融机构贷款得到的用于内部开展 R&D 活动的资金，从独立科研院所和高等学校等事业单位获得的用于 R&D 活动的经费，来自民间非赢利机构的资助和个人捐赠等。

R&D 经费外部支出 指报告年度调查单位委托外单位或与外单位合作进行 R&D 活动而拨给对方的经费。不包括外协加工费。

R&D 经费外部支出中对境内研究机构的支出　指报告年度调查单位委托或与境内独立研究机构合作开展 R&D 活动而支付予其的经费。

R&D 经费外部支出中对境内高等学校支出　指报告年度调查单位委托或与境内高等学校合作开展 R&D 活动而支付予其的经费。

R&D 经费外部支出中对境内其他企业支出　指报告年度调查单位委托或与境内其他企业合作开展 R&D 活动而支付予其的经费。

R&D 经费外部支出中对境外机构支出　指报告年度调查单位委托或与境外机构合作开展 R&D 活动而支付予其的经费。

R&D 项目（课题）数　指调查单位在当年立项并开展研究工作、以前年份立项仍继续进行研究的研发项目（课题）数，包括当年完成和年内研究工作已告失败的研发项目（课题），但不包括委托外单位进行的研发项目（课题）数。

R&D 项目（课题）人员折合全时当量　指调查单位在报告年度实际参加研发项目（课题）活动人员折合的全时当量。

R&D 项目（课题）经费内部支出　指调查单位内部在报告年度进行研发项目（课题）研究和试制等的实际支出。包括劳务费、其他日常支出、固定资产购建费、外协加工费等，不包括委托或与外单位合作进行项目（课题）研究而拨付给对方使用的经费。

专利申请数　指调查单位在报告年度向国内外知识产权行政部门提出专利申请并被受理后，按规定缴足申请费，符合进入初步审查阶段条件的件数。专利是专利权的简称，是对发明人的发明创造经审查合格后，由专利主管部门依法授予发明人和设计人对该项发明创造享有的专有权，包括发明、实用新型和外观设计三种。

发明专利申请数　指调查单位在报告年度向国内外知识产权行政部门提出发明专利申请并被受理后，按规定缴足申请费，符合进入初步审查阶段条件的件数。

专利授权数　指报告年度由国内外知识产权行政部门向调查单位授予专利权的件数。

发明专利授权数　指报告年度由国内外知识产权行政部门向调查单位授予发明专利权的件数。

有效发明专利数　指调查单位作为专利权人在报告年度拥有的、经国内外知识产权行政部门授权且在有效期内的发明专利件数。

专利所有权转让及许可数　指报告年度调查单位向外单位转让专利所有权或允许专利技术由被许可单位使用的件数。

专利所有权转让与许可收入　指报告年度调查单位向外单位转让专利所有权或允许专利技术由被许可单位使用而得到的收入。包括当年从被转让方或被许可方得到的一次性付款和分期付款收入，以及利润分成、股息收入等。

集成电路布图设计登记数　指报告年度调查单位向知识产权行政部门提出登记申请并被受理登记的集成电路布图设计的件数。

植物新品种权授予数　指报告年度调查单位向农业、林业行政部门（审批机关）提出申请并被授予植物新品种的项数。

形成国家或行业标准数　指报告年度调查单位在自主研发或自主知识产权基础上形成的国家或行业标准。形成国家或行业标准须经有关部门批准。

发表科技论文　指在学术刊物上以书面形式发表的最初的科学研究成果。应具备以下三个条件：（1）首次发表的研究成果；（2）作者的结论和试验能被同行重复并验证；（3）发表后科技界能引用。

出版科技著作　指经过正式出版部门编印出版的论述科学技术问题的理论性论文集或专著以及大专院校教科书、科普著作。但不包括翻译国外的著作。由多人合著的科技著作，由第一作者所在单位统计。

项目（课题）名称　按调查单位确定的科技项目（课题）名称，或项目（课题）合同议定书确定的名称填报。

项目（课题）来源 项目来源的分类及代码是：1. 国家科技项目（课题），2. 地方科技项目（课题），3. 其他企业委托科技项目（课题），4. 自选科技项目（课题），5. 来自国外的科技项目（课题），6. 其他科技项目（课题）。

项目（课题）合作形式 选择最主要的项目（课题）合作形式并按相应的代码填写，具体的分类与代码是：1. 与境外机构合作，2. 与境内高校合作，3. 与境内独立研究机构合作，4. 与境内注册的外商独资企业合作，5. 与境内注册的其他企业合作，6. 独立完成，7. 其他。

项目（课题）活动类型 选择最主要的项目（课题）活动类型并按相应的代码填写，具体的分类与代码是：1. 基础研究，2. 应用研究，3. 试验发展。

学科分类 按国家标准《学科分类与代码》（GB/T 13745-2009）中的一级学科代码填写。

项目服务的国民经济行业 按国家标准《国民经济行业分类与代码》（GB/T 4754-2011）中的大类代码填写。

项目的社会经济目标 指项目立项时确定的社会经济目标。若一个项目有两个及以上的社会经济目标应选择最主要的社会经济目标填写。项目的社会经济目标为：1. 环境保护、生态建设及污染防治，2. 能源生产、分配和合理利用，3. 卫生事业的发展，4. 教育事业的发展，5. 基础设施以及城市和农村规划，6. 社会发展和社会服务，7. 地球和大气层的探索与利用，8. 民用空间探测及开发，9. 农林牧渔业发展，10. 工商业发展，11. 非定向研究，12. 其他民用目标，13. 国防。

项目人员折合全时当量 指调查单位在报告年度实际参加某科技项目（课题）活动人员的折合全时当量。

项目研究人员折合全时当量 指调查单位在报告年度实际参加某科技项目（课题）活动研究人员的折合全时当量。

项目经费内部支出 指报告年度在本单位内部开展科技项目活动的经费支出，不包括委托研制或合作研制而支付外单位的经费。

项目经费内部支出中政府资金 指项目经费内部支出中来自各级政府部门的各类资金，包括财政科学技术拨款、科学基金、教育等部门事业费以及政府部门预算外资金的实际支出。

机构名称 独立研究机构填写正式对外使用的名称，非独立研发（科技）机构填写所在单位规定使用的名称。

学科分类 按国家标准《学科分类与代码》（GB/T 13745-2009）中的一级学科代码填写。

服务的国民经济行业 按国家标准《国民经济行业分类与代码》（GB/T 4754-2011）中的大类代码填写。服务于多个国民经济行业的机构按其最主要的服务行业填写。

研究机构组成类型 按相应的分类填写代码，具体的分类与代码是：10. 政府部门办，20. 与境内高校合办，30. 与境内独立研究机构合办，40. 与境外机构合办，51. 与境内注册外商独资企业合办，52. 与境内注册其他企业合办，60. 单位自办，70. 其他。

机构 R&D 人员 指报告年度独立研究机构及非独立科技机构内直接从事研发活动，以及专门从事研发活动管理和为研发活动提供直接服务工作时间占全部工作时间的 10%及以上的人员。

机构 R&D 人员中博士毕业人员 指研发机构 R&D 人员中具有博士学历或博士学位的人员。

机构 R&D 人员中硕士毕业人员 指研发机构 R&D 人员中具有硕士学历或硕士学位的人员。

机构 R&D 经费支出 指报告年度独立研究机构与非独立科技机构用于内部开展研发活动实际支出的费用。

机构仪器和设备原价 指独立及非独立研发机构报告期末固定资产中仪器和设备的原价（不包括长期闲置不用的仪器和设备）。

机构仪器和设备原价中进口 指独立及非独立研发机构报告期末固定资产中从国外购入的仪器和设备的原价（不包括长期闲置不用的仪器和设备）。

国家财政性教育经费 指学校（单位）取得的所有属于财政性质的经费。包括公共财政预算安排的教育经费，政府性基金预算安排的教育经费，企业办学中的企业拨款，校办产业和社会服务收入用于教育的经费，其他属于国家财政性教育经费。

公共财政教育支出 指学校（单位）从同级财政部门取得的、用公共财政预算支出科目 205 类“教育支出”安排的经费。包括教育事业费，基本建设经费和教育费附加。

民办学校中举办者投入 指民办学校举办者投入民办学校的办学经费。

捐赠收入 指境内外社会各界及个人对教育的资助和捐赠资金。

事业收入 指学校（单位）开展教学、科研及其辅助活动依法取得的收入。包括向学生个人或者单位收取的学费（保育教育费）、住宿费、委托培养费、考试考务费、培训费和其他教育事业收入，通过承接科研项目、开展科研协作、转化科技成果、进行科技咨询取得的科研事业收入。

学费 指学校经财政部门核准留用或经财政专户返还的学费数，不包括上缴财政专户但尚未返还部分。

其他教育经费 指学校（单位）除上述各项收入以外的其他收入。如：捐赠收入、租金收入、投资收益、利息收入、附属单位上缴收入等。

幼儿园数 指经县级教育行政部门审批成立的、招收学龄前幼儿并进行保育和教育的单位数。

在园幼儿数 指在单独设立的幼儿园、其他学校附设的幼儿班（学前班）的幼儿数。

城区公办幼儿园数 指位于城区的招收学龄前幼儿并对其进行保育和教育的公办单位数。

镇区公办幼儿园数 指位于镇区的招收学龄前幼儿并对其进行保育和教育的公办单位数。

乡村公办幼儿园数 指位于乡村的招收学龄前幼儿并对其进行保育和教育的公办单位数。

学前三年毛入园率 指学前教育在园（班）幼儿数占 3～5 岁年龄组人口数（个别地区为 4～6 岁年龄组人口数）的百分比。取自教育部统计年报。计算公式为：

$$\text{学前三年毛入园率}=\frac{\text{在园(班)幼儿数}}{3-5\text{岁年龄组人口数}}\times 100\%$$

小学学龄儿童净入学率 指调查范围内已入小学学习的学龄儿童占校内外学龄儿童总数的比重。计算公式为：

$$\text{小学学龄儿童净入学率}=\frac{\text{已入学的小学学龄儿童数}}{\text{校内外小学学龄儿童总数}}\times 100\%$$

九年义务教育巩固率 指初中毕业班学生数占该年级入小学一年级时学生数的百分比。根据教育部门有关统计资料测算。计算公式为：

九年义务教育巩固率=初中毕业班学生数/该年级入小学一年级时学生数*100%

初中阶段毛入学率 指初中阶段在校生总数占国家规定初中阶段年龄组（12-14 岁）人口数的百分比。计算公式为：

$$\text{初中阶段毛入学率}=\frac{\text{初中阶段在校学生数}}{12-14\text{岁学龄组人口数}}\times 100\%$$

高中阶段毛入学率 指高中阶段（包括普通高中、成人高中、中等职业学校）教育在校学生总数占国家规定高中阶段年龄组（15-17 岁）人口数的百分比。计算公式为：

$$\text{高中阶段毛入学率}=\frac{\text{高中阶段在校学生数}}{15-17\text{岁学龄组人口数}}\times 100\%$$

高等教育毛入学率 指高等教育（包括国家承认学历的各类高等教育：研究生、普通高校本专科、成人高等本专科、高等学历文凭考试专科、网络教育本专科、自学考试本专科、军事院校本专科等）在校学生总数占国家规定高等教育年龄组（18-22 岁）人口数的百分比。

特殊教育学校 指具备适应残疾儿童少年学习、康复、生活特点的场所和设施，招收盲聋哑、智力残疾及其他有特殊需要的儿童少年实施普通初等、普通中等或中等职业教育的独立设置学校。包括盲人学校、聋人学校、弱智学校、其他特殊教育学校。

教职工 指在各级各类学校（机构）全职工作，并由各级各类学校（机构）支付工资的编制或聘任制人员数。

专任教师 指具有教师资格，专职从事教学工作的人员。

进城务工人员随迁子女 是指户籍登记在外省（区、市）、本省外县（区）的乡村，随务工父母到输入地的城区、镇区（同住）并接受义务教育的适龄儿童少年。

农村留守儿童 是指外出务工连续半年以上的农民托留在户籍所在地家乡，由父、母单方或其他亲属监护接受义务教育的适龄儿童少年。

（四）综合汇总分组目录

1. 按 R&D 活动类型分组

（1）基础研究
（2）应用研究
（3）试验发展

2. 按隶属关系分组

（1）中央
（2）地方

3. 按学科分组

（1）自然科学
（2）农业科学
（3）医药科学
（4）工程与技术科学
（5）人文与社会科学

4. 按项目（课题）来源分组

（1）国家科技项目（课题）
（2）地方科技项目（课题）
（3）其他企业委托科技项目（课题）
（4）自选科技项目（课题）
（5）来自国外的科技项目（课题）
（6）其他科技项目（课题）

5. 按项目（课题）合作形式分组

（1）与境外机构合作
（2）与境内高校合作
（3）与境内独立研究机构合作
（4）与境内注册外商独资企业合作
（5）与境内注册其他企业合作
（6）独立完成
（7）其他

6. 按项目（课题）社会经济目标分组

（1）环境保护、生态建设及污染防治
（2）能源生产、分配和合理利用
（3）卫生事业的发展
（4）教育事业的发展

（5）基础设施以及城市和农村规划
（6）社会发展和社会服务
（7）地球和大气层的探索与利用
（8）民用空间探测及开发
（9）农林牧渔业发展
（10）工商业发展
（11）非定向研究
（12）其他民用目标
（13）国防

7. 按机构组成类型分组

（10）政府部门办
（20）与境内高校合办
（30）与境内独立研究机构合办
（40）与境外机构合办
（51）与境内注册外商独资企业合办
（52）与境内注册其他企业合办
（60）单位自办
（70）其他

8. 按服务的国民经济行业分组

按《国民经济行业分类与代码》（GB/T 4754-2011）分到大类（略）。

9. 按地区分组

按《中华人民共和国行政区划代码》（GB/T 2260）分到省。

科学技术部

（一）报 表 目 录

<table>
<tr><th>表号</th><th>表名</th><th>报告期别</th><th>填报范围</th><th>报送时间及方式</th><th>负责单位</th><th>备注</th></tr>
<tr><td colspan="7">综合年报</td></tr>
<tr><td>KJ302 表</td><td>研究与试验发展（R&D）人员情况</td><td>年报</td><td>地级及以上独立核算的政府属科学研究与技术开发机构及科技信息与文献机构，其他科学研究和技术服务业事业单位。</td><td rowspan="4">加“*”指标 6 月 20 日前，其他指标 4 月 30 日前。</td><td rowspan="13">社科文司</td><td rowspan="13">《科技综合统计报表制度》</td></tr>
<tr><td>KJ303 表</td><td>研究与试验发展（R&D）经费情况</td><td>年报</td><td>地级及以上独立核算的政府属科学研究与技术开发机构及科技信息与文献机构，其他科学研究和技术服务业事业单位。</td></tr>
<tr><td>KJ304 表</td><td>研究与试验发展（R&D）产出情况</td><td>年报</td><td>地级及以上独立核算的政府属科学研究与技术开发机构及科技信息与文献机构，其他科学研究和技术服务业事业单位。</td></tr>
<tr><td>KJ305 表</td><td>研究与试验发展（R&D）项目（课题）情况</td><td>年报</td><td>地级及以上独立核算的政府属科学研究与技术开发机构及科技信息与文献机构，其他科学研究和技术服务业事业单位。</td></tr>
<tr><td>KJ306 表</td><td>研究机构情况</td><td>年报</td><td>地级及以上独立核算的政府属科学研究与技术开发机构及科技信息与文献机构，其他科学研究和技术服务业事业单位。</td><td>4 月 30 日前，电子邮件 skskjc@stats.gov.cn</td></tr>
<tr><td>KJ307 表</td><td>研究与试验发展（R&D）及相关情况快报</td><td>年报</td><td>研究与试验发展情况填报单位为地级及以上独立核算的政府属科学研究与技术开发机构及科技信息与文献机构，其他科学研究和技术服务业事业单位。</td><td>1 月 10 日前，电子邮件 skskjc@stats.gov.cn</td></tr>
<tr><td>KJ308 表</td><td>科技进步贡献率</td><td>年报</td><td></td><td>9 月 20 日前，通过“国家统计局部门综合数据管理系统”报送数据</td></tr>
<tr><td>KJ309 表</td><td>国家高新技术产业开发区内企业主要经济指标</td><td>年报</td><td>经省、自治区、直辖市、计划单列市高新技术企业认定管理机构认定并获得高新技术企业证书的企业和各国家高新技术产业开发区批准入区的具有独立核算法人资格的工业企业，应用高技术进行设计、施工以及技术装备的建筑业企业，高技术服务业企业以及可归入文化创意产业类的企业</td><td>7 月 20 日前，通过“国家统计局部门综合数据管理系统”报送数据</td></tr>
<tr><td>KJ310 表</td><td>工业制成品、高技术产品和初级产品进出口贸易</td><td>年报</td><td>参照美国的先进技术产品（ATP）进出口目录建立我国的高技术产品进出口统计目录，统计范围为此目录上的高技术产品</td><td rowspan="5">6 月 20 日前，通过“国家统计局部门综合数据管理系统”报送数据</td></tr>
<tr><td>KJ311 表</td><td>国家主要科技计划基本情况</td><td>年报</td><td>国家主要科技计划：2005 年及以前为国家科技攻关计划，自 2006 年起为国家科技支撑计划；国家重点基础研究发展计划(973 计划)；国家重大科学研究计划</td></tr>
<tr><td>KJ312 表</td><td>国家自然科学基金资助项目经费</td><td>年报</td><td>国家自然科学基金资助项目</td></tr>
<tr><td>KJ313 表</td><td>国家重点实验室运行情况</td><td>年报</td><td>国家重点实验室</td></tr>
<tr><td>KJ314 表</td><td>创业风险投资基本情况</td><td>年报</td><td>中国境内从事创业风险投资业务的创业风险投资机构和创业风险投资管理（顾问）机构</td></tr>
</table>

表号	表名	报告期别	填报范围	报送时间及方式	负责单位	备注
KJ315 表	国外主要检索工具收录我国论文总数及在世界上的位置	年报	本表数据统一使用各检索系统直接检索结果	7 月 20 日前，通过“国家统计局部门综合数据管理系统”报送数据	社科文司	《科技综合统计报表制度》
KJ316 表	国外主要检索工具收录的我国科技人员在国内外期刊上发表论文情况	年报	各检索系统中逐一核对过的第一作者单位在中国的论文			
KJ317 表	国外主要检索工具收录我国科技论文	年报	各检索系统中逐一核对过的第一作者单位在中国的论文			
KJ318 表	《SCI》收录的我国科技论文的 10 年滚动被引用情况	年报	各检索系统中逐一核对过的第一作者单位在中国的论文			
KJ319 表	国内科技期刊刊登的科技论文篇数按机构类型分类	年报	中国科技论文与引文数据库（CSTPCD），又称中国科技核心期刊数据库			
KJ320 表	重大科技成果	年报	申请登记通过鉴定、验收、评审、行业准入、评估、结题、评价机构评价等方式评价或已获得知识产权，并且不涉及国家秘密的科技成果	6 月 20 日前，通过“国家统计局部门综合数据管理系统”报送数据		
KJ321 表	国家级科技奖励分布	年报	国家级科技奖励项目			
KJ322 表	全国技术市场成交合同情况	年报	在各省市科技行政主管部门设立的技术合同认定登记机构登记的技术合同	7 月 20 日前，通过“国家统计局部门综合数据管理系统”报送数据		
KJ323 表	按合同类别分技术市场技术流向地域合同情况	年报	在各省市科技行政主管部门设立的技术合同认定登记机构登记的技术合同			
KJ325 表	国际科技合作项目	年报	国务院有关部、委、局及其直属机构，国有大中型企业及科研院所，各省、自治区、直辖市和计划单列市科技厅（委、局）	6 月 20 日前，通过“国家统计局部门综合数据管理系统”报送数据		
KJ326 表	科学普及基本情况	年报	国家机关、社会团体和企事业单位等机构和组织			
KJ327 表	全国生产力促进中心主要经济指标	年报	国内全部生产力促进中心（除港、澳、台地区）	7 月 20 日前，通过“国家统计局部门综合数据管理系统”报送数据		
KJ328 表	科技企业孵化器创新及相关情况	年报	由科技部认定的所有科技企业孵化器法人单位	6 月 30 日前，通过“国家统计局部门综合数据管理系统”报送数据		
KJ329 表	分地区科技企业孵化器创新及相关主要指标	年报	由科技部认定的所有科技企业孵化器法人单位			
KJ330 表	国家高新技术产业开发区情况	年度	经国务院批准的国家高新技术产业开发区			
KJ331 表	国家高新技术产业开发区分行业情况	年度	经国务院批准的国家高新技术产业开发区	7 月 30 日前，通过“国家统计局部门综合数据管理系统”报送数据		
KJ332 表	国家技术转移示范机构创新及相关情况	年报	国家技术转移示范机构	7 月 20 日前，通过“国家统计局部门综合数据管理系统”报送数据。		创新综合统计

表号	表名	报告期别	填报范围	报送时间及方式	负责单位	备注
KJ333 表	生产力促进中心创新及相关情况	年报	生产力促进中心			创新综合统计
KJ334 表	各地区众创空间运行综合情况	年报	纳入火炬统计管理范围的符合科学技术部印发《发展众创空间工作指引》条件的众创空间以及经科学技术部备案的众创空间。	6 月 30 日前网上报送。	服务业司	《互联网经济统计报表制度》
702-1 表	部门服务业行政单位财务状况	年报	研究和试验发展业中执行行政单位会计制度的单位	6 月 30 日前，电子邮件或内部交换 dczxjtc@stats.gov.cn	服务业司	《部门服务业财务统计报表制度》（试行）
			科技推广和应用服务业中执行行政单位会计制度的单位			
702-2 表	部门服务业事业单位财务状况	年报	研究和试验发展业中执行事业单位会计制度的单位			
			科技推广和应用服务业中执行事业单位会计制度的单位			
综合定报						
KJ335 表	孵化器众创空间情况半年报	半年报	科技企业孵化器和众创空间	7 月 20 日前，通过“国家统计局部门综合数据管理系统”报送数据。	社科文司	《科技综合统计报表制度》

（二）调 查 表 式

综 合 年 报

研究与试验发展（R&D）人员情况

表　　号：K J 3 0 2 表
制定机关：国 家 统 计 局
文　　号：国统字〔2019〕3 号
有效期至：2 0 1 9 年 6 月

综合机关名称：科学技术部　　　　2 0　　年

指标名称	代码	单位数（个）	有 R&D 活动单位	从业人员*（人）	R&D 人员（人）	其中：女性	其中：研究人员	其中：	
								全时人员	非全时人员
甲	乙	1	2	3	4	5	6	7	8
总　计									
一、按隶属关系分									
中央部门属									
#中国科学院*									
地方部门属									
其中：省级*									
副省级*									
地市级*									
其中：北京*									
天津*									
…									
新疆*									
二、按行业分									
三、按地区分									
四、按地市分									
五、按学科分（至门类）*									
六、按机构服务的国民经济行业分*									

续表

其中：				R&D 人员折合全时当量（人年）	其中：研究人员	其中：		
博士毕业	硕士毕业	本科毕业	其他学历			基础研究	应用研究	试验发展
9	10	11	12	13	14	15	16	17

单位负责人：　　　　填表人：　　　　报出日期：　2 0　　年　　月　　日

说明：1. 统计范围：地级及以上独立核算的政府属科学研究与技术开发机构及科技信息与文献机构填报所有指标，其他科学研究和技术服务业事业单位填报除加“*”的其他指标。
2. 报送时间：加“*”指标 6 月 20 日前，其他指标 4 月 30 日前。
3. 审核关系：（1）1≥2　（2）4≥5　（3）4≥6　（4）4=7+8=9+10+11+12　（5）13≥14　（6）13=15+16+17

研究与试验发展（R&D）经费情况

表　　号：K J 3 0 3 表
制定机关：国 家 统 计 局
文　　号：国统字〔2019〕3 号
有效期至：2 0 1 9 年 6 月

综合机关名称：科学技术部　　　　2 0 　年　　　　计量单位：　万　元

指标名称	代码	R&D 经费内部支出	其中：			其中：			
			基础研究	应用研究	试验发展	日常性支出	人员劳务费	资产性支出	仪器和设备
甲	乙	1	2	3	4	5	6	7	8
总　计									
一、按隶属关系分									
中央部门属									
#中国科学院*									
地方部门属									
其中：省级*									
副省级*									
地市级*									
其中：北京*									
天津*									
…									
新疆*									
二、按行业分									
三、按地区分									
四、按地市分									
五、按学科分（至门类）*									
六、按机构服务的国民经济行业分*									

续表

其中：				R&D 经费外部支出	对境内研究机构支出	对境内高等学校支出	对境内企业支出	对境外支出
政府资金	企业资金	境外资金	其他资金					
9	10	11	12	13	14	15	16	17

单位负责人：　　　　填表人：　　　　报出日期：2 0 　年　月　日

说明：1. 统计范围：地级及以上独立核算的政府属科学研究与技术开发机构及科技信息与文献机构填报所有指标，其他科学研究和技术服务业事业单位填报除加“*”的其他指标。

2. 报送时间：加“*”指标 6 月 20 日前，其他指标 4 月 30 日前。

3. 审核关系：

（1）1=2+3+4=5+7=9+10+11+12　（2）5≥6　（3）7≥8　（4）13≥14+15+16+17

研究与试验发展（R&D）产出情况

表　　号：K J 3 0 4 表
制定机关：国 家 统 计 局
文　　号：国统字〔2019〕3 号
有效期至：2 0 1 9 年 6 月

综合机关名称：科学技术部　　2 0　　年

指标名称	代码	专利申请数（件）		专利授权数（件）		有效发明专利数（件）
			发明专利		发明专利	
甲	乙	1	2	3	4	5
总　　计						
一、按隶属关系分						
中央部门属						
#中国科学院*						
地方部门属						
其中：省级*						
副省级*						
地市级*						
其中：北京*						
天津*						
…						
新疆*						
二、按行业分						
三、按地区分						
四、按地市分						
五、按学科分（至门类）*						
六、按机构服务的国民经济行业分*						

续表

专利所有权转让及许可数（件）	专利所有权转让及许可收入（万元）	集成电路布图设计登记数（件）	植物新品种权授予数（项）	形成国家或行业标准数（项）	发表科技论文（篇）		出版科技著作（种）
						国外发表*	
6	7	8	9	10	11	12	13

单位负责人：　　填表人：　　报出日期：2 0　　年　　月　　日

说明：1. 统计范围：地级及以上独立核算的政府属科学研究与技术开发机构及科技信息与文献机构填报所有指标，其他科学研究和技术服务业事业单位填报除加“*”的其他指标。
2. 报送时间：加“*”指标 6 月 20 日前，其他指标 4 月 30 日前。
3. 审核关系：（1）1≥2　（2）3≥4　（3）11≥12

研究与试验发展（R&D）项目（课题）情况

表　　号：K J 3 0 5 表
制定机关：国 家 统 计 局
文　　号：国统字〔2019〕3 号
有效期至：2 0 1 9 年 6 月

综合机关名称：科学技术部　　　　2 0　　年

指标名称	代码	项　目（课题）数（项）	项目（课题）参加人员折合全时当量（人年）		项目（课题）经费内部支出（万元）
				研究人员	
甲	乙	1	2	3	4
总　计					
一、按项目（课题）来源分					
二、按项目（课题）合作形式分					
三、按项目（课题）活动类型分					
四、按学科分类分（包含门类及一级学科*）					
五、按项目（课题）服务的国民经济行业分					
六、按项目（课题）社会经济目标分					
七、按隶属关系分					
中央部门属					
#中国科学院*					
地方部门属					
其中：省级*					
副省级*					
地市级*					
其中：北京*					
天津*					
…					
新疆*					
八、按行业分					
九、按地区分					
十、按地市分					

单位负责人：　　　　填表人：　　　　报出日期：2 0　　年　月　日

说明：1. 统计范围：地级及以上独立核算的政府属科学研究与技术开发机构及科技信息与文献机构填报所有指标，其他科学研究和技术服务业事业单位填报除加“*”的其他指标。
2. 报送时间：加“*”指标 6 月 20 日前，其他指标 4 月 30 日前。
3. 审核关系：2⩾3

研究机构情况

表　　号：K J 3 0 6 表
制定机关：国 家 统 计 局
文　　号：国统字〔2019〕3 号
有效期至：2 0 1 9 年 6 月

综合机关名称：科学技术部　　　2 0　　年

指标名称	代码	机构数（个）	R&D 人员（人）			R&D 经费支出（万元）	科研用仪器设备原价（万元）	
				博士毕业	硕士毕业			进口
甲	乙	1	2	3	4	5	6	7
总　计								
一、按学科分								
二、按机构服务的国民经济行业分								
三、按机构组成类型分								
四、按隶属关系分								
五、按行业分								
六、按地区分								
七、按地市分								

单位负责人：　　　填表人：　　　报出日期：2 0　　年　　月　　日

说明：1. 统计范围：地级及以上独立核算的政府属科学研究与技术开发机构及科技信息与文献机构，其他科学研究和技术服务业事业单位。
2. 报送时间：4 月 30 日前。
3. 审核关系：
（1）2≥3+4　　　（2）6≥7

研究与试验发展（R&D）及相关情况快报

表　　号：K J 3 0 7 表
制定机关：国 家 统 计 局
文　　号：国统字〔2019〕3 号
有效期至：2 0 1 9 年 6 月

综合机关名称：科学技术部　　　　2 0　　年

指标名称	计量单位	代码	总计	科研机构
甲	乙	丙	1	2
一、研究与试验发展情况				
R&D 经费内部支出	亿元	01		
其中：基础研究	亿元	02		
R&D 人员折合全时当量	万人年	03		
二、科技创新相关情况				
国家重点研发计划项目数	个	04		–
国家科技重大专项安排课题数	个	05		–
国家自然科学基金资助项目数	个	06		–
国家重点实验室	个	07		–
国家科技成果转化引导基金设立子基金数	个	08		–
国家科技成果转化引导基金资金规模	亿元	09		–
签订技术合同数	万项	10		–
技术合同成交额	亿元	11		–
有效期内高新技术企业数	千个	12		–
国家级科技企业孵化器数量	个	13		–
国家备案众创空间数量	个	14		–

单位负责人：　　　　填表人：　　　　报出日期：　2 0　　年　　月　　日

说明：1. 统计范围：研究与试验发展情况填报单位为地级及以上独立核算的政府属科学研究与技术开发机构及科技信息与文献机构、其他科学研究和技术服务业事业单位。
2. 报送时间：1 月 10 日前。
3. 审核关系：01≥02

科技进步贡献率

表　　号：K J 3 0 8 表
制定机关：国 家 统 计 局
文　　号：国统字〔2019〕3 号
有效期至：2 0 1 9 年 9 月

综合机关名称：科学技术部　　　　2 0　　年　　　　计量单位：　　%

指标名称	代码	2013-2018
甲	乙	1
科技进步贡献率		

单位负责人：　　　　填表人：　　　　报出日期：2 0　　年　　月　　日

说明：报送时间：9 月 20 日前。

国家高新技术产业开发区内企业主要经济指标

表　　号：K J 3 0 9 表
制定机关：国 家 统 计 局
文　　号：国统字〔2019〕3 号
有效期至：2 0 1 9 年 9 月

综合机关名称：科学技术部　　　　2 0　　年

项　目	代码	企业数（个）	期末从业人员（人）	营业收入（万元）	#技术收入	#产品销售收入	工　业总产值（万元）	净利润（万元）	实缴税费（万元）	出口额（万元）
甲	乙	1	2	3	4	5	6	7	8	9
总　计										
按开发区分组										

单位负责人：　　　　填表人：　　　　报出日期：2 0　　年　　月　　日

说明：1. 统计范围：经省、自治区、直辖市、计划单列市高新技术企业认定管理机构认定并获得高新技术企业证书的企业和各国家高新技术产业开发区批准入区的具有独立核算法人资格的工业企业，应用高技术进行设计、施工以及技术装备的建筑业企业，高技术服务业企业以及可归入文化创意产业类的企业。

2. 报送时间：8 月 20 日前。

3. 审核关系：（1）3≥4　（2）3≥5

工业制成品、高技术产品和初级产品进出口贸易

表　　号：KJ310表
制定机关：国家统计局
文　　号：国统字〔2019〕3号
有效期至：2019年9月
计量单位：百万美元

综合机关名称：科学技术部　　　　20　　年

指标名称	代码	工业制成品		高技术产品		初级产品	
		出口贸易额	进口贸易额	出口贸易额	进口贸易额	出口贸易额	进口贸易额
甲	乙	1	2	3	4	5	6
总　计							
一、按技术领域分组		—	—			—	—
二、按贸易方式分组		—	—			—	—
三、按地区分组		—	—			—	—

单位负责人：　　　　填表人：　　　　报出日期：20　　年　　月　　日

说明：1.统计范围：参照美国的先进技术产品（ATP）进出口目录建立我国的高技术产品进出口统计目录，统计范围为此目录上的高技术产品。
　　2.报送时间：6月20日前。

国家主要科技计划基本情况

表　　号：KJ311表
制定机关：国家统计局
文　　号：国统字〔2019〕3号
有效期至：2019年9月
计量单位：万元

综合机关名称：科学技术部　　　　20　　年

指标名称	代码	本年
甲	乙	1
863计划	01	
基础研究计划	02	
国家自然科学基金	03	
国家重点基础研究发展计划（973计划）	04	
农　业	05	
能　源	06	
信　息	07	
资源环境	08	
健　康	09	
材　料	10	
制造与工程	11	

续表

指标名称	代码	本年
甲	乙	1
综合交叉	12	
重大科学前沿	13	
国家重点研发计划	14	
国家重大科学研究计划	15	
纳米研究	16	
量子调控研究	17	
蛋白质研究	18	
发育与生殖研究	19	
干细胞研究	20	
全球变化研究	21	
国家重点研发计划	22	
科技支撑计划/科技攻关计划	23	
能　源	24	
资　源	25	
环　境	26	
农　业	27	
材　料	28	
制造业	29	
交通运输	30	
信息产业与现代服务业	31	
人口与健康	32	
城镇化与城市发展	33	
公共安全及其他社会事业	34	
科技基础条件建设	35	
国家重点实验室建设计划	36	
国家工程技术研究中心	37	
科技成果转化引导基金	38	
科技型中小企业技术创新基金	39	

单位负责人：　　填表人：　　报出日期：20　年　月　日

说明：1. 统计范围：国家主要科技计划；2005 年及以前为国家科技攻关计划，自 2006 年起为国家科技支撑计划；国家重点基础研究发展计划(973 计划)；国家重大科学研究计划。

2. 报送时间：6 月 20 日前。

国家自然科学基金资助项目经费

表　　号：K J 3 1 2 表
制定机关：国 家 统 计 局
文　　号：国统字〔2019〕3 号
有效期至：2 0 1 9 年 9 月

综合机关名称：科学技术部　　2 0　　年　　计量单位：　　万　　元

指标名称	代码	合计	高等学校	#教育部所属院校	科研机构	#中国科学院	其他
甲	乙	1	2	3	4	5	6
总　计	**01**						
面上项目	02						
重点项目	03						
重大项目	04						
重大研究计划项目	05						
国际（地区）合作研究项目	06						
青年科学基金项目	07						
地区科学基金项目	08						
优秀青年科学基金项目	09						
国家杰出青年科学基金项目	10						
创新研究群体项目	11						
海外及港澳学者合作研究基金项目	12						
国家重大科研仪器研制项目	13						
联合基金项目	14						
国际（地区）合作交流项目	15						
应急管理项目	16						
外国青年学者研究基金项目	17						
数学天元基金	18						
基础科学中心项目	19						

单位负责人：　　填表人：　　报出日期：2 0　　年　　月　　日

说明：1. 统计范围：国家自然科学基金资助项目。
　　　2. 报送时间：6 月 20 日前。

国家重点实验室运行情况

表　　号：K J 3 1 3 表
制定机关：国 家 统 计 局
文　　号：国统字〔2019〕3 号
有效期至：2 0 1 9 年 9 月

综合机关名称：科学技术部　　　　20　年

项目	代码	实验室数（个）	实验室人员		研究经费		科研项目		获奖成果（项）	发表论文（篇）	毕业研究生（人）
			固定人员（人）	客座人员（人）	筹集（万元）	支出（万元）	项数（项）	经费（万元）			
甲	乙	1	2	3	4	5	6	7	8	9	10
总　计	**01**										
工业与信息化部	02										
国家卫生健康委员会	03										
教育部	04										
农业农村部	05										
水利部	06										
生态环境部	07										
国家林业和草原局	08										
中国科学院	09										
中国地震局	10										
中国气象局	11										
国家海洋局	12										
中央军委后勤保障部	13										
中央军委训练管理部	14										
河北省科学技术厅	15										
陕西省科学技术厅	16										
山西省科学技术厅	17										
四川省科学技术厅	18										
江苏省科学技术厅	19										
山东省科学技术厅	20										
广东省科学技术厅	21										
广西壮族自治区科学技术厅	22										
湖南省科学技术厅	23										
青岛海洋科学与技术试点国家实验室	24										

单位负责人：　　　　填表人：　　　　报出日期：20　年　月　日

说明：1. 统计范围：学科类国家重点实验室。
　　　2. 报送时间：6 月 20 日前。

创业风险投资基本情况

表　　号：K J 3 1 4 表
制定机关：国　家　统　计　局
文　　号：国统字〔2019〕3 号
有效期至：2 0 1 9 年 9 月

综合机关名称：科学技术部　　　　2 0　　年

指标名称	计量单位	代码	本年
甲	乙	丙	1
一、机构数	个		
二、基金数	个		
三、管理资本总额	亿元		
四、投资强度	万元/项		
五、累计投资			
1. 累计投资项目数	项		
#累计投资高新技术企业（项目）数	项		
2. 累计投资金额	亿元		
#累计投资高新技术企业（项目）额	亿元		
六、投资轮次			
首轮投资	%		
后续投资	%		
七、投资阶段			
1. 按投资项目分			
种子期	%		
起步期	%		
成长（扩张）期	%		
成熟（过渡）期	%		
重建期	%		
2. 按投资金额分			
种子期	%		
起步期	%		
成长（扩张）期	%		
成熟（过渡）期	%		
重建期	%		
八、退出方式			
上市	%		
收购	%		
回购	%		
清算	%		
其他	%		

单位负责人：　　　　填表人：　　　　报出日期：2 0　　年　　月　　日

说明：1. 统计范围：中国境内从事创业风险投资业务的创业风险投资机构和创业风险投资管理（顾问）机构。
2. 投资强度=当年投资金额/投资项目数，用以反映单个项目的投资大小。
3. 报送时间：6 月 20 日前。

国外主要检索工具收录我国论文总数及在世界上的位置

表　　号：K J 3 1 5 表
制定机关：国 家 统 计 局
文　　号：国统字〔2019〕3 号
综合机关名称：科学技术部　　　　　　　　20　　年　　　　有效期至：2 0 1 9 年 9 月

指标名称	代码	2017 年
甲	乙	1
收录论文数（篇）		
《Science Citation Index》		
《Engineering Index》		
《Conference Proceedings Citation Index-Science》		
位　次		
《Science Citation Index》		
《Engineering Index》		
《Conference Proceedings Citation Index-Science》		

单位负责人：　　　　　　　　填表人：　　　　　　　　报出日期：2 0　　年　　月　　日

说明：1.统计范围：本表数据统一使用各检索系统直接检索结果，未经逐一核对。
　　　2.报送时间：7 月 20 日前。

国外主要检索工具收录的我国科技人员在国内外期刊上发表论文情况

表　　号：K J 3 1 6 表
制定机关：国 家 统 计 局
文　　号：国统字〔2019〕3 号
综合机关名称：科学技术部　　　　　　　　20　　年　　　　有效期至：2 0 1 9 年 9 月

指标名称	代码	2017 年
甲	乙	1
《Science Citation Index》收录合计		
国内发表		
国外发表		
《Engineering Index》收录合计		
国内发表		
国外发表		

单位负责人：　　　　　　　　填表人：　　　　　　　　报出日期：2 0　　年　　月　　日

说明：1.统计范围：各检索系统中逐一核对过的第一作者单位在中国的论文。
　　　2.报送时间：7 月 20 日前。

国外主要检索工具收录我国科技论文

表　　号：K J 3 1 7 表
制定机关：国　家　统　计　局
文　　号：国统字〔2019〕3 号
有效期至：2 0 1 9 年 9 月

综合机关名称：科学技术部　　　　2 0 　年

项　目	代码	篇数（篇）			位次		
		SCI	EI	CPCI-S	SCI	EI	CPCI-S
甲	乙	1	2	3	4	5	6
总　计							
按学科分组							
按地区分组							

单位负责人：　　　　填表人：　　　　报出日期：2 0 　年　月　日

说明：1. 统计范围：各检索系统中逐一核对过的第一作者单位在中国的论文。
2. 报送时间：7 月 20 日前。

《SCI》收录的我国科技论文的 10 年滚动被引用情况

表　　号：K J 3 1 8 表
制定机关：国　家　统　计　局
文　　号：国统字〔2019〕3 号
有效期至：2 0 1 9 年 9 月
计量单位：　　篇

综合机关名称：科学技术部　　　　2 0 　年

指标名称	代码	2008-2017
甲	乙	1
收录论文数（A）	01	
论文被引用次数（B）	02	

单位负责人：　　　　填表人：　　　　报出日期：2 0 　年　月　日

说明：1. 统计范围：各检索系统中逐一核对过的第一作者单位在中国的论文。
2. 报送时间：7 月 20 日前。

国内科技期刊刊登的科技论文篇数按机构类型分类

表　　号：K J 3 1 9 表
制定机关：国 家 统 计 局
文　　号：国统字〔2019〕3 号
有效期至：2 0 1 9 年 9 月

综合机关名称：科学技术部　　　　2 0　　年　　　　计量单位：　　篇

指标名称	代码	合计	高等院校	研究机构	企业	医院	其他
甲	乙	1	2	3	4	5	6
总　计							
基础学科							
数　学							
力　学							
信息、系统							
物　理							
化　学							
天　文							
地　学							
生　物							
医药卫生							
农林牧渔							
工业技术							
其　他							

单位负责人：　　　　填表人：　　　　报出日期：2 0　　年　　月　　日

说明：1. 统计范围：中国科技论文与引文数据库（CSTPCD），又称中国科技核心期刊数据库。
　　2. 报送时间：7 月 20 日前。

重大科技成果

表　　号：K J 3 2 0 表
制定机关：国 家 统 计 局
文　　号：国统字〔2019〕3 号
有效期至：2 0 1 9 年 9 月

综合机关名称：科学技术部　　　　2 0　　年　　　　计量单位：　　项

项　目	代码	本年
甲	乙	1
总　计		
一、按成果类别分组		
基础理论		
应用技术		
软科学		
二、按完成单位类型分组		
三、应用技术成果按行业分组		

单位负责人：　　　　填表人：　　　　报出日期：2 0　　年　　月　　日

说明：1. 统计范围：申请登记通过鉴定、验收、评审、行业准入、评估、结题、评价机构评价等方式评价或已获得知识产权，并且不涉及国家秘密的科技成果。（科技成果完成单位应是独立的法人单位，根据属地化原则或行业管理原则向科技管理机构提出申请，不得重复申请。两个或两个以上单位共同完成的科技成果，由科技成果第一完成单位牵头申请登记。
　　2. 报送时间：6 月 20 日前。

国家级科技奖励分布

表　　号：K J 3 2 1 表
制定机关：国　家　统　计　局
文　　号：国统字〔2019〕3 号
有效期至：2 0 1 9 年 9 月

综合机关名称：科学技术部　　　　2 0　　年　　　　计量单位：　　项

项　目	代码	本年
甲	乙	1
一、国家科学技术进步奖		
按等级分组		
按行业分组		
按隶属分组		
二、国家技术发明奖		
按等级分组		
按行业分组		
按隶属分组		
三、国家自然科学奖		
按等级分组		
按学科分组		
按隶属分组		
四、国家最高科学技术奖		
五、国际科学技术合作奖		

单位负责人：　　　　填表人：　　　　报出日期：2 0　　年　　月　　日

说明：1. 统计范围：国家级科技奖励项目。
　　　2. 报送时间：6 月 20 日前。

全国技术市场成交合同情况

表　　号：K J 3 2 2 表
制定机关：国 家 统 计 局
文　　号：国统字〔2019〕3 号
有效期至：2 0 1 9 年 9 月

综合机关名称：科学技术部　　　　20　　年

项　目	代码	合同数（项）	合同金额（万元）
甲	乙	1	2
总　计			
一、按技术合同构成分组			
1. 按合同类别分			
2. 按知识产权分			
3. 按技术领域分			
4. 按社会经济目标分			
5. 按国民经济行业分			
二、按买卖方构成类别分组			
1. 按卖方构成类别分			
2. 按买方构成类别分			
三、按登记地区分组			

单位负责人：　　　　填表人：　　　　报出日期：20　　年　　月　　日

说明：1. 统计范围：在各省市科技行政主管部门设立的技术合同认定登记机构登记的技术合同。
2. 报送时间：7 月 20 日前。

按合同类别分技术市场技术流向地域合同情况

表　　号：K J 3 2 3 表
制定机关：国 家 统 计 局
文　　号：国统字〔2019〕3 号
有效期至：2 0 1 9 年 9 月

综合机关名称：科学技术部　　　　20　　年

项　目	代码	合同数（项）	技术开发	技术转让	技术咨询	技术服务	合同金额（万元）	技术开发	技术转让	技术咨询	技术服务
甲	乙	1	2	3	4	5	6	7	8	9	10
总　计											
一、按技术市场技术输出地域分组											
二、按技术市场技术吸纳地域分组											

单位负责人：　　　　填表人：　　　　报出日期：20　　年　　月　　日

说明：1. 统计范围：在各省市科技行政主管部门设立的技术合同认定登记机构登记的技术合同。
2. 报送时间：7 月 20 日前。

国际科技合作项目

表　　号：K J 3 2 5 表
制定机关：国 家 统 计 局
文　　号：国统字〔2019〕3 号
有效期至：2 0 1 9 年 9 月

综合机关名称：科学技术部　　　　2 0　　年

指标名称	代码	项目数（项）	参加人数（人次）
甲	乙	1	2
一、按出访项目分组			
二、按来华项目分组			

单位负责人：　　　　填表人：　　　　报出日期：2 0　　年　　月　　日

说明：1. 统计范围：国务院有关部、委、局及其直属机构，国有大中型企业及科研院所，各省、自治区、直辖市和计划单列市科技厅（委、局）。
2. 报送时间：6 月 20 日前。

科学普及基本情况

表　　号：K J 3 2 6 表
制定机关：国 家 统 计 局
文　　号：国统字〔2019〕3 号
有效期至：2 0 1 9 年 9 月

综合机关名称：科学技术部　　　　2 0　　年

	代码	科普专职人员（人）	科普兼职人员（人）	科技馆			
				数量（个）	建筑面积（万平方米）	展厅面积（万平方米）	当年参观人数（万人次）
甲	乙	1	2	3	4	5	6
总　计							
按地区分组							

续表

年度科普经费筹集额（万元）	科普图书		科技活动周	
	出版种数（种）	出版总册数（万册）	科普专题活动次数（次）	参加人数（万人次）
7	8	9	10	11

单位负责人：　　　　填表人：　　　　报出日期：2 0　　年　　月　　日

说明：1. 统计范围：国家机关、社会团体和企事业单位等机构和组织。
2. 报送时间：6 月 20 日前。

全国生产力促进中心主要经济指标

表　　号：K J 3 2 7 表
制定机关：国 家 统 计 局
文　　号：国统字〔2019〕3 号
综合机关名称：科学技术部　　　　2 0　　年　　　　有效期至：2 0 1 9 年 9 月

指标名称	计量单位	代码	本年
甲	乙	丙	1
中心总数	个	1	
总资产	亿元	2	
服务企业总数	万个	3	
中心总服务收入	亿元	4	
为企业增加销售额	亿元	5	
为企业增加利税	亿元	6	
为社会增加就业	万人	7	

单位负责人：　　　　填表人：　　　　报出日期：2 0　　年　　月　　日

说明：1. 统计范围：国内全部生产力促进中心（除港、澳、台地区）。
　　　2. 报送时间：7 月 20 日前。

科技企业孵化器创新及相关情况

表　　号：K J 3 2 8 表
制定机关：国　家　统　计　局
文　　号：国统字〔2019〕3 号
有效期至：2 0 1 9 年 9 月

综合机关名称：科学技术部　　　　2 0　　年

指标名称	代码	计量单位	本年
在统孵化器数量	01	个	
其中：国家级	02	个	
非国家级	03	个	
孵化器使用总面积	04	平方米	
其中：在孵企业用房	05	平方米	
孵化器内企业总数	06	个	
在孵企业	07	个	
其中：留学人员企业	08	个	
大学生科技企业	09	个	
高新技术企业	10	个	
当年新增在孵企业	11	个	
在孵企业从业人员	12	人	
其中：大专以上人员	13	人	
留学人员	14	人	
累计毕业企业	15	个	
毕业企业平均孵化时限	16	月	
当年毕业企业	17	个	
在孵企业总收入	18	千元	
在孵企业累计获得财政资助额	19	千元	
在孵企业累计获得风险投资额	20	千元	
当年获得风险投资额	21	千元	
累计获得投融资的企业数量	22	个	
当年获得投融资的企业数量	23	个	
孵化器孵化基金总额	24	千元	
当年获得孵化基金投资的在孵企业数量	25	个	
在孵企业 R&D 投入	26	千元	
当年知识产权申请数	27	个	
拥有有效知识产权数	28	个	
其中：发明专利	29	个	
累计购买国外技术专利	30	个	

单位负责人：　　　　填表人：　　　　报出日期：2 0　　年　　月　　日

说明：1. 统计范围：由科技部认定的所有科技企业孵化器法人单位。
2. 报送时间：6 月 30 日前。
3. 本表价值量指标取整数。

分地区科技企业孵化器创新及相关主要指标

表　　号：K　J　3　2　9　表
制定机关：国　家　统　计　局
文　　号：国统字〔2019〕3 号
有效期至：2　0　1　9　年　9　月

综合机关名称：科学技术部　　　　2 0　　年

省份	在统孵化器数量（个）	孵化器内企业总数（个）	在孵企业（个）	在孵企业从业人员（人）	当年获得风险投资额（千元）	在孵企业 R&D 投入（千元）
全国						
按地区分						

单位负责人：　　　　填表人：　　　　报出日期：2 0　　年　　月　　日

说明：1. 统计范围：由科技部认定的所有科技企业孵化器法人单位。
2. 报送时间：6 月 30 日前。
3. 本表价值量指标取整数。

国家高新技术产业开发区情况

表　　号：K　J　3　3　0　表
制定机关：国　家　统　计　局
文　　号：国统字〔2019〕3 号
有效期至：2　0　1　9　年　9　月

综合机关名称：科学技术部　　　　2 0　　年

项目	代码	国家级高新区数量（个）	在园区内工商注册企业（个）		研发机构数（个）		创新服务机构数（个）		金融服务机构数（个）		营业收入（万元）	固定资产投资额（万元）
				当年新注册企业		省级及以上重点实验室		科技企业孵化器		创业风险投资机构		
甲	乙	1	2	3	4	5	6	7	8	9	10	11
全国	01											
北京	02				—	—	—	—	—	—		
天津	03				—	—	—	—	—	—		
…	…				—	—	—	—	—	—		
新疆	32				—	—	—	—	—	—		

续表

出口总额（万元）		资产总计（万元）	负债合计（万元）	净利润（万元）	R&D 经费内部支出（万元）	R&D 人员（折合全时当量）（人年）	年末从业人员（人）
	技术服务出口额						
12	13	14	15	16	17	18	19

单位负责人：　　　　填表人：　　　　报出日期：2 0　　年　　月　　日

说明：1. 统计范围：经国务院批准的国家高新技术产业开发区，主营业务收入、应交增值税为火炬统计企业的汇总数。火炬统计企业范围：1. 各国家高新区内经各地方高新技术企业认定管理机构认定的高新技术企业；2. 各国家高新区批准入区的、从事具有较高科技含量的工业产品生产型企业，应用高技术进行设计、施工以及技术装备的建筑业企业，符合国家统计局高技术服务业、科技服务业、生产性服务业目录的服务业企业；符合国家统计局文化及相关产业目录的企业；全部境内外上市企业及新三板、地方四板挂牌企业。
2. 报送时间：7 月 30 日前。

国家高新技术产业开发区分行业情况

表　　号：ＫＪ３３１表
制定机关：国　家　统　计　局
文　　号：国统字〔2019〕3 号
综合机关名称：科学技术部　　　　　　２０　　年　　　　　　有效期至：２０１９年９月

项目	代码	主营业务收入（万元）	应交增值税（万元）
甲	乙	1	2
总计	01		
农、林、牧、渔业	02		
采矿业	03		
制造业	04		
电力、热力、燃气及水生产和供应业	05		
建筑业	06		
批发和零售业	07		
交通运输、仓储和邮政业	08		
住宿和餐饮业	09		
信息传输、软件和信息技术服务业	10		
金融业	11		
房地产业	12		
租赁和商务服务业	13		
科学研究和技术服务业	14		
水利、环境和公共设施管理业	15		
居民服务、修理和其他服务业	16		
教育	17		
卫生和社会工作	18		
文化、体育和娱乐业	19		
公共管理、社会保障和社会组织	20		
国际组织	21		

单位负责人：　　　　　　填表人：　　　　　　报出日期：２０　　年　　月　　日

说明：1. 统计范围：经国务院批准的国家高新技术产业开发区，主营业务收入、应交增值税为火炬统计企业的汇总数。火炬统计企业范围：1. 各国家高新区内经各地方高新技术企业认定管理机构认定的高新技术企业；2. 各国家高新区批准入区的、从事具有较高科技含量的工业产品生产型企业，应用高技术进行设计、施工以及技术装备的建筑业企业，符合国家统计局高技术服务业、科技服务业、生产性服务业目录的服务业企业；符合国家统计局文化及相关产业目录的企业；全部境内外上市企业及新三板、地方四板挂牌企业。

2. 报送时间：7 月 30 日前。

国家技术转移示范机构创新及相关情况

表　　号：K J 3 3 2 表
制定机关：国 家 统 计 局
文　　号：国统字〔2019〕3 号
有效期至：2 0 1 9 年 9 月

综合机关名称：科学技术部　　　　2 0　　年

项　目	代码	国家技术转移示范机构数（个）	国家技术转移示范机构总人数（人）	其中：技术经纪人	其中：大学本科	其中：硕士(含以上)	其中：中级职称	其中：高级职称
甲	乙	1	2	3	4	5	6	7
总计 按地区分组								

续表

促进技术转移项目成交数量（项）	其中：促成战略性新兴产业内的技术转移项目成交数量	其中：促成公共财政投入计划项目成果转移数量	其中：促成国际技术转移项目成交数量	其中：重大技术转移项目成交数量
8	9	10	11	12

续表

促成技术转移项目成交金额（万元）	其中：促成战略性新兴产业内的技术转移项目成交金额	其中：促成公共财政投入计划项目成果转移累计金额	其中：促成国际技术转移项目成交金额	其中：重大技术转移项目成交总金额
13	14	15	16	17

续表

组织技术交易活动（次）	组织技术转移培训（次）	服务企业数（家）	解决企业需求（项）	本年专利授权数（项）	本年版权授予数（项）	本年商标权授予数（项）
18	19	20	21	22	23	24

单位负责人：　　　　填表人：　　　　报出日期：2 0　　年　　月　　日

说明：1. 统计范围：国家技术转移示范机构。
2. 报送时间：7 月 20 日前。
3. 审核关系：（1）2≥3　（2）2≥4+5　（3）2≥6+7　（4）8≥9　（5）8≥10
（6）8≥11　（7）8≥12　（8）13≥14　（9）13≥15　（10）13≥16
（11）13≥17

生产力促进中心创新及相关情况

表　　号：K J 3 3 3 表
制定机关：国　家　统　计　局
文　　号：国统字〔2019〕3 号
有效期至：2 0 1 9 年 9 月

综合机关名称：科学技术部　　　　2 0　　年

指标名称	计量单位	代码	本年
甲	乙	丙	1
一、咨询服务	—		
管理咨询次数	次	01	
管理咨询收入	千元	02	
技术咨询次数	次	03	
技术咨询收入	千元	04	
其他咨询次数	次	05	
其他咨询收入	千元	06	
协助企业申报计划项数	项	07	
其中：获得批准项数	项	08	
协助企业申报计划收入	千元	09	
二、信息服务	—		—
信息采集条数	条	10	
信息提供条数	条	11	
信息提供收入	千元	12	
三、技术服务			
技术推广项数	项	13	
技术推广收入	千元	14	
技术开发项数	项	15	
技术开发收入	千元	16	
产品检测次数	次	17	
产品检测收入	千元	18	
四、培训服务	—		—
培训对象数量	人次	19	
其中：管理培训	人次	20	
技术培训	人次	21	
其他培训	人次	22	
培训服务收入	千元	23	
五、人才和技术中介	—	24	—
导入技术项数	项	25	
导入技术收入	千元	26	
引进人才人数	人	27	
引进人才收入	千元	28	
组织交易活动项数	项	29	
组织交易活动收入	千元	30	
六、培育科技型企业	人		
在培企业数量	个	31	
毕业企业数量	个	32	
培育企业收入	千元	33	

说明：1. 统计范围：除港澳台地区外的境内全部生产力促进中心。
　　2. 报送时间：7 月 20 日前。
　　3. 审核关系：（1）7≥8　（2）19≥20+21+22

各地区众创空间运行综合情况

表　　号：ＫＪ３３４表
制定机关：国　家　统　计　局
文　　号：国统字〔2019〕3号
有效期至：２０１９年９月

综合机关名称：科学技术部　　　　２０　年

地　区	代码	众创空间基本情况					
		众创空间数量（个）	国家备案	非国家备案	使用总面积（平方米）	常驻初创企业和创业团队使用面积	服务人员数（人）
甲	乙	1	2	3	4	5	6
全　国	01						
北　京	02						
天　津	03						
…	…						
新　疆	32						

续表一

众创空间服务的初创企业情况							
初创企业数量（个）	常驻	获得投融资总额（万元）	享受财政资金支持总额（万元）	从业人员数（人）	应届毕业大学生	拥有有效知识产权数量（件）	发明专利数量
7	8	9	10	11	12	13	14

续表二

众创空间服务的创业团队情况						
创业团队数量（个）	常驻	获得投融资总额（万元）	从业人员数（人）	应届毕业大学生	拥有有效知识产权数量（件）	发明专利数量
15	16	17	18	19	20	21

单位负责人：　　　　填表人：　　　　报出日期：２０　年　月　日

说明：1.统计范围：纳入火炬统计管理范围的符合科学技术部印发《发展众创空间工作指引》条件的众创空间以及经科学技术部备案的众创空间。
2.报送时间：6月30日前网上报送。

部门服务业行政单位财务状况

（表式及指标解释见通表）

部门服务业事业单位财务状况

（表式及指标解释见通表）

综 合 定 报

孵化器众创空间情况半年报

表　　号：K J 3 3 5 表
制定机关：国 家 统 计 局
文　　号：国统字〔2019〕3 号
有效期至：2 0 1 9 年 6 月

综合机关名称：科学技术部　　　　20　年

指标名称	计量单位	代码	数 量
甲	乙	丙	1
一、科技企业孵化器情况	—	—	—
科技企业孵化器数量	个	01	
其中：新增孵化器数量	个	02	
二、众创空间情况	—	—	—
众创空间数量	个	03	
其中：新增众创空间数量	个	04	

单位负责人：　　　　填表人：　　　　报出日期:20　年　月　日

说明：1. 本表为半年报，上报当年 1-6 月底的情况。
2. 统计范围：各省、自治区、直辖市科技厅（委）所辖范围科技企业孵化器和众创空间。
3. 报送时间：2019 年 7 月 20 日前。
4. 审核关系：（1）01≥02　（2）03≥04

（三）主要指标解释

科技活动　是指在自然科学、农业科学、医药科学、工程与技术科学、人文与社会科学领域（简称科学技术领域）中与科技知识的产生、发展、传播和应用密切相关的有组织的活动。为核算科技投入的需要，科技活动可分为科学研究与试验发展（R&D）、科学研究与试验发展成果应用及相关的科技服务三类活动。

R&D（研究与试验发展）　是指在科学技术领域，为增加知识总量、以及运用这些知识去创造新的应用进行的系统的创造性的活动，包括基础研究、应用研究、试验发展三类活动。

基础研究　是指为了获得关于现象和可观察事实的基本原理的新知识（揭示客观事物的本质、运动规律，获得新发现、新学说）而进行的实验性或理论性研究，它不以任何专门或特定的应用或使用为目的。其成果以科学论文和科学著作为主要形式。

应用研究　是指为获得新知识而进行的创造性研究，主要针对某一特定的目的或目标。应用研究是为了确定基础研究成果可能的用途，或是为达到预定的目标探索应采取的新方法（原理性）或新途径。其成果形式以科学论文、专著、原理性模型或发明专利为主。

试验发展　是指利用从基础研究、应用研究和实际经验所获得的现有知识，为产生新的产品、材料和装置，建立新的工艺、系统和服务，以及对已产生和建立的上述各项作实质性的改进而进行的系统性工作。其成果形式主要是专利、专有技术、具有新产品基本特征的产品原型或具有新装置基本特征的原始样机等。在社会科学领域，试验发展是指把通过基础研究、应用研究获得的知识转变成可以实施的计划（包括为进行检验和评估实施示范项目）的过程。人文科学领域没有对应的试验发展活动。

R&D 人员　指单位内部从事基础研究、应用研究和试验发展三类活动的人员。包括直接参加上述三类项目活动的人员以及这三类项目的管理人员和直接服务人员。为研发活动提供直接服务的人员包括直接为研发活动提供资料文献、材料供应、设备维护等服务的人员。

R&D 人员中女性　指单位研发人员中的女性人数。

R&D 人员中研究人员　指从事新知识、新产品、新工艺、新方法、新系统的构想或创造的专业人员及 R&D 项目（课题）或 R&D 机构的高级管理人员。研究人员一般应具备中级以上职称或博士学历。从事 R&D 的博士研究生应被视作研究人员。

R&D 人员中全时人员　在报告年度实际从事研发活动的时间占制度工作时间 90%及以上的研发人员。在科技管理部门（科研管理处、部、科）专职从事研发活动管理工作的人员、单位所属常年有开发任务的研发机构中专职从事研发活动及其管理和直接服务的人员，以及上述人员以外在报告年度主要从事研发项目的人员可视作研发活动全时人员。

R&D 人员中非全时人员　在报告年度实际从事研发活动的时间占制度工作时间 10%（含 10%）至 90%的研发人员。

R&D 人员中博士毕业　指研发人员中具有博士学历（学位）的人员。

R&D 人员中硕士毕业　指研发人员中具有硕士学历（学位）的人员。

R&D 人员中本科毕业　指研发人员中具有本科学历（学位）的人员。

R&D 人员中其他学历　指研发人员中不具有上述博士、硕士和本科学历（学位）的人员。

R&D 人员折合全时当量　由参加 R&D 项目人员的全时当量及应分摊在 R&D 项目的管理和直接服务人员的全时当量两部分相加计算。一个折合全时当量是一人年。例如，一个人在 R&D 活动上花费了 30%的正常工作时间而 70%的时间用于其他工作，则其折合全时当量为 0.3。

研究人员折合全时当量　指研究人员的折合全时当量。

基础研究人员折合全时当量　由参加基础研究的全时当量及应分摊在这类项目上的管理和直接服务人员的全时当量两部分相加计算。

应用研究人员折合全时当量　由参加应用研究的全时当量及应分摊在这类项目上的管理和直接服务人员的全时当量两部分相加计算。

试验发展人员折合全时当量　由参加试验发展研究的全时当量及应分摊在这类项目上的管理和直接服务人员的全时当量两部分相加计算。

R&D 经费内部支出　指调查单位在报告年度用于内部开展 R&D 活动（基础研究、应用研究和试验发展）的实际支出。包括用于 R&D 项目（课题）活动的直接支出，以及间接用于 R&D 活动的管理费、服务费、与 R&D 有关的基本建设支出以及外协加工费等。不包括生产性活动支出、归还贷款支出以及与外单位合作或委托外单位进行 R&D 活动而转拨给对方的经费支出。

R&D 经费内部支出中的日常性支出　包括 R&D 活动人员的劳务费及其他日常支出。其他日常支出包括因开展研发活动而发生的各项管理费用和购买非资产性的材料、物资费用等。具体包括原料、材料、辅料、元器件、零配件、低值易耗品的费用（包括包装、运输、储存及各种杂费等）；房屋租金、水电费、燃料费、维修费；科研项目前期论证费、调研差旅费、资料费、计算机服务费、印刷费、邮寄费、专题技术及学术会议费、成果鉴定费；办公费、行政管理费、人事及财务管理费等。提供间接服务人员（如司机、保安人员、炊事人员、医疗保健人员等）的劳务费按其为 R&D 活动提供服务的时间比例分摊计入本项支出。

R&D 日常性支出中人员劳务费（含工资）　指以货币或实物形式直接或间接支付给 R&D 活动人员的劳动报酬。包括各种形式的工资、补助工资、津贴、价格补贴、奖金、福利、失业保险、养老保险、医疗保险、工伤保险、人民助学金等。为 R&D 活动提供间接服务人员的劳务费不计入此项。无论是 R&D 项目经费支出的劳务费还是非 R&D 项目经费支出的 R&D 人员的劳务费（含工资）均应计算在内。

R&D 经费内部支出中资产性支出　指调查单位在报告年度为开展 R&D 活动而进行建造、购置、安装、改建、扩建固定资产，以及进行设备技术改造和大修理等实际支出的费用。

资产性支出中土建工程　指调查单位在报告年度为开展 R&D 活动而用于建设科研楼、中试车间、试验场地等土建项目的实际支出。

资产性支出中仪器和设备　指调查单位在报告年度为开展R&D活动而用于购买仪器和设备的实际支出。

R&D 经费内部支出中基础研究支出　指报告年度调查单位内部基础研究项目的实际经费支出，以及应分摊在这类项目上的管理费用、直接服务费用和其他费用。

R&D 经费内部支出中应用研究支出　指报告年度调查单位内部应用研究项目的实际经费支出，以及应分摊在这类项目上的管理费用、直接服务费用和其他费用。

R&D 经费内部支出中试验发展支出　指报告年度调查单位内部试验发展基础研究项目的实际经费支出，以及应分摊在这类项目上的管理费用、直接服务费用和其他费用。

R&D 经费内部支出中政府资金　指调查单位 R&D 经费内部支出中来自各级政府部门的各类资金，包括财政科学技术拨款、科学基金、教育等部门事业费以及政府部门预算外资金的实际支出。

R&D 经费内部支出中企业资金　指调查单位 R&D 经费内部支出中来自本企业的自有资金和接受其他企业委托而获得的经费，以及科研院所、高校等事业单位从企业获得的资金的实际支出。

R&D 经费内部支出中境外资金　指调查单位 R&D 经费内部支出中来自中国境外的企业、大学、国际组织、民间组织、金融机构及外国政府的资金的实际支出。

R&D 经费内部支出中其他资金　指从上述渠道以外获得的计划用于 R&D 活动的经费，如企业从金融机构贷款得到的用于内部开展 R&D 活动的资金，从独立科研院所和高等学校等事业单位获得的用于 R&D 活动的经费，来自民间非赢利机构的资助和个人捐赠等。

R&D 经费外部支出　指报告年度调查单位委托外单位或与外单位合作进行 R&D 活动而拨给对方的经费。不包括外协加工费。

R&D 经费外部支出中对境内研究机构的支出　指报告年度调查单位委托或与境内独立研究机构合作开展 R&D 活动而支付予其的经费。

R&D 经费外部支出中对境内高等学校支出　指报告年度调查单位委托或与境内高等学校合作开展 R&D 活动而支付予其的经费。

R&D 经费外部支出中对境内其他企业支出　指报告年度调查单位委托或与境内其他企业合作开展 R&D 活动而支付予其的经费。

R&D 经费外部支出中对境外机构支出　指报告年度调查单位委托或与境外机构合作开展 R&D 活动而支付予其的经费。

R&D 项目（课题）数　指调查单位在当年立项并开展研究工作、以前年份立项仍继续进行研究的研发项目（课题）数，包括当年完成和年内研究工作已告失败的研发项目（课题），但不包括委托外单位进行的研发项目（课题）数。

R&D 项目（课题）人员折合全时当量　指调查单位在报告年度实际参加研发项目（课题）活动人员折合的全时当量。

R&D 项目（课题）经费内部支出　指调查单位内部在报告年度进行研发项目（课题）研究和试制等的实际支出。包括劳务费、其他日常支出、固定资产购建费、外协加工费等，不包括委托或与外单位合作进行项目（课题）研究而拨付给对方使用的经费。

专利申请数　指调查单位在报告年度向国内外知识产权行政部门提出专利申请并被受理后，按规定缴足申请费，符合进入初步审查阶段条件的件数。专利是专利权的简称，是对发明人的发明创造经审查合格后，由专利主管部门依法授予发明人和设计人对该项发明创造享有的专有权，包括发明、实用新型和外观设计三种。

发明专利申请数　指调查单位在报告年度向国内外知识产权行政部门提出发明专利申请并被受理后，按规定缴足申请费，符合进入初步审查阶段条件的件数。

专利授权数　指报告年度由国内外知识产权行政部门向调查单位授予专利权的件数。

发明专利授权数　指报告年度由国内外知识产权行政部门向调查单位授予发明专利权的件数。

有效发明专利数　指调查单位作为专利权人在报告年度拥有的、经国内外知识产权行政部门授权且在有效期内的发明专利件数。

专利所有权转让及许可数　指报告年度调查单位向外单位转让专利所有权或允许专利技术由被许可单位使用的件数。

专利所有权转让与许可收入　指报告年度调查单位向外单位转让专利所有权或允许专利技术由被许可单位使用而得到的收入。包括当年从被转让方或被许可方得到的一次性付款和分期付款收入，以及利润分成、股息收入等。

集成电路布图设计登记数　指报告年度调查单位向知识产权行政部门提出登记申请并被受理登记

的集成电路布图设计的件数。

植物新品种权授予数 指报告年度调查单位向农业、林业行政部门（审批机关）提出申请并被授予植物新品种的项数。

形成国家或行业标准数 指报告年度调查单位在自主研发或自主知识产权基础上形成的国家或行业标准。形成国家或行业标准须经有关部门批准。

发表科技论文 指在学术刊物上以书面形式发表的最初的科学研究成果。应具备以下三个条件：（1）首次发表的研究成果；（2）作者的结论和试验能被同行重复并验证；（3）发表后科技界能引用。

出版科技著作 指经过正式出版部门编印出版的论述科学技术问题的理论性论文集或专著以及大专院校教科书、科普著作。但不包括翻译国外的著作。由多人合著的科技著作，由第一作者所在单位统计。

项目（课题）名称 按调查单位确定的科技项目（课题）名称，或项目（课题）合同议定书确定的名称填报。

项目（课题）来源 项目来源的分类及代码是：1.国家科技项目（课题），2.地方科技项目（课题），3.其他企业委托科技项目（课题），4.自选科技项目（课题），5.来自国外的科技项目（课题），6.其他科技项目（课题）。

项目（课题）合作形式 选择最主要的项目（课题）合作形式并按相应的代码填写，具体的分类与代码是：1.与境外机构合作，2.与境内高校合作，3.与境内独立研究机构合作，4.与境内注册的外商独资企业合作，5.与境内注册的其他企业合作，6.独立完成，7.其他。

项目（课题）活动类型 选择最主要的项目（课题）活动类型并按相应的代码填写，具体的分类与代码是：1.基础研究，2.应用研究，3.试验发展。

学科分类 按国家标准《学科分类与代码》（GB/T 13745-2009）中的一级学科代码填写。

项目服务的国民经济行业 按国家标准《国民经济行业分类与代码》（GB/T 4754-2011）中的大类代码填写。

项目的社会经济目标 指项目立项时确定的社会经济目标。若一个项目有两个及以上的社会经济目标应选择最主要的社会经济目标填写。项目的社会经济目标为：1.环境保护、生态建设及污染防治，2.能源生产、分配和合理利用，3.卫生事业的发展，4.教育事业的发展，5.基础设施以及城市和农村规划，6.社会发展和社会服务，7.地球和大气层的探索与利用，8.民用空间探测及开发，9.农林牧渔业发展，10.工商业发展，11.非定向研究，12.其他民用目标，13.国防。

项目人员折合全时当量 指调查单位在报告年度实际参加某科技项目（课题）活动人员的折合全时当量。

项目研究人员折合全时当量 指调查单位在报告年度实际参加某科技项目（课题）活动研究人员的折合全时当量。

项目经费内部支出 指报告年度在本单位内部开展科技项目活动的经费支出，不包括委托研制或合作研制而支付外单位的经费。

项目经费内部支出中政府资金 指项目经费内部支出中来自各级政府部门的各类资金，包括财政科学技术拨款、科学基金、教育等部门事业费以及政府部门预算外资金的实际支出。

机构名称 独立研究机构填写正式对外使用的名称，非独立研发（科技）机构填写所在单位规定使用的名称。

学科分类 按国家标准《学科分类与代码》（GB/T 13745-2009）中的一级学科代码填写。

服务的国民经济行业 按国家标准《国民经济行业分类与代码》（GB/T 4754-2011）中的大类代码填写。服务于多个国民经济行业的机构按其最主要的服务行业填写。

研究机构组成类型 按相应的分类填写代码，具体的分类与代码是：10.政府部门办，20.与境内高校合办，30.与境内独立研究机构合办，40.与境外机构合办，51.与境内注册外商独资企业合办，52.与境内注册其他企业合办，60.单位自办，70.其他。

机构R&D人员 指报告年度独立研究机构及非独立科技机构内直接从事研发活动，以及专门从事研发活动管理和为研发活动提供直接服务工作时间占全部工作时间的10%及以上的人员。

机构R&D人员中博士毕业人员 指研发机构R&D人员中具有博士学历或博士学位的人员。

机构R&D人员中硕士毕业人员 指研发机构R&D人员中具有硕士学历或硕士学位的人员。

机构R&D经费支出 指报告年度独立研究机构与非独立科技机构用于内部开展研发活动实际支出的费用。

机构仪器和设备原价 指独立及非独立研发机构报告期末固定资产中仪器和设备的原价（不包括长期闲置不用的仪器和设备）。

机构仪器和设备原价中进口 指独立及非独立研发机构报告期末固定资产中从国外购入的仪器和设备的原价（不包括长期闲置不用的仪器和设备）。

科技进步贡献率 指广义技术进步对经济增长的贡献份额，它反映在经济增长中投资、劳动和科技三大要素作用的相对关系。其基本含义是扣除了资本和劳动后科技等因素对经济增长的贡献份额。

工业制成品 指经复杂加工的工业产品和商品。年鉴中该类包括了SITC的后五人分类，依次为化学（成）品及有关产品、按原料分类的制成品、机械及运输设备、杂项制品、未分类的（其它）商品。

高技术产品 是指参照美国先进技术产品（ATP）进出口目录建立起来的，在我国国家高技术产品进出口统计目录内的产品，具体包括生物技术、生命科学技术、光电技术、计算机和通信技术、电子技术、计算机集成制造技术、材料技术、航空航天技术和其他技术。

初级产品 指未经加工或因销售习惯而略作加工的产品，人们通过劳动，直接从自然界获得的、尚待进一步加工或已经简单加工的产品。

863计划 作为我国高技术研究发展的一项战略性计划，以前沿技术任务和部分重点领域中的重大任务为重点，以解决事关国家长远发展和国家安全的战略性、前沿性和前瞻性高技术问题为核心，选择信息技术、生物和医药技术、新材料技术、先进制造技术、先进能源技术、资源环境技术、海洋技术、现代农业技术、现代交通技术和地球观测与导航技术等高技术领域作为发展重点，安排若干主题项目和重大项目。

国家自然科学基金 用于资助《中华人民共和国科学技术进步法》规定的基础研究。

973计划 是以国家重大需求为导向，对我国未来发展和科学技术进步具有战略性、前瞻性、全局性和带动性的基础研究发展计划。重点支持农业科学、能源科学、信息科学、资源环境科学、健康科学、材料科学、制造与工程科学、综合交叉科学、重大科学前沿等面向国家重大战略需求领域的基础研究，围绕纳米研究、量子调控研究、蛋白质研究、发育与生殖研究、干细胞研究、全球变化研究等方向实施重大科学研究计划。

重大科学研究计划 是以世界科学发展趋势和我国重大战略需求为导向，对科学和技术具有很强带动作用的研究发展计划，可促进我国持续创新能力迅速提高，显著提升我国的国际竞争力，实现重点跨越。2006年，科技部启动了纳米研究、量子调控研究、蛋白质研究、发育与生殖研究四个国家重大科学研究计划。2010年，启动实施了全球变化研究和干细胞研究重大科学研究计划。

科技支撑计划 面向国民经济和社会发展的重大科技需求。重点支持能源、资源、环境、农业、材料、制造业、交通运输、信息产业与现代服务业、人口与健康、城镇化与城市发展、公共安全及其他社会事业等领域的研发与应用示范。

科技基础性工作 一般指围绕国民经济社会发展和科学研究的需求而开展的获取自然本底情况和基础科学数据、系统编研或共享科技资料和科学数据、采集保存自然科技资源、制定科学标准规范、研制标准物质等科学活动的统称。科技基础性工作专项是专门支持此类工作的科技计划，重点支持科学考察与调查、科技资料整编和科学典籍志书图籍编研、标准物质与科学规范研制，以及其他对经济社会发展及科技进步具有重要支撑作用的基础性工作。

国家重点实验室 是国家科技创新体系的重要组成部分，是国家组织高水平基础研究和应用基础研究、聚集和培养优秀科技人才、开展高水平学术交流、科研装备先进的重要基地。其主要任务是针对学科发展前沿和国民经济、社会发展及国家安全的重要科技领域和方向，开展创新性研究（该制度中统计的国家重点实验室特指通过国家重点实验室专项经费支持的国家重点实验室，以及通过国家（重点）实验室引导经费支持的试点国家实验室）。

国家主题性计划项目实施课题数 经科学技术部历年批准、调查年度内仍在实施的国家重点基础研究发展计划（973 计划）课题、国家重大科学研究计划课题、国家高技术研究发展计划（863 计划）课题、国家科技支撑计划课题。

当年落实课题资金 指调查年度内获得的课题资金总和，包括科技部拨款、其他国家级拨款（包括部门匹配）、地方政府拨款、金融机构贷款、企业和事业单位自有资金、其他资金等。资金数额以课题承担单位财务帐目上收到为准，单位自有资金部分以划拨给课题组使用的金额为准。

其中政府资金 包括科技部拨款、其他国家级拨款(包括部门匹配)、地方政府拨款。

其中企业资金 指在国内注册的各类企业（含港澳台商及外商投资企业、由研究机构转制的企业）从本企业收入中提取的用于该项目的经费，不包括来自政府、事业单位、金融机构以及国外的用于该项目的经费。

科研机构承担的课题 指以政府部门属独立科研机构作为第一承担单位牵头承担的课题。

高等学校承担的课题 指以高等学校作为第一承担单位牵头承担的课题。

企业承担的课题 指以企业作为第一承担单位牵头承担的课题。

培养博士、硕士 通过参加该课题研究，在调查年度内取得博士或硕士学位的人员数，正在攻读博士或硕士学位的人员不含在内。

贷款 国内各类金融机构（包括银行、投资机构、信用社等）提供的用于该项目的各类贷款。

机构数 主要包括从事风险投资业务的创业风险投资机构（也可称为“创业风险投资基金”）和创业风险投资管理（顾问）企业的数量。

基金数 即创业风险投资机构（也可称为“创业风险投资基金”，“Venture Capital，VC”）的数量，创业风险投资机构是指主要从事创业投资业务的投资机构。

管理资本总额 是指由创业风险投资机构支配和使用的可投资的资金总额。

投资强度 是指单位项目的投资金额。

累计投资项目数 是指截止到统计年底，创业风险投资机构在中国境内投资的项目总数。

累计投资金额 是指截止到统计年底，创业风险投资机构在中国境内投资的项目总金额。

首轮投资 是指风险投资机构对被投资企业进行的第一次注资。

后续投资 是指风险投资机构在首次注资后对被投资企业的增资行为。

种子期 处于 R&D 的技术、产品开发阶段，所产生的还只是实验室成果、样品和专利，而不是产品。

起步期 企业已经注册设立并开始运营，拥有了一份初步的经营计划，管理团队逐步完善

成长（扩张）期 企业开始出售产品和服务，资产规模逐步扩大。

成熟（过渡）期 企业的销售收入高于支出，产生净收入。

重建期 企业进入成熟期之后，通过创投等机构参与对企业股权、管理和经营结构重大调整，使得企业重新获得成长性，这一调整阶段称为重建期。

上市 即首次公开募股，是指企业首次通过证券交易所将它的股份公开向投资者出售，以期募集用于企业发展资金的过程。

收购 是指一个公司通过产权交易取得其他公司某种程度的控制权，以实现一定经济目标的经济行为。

回购 是指投资人与被投资企业双方在成交同时就约定于未来某一时间或某一价格双方再行反向交易的行为。

清算 是为了终结现存的法律关系、处理其剩余财产、使之归于消灭而进行的一个程序，包括计算、核实等。

科学引文索引（Science Citation Index） 由美国科学情报研究所（ISI，现为汤森路透集团）于 1961 年创制。SCI 是一部国际性索引，包括自然科学、生物、医学、农业、技术和行为科学等，主要侧重基础科学。所选用的刊物来源于 40 多个国家、50 多种文字。

工程索引（Engineering Index） 创刊于 1884 年，是美国工程信息公司（现为爱思维尔）出版的著名工程技术类综合性检索工具。EI 主要收录工程和应用科学领域 5100 余种期刊、会议论文和技术报告的文献，数据来自 50 多个国家和地区，主要覆盖的学科有化工、机械、土木工程、电子电工、材料、生物工程等，约 22%为会议文献，90%文献语种为英语。

科学技术会议录索引（Conference Proceedings Citation Index-Science） 是由汤森路透集团公司编辑出版的另一大论文检索工具，创刊于 1978 年。主要收集世界上各种重要的会议论文。在世界每年召开的上万个重要国际会议中，该系统收录了约 70%—90%的会议文献，汇集了自然科学、农业科学、医学和工程技术领域的会议文献。会议论文是学术论文的重要组成部分，许多创新的想法、概念或实验经常首先出现在会议论文当中，CPCI-S 因而成为学术期刊的重要补充。

重大科技成果 指本年度完成，并通过地方、国务院各有关部门科技成果管理机构或经其批准的中介机构评价的，并且由成果第一完成单位在地方或国务院各有关部门科技成果管理机构登记备案的科技成果项数。

技术开发 指当事人之间就新技术、新产品、新工艺或者新材料及其系统的研究开发所订立的合同。包括委托开发合同和合作开发合同。

技术转让 指当事人之间就专利权转让、专利申请权转让、技术秘密转让、专利实施许可转让、计算机软件著作权转让、集成电路布图设计专有权转让、植物新品种权转让、生物、医药新品种权转让所订立的合同。

技术咨询 指一方当事人为另一方就特定技术项目提供可行性论证、技术预测、专题技术调查、分析评价所订立的合同。

技术服务 指一方当事人以技术知识为另一方解决特定技术问题所订立的合同，包括一般性技术服务合同、技术中介合同和技术培训合同。

技术成交合同数 指报告期内签订成立的技术合同成交项目的总项数。

技术成交合同金额 指报告期内签订成立的技术合同成交项目的总金额。

知识产权 指技术所涉及的知识产权，包括技术秘密、专利、计算机软件著作权、植物新品种权、集成电路布图设计专有权、生物、医药新品种权等。

技术领域 指技术所涉及的技术领域，包括电子信息、航空航天、先进制造、生物、医药和医疗器械、新材料及其应用、新能源与高效节能、环境保护与资源综合利用、核应用、农业、现代交通、城市建设和社会发展。

国际科技合作项目 指在报告期内，由本部门立项和支持的、新签订的科技合作研究项目（不含涉密项目）。为避免重复统计，此处不包括由科技部《国家国际科技合作专项》资助的项目。

出访项目 包括在报告期内，经审批和管理的所有出访项目（含港、澳地区，不含台湾地区），包括国际会议、合作研究、培训、科技展览和其他出访项目，具体解释如下 ：

出访项目中考察访问 包括科技考察(含工作访问)、技术洽谈、技术咨询、技术交流、专家讲学和授课等。

出访项目中国际会议 包括国际性科技会议，各类多边和双边国际学术会议，以及国际科技组织工作会议等。

出访项目中合作研究 包括基础研究、应用研究、试验发展、研究与试验发展成果应用。联合试验、合作开发与设计、联合勘探与调查属此类。

出访项目中培训 以提高科学技术和管理水平为目的的进修、实习和攻读学位等。

出访项目中科技展览 以科技为目的的国际性科技展览会。

出访项目中其他 除上述以外的其他合作与交流方式。

来华项目 国际科技合作来华项目包括在报告期内，经审批和管理的所有接待项目（含港、澳地区）。来华项目类别参照出国项目。为避免重复统计，每个团组只由中方主接待单位填报。某个团组的主接待单位指向上级主管部门呈报公文，并获得批准接待该团组的单位

服务企业总数 是指接受过某项服务的企业的数量。若某企业接受过多项或多次服务，仍按一个企业计数。

中心总服务收入 是指中心当年开展咨询、技术、信息、培训服务以及人才和技术中介、培育科技型企业六项服务收入之和。

为企业增加销售额 是指被服务企业因其接受中心在报告期当年以及前三年的服务而在报告期当年增加的销售数额，所填数据须经被服务企业的认可。

为企业增加利税 是指被服务企业因其接受中心在报告期当年以及前三年的服务而在报告期当年增加的利税数额，所填数据须经被服务企业的认可。

为社会增加就业 是指接受过服务的企业从业人员增加的数量，包括经中心培训后转岗、再就业的人员。

国家技术转移示范机构 指经国务院科技行政部门评定的为加速和实现技术转移提供各类服务的机构，包括以下 6 类独立的法人机构和法人的内设机构：法人内设机构、院所技术转移机构、大学技术转移机构、独立第三方技术转移机构、政府所属技术转移机构、技术（产权）交易所。

法人内设机构 指依托于大学、研究院所或企业的内设机构，通常是该法人单位的技术转移和成果转化部门。

院所技术转移机构 指依托科研院所及转制院所设立的技术转移机构，如中科院、农科院等。

大学技术转移机构　指依托大学设立的技术转移中心（公司）、成果转化中心、研究院、技术中心等。

独立第三方技术转移机构　指独立开展技术转移业务的机构，均为企业法人机构。

政府所属技术转移机构　指以技术交易市场、科技开发交流中心、生产力中心、成果转化中心、咨询中心、检测中心等为代表，具有部分政府职能的机构。

技术（产权）交易所　指以技术交易、专利成果拍卖、招投标代理以及产权交易、股权代办、科技金融为主营业务的机构。

促成技术转移项目成交数量和成交金额　指技术转移机构参与并促成的科技项目或科技成果。承担技术合同认定登记业务的示范机构不得将其认定登记的技术合同包含在内。产权交易所为企业提供技术转移、投融资等深度个性化服务的项目可列入促成技术转移项目，仅在产权交易所挂牌交易的项目不列入促成技术转移项目数内。

公共财政投入计划项目成果　指由国家或地方公共财政投入支持的各级科技计划项目所形成的项目成果。

重大技术转移项目　指成交金额为 1000 万元及以上的技术项目。

生产力促进中心机构　指除港澳台地区外的境内全部生产力促进中心。生产力促进中心创新活动情况表中的收入一律为毛收入，不包括为被服务对象购置设备等直接支出。

咨询　是从组织外部聘请专家向组织提供专家技能。所谓专家技能是指咨询专家拥有某些特定的技能，同时顾客（或企业）需要这种技能并且非常看重这种技能。另外，任何一个能提供职业化服务的人都可以看作是一个咨询专家。

管理咨询　是帮助顾客分析和解决管理上存在的实际问题，并传授其他组织成功的管理经验的职业化顾问服务，范围可包括：发展战略；市场营销；人力资源管理；财务管理；生产管理；管理体系认证（如质量管理体系认证、环境管理体系认证、各种产品认证等）；管理的信息化；其他。

技术咨询　是以向顾客提供某种专门技术为主的职业化顾问服务。范围包括：信息化技术；农业技术；环保技术；设计技术；制造技术；其他。

其他咨询　不能被以上两项涵盖的其他咨询，如法律咨询等。

协助企业申报计划　是指协助企业申报科技、技术改造和基本建设等项计划。申报尚未获批准的，选择“申报”选项，已获批准的,选择“批准”选项。

技术开发　是指就新技术、新产品、新工艺或者新材料及其系统的研制。

产品检测　是指受企业委托，按国家、行业有关标准对产品进行性能、质量、可靠性、安全等方面的测试并提供检测数据、报告的有关服务。

培训服务　培训主要分为技术培训和管理培训。

技术培训　主要包括：先进、实用技术；劳动技能、技巧；其他。

管理培训　主要包括：发展战略；市场营销；人力资源管理；财务管理；生产管理；管理的信息化；其他。

其他培训　不能被以上两项涵盖的其他培训。

交易活动　是指举办各种技术交易会、推广演示会等活动，包括信息发布会。

科技型企业 是指科技人员占职工总数的30%以上，技术开发经费占销售额的3%以上的企业。年内尚未毕业的企业，选择“在培”选项。

众创空间 纳入火炬统计管理范围的符合科学技术部印发《发展众创空间工作指引》条件的众创空间以及经科学技术部备案的众创空间。

初创企业 入驻众创空间时，工商登记注册两年以内的企业。

创业团队 尚未经工商注册登记的进行创业活动的集体。

常驻初创企业 与众创空间签订入驻协议，并且注册地、主要研发和公共场所在众创空间内的初创企业。

常驻创业团队 与众创空间签订入驻协议，并且注册地、主要研发和公共场所在众创空间内的创业团队。

众创空间使用总面积 指本统计周期内，众创空间内实际占用的场地面积，以及与相关单位以合同方式确立的可自主支配的场地面积之和。其中包括：用于众创空间管理办公使用场地、常驻创业团队和初创企业使用场地、公共服务场地（包括会议室、复印室、餐厅、活动室、实验室等用于公共服务的场地）、与众创空间具有关联的其他企业、机构等占用的场地面积之和。

常驻初创企业和创业团队使用面积 指本统计周期内，在众创空间中常驻创业团队和初创企业所使用的房屋建筑面积。

众创空间服务人员数 指本统计周期内，在众创空间管理服务机构工作的专职总人数。

科技企业孵化器数量 指本统计周期末，各省级科技管理部门管辖范围内科技企业孵化器总数。

新增科技企业孵化器数量 本统计周期内，各省级科技主管部门管辖范围内新增科技企业孵化器的数量。

众创空间数量 指本统计周期末，各省级科技管理部门管辖范围内众创空间总数。

新增众创空间数量 本统计周期内，各省级科技主管部门管辖范围内新增众创空间的数量。

（四）综合汇总分组目录

1. 按 R&D 活动类型分组

（1）基础研究

（2）应用研究

（3）试验发展

2. 按隶属关系分组

（1）中央

（2）地方

3. 按学科分组

（1）自然科学

（2）农业科学

（3）医药科学

（4）工程与技术科学

（5）人文与社会科学

4. 按项目（课题）来源分组

（1）国家科技项目（课题）

（2）地方科技项目（课题）

（3）其他企业委托科技项目（课题）

（4）自选科技项目（课题）

（5）来自国外的科技项目（课题）

（6）其他科技项目（课题）

5. 按项目（课题）合作形式分组

（1）与境外机构合作

（2）与境内高校合作

（3）与境内独立研究机构合作

（4）与境内注册外商独资企业合作

（5）与境内注册其他企业合作

（6）独立完成

（7）其他

6. 按项目（课题）社会经济目标分组

（1）环境保护、生态建设及污染防治

（2）能源生产、分配和合理利用

（3）卫生事业的发展

（4）教育事业的发展

（5）基础设施以及城市和农村规划

（6）社会发展和社会服务

（7）地球和大气层的探索与利用

（8）民用空间探测及开发

（9）农林牧渔业发展

（10）工商业发展

（11）非定向研究

（12）其他民用目标

（13）国防

7. 按机构组成类型分组

（10）政府部门办

（20）与境内高校合办

（30）与境内独立研究机构合办

（40）与境外机构合办

（51）与境内注册外商独资企业合办

（52）与境内注册其他企业合办

（60）单位自办

（70）其他

8. 按服务的国民经济行业分组

按《国民经济行业分类与代码》（GB/T 4754-2011）分到大类（略）。

9. 按地区分组

按《中华人民共和国行政区划代码》（GB/T 2260）分到省。

工业和信息化部

（一）报 表 目 录

表号	表名	报告期别	填报范围	报送时间及方式	负责单位	备注
综合年报						
GX301 表	电信行业主要指标完成情况	年报	全国基础电信企业，增值电信企业	6 月 30 日前，电子邮件 dczxjtc@stats.gov.cn	服务业司	《运输邮电软件业统计报表制度》
GX302 表	软件和信息技术服务业主要经济指标	年报	各地区主营业务收入 500 万元以上软件和信息技术服务业等企业	5 月 31 日前，电子邮件 dczxjtc@stats.gov.cn	服务业司	《运输邮电软件业统计报表制度》
GX303 表	各地区互联网网站情况	年报	互联网网站	6 月 30 日前，电子邮件或内部交换	服务业司	《互联网经济统计报表制度》
GX701 表	应对气候变化相关情况	年报		7 月 31 日前；邮寄或电子邮件 nyshjc@stats.gov.cn	能源司	《应对气候变化部门统计报表制度》
701 表	部门服务业企业财务状况	年报	电信业中执行企业会计制度的单位	6 月 30 日前，电子邮件或内部交换 dczxjtc@stats.gov.cn	服务业司	《部门服务业财务统计报表制度》（试行）
			卫星传输服务业中执行企业会计制度的单位			
			互联网和相关服务业中执行企业会计制度的单位			
			软件和信息技术服务业中执行企业会计制度的单位			
综合定报						
GX401 表	电信业务量完成情况	月报	全国基础电信企业	月后 20 日前，电子邮件 dczxjtc@stats.gov.cn	服务业司	《运输邮电软件业统计报表制度》
GX402 表	分地区电信业务总量及收入完成情况	月报	全国基础电信企业	月后 20 日前，电子邮件 dczxjtc@stats.gov.cn	服务业司	《运输邮电软件业统计报表制度》
GX403 表	软件和信息技术服务业主要经济指标	月报	各地区主营业务收入 500 万元以上软件和信息技术服务业等企业	月后 28 日前，电子邮件 dczxjtc@stats.gov.cn	服务业司	《运输邮电软件业统计报表制度》
GX404 表	分地区电信业财务状况	季报	全国基础电信企业	3、6、9、12 月后 28 日前，电子邮件 dczxjtc@stats.gov.cn	服务业司	《运输邮电软件业统计报表制度》
GX405 表	分地区软件和信息技术服务业业务收入	季报	各地区主营业务收入 500 万元以上软件和信息技术服务业等企业	3、6、9、12 月后 28 日前，电子邮件 dczxjtc@stats.gov.cn	服务业司	《运输邮电软件业统计报表制度》

（二）调 查 表 式

综 合 年 报

电信行业主要指标完成情况

表　　号：G X 3 0 1 表
制定机关：国 家 统 计 局
文　　号：国统字〔2019〕3 号
有效期至：2 0 1 9 年 6 月

综合机关名称：工业和信息化部　　　　　　　　2 0　　年

指标名称	计量单位	代码	实际	指标名称	计量单位	代码	实际
甲	乙	丙	1	甲	乙	丙	1
一、电信业务总量及收入				互联网拨号用户	万户	28	
电信业务总量(2015 年不变价格)	亿元	01		（固定）互联网宽带接入用户	万户	29	
电信业务收入	亿元	02		其中：FTTH/O 用户	万户	30	
二、电信主要通信能力				其中：城市宽带接入用户	万户	31	
光缆线路长度	公里	03		农村宽带接入用户	万户	32	
其中：长途光缆线路长度	公里	04		其中：家庭宽带接入用户	万户	33	
固定长途电话交换机容量	路端	05		单位宽带接入用户	万户	34	
局用交换机容量	万门	06		移动互联网用户	万户	35	
移动电话交换机容量	万户	07		移动互联网接入流量	万G	36	
移动电话基站	万个	08		IPTV 用户	万户	37	
（固定）互联网宽带接入端口	万个	09		四、电信通信服务水平			
其中：FTTH/O 端口	万个	10		电话普及率	部/百人	38	
三、电信服务业务				固定电话普及率	部/百人	39	
固定本地电话通话时长	亿分钟	11		城市固定电话普及率	部/百人	40	
固定长途电话通话时长	亿分钟	12		移动电话普及率	部/百人	41	
移动电话通话时长	亿分钟	13		平均每千人拥有公用电话数	部	42	
其中：去话通话时长	亿分钟	14		移动电话漫游通达的国家和地区	个	43	
非漫游	亿分钟	15		互联网宽带接入通达的行政村比重	%	44	
国内漫游	亿分钟	16		4G 网络覆盖的行政村比重	%	45	
国际及港澳台漫游	亿分钟	17		五、电信固定资产投资			
移动短信业务量	亿条	18		电信固定资产投资完成额	亿元	46	
移动电话用户	万户	19		其中：互联网及数据通信	亿元	47	
其中：3G 移动电话用户	万户	20		六、增值电信服务			
4G 移动电话用户	万户	21		增值电信服务企业数	个	48	
固定电话用户	万户	22		从事增值电信业务人员	人	49	
城市电话用户	万户	23		增值电信业务收入	亿元	50	
其中：住宅电话用户	万户	24					
农村电话用户	万户	25					
其中：住宅电话用户	万户	26					
公用电话用户	万户	27					

单位负责人：　　　　　　　　填表人：　　　　　　　　报出日期：2 0　　年　　月　　日

说明：1. 统计范围：电信业为从事电信运营的中国电信集团公司、中国移动通信集团公司、中国联合网络通信有限公司、中国铁塔股份有限公司、中国广播电视网络有限公司和北京船舶通信导航有限公司六家基础电信企业。增值电信业为获得增值电信业务经营许可证，在境内经营增值电信业务的服务商。

2. 甲栏指标要求同时报送分省数据。

3. 报送时间：6 月 30 日前。

软件和信息技术服务业主要经济指标

表　　号：G X 3 0 2 表
制定机关：国　家　统　计　局
文　　号：国统字〔2019〕3 号
有效期至：2 0 1 9 年 6 月

综合机关名称：工业和信息化部　　　　　　2 0　　年

指标名称	计量单位	代码	实际
甲	乙	丙	1
软件业务收入	万元	01	
其中：软件产品收入	万元	02	
信息技术服务收入	万元	03	
嵌入式系统软件收入	万元	04	
其中：软件业务出口	万美元	05	

单位负责人：　　　　填表人：　　　　报出日期：2 0　　年　　月　　日

说明：1. 统计范围：各地区主营业务收入 500 万元以上软件和信息技术服务业等企业。
2. 甲栏指标要求同时报送分省数据。
3. 报送时间：5 月 31 日前。

各地区互联网网站情况

表　　号：G X 3 0 3 表
制定机关：国　家　统　计　局
文　　号：国统字〔2019〕3 号
有效期至：2 0 1 9 年 6 月
计量单位：万　个

综合机关名称：工业和信息化部　　　　　　2 0　　年

指标名称	代码	期末互联网网站个数	企业	政府	其他机构	个人
甲	乙	1	2	3	4	5
总　计	01					
按网站所属法人所在地分：	—	--	--	--	--	--
北　京	02					
天　津	03					
…	…					
新　疆	32					
境　外	33					

单位负责人：　　　　填表人：　　　　报出日期：2 0　　年　　月　　日

说明：1. 统计范围：全部互联网网站。
2. 报送时间：6 月 30 日前。

应对气候变化相关情况

表　　号：G X 7 0 1 表
制定机关：国　家　统　计　局
文　　号：国统字〔2019〕3 号
有效期至：2 0 1 9 年 6 月

综合机关名称：工业和信息化部　　　　2 0　　年

指标名称	计量单位	代码	本年
甲	乙	丙	1
水泥原料配料中废物替代比	%	01	
废钢消耗比	千克/吨	02	

单位负责人：　　　　填表人：　　　　报出日期：2 0　　年　　月　　日

说明：报送时间：7 月 31 日前。

部门服务业企业财务状况

（表式及指标解释见通表）

综 合 定 报

电信业务量完成情况

表　　号：G X 4 0 1 表
制定机关：国　家　统　计　局
文　　号：国统字〔2019〕3 号
有效期至：2 0 2 0 年 1 月

综合机关名称：工业和信息化部　　　　　　2 0　　年　　月

指标名称	计量单位	代码	本年本月止累计	本月	比上年同期增减%	
					累计	本月
甲	乙	丙	1	2	3	4
电信业务总量(2015 年不变价格)	亿元	01				
电信业务收入	亿元	02				
固定通信业务收入	亿元	03				
移动通信业务收入	亿元	04				
固定本地电话通话时长	万分钟	05				
固定长途电话通话时长	万分钟	06				
移动电话通话时长	万分钟	07				
固定电话用户	万户	08				
城市电话用户	万户	09				
农村电话用户	万户	10				
移动电话用户	万户	11				
其中：3G 移动电话用户	万户	12				
4G 移动电话用户	万户	13				
移动互联网接入流量	万 G	14				
移动短信业务量	亿条	15				
互联网宽带接入用户	万户	16				

单位负责人：　　　　　　填表人：　　　　　　报出日期：2 0　　年　　月　　日

说明：1. 统计范围：电信业为从事电信运营的中国电信集团公司、中国移动通信集团公司、中国联合网络通信有限公司、中国铁塔股份有限公司、中国广播电视网络有限公司和北京船舶通信导航有限公司六家基础电信企业。

2. 甲栏电信业务总量及其他主要指标初步统计数同时报送。

3. 报送时间：月后 20 日前。

分地区电信业务总量及收入完成情况

表　　号：G X 4 0 2 表
制定机关：国　家　统　计　局
文　　号：国统字〔2019〕3 号
有效期至：2 0 2 0 年 1 月
计量单位：　万　元

综合机关名称：工业和信息化部　　　　2 0　　年　　月

地　区	代码	电信业务总量				电信业务收入			
		本年本月止累计	本月	比上年同期增减%		本年本月止累计	本月	比上年同期增减%	
				累计	本月			累计	本月
甲	乙	1	2	3	4	5	6	7	8
全国总计	**01**								
北　京	02								
天　津	03								
⋮	⋮								
新　疆	32								
不分地区	33								

单位负责人：　　　　填表人：　　　　报出日期：2 0　　年　　月　　日

说明：1. 统计范围：电信业为从事电信运营的中国电信集团公司、中国移动通信集团公司、中国联合网络通信有限公司、中国铁塔股份有限公司、中国广播电视网络有限公司和北京船舶通信导航有限公司六家基础电信企业。
2. 报送时间：月后 20 日前。

软件和信息技术服务业主要经济指标

表　　号：G X 4 0 3 表
制定机关：国　家　统　计　局
文　　号：国统字〔2019〕3 号
有效期至：2 0 2 0 年 1 月

综合机关名称：工业和信息化部　　　　2 0　　年　　月

指标名称	计量单位	代码	本年本月止累计	比上年同期累计增减%
甲	乙	丙	1	2
单位个数	个	01		—
软件业务收入合计	万元	02		
软件产品收入	万元	03		
信息技术服务收入	万元	04		
嵌入式系统软件收入	万元	05		
其中：软件业务出口	万美元	06		
利润总额	万元	07		

单位负责人：　　　　填表人：　　　　报出日期：2 0　　年　　月　　日

说明：1. 统计范围：各地区主营业务收入 500 万元以上软件和信息技术服务业等企业。
2. 甲栏指标要求同时报送分省数据。
3. 报送时间：月后 28 日前。

分地区电信业财务状况

表　　号：G X 4 0 4 表
制定机关：国　家　统　计　局
文　　号：国统字〔2019〕3 号
有效期至：2 0 2 0 年 1 月
计量单位：　　万　元

综合机关名称：工业和信息化部　　　　2 0　　年　　季

地　区	代码	营业收入			
				主营业务收入	
		本年本季	上年同期	本年本季	上年同期
甲	乙	1	2	3	4
全国总计	01				
北　京	02				
天　津	03				
⋮	⋮				
新　疆	32				

续表一

营业成本				销售费用	
		主营业务成本			
本年本季	上年同期	本年本季	上年同期	本年本季	上年同期
5	6	7	8	9	10

续表二

管理费用		财务费用		利润总额	
本年本季	上年同期	本年本季	上年同期	本年本季	上年同期
11	12	13	14	15	16

单位负责人：　　　　填表人：　　　　报出日期：2 0　　年　　月　　日

说明：1. 统计范围：电信业为从事电信运营的中国电信集团公司、中国移动通信集团公司、中国联合网络通信有限公司、中国铁塔股份有限公司、中国广播电视网络有限公司和北京船舶通信导航有限公司六家基础电信企业。

2. 报送时间：3、6、9、12 月后 28 日前。

分地区软件和信息技术服务业业务收入

表　　号：G X 4 0 5 表
制定机关：国　家　统　计　局
文　　号：国统字〔2019〕3 号
有效期至：2 0 2 0 年 1 月

综合机关名称：工业和信息化部　　　　2 0　　年　　季　　　　计量单位：　　万　　元

地区	代码	软件业务收入		软件产品收入		信息技术服务收入		嵌入式系统软件收入	
		本年本季	上年同期	本年本季	上年同期	本年本季	上年同期	本年本季	上年同期
甲	乙	1	2	3	4	5	6	7	8
全国总计	**01**								
北　京	02								
天　津	03								
⋮	⋮								
新　疆	32								

单位负责人：　　　　填表人：　　　　报出日期：2 0　　年　　月　　日

说明：1. 统计范围：各地区主营业务收入 500 万元以上软件和信息技术服务业等企业。
　　2. 报送时间：3、6、9、12 月后 28 日前。

（三）主要指标解释

电信业务总量 指以货币形式表现的电信企业为社会提供各类电信服务的总数量。计算方法为各类电信业务的实物量分别乘以相应的不变单价，求出各类电信业务的货币量后加总求得。该指标反映了一定时期电信通信业务发展的总成果，是观察电信通信业务发展变化总趋势的综合性指标。

电信业务收入 指电信企业经营的基础电信业务和增值电信业务所取得的资费收入，以及电信企业之间网间互联电信业务的结算收入。

长途光缆线路长度 指用以实现光信号传输的长途光缆线路的实际长度。架空的光缆按实际杆路长度统计；埋设于地下、管道、水底、海底的光缆按沟长统计。

固定长途电话交换机容量 指报告期末电信企业用于接入长途电话网的交换机的设备额定容量。

局用交换机容量 指安装在电信企业内用于接续本地固定电话的交换机容量，不含接入网设备容量。

移动电话交换机容量 指移动电话交换机根据一定话务模型和交换机处理能力计算出来的最大同时服务用户的数量。

移动电话基站数 指为小区服务的无线收发信设备，处理基站与移动台之间的无线通信，在移动交换机与移动台之间起中继作用，监视无线传输质量的全套设备数。

IPv4 地址数 指本电信企业拥有的或在 APNIC 申请的 IPv4 地址个数之和。包括 A、B、C 类 IPv4 地址，不包括本电信企业从其他单位得到的 IPv4 地址。

IPv6 地址数 是指本电信企业拥有的或在 APNIC 申请的 IPv6 地址个数之和。不包括本电信企业从其他单位得到的 IPv6 地址。

互联网宽带接入端口 指用于接入互联网用户的各类实际安装运行的宽带接入端口的数量，不包括窄带拨号接入端口。按照目前互联网宽带接入的主要技术方式，分别包括 xDSL 用户端口、LAN 用户端口和 FTTH/O 端口。

固定本地电话通话时长 指报告期内本企业固定电话用户作主叫，拨打本地网内的所有去话通话时长。包括拨打本地网内本电信企业或其他电信企业的固定或移动电话用户，经本电信企业或其他电信企业固定或移动本地电路接续的全部去话通话时长。包括本地网内区间电话通话时长、本地网内区内电话通话时长和本地网内拨号上网通话时长。

固定长途电话通话时长 指本电信企业固定电话用户作主叫，拨打本地网以外的所有去话通话时长。包括国内长途电话通话时长、国际电话去话通话时长和港澳台电话去话通话时长，包括固定 IP 电话通话时长。

移动电话通话时长 指报告期内本电信企业移动电话用户在非漫游、漫游出访状态下拨打或接听其他电话用户的所有去话和来话通话时长。

移动短信业务量 指电信企业移动电话用户通过移动通信网络短信平台使用移动短信业务的通信量。

移动电话用户 指报告期末通过移动电话交换机进入移动电话网的全部电话用户。包括各类签约用户、智能网预付费用户、无线上网卡用户（包括 2G 和 3G 无线上网卡用户）等。

3G 移动电话用户 指报告期末在计费系统拥有使用信息，占用 3G 网络资源的在网用户。包括使用了 3G 业务或终端的用户。

4G 移动电话用户 指报告期末在计费系统拥有使用信息，占用 4G 网络资源的在网用户。包括使用了4G业务或终端的用户。

固定电话用户 指在电信企业登记注册，且在报告期末实际已经接入电信企业固定电话网（包括局用电话交换机、接入网设备、软交换用户接入设备、无线市话设备）上的全部电话用户。包括普通电话用户、无线接入电话用户、公用电话用户、窄带综合业务数字网(N-ISDN)用户、集中用户交换机(CENTREX)用户、模拟中继线用户等。

城市电话用户 指话机安装地的行政区划属于中央直辖市、省辖市、地级市、县级市的市区、市郊区及县城区范围内的固定电话用户，还包括分布在农村地区的县团级以上建制的独立工矿区、林区、驻军的电话用户。

农村电话用户 指话机安装地的行政区划属于城市范围以外的乡（镇）、村的固定电话用户。

住宅电话用户 指私人付费或安装在居民住宅并按照住宅电话用户登记注册和收费的各类电话用户。不包括安装在居民住宅，属于经营性的电话用户。住宅电话用户按行政区划分为城市住宅电话用户和农村住宅电话用户。

（固定）互联网拨号用户 指通过PSTN、N-ISDN等，采用拨号上网方式接入公众互联网的用户。

互联网宽带接入用户 指报告期末在电信企业登记注册，通过xDSL、FTTx+LAN、FTTH/O以及其他宽带接入方式和普通专线接入公众互联网的用户。互联网宽带接入用户按行政区划分为城市宽带接入用户和农村宽带接入用户；按客户类别分为家庭宽带接入用户和单位宽带接入用户。

固定互联网宽带接入时长 指报告期内本企业固定互联网宽带接入用户通过固定宽带网络接入公共互联网发生的实际使用时长。

移动互联网用户 指报告期内通过移动通信网络接入公众互联网或WAP网站的用户。

移动互联网接入流量 指本企业移动电话用户（含无线上网卡用户）通过移动通信网络接入公共互联网或WAP网站发生的计费流量，包括上行流量和下行流量。

互联网上网人数 指过去半年内使用过互联网的6周岁及以上中国居民人数。

电话普及率 指报告期行政区域总人口中，平均每百人拥有的话机数。计算公式：

$$电话普及率=\frac{电话机总数（部）}{行政区域总人口数（人）}\times 100$$

开通互联网宽带业务的行政村比重 指报告期末电信企业已开通互联网宽带业务的行政村占行政村总数的比重。包括已开通互联网宽带业务但无用户数的行政村数。

软件业务收入 指企业在报告期从事软件产品、信息技术服务、嵌入式系统软件三项业务收入的合计。统计范围包括：一是在我国境内注册（港澳台地区除外），主要从事软件研发、系统集成及相关信息技术服务业务，且主营业务年收入500万元以上，具有独立法人资格的软件企业；二是在我国境内注册，主营业务年收入在1000万元以上，并有软件研发、系统集成及相关信息技术服务收入，且该收入占本企业主营业务收入30%以上的独立法人单位；三是在我国境内注册，主要从事集成电路设计的企业或其集成电路设计和测试的收入占本企业主营业务收入60%以上，且主营业务年收入500万元以上的独立法人单位。

水泥原料配料中废物替代比 指在水泥生产流程中使用符合标准的各种工业废渣替代原料占所用总原料的比例。工业废渣替代原料数量主要是在水泥熟料生产过程原料制备工序中使用的工业废渣替代原料数量。利用替代原料可以减少水泥生产过程中二氧化碳的排放。

废钢消耗比 指生产每吨合格粗钢所消耗的废钢量，其计算公式为：

废钢消耗比（千克/吨）＝入炉废钢量（千克）/粗钢合格产出量（吨）

其中，入炉废钢量含转炉、电炉及其他各类炼钢炉入炉废钢量。

公　安　部

（一）报 表 目 录

表号	表名	报告期别	填报范围	报送时间及方式	负责单位	备注
综合年报						
GA301 表	公安机关立案的刑事案件及构成情况	年报		7 月 31 日前，通过“国家统计局部门综合数据管理系统”报送数据。	社科文司	
GA302 表	公安机关受理和查处治安案件情况	年报				
GA303 表	交通事故情况	年报				
GA304 表	火灾事故情况	年报				
GA305 表	社会治安基本情况	年报				
GA306 表	全国民用车辆拥有量	年报	各地区登记注册民用车辆	3 月 31 日前，内部交换	服务业司	《运输邮电软件业统计报表制度》
GA307 表	道路交通基本情况年快报	年报		1月15日前	社科文司	
GA701 表	绿色发展基本情况（二）	年报		次年7月15日前；邮寄或电子邮件nyszhc@stats.gov.cn	能源司	《绿色发展统计报表制度》（试行）

（二）调 查 表 式

综 合 年 报

公安机关立案的刑事案件及构成情况

表　　号：G A 3 0 1 表
制定机关：国 家 统 计 局
文　　号：国统字〔2019〕3 号
有效期至：2 0 1 9 年 9 月

综合机关名称：公安部　　　　　　2 0　　年

案件类别	代码	立案（起）	构成（%）
甲	乙	1	2
合计	**01**		
杀人	02		
伤害	03		
抢劫	04		
强奸	05		
拐卖妇女儿童	06		
盗窃	07		
诈骗	08		
走私	09		
伪造、变造货币,出售、购买、运输、持有、使用假币	10		
其他	11		

单位负责人：　　　　　　填表人：　　　　　　报出日期：2 0　　年　　月　　日

说明：1. 报送时间：7 月 31 日前。
　　　2. 审核关系：01=02+03+. . . +11。

公安机关受理和查处治安案件情况

表　　号：G A 3 0 2 表
制定机关：国 家 统 计 局
文　　号：国统字〔2019〕3 号
有效期至：2 0 1 9 年 9 月

综合机关名称：公安部　　　　　　2 0　　年

案件类别	代码	受理（起）	查处（起）	每万人口受理案件数（起/万人）
甲	乙	1	2	3
合计	**01**			
扰乱单位秩序	02			
扰乱公共场所秩序	03			
寻衅滋事	04			
阻碍执行职务	05			
非法携带枪支、弹药、管制工具	06			
违反危险物质管理规定	07			
殴打他人	08			
故意伤害	09			
盗窃	10			
敲诈勒索	11			
抢夺	12			
盗窃、损毁公共设施	13			
伪造、变造、倒卖有价票证、凭证	14			
违反旅馆业管理	15			
违反房屋出租管理	16			
诈骗	17			
卖淫、嫖娼	18			
赌博	19			
毒品违法活动	20			
其他	21			

单位负责人：　　　　　填表人：　　　　　报出日期：2 0　　年　　月　　日

说明：1. 报送时间：7 月 31 日前。
　　　2. 审核关系：01=02+03+. . . +21。

交通事故情况

表　　号：G A 3 0 3 表
制定机关：国　家　统　计　局
文　　号：国统字〔2019〕3 号
有效期至：2 0 1 9 年 9 月

综合机关名称：公安部　　　　2 0　　年

项　　目	代码	发生数（起）	死亡人数（人）	受伤人数（人）	直接财产损失（万元）
甲	乙	1	2	3	4
总计	**01**				
重大事故	02				
特大事故	03				
机动车	04				
其中：汽车	05				
摩托车	06				
拖拉机	07				
非机动车	08				
其中：自行车	09				
行人乘车人	10				
其他	11				
按地区分组					
北京	12				
天津	13				
…	…				
新疆	42				

单位负责人：　　　　填表人：　　　　报出日期：2 0　　年　　月　　日

说明：1. 报送时间：7 月 31 日前。
　　2. 审核关系：01=04+08+10+11，01>02；02>03；04>05+06+07；08>09；01=12+13+…+42。

火灾事故情况

表　　号：G A 3 0 4 表
制定机关：国　家　统　计　局
文　　号：国统字〔2019〕3 号
有效期至：2 0 1 9 年 9 月

综合机关名称：公安部　　　　　　2 0　　年

项　　目	代码	发生（起）	死亡（人）	受伤（人）	直接经济损失（万元）	人口火灾发生率（1/10 万人）	平均每起事故损失（元）
甲	乙	1	2	3	4	5	6
合计	**01**						
特大	02						
重大	03						
较大	04						
一般	05						
按地区分组							
北京	06						
天津	07						
…	…						
新疆	36						

单位负责人：　　　　　填表人：　　　　　报出日期：2 0　　年　　月　　日

说明：1. 报送时间：7 月 31 日前。
　　2. 审核关系：01=02+03+04+05；01=06+07+…+36（5、6 列除外）。

社会治安基本情况

表　　号：G A 3 0 5 表
制定机关：国 家 统 计 局
文　　号：国统字〔2019〕3 号
综合机关名称：公安部　　　　　　　　　　2 0　　年　　　　　　　　有效期至：2 0 1 9 年 9 月

指标名称	计量单位	代码	本年	上年同期
甲	乙	丙	1	2
治安案件查处数	起	01		
公安机关实有人数中女性所占比重	%	02		
破获强奸案件数	起	03		
破获拐卖妇女案件数	起	04		
破获拐卖儿童案件数	起	05		
破获组织强迫、引诱、容留介绍妇女等卖淫案件数	起	06		
解救被拐卖妇女数	人	07		
解救被拐卖儿童数	人	08		
刑事犯罪受害人构成	－	－		
男性	%	09		
女性	%	10		
强奸犯罪受害人占刑事犯罪受害人的比重	%	11		
拐卖妇女犯罪受害人占刑事犯罪受害人的比重	%	12		
未成年人吸毒人数占全部吸毒人数比重（16 岁以下）	%	13		
刑事犯罪被害人中儿童所占比重（14 岁以下）	%	14		
青少年作案成员占全部作案人员的比重（14-25 岁）	%	15		

单位负责人：　　　　　　　　　　填表人：　　　　　　　　　　报出日期：2 0　　年　　月　　日

说明：1. 报送时间：7 月 31 日前。
　　　2. 审核关系：09+10=100。

全国民用车辆拥有量

表　　号：G A 3 0 6 表
制定机关：国 家 统 计 局
文　　号：国统字〔2019〕3 号
有效期至：2 0 1 9 年 6 月

综合机关名称：公安部　　　　2 0 　年　　　　计量单位：　　辆

指标名称	代码	总计	总计中：						报废
			营运	非营运	校车	进口	个人	新注册	
甲	乙	1	2	3	4	5	6	7	8
合计	**01**								
一、汽车	02								
1. 载客汽车	03								
其中：大型	04								
中型	05								
小型	06								
微型	07								
其中：轿车	08								
2. 载货汽车	09								
其中：重型	10								
中型	11								
轻型	12								
微型	13								
其中：普通载货	14								
3. 其他汽车	15								
其中：三轮汽车	16								
低速货车	17								
二、电车	18								
1. 无轨	19								
2. 有轨	20								
三、摩托车	21								
1. 普通	22								
2. 轻便	23								
四、拖拉机	24								
五、挂车	25								
六、其他类型车	26								

补充资料：机动车驾驶人(27)＿＿＿＿＿＿＿＿人，其中：汽车驾驶人(28)＿＿＿＿＿＿＿＿人。

单位负责人：　　　　填表人：　　　　报出日期：2 0 　年　月　日

说明：1. 报送分省(区、市)数据。
2. 统计范围：全国及分省(区、市)登记注册的民用机动车。
3. 报送时间：3 月 31 日前。
4. 审核关系：
(1) 1=2+3+4　(2) 1>5　(3) 1>6　(4) 1>7
(5) 01=02+18+21+24+25+26　(6) 02=03+09+15　(7) 03=04+05+06+07　(8) 08≤06+07　(9) 09=10+11+12+13
(10) 14≤09　(11) 15≥16+17　(12) 18=19+20　(13) 21=22+23。

道路交通基本情况年快报

表　　号：G A 3 0 7 表
制定机关：国　家　统　计　局
文　　号：国统字〔2019〕3 号
有效期至：2 0 1 9 年 3 月

综合机关名称：公安部　　　　2 0　　年

指　　标	代码	单位	本年	上年同期
甲	乙	丙	1	2
道路交通事故万车死亡人数	01	人		
增（减）百分比	02	%		

单位负责人：　　　　填表人：　　　　报出日期：2 0　　年　　月　　日

说明：报送时间：1 月 15 日前。

绿色发展基本情况（二）

表　　号：G A 7 0 1 表
制定机关：国　家　统　计　局
文　　号：国统字〔2019〕3 号
有效期至：2 0 1 9 年 9 月

综合机关名称：公安部　　　　2 0　　年

地　区	代码	新能源汽车保有量（万辆）	新能源汽车保有量增长率（%）
甲	乙	1	2
全　国	**01**		
北　京	02		
天　津	03		
┆	┆		
新　疆	32		

单位负责人：　　　　填表人：　　　　报出日期：2 0　　年　　月　　日

说明：1. 本表数据保留 2 位小数，报送的电子版和纸质版数据要保持一致。
2. 统计范围是各省、自治区、直辖市。
3. 报送时间：7 月 15 日前。

（三）主要指标解释

特大火灾　指造成 30 人以上死亡，或者 100 人以上重伤，或者 1 亿元以上直接财产损失的火灾。

重大火灾　指造成 10 人以上 30 人以下死亡，或者 50 人以上 100 人以下重伤，或者 5000 万元以上 1 亿元以下直接财产损失的火灾。

较大火灾　指造成 3 人以上 10 人以下死亡，或者 10 人以上 50 人以下重伤，或者 1000 万元以上 5000 万元以下直接财产损失的火灾。

一般火灾　指造成 3 人以下死亡，或者 10 人以下重伤，或者 1000 万元以下直接财产损失的火灾。

破获强奸案件数　指某地区一定时间（通常为一年）内，公安机关破获的强奸案件数。强奸案件指违背妇女意愿，使用暴力、胁迫或者其他手段，强行与妇女发生性交的案件。

破获拐卖妇女/儿童案件数　指某地区一定时间（通常为一年）内，公安机关破获拐卖妇女/儿童案件数。拐卖妇女/儿童案件指以出卖为目的，用拐骗、收买、贩卖、接送、中转妇女/儿童的案件。

破获组织、强迫、引诱、容留、介绍妇女卖淫案件数　指某地区一定时间（通常为一年）内，公安机关破获组织、强迫、引诱、容留、介绍妇女卖淫案件的起数。组织、强迫、引诱、容留、介绍妇女卖淫案件指以各种手段，组织、强迫、引诱、容留、介绍妇女卖淫的案件。

解救被拐卖妇女/儿童数　指某一地区一定时间（通常为一年）内，公安机关解救的被拐卖妇女/儿童数。

刑事犯罪受害人构成　指某地区一定时间（通常为一年）内，遭受刑事犯罪直接受害的人中男女各占全部直接受害人的比率。一般用百分比表示。

青少年作案成员占全部作案人员的比重　指某地区一定时间（通常为一年）内，在公安机关抓获的全部刑事案件作案成员中，14-25 岁作案成员所占的比重。

民用汽车拥有量　指报告期末，在公安交通管理部门按照《机动车注册登记工作规范》，已注册登记领有民用车辆牌照的全部汽车数量。汽车拥有量统计的主要分类：根据汽车结构分为载客汽车、载货汽车、其他汽车；根据汽车所有者不同分为个人(私人)汽车、单位汽车；根据汽车的使用性质分为营运汽车、非营运汽车；根据汽车大小规格不同，载客汽车分为大型、中型、小型和微型，载货汽车分为重型、中型、轻型和微型。

其他类型车　指除民用汽车、摩托车及拖拉机以外的其他民用机动车辆，如简易机动车、电瓶车等。

载货挂车　指自身没有动力，需依靠机动牵引车拖带的公路载货用挂车。

机动车驾驶人　指持有正式驾驶执照的各类机动车驾驶人员。

新能源汽车保有量　指报告期内已登记的新能源汽车保有数量。新能源汽车指国务院办公厅《关于加快新能源汽车推广应用的指导意见》（国办发〔2014〕35 号）规定的新能源汽车种类，包括纯电动汽车、插电式（含增程式）混合动力汽车和燃料电池汽车。

新能源汽车保有量增长率　指报告期内新能源汽车保有量的增长速度。计算公式为：

$$新能源汽车保有量增长率=(\frac{本期新能源汽车保有量}{上期新能源汽车保有量}-1)\times 100\%$$

民　政　部

（一）报 表 目 录

表号	表名	报告期别	填报范围	报送时间及方式	负责单位	备注
综合年报						
MZ301 表	分地区行政区划情况	年报		6 月 30 日前，通过“国家统计局部门综合数据管理系统”报送数据	社科文司	
MZ302 表	社会服务情况	年报				
MZ303 表	分地区社会服务情况	年报				
MZ304 表	分地区社会工作师人员情况	年报				
MZ305 表	分地区提供住宿的社会服务机构情况	年报				
MZ306 表	分地区未成年人救助保护中心情况	年报				
MZ307 表	分地区孤儿和家庭收养情况	年报				
MZ308 表	全国妇女儿童权益保护基本情况	年报				
MZ309 表	分地区社会救助标准及残疾人补贴情况	年报				
MZ310 表	分地区城市居民最低生活保障情况	年报				
MZ311 表	分地区农村居民最低生活保障情况	年报				
MZ312 表	分地区农村特困人员救助情况	年报				
MZ313 表	分地区民政部门医疗救助情况	年报				
MZ315 表	分地区福利彩票销售情况	年报				
MZ316 表	分地区优抚安置基本情况	年报				
MZ317 表	分地区儿童收养机构情况	年报				
MZ318 表	分地区社区服务情况	年报				
MZ320 表	分地区殡葬服务情况	年报				
MZ321 表	分地区社会组织情况	年报				
MZ322 表	分地区自治组织情况	年报				
MZ323 表	分地区婚姻服务情况	年报				
MZ324 表	分地区社会服务基本建设投资情况	年报				

表号	表名	报告期别	填报范围	报送时间及方式	负责单位	备注
MZ325 表	分地区社会服务经费情况	年报		6 月 30 日前，通过“国家统计局部门综合数据管理系统”报送数据	社科文司	
MZ326 表	分地区养老机构情况	年报				
MZ327 表	分地区按床位数量分组的养老机构情况	年报				
MZ328 表	分地区养老机构年末职工情况	年报				
MZ329 表	分地区养老机构收住情况	年报				
MZ330 表	分地区民政预算内经费实际支出情况	年报				
MZ331 表	分地区老年组织情况	年报				
MZ332 表	分地区养老机构中志愿者服务情况	年报				
MZ334 表	社会服务基本情况年快报	年报		1 月 15 日前，通过“国家统计局部门综合数据管理系统”报送数据。	社科文司	
MZ336 表	分地区行政区划年快报	年报		4 月 20 日前，通过“国家统计局部门综合数据管理系统”报送数据。		
MZ337 表	分地区烈士纪念建筑物管理情况	年报		6 月 30 日前，通过“国家统计局部门综合数据管理系统”报送数据。	社科文司	
701 表	部门服务业企业财务状况	年报	婚姻服务业中执行企业会计制度的单位	6 月 30 日前，电子邮件或内部交换 dczxjtc@stats.gov.cn	服务业司	《部门服务业财务统计报表制度》（试行）
			殡葬服务业中执行企业会计制度的单位			
			社会工作中执行企业会计制度的单位			
			基层群众自治组织中执行企业会计制度的单位			
702-1 表	部门服务业行政单位财务状况	年报	婚姻服务业中执行行政单位会计制度的单位			
			殡葬服务业中执行行政单位会计制度的单位			
			社会工作中执行行政单位会计制度的单位			
			社会团体中执行行政单位会计制度的单位			
			基层群众自治组织中执行行政单位会计制度的单位			

表号	表名	报告期别	填报范围	报送时间及方式	负责单位	备注
702-2 表	部门服务业事业单位财务状况	年报	婚姻服务业中执行事业单位会计制度的单位	6 月 30 日前，电子邮件或内部交换 dczxjtc@stats.gov.cn	服务业司	《部门服务业财务统计报表制度》（试行）
			殡葬服务业中执行事业单位会计制度的单位			
			社会工作中执行事业单位会计制度的单位			
			社会团体中执行事业单位会计制度的单位			
			基层群众自治组织中执行事业单位会计制度的单位			
MZ703 表	部门服务业民间非营利组织财务状况	年报	婚姻服务业中执行民间非营利组织会计制度的单位			
			殡葬服务业中执行民间非营利组织会计制度的单位			
			社会工作中执行民间非营利组织会计制度的单位			
			社会团体中执行民间非营利组织会计制度的单位			
			基金会中执行民间非营利组织会计制度的单位			
			基层群众自治组织中执行民间非营利组织会计制度的单位			
			在民政部注册登记的民间非营利组织单位			
综合年报						
MZ401 表	社会服务统计季报	季报		季后 30 日前，通过“国家统计局部门综合数据管理系统”报送数据	社科文司	

（二）调 查 表 式

综 合 年 报

分地区行政区划情况

表　　号：M Z 3 0 1 表
制定机关：国 家 统 计 局
文　　号：国统字〔2019〕3 号
有效期至：2 0 1 9 年 9 月
计量单位：个

综合机关名称：民政部　　　　20　　年

地　区	代码	地级区划数	地级市	地区	自治州	盟	县级区划数	市辖区	县级市	县	自治县
甲	乙	1	2	3	4	5	6	7	8	9	10
全国	**01**										
北京	02										
天津	03										
…	…										
新疆	32										

续表

旗	自治旗	特区	林区	乡镇级区划数	镇	乡	民族乡	街道办事处	区公所
11	12	13	14	15	16	17	18	19	20

单位负责人：　　　　填表人：　　　　报出日期：2 0　　年　　月　　日

说明：1. 报送时间：6 月 30 日前。

2. 审核关系：1=2+3+4+5；6=7+8...+14；15=16+17+19+20；17>18；01=02+03+⋯+32。

社会服务情况

表　　号：M Z 3 0 2 表
制定机关：国 家 统 计 局
文　　号：国统字〔2019〕3 号
有效期至：2 0 1 9 年 9 月

综合机关名称：民政部　　　　2 0　　年

指标名称	代码	单位数（个）	职工人数（万人）		社会工作师人数（人）	助理社会工作师人数（人）	床位数（张）	收养救助人数（人）	
				女					女
甲	乙	1	2	3	4	5	6	7	8
社会服务	**01**								
(一)社会工作	**02**								
提供住宿的社会服务机构	**03**								
养老服务机构	04								
社会福利医院	05								
复退军人精神病院	06								
儿童福利机构	07								
未成年人救助保护中心	08								
生活无着人员救助管理站	09								
安置农场	10								
军供站	11								
其他提供住宿的机构	12								
不提供住宿的社会服务机构	**13**						—	—	—
老龄机构	14						—	—	—
为残疾人提供工作岗位和服务的机构	15						—	—	—
低保救助对象服务机构	16						—	—	—
救灾储备单位	17						—	—	—
福利彩票发行机构	18						—	—	—
军队离退休人员管理中心	19						—	—	—
军队离退休人员活动中心	20						—	—	—
烈士纪念建筑物管理机构	21						—	—	—
社区服务机构和设施	22						—	—	—
（二）成员组织和其他社会服务	**23**						—	—	—
成员组织	**24**								
社会组织	**25**						—	—	—
社会团体	26						—	—	—
基金会	27						—	—	—
民办非企业	28								
自治组织	**29**								
居委会	30								
村委会	31								
其他社会服务	**32**								
婚姻服务机构	33						—	—	—
殡葬服务机构	34								
殡仪馆	35								
公墓	36								
骨灰堂	37								
殡葬管理单位	38								
（三）其他事业单位	**39**								

单位负责人：　　　　填表人：　　　　报出日期：2 0　　年　　月　　日

说明：1. 报送时间：6 月 30 日前。
2. 审核关系：2>3；7>8；01=02+23+39；03=04+05+…+12；13=14+15+…+22；23=24+32；25=26+27+28；29=30+31；32=33+34；34=35+36+37+38。

分地区社会服务情况

表　　号：M Z 3 0 3 表
制定机关：国 家 统 计 局
文　　号：国统字〔2019〕3 号
有效期至：2 0 1 9 年 9 月

综合机关名称：民政部　　　　　　　2 0　　年

地　　区	代码	单位数（个）	社会工作	成员组织			其他社会服务	其他事业单位	职工人数（万人）
					社会组织	自治组织			
甲	乙	1	2	3	4	5	6	7	8
全国	**01**								
部本级	02								
北京	03								
天津	04								
…	…								
新疆	33								

续表

						固定资产原价（亿元）						
社会工作	成员组织			其他社会服务	其他事业单位		社会工作	成员组织			其他社会服务	其他事业单位
		社会组织	自治组织						社会组织	自治组织		
9	10	11	12	13	14	15	16	17	18	19	20	21

单位负责人：　　　　　　　　填表人：　　　　　　　　报出日期：2 0　　年　　月　　日

说明：1. 报送时间：6 月 30 日前。
　　　2. 审核关系：1=2+3+6+7；3=4+5；8=9+10+13+14；10=11+12；15=16+17+20+21；17=18+19；01=02+03+…+33。

分地区社会工作师人员情况

表　　号：M Z 3 0 4 表
制定机关：国　家　统　计　局
文　　号：国统字〔2019〕3 号
有效期至：2 0 1 9 年 9 月

综合机关名称：民政部　　　　2 0　　年　　　　计量单位：　　人

地　区	代码	社会工作师				助理社会工作师				基层群众自治组织中持有证书的专业社会工作者人数（人）
		报考人数（人）	参考人数（人）	合格人数（人）	累计合格人数（人）	报考人数（人）	参考人数（人）	合格人数（人）	累计合格人数（人）	
甲	乙	1	2	3	4	5	6	7	8	9
全国	**01**									
北京	02									
天津	03									
…	…									
新疆	32									

单位负责人：　　　　填表人：　　　　报出日期：2 0　　年　　月　　日

说明：1. 报送时间：6 月 30 日前。
2. 审核关系：01=02+03+…+32。

分地区提供住宿的社会服务机构情况

表　　号：M Z 3 0 5 表
制定机关：国　家　统　计　局
文　　号：国统字〔2019〕3 号
有效期至：2 0 1 9 年 9 月

综合机关名称：民政部　　　　2 0　　年

地　区	代码	单位数（个）	按机构类型分组				床位数（张）	按机构类型分组	
			养老	儿童	智障和精神疾病	其他		养老	儿童
甲	乙	1	2	3	4	5	6	7	8
全国	**01**								
部本级	02								
北京	03								
天津	04								
…	…								
新疆	33								

续表

		每千人口社会服务床位数（张）	每千老年人口养老床位数（张）	提供住宿的社会服务机构收留抚养和救助人数（人）		
智障和精神疾病	其他				女	儿童
9	10	11	12	13	14	15

单位负责人：　　　　填表人：　　　　报出日期：2 0　　年　　月　　日

说明：1. 报送时间：6 月 30 日前。
2. 审核关系：1=2+3+4+5；6=7+8+9+10；13>14；13>15；01=02+03+…+33（11、12 列除外）。

分地区未成年人救助保护中心情况

表　　号：ＭＺ３０６表
制定机关：国家统计局
文　　号：国统字〔2019〕3号
综合机关名称：民政部　　　　２０　　年　　　　有效期至：２０１９年９月

地　　区	代码	单位数（个）	年末职工人数（人）		志愿者服务人次数（人次）	志愿服务时间（小时）	当年救助人次数（人次）		年末床位数（张）
				女				女	
甲	乙	1	2	3	4	5	6	7	8
全国	**01**								
北京	02								
天津	03								
…	…								
新疆	32								

单位负责人：　　　　填表人：　　　　报出日期：２０　　年　　月　　日

说明：1. 报送时间：6月30日前。
2. 审核关系：2>3；6>7；01=02+03+…+32。

分地区孤儿和家庭收养情况

表　　号：ＭＺ３０７表
制定机关：国家统计局
文　　号：国统字〔2019〕3号
综合机关名称：民政部　　　　２０　　年　　　　有效期至：２０１９年９月

地区	代码	孤儿数（人）	集中供养		社会散居		家庭收养儿童数（人）					
			人数	保障标准（元/人月）	人数	保障标准（元/人月）		女	残疾儿童	被中国公民收养	被外国人收养	社会福利机构抚养的儿童
甲	乙	1	2	3	4	5	6	7	8	9	10	11
全国	**01**											
北京	02											
天津	03											
…	…											
新疆	32											

单位负责人：　　　　填表人：　　　　报出日期：２０　　年　　月　　日

说明：1. 报送时间：6月30日前。
2. 审核关系：1=2+4；6=9+10;；6>7；6>8；01=02+03+…+32（3、5列除外）。

全国妇女儿童权益保护基本情况

表　　号：M　Z　3　0　8 表
制定机关：国　家　统　计　局
文　　号：国统字（2019）3 号
有效期至：2　0　1　9 年 9 月

综合机关名称：民政部　　　　2 0　　年

地　区	代码	受暴妇女儿童救助（庇护）机构数（个）	受救助（庇护）的妇女儿童人次数（人次）
甲	乙	1	2
全国	**01**		
中央	02		
北京	03		
天津	04		
…	…		
新疆	33		
新疆兵团	34		

单位负责人：　　　　填表人：　　　　报出日期：2 0　　年　　月　　日

说明：1. 报送时间：2019 年 6 月 30 日前。
　　　2. 审核关系：01=02+03+…+34。

分地区社会救助标准及残疾人补贴情况

表　　号：M Z 3 0 9 表
制定机关：国 家 统 计 局
文　　号：国统字〔2019〕3 号
有效期至：2 0 1 9 年 9 月

综合机关名称：民政部　　　　2 0　　年

地　区	代码	城乡居民最低生活保障平均标准（元/人，月）	城市居民最低生活保障平均标准（元/人，月）	农村最低生活保障平均标准（元/人，年）	困难残疾人生活补贴人数（人）			重度残疾人护理补贴人数（人）		
						女	儿童		女	儿童
甲	乙	1	2	3	4	5	6	7	8	9
全国	**01**									
北京	02									
天津	03									
…	…									
新疆	32									

说明：1. 报送时间：6 月 30 日前。
2. 审核关系：01=02+03+…+32（1、2、3、列除外）。

分地区城市居民最低生活保障情况

表　　号：M Z 3 1 0 表
制定机关：国 家 统 计 局
文　　号：国统字〔2019〕3 号
有效期至：2 0 1 9 年 9 月
计量单位：　　人

综合机关名称：民政部　　　　2 0　　年

地　区	代码	城市居民最低生活保障人数	按人员性质分			成年人				未成年人	城市居民最低生活保障户数（户）
			女	残疾人	老年人	在职人员	灵活就业	登记失业	无就业条件		
甲	乙	1	2	3	4	5	6	7	8	9	10
全国	**01**										
北京	02										
天津	03										
…	…										
新疆	32										

单位负责人：　　　　填表人：　　　　报出日期：2 0　　年　　月　　日

说明：1. 报送时间：6 月 30 日前。
2. 审核关系：1>2；1>3；1>4；1=4+5+6+7+8+9+10；01=02+03+…+32。

分地区农村居民最低生活保障情况

表　　号：M Z 3 1 1 表
制定机关：国 家 统 计 局
文　　号：国统字〔2019〕3 号
有效期至：2 0 1 9 年 9 月

综合机关名称：民政部　　　　2 0　　年　　　　计量单位：人、户

地　　区	代码	农村居民最低生活保障人数	女	老年人	未成年人	残疾人	农村居民最低生活保障户数（户）
甲	乙	1	2	3	4	5	6
全国	**01**						
北京	02						
天津	03						
…	…						
新疆	32						

单位负责人：　　　　填表人：　　　　报出日期：2 0　　年　　月　　日

说明：1. 报送时间：6 月 30 日前。
　　2. 审核关系：1>2；1>3；1>4；1>5；01=02+03+…+32。

分地区农村特困人员救助情况

表　　号：M Z 3 1 2 表
制定机关：国 家 统 计 局
文　　号：国统字〔2019〕3 号
有效期至：2 0 1 9 年 9 月

综合机关名称：民政部　　　　2 0　　年

地　区	代码	农村特困人员救助人数（人）	女	老年人	未成年人	残疾人	集中供养	分散供养
甲	乙	1	2	3	4	5	6	7
全国	**01**							
北京	02							
天津	03							
…	…							
新疆	32							

说明：1. 报送时间：6 月 30 日前。
2. 审核关系：1>2；1>3；1>4；1>5；1=6+7；01=02+03+…+32。

分地区民政部门医疗救助情况

表　　号：M Z 3 1 3 表
制定机关：国 家 统 计 局
文　　号：国统字〔2019〕3 号
有效期至：2 0 1 9 年 9 月

综合机关名称：民政部　　　　2 0　　年

地　区	代码	资助参加医疗保险和合作医疗（万人）	直接医疗救助（万人次）	资助参加医疗保险和合作医疗支出（万元）	直接医疗救助支出（万元）
甲	乙	1	2	3	4
全国	**01**				
北京	02				
天津	03				
…	…				
新疆	32				

说明：1. 报送时间：6 月 30 日前。
2. 审核关系：01=02+03+…+32。

分地区福利彩票销售情况

表　　号：M Z 3 1 5 表
制定机关：国 家 统 计 局
文　　号：国统字〔2019〕3 号
有效期至：2 0 1 9 年 9 月

综合机关名称：民政部　　　　　　　　2 0　　年

地　　区	代码	福利彩票发行单位（个）	福利彩票销售额（亿元）	提取公益金（亿元）	公益金支出（亿元）
甲	乙	1	2	3	4
全国	**01**				
本部级	02				
北京	03				
天津	04				
…	…				
新疆	33				

单位负责人：　　　　　　　　填表人：　　　　　　　　报出日期：2 0　　年　　月　　日

说明：1. 报送时间：6 月 30 日前。
　　　2. 审核关系：01=02+03+…+33。

分地区优抚安置基本情况

表　　号：M Z 3 1 6 表
制定机关：国 家 统 计 局
文　　号：国统字〔2019〕3 号
有效期至：2 0 1 9 年 9 月
综合机关名称：民政部，退役军人事务部　　　　2 0　　年　　　　计量单位：人、万元、处、元/人年

地　区	代码	享受国家抚恤补助的优抚对象人　数	定期抚恤情况				定期补助情况		
			定期抚恤人数	烈士遗属	因公牺牲军人遗属	病故军人遗属	定期补助人数	#在乡退伍红军老战士	#红军失散人员
甲	乙	1	2	3	4	5	6	7	8
全国	01								
北京	02								
天津	03								
…	…								
新疆	32								

续表一

#在乡复员军人	#带病回乡退伍军人	#60 岁以上农村籍退伍军人	#参战退役人员	享受抚恤伤残人员	安置复员干　部	接受军队离退休人员
9	10	11	12	13	14	15

续表二

优待情况				烈士褒扬	优抚对象年均抚恤水平
优待优抚对象户数	优待军属户　数	优　待总金额	优待军属总　额	本年批准烈士人数	
16	17	18	19	20	21

单位负责人：　　　　　　　　填表人：　　　　　　　　报出日期：2 0　　年　　月　　日

说明：1. 报送时间：6 月 30 日前。

2. 审核关系：1=2+6+13；2=3+4+5；6≥7+8+…+12；16>17；18>19；01=02+03+…+32（25 列除外）。

分地区儿童收养机构情况

表　　号：M Z 3 1 7 表
制定机关：国　家　统　计　局
文　　号：国统字〔2019〕3 号
有效期至：2 0 1 9 年 9 月

综合机关名称：民政部　　　　2 0　　年

地　　区	代码	单位数（个）	年末职工人数（人）	女	助理社会工作师（人）	社会工作师（人）	年末床位数（张）	年末在院人数（人）
甲	乙	1	2	3	4	5	6	7
全国	**01**							
部本级	02							
北京	03							
天津	04							
…	…							
新疆	33							

说明：1. 报送时间：6 月 30 日前。
2. 审核关系：2>3；2>4；2>5；01=02+03+…+33。

分地区社区服务情况

表　　号：M Z 3 1 8 表
制定机关：国　家　统　计　局
文　　号：国统字〔2019〕3 号
有效期至：2 0 1 9 年 9 月

综合机关名称：民政部　　　　2 0　　年

地　　区	代码	社区服务机构（个）	农村	社区服务指导中心	社区服务中心	社区服务站	社区养老机构	社区互助型养老机构	其他社区服务机构	年末职工（人）	女	大学专科	大学本科及以上
甲	乙	1	2	3	4	5	6	7	8	9	10	11	12
全国	**01**												
北京	02												
天津	03												
…	…												
新疆	32												

续表

助理社会工作师（人）	社会工作师（人）	志愿者服务人次数（人次）	志愿者服务时间（小时）	床位数（张）	日间照料	留宿照料	年末收养人数（人）	日间照料	留宿照料	老年人活动人次（人次）	社区服务机构覆盖率（%）	
											城市	农村
13	14	15	16	17	18	19	20	21	22	23	24	25

说明：1. 报送时间：6 月 30 日前。
2. 审核关系：1>2；1=3+4+5+6+7+8；9>10；9>11；9>12；9>13；9>14；17=18+19；20=21+22；01=02+03+…+32（24、25 列除外）。

分地区殡葬服务情况

表　　号：M Z 3 2 0 表
制定机关：国 家 统 计 局
文　　号：国统字〔2019〕3 号
有效期至：2 0 1 9 年 9 月

综合机关名称：民政部　　　　　　20　　年

地　区	代码	单位数（个）	殡仪馆数（个）	公墓数（个）	骨灰堂数（个）	殡葬服务管理单位数（个）	年末职工人数（人）	女	火化炉数（台）	全年火花遗体数（具）	当　年安葬数（具）	火化率（%）
甲	乙	1	2	3	4	5	6	7	8	9	10	11
全国	**01**											
北京	02											
天津	03											
…	…											
新疆	32											

单位负责人：　　　　　　填表人：　　　　　　报出日期：20　　年　　月　　日

说明：1. 报送时间：6 月 30 日前。
　　2. 审核关系：1=2+3+4+5；6>7；01=02+03+…+32（11 列除外）。

分地区社会组织情况

表　　号：M Z 3 2 1 表
制定机关：国 家 统 计 局
文　　号：国统字〔2019〕3 号
有效期至：2 0 1 9 年 9 月

综合机关名称：民政部　　　　　　20　　年

地　区	代码	社会组织单位情况										
		合计（个）	社会团体	中央级	省级	地级	县级	文化类	基金会	公募	非公募	文化类
甲	乙	1	2	3	4	5	6	7	8	9	10	11
全国	**01**											
中央本级	02											
北京	03											
天津	04											
…	…											
新疆	33											

续表

					年末职工情况							志愿者服务人次（人次）	志愿者服务时间（小时）
民　办非企业单　位	法人	合伙	个体	文化类	合计（人）	社会团体	女	基金会	女	民　办非企业单　位	女		
12	13	14	15	16	17	18	19	20	21	22	23	24	25

单位负责人：　　　　　　填表人：　　　　　　报出日期：20　　年　　月　　日

说明：1. 报送时间：6 月 30 日前。
　　2. 审核关系：1=2+8+12；2=3+4+5+6；2>7；8>9+10；8>11；12=13+14+15；12>16；17=18+20+22；18>19；20>21；22>23；01=02+03+04+…+33。

分地区自治组织情况

表　　号：M Z 3 2 2 表
制定机关：国 家 统 计 局
文　　号：国统字〔2019〕3 号
有效期至：2 0 1 9 年 9 月

综合机关名称：民政部　　　　2 0　　年

地　区	代码	自治组织单位			村委会情况				
		单位数（个）	村民委员会	社区居委会	村委会成员（人）	女	村委会主任（人）	女	村委会小组（个）
甲	乙	1	2	3	4	5	6	7	8
全国	**01**								
北京	02								
天津	03								
…	…								
新疆	32								

续表一

社区居委会情况				
社区居委会成员（人）	女	社区居委会主任（人）	女	社区居委会小组（个）
9	10	11	12	13

续表二

社区居委会（村委会）选举情况									
当年完成选举的村委会（个）	当年完成选举的村委会选民登记数（人）	本届登记选民数	参加投票人数	经推举产生的村民代表数（人）	女	当年完成选举的社区居委会（个）	当年完成选举的社区选民登记数（人）	本届登记选民数	参加投票人数
14	15	16	17	18	19	20	21	22	23

说明：1. 报送时间：6 月 30 日前。
　　2. 审核关系：1=2+3；4>5；6>7；9>10；11>12；15>16；15>17；18>19；21>22；21>23；01=02+03+…+32。

分地区婚姻服务情况

表　　号：M Z 3 2 3 表
制定机关：国 家 统 计 局
文　　号：国统字〔2019〕3 号
有效期至：2 0 1 9 年 9 月

综合机关名称：民政部　　2 0　　年

地　　区	代码	结婚登记（万对）	内地居民	涉外及港澳台居民	结婚登记人数（万人）	初婚	再婚	20-24岁	25-29岁	30-34岁	35-39岁	40岁及以上	结婚率（‰）
甲	乙	1	2	3	4	5	6	7	8	9	10	11	12
全国	**01**												
北京	02												
天津	03												
…	…												
新疆	32												

续表

离　婚（万对）	民政部门登　　记	内地居民	涉外华侨港澳台居民（对）	法院部门办　　理	离婚率（‰）
13	14	15	16	17	18

单位负责人：　　填表人：　　报出日期：2 0　　年　　月　　日

说明：1. 报送时间：6 月 30 日前。
　　2. 审核关系：1=2+3；4=5+6=7+8+9+10+11；13=14+17；14=15+16；01=02+03+…+32（12 和 18 列除外）。

分地区社会服务基本建设投资情况

表　　号：M Z 3 2 4 表
制定机关：国 家 统 计 局
文　　号：国统字〔2019〕3 号
有效期至：2 0 1 9 年 9 月

综合机关名称：民政部　　2 0　　年

地　　区	代码	计划总投资（亿元）	本年完成投资（亿元）	国家投资	国内贷款	利用外资	福利彩票公 益 金	其他
甲	乙	1	2	3	4	5	6	7
全国	**01**							
部本级	02							
北京	03							
天津	04							
…	…							
新疆	33							

续表

提供住宿的社会服务机构	为老年人与残疾人提供服务机构	为智障与精神病人提供服务的机构	为儿童提供收养救助服务的机构	其他提供住宿的社会服务机构	不提供住宿的社会工作	其他社会服务机构	其他
8	9	10	11	12	13	14	15

单位负责人：　　填表人：　　报出日期：2 0　　年　　月　　日

说明：1. 报送时间：6 月 30 日前。
　　2. 审核关系：2=3+4+5+6+7；2=8+13+14+15；8=9+10+11+12；01=02+03+…+33。

分地区社会服务经费情况

表　　号：M Z 3 2 5 表
制定机关：国 家 统 计 局
文　　号：国统字〔2019〕3 号
有效期至：2 0 1 9 年 9 月

综合机关名称：民政部　　　　2 0　　年　　　　计量单位：　万　元

地区	代码	社会服务经费总支出合计	抚恤	退役安置	社会福利	社会救助				自然灾害生活救助	民政管理事务支出	离退休人员经费	其他	中央转移支付的事业费	国家基本建设投资
							城市低保	农村低保	医疗救助						
甲	乙	1	2	3	4	5	6	7	8	9	10	11	12	13	14
全国	**01**														
部本级	02														
北京	03														
天津	04														
…	…														
新疆	33														

单位负责人：　　　　填表人：　　　　报出日期：2 0　　年　　月　　日

说明：1. 报送时间：6 月 30 日前。
　　2. 审核关系：1=2+3+4+5+9+10+11+12；5>6+7+8；01=02+03+⋯+33。

分地区养老机构情况

表　　号：M Z 3 2 6 表
制定机关：国 家 统 计 局
文　　号：国统字〔2019〕3 号
有效期至：2 0 1 9 年 9 月

综合机关名称：民政部　　　　2 0　　年　　　　计量单位：　个

地　区	代码	合计	按城乡分		按登记批准机关分			
			城市	农村	工商部门	编制部门	民政部门	未登记
甲	乙	1	2	3	4	5	6	7
全国	**01**							
北京	02							
天津	03							
…	…							
新疆	32							

单位负责人：　　　　填表人：　　　　报出日期：2 0　　年　　月　　日

说明：1. 报送时间：6 月 30 日前。
　　2. 审核关系：1=2+3；1=4+5+6+7；01=02+03+⋯+32。

分地区按床位数量分组的养老机构情况

表　　号：M Z 3 2 7 表
制定机关：国 家 统 计 局
文　　号：国统字〔2019〕3 号
有效期至：2 0 1 9 年 9 月
计量单位：　　　个

综合机关名称：民政部　　　　2 0　　年

地区	代码	合计	按床位数分			
			0-99	100-299	300-499	500 及以上
甲	乙	1	2	3	4	5
全国	**01**					
北京	02					
天津	03					
…	…					
新疆	32					

单位负责人：　　　　填表人：　　　　报出日期：2 0　　年　　月　　日

说明：1. 报送时间：6 月 30 日前。
2. 审核关系：1=2+3+4+5；01=02+03+…+32。

分地区养老机构年末职工情况

表　　号：M Z 3 2 8 表
制定机关：国 家 统 计 局
文　　号：国统字〔2019〕3 号
有效期至：2 0 1 9 年 9 月
计量单位：　　　人

综合机关名称：民政部　　　　2 0　　年

地　　区	代码	年末职工人数	按城乡分		按类型分	
			城市	农村	管理人员	专业技术技能人员
甲	乙	1	2	3	4	5
全国	**01**					
北京	02					
天津	03					
…	…					
新疆	32					

单位负责人：　　　　填表人：　　　　报出日期：2 0　　年　　月　　日

说明：1. 报送时间：6 月 30 日前。
2. 审核关系：1=2+3；1=4+5；01=02+03+…+32。

分地区养老机构收住情况

表　　号：M Z 3 2 9 表
制定机关：国　家　统　计　局
文　　号：国统字〔2019〕3 号
有效期至：2 0 1 9 年 9 月

综合机关名称：民政部　　　　20　　年　　　　计量单位：人

地　区	代码	合计	按城乡分		按性质分				按类型分		
			城市	农村	优抚对象	“三无”对象	自费人员	其他社会救助对象	自理	介助	介互
甲	乙	1	2	3	4	5	6	7	8	9	10
全国	**01**										
北京	02										
天津	03										
…	…										
新疆	32										

单位负责人：　　　　填表人：　　　　报出日期：20　　年　　月　　日

说明：1. 报送时间：6 月 30 日前。
2. 审核关系：1=2+3；1=4+5+6+7；1=8+9+10；01=02+03+…+32。

分地区民政预算内经费实际支出情况

表　　号：M Z 3 3 0 表
制定机关：国　家　统　计　局
文　　号：国统字〔2019〕3 号
有效期至：2 0 1 9 年 9 月

综合机关名称：民政部　　　　20　　年

地　区	代码	民政预算内经费实际支出（亿元）	社会福利	老年人福利	社会福利事业单位	社会福利院经费	其中：在院人员生活费	城乡最低生活保障资金支出合　计	城市	农村	农村特困人员	集中供养	分散供养
甲	乙	1	2	3	4	5	6	7	8	9	10	11	12
全国	**01**												
部本级	02												
北京	03												
天津	04												
…	…												
新疆	33												

单位负责人：　　　　填表人：　　　　报出日期：20　　年　　月　　日

说明：1. 报送时间：6 月 30 日前。
2. 审核关系：1>2+4+7+10；2>3；4>5；5>6；7>8；7>9；10>11；10>12；01=02+03+…+33。

分地区老年组织情况

表　　号：M Z 3 3 1 表
制定机关：国 家 统 计 局
文　　号：国统字〔2019〕3 号
有效期至：2 0 1 9 年 9 月

综合机关名称：民政部　　　　2 0　　年　　　　计量单位：　　个，人

地　区	代码	老　年 协会数	老年协会 参加人数	老年基 金会数	其他老年 社团组织数	老　年 学校数	老年学校 在校人数
甲	乙	1	2	3	4	5	6
全国	**01**						
北京	02						
天津	03						
…	…						
新疆	32						

单位负责人：　　　　填表人：　　　　报出日期：2 0　　年　　月　　日

说明：1. 报送时间：6 月 30 日前。
　　2. 审核关系：01=02+03+…+32。

分地区养老机构中志愿者服务情况

表　　号：M Z 3 3 2 表
制定机关：国 家 统 计 局
文　　号：国统字〔2019〕3 号
有效期至：2 0 1 9 年 9 月

综合机关名称：民政部　　　　2 0　　年　　　　计量单位：　　人次，小时

地　区	代码	养老机构中志愿者服务人次数			养老机构中志愿者服务时间		
		合计	城市	农村	合计	城市	农村
甲	乙	1	2	3	4	5	6
全国	**01**						
北京	02						
天津	03						
…	…						
新疆	32						

单位负责人：　　　　填表人：　　　　报出日期：2 0　　年　　月　　日

说明：1. 报送时间：6 月 30 日前。
　　2. 审核关系：1=2+3；4=5+6；01=02+03+…+32。

社会服务基本情况年快报

表　　号：M Z 3 3 4 表
制定机关：国 家 统 计 局
文　　号：国统字〔2019〕3 号
有效期至：2 0 1 9 年 3 月

综合机关名称：民政部　　　　2 0　　年

指　　标	代码	单位	本年	上年同期
甲	乙	丙	1	2
提供住宿的社会服务机构	01	万个		
#养老服务机构	02	万个		
儿童服务机构	03	万个		
提供住宿的社会服务床位数	04	万张		
#养老床位	05	万张		
儿童服务床位	06	万张		
社区服务中心数	07	万个		
社区服务站	08	万个		
社会救助情况				
城市居民最低生活保障人数	09	万人		
农村居民最低生活保障人数	10	万人		
农村特困人员救助人数	11	万人		
资助参加医疗保险和合作医疗人数	12	万人		

单位负责人：　　　　填表人：　　　　报出日期：2 0　　年　　月　　日

说明：1. 报送时间：1 月 15 日前。
　　2. 逻辑关系：01>02+03；04>05+06。

分地区行政区划年快报

表　　号：M Z 3 3 6 表
制定机关：国 家 统 计 局
文　　号：国统字〔2019〕3 号
有效期至：2 0 1 9 年 9 月

综合机关名称：民政部　　　　20　年　　　　单　　位：　个

区划名称	代码	地级		县级					乡镇级				
			#地级市		#市辖区	#县级市	#县	#自治县		#镇数	#乡数		#街道办事处
												#民族乡	
甲	乙	1	2	3	4	5	6	7	8	9	10	11	12
全　国	01												
北 京 市	02												
天 津 市	03												
⋮	⋮												
新疆维吾尔自治区	32												
香港特别行政区	33												
澳门特别行政区	34												
台 湾 省	35												

单位负责人：　　　　填表人：　　　　报出日期：20　年　月　日

说明：报送时间：4 月 20 日前。

分地区烈士纪念建筑物管理情况

表　　号：M Z 3 3 7 表
制定机关：国 家 统 计 局
文　　号：国统字〔2019〕3 号
有效期至：2 0 1 9 年 9 月

综合机关名称：民政部　　　　2 0　　年

地 区	代码	机构数（个）	年末职工人数（人）	固定资产总计（亿元）	本年收入合计（亿元）	本年支出合计（亿元）	烈士纪念建筑物数（个）	纪念馆（陈列馆）	藏品量（万件）	参观人次（万人次）
甲	乙	1	2	3	4	5	6	7	8	9
全国	**01**									
北京	02									
天津	03									
…	…									
新疆	32									

单位负责人：　　　　填表人：　　　　报出日期：2 0　　年　　月　　日

说明：1. 报送时间：6 月 30 日前。
　　2. 审核关系：6>7；01=02+03+…+32。

部门服务业企业财务状况

（表式及指标解释见通用表）

部门服务业行政单位财务状况

（表式及指标解释见通用表）

部门服务业事业单位财务状况

（表式及指标解释见通用表）

部门服务业民间非营利组织财务状况

表　　号：ＭＺ７０３表
制定机关：国　家　统　计　局
文　　号：国统字〔2019〕3号
有效期至：２０１９年９月
计量单位：万　元

综合机关名称：民政部　　　　２０　　年

地　区	存货	固定资产原价	资产总计	负债合计	本年收入合计	捐赠收入	会费收入	本年费用合计	业务活动成本	人员费用	日常费用	固定资产折旧	税费	管理费用	人员费用	日常费用	固定资产折旧	税费	净资产变动额
甲	1	2	3	4	5	6	7	8	9	10	11	12	13	14	15	16	17	18	19
全国总计																			
按地区分																			
北　京																			
天　津																			
河　北																			
山　西																			
内蒙古																			
┆																			
新　疆																			
按行业大类分																			

单位负责人：　　　　填表人：　　　　报出日期：２０　　年　　月　　日

说明：1. 除婚姻、殡葬、社会工作、烈士陵园、纪念馆、社会团体、基金会、基层群众自治组织外，其他行业的民间非营利组织按行业中类分类报送。
2. 报送时间：6月30日前。

社会服务统计季报

表　　号：MZ401表
制定机关：国家统计局
文　　号：国统字〔2019〕3号
有效期至：2020年1月

综合机关名称：民政部　　　　20　年1-　季

指标名称	单位	代码	数量
甲	乙	丙	1
社会服务事业费总支出	亿元	01	
其中：抚恤支出	亿元	02	
社会福利支出	亿元	03	
社会救助支出	亿元	04	
自然灾害生活救助支出	亿元	05	
社区服务机构和设施总数	万个	06	
提供住宿的社会服务机构床位数	万张	07	
其中：老年人服务床位数	万张	08	
民政部门直接接受捐赠款数	亿元	09	
民政部门间接接受捐赠款数	亿元	10	

说明：1.报送时间：季后30日前。
2.审核关系：01>02+03+04+05。

（三）主要指标解释

社会工作师　指通过全国社会工作师职业水平考试并取得社会工作师职业水平证书的人员。

基层群众自治组织中持有证书的专业社会工作者人数　指在基层群众性自治组织中参加全国统一助理社会工作师、社会工作师职业水平考试合格，并获得由人事部统一印制、人事部和民政部共同用印的《中华人民共和国社会工作者职业水平证书》的人员数。

提供住宿的社会服务机构数　指能为老年人、残疾人、智障与精神病人、儿童等人员提供住宿的社会服务机构数。包括城市养老服务机构、农村养老服务机构、社会福利院、光荣院、荣誉军人康复医院、复员军人疗养院、军休所、社会福利医院、复退军人精神病院、儿童福利院、未成年人救助保护中心、生活无着人员救助管理站、军供站、安置农场、其他收养机构。

养老服务机构　包括城市养老服务机构、农村养老服务机构、社会福利院、光荣院、荣誉军人康复医院、复员军人疗养院、军队离退休干部休养所。

儿童福利机构　包括儿童福利院、SOS 儿童村（是一个国际性的民间慈善机构，其运行经费主要来源是世界各国友好人士的爱心捐款，办村模式为以家庭方式抚养教育孤儿，并用“SOS”这个国际上通用的求救信号，呼吁全社会都来关心和帮助那些失去父母的孩子）和未成年人救助保护中心。

儿童福利院　提供食宿的、不以盈利为目的、主要收养城镇中无家可归、无依无靠、无生活来源的孤儿和查找不到生身父母的弃婴与儿童，以及自费收养有家但无力照管的残疾儿童为对象的社会福利事业单位。

未成年人救助保护中心　对生活无着流浪乞讨未成年人实施救助，提供基本生活照料和教育、心理疏导、行为矫治等服务的专门机构。一般与救助管理站相对独立设置。

智障及精神疾病服务机构　包括社会福利医院和复退军人精神病院。

其他提供住宿的社会服务机构　包括救助站、安置农场、军队供应管理单位、其他收留抚养机构（上述类型之外具有收留抚养性质的社会福利事业单位）。

军供站　即军队供应管理单位，指地方政府委托民政部门管理的、独立核算的、为战时或平时军队来往服务的军用饮食供应站、军用供水站、军人转运接待站等单位的总称。

提供住宿的社会服务机构床位数　指各类提供住宿的社会服务机构的床位数之和。包括城市养老服务机构床位、农村养老服务机构床位、社会福利院床位、光荣院床位、荣誉军人康复医院床位、复员军人疗养院床位、军休所床位、社会福利医院床位、复退军人精神病院床位、儿童福利院床位、未成年人救助保护中心床位、生活无着人员救助管理站床位、军供站床位、安置农场、其他收养机构床位和社区服务机构里的日间照料和留宿床位。

提供住宿社会服务机构收留抚养和救助人数　指报告期末在提供住宿的社会服务机构中享受收留抚养和救助照料的人数。

提供住宿社会服务机构收留抚养儿童数　指报告期内民政部门提供住宿的社会服务机构中收留抚养儿童数。

志愿者　不以获取报酬为目的，自愿奉献时间、精力、知识、技能为社会公众利益服务的人员总数。每位志愿者每次服务计 1 人次。

志愿服务时间 本年度志愿者提供志愿服务的时间总量。

孤儿 是指失去父母或查找不到生父母的未满 18 周岁的未成年人的人数；由地方县级以上民政部门依据有关规定和条件认定的，并已经领取了孤儿补助费的孤儿。

集中供养孤儿 指社会福利机构抚养或寄养的孤儿人数。

社会散居孤儿 在社会上分散供养的，由其法定监护人承担抚养义务、履行监护职责的孤儿。

儿童收养数 家庭儿童收养登记指中国公民收养查找不到生父母的弃婴、儿童和福利机构抚养的孤儿以及外国人收养中国儿童取得合法收养关系的必经程序。是国家通过主管部门对申请建立收养关系的当事人依照收养法律条件进行审查，确认收养关系的一项法律制度。办理收养登记的机关必须是县级及以上民政部门。县级以上民政部门办理儿童收养登记一次为一件。

中国公民收养登记件数 收养人是中国公民的收养登记件数，需夫妻双方都是中国公民。含中国大陆、中国香港、中国澳门、中国台湾和华侨收养的件数。

外国公民收养登记件数 指收养人具有外国国籍（包括无国籍人）的收养件数。夫妻共同收养中一方是外国人的，按外国人办理收养统计。

被收养儿童人数 指收养登记中被收养儿童人数的总和，包括国内外收养中国儿童的总人数。

每千人口社会服务床位数 指老年及残疾人床位数、智障和精神疾病床位数、儿童床位数、救助及其他社会服务床位数的总和除以当年期末人口数乘以 1000。计算公式为：

$$\text{每千人口社会服务床位数}=\frac{\text{社会服务床位数}}{\text{年末人口数}}\times 1000$$

其中，老年及残疾人床位数包括城市养老服务机构、农村养老服务机构、社会福利院、光荣院、荣誉军人康复医院、复员军人疗养院、军休所、社区服务机构中的相关床位数；智障和精神疾病床位数包括复退军人精神病院和社会福利医院中的相关床位数；儿童床位数包括儿童福利机构和未成年人流浪救助保护中心中的相关床位数；救助及其他社会服务床位数包括生活无着人员救助管理站、安置农场、军供站、其他收留抚养机构的相关床位数。

城市居民最低生活保障人数 指在报告期末纳入当地城市最低生活保障范围、并已发放补助经费的人数。其中人员类别中的“在职人员”指从事一定社会劳动并取得劳动报酬或经营收入的人员，一般应与某一单位建立劳动关系，包括企业内退人员和个体经营人员。“灵活就业”指为社会、单位、家庭或者个人提供临时性、季节性、弹性劳务并获取相应劳动报酬，且无法建立或暂无条件建立稳定劳动关系的人员。“登记失业”指在劳动年龄（16 周岁至法定退休年龄）内，有劳动能力，无业而要求就业，并在当地就业服务机构进行求职登记的人员。“无就业条件”指指在劳动年龄（16 周岁至法定退休年龄）内，因丧失劳动能力或因照料家中残疾人、老年人、未成年人等原因而不具备劳动时间，且未在当地就业服务机构进行求职登记的人员。

农村最低生活保障人数 指在报告期末纳入当地农村最低生活保障范围、并已发放补助经费的人数。

城市（农村）最低生活保障标准 指由地方人民政府确定的家庭人均收入线，低于该线的家庭纳入最低生活保障范围。

城乡最低生活保障平均标准 指某地区报告期内，根据各市（县）提出的最低生活保障标准，按照简单算术平均方法计算的平均值。

农村特困人员：指无劳动能力、无生活来源、无法定赡养、抚养、扶养义务人或者其法定义务人无履行义务能力的农村老年人、残疾人以及未满 16 周岁的未成年人被依法纳入特困人员救助供养范围、享受供养待遇的人员。

农村特困人员集中供养人数 指在供养服务机构中集中供养的农村特困人员。

困难残疾人生活补贴 补助残疾人因残疾产生的额外生活支出，对象为低保家庭中的残疾人，有条件的地方可逐步扩大到低收入残疾人及其他困难残疾人。

重度残疾人护理补贴 补助残疾人因残疾产生的额外长期照护支出，对象为残疾等级评定为一级、二级、且需要长期照护的重度残疾人，有条件的地方可扩大到非重度智力、精神残疾人或其他残疾人，逐步推动形成面向所有需要长期照护残疾人的护理补贴制度。

社区服务机构数 指报告期末设立的社区服务指导中心、社区服务中心、社区服务站、社区养老机构、社区互助型养老机构、其他社区服务机构的总数。具有面向老人及其家庭的商品递送、医疗保健、家庭保洁、日间照料、陪伴服务等为社区居家养老服务的设施和突出综合服务的职能。包括党员活动室、就业保障网络、社区卫生服务站、文化活动室、图书室、“爱心超市”、社区捐助接收站点、警务站（室）、老年活动室、未成年人文化活动场所等具有综合服务功能的机构。

社区服务机构覆盖率 计算公式为：

$$\text{社区服务机构覆盖率}=\frac{\text{社区服务机构数}}{\text{村委会数}+\text{居委会数}}\times 100\%$$

社区服务指导中心 指县以上层面建立的，对社区服务中心和社区服务站的工作发挥指导作用的社区服务机构。

社区服务中心 指在街道层面，建设以“一站式”服务为特点的社区服务中心。街道办事处及社区组织依托社区服务中心，组织开展就业服务和职业培训、社区救助、社区治安、社区卫生和计划生育、社区环境和文化、教育、体育等公共服务。特别是针对老年人、残疾人、优抚对象和其他特殊群体开展救助帮扶、护理照料、拥军优属等专项服务。配合有关部门做好劳动力资源管理、失业登记、社区保险登记与发放、低保资格认定审核、暂住登记等工作。协调和动员社会各方面力量利用辖区内闲置设施、房屋等资源开展社区公益性服务和便民利民服务。指导和组织社区做好法律法规和政策宣传工作。

社区服务站 指在社区层面，建设功能为社区居家养老服务，重点发展面向老年人及其家庭的商品递送、医疗保健、家庭保洁、日间照料、陪伴等服务的设施和综合性、多功能的社区服务站。居委会及其他各类基层社区组织，应在市、区政府和街道办事处的指导下，依托社区服务站及其他社区公共服务设施，组织居民参与文化、教育、科技、体育、卫生、环境、法律、安全等进社区活动，保障各种公共服务延伸到社区全体居民，增强社区的凝聚力、归属感和安全感。组织动员驻区单位和社区居民开展邻里互助等群众性自我服务活动。

社区养老机构 指调整到社区服务机构的未登记的敬老院等类型的机构。

社区互助型养老机构 指依托村居委会办的微型的五保村、五保家园、幸福院等互助型养老机构。

其他社区服务机构 指独立于社区服务中心、社区服务站以外的为居民提供各种专业的社区服务的机构。如：社区卫生服务站、社区残疾人康复站。

基金会 是指利用自然人、法人或者其他组织捐赠的财产，以从事公益事业为目的，按照国家的《基金会管理条例》规定成立的非营利性法人。基金会分为面向公众募捐的基金会（以下简称公募基金会）和不得面向公众募捐的基金会（以下简称非公募基金会）。公募基金会按照募捐的地域范围，分为全国性公募基金会和地方性公募基金会。

社会团体 是指中国公民自愿组成，为实现会员共同意愿，按照其章程开展活动的非营利性社会组织。根据登记管理政府发级别，社会团体分为：中央级、省级、地级、县级。

民办非企业单位 是指企业事业单位、社会团体和其他社会力量以及公民个人利用非国有资产举办的，从事非营利性社会服务活动的社会组织。

结婚登记人数 指某地区报告期内，符合《婚姻法》要求，在该地民政部门登记结婚的全部人数。取自民政部门统计年报。

结婚登记件数 指报告期内经民政部门婚姻登记机关审查，确认当事人符合结婚条件，批准登记结婚的总件数。

涉外及华侨、港澳台居民登记结婚数 指在县级（或县级以上）民政部门办理的，夫妻双方或一方是外国人、华侨、港澳台同胞的婚姻案件总数。

结婚率 指结婚对数除以当年平均人口乘以1000‰。

$$\text{结婚率}=\frac{\text{结婚对数}}{(\text{当年期初人口数}+\text{当年期末人口数})/2}\times 1000‰$$

离婚率 指离婚对数除以当年平均人口乘以1000‰。

$$\text{离婚率}=\frac{\text{离婚对数}}{(\text{当年期初人口数}+\text{当年期末人口数})/2}\times 1000‰$$

存货 指民间非营利组织在日常业务活动过程中持有以备出售或捐赠的，或者为了出售或捐赠仍处在生产过程中的，或者将在生产、提供服务或日常管理过程中耗用的材料、物资、商品等。

固定资产原价 指使用年限在一年以上，单位价值在规定标准以上，并在使用过程中基本保持原来物质形态的资产。包括房屋和建筑物、专用设备、一般设备、文物和陈列品、图书、其他固定资产等。根据会计"资产负债表"中"固定资产原价"项目的期末数填报。

资产总计 是指过去的交易或者事项形成并由民间非营利组织拥有或者控制的资源，该资源预期会给民间非营利组织带来经济利益或者服务潜力。资产按其流动性分为流动资产、长期投资、固定资产、无形资产和受托代理资产等。

负债合计 指过去的交易或者事项形成的现时义务，履行该义务预期会导致含有经济利益或者服务潜力的资源流出民间非营利组织。负债应当按其流动性分为流动负债、长期负债和受托代理负债等。

本年收入合计 指民间非营利组织开展业务活动取得的、导致本期净资产增加的经济利益或者服务潜力的流入，按照其来源分为捐赠收入、会费收入、提供服务收入、商品销售收入、政府补助收入、投资收益和其他收入。根据会计"业务活动表"中"收入合计"项目填报。

捐赠收入 指民间非营利组织接受其他单位或者个人捐赠所取得的收入。根据会计"业务活动表"中对应项目填报。

会费收入 指民间非营利组织根据章程等的规定向会员收取的会费收入。根据会计"业务活动表"中对应项目填报。

本年费用合计 指民间非营利组织为开展业务活动所发生的、导致本期净资产减少的经济利益或者服务潜力的流出。按照其功能分为业务活动成本、管理费用、筹资费用和其他费用等。根据会计"业务活动表"中"费用合计"项目填报。

业务活动成本 指民间非营利组织为了实现其业务活动目标、开展其项目活动或者提供服务所发生的费用。根据会计"业务活动表"中对应项目填报。

业务活动成本中：

人员费用 根据会计"费用明细表"中"业务活动成本"科目下的对应项目填报。

日常费用 根据会计"费用明细表"中"业务活动成本"科目下的对应项目填报。

固定资产折旧 根据会计"费用明细表"中"业务活动成本"科目的对应项目填报。

税费 根据会计"费用明细表"中"业务活动成本"科目下的对应项目填报。

管理费用 指民间非营利组织为组织和管理其业务活动所发生的各项费用总额。根据会计"业务活动表”中对应项目填报。

管理费用中：

人员费用　根据会计“费用明细表”中“管理费用”科目下的对应项目填报。

日常费用　根据会计“费用明细表”中“管理费用”科目下的对应项目填报。

固定资产折旧　根据会计“费用明细表”中“管理费用”科目下的对应项目填报。

税费　根据会计“费用明细表”中“管理费用”科目下的对应项目填报。

固定资产原价　指使用年限在一年以上，单位价值在规定标准以上，并在使用过程中基本保持原来物质形态的资产。包括房屋和建筑物、专用设备、一般设备、文物和陈列品、图书、其他固定资产等。根据会计“资产负债表”中“固定资产原价”项目的期末数填报。

资产总计　是指过去的交易或者事项形成并由民间非营利组织拥有或者控制的资源，该资源预期会给民间非营利组织带来经济利益或者服务潜力。资产按其流动性分为流动资产、长期投资、固定资产、无形资产和受托代理资产等。

负债合计　指过去的交易或者事项形成的现时义务，履行该义务预期会导致含有经济利益或者服务潜力的资源流出民间非营利组织。负债应当按其流动性分为流动负债、长期负债和受托代理负债等。

本年收入合计　指民间非营利组织开展业务活动取得的、导致本期净资产增加的经济利益或者服务潜力的流入，按照其来源分为捐赠收入、会费收入、提供服务收入、商品销售收入、政府补助收入、投资收益和其他收入。根据会计“业务活动表”中“收入合计”项目填报。

捐赠收入　指民间非营利组织接受其他单位或者个人捐赠所取得的收入。根据会计“业务活动表”中对应项目填报。

会费收入　指民间非营利组织根据章程等的规定向会员收取的会费收入。根据会计“业务活动表”中对应项目填报。

本年费用合计　指民间非营利组织为开展业务活动所发生的、导致本期净资产减少的经济利益或者服务潜力的流出。按照其功能分为业务活动成本、管理费用、筹资费用和其他费用等。根据会计“业务活动表”中“费用合计”项目填报。

业务活动成本　指民间非营利组织为了实现其业务活动目标、开展其项目活动或者提供服务所发生的费用。根据会计“业务活动表”中对应项目填报。

业务活动成本中：

人员费用　根据会计“费用明细表”中“业务活动成本”科目下的对应项目填报。

日常费用　根据会计“费用明细表”中“业务活动成本”科目下的对应项目填报。

固定资产折旧　根据会计“费用明细表”中“业务活动成本”科目的对应项目填报。

税费　根据会计“费用明细表”中“业务活动成本”科目下的对应项目填报。

管理费用　指民间非营利组织为组织和管理其业务活动所发生的各项费用总额。根据会计“业务活动表”中对应项目填报。

管理费用中：

人员费用　根据会计“费用明细表”中“管理费用”科目下的对应项目填报。

日常费用　根据会计“费用明细表”中“管理费用”科目下的对应项目填报。

固定资产折旧　根据会计“费用明细表”中“管理费用”科目下的对应项目填报。

税费　根据会计“费用明细表”中“管理费用”科目下的对应项目填报。

净资产变动额　根据会计“业务活动表”中对应项目填报。

社会服务事业费总支出 反映民政部门社会服务事业费总支出。

抚恤支出 反映用于各类优抚对象和优抚事业单位的支出。

社会福利支出 反映社会福利事务支出。

社会救助支出 反映民政部门开展社会救助工作的支出。

自然灾害生活救助支出：反映用于自然灾害生活救助方面的支出。

社区服务机构和设施 指面向老年及其家庭的日间照料、留宿照料、陪伴、送餐等为社区居家服务的机构和设施，突出综合服务功能。包括：1. 社区服务指导中心 ；2. 社区服务中心 ；3. 社区服务站；4. 社区养老机构和设施； 5. 社区互助型养老设施 ；6. 其他社区服务机构和设施。

提供住宿的社会服务机构床位数 指养老服务机构、精神疾病服务机构、儿童福利机构以及其他提供住宿机构报告期末床位实际容纳能力。

老年人服务床位数 指为 60 岁及以上老年人口提供服务的床位数。

民政部门直接接受捐赠款数 指报告期内民政部门接收国内外各种社会捐赠的现金总计。民政部门只统计接受的第一次捐赠，民政部门之间捐赠现金的往来不重复统计。尚未到账的承诺捐赠不统计。

民政部门间接接受捐赠款数 指其他部门转入的社会捐赠款累计数。

司　法　部

（一）报 表 目 录

表号	表名	报告期别	报送时间及方式	负责单位	备注
SF301 表	律师、公证和调解工作基本情况	年报	6 月 30 日前，通过“国家统计局部门综合数据管理系统”报送数据。	社科文司	
SF302 表	律师代理民事诉讼工作情况	年报			
SF303 表	法律援助工作情况	年报			
SF304 表	在押服刑人员基本情况	年报			
SF305 表	调解民间纠纷分类	年报			
SF306 表	法律服务基本情况	年报			
SF307 表	公证业务分类情况	年报			

（二）调 查 表 式

综 合 年 报

律师、公证和调解工作基本情况

表　　号：S F 3 0 1 表
制定机关：国 家 统 计 局
文　　号：国统字〔2019〕3 号

综合机关名称：司法部　　　　20　　年　　　　有效期至：2 0 1 9 年 9 月

项　　目	代码	计量单位	本年	上年同期	备注
甲	乙	丙	1	2	丁
律师工作					
律师事务所	01	个			
律师人数	02	人			
其中：女	03	人			
其中：专职律师	04	人			
兼职律师	05	人			
其中：中共党员	06	人			
律师人员学历构成					
博士	07	人			
硕士	08	人			
法律专业本科	09	人			
担任法律顾问	10	家			
民事诉讼代理	11	件			
刑事诉讼辩护及代理	12	件			
行政诉讼代理	13	件			
非诉讼法律事务	14	件			
询问和代书	15	万件			
公证工作					
公证机构	16	个			
公证人员结构情况合计	17	人			
其中：公证员	18	人			
其中：女公证员	19	人			
公证员学历情况					
博士	20	人			
硕士	21	人			
本科	22	人			
办理公证（出证）总数	23	万件			
人民调解工作					
人民调解委员会	24	万个			
调解人员	25	万人			
调解案件总数	26	万件			

单位负责人：　　　　填表人：　　　　报出日期：2 0　　年　　月　　日

说明：1. 报送时间：6 月 30 日前。
2. 审核关系：02>03；02>04+05；02>06；17>18；18>19

律师代理民事诉讼工作情况

表　　号：SF302表
制定机关：国家统计局
文　　号：国统字〔2019〕3号
有效期至：2019年9月
计量单位：件

综合机关名称：司法部　　20　年

项　目	代码	本年	上年同期	备注
甲	乙	1	2	丙
民事案件代理合计	01			
#婚姻家庭纠纷案件	02			
知识产权案件	03			
劳动争议案件	04			

单位负责人：　　填表人：　　报出日期：20　年　月　日

说明：1. 报送时间：6月30日前。
2. 审核关系：01>=02+03+04。

法律援助工作情况

表　　号：SF303表
制定机关：国家统计局
文　　号：国统字〔2019〕3号
有效期至：2019年9月
计量单位：件

综合机关名称：司法部　　20　年

项　目	计量单位	代码	本年	上年同期	备注
甲	乙	丙	1	2	丙
法律援助管理机构数和法律援助机构数	个	01			
实有人员总数	人	02			
其中：法律专业	人	03			
受理案件	件	04			
民事法律援助（批准）	件	05			
刑事法律援助	件	06			
行政法律援助（批准）	件	07			
各类案件受援人合计	人次	08			
经费投入总额	万元	09			
其中：财政拨款	万元	10			
社会捐助	万元	11			
工作站总数	个	12			
咨询总数	人次	13			

单位负责人：　　填表人：　　报出日期：20　年　月　日

说明：1. 报送时间：6月30日前。
2. 审核关系：02>03。

在押服刑人员基本情况

表　　号：SF304表
制定机关：国家统计局
文　　号：国统字〔2019〕3号
有效期至：2019年9月

综合机关名称：司法部　　　　20　　年　　　　计量单位：人

项　　目	代码	本年	上年同期	备注
甲	乙	1	2	丙
刑满释放人数	01			
年末在押服刑人数	02			
其中：女	03			
未成年人（14-18岁）	04			

单位负责人：　　　　填表人：　　　　报出日期：20　　年　　月　　日

说明：1.报送时间：6月30日前。
　　　2.审核关系：02>03；02>04。

调解民间纠纷分类

表　　号：SF305表
制定机关：国家统计局
文　　号：国统字〔2019〕3号
有效期至：2019年9月

综合机关名称：司法部　　　　20　　年

项　　目	代码	调解纠纷（件）	各类纠纷所占比重（%）
甲	乙	1	2
调解案件总数	**01**		
其中：婚姻家庭纠纷	02		
房屋、宅基地纠纷	03		
邻里纠纷	04		
损害赔偿纠纷	05		

单位负责人：　　　　填表人：　　　　报出日期：20　　年　　月　　日

说明：1.报送时间：6月30日前。
　　　2.审核关系：01>02+03+04+05。

法律服务基本情况

表　　号：S F 3 0 6 表
制定机关：国　家　统　计　局
文　　号：国统字〔2019〕3 号
有效期至：2 0 1 9 年 9 月

综合机关名称：司法部　　　　2 0　　年

地　　区	代码	律师人数（人）	女	专职律师人数（人）	公证员（人）	女
甲	乙	1	2	3	4	5
全国	**01**					
北京	02					
天津	03					
…	…					
新疆	32					
新疆兵团	33					

续表

法律援助机构数（个）	法律援助工作站点（个）	获得法律援助的受援人数（人次）	老年人	未成年人	妇女
6	7	8	9	10	11

单位负责人：　　　　填表人：　　　　报出日期：2 0　　年　　月　　日

说明：1. 报送时间：6 月 30 日前。
　　2. 审核关系：1>2；　4>5；8>9+10；8>11；01=02+03+…33。

公证业务分类情况

表　　号：SF307表
制定机关：国　家　统　计　局
文　　号：国统字〔2019〕3号
有效期至：2019年9月

综合机关名称：司法部　　　　20　年　　　　计量单位：　　件

项目	代码	本年	上年同期	备注
甲	乙	1	2	丙
合计	01			
国内公证数	02			
涉外公证数	03			
合同（协议）	04			
继承	05			
其中：小额继承	06			
委托	07			
声明	08			
赠与	09			
遗嘱	10			
现场监督	11			
婚姻状况、亲属关系、收养关系	12			
出生、生存、死亡	13			
身份、经历、学历、学位、职务、职称	14			
有无违法犯罪记录	15			
公司章程	16			
保全证据	17			
证书、执照	18			
签名、印鉴	19			
文本相符	20			
赋予强制执行效力	21			
执行证书	22			
抵押登记	23			
提存	24			
保管	25			
其他	26			

单位负责人：　　　　填表人：　　　　报出日期：20　年　月　日

说明：1. 报送时间：6月30日前。
　　　2. 审核关系：01≥02+03；01＝04+05+07+…+26。

（三）主要指标解释

公证人员　指在公证处工作的人员总称，包括公证处主任、副主任、公证员、公证员助理(助理公证员)和其他从事辅助性工作的人员。

公证文书　指公证处根据当事人申请，依照事实和法律，按照法定程序制作的，具有法律效力的司法证明文书。

受理劳动争议案件数　指劳动争议仲裁委员会根据国家有关规定，对劳动争议当事人的申请予以审查，符合受理条件而正式立案、准备处理的劳动争议案件数。

获得法律援助机构援助的人数　指符合法律援助条件，经法律援助机构审查批准获得法律援助的受援人数。

财　政　部

（一）报 表 目 录

表号	表名	报告期别	填报范围	报送时间及方式	负责单位	备注
综合年报						
CZ301 表	国家财政科技支出	年报		7 月 31 日前，通过“国家统计局部门综合数据管理系统”报送数据。	社科文司	《科技综合统计报表制度》
CZ302 表	分地区一般公共预算文化体育与传媒支出情况	年报		6 月 30 日前，通过“国家统计局部门综合数据管理系统”报送数据。	社科文司	
CZ701 表	应对气候变化相关情况	年报		7月31日前；邮寄或电子邮件 nyshjc@stats.gov.cn	能源司	《应对气候变化部门统计报表制度》
702-1 表	部门服务业行政单位财务状况	年报	中国共产党机关中执行行政单位会计制度的单位	6 月 30 日前，电子邮件或内部交换 dczxjtc@stats.gov.cn	服务业司	《部门服务业财务统计报表制度》（试行）
			国家机构中执行行政单位会计制度的单位			
			人民政协、民主党派中执行行政单位会计制度的单位			
			群众团体中执行行政单位会计制度的单位			
702-2 表	部门服务业事业单位财务状况	年报	中国共产党机关中执行事业单位会计制度的单位			
			国家机构中执行事业单位会计制度的单位			
			人民政协、民主党派中执行事业单位会计制度的单位			
			群众团体中执行事业单位会计制度的单位			
综合定报						
CZ401 表	国有及国有控股企业主要财务指标	月报	全国国有及国有控股企业	月后 23 日 12:00 前，电子邮件或内部交换 gysjjxyc@stats.gov.cn	工业司	

表号	表名	报告期别	填报范围	报送时间及方式	负责单位	备注
CZ402	社会领域一般公共预算主要支出	月报		1-11月数据报送时间为次月15日前，12月数据报送时间为次年1月30日前，通过“国家统计局部门综合数据管理系统”报送数据。	社科文司	

（二）调 查 表 式

综 合 年 报

国家财政科技支出

表　　号：C Z 3 0 1 表
制定机关：国 家 统 计 局
文　　号：国统字〔2019〕3 号
有效期至：2 0 1 9 年 9 月

综合机关名称：财政部　　　　2 0　　年

指标名称	计量单位	代码	本年
甲	乙	丙	1
国家财政支出	亿元	1	
国家财政科技拨款	亿元	2	
其中：中央	亿元	3	
地方	亿元	4	
其中：科学技术支出	亿元	5	
其他功能支出中用于科学技术的支出	亿元	6	

单位负责人：　　　　填表人：　　　　报出日期：2 0　　年　　月　　日

说明：1. 报送时间：7 月 31 日前。
2. 审核关系：2=3+4=5+6。
3. 保留一位小数。

分地区一般公共预算文化体育与传媒支出情况

表　　号：C Z 3 0 2 表
制定机关：国 家 统 计 局
文　　号：国统字〔2019〕3 号
有效期至：2 0 1 9 年 9 月
计量单位：亿　元

综合机关名称：财政部　　　　2 0　　年

地　区	代码	一般公共预算文化体育与传媒支出	文化	文物	体育	广播影视	新闻出版	其他
甲	乙	1	2	3	4	5	6	7
全国	**01**							
中央	02							
北京	03							
天津	04							
…	…							
新疆	33							

单位负责人：　　　　填表人：　　　　报出日期：2 0　　年　　月　　日

说明：1. 报送时间：6 月 30 日前。
2. 审核关系：1=2+3+4+5+6+7；01=02+03+…+33。

应对气候变化相关情况

表　　号：C Z 7 0 1 表
制定机关：国　家　统　计　局
文　　号：国统字〔2019〕3 号
有效期至：2 0 1 9 年 9 月

综合机关名称：财政部　　　　2 0　　年

指标名称	计量单位	代码	本年
甲	乙	丙	1
应对气候变化科学研究投入	万元	01	

单位负责人：　　　填表人：　　　报出日期：2 0　　年　　月　　日

说明：报送时间：7 月 31 日前。

部门服务业行政单位财务状况

（表式及指标解释见通用表）

部门服务业事业单位财务状况

（表式及指标解释见通用表）

综 合 定 报

国有及国有控股企业主要财务指标

表　　号：C Z 4 0 1 表
制定机关：国　家　统　计　局
文　　号：国统字〔2019〕3 号
有效期至：2 0 2 0 年 1 月

综合机关名称：财政部　　2 0　年　月

指标名称	代码	本月			累计		
		本月	上年同期	增速	1—本月	上年同期	增速
计量单位	-	亿元	亿元	%	亿元	亿元	%
甲	乙	1	2	3	4	5	6
利润总额	01						
其中：工业	02						
营业总收入	03						
其中：工业	04						

单位负责人：　　统计负责人：　　填表人：　　联系电话：　　报出日期：2 0　年　月　日

说明：1. 统计范围：全国国有及国有控股企业。
2. 本表填报汇总数据。
3. 报送时间：月后 23 日 12:00 前，1 月免报。

社会领域一般公共预算主要支出

表　　号：C Z 4 0 2 表
制定机关：国 家 统 计 局
文　　号：国统字〔2019〕3 号
有效期至：2 0 2 0 年 1 月

综合机关名称：财政部　　　　2 0　　年

指标名称	代码	一般公共预算支出	中央	地方
甲	乙	1	2	3
合计	01			
其中：一般公共服务支出	02			
教育支出	03			
文化体育与传媒支出	04			
其中：文化	05			
文物	06			
体育	07			
新闻出版广播影视	08			
社会保障和就业支出	09			
其中：残疾人事业支出	10			
医疗卫生与计划生育支出	11			
城乡社区事务支出	12			
援助其他地区支出	13			
住房保障支出	14			

说明：1. 报送时间：1-11 月数据报送时间为次月 15 日前，12 月数据报送时间为次年 1 月 30 日前。
2. 审核关系：1=2+3；01=02+03+04+09+11+12+13+14。

（三）主要指标解释

应对气候变化科学研究投入 指用于应对气候变化科学研究的中央财政资金，主要包括国家重点基础研究、高技术研究、科技支撑研究、自然科学基金研究以及其他相关重大专项研究的资金投入。

一般公共服务支出 反映政府提供一般公共服务的支出。

教育支出 反映政府教育事务支出。

文化体育与传媒支出 反映政府在文化、文物、体育、广播影视、新闻出版等方面的支出。

文化 反映政府用于公用文化设施、艺术表演团体及文化艺术活动等方面的支出。

文物 反映文物保护和管理等方面的支出。

体育 反映体育方面的支出。

新闻出版广播影视 反映新闻出版、广播、电影、电视等方面的支出。

社会保障和就业支出 反映政府在社会保障与就业方面的支出。

医疗卫生与计划生育支出 反映政府医疗卫生与计划生育管理方面的支出。

城乡社区事务支出 反映政府城乡社区事务支出。

援助其他地区支出 反映援助方政府安排并管理的对其他地区各类援助、捐赠等资金支出。

住房保障支出 集中反映政府用于住房方面的支出。

人力资源和社会保障部

（一）报 表 目 录

<table>
<tr><th>表号</th><th>表名</th><th>报告期别</th><th>填报范围</th><th>报送时间及方式</th><th>负责单位</th><th>备注</th></tr>
<tr><td colspan="7">综合年报</td></tr>
<tr><td>RS301 表</td><td>分地区就业服务和管理情况</td><td>年报</td><td></td><td rowspan="12">6 月 30 日前，通过“国家统计局部门综合数据管理系统”报送数据。</td><td rowspan="12">社科文司</td><td rowspan="12"></td></tr>
<tr><td>RS302 表</td><td>分地区就业政策扶持情况</td><td>年报</td><td></td></tr>
<tr><td>RS303 表</td><td>分地区职业技能培训和技能鉴定情况</td><td>年报</td><td></td></tr>
<tr><td>RS304 表</td><td>分地区劳动保障和权益保护情况</td><td>年报</td><td></td></tr>
<tr><td>RS305 表</td><td>全国社会保险基金收支及累计结余情况</td><td>年报</td><td></td></tr>
<tr><td>RS306 表</td><td>分地区社会保险基金收支及累计结余情况</td><td>年报</td><td></td></tr>
<tr><td>RS307 表</td><td>分地区社会保障基本情况</td><td>年报</td><td></td></tr>
<tr><td>RS308 表</td><td>公有经济企事业单位专业技术人员情况</td><td>年报</td><td></td></tr>
<tr><td>RS309 表</td><td>分地区公有经济企事业单位专业技术人员情况</td><td>年报</td><td></td></tr>
<tr><td>RS310 表</td><td>分地区就业训练中心综合情况</td><td>年报</td><td></td></tr>
<tr><td>RS311 表</td><td>分地区民办职业培训机构综合情况</td><td>年报</td><td></td></tr>
<tr><td>RS312 表</td><td>分地区职业技能鉴定综合情况</td><td>年报</td><td></td></tr>
<tr><td>RS313 表</td><td>公有经济企事业单位专业技术人员</td><td>年报</td><td>公有经济企业、事业单位中，经组织人事部门办理任用、聘用手续，在管理岗位、专业技术岗位上工作的人员</td><td>6 月 20 日前，通过“国家统计局部门综合数据管理系统”报送数据。</td><td>社科文司</td><td>《科技综合统计报表制度》</td></tr>
<tr><td rowspan="2">701 表</td><td rowspan="2">部门服务业企业财务状况</td><td rowspan="2">年报</td><td>职业技能培训业中执行企业会计制度的单位</td><td rowspan="6">6 月 30 日前，电子邮件或内部交换 dczxjtc@stats.gov.cn</td><td rowspan="6">服务业司</td><td rowspan="6">《部门服务业财务统计报表制度》（试行）</td></tr>
<tr><td>社会保障业中执行企业会计制度的单位</td></tr>
<tr><td rowspan="2">702-1 表</td><td rowspan="2">部门服务业行政单位财务状况</td><td rowspan="2">年报</td><td>职业技能培训业中执行行政单位会计制度的单位</td></tr>
<tr><td>社会保障业中执行行政单位会计制度的单位</td></tr>
<tr><td rowspan="2">702-2 表</td><td rowspan="2">部门服务业事业单位财务状况</td><td rowspan="2">年报</td><td>职业技能培训业中执行事业单位会计制度的单位</td></tr>
<tr><td>社会保障业中执行事业单位会计制度的单位</td></tr>
</table>

表号	表名	报告期别	填报范围	报送时间及方式	负责单位	备注
综合定报						
RS401 表	就业服务情况	季报		一季度 4 月 10 日前，二季度 7 月 10 日前，三季度 10 月 13 日前，四季度次年 1 月 10 日电子邮件或内部交换 rkfxc@gj.stats.cn	人口司	
RS402 表	人力资源社会保障月度数据	月报		月后 17 日前，通过“国家统计局部门综合数据管理系统”报送数据。	社科文司	

（二）调 查 表 式

综 合 年 报

分地区就业服务和管理情况

表　　号：R S 3 0 1 表
制定机关：国 家 统 计 局
文　　号：国统字〔2019〕3 号
有效期至：2 0 1 9 年 9 月

综合机关名称：人力资源和社会保障部　　　　2 0 　年

地区	代码	城镇登记失业人员（万人）	城镇登记失业人员中女性比重（%）	城镇登记失业率（%）	本期登记求职人数（人）			
						建档立卡贫困人员	应届高校毕业生	农村劳动者
甲	乙	1	2	3	4	5	6	7
全国	01							
北京	02							
天津	03							
…	…							
新疆	32							
新疆兵团	33							

续表

接受职业指导人数（人）	接受创业服务人数（人）	实现就业的就业困难人数（人）		本年消除的零就业家庭户数（户）	职业介绍人数（人）				建立劳动保障工作机构的街道、乡镇个数（个）	配备劳动保障工作人员的社区、行政村个数（个）
			女			建档立卡贫困人员	应届高校毕业生	农村劳动者		
8	9	10	11	12	13	14	15	16	17	18

单位负责人：　　　　填表人：　　　　报出日期：2 0 　年　月　日

说明：1. 报送时间：6 月 30 日前。

2. 审核关系：4>5+6+7；12>=13；12>=14；12>=15；01=02+03+…+33（2、3 列除外）

分地区就业政策扶持情况

表　　号：R S 3 0 2 表
制定机关：国 家 统 计 局
文　　号：国统字〔2019〕3 号
有效期至：2 0 1 9 年 9 月

综合机关名称：人力资源和社会保障部　　20　年

地　　区	代码	享受职业培训补贴人数（人）	享受技能鉴定补贴人次数（人次）	享受职业介绍补贴人数（人）	享受见习补贴人数（人）	享受岗位补贴人数（人）	享受社会保险补贴人数（人）	享受小额担保贷款贴息人数（人）
甲	乙	1	2	3	4	5	6	7
全国	**01**							
北京	02							
天津	03							
…	…							
新疆	32							
新疆兵团	33							

单位负责人：　　填表人：　　报出日期：20　年　月　日

说明：1. 报送时间：6 月 30 日前。
2. 审核关系：01=02+03+…+33。

分地区职业技能培训和技能鉴定情况

表　　号：R S 3 0 3 表
制定机关：国 家 统 计 局
文　　号：国统字〔2019〕3 号
有效期至：2 0 1 9 年 9 月

综合机关名称：人力资源和社会保障部　　20　年

地　　区	代码	参加职业技能培训人数（人）		取得证书人数（人）		实现就业人数（人）		参加创业培训人数（人）	本年参加职业技能鉴定考核人数（人）
			女		女		女		
甲	乙	1	2	3	4	5	6	7	8
全国	**01**								
北京	02								
天津	03								
…	…								
新疆	32								
新疆兵团	33								

单位负责人：　　填表人：　　报出日期：20　年　月　日

说明：1. 报送时间：6 月 30 日前。
2. 审核关系：1>2；3>4；5>6；01=02+03+…+33。

分地区劳动保障和权益保护情况

表　　号：R S 3 0 4 表
制定机关：国 家 统 计 局
文　　号：国统字〔2019〕3 号
有效期至：2 0 1 9 年 9 月

综合机关名称：人力资源和社会保障部　　　　2 0 　年

地　区	代码	劳动保障监察“两网化”管理地级以上城市覆盖率（%）	劳动保障监察举报投诉案件结案数（件）	劳动保障监察举报投诉案件结案率（%）	劳动人事争议仲裁结案数（件）	劳动人事争议仲裁结案率（%）	查处劳动保障违法案件数（件）	查处违反订立和解除劳动合同规定案件数（件）
甲	乙	1	2	3	4	5	6	7
全国	**01**							
北京	02							
天津	03							
…	…							
新疆	32							

续表

查处违反订立和解除劳动合同规定案件数（件）	查处违反支付工资和最低工资标准规定案件数（件）	查处违反参加社会保障和缴纳社会保险费规定案件数（件）	查处违反工作时间和休息休假规定案件数（件）	查处违反女职工和未成年工特殊劳动保护规定案件数（件）
7	8	9	10	11

单位负责人：　　　　填表人：　　　　报出日期：2 0 　年 　月 　日

说明：1. 报送时间：6 月 30 日前。
2. 审核关系：01=02+03+…+32（1、3、5 列除外）。

全国社会保险基金收支及累计结余情况

表　　号：RS305表
制定机关：国家统计局
文　　号：国统字〔2019〕3号
有效期至：2019年9月
综合机关名称：人力资源和社会保障部，医疗保障局　　20　　年　　计量单位：亿元

指标名称	代码	本年	上年同期
甲	乙	1	2
基金收入	01		
城镇职工基本养老保险	02		
城乡居民基本养老保险	03		
失业保险	04		
城镇职工基本医疗保险	05		
城镇居民基本医疗保险	06		
工伤保险	07		
生育保险	08		
基金支出	09		
城镇职工基本养老保险	10		
城乡居民基本养老保险	11		
失业保险	12		
城镇职工基本医疗保险	13		
城镇居民基本医疗保险	14		
工伤保险	15		
生育保险	16		
累计结余	17		
城镇职工基本养老保险	18		
城乡居民基本养老保险	19		
失业保险	20		
城镇职工基本医疗保险	21		
城镇居民基本医疗保险	22		
工伤保险	23		
生育保险	24		

单位负责人：　　填表人：　　报出日期：20　　年　　月　　日

说明：1. 报送时间：6月30日前。
2. 审核关系：01=02+03+04+05+06+07+08；09=10+11+12+13+14+15+16；
17=18+19+20+21+22+23+24。
3. 在开展基本医疗保险城乡统筹的省份，将“城镇居民基本医疗保险”的填报口径改为“城乡居民基本医疗保险”。

分地区社会保险基金收支及累计结余情况

表　　号：R S 3 0 6 表
制定机关：国 家 统 计 局
文　　号：国统字〔2019〕3 号
有效期至：2 0 1 9 年 9 月

综合机关名称：人力资源和社会保障部，医疗保障局　　　2 0　　年

地区	代码	城镇职工基本养老保险基金				城乡居民基本养老保险基金				城镇职工基本医疗保险基金			
		收入	公共财政	支出	累计结余	收入	公共财政	支出	累计结余	收入	公共财政	支出	累计结余
甲	乙	1	2	3	4	5	6	7	8	9	10	11	12
全国	**01**												
北京	02												
天津	03												
…	…												
新疆	32												

续表

城镇居民基本医疗保险基金				失业保险基金				工伤保险基金			生育保险基金		
收入	公共财政	支出	累计结余	收入	公共财政补助	支出	累计结余	收入	支出	累计结余	收入	支出	累计结余
13	14	15	16	17	18	19	20	21	22	23	24	25	26

单位负责人：　　　　　　填表人：　　　　　　报出日期：2 0　　年　　月　　日

说明：1. 报送时间：6 月 30 日前。
　　2. 审核关系：1>2；5>6；9>10；13>14；17>18；01=02+03+⋯+32。
　　3. 在开展基本医疗保险城乡统筹的省份，将“城镇居民基本医疗保险”的填报口径改为“城乡居民基本医疗保险”。

分地区社会保障基本情况

表　　号：R S 3 0 7 表
制定机关：国 家 统 计 局
文　　号：国统字〔2019〕3 号
有效期至：2 0 1 9 年 9 月

综合机关名称：人力资源和社会保障部，医疗保障局 2 0 　年

地　区	代码	年末城镇职工基本养老保险参保人数（万人）	女	职工	离退休	年末城乡居民基本养老保险参保人数（万人）	女	实际领取待遇	城镇居民	女	农村居民	女
甲	乙	1	2	3	4	5	6	7	8	9	10	11
全国	**01**											
北京	02											
天津	03											
…	…											
新疆	32											
新疆兵团	33											
不分地区	34											

续表一

年末城镇职工基本医疗保险参保人数（万人）	女	在岗职工	退休	年末城镇居民基本医疗保险参保人数（万人）	女	年末城镇居民基本医疗保险年人均实际财政补助金额（元）	失业保险参保人数（万人）	女	年末领取失业保险金人数（万人）
12	13	14	15	16	17	18	19	20	21

续表二

年末工伤保险参保人数（万人）	女	享受工伤保险待遇人数（万人）	生育保险参保人数（万人）	女	年末享受生育保险待遇人数（万人次）	社会保障持卡人数（万人）	社会保障卡普及率（%）	纳入社区管理的企业退休人员数（人）	企业退休人员社区化管理比例（%）
22	23	24	25	26	27	28	29	30	31

单位负责人：　　　　填表人：　　　　报出日期：2 0 　年　月　日

说明：1. 报送时间：6 月 30 日前。

2. 审核关系：1>2；1>3；1>4；5>6；5>7；5=8+10；8>9；6=9+11；10>11；12>13；12>14；12>15；16>17；19>20；22>23；25>26；01=02+03+…+34（18、29、31 列除外）。

3. 在开展基本医疗保险城乡统筹的省份，将“城镇居民基本医疗保险”相关指标的填报口径改为“城乡居民基本医疗保险”。

公有经济企事业单位专业技术人员情况

表　　号：R S 3 0 8 表
制定机关：国 家 统 计 局
文　　号：国统字〔2019〕3 号
有效期至：2 0 1 9 年 9 月

综合机关名称：人力资源和社会保障部　　　　2 0　　年　　　　计量单位：　万　人

指标名称	代码	合计		事业单位		企业单位	
			女性		女性		女性
甲	乙	1	2	3	4	5	6
总　计	**01**						
按专业技术职务分组							
高级职务	02						
其中：正高级职务	03						
中级职务	04						
初级职务	05						
未聘任专业技术职	06						
按专业类别分组							
工程技术人员	07						
农业技术人员	08						
科学研究人员	09						
卫生技术人员	10						
教学人员	11						
经济人员	12						
会计人员	13						
统计人员	14						
翻译人员	15						
图书档案、文博人员	16						
新闻、出版人员	17						
律师、公证人员	18						
播音人员	19						
工艺美术人员	20						
体育人员	21						
艺术人员	22						
政工人员	23						

单位负责人：　　　　填表人：　　　　报出日期：2 0　　年　　月　　日

说明：1. 报送时间：6 月 30 日前。
　　2. 审核关系：1=3+5；2=4+6；1>2；3>4；5>6；01=02+04+05+06=07+08+…+23。

分地区公有经济企事业单位专业技术人员情况

表　　号：R S 3 0 9 表
制定机关：国 家 统 计 局
文　　号：国统字〔2019〕3 号
有效期至：2 0 1 9 年 9 月
综合机关名称：人力资源和社会保障部　　　　2 0　　年　　　　计量单位：　　万　人

地　区	代码	合计	女	事业单位	女	企业单位	女
甲	乙	1	2	3	4	5	6
全国	**01**						
中央	02						
北京	03						
天津	04						
…	…						
新疆	33						

单位负责人：　　　　　　　　填表人：　　　　　　　　报出日期：2 0　　年　　月　　日

说明：1. 报送时间：6 月 30 日前。
　　2. 审核关系：1>2；3>4；5>6；1=3+5；2=4+6；01=02+03+…+33。

分地区就业训练中心综合情况

表　　号：R S 3 1 0 表
制定机关：国 家 统 计 局
文　　号：国统字〔2019〕3 号
有效期至：2 0 1 9 年 9 月
综合机关名称：人力资源和社会保障部　　　　2 0　　年　　　　计量单位：　　人

地　区	代码	机构数（个）	在职教职工总人数	#教师	兼职教师人数	经费来源（亿元）	财政补助费	职业培训补贴	培训人数	#女
甲	乙	1	2	3	4	5	6	7	8	9
全国	**01**									
北京	02									
天津	03									
…	…									
新疆	32									

续表

#失业人员	#农　村劳动者	#在职职工	结业人数	按获取证书分组			就业人数
				#初级职业资　格	#中级职业资　格	#高级职业资　格	
10	11	12	13	14	15	16	17

单位负责人：　　　　　　　　填表人：　　　　　　　　报出日期：2 0　　年　　月　　日

说明：1. 报送时间：6 月 30 日前。
　　2. 审核关系：2>3；5>6+7；8>9；8>10；8>11；8>12；13>14；13>15；13>16；01=02+03+…+32。

分地区民办职业培训机构综合情况

表　　号：R S 3 1 1 表
制定机关：国 家 统 计 局
文　　号：国统字〔2019〕3 号
有效期至：2 0 1 9 年 9 月

综合机关名称：人力资源和社会保障部　　　　2 0　　年　　　　计量单位：　　人

地　区	代码	机构数（个）	在职教职工总人数		兼职教师人数	经费来源（亿元）			培训人数	
				#教师			财　政补助费	职业培训补　贴		#女
甲	乙	1	2	3	4	5	6	7	8	9
全国	**01**									
北京	02									
天津	03									
…	…									
新疆	32									

续表

按培训对象分组				结业人数	按获取证书分组				就业人数
#劳动预备制学员	#失业人员	#农　村劳动者	#在职职工		初级职业资　格	中级职业资　格	高级职业资　格	技师和高级技师资格	
10	11	12	13	14	15	16	17	18	19

单位负责人：　　　　填表人：　　　　报出日期：2 0　　年　　月　　日

说明：1. 报送时间：6 月 30 日前。
　　　2. 审核关系：2>3；5>6+7；8>9；8>10+11+12+13；14>15+16+17+18；01=02+03+…+32。

分地区职业技能鉴定综合情况

表　　号：R S 3 1 2 表
制定机关：国　家　统　计　局
文　　号：国统字〔2019〕3 号
有效期至：2 0 1 9 年 9 月

综合机关名称：人力资源和社会保障部　　　　2 0 　　年　　　　计量单位：　　　人

地　区	代码	职业技能鉴定机构数（个）	鉴定所数	鉴定站数	其他	考评人员人数	本年鉴定考核人数	初　级	中　级
甲	乙	1	2	3	4	5	6	7	8
全国	**01**								
行业合计	02								
地方合计	03								
中央企业试点	04								
北京	05								
天津	06								
…	…								
新疆	32								
新疆兵团	36								

续表

高　级	技　师	高级技师	本年获取证书人数	初　级	中　级	高级	技　师	高级技师
9	10	11	12	13	14	15	16	17

单位负责人：　　　　填表人：　　　　报出日期：2 0 　　年　　月

说明：1. 报送时间：6 月 30 日前。
　　　2. 审核关系：1=2+3+4；6=7+8+9+10+11；12=13+14+15+16+17；01=05+06+…+36。

公有经济企事业单位专业技术人员

表　　号：R S 3 1 3 表
制定机关：国 家 统 计 局
文　　号：国统字〔2019〕3 号
有效期至：2 0 1 9 年 9 月

综合机关名称：人力资源和社会保障部　　　　2 0　　年　　　　计量单位：　　人

项　目	代码	合计	按技术类别分组					按单位类型分组	
			工程技术	农业技术	科学研究	卫生技术	教学人员	企业	事业
甲	乙	1	2	3	4	5	6	7	8
总　计									
一、按行业（登记类型）分组									
二、按地区分组									

单位负责人：　　　　填表人：　　　　报出日期：2 0　　年　　月　　日

说明：1. 统计范围：公有经济企业、事业单位中，经组织人事部门办理任用、聘用手续，在管理岗位、专业技术岗位上工作的人员。
2. 分组情况：公有经济企业单位按行业分组，公有经济事业单位按登记类型分组。
3. 报送时间：6 月 20 日前。
4. 审核关系：1≥2+3+4+5+6；1=7+8。

部门服务业企业财务状况

（表式及指标解释见通用表）

部门服务业行政单位财务状况

（表式及指标解释见通用表）

部门服务业事业单位财务状况

（表式及指标解释见通用表）

综 合 定 报

就业服务情况

表　　号：R S 4 0 1 表
制定机关：国 家 统 计 局
文　　号：国统字〔2019〕3 号
有效期至：2 0 2 0 年 4 月

综合机关名称：人力资源和社会保障部　　　　2 0　　年

地　　区	代码	城镇新增就业人数（万人）	城镇失业人员再就业人数（万人）	就业困难人员实现就业人数（万人）	城镇登记失业率（%）	人力资源市场求人倍率
甲	乙	1	2	3	4	5
全国	01					

单位负责人：　　　　填表人：　　　　报出日期：2 0　　年　　月　　日

说明：报送时间：一季度 4 月 10 日前，二季度 7 月 10 日前，三季度 10 月 13 日前，四季度次年 1 月 30 日前。

人力资源社会保障月度数据

表　　号：ＲＳ４０２表
制定机关：国　家　统　计　局
文　　号：国统字〔2019〕3 号
综合机关名称：人力资源和社会保障部，医疗保障局　　２０　　年　　有效期至：２０２０年１月

指标名称	计量单位	代码	1-本期
甲	乙	丙	1
一、就业和再就业			
城镇新增就业人数	万人	01	
城镇失业人员再就业人数	万人	02	
就业困难人员就业人数	万人	03	
二、城镇职工基本养老保险			
期末参保人数	万人	04	
基金收入	亿元	05	
基金支出	亿元	06	
三、医疗保险			
期末参保人数	万人	07	
基金收入	亿元	08	
基金支出	亿元	09	
四、失业保险			
期末参保人数	万人	10	
基金收入	亿元	11	
基金支出	亿元	12	
五、工伤保险			
期末参保人数	万人	13	
基金收入	亿元	14	
基金支出	亿元	15	
六、生育保险			
期末参保人数	万人	16	
基金收入	亿元	17	
基金支出	亿元	18	
七、城乡居民基本养老保险			
期末参保人数	万人	19	
基金收入	亿元	20	
基金支出	亿元	21	

说明：报送时间：月后 17 日前。

（三）主要指标解释

城镇职工基本养老保险基金收入　指根据国家有关规定，由纳入基本养老保险范围的缴费单位和个人按国家规定的缴费基数和缴费比例缴纳的养老保险基金，以及通过其他方式取得的形成基金来源的收入。包括单位和职工个人缴纳的基本养老保险费、基本养老保险基金利息收入、上级补助收入、下级上解收入、转移收入、财政补贴和其他收入。

城镇职工基本养老保险基金支出　指按照国家政策规定的开支范围和开支标准从养老保险基金中支付给参加基本养老保险的个人的养老金、丧葬抚恤补助，以及由于保险关系转移、上下级之间调剂资金等原因而发生的支出。包括离休金、退休金、退职金、各种补贴、医疗费、死亡丧葬补助费、抚恤救济费、社会保险经办机构管理费、补助下级支出、上解上级支出、转移支出、其他支出等。

城镇职工基本养老保险基金累计结余　指截止报告期末基本养老保险基金收支相抵后的累计余额。

基本医疗保险基金收入　指由用人单位和个人按照国家规定的缴费基数、缴费比例或缴费标准缴纳的基本医疗保险基金，财政补助资金以及通过其他方式取得的形成基金来源的款项，包括：单位缴纳收入、个人缴纳收入、财政补助收入（含医疗救助补助个人收入）、财政补贴收入、利息收入和其他收入。

基本医疗保险基金支出　指按照国家政策规定的开支范围和开支标准，从基本医疗保险基金中支付给参保人员的医疗保险待遇支出，以及其他支出。包括住院医疗费用支出、门急诊医疗费用支出、个人账户基金支出、其他支出。

基本医疗保险基金累计结余　指截止报告期末基本医疗保险基金累计结余金额。

失业保险基金收入　指报告期内筹集的失业保险基金的总额，包括失业保险费收入、利息收入、财政补贴收入、其他收入、转移收入、上级补助收入、下级上解收入。

失业保险基金支出　指报告期内为保障失业人员基本生活、促进其再就业等支出的基金总额，包括失业保险金支出、医疗补助金支出、丧葬补助金和抚恤金支出、职业培训和职业介绍补贴支出、农民合同制工人一次性生活补助支出、其他支出、转移支出、上级补助支出、下级上解支出。

失业保险基金累计结余　指截止报告期末失业保险基金收支相抵后的累计余额。

工伤保险基金收入　指根据国家有关规定，由参加工伤保险的单位按国家规定的缴费基数和缴费比例缴纳的工伤保险基金，以及通过其他形式取得的形成基金来源的款项。包括：单位缴纳的社会统筹基金收入、财政补贴收入、利息收入、其他收入。

工伤保险基金支出　指按照国家政策规定的开支范围和开支标准从工伤保险基金中支付给参加工伤保险的人员及供养直系亲属工伤保险待遇支出及其他支出。包括工伤医疗费、伤残补助金、工亡补助金、护理费、丧葬补助费、工伤预防费用、职业康复费用和其他支出。

工伤保险基金累计结余　指截止报告期末工伤保险基金累计结余金额。

生育保险基金收入　指根据国家有关规定，由参加生育保险的单位按照国家规定的缴费基数和缴费比例缴纳的生育保险基金，以及通过其他方式取得的形成基金来源的款项，包括：单位缴纳的基金收入、利息收入和其他收入。

生育保险基金支出 指按照国家政策规定的开支范围和开支标准，从生育保险基金中支付给参加生育保险的职工，因妊娠、分娩和计划生育手术而享受的待遇及其他支出。包括：生育津贴、医疗费用支出及其他支出。

生育保险基金累计结余 指截止报告期末生育保险基金累计结余金额。

城镇登记失业率 指城镇登记失业人员与城镇单位就业人员（扣除使用的农村劳动力、聘用的离退休人员、港澳台及外方人员）、城镇单位中的不在岗职工、城镇私营业主、个体户主、城镇私营企业和个体就业人员、城镇登记失业人员之和的比。

查处劳动保障违法案件数 指报告期内劳动保障监察查处的案件结案件数。一个劳动保障监察案件涉及多种劳动保障违法行为的，按一件案件统计。

劳动保障监察举报投诉案件结案数 指报告期内劳动保障监察机构审结的劳动者举报用人单位违反人力资源和社会保障法律法规规章的案件和劳动者投诉用人单位侵犯其合法的劳动保障权益的案件数之和。

举报投诉案件结案率

结案率=举报投诉结案数/（举报投诉结案数+举报投诉逾期未结案数）×100%。

查处违反女职工和未成年工特殊劳动保护规定案件数 指报告期内劳动保障监察机构依法查处的用人单位违反国家有关女职工和未成年工特殊劳动保护的法律法规规定的案件数。

查处违反工作时间和休息休假规定案件数 指报告期内劳动保障监察机构依法查处的用人单位违反国家有关工作时间和休息休假的法律法规规章的案件数。

查处订立和解除劳动合同规定案件数 指报告期内劳动保障监察机构依法查处的用人单位不依法与劳动者订立和解除劳动合同的案件数。

查处违反支付工资和最低工资标准规定案件数 指报告期内劳动保障监察机构依法查处的用人单位不依法向劳动者支付工资和违反最低工资规定的案件数。

查处违反参加社会保险和缴纳社会保险费规定案件数 指报告期内劳动保障监察机构依法查处的用人单位违反国家有关参加社会保险和缴纳社会保险费的法律法规规章的案件数。

社会保障卡持卡人数 指报告期末实际持有中华人民共和国社会保障卡的总人数，换卡、补卡人数不再重复计算。

社会保障卡普及率 指报告期内某地区社会保障卡持卡人数占该地区常住总人口数的比例。

专业技术人员 指报告期内在专业技术岗位工作的或在管理岗位上工作具有专业技术职务（资格）的人员总数。

公有经济企事业单位专业技术人员 指在公有经济企事业单位专业技术岗位工作的，或在管理岗位上工作、具有专业技术职务（资格）的人员。公有经济企事业单位包括国有和集体两部分。专业技术职务分类 包括以下四类：

1. 高级职务 指高级工程师、农业推广研究员，高级农艺师，研究员、副研究员，主任医师、副主任医师，高等院校教授、副教授、中专（中技）学校高级讲师、中学高级教师，高级经济师，高级会计师，高级统计师，译审、副译审，研究馆员、副研究馆员，编审、副编审，高级记者、主任记者，一级、二级律师，一级、二级公证员，播音指导、主任播音员，高级工艺美术师，国家级教练、高级教练，一级、二级艺术人员，高级政工师。

2. 正高级职务 指农业推广研究员，研究员，主任医师，高等院校教授，译审，研究馆员，编审、高级记者，一级律师、一级公证员，播音指导，国家级教练，一级艺术人员。

3．中级职务　指工程师，农艺师，助理研究员，主治医师，高等院校讲师、中专（中技）学校讲师、中学一级教师、小学高级教师，经济师，会计师，统计师，翻译，馆员，编辑记者、一级校对，三级律师、三级公证员，一级播音员，工艺美术师，一级教练，三级艺术人员，政工师。

4．初级职务　指助理工程师、技术员，助理农艺师、技术员，研究实习员、实验员，医（护）师（士），助教，助理经济师、经济员，助理会计师、会计员，助理统计师、统计员，助理翻译，助理馆员、管理员，助理编辑记者、二、三级核对，四级律师、公证员助理，二、三级播音员，助理工艺美术师、美术员，二、三级教练，四级艺术人员，助理政工师、政工员。

专业技术类别　指在中央职称改革工作领导小组批转的二十九个专业技术职务试行条例和中共中央办公厅、国务院办公厅关于转发《企业思想政治工作人员专业职务试行条例》的基础上，将事业、企业单位的专业技术人员归并为：工程技术人员（含民航飞行技术人员、船舶技术人员），农业技术人员，科学研究人员（含自然科学研究、社会科学研究及实验技术人员），卫生技术人员，教学人员（含高等院校、中等专业学校、技工学校、中学、小学），经济人员，会计人员，统计人员，翻译人员，图书、档案、文博人员，新闻、出版人员，律师、公证人员，播音人员，工艺美术人员，体育人员，艺术人员及政工人员，共十七个专业技术职务类别。

城镇职工基本养老保险参保人数　指报告期末按照国家法律、法规和有关政策规定参加城镇基本养老保险，并在社保经办机构已建立缴费记录档案的职工人数（包括中断缴费但未终止养老保险关系的职工人数，不包括只登记未建立缴费纪录档案的人数）和离休、退休、退职人员的人数。

城镇居民社会养老保险参保人数（简称：城镇居民养老保险参保人数）　指报告期末按照《国务院关于开展城镇居民社会养老保险试点的指导意见》（国发〔2011〕18 号），参加城镇居民社会养老保险的人数。

城镇职工基本医疗保险参保人数　指报告期末参加城镇职工基本医疗保险（实施统帐结合和单建统筹基金）的职工人数和退休人数的合计。

失业保险参保人数　指报告期末按照国家法律、法规和有关政策规定参加了失业保险的城镇企业、事业单位的职工及地方政府规定参加失业保险的其他人员的人数。

工伤保险参保人数　指报告期末依据国家有关规定参加工伤保险的职工人数和有雇工的个体工商户的雇工数。

享受工伤保险待遇人数　指年初至报告期末因工伤或职业病而享受工伤保险待遇的人数。为享受工伤医疗待遇中未评定等级的人数、享受伤残待遇人数以及享受因工死亡待遇人数之和。

生育保险参保人数　指报告期末依照有关规定参加生育保险的人数。

城乡居民基本养老保险参保人数　指报告期末，参加新农保、城居保或城乡居民养老保险（在经办机构参保登记并已建立缴费记录以及制度实施当年已经年满 60 周岁并在经办机构参保登记）的总人数（不包括参保缴费期间死亡人员和领取待遇期间死亡人员）。

查处违反女职工和未成年工特殊保护规定案件数　指报告期内各级人力资源和社会保障部门查处违反女职工和未成年工特殊保护规定的案件数量。

工程技术人员　指根据中央职称工作改革领导小组 1986 年印发的《工程技术人员职务试行条例》（职改字[1986]第 78 号）的有关规定，评聘的从事生产建设、勘察设计、科学研究、技术开发和技术管理等工作的工程技术人员。工程技术职务名称分为技术员、助理工程师、工程师、高级工程师。聘任或任命技术职务的主要依据是：担任技术职务的工程技术人员，必须具备履行相应职责的实际工作能力和相应的业务知识与技术水平。并应具备相应的理工学科的学历和从事技术工作的资历。

农业技术人员 指根据中央职称工作改革领导小组1986年印发的《农业技术人员职务试行条例》（职改字[1986]第21号）的有关规定，评聘的相关工作人员。农业技术职务名称为：高级农艺师、农艺师、助理农艺师、农业技术员。高级农艺师为高级技术职务，农艺师为中级技术职务，助理农艺师和农业技术员为初级技术职务。

科学研究人员 指根据中央职称工作改革领导小组1986年印发的《自然科学研究人员职务试行条例》（职改字[1986]第25号）的有关规定，评聘的相关科学研究工作人员。

卫生技术人员 指根据中央职称工作改革领导小组1986年印发的《卫生技术人员职务试行条例》（职改字[1986]第20号）的有关规定，评聘的相关工作人员。

教学人员 指根据中央职称工作改革领导小组1986年印发的《高等学校教师职务试行条例》（职改字[1986]第11号）、《中等专业学校教师职务试行条例》（职改字[1986]第111号）、《中、小学教师职务试行条例》（职改字[1986]第112号）等文件的有关规定，评聘的相关工作人员。

城镇新增就业人数 指报告期内城镇累计新就业人数减去累计自然减员人数。

城镇失业人员再就业人数 指报告期内，按照《就业服务与就业管理规定》在公共就业和人才交流服务机构登记的就业转失业人员实现再就业的人数。

就业困难人员 指符合就业促进法规定的相关条件的人员，一般指大龄、身有残疾、享受最低生活保障、连续失业一年以上，以及因失去土地等原因难以实现就业的人员。具体范围由各省、自治区、直辖市人民政府根据本地实际情况规定。

自然资源部

（一）报 表 目 录

表号	表名	报告期别	填报范围	报送时间及方式	负责单位	备注
综合年报						
ZR301 表	各地区国土资源情况	年报	各省、自治区、直辖市辖区内全部土地；县级及县级以上国土资源行政主管部门、各级地质环境监测站	7 月 31 日前；邮寄或电子邮件 nyshjc@stats.gov.cn	能源司	《资源环境综合统计报表制度》
ZR302 表	非油气地质勘查情况	年报	具有地质勘查资质的中央管理的地勘单位、属地化管理的地勘单位和其他地勘单位	6 月 20 日前，通过“国家统计局部门综合数据管理系统”报送数据。	社科文司	《科技综合统计报表制度》
ZR303 表	测绘地理信息部门生产完成和资料提供情况	年报	生产完成情况统计范围包括国家测绘地理信息局、省级和计划单列市测绘地理信息行政主管部门所属有关测绘地理信息生产单位；资料提供情况统计范围包括省级和计划单列市测绘地理信息行政主管部门所属测绘成果档案部门、国家基础地理信息中心。			
ZR304 表	海洋观测预报单位基本情况和海洋观测调查情况	年报	海洋预报机构的统计范围为承担海洋预报公益服务指责、具有政府正式编制的机构；其他统计范围为国家海洋局局属各单位			
ZR305 表	分地区国家级风景名胜区基本情况	年报		6 月 30 日前，通过“国家统计局部门综合数据管理系统”报送数据。	社科文司	
ZR306 表	主要矿产资源基础储量	年报		7 月 31 日前；邮寄或电子邮件 nyszyc@stats.gov.cn	能源司	《资源环境综合统计报表制度》
ZR307 表	分地区主要能源、黑色金属矿产基础储量	年报				
ZR308 表	分地区主要有色金属、非金属矿产基础储量	年报				
ZR309 表	海洋灾害情况	年报	全海域			

表号	表名	报告期别	填报范围	报送时间及方式	负责单位	备注
ZR310 表	海洋资源产量情况	年报	全海域	7 月 31 日前；邮寄或电子邮件 nyshjc@stats.gov.cn		
ZR311 表	全国主要海洋产业增加值	年报	全海域			
ZR701 表	沿海各地区海平面变化情况	年报		7 月 31 日前；邮寄或电子邮件 nyshjc@stats.gov.cn	能源司	《应对气候变化部门统计报表制度》
ZR702 表	绿色发展基本情况（三）	年报		次年7月15日前；邮寄或电子邮件 nyszhc@stats.gov.cn	能源司	《绿色发展统计报表制度》（试行）
701 表	部门服务业企业财务状况	年报	地质勘查业中执行企业会计制度的单位 海洋服务业中执行企业会计制度的单位 测绘地理信息服务业中执行企业会计制度的单位	6 月 30 日前，电子邮件或内部交换 dczxjtc@stats.gov.cn	服务业司	《部门服务业财务统计报表制度》（试行）
702-1 表	部门服务业行政单位财务状况	年报	海洋服务业中执行行政单位会计制度的单位 测绘地理信息服务业中执行企业会计制度的单位			
702-2 表	部门服务业事业单位财务状况	年报	地质勘查业中执行事业单位会计制度的单位 海洋服务业中执行事业单位会计制度的单位 测绘地理信息服务业中执行事业单位会计制度的单位			
综合定报						
ZR401 表	各地区国有土地出让情况	月报	各省、自治区、直辖市	月后 6 日前，电子邮件或内部交换 luyn@stats.gov.cn	投资司	
ZR402 表	全国主要监测城市土地价格指数（一）	季报	纳入自然资源部统计的全国主要监测城市	季后 30 日前电子邮件报送	城市司	
ZR403 表	全国主要监测城市土地价格指数（二）	季报				

（二）调查表式

综合年报

各地区国土资源情况

表　　号：ＺＲ３０１表
制定机关：国　家　统　计　局
文　　号：国统字〔2019〕3号
有效期至：２０１９年９月

综合机关名称：自然资源部　　　　２０　　年

地　区	代码	农用地（万公顷）	耕地	园地	林地	牧草地	其他农用地
甲	乙	1	2	3	4	5	6
全　国	**01**						
北　京	02						
天　津	03						
⋮	⋮						
新　疆	32						

续表一

建设用地（万公顷）	居民点及工矿用地	交通运输用　地	水利设施用　地	未利用地（万公顷）	年初耕地面　积（公顷）	本年增加耕地面积（公顷）	补充耕地	农业结构调　整
7	8	9	10	11	12	13	14	15

续表二

本年减少耕地面积（公顷）	建设占用	灾毁耕地	生态退耕	农业结构调整	年末耕地面积（公顷）
16	17	18	19	20	21

续表三

地质遗迹自然保护区					
保护区（个）	国家级	保护区面积（公顷）	国家级	累计建设投资（万元）	本年投资
22	23	24	25	26	27

续表四

地质公园								
地质公园（个）		地质公园面　积（公顷）		地质公园类别（个）			累计建设投资（万元）	
	国家级		国家级	地质构造、剖面和形迹	古生物化　石	地质地貌景观		本年投资
28	29	30	31	32	33	34	35	36

续表五

矿山环境恢复治理									
矿业开采累计占用、损坏土地面积（公顷）		本年投入矿山环境治理资金（万元）				累计恢复治理矿山数（个）		累计恢复面积（公顷）	
	本年新增		中央财政	地方财政	企业投入		本年		本年
37	38	39	40	41	42	43	44	45	46

续表六

发生地质灾害（处）							人员伤亡（人）		直接经济损失（万元）	地质灾害防治	
	崩塌	滑坡	泥石流	地面塌陷	地裂缝	地面沉降		死亡人数		项目数（个）	投入防治资金（万元）
47	48	49	50	51	52	53	54	55	56	57	58

单位负责人： 填表人： 报出日期：20 年 月 日

说明：1. 统计范围：各省、自治区、直辖市辖区内全部土地；县级及县级以上国土资源行政主管部门、各级地质环境监测站。

2. 报送时间：7 月 31 日前。

3. 审核关系：宾栏 1=2+3+4+5+6；7=8+9+10；13=14+15；16=17+18+19+20；21=12+13-16；22≥23；24≥25；26≥27；28≥29；30≥31；35≥36；37≥38；39≥40+41+42；43≥44；45≥46；47≥48+49+50+51+52+53；54≥55。

非油气地质勘查情况

表 号：ZR302表
制定机关：国家统计局
文 号：国统字〔2019〕3号
有效期至：2019年9月

综合机关名称：自然资源部 20 年

项 目	代码	年末从业人员（人）		地质勘查工作费用（万元）
			技术人员	
甲	乙	1	2	3
全国	**01**			
北京	02			
天津	03			
…	…			
新疆	32			

单位负责人： 填表人： 报出日期：20 年 月 日

说明：1. 统计范围：具有地质勘查资质的中央管理的地勘单位、属地化管理的地勘单位和其他地勘单位。

2. 报送时间：6 月 20 日前。

测绘地理信息部门生产完成和资料提供情况

表　　号：Z R 3 0 3 表
制定机关：国 家 统 计 局
文　　号：国统字〔2019〕3 号
有效期至：2 0 1 9 年 9 月

综合机关名称：自然资源部　　　　　　　　2 0　　年

项　目	代码	大地测量		航空摄影（平方千米）	卫星影像获取（平方千米）	地理信息数据生产		地图编制		
		GNSS 大地控制点测量（点）	水准测量（公里）			面积（平方千米）	图幅数（幅）	地形图（幅）	专题地图（种）	地图集（种）
甲	乙	1	2	3	4	5	6	7	8	9
总　计										
按地区（部门）分组										

续表

地形图提供合计（张）			4D 成果提供数据量合计（GB）			测绘基准成果提供（点）	航摄成果提供（平方千米）	卫星影像提供（平方千米）	专题地图提供（张）
	1:10000	1:50000		1:10000	1:50000				
10	11	12	13	14	15	16	17	18	19

单位负责人：　　　　　　　　　　填表人：　　　　　　　　　　报出日期：2 0　　年　　月　　日

说明：1. 统计范围：生产完成情况统计范围包括自然资源部、省级和计划单列市自然资源行政主管部门所属有关测绘地理信息生产单位；资料提供情况统计范围包括省级和计划单列市自然资源行政主管部门所属测绘成果档案部门、国家基础地理信息中心。

2. 报送时间：6 月 20 日前。

海洋观测预报单位基本情况和海洋观测调查情况

表　　号：Z R 3 0 4 表
制定机关：国 家 统 计 局
文　　号：国统字〔2019〕3 号
综合机关名称：自然资源部　　　　　　2 0　　年　　　　　　有效期至：2 0 1 9 年 9 月

项　　目	代码	机构数（个）	人员数（人）	站点数（个）	观测数据（MB）
甲	乙	1	2	3	4
一、海洋观测预报单位基本情况				—	—
中心站				—	—
观测站点				—	—
海洋预报机构				—	—
二、海洋观测调查合计		—	—		
台站观测		—	—		
浮标观测		—	—		
志愿船观测					
断面观测		—	—		

单位负责人：　　　　　　　　填表人：　　　　　　　　报出日期：2 0　　年　　月　　日

说明：1. 统计范围：海洋预报机构的统计范围为承担海洋预报公益服务指责、具有政府正式编制的机构；其他统计范围为自然资源部下属各单位。
2. 报送时间：6 月 20 日前。
3. 本表中“观测数据”这项指标保留一位小数。

分地区国家级风景名胜区基本情况

表　　号：ＺＲ３０５表
制定机关：国　家　统　计　局
文　　号：国统字〔2019〕3号
综合机关名称：自然资源部　　　　２０　　年　　　　有效期至：２０１９年９月

地区	代码	风景名胜区面积（平方公里）	供游览面积	游人量（万人次）	境外游人
甲	乙	1	2	3	4
全　国	**01**				
北　京	02				
天　津	03				
…	…				
新　疆	32				

续表

景区资金收入合计（万元）	国家拨款	经营收入	门票	景区资金支出合计（万元）	经营支出	固定资产投资完成额	维护支出
5	6	7	8	9	10	11	12

单位负责人：　　　　填表人：　　　　报出日期：２０　　年　　月　　日

说明：1. 报送时间：6月30日前。
　　2. 审核关系：1≥2；3≥4；5≥6+7；7≥8；9≥10+11；11≥12；01=02+03+…+32。

主要矿产资源基础储量

表　　号：Z R 3 0 6 表
制定机关：国　家　统　计　局
文　　号：国统字〔2019〕3 号
有效期至：2 0 1 9 年 9 月

综合机关名称：自然资源部　　　　2 0　　年

资源品种	单位	代码	基础储量
甲	乙	丙	1
石油	万吨	01	
天然气	亿立方米	02	
煤炭	亿吨	03	
铁矿（矿石）	亿吨	04	
锰矿（矿石）	万吨	05	
铬矿（矿石）	万吨	06	
钒矿	万吨	07	
原生钛铁矿	万吨	08	
铜矿（铜）	万吨	09	
铅矿（铅）	万吨	10	
锌矿（锌）	万吨	11	
铝土矿（矿石）	万吨	12	
镍矿（镍）	万吨	13	
钨矿（WO）	万吨	14	
锡矿（锡）	万吨	15	
钼矿（钼）	万吨	16	
锑矿（锑）	万吨	17	
金矿（金）	吨	18	
银矿（银）	吨	19	
菱镁矿（矿石）	万吨	20	
普通萤石（矿物）	万吨	21	
硫铁矿（矿石）	万吨	22	
磷矿（矿石）	亿吨	23	
钾盐（KCl）	万吨	24	
盐矿（NaCl）	亿吨	25	
芒硝（Na_2So_4）	亿吨	26	
重晶石（矿石）	万吨	27	
玻璃硅质原料（矿石）	万吨	28	
石墨（矿物）	万吨	29	
滑石（矿石）	万吨	30	
高岭土（矿石）	万吨	31	

单位负责人：　　填表人：　　联系电话：　　报出日期：2 0　　年　月　日

说明：报送时间为 7 月 31 日前。

分地区主要能源、黑色金属矿产基础储量

表　　号：ＺＲ３０７表
制定机关：国家统计局
文　　号：国统字〔2019〕3号
有效期至：2019年9月

综合机关名称：自然资源部　　　　20　年

地　区	代码	石油（万吨）	天然气（亿立方米）	煤炭（亿吨）	铁矿（矿石）（亿吨）	锰矿（矿石）（万吨）	铬矿（矿石）（万吨）	钒矿（万吨）	原生钛铁矿（万吨）
甲	乙	1	2	3	4	5	6	7	8
全　国	**01**								
北　京	02								
天　津	03								
…	…								
新　疆	32								
海　域	33								

单位负责人：　　填表人：　　联系电话：　　报出日期：20　年　月　日

说明：报送时间为7月31日前。

分地区主要有色金属、非金属矿产基础储量

表　　号：ＺＲ３０８表
制定机关：国家统计局
文　　号：国统字〔2019〕3号
有效期至：2019年9月

综合机关名称：自然资源部　　　　20　年

地　区	代码	铜矿（铜）（万吨）	铅矿（铅）（万吨）	锌矿（锌）（万吨）	铝土矿（矿石）（万吨）	菱镁矿（矿石）（万吨）	硫铁矿（矿石）（万吨）	磷矿（矿石）（亿吨）	高岭土（矿石）（万吨）
甲	乙	1	2	3	4	5	6	7	8
全　国	**01**								
北　京	02								
天　津	03								
…	…								
新　疆	32								
海　域	33								

单位负责人：　　填表人：　　联系电话：　　报出日期：20　年　月　日

说明：报送时间为7月31日前。

海洋灾害情况

表　　号：ＺＲ３０９表
制定机关：国家统计局
文　　号：国统字〔2019〕3号
有效期至：２０１９年９月

综合机关名称：自然资源部　　　　２０　　年

海洋灾害	代码	发生次数（次）	死亡、失踪人数（人）	直接经济损失（亿元）
甲	乙	1	2	3
合　计	**01**			
风暴潮	02			
赤　潮	03			
海　浪	04			
海　冰	05			
海　啸	06			
大型藻类	07			
海平面变化	08			
海岸侵蚀	09			
海水入侵与土壤盐渍化	10			
咸潮入侵	11			

单位负责人：　　　　填表人：　　　　报出日期：２０　　年　　月　　日

说明：1. 统计范围：全海域。
　　　2. 报送时间：7月31日前。

海洋资源产量情况

表　　号：ＺＲ３１０表
制定机关：国家统计局
文　　号：国统字〔2019〕3号
有效期至：２０１９年９月

综合机关名称：自然资源部　　　　２０　　年

地　区	代码	海洋原油（万吨）	海洋天然气（万立方米）	海洋矿业（万吨）	海洋渔业（万吨）		海洋盐业（万吨）
					捕捞	养殖	
甲	乙	1	2	3	4	5	6
合　计	**01**						
天　津	02						
河　北	03						
辽　宁	04						
上　海	05						
江　苏	06						
浙　江	07						
福　建	08						
山　东	09						
广　东	10						
广　西	11						
海　南	12						

单位负责人：　　　　填表人：　　　　报出日期：２０　　年　　月　　日

说明：1. 统计范围：全海域。
　　　2. 报送时间：7月31日前。

全国主要海洋产业增加值

表　　号：Z R 3 1 1 表
制定机关：国 家 统 计 局
文　　号：国统字〔2019〕3 号
有效期至：2 0 1 9 年 9 月

综合机关名称：自然资源部　　　　2 0　　年

海洋产业	代码	增加值（亿元）	增加值比上年增长（%）（按可比价计算）
甲	乙	1	2
合　计	**01**		
海洋渔业	02		
海洋油气业	03		
海滨矿业	04		
海洋盐业	05		
海洋化工业	06		
海洋生物医药业	07		
海洋电力业	08		
海水利用业	09		
海洋船舶工业	10		
海洋工程建筑业	11		
海洋交通运输业	12		
滨海旅游业	13		

单位负责人：　　　　填表人：　　　　报出日期：2 0　　年　　月　　日

说明：1. 统计范围：全海域。
　　2. 报送时间：7 月 31 日前。

沿海各地区海平面变化情况

表　　号：Z R 7 0 1 表
制定机关：国 家 统 计 局
文　　号：国统字〔2019〕3 号
有效期至：2 0 1 9 年 9 月

综合机关名称：自然资源部　　　　2 0　　年

地　区	代码	海平面较上年变化（毫米）
甲	乙	1
天　津	01	
河　北	02	
辽　宁	03	
上　海	04	
江　苏	05	
浙　江	06	
福　建	07	
山　东	08	
广　东	09	
广　西	10	
海　南	11	

单位负责人：　　　　填表人：　　　　报出日期：2 0　　年　　月　　日

说明：报送时间：7 月 31 日前。

绿色发展基本情况（三）

表　　号：ＺＲ７０２表
制定机关：国家统计局
文　　号：国统字〔2019〕3号
有效期至：2019年9月

综合机关名称：自然资源部　　　　20　年

地　区	代码	耕地面积（公顷）	耕地面积增长率（%）	建设用地使用面积（公顷）	单位GDP建设用地使用面积下降率（%）	新增建设用地规模（公顷）	人均新增建设用地规模（公顷/万人）	净增矿山治理面积（公顷）	自然岸线保有率（%）
甲	乙	1	2	3	4	5	6	7	8
全　国	**01**								
北　京	02								
天　津	03								
⋮	⋮								
新　疆	32								

单位负责人：　　　　填表人：　　　　报出日期：20　年　月　日

说明：1. 本表数据保留2位小数，报送的电子版和纸质版数据要保持一致。
2. 统计范围是各省、自治区、直辖市。
3. 报送时间：7月15日前。

部门服务业企业财务状况

（表式及指标解释见通用表）

部门服务业行政单位财务状况

（表式及指标解释见通用表）

部门服务业事业单位财务状况

（表式及指标解释见通用表）

综 合 定 报

各地区国有土地出让情况

表　　号：Z R 4 0 1 表
制定机关：国　家　统　计　局
文　　号：国统字〔2019〕3 号
有效期至：2 0 2 0 年 1 月

综合机关名称：自然资源部　　　　2 0　　年　　月

指标名称	代码	住宅及商服用地出让面积（万平方米）	住宅用地	商服用地	住宅及商服用地出让面积同比增长（%）	住宅用地	商服用地
甲	乙	1	2	3	4	5	6
全　国	**01**						
北　京	02						
天　津	03						
…	…						
新　疆	32						

续表

住宅及商服用地出让价款（万元）	住宅用地	商服用地	住宅及商服用地出让价款同比增长（%）	住宅用地	商服用地
7	8	9	10	11	12

单位负责人：　　　　填表人：　　　　报出日期：2 0　　年　　月　　日

说明：1. 统计范围：各省、自治区、直辖市。
　　　2. 报送时间：月后 6 日前。

全国主要监测城市土地价格指数（一）

（上季价格=100）

表　　号：ＺＲ４０２表
制定机关：国　家　统　计　局
文　　号：国统字〔2019〕3 号
有效期至：２０２０年１月

综合机关名称：自然资源部　　　　２０　年　季

项　　目	代码	综合地价	商服地价	住宅地价	工业地价
甲	乙	1	2	3	4
北京	01				
天津	02				
…	03				
乌鲁木齐	…				

单位负责人：　　　填表人：　　　联系电话：　　　报出日期：２０　　年　　月　　日

说明：1. 报送单位：自然资源部土地勘测规划院。
2. 报送日期及方式：季后 30 日前电子邮件报送。
3. 环比、同比指数保留 2 位小数。
4. 城市以纳入自然资源部统计的全国主要监测城市范围为准。
5. 邮箱地址：koudi@gj.stats.cn。

全国主要监测城市土地价格指数（二）

（上年同季价格=100）

表　　号：ＺＲ４０３表
制定机关：国　家　统　计　局
文　　号：国统字〔2019〕3 号
有效期至：２０２０年１月

综合机关名称：自然资源部　　　　２０　年　季

项　　目	代码	综合地价	商服地价	住宅地价	工业地价
甲	乙	1	2	3	4
北京	01				
天津	02				
…	03				
乌鲁木齐	…				

单位负责人：　　　填表人：　　　联系电话：　　　报出日期：２０　　年　　月　　日

说明：1. 报送单位：自然资源部土地勘测规划院。
2. 报送日期及方式：季后 30 日前电子邮件报送。
3. 环比、同比指数保留 2 位小数。
4. 城市以纳入自然资源部统计的全国主要监测城市范围为准。
5. 邮箱地址：koudi@gj.stats.cn。

（三）主要指标解释

园地 指种植以采集果、叶、根、茎、汁等为主的集约经营的多年生木本和草本作物，覆盖度大于50%和每亩株数大于合理株数70%的土地。包括用于育苗的土地。

林地 指生长乔木、竹类、灌木的土地，及沿海生长红树林的土地。包括迹地，不包括居民点内部的绿化林木用地，铁路、公路征地范围内的林木，以及河流、沟渠的护堤林。

牧草地 指生长草本植物为主的土地。

居民点及工矿用地 指城乡居民点、独立居民点以及居民点以外的工矿、国防、名胜古迹等企事业单位用地，包括其内部交通、绿化用地。

交通运输用地 指用于运输通行的地面线路、场站等的土地。包括民用机场、港口、码头、地面运输管道和各种道路用地。

水利设施用地 指陆地水域，海涂，沟渠、水工建筑物等用地。不包括滞洪区和已垦滩涂中的耕地、园地、林地、居民点、道路等用地。

年初（末）耕地面积 指年初（末）统计区域内实有的全部耕地面积。

年内增加耕地面积 指本年度因土地整理、复垦、开发、农业结构调整而增加的耕地面积。

农业结构调整 指由于经济发展和保护生态环境需要,在报告期对原有种植业、林业、牧业、水产养殖业、副业等所占土地在农业生产中所占比例进行调整。

农业结构调整（增加耕地） 指由于农业结构调整，将原其他农业用途的土地改为耕地的面积。

年内减少耕地面积 指本年度因建设占用、灾害损毁、生态退耕和农业结构调整而减少的耕地面积。

建设占用 指因各类建设占用而减少的耕地面积。

灾毁耕地 指因水冲、沙压、山崩、泥石流、沟蚀、地震等自然灾害破坏而减少的耕地面积。

生态退耕 指因生态环境建设需要，实际耕地退耕还林、还牧、还湖的面积。

农业结构调整（减少耕地） 指由于农业结构调整，将原耕地改为其他农业用途土地的面积。

地质遗迹自然保护区 指经国务院和省级政府有关主管部门对由地质作用形成的具有一定价值的地质遗迹资源进行保护的专门区域，主要包括有代表性的地质剖面、地质构造、地质地貌景观、古生物化石及其遗迹产地等。

累计建设投资（地质遗迹自然保护区） 指历年来对地质遗迹自然保护区建设投入的全部资金。

本年投资（地质遗迹自然保护区建设） 指本年对地质遗迹自然保护区建设投入的资金。包括对硬件投资和软件投资。

地质公园 指截止报告期末，以地质科学意义和独特的地质景观为主，融合自然景观与人文景观的自然公园。目前，已建成的有世界地质公园、国家地质公园、省级地质公园。已批准的世界地质公园要纳入国家地质公园统计。

地质构造、剖面和形迹类地质公园 指其主体是具有一定价值或典型代表意义的地质构造、地质剖面及其他地质形迹的地质公园。

古生物化石类地质公园 指其主体是古生物的化石或其遗迹的地质公园。

地质地貌景观类地质公园 指其主体是地质作用形成重要地质地貌景观的地质公园。

累计建设投资（地质公园） 指历年来对地质遗迹公园建设投入的全部资金。

本年投资（地质公园建设） 指本年对地质公园建设投入的资金。包括对硬件投资和软件投资。

矿业开采累计占用、损坏土地面积 指到报告期末矿业开采产生的尾矿、排放的固体废弃物、露天采矿、采矿塌陷及其他矿山地质灾害所造成的占用或损坏的全部土地面积。

本年矿业开采新增占用、损坏土地面积 指报告期内因矿业开采占用或损坏的土地面积。

本年投入矿山环境治理资金 指报告期内用于矿山环境恢复治理的资金，包括中央财政、地方财政和矿山企业投入以及民间投入等资金。

累计恢复治理的矿山数 指到报告期末通过矿坑封闭、矸石利用、尾矿坝绿化、塌陷土地复垦、矿坑废水处理、边坡治理等方法，使矿业开采造成的生态环境破坏和环境污染得到治理，功能得以恢复的全部矿山数。

本年恢复治理的矿山数 指报告期内通过矿坑封闭、矸石利用、尾矿坝绿化、塌陷土地复垦、矿坑废水处理、边坡治理等方法，使矿业开采造成的生态环境破坏和环境污染得到治理，功能得以恢复的矿山数。

累计恢复治理面积 指到报告期末恢复治理的全部面积，包括复垦、地面塌陷治理、还林、还草、建设使用等面积。

本年恢复治理面积 指到报告期内恢复治理的面积，包括复垦、地面塌陷治理、还林、还草、建设使用等面积。

地质灾害 指滑坡、崩塌、泥石流、地面塌陷等突发性地质灾害与地裂缝、地面沉降、海水入侵等缓变性地质灾害。地质灾害数量的计量单位统一用“处”，对于难以区分确切数量的同一次降雨（或其他因素）引发的群发性地质灾害归为 1 处灾害。地裂缝、地面沉降数量只统计报告期内发现的或报告期之前发现且报告期内继续发展的。

崩塌 指陡坡上大块的岩土体在重力作用下突然脱离母体崩落的物理地质现象。

滑坡 指斜坡上不稳定的岩土体在重力作用下沿一定软弱面（或滑动带）整体向下滑动的物理地质现象。

泥石流 指山地突然爆发的饱含大量泥沙、石块的特殊洪流。

地面塌陷 指地表岩土体在自然或人为因素作用下向下陷落，并在地面形成塌陷坑（洞）的一种动力地质现象。

地裂缝和地面沉降 指报告期内发现或报告期之前发现且报告期内继续发展的地裂缝和地面沉降数量。

地质灾害造成伤亡人数 指因发生各类地质灾害造成的人员受伤、死亡和失踪情况。

地质灾害直接经济损失 指用货币表现的因各类地质灾害直接造成的经济损失。

地质灾害防治项目 指报告期内各级政府及国土资源管理部门立项设立的，运行工程手段对由于地质作用导致的将要发生和已经发生的地质灾害进行预防和治理的项目，包括治理项目和搬迁避让项目。

投入防治资金 指为了防治地质灾害而开展的必要的监测、勘查和治理工程所投入的资金，包括中央和地方财政以及其他方面投入的资金。

地质勘查费用 指报告期完成的来自各方面的地质勘查资金。包括完成的中央财政、地方财政地质勘查拨款，企事业单位、港澳台商、外商投入的地质勘查工作的资金以及其他资金。

技术人员 指在地勘单位中从事工作并取得劳动报酬的，具有初级及初级以上地质勘查专业技术职称的在职职工，包括已取得专业技术职称，现从事技术管理和行政管理工作的行政人员。

矿产基础储量 基础储量是查明矿产资源的一部分。它能满足现行采矿和生产所需的指标要求，是控制的、探明的并通过可行性或预可行性研究认为属于经济的、边际经济的（接近盈亏边界）部分，用未扣除设计、采矿损失的数量表示。

全国沿海各地区海平面较上年变化 指报告期当年全国沿海各省（自治区、直辖市）海平面相比于上年平均海平面的变化量。

耕地 指种植农作物的土地，包括熟地,新开发、复垦、整理地，休闲地（含轮歇地、轮作地）；以种植农作物（含蔬菜）为主，间有零星果树、桑树或其他树木的土地；平均每年能保证收获一季的已垦滩地和海涂。耕地中包括南方宽度＜1.0米，北方宽度＜2.0米固定的沟、渠、路和地坎（埂）；临时种植药材、草皮、花卉、苗木等的耕地，以及其他临时改变用途的耕地。

耕地面积增长率 指报告期内耕地面积的增长速度。计算公式为：

$$\text{耕地面积增长率} = \left(\frac{\text{本期耕地面积}}{\text{上期耕地面积}} - 1\right) \times 100\%$$

建设用地 指建造建筑物、构筑物的土地，包括商服用地、工矿仓储用地、住宅用地、公共管理与公共服务用地、特殊用地、交通运输用地、水域及水利设施用地等。按照城镇村及工矿用地、交通运输用地（不含农村道路）、水利设施用地（包括水库水面和水工建筑物用地）归并汇总面积。

单位 GDP 建设用地使用面积下降率 指报告期内单位 GDP 建设用地使用面积的降低速度。计算公式为：

$$\text{单位GDP建设用地使用面积} = \frac{\text{建设用地使用面积}}{\text{国内（地区）生产总值（不变价）}}$$

$$\text{单位GDP建设用地使用面积下降率} = \left(1 - \frac{\text{本期单位GDP建设用地使用面积}}{\text{上期单位GDP建设用地使用面积}}\right) \times 100\%$$

新增建设用地规模 即年末建设用地面积减去上年末建设用地面积。

人均新增建设用地规模 指报告期内新增加的建设用地规模与年末人口的比值。计算公式为：

$$\text{人均新增建设用地规模} = \frac{\text{新增建设用地规模}}{\text{年末人口}}$$

净增矿山治理面积 指报告期内恢复治理的矿山面积减去新增矿山破坏面积。其中，恢复治理面积包括报告期内各级政府和矿山企业通过实施工程措施对矿区地质灾害、地面地貌破坏进行治理或实施复绿、复垦、建设使用等面积，新增矿山破坏面积指报告期内在建、生产矿山开采占用、损毁的土地面积。

自然岸线保有率 指辖区内大陆自然岸线长度（包括海南省）占大陆海岸线总长度的百分比。自然岸线指由海陆相互作用形成的海岸线，包括砂质岸线、淤泥质岸线、基岩岸线等原生岸线，以及整治修复后具有自然海岸形态特征和生态功能的海岸线。计算公式为：

$$\text{自然岸线保有率} = \frac{\text{大陆自然岸线长度}}{\text{大陆海岸线长度}} \times 100\%$$

大地测量 指研究和确立地球形状、大小、重力场、整体与局部运动和地表面点的几何位置以及他们的变化的测量技术和方法。

GNSS 大地控制点测量 即全球导航卫星系统，包括 GPS、GLONASS、GALILEO、北斗等。

水准测量 指测定地面两点间高差的技术。

地理信息数据生产 指数字线划地图（DLG）、数字高程模型（DEM）、数字栅格地图（DRG）、数字正射影像（DOM）生产的数量。数字线划地图指以矢量数据格式表示的地图要素数据集，内容包括水系、等高线、境界、交通、居民地、地名和地图数学基础等。数字高程模型指用一组有序数值阵列形式表示地面起伏的数据集。数字栅格地图指以栅格数据格式表示的地图要素数据集。数字正射影像指对航空影像或卫星影像进行扫描、纠正、镶嵌、裁切而生成的影像数据。

地形图　指地表起伏形态和地物位置、形状在水平面上的投影图。

专题地图　指着重表示一种或数种自然要素或社会经济等现象的地图。

地图集　指具有统一的设计原则和编制体例、协调的地图内容、规定的比例尺、分幅系统和装帧形式的多幅地图汇编成册的地图作品。

测绘基准成果　指大地测量活动中所获取的各类成果资料。包括 GPS 点、三角点、导线点、水准点等。

航摄成果　指为满足社会及测绘生产对基础测绘信息的需求而完成的航空摄影成果资料。

中心站　指为便于管理和加快海洋水文、气象事业的发展，国家海洋局批准成立的、按照地域管理下辖的海洋观测站点；

观测站点　指依托岸基、岛屿（或海上固定平台）进行海洋水文、气象观测，获取具有充分代表性的长期、定点、连续海洋环境观测资料的场所；

海洋预报机构　指承担海洋预报公益服务职责，具有政府正式编制的机构；

台站观测　指利用修建在沿海海滨或岛屿上的观测设施，对沿海地区近岸海域海洋水文、气象等项目要素进行长期定点的连续观测、实时发报和编制数据报表（文件），为国家国防、海洋经济建设、防灾减灾和海洋科学研究提供和积累资料；

浮标观测　指利用浮标进行全天候、定点、连续的海洋观测；

志愿船观测　是指利用生产运输船舶、渔船以及其他从事海洋活动的船舶，开展包括海洋水文、气象等要素的观测和资料处理，是一项海洋公益性观测工作；

断面观测　是指在调查海区有代表性的断面（铅直剖面）站点上进行的观测。一般在调查海区内设置由若干个具有代表性的测点所组成的断面线，沿此线由表到底进行。

清洁海域　指符合国家海水水质标准中一类海水水质的海域，适用于海洋渔业水域、海上自然保护区、珍稀濒危海洋生物保护区。

较清洁海域　指符合国家海水水质标准中二类海水水质的海域，适用于水产养殖区、海水浴场、人体直接接触海水的海上运动或娱乐区、以及与人类食用直接有关的工业用水区。

轻度污染海域　指符合国家海水水质标准中三类海水水质的海域，适用于一般工业用水区。

中度污染海域　指符合国家海水水质标准中四类海水水质的海域，仅适用于海洋港口水域和海洋开发作业区。

严重污染海域　指劣于国家海水水质标准中四类海水水质的海域。

生态环境部

（一）报 表 目 录

<table>
<tr><th>表号</th><th>表名</th><th>报告期别</th><th>填报范围</th><th>报送时间及方式</th><th>接收单位</th><th>备注</th></tr>
<tr><td colspan="7">综合年报</td></tr>
<tr><td>ST301 表</td><td>主要污染物排放情况</td><td>年报</td><td>各省、自治区、直辖市</td><td rowspan="15">7 月 31 日前；邮寄或电子邮件
nyshjc@stats.gov.cn</td><td rowspan="15">能源司</td><td rowspan="10">《资源环境综合统计报表制度》</td></tr>
<tr><td>ST302 表</td><td>各地区工业污染情况</td><td>年报</td><td>各省、自治区、直辖市辖区内有污染物排放的工业企业</td></tr>
<tr><td>ST303 表</td><td>各地区大型畜禽养殖场污染情况</td><td>年报</td><td>各省、自治区、直辖市辖区内有污染物排放的大型畜禽养殖场</td></tr>
<tr><td>ST304 表</td><td>各地区生活污染情况</td><td>年报</td><td>各省、自治区、直辖市辖区内有污染物排放的城镇生活源和机动车</td></tr>
<tr><td>ST305 表</td><td>各地区污染物集中处置情况</td><td>年报</td><td>各省、自治区、直辖市辖区内实施污染物集中处置的污水处理厂、生活垃圾处理厂、危险废物（医疗废物）集中处置厂等</td></tr>
<tr><td>ST306 表</td><td>各地区环境管理情况</td><td>年报</td><td>各省、自治区、直辖市辖区内有污染物排放的工业企业、实施污染物集中处置的污水处理厂、生活垃圾处理厂、危险废物（医疗废物）集中处置厂，以及环境保护相关部门</td></tr>
<tr><td>ST307 表</td><td>各行业环境保护情况</td><td>年报</td><td>各省、自治区、直辖市辖区内有污染排放的工业企业</td></tr>
<tr><td>ST308 表</td><td>环保重点城市环境保护情况</td><td>年报</td><td>113个环保重点城市</td></tr>
<tr><td>ST309 表</td><td>主要水系水质状况评价结果（按监测断面统计）</td><td>年报</td><td>环境监测部门</td></tr>
<tr><td>ST310 表</td><td>全国海域海水水质评价结果及污染物排放入海情况</td><td>年报</td><td></td></tr>
<tr><td>ST701 表</td><td>含氟气体生产和进出口</td><td>年报</td><td>各省、自治区、直辖市辖区内有含氟气体生产和进出口的工业企业</td><td rowspan="5">《应对气候变化部门统计报表制度》</td></tr>
<tr><td>ST702 表</td><td>含氟气体产生和处理</td><td>年报</td><td>各省、自治区、直辖市辖区内有含氟气体产生和处理的工业企业</td></tr>
<tr><td>ST703 表</td><td>含氟气体使用</td><td>年报</td><td>各省、自治区、直辖市辖区内使用含氟气体的工业企业</td></tr>
<tr><td>ST704 表</td><td>城镇污水处理</td><td>年报</td><td>各省、自治区、直辖市辖区内城镇污水处理厂及污水集中处理装置</td></tr>
<tr><td>ST705 表</td><td>应对气候变化相关情况</td><td>年报</td><td></td></tr>
<tr><td>ST706 表</td><td>绿色发展基本情况（四）</td><td>年报</td><td></td><td>次年 7 月 15 日前；邮寄或电子邮件
nyszhc@stats.gov.cn</td><td>能源司</td><td>《绿色发展统计报表制度》（试行）</td></tr>
</table>

701 表	部门服务业企业财务状况	年报	环境与生态监测检测服务业中执行企业会计制度的单位	6 月 30 日前，电子邮件或内部交换 dczxjtc@stats.gov.cn	服务业司	《部门服务业财务统计报表制度》（试行）
			生态保护和环境治理业中执行企业会计制度的单位			
702-1 表	部门服务业行政单位财务状况	年报	环境与生态监测检测服务业中执行行政单位会计制度的单位			
			生态保护和环境治理业中执行行政单位会计制度的单位			
702-2 表	部门服务业事业单位财务状况	年报	环境与生态监测检测服务业中执行事业单位会计制度的单位			
			生态保护和环境治理业中执行事业单位会计制度的单位			

（二）调 查 表 式

综 合 年 报

主要污染物排放情况

表　　号：S T 3 0 1 表
制定机关：国 家 统 计 局
文　　号：国统字〔2019〕3 号
有效期至：2 0 1 9 年 9 月

综合机关名称：生态环境部　　　　20　年

地　区	代码	废水污染物排放总量					
		废水（万吨）	COD（吨）	氨氮（吨）	总氮（吨）	总磷（吨）	石油类（吨）
甲	乙	1	2	3	4	5	6
全　国	**01**						
北　京	02						
天　津	03						
⋮	⋮						
新　疆	32						

续表

废水污染物排放总量								废气污染物排放总量		
挥发酚（千克）	氰化物（千克）	砷（千克）	铅（千克）	镉（千克）	汞（千克）	总铬（千克）	六价铬（千克）	二氧化硫（吨）	氮氧化物（吨）	烟(粉)尘（吨）
7	8	9	10	11	12	13	14	15	16	17

单位负责人：　　　　填表人：　　　　报出日期：20　年　月　日

说明：1. 统计范围：各省、自治区、直辖市。
　　　2. 报送时间：7 月 31 日前。

各地区工业污染情况

表　　号：S T 3 0 2 表
制定机关：国 家 统 计 局
文　　号：国统字〔2019〕3 号
有效期至：2 0 1 9 年 9 月

综合机关名称：生态环境部　　　　2 0　　年

地　区	代码	工业废水治理设施数（套）	工业废水治理设施处理能力（万吨/日）	工业废水治理设施运行费用（万元）	工业废水处理量（万吨）	工业废水排放量（万吨）		
							直接排入环境的	排入污水处理厂的
甲	乙	1	2	3	4	5	6	7
全　国	01							
北　京	02							
天　津	03							
┆	┆							
新　疆	32							

续表一

工业废水中污染物排放量										
化学需氧量排放量（吨）	氨　氮排放量（吨）	总氮排放量（吨）	总磷排放量（吨）	石油类排放量（吨）	挥发酚排放量（千克）	氰化物排放量（千克）	砷排放量（千克）	铅排放量（千克）	镉排放量（千克）	汞排放量（千克）
8	9	10	11	12	13	14	15	16	17	18

续表二

工业废水中污染物排放量		工业废气排放量（亿立方米）	工业废气治理设施数（套）	工业废气治理设施处理能力（万立方米/时）	工业废气治理设施运行费用（万元）	二氧化硫排放量（吨）
总铬排放量（千克）	六价铬排放量（千克）					
19	20	21	22	23	24	25

续表三

氮氧化物排放量（吨）	烟（粉）尘排放量（吨）	一般工业固体废物产生量（万吨）	一般工业固体废物综合利用量（万吨）		一般工业固体废物处置量（万吨）	
				综合利用往年贮存量		处置往年贮存量
26	27	28	29	30	31	32

续表四

一般工业固体废物贮存量（万吨）	一般工业固体废物倾倒丢弃量（万吨）	危险废物产生量（吨）	危险废物综合利用量（吨）		危险废物处置量（吨）	
				综合利用往年贮存量		处置往年贮存量
33	34	35	36	37	38	39

续表五

危险废物贮存量（吨）	危险废物倾倒丢弃量（吨）	工业废水化学需氧量去除率（%）	工业废水氨氮去除率（%）	工业二氧化硫去除率（%）	工业氮氧化物去除率（%）
40	41	42	43	44	45

单位负责人：　　　　填表人：　　　　报出日期：2 0　　年　　月　　日

说明：1. 统计范围：各省、自治区、直辖市辖区内有污染物排放的工业企业。
　　2. 报送时间：7 月 31 日前。
　　3. 审核关系：宾栏 5=6+7；29≥30；31≥32；36≥37；38≥39。

各地区大型畜禽养殖场污染情况

表　　号：ＳＴ３０３表
制定机关：国家统计局
文　　号：国统字〔2019〕3号
有效期至：２０１９年９月

综合机关名称：生态环境部　　２０　　年

地　区	代码	大型畜禽养殖场化学需氧量排放量（吨）	大型畜禽养殖场氨氮排放量（吨）	大型畜禽养殖场总氮排放量（吨）	大型畜禽养殖场总磷排放量（吨）
甲	乙	1	2	3	4
全　国	**01**				
北　京	02				
天　津	03				
┆	┆				
新　疆	32				

单位负责人：　　填表人：　　报出日期：２０　　年　　月　　日

说明：1.统计范围：各省、自治区、直辖市辖区内有污染物排放的大型畜禽养殖场。
　　2.报送时间：7月31日前。

各地区生活污染情况

表　　号：ＳＴ３０４表
制定机关：国家统计局
文　　号：国统字〔2019〕3号
有效期至：２０１９年９月

综合机关名称：生态环境部　　２０　　年

地　区	代码	城镇生活污水排放量（万吨）	城镇生活化学需氧量排放量（吨）	城镇生活氨氮排放量（吨）	城镇生活总氮排放量（吨）	城镇生活总磷排放量（吨）
甲	乙	1	2	3	4	5
全　国	**01**					
北　京	02					
天　津	03					
┆	┆					
新　疆	32					

续表

城镇生活二氧化硫排放量（吨）	城镇生活氮氧化物排放量（吨）	城镇生活烟尘排放量（吨）	机动车污染物排放量（吨）			
			总颗粒物	氮氧化物	一氧化碳	碳氢化合物
6	7	8	9	10	11	12

单位负责人：　　填表人：　　报出日期：２０　　年　　月　　日

说明：1.统计范围：各省、自治区、直辖市辖区内有污染物排放的城镇生活源和机动车等。
　　2.报送时间：7月31日前。

各地区污染物集中处置情况

表　　号：ＳＴ３０５表
制定机关：国　家　统　计　局
文　　号：国统字〔2019〕3号
有效期至：２０１９年９月

综合机关名称：生态环境部　　　　２０　　年

地　区	代码	生活垃圾处理厂（场）渗滤液（万立方米）		生活垃圾处理厂（场）主要污染物排放量（吨）				
		产生量	排放量	化学需氧量	氨氮	二氧化硫	氮氧化物	烟尘
甲	乙	1	2	3	4	5	6	7
全　国	**01**							
北　京	02							
天　津	03							
⋮	⋮							
新　疆	32							

续表一

污水处理厂化学需氧量去除量（吨）	污水处理厂氨氮去除量（吨）	危险废物（医疗废物）集中处置厂数（个）	危险废物（医疗废物）集中处置厂累计完成投资（万元）	危险废物（医疗废物）集中处置厂新增固定资产（万元）	危险废物（医疗废物）集中处置厂本年运行费用（万元）	危险废物（医疗废物）集中处置厂危险废物处置量（吨）		
							填埋	焚烧
8	9	10	11	12	13	14	15	16

续表二

危险废物（医疗废物）集中处置厂危险废物综合利用量（吨）	危险废物（医疗废物）集中处置厂废水（吨）		危险废物（医疗废物）集中处置厂主要污染物排放量（吨）				
	产生量	排放量	化学需氧量	氨氮	二氧化硫	氮氧化物	烟尘
17	18	19	20	21	22	23	24

单位负责人：　　　　填表人：　　　　报出日期：２０　　年　　月　　日

说明：1. 统计范围：各省、自治区、直辖市辖区内实施污染物集中处置的污水处理厂、生活垃圾处理厂、危险废物（医疗废物）集中处置厂等。
2. 报送时间：7月31日前。

各地区环境管理情况

表　　号：S T 3 0 6 表
制定机关：国　家　统　计　局
文　　号：国统字〔2019〕3 号
有效期至：2 0 1 9 年 9 月

综合机关名称：生态环境部　　　　　　　　　　2 0　　年

地　区	代码	老工业企业污染防治本年完成投资（万元）					
			工业废水治理项目	工业废气治理项目	工业固体废物治理项目	噪声治理项目	其他治理项目
甲	乙	1	2	3	4	5	6
全　国	**01**						
北　京	02						
天　津	03						
⋮	⋮						
新　疆	32						

续表一

污染治理项目投资来源（万元）				当年完成环保验收项目总投资（万元）	当年完成环保验收工业项目环保投资（万元）		
排污费补助	政府其他补助	企业自筹				废水治理	废气治理
			银行贷款				
7	8	9	10	11	12	13	14

续表三

噪声治理	固体废物治理	绿　化及生态	其它环保投资	排污费解缴入库户数（户）	排污费解缴入库金额（万元）	环保能力建设资金使用总额（万元）	水污染防治能力建设	大气污染防治能力建设
15	16	17	18	19	20	21	22	23

续表四

固体废物污染防治能力建设	噪声污染防治能力建设	土壤污染防治能力建设	生态保护能力建设	核与辐射安全环境保护能力建设	环境监管能力建设	环境监管运行保障（万元）	地表水集中式饮用水水源取水量（万立方米）
24	25	26	27	28	29	30	31

续表五

地表水集中式饮用水源达标供水量（万立方米）	地下水集中式饮用水水源取水量（万立方米）	地下水集中式饮用水源达标供水量（万立方米）	集中式饮用水水源水质达标率（%）	地表水监测断面劣于Ⅴ类的比例（%）	空气质量达到二级以上地级城市比例（%）
32	33	34	35	36	37

续表六

突发环境事件次数（次）				
	特别重大环境事件	重大环境事件	较大环境事件	一般环境事件
38	39	40	41	42

单位负责人：　　　　　　　　　　填表人：　　　　　　　　报出日期：2 0　　年　　月　　日

说明：1. 统计范围：各省、自治区、直辖市辖区内有污染物排放的工业企业、实施污染物集中处置的污水处理厂、生活垃圾处理厂、危险废物（医疗废物）集中处置厂，以及环境保护相关部门等。

2. 报送时间：7 月 31 日前。

3. 审核关系：宾栏 1=2+3+4+5+6；9≥10；12=13+14+15+16+17+18；21=22+23+24+25+26+27+28+29；38=39+40+41+42。

各行业环境保护情况

表　　号：S T 3 0 7 表
制定机关：国 家 统 计 局
文　　号：国统字〔2019〕3 号
有效期至：2 0 1 9 年 9 月

综合机关名称：生态环境部　　　　20　年

行　业	代码	汇总工业企业数（个）	工业废水治理设施数（套）	工业废水治理设施处理能力（万吨/日）	工业废水治理设施运行费用（万元）	工业废水处理量（万吨）	工业废水排放量（万吨）	化学需氧量排放量（吨）
甲	乙	1	2	3	4	5	6	7
总　计	**01**							
煤炭开采和洗选业	02							
石油和天然气开采业	03							
黑色金属矿采选业	04							
⋮	⋮							

续表一

氨　氮排放量（吨）	工业废气排放量（亿立方米）	工业废气治理设施数（套）	工业废气治理设施处理能力（万立方米/时）	工业废气治理设施运行费用（万元）	二氧化硫排放量（吨）	氮氧化物排放量（吨）
8	9	10	11	12	13	14

续表二

烟（粉）尘排放量（吨）	一般工业固体废物产生量（万吨）	一般工业固体废物综合利用量（万吨）		一般工业固体废物处置量（万吨）		一般工业固体废物贮存量（万吨）	一般工业固体废物倾倒丢弃量（万吨）
			综合利用往年贮存量		处置往年贮存量		
15	16	17	18	19	20	21	22

续表三

危险废物产生量（吨）	危险废物综合利用量（吨）		危险废物处置量（吨）		危险废物贮存量（吨）	危险废物倾倒丢弃量（吨）
		综合利用往年贮存量		处置往年贮存量		
23	24	25	26	27	28	29

续表四

化学需氧量去除率（%）	氨氮去除率（%）	二氧化硫去除率（%）	氮氧化物去除率（%）
30	31	32	33

单位负责人：　　　　填表人：　　　　报出日期：20　年　月　日

说明：1. 统计范围：各省、自治区、直辖市辖区内有污染排放的工业企业。
　　2. 报送时间：7 月 31 日前。
　　3. 审核关系：宾栏 17≥18；19≥20；24≥25；26≥27。

环保重点城市环境保护情况

表　　号：ＳＴ３０８表
制定机关：国　家　统　计　局
文　　号：国统字〔2019〕3号
有效期至：２０１９年９月

综合机关名称：生态环境部　　　　２０　　年

城　市	代码	工业废水排放量（万吨）	化学需氧量排放量（吨）	氨　氮排放量（吨）	工业废气排放量（万立方米）	二氧化硫排放量（吨）	氮氧化物排放量（吨）	烟（粉）尘排放量（吨）	一般工业固体废物产生量（吨）	一般工业固体废物综合利用量（吨）
甲	乙	1	2	3	4	5	6	7	8	9
北　京	001									
天　津	002									
┆	┆									
克拉玛依	113									

续表一

一般工业固体废物处置量（吨）	一般工业固体废物贮存量（吨）	一般工业固体废物倾倒丢弃量（吨）	城镇生活污水排放量（万吨）	城镇生活化学需氧量排放量（吨）	城镇生活氨氮排放量（吨）	城镇生活二氧化硫排放量（吨）	城镇生活氮氧化物排放量（吨）	城镇生活烟尘排放量（吨）
10	11	12	13	14	15	16	17	18

续表二

二氧化硫年平均浓度（μg/m^3）	二氧化氮年平均浓度（μg/m^3）	可吸入颗粒物（PM_{10}）年平均浓度（μg/m^3）	一氧化碳日均值第95百分位浓度（mg/m^3）	O_3日最大8小时第90百分位浓度（μg/m^3）	细颗粒物（$PM_{2.5}$）年平均浓度（μg/m^3）	空气质量达到及好于二级的天数（天）
19	20	21	22	23	24	25

续表三

道路交通噪声监测						区域环境噪声监测		
路段总长　度（米）	超标路段（米）	路　段超标率（%）	路段平均路宽（米）	平均车流量（辆/小时）	噪声等效声级dB（A）	网格边长（米）	网格总数（个）	等效声级dB（A）
26	27	28	29	30	31	32	33	34

续表四

区域环境噪声声源构成									
交通噪声		工业噪声		施工噪声		生活噪声		其他	
所占比例（%）	平均声级dB（A）	所占比例（%）	平均声级dB（A）	所占比例（%）	平均声级dB（A）	所占比例（%）	平均声级dB（A）	所占比例（%）	平均声级dB（A）
35	36	37	38	39	40	41	42	43	44

单位负责人：　　　　填表人：　　　　报出日期：２０　　年　　月　　日

说明：1. 统计范围：113个环保重点城市。
　　　2. 报送时间：7月31日前。

主要水系水质状况评价结果
（按监测断面统计）

表　　号：S T 3 0 9 表
制定机关：国 家 统 计 局
文　　号：国统字〔2019〕3 号
有效期至：2 0 1 9 年 9 月

综合机关名称：生态环境部　　　　2 0　　年

主要水系	代码	监测断面个数（个）	分类水质断面占全部断面百分比（%）					
			Ⅰ类	Ⅱ类	Ⅲ类	Ⅳ类	Ⅴ类	劣Ⅴ类
甲	乙	1	2	3	4	5	6	7
长　江	01							
黄　河	02							
珠　江	03							
松花江	04							
淮　河	05							
海　河	06							
辽　河	07							

单位负责人：　　　　填表人：　　　　报出日期：2 0　　年　　月　　日

说明：1. 统计范围：环境监测部门。
　　　2. 报送时间：7 月 31 日前。

全国海域海水水质评价结果及污染物排放入海情况

表　　号：ＳＴ３１０表
制定机关：国　家　统　计　局
文　　号：国统字〔2019〕3号
有效期至：２０１９年９月

综合机关名称：生态环境部　　　　２０　　年

海　区	代码	近岸海域海水水质评价结果（万平方公里）						
		测点数量（个）	一类海水	二类海水	三类海水	四类海水	超四类海水	最大超标污染物
甲	乙	1	2	3	4	5	6	7
全　国	01							
渤　海	02							
黄　海	03							
东　海	04							
南　海	05							

续表1

全海域未达到第一类海水水质标准的海域面积（平方公里）				
合计	第二类水质海域面积	第三类水质海域面积	第四类水质海域面积	劣于第四类水质海域面积
8	9	10	11	12

续表2

全海域海区废弃物倾倒及石油勘探开发污染物排放入海情况								
疏浚物（万立方米）	惰性无机地质废料（立方米）	生产污水（万立方米）	泥浆（立方米）	钻屑（立方米）	机舱污水（立方米）	食品废弃物（吨）	含油钻屑（立方米）	生活污水（万立方米）
13	14	15	16	17	18	19	20	21

单位负责人：　　　　填表人：　　　　报出日期：２０　　年　　月　　日

说明：1. 统计范围：环境监测部门。
　　　2. 报送时间：7月31日前。

含氟气体生产和进出口

表　　号：S T 7 0 1 表
制定机关：国 家 统 计 局
文　　号：国统字〔2019〕3 号
有效期至：2 0 1 9 年 9 月

综合机关名称：生态环境部　　2 0　年　　计量单位：　吨

指标名称	代码	生产量	出口量	进口量
甲	乙	1	2	3
六氟化硫（SF_6）	01			
四氟化碳（CF_4）	02			
六氟乙烷（C_2F_6）	03			
三氟甲烷（HFC-23）	04			
二氟甲烷（HFC-32）	05			
五氟乙烷（HFC-125）	06			
四氟乙烷（HFC-134a）	07			
二氟乙烷（HFC-152a）	08			
三氟乙烷（HFC-143a）	09			
七氟丙烷（HFC-227ea）	10			
六氟丙烷（HFC-236fa）	11			
五氟丙烷（HFC-245fa）	12			
三氟化氮（NF_3）	13			

单位负责人：　　填表人：　　报出日期：2 0　年　月　日

说明：1. 统计范围：各省、自治区、直辖市辖区内有含氟气体生产和进出口的工业企业。
　　2. 报送时间：7 月 31 日前。

含氟气体产生和处理

表　　号：S T 7 0 2 表
制定机关：国 家 统 计 局
文　　号：国统字〔2019〕3 号
有效期至：2 0 1 9 年 9 月

综合机关名称：生态环境部　　2 0　年　　计量单位：　吨

指标名称	代码	产生量	处理量
甲	乙	1	2
电解铝生产	—		
CF_4	01		
C_2F_6	02		
HCFC-22 生产	—		
HFC-23	03		

单位负责人：　　填表人：　　报出日期：2 0　年　月　日

说明：1. 统计范围：各省、自治区、直辖市辖区内有含氟气体产生和处理的工业企业。
　　2. 报送时间：7 月 31 日前。

含氟气体使用

表　　号：ＳＴ７０３表
制定机关：国　家　统　计　局
文　　号：国统字〔2019〕3 号
有效期至：２０１９年９月

综合机关名称：生态环境部　　　　２０　　年　　　　计量单位：　　　吨

指标名称	代码	使用量
甲	乙	1
铝镁冶炼加工	—	
SF_6	01	
电子行业	—	
SF_6	02	
高压电器设备生产	—	
SF_6	03	
半导体晶圆制造	—	
CF_6	04	
C_2F_6	05	
NF_3	06	
房间空调器生产	—	
R410A	07	
R407C	08	
R-32	09	
冰箱冷柜和家用热泵生产	—	
R134a	10	
工商制冷设备和空调生产	—	
R410A	11	
R407C	12	
R404A	13	
R134a	14	
R-32	15	
家电与制冷设备维修	—	
R410A	16	
R134a	17	
R-32	18	
R407C	19	
R404A	20	
R507	21	
汽车空调	—	
新车使用 R134a	22	
维修使用 R134a	23	
消防器材生产	—	
HFC-227ea	24	
HFC-236fa	25	
HFC-23	26	
发泡剂生产	—	
HFC-245fa	27	
HFC-152a	28	
HFC-134a	29	
气雾剂生产	—	
HFC-134a	30	
HFC-152a	31	
HFC-227ea	32	

单位负责人：　　　　填表人：　　　　报出日期：２０　　年　　月　　日

说明：1. 统计范围：各省、自治区、直辖市辖区内有含氟气体使用的工业企业。
2. 报送时间：7 月 31 日前。

城镇污水处理

表　　号：ＳＴ７０４表
制定机关：国　家　统　计　局
文　　号：国统字〔2019〕3号
有效期至：２０１９年９月
综合机关名称：生态环境部　　２０　　年　　计量单位：　万　吨

指标名称	代码	本年
甲	乙	1
城镇污水处理厂及污水集中处理装置污水实际处理量	01	
生活污水	02	
工业废水	03	
污泥产生量	04	
污泥处置量	05	
土地利用量	06	
填埋处置量	07	
建筑材料利用量	08	
焚烧处置量	09	
污泥倾倒丢弃量	10	

单位负责人：　　填表人：　　报出日期：２０　　年　　月　　日

说明：1. 统计范围：各省、自治区、直辖市辖区内城镇污水处理厂及污水集中处理装置。
2. 报送时间：7月31日前。
3. 审核关系：01=02+03；05=06+07+08+09。

应对气候变化相关情况

表　　号：ＳＴ７０５表
制定机关：国　家　统　计　局
文　　号：国统字〔2019〕3号
有效期至：２０１９年９月
综合机关名称：生态环境部　　２０　　年

指标名称	计量单位	代码	本年
甲	乙	丙	1
单位国内生产总值二氧化碳排放降低率	%	01	
温室气体排放统计、核算和考核及其能力建设投入	个	02	

单位负责人：　　填表人：　　报出日期：２０　　年　　月　　日

说明：报送时间：7月31日前。

绿色发展基本情况（四）

表　　号：S T 7 0 6 表
制定机关：国 家 统 计 局
文　　号：国统字〔2019〕3 号
有效期至：2 0 1 9 年 9 月

综合机关名称：生态环境部　　　　2 0　　年

地　区	代码	一般工业固体废物综合利用率（%）	化学需氧量排放量降低率（%）	氨氮排放量降低率（%）	二氧化硫排放量降低率（%）	氮氧化物排放量降低率（%）	危险废物处置利用率（%）
甲	乙	1	2	3	4	5	6
全　国	**01**						
北　京	02						
天　津	03						
⋮	⋮						
新　疆	32						

续表一

老工业企业污染防治本年完成投资（万元）	当年完成环保验收工业企业项目环保投资（万元）	地级及以上城市空气质量优良天数比率（%）	细颗粒物（$PM_{2.5}$）未达标地级及以上城市浓度降低率（%）	地表水达到或好于Ⅲ类水体比例（%）	地表水劣Ⅴ类水体比例（%）	地级及以上城市集中式饮用水源水质达到或优于Ⅲ类比例（%）
7	8	9	10	11	12	13

续表二

单位 GDP 二氧化碳排放降低率（%）	近岸海域水质优良（一、二类）比例（%）
14	15

单位负责人：　　　　填表人：　　　　报出日期：2 0　　年　月　日

说明：1. 本表数据保留 2 位小数，报送的电子版和纸质版数据要保持一致。
2. 统计范围是各省、自治区、直辖市。
3. 报送时间：7 月 15 日前。

部门服务业企业财务状况

（表式及指标解释见通用表）

部门服务业行政单位财务状况

（表式及指标解释见通用表）

部门服务业事业单位财务状况

（表式及指标解释见通用表）

（三）主要指标解释

工业废水治理设施数 指报告期内企业用于防治水污染和经处理后综合利用水资源的实有设施（包括构筑物）数，以一个废水治理系统为单位统计。附属于设施内的水治理设备和配套设备不单独计算。已经报废的设施不统计在内。

工业废水治理设施处理能力 指报告期内企业内部的所有废水治理设施实际具有的废水处理能力。

工业废水治理设施运行费用 指报告期内企业维持废水治理设施运行所发生的费用。包括能源消耗、设备维修、人员工资、管理费、药剂费及与设施运行有关的其他费用等。

工业废水处理量 指经各种水治理设施（含城镇污水处理厂、工业废水处理厂）实际处理的工业废水量，包括处理后外排的和处理后回用的工业废水量。虽经处理但未达到国家或地方排放标准的废水量也应计算在内。计算时，如遇有车间和厂排放口均有治理设施，并对同一废水分级处理时，不应重复计算工业废水处理量。

工业废水排放量 指报告期内经过企业厂区所有排放口排到企业外部的工业废水量。包括生产废水、外排的直接冷却水、废气治理设施废水、超标排放的矿井地下水和与工业废水混排的厂区生活污水，不包括独立外排的间接冷却水（清浊不分流的间接冷却水应计算在内）。

直接排入环境的工业废水排放量 指废水经过工厂的排污口或经过下水道直接排入环境中，包括排入海、河流、湖泊、水库、蒸发地、渗坑以及农田等。

排入污水处理厂的工业废水排放量 指企业产生的废水直接或间接经市政管网排入污水处理厂的废水量，包括排入城镇污水处理厂、集中工业废水处理厂以及其它单位的污水处理设施的废水量。

工业废水中污染物排放量 指报告期内企业排放的工业废水中所含化学需氧量、氨氮、总氮、总磷、石油类、挥发酚、氰化物等污染物和砷、铅、汞、镉、总铬、六价铬等重金属本身的纯质量。它可采用产排污系数根据生产的产品产量或原辅料用量计算求得，也可以通过工业废水排放量和其中污染物的浓度相乘求得，计算公式是：

污染物排放量（纯质量）= 工业废水排放量×排放口污染物的平均浓度

工业废气排放量 指报告期内企业厂区内燃料燃烧和生产工艺过程中产生的各种排入空气中含有污染物的气体的总量，以标准状态（273K，101325Pa）计算。

工业废气治理设施数 指报告期末企业用于减少在燃料燃烧过程与生产工艺过程中排向大气的污染物或对污染物加以回收利用的废气治理设施总数，以一个废气治理系统为单位统计。包括除尘、脱硫、脱硝及其它的污染物的烟气治理设施。已报废的设施不统计在内。锅炉中的除尘装置属于“三同时”设备，应统计在内。

工业废气治理设施处理能力 指报告期末企业实有的废气治理设施的实际废气处理能力。

工业废气治理设施运行费用 指报告期内维持废气治理设施运行所发生的费用。包括能源消耗、设备折旧、设备维修、人员工资、管理费、药剂费及与设施运行有关的其他费用等。

二氧化硫排放量 指报告期内企业在燃料燃烧和生产工艺过程中排入大气的二氧化硫总质量。工业中二氧化硫主要来源于化石燃料（煤、石油等）的燃烧，还包括含硫矿石的冶炼或含硫酸、磷肥等生产的工业废气排放。

氮氧化物排放量 指报告期内企业在燃料燃烧和生产工艺过程中排入大气的氮氧化物总质量。

烟（粉）尘排放量 指报告期内企业在燃料燃烧和生产工艺过程中排入大气的烟尘及工业粉尘的总

质量之和。烟尘或工业粉尘排放量可以通过除尘系统的排风量和除尘设备出口烟尘浓度相乘求得。

一般工业固体废物产生量　指未被列入《国家危险废物名录》或者根据国家规定的危险废物鉴别标准（GB5085）、固体废物浸出毒性浸出方法（GB5086）及固体废物浸出毒性测定方法（GB／T 15555）鉴别方法判定不具有危险特性的工业固体废物。计算公式是：

一般工业固体废物产生量=（一般工业固体废物综合利用量-其中：综合利用往年贮存量）+ 一般工业固体废物贮存量+（一般工业固体废物处置量-其中：处置往年贮存量）+一般工业固体废物倾倒丢弃量

一般工业固体废物综合利用量　指报告期内企业通过回收、加工、循环、交换等方式，从固体废物中提取或者使其转化为可以利用的资源、能源和其他原材料的固体废物量（包括当年利用的往年工业固体废物累计贮存量）。如用作农业肥料、生产建筑材料、筑路等。综合利用量由原产生固体废物的单位统计。

一般工业固体废物综合利用往年贮存量　指企业在报告期内对往年贮存的工业固体废物进行综合利用的量。

一般工业固体废物处置量　指报告期内企业将工业固体废物焚烧和用其他改变工业固体废物的物理、化学、生物特性的方法，达到减少或者消除其危险成分的活动，或者将工业固体废物最终置于符合环境保护规定要求的填埋场的活动中，所消纳固体废物的量。

一般工业固体废物处置往年贮存量　指报告期内企业按照《关于固体废物处置、综合利用的作业方式的规定》的要求，处置的上一报告期末企业累计贮存的工业固体废物的量。

一般工业固体废物贮存量　指报告期内企业以综合利用或处置为目的，将固体废物暂时贮存或堆存在专设的贮存设施或专设的集中堆存场所内的量。专设的固体废物贮存场所或贮存设施必须有防扩散、防流失、防渗漏、防止污染大气、水体的措施。

一般工业固体废物倾倒丢弃量　指报告期内企业将所产生的固体废物倾倒或者丢弃到固体废物污染防治设施、场所以外的量。

危险废物产生量　指当年全年调查对象实际产生的危险废物的量。危险废物指列入国家危险废物名录或者根据国家规定的危险废物鉴别标准和鉴别方法认定的，具有爆炸性、易燃性、易氧化性、毒性、腐蚀性、易传染性疾病等危险特性之一的废物。按《国家危险废物名录》（环境保护部、国家发展和改革委员会 2008 部令第 1 号）填报。

危险废物综合利用量　指当年全年调查对象从危险废物中提取物质作为原材料或者燃料的活动中消纳危险废物的量。包括本单位利用或委托、提供给外单位利用的量。

危险废物综合利用往年贮存量　指当年全年调查对象对往年贮存的危险废物进行综合利用的量。

危险废物处置量　指报告期内企业将危险废物焚烧和用其他改变工业固体废物的物理、化学、生物特性的方法，达到减少或者消除其危险成分的活动，或者将危险废物最终置于符合环境保护规定要求的填埋场的活动中，所消纳危险废物的量。处置量包括处置本单位或委托给外单位处置的量。

危险废物处置往年贮存量　指当年全年调查对象对往年贮存的危险废物进行处置的量。

危险废物贮存量　指将危险废物以一定包装方式暂时存放在专设的贮存设施内的量。专设的贮存设施指对危险废物的包装、选址、设计、安全防护、监测和关闭等符合《危险废物贮存污染控制标准》（GB18597-2001）等相关环保法律法规要求，具有防扩散、防流失、防渗漏、防止污染大气和水体措施的设施。

危险废物倾倒丢弃量 指报告期内企业将所产生的危险废物未按规定要求处理处置的量。

城镇生活污水排放量 用人均系数法测算。计算公式是：

如果辖区内的城镇污水处理厂未安装再生水回用系统，无再生水利用量，则

城镇生活污水排放量=城镇生活污水排放系数×城镇人口数×365

反之，辖区内的城镇污水处理厂配备再生水回用系统，其再生水利用量已经污染减排核查确认，则

城镇生活污水排放量=城镇生活污水排放系数×城镇人口数×365-城镇污水处理厂再生水利用量

城镇污水处理厂 包括城镇污水处理厂、工业废（污）水集中处理设施和其他污水处理设施。

城镇污水处理厂指在城市（镇）或工业区，城市污水（生活污水、工业废水）通过排水管道集中于一个或几个处所，并利用由各种处理单元组成的污水处理系统进行净化处理，最终使处理后的污水和污泥达到规定要求后排放或再利用的设施。

工业废（污）水集中处理设施指提供社会化有偿服务、专门从事为工业园区、联片工业企业或周边企业处理工业废水（包括一并处理周边地区生活污水）的集中设施或独立运营的单位。不包括企业内部的污水处理设施。

其他污水处理设施指对不能纳入城市污水收集系统的居民区、风景旅游区、度假村、疗养院、机场、铁路车站以及其它人群聚集地排放的污水进行就地集中处理的设施。

污水处理厂调查中，不包括氧化塘、渗水井、化粪池、改良化粪池、无动力地埋式污水处理装置和土地处理系统处理工艺。

生活垃圾处理厂（场） 包括垃圾填埋厂（场）、堆肥厂（场）、焚烧厂（场）和其他方式处理垃圾的处理厂（场）。其中，垃圾焚烧厂（场）不包括垃圾焚烧发电厂。

渗滤液产生量 指调查对象报告期内实际产生的渗滤液量。如果没有计量装置，可按照产污系数计算产生量。

渗滤液排放量 指调查对象报告期内排放到外部的渗滤液的总量（包括经过处理的和未经处理的）。如果没有计量装置，可按照排污系数计算排放量。

危险废物（医疗废物）集中处置厂 包括危险废物集中处理（置）厂、医疗废物集中处置厂和其他企业协同处置设施。

危险废物集中处理（置）厂指提供社会化有偿服务，将多个工业企业、事业单位、第三产业或居民生活产生的危险废物集中起来进行焚烧、填埋等处置的场所或单位。不包括企业内部自建自用的危险废物处置装置。

医疗废物集中处置厂指将医疗废物集中起来进行处置的场所。不包括医院自建自用的医疗废物处置设施。

其他企业协同处置设施指由企事业单位附属的同时还接受社会其他单位委托，或利用其他设施（如水泥窑、生活垃圾焚烧设施等）处理处置危险废物的设施。

危险废物（医疗废物）集中处置厂累计完成投资 指报告期内调查对象建设实际完成的累计投资额，不包括运行费用。

危险废物（医疗废物）集中处置厂新增固定资产 指报告期内交付使用的固定资产价值。对于新建危险废物（医疗废物）处置厂，本年新增固定资产投资等于总投资；对于改、扩建危险废物（医疗废物）处置厂，本年新增固定资产投资仅指报告期内交付使用的改、扩建部分的固定资产投资，属于累计完成投资的一部分。

危险废物（医疗废物）集中处置厂本年运行费用 指报告期内维持危险废物处置厂正常运行所发生

的费用。包括能源消耗、设备维修、人员工资、管理费及与危险废物处置厂运行有关的其他费用等，不包括设备折旧费。

危险废物（医疗废物）集中处置厂危险废物处置量 指报告期内调查对象将危险废物焚烧和用其他改变危险废物的物理、化学、生物特性的方法，达到减少已产生的危险废物数量、缩小危险废物体积、减少或者消除其危险成分的活动，或者将危险废物最终置于符合环境保护规定要求的填埋场的活动中，所消纳危险废物的量。

危险废物综合利用量 指报告期内调查对象从危险废物中提取物质作为原材料或者燃料的活动中消纳危险废物的量。

工业企业污染防治本年完成投资 指在报告期内，企业实际用于环境治理工程的投资额。包括的项目是指本年内正式施工的项目以及本年完成建设项目“三同时”环境保护竣工验收的项目。

污染治理项目资金来源 指投资单位在本年内收到的用于污染治理项目投资的各种货币资金，包括排污费补助、政府其他补助、企业自筹。各种来源的资金均为报告期投入的资金，不包括以往历年的投资。

当年完成环保验收项目数 指调查年度完成环保验收的建设项目数。按审批权限统计，分别由国家、省级、地市级、县级环保部门对负责验收管理的项目进行统计。委托下级验收的项目，由受委托部门统计。

当年完成环保验收项目总投资 指调查年度完成环保验收项目工程总投资的汇总数额。

排污费补助 指从征收的排污费中提取的用于补助重点排污单位治理污染源以及环境污染综合性治理措施的资金。

环境监测经费 指完成常规监测、专项监测、应急监测、质量保证、报告编写、信息统计等工作所需经费，不含自动监测、信息系统运行费和仪器设备购置费。

环保能力建设资金使用总额 指环保部门本级使用的、当年已完成的用于提高环境保护监督管理能力和环境科技发展能力的基本建设和购置固定资产的投资。具体包括：各级环境保护行政主管部门、各类环境保护事业单位、各类环境监测站点等的基本建设投资、购置固定资产的投资及监测、监察等环境监管运行保障经费（含办公业务用房和科研用实验室的建设费用；不含行政运行费用、生活福利设施的建设费用）。

环境保护事业单位包括：环境监测、环境监察、环境应急、固体废物管理、环境信息、环境宣传、核与辐射、环境科研以及环保部门驻外和派出机构等。

其中：

（1）监测能力建设资金使用总额是指各级环境监测机构、各类环境监测站点等当年已完成的基本建设投资和购置固定资产的投资总额。

（2）监察能力建设资金使用总额是指各级环境监察机构、污染源监控中心、污染源自动监控设施等当年已完成的基本建设投资和购置固定资产的投资总额。

（3）核与辐射安全监管能力建设资金使用总额是指各级核与辐射安全监管机构、核与辐射自动监测站点等当年已完成的基本建设投资和购置固定资产的投资总额。

（4）固体废物管理能力建设资金使用总额是指各级固体废物管理机构当年已完成的基本建设投资和购置固定资产的投资总额。

（5）环境应急能力建设资金使用总额是指各级环境应急管理机构当年已完成的基本建设投资和购置固定资产的投资总额。

（6）环境信息能力建设资金使用总额是指各级环境信息机构、环境信息网络当年已完成的基本建设投资和购置固定资产的投资总额。

（7）环境宣教能力建设资金使用总额是指各级环境宣教机构、培训基地等当年已完成的基本建设投资和购置固定资产的投资总额。

（8）环境监管运行保障资金使用总额是指各级监测、监察、核与辐射安全、宣教等机构开展污染源与总量减排监管、环境监测与评估、环境信息等业务发生的环境监管运行保障经费。

政府其他补助 指用于补助重点排污单位治理污染源以及环境污染综合性治理措施的除排污费补助以外的政府其他补助资金。

企业自筹 指除排污费补助、政府其他补助资金以外的其他用于污染治理的资金，包括国内贷款（不包括环保贷款）、利用外资、银行贷款等其他来源资金。

银行贷款 指企业向银行借入的用于污染治理项目建设投资的贷款，属于企业自筹资金。

地表水集中式饮用水水源取水量 指从地表水（湖泊、水库、河流等）集中式饮用水水源中的取水总量。集中式饮用水水源：指通过输配水管网送到用户或者公共取水点的供水方式（包括自建设施供水）供水的水源（服务人口一般大于 1000 人）。

地表水集中式饮用水源地达标供水量 指地表水集中式饮用水水源取水量中，能够满足《地表水环境质量标准》（GB3838-2002）表 1 中 III 类标准限值、表 2 及表 3 中标准值要求的水量。

地下水集中式饮用水水源取水量 指从地下水集中式饮用水水源中的取水总量。

地下水集中式饮用水源地达标供水量 指地下水集中式饮用水水源取水量中，能够满足《地下水质量标准》（GB/T14848-9）表 1 中 III 类标准值要求的水量。

突发环境事件 指突然发生，造成或可能造成重大人员伤亡、重大财产损失和对全国或者某一地区的经济社会稳定、政治安定构成重大威胁和损害，有重大社会影响的涉及公共安全的环境事件。包括特别重大事故、重大事故、较大事故和一般事故。

含氟气体生产量 指相关生产企业在报告期内（从每年的 1 月 1 日到 12 月 31 日）生产出来用于制冷剂、发泡剂、灭火剂、气雾剂或工业过程中的保护气体等用途（指在其使用过程中可能泄露到大气中产生温室效应的用途）的生产数量。如该气体同时具有用做化工原料的用途，则生产量=总生产数量-完全用作其他化学品原料的生产数量。

含氟气体进口量 指在报告期内（从每年的 1 月 1 日到 12 月 31 日）从境外进口到中国境内的含氟气体的总数量。此处的进口量指含氟气体作为单独产品的进口量，不包括在进口的制成品（如空调设备）内所含的数量。

含氟气体出口量 指在报告期内（从每年的 1 月 1 日到 12 月 31 日）从中国境内出口到其他国家和地区的含氟气体的总数量。此处的出口量指含氟气体作为单独产品的出口量，不包括在出口的制成品（如空调设备）内所含的数量。

含氟气体的产生量 指在报告期内（从每年的 1 月 1 日到 12 月 31 日）在电解铝生产或 HCFC-22 生产过程中所产生的含氟副产品 CF4、C2F6、HFC-23 的数量。

含氟气体的处理量 指在报告期内（从每年的 1 月 1 日到 12 月 31 日）利用特定的尾气收集处置技术对含氟气体进行无害化分解处理的数量，或将 CF4、C2F6、HFC-23 等含氟气体回收后完全转做其他化工原料用途的无害化处置数量。

含氟气体的使用量 指报告期内（从每年的 1 月 1 日到 12 月 31 日）某类产品生产过程中使用含氟气体作为制冷剂、发泡剂、灭火剂、气雾剂、保护气体等用途的总使用量。企业的使用量等于其年度的采购量。

R410A　指 HFC-125 和 HFC-32 的混合物，混合比例为 1：1，主要用作制冷剂。

R407C　指 HFC-32，HFC-125 和 HFC-134a 的混合物，混合比例为 23：25：52，主要用作制冷剂。

R404A　指 HFC-125，HFC-143a 和 HFC-134a 的混合物，混合比例为 44：52：4，主要用作制冷剂。

城镇污水处理厂及污水集中处理装置污水实际处理量　指报告期内城镇污水处理厂、工业废(污)水集中处理设施和其他污水处理设施实际处理的污水总量；其中，生活污水指报告期内实际处理的污水中生活污水总量；工业废水指报告期内实际处理的污水中工业废水总量。

污泥产生量　指报告期内在整个污水处理过程中最终产生污泥的质量。折合为 80%含水率的湿泥量填报。污泥指污水处理厂(或处理设施)在进行污水处理过程中分离出来的固体。

污泥处置量　指报告期内采用土地利用、填埋、建筑材料利用和焚烧等方法对污泥最终消纳处置的质量。

土地利用量　指报告期内将处理后的污泥作为肥料或土壤改良材料，用于园林、绿化或农业等场合的处置方式处置的污泥质量。

填埋处置量　指报告期内采取工程措施将处理后的污泥集中堆、填、埋于场地内的安全处置方式处置的污泥质量。

建筑材料利用量　指报告期内将处理后的污泥作为制作建筑材料的部分原料的处置方式处置的污泥质量。

焚烧处置量　指报告期内利用焚烧炉使污泥完全矿化为少量灰烬的处置方式处置的污泥质量。

污泥倾倒丢弃量　指报告期内不作处理、处置而将污泥任意倾倒弃置到划定的污泥堆放场所以外的任何区域的质量。

单位国内生产总值二氧化碳排放降低率　指一定时期内，每产出一个单位的国内生产总值所排放的二氧化碳量相比前一时期的降低率。

温室气体排放统计、核算和考核及其能力建设投入　指用于温室气体排放基础数据收集、评估、清单编制、核算，开展单位ＧＤＰ二氧化碳排放降低率考核等方面工作所需的中央财政资金保障经费。

一般工业固体废物综合利用率　指报告期内一般工业固体废物综合利用量占一般工业固体废物产生量与综合利用往年贮存量之和的百分比。一般工业固体废物综合利用量指报告期内企业通过回收、加工、循环、交换等方式，从固体废物中提取或者使其转化为可以利用的资源、能源和其他原材料的固体废物量（包括当年利用的往年工业固体废物累计贮存量）。计算公式为：

$$一般工业固体废物综合利用率=\frac{一般工业固体废物综合利用量}{一般工业固体废物产生量+综合利用往年贮存量}\times 100\%$$

化学需氧量排放量降低率　指报告期内化学需氧量排放量的降低速度。化学需氧量排放量指报告期当年工业、农业、城镇生活、集中式污染治理设施的化学需氧量排放总量。计算公式为：

$$化学需氧量排放量降低率=(1-\frac{本期化学需氧量排放量}{上期化学需氧量排放量})\times 100\%$$

氨氮排放量降低率　指报告期内氨氮排放量的降低速度。氨氮排放量指报告期当年工业、农业、城镇生活、集中式污染治理设施的氨氮排放总量。计算公式为：

$$氨氮排放量降低率=(1-\frac{本期氨氮排放量}{上期氨氮排放量})\times 100\%$$

二氧化硫排放量降低率　指报告期内二氧化硫排放量的降低速度。二氧化硫排放量指报告期当年工业、城镇生活、集中式污染治理设施的二氧化硫排放总量。计算公式为：

$$二氧化硫排放量降低率 = (1 - \frac{本期二氧化硫排放量}{上期二氧化硫排放量}) \times 100\%$$

氮氧化物排放量降低率 指报告期内氮氧化物排放量的降低速度。氮氧化物排放量指报告期当年工业、城镇生活、机动车、集中式污染治理设施的氮氧化物排放总量。计算公式为：

$$氮氧化物排放量降低率 = (1 - \frac{本期氮氧化物排放量}{上期氮氧化物排放量}) \times 100\%$$

危险废物处置利用率 指报告期内危险废物处置和综合利用量占危险废物产生量与处置和综合利用往年贮存量之和的百分比。危险废物指列入国家危险废物名录或者根据国家规定的危险废物鉴别标准和鉴别方法认定的，具有爆炸性、易燃性、易氧化性、毒性、腐蚀性、易传染性疾病等危险特性之一的废物。计算公式为：

$$危险废物处置利用率 = \frac{危险废物处置量 + 危险废物综合利用量}{危险废物产生量 + 处置往年贮存量 + 综合利用往年贮存量} \times 100\%$$

老工业企业污染防治本年完成投资 指在报告期内，企业实际用于环境治理工程的投资额。包括的项目是指本年内正式施工的项目以及本年完成建设项目“三同时”环境保护竣工验收的项目。

当年完成环保验收工业企业项目环保投资 当年完成环保验收工业企业项目是指调查年度完成环保验收的建设项目数。按审批权限统计，分别由国家、省级、地市级、县级环保部门对负责验收管理的项目进行统计。委托下级验收的项目，由受委托部门统计。当年完成环保验收工业企业项目环保投资是指调查年度完成环保验收工业企业项目环保投资的汇总数额。

地级及以上城市空气质量优良天数比率 指地级及以上城市空气质量指数为 0-100 的天数占全年天数的百分比。根据《环境空气质量指数（AQI）技术规定（试行）》（HJ 633—2012）规定：空气质量指数（AQI）划分为 0－50、51－100、101－150、151－200、201－300 和大于 300 六档，对应空气质量的六个级别，从一级优，二级良，三级轻度污染，四级中度污染，直至五级重度污染，六级严重污染。计算公式为：

$$单个地级及以上城市空气质量优良天数比率 = \frac{单个地级及以上城市空气质量优良天数}{全年有效监测天数} \times 100\%$$

$$全国地级及以上城市空气质量优良天数比率 = \frac{\sum 单个地级及以上城市空气质量优良天数比率}{城市个数}$$

细颗粒物（$PM_{2.5}$）未达标地级及以上城市浓度降低率 细颗粒物（$PM_{2.5}$）未达标地级及以上城市浓度是指 2015 年 $PM_{2.5}$ 平均浓度高于 35 微克/立方米的地级及以上城市 $PM_{2.5}$ 年平均浓度的算术平均值。采用算术平均法依次计算城市监测点位单点日平均浓度、城市日平均浓度、城市年平均浓度、区域年平均浓度。具体计算方法参照《环境空气质量评价技术规范（试行）》（HJ 663—2013）。$PM_{2.5}$ 年平均浓度二级浓度限值为 35 微克/立方米,适用于城市区域。计算公式为：

$$细颗粒物未达标地级及以上城市浓度降低率 = (1 - \frac{本期年平均浓度}{上期年平均浓度}) \times 100\%$$

地表水达到或好于Ⅲ类水体比例 指根据我国国控河流型断面和湖库型断面水质状况，计算得出的断面达到或好于Ⅲ类水质比例。监测断面为环境保护部《“十三五”国家地表水环境质量监测网设置方案》中确定的国控地表水断面。计算公式为：

$$地表水达到或好于Ⅲ类水体比例 = \frac{地表水水质达到或好于Ⅲ类的监测断面数}{监测断面总数} \times 100\%$$

地表水劣Ⅴ类水体比例 指根据我国国控河流型断面和湖库型断面水质状况，计算得出的断面劣Ⅴ类水质比例。监测断面为环境保护部《“十三五”国家地表水环境质量监测网设置方案》中确定的国控地表水断面。计算公式为：

$$地表水劣V类水体比例=\frac{地表水水质为劣V类的监测断面数}{监测断面总数}\times 100\%$$

地级及以上城市集中式饮用水水源水质达到或优于III类比例　指报告期内地级及以上城市各集中式饮用水水源水质达到或优于《地表水环境质量标准》（GB3838-2002）或《地下水质量标准》（GB/T14848-93）的III类标准的水源数量占饮用水水源总数量的百分比。计算公式为：

$$地级及以上城市集中式饮用水水源水质达到或优于III类比例=\frac{达标水源数量之和}{饮用水水源总数量}\times 100\%$$

单位GDP二氧化碳排放降低率　指报告期内单位GDP二氧化碳排放量的降低速度。单位GDP二氧化碳排放量指报告期内二氧化碳排放量与国内（地区）生产总值（以万元计，按不变价计算）的比值。计算公式为：

$$单位GDP二氧化碳排放降低率=(1-\frac{二氧化碳排放量发展速度}{国内（地区）生产总值发展速度（不变价）})\times 100\%$$

近岸海域水质优良（一、二类）比例　指按照《中华人民共和国海水水质标准》（GB3097-1997）对海水水质的分类，报告期内近岸海域海水水质达到一类和二类的面积占近岸海域面积的百分比。计算公式为：

$$近岸海域水质优良比例=\frac{近岸海域海水水质达到一类和二类的面积}{近岸海域面积}\times 100\%$$

住房和城乡建设部

（一）报 表 目 录

表号	表名	报告期别	填报范围	报送时间及方式	负责单位	备注
综合年报						
ZF301 表	城市（县城）市政公用设施水平分区情况	年报	各省、自治区、直辖市设市城市和县	6 月 15 日前；邮寄或电子邮件 nyshjc@stats.gov.cn	能源司	《资源环境综合统计报表制度》
ZF302 表	各地区城市（县城）建设情况	年报	各省、自治区、直辖市设市城市和县			
ZF303 表	分地区城镇保障性安居工程建设和农村危房改造情况	年报		6 月 30 日前，通过“国家统计局部门综合数据管理系统”报送数据。	社科文司	
ZF304 表	与文化产业有关的建筑设计企业财务状况	年报				
ZF305 表	分地区村庄公共设施情况	年报				
ZF701 表	绿色发展基本情况（五）	年报		次年 7 月 15 日前；邮寄或电子邮件 nyszhc@stats.gov.cn	能源司	《绿色发展统计报表制度》（试行）
701 表	部门服务业企业财务状况	年报	工程技术业中执行企业会计制度的单位	6 月 30 日前，电子邮件或内部交换 dczxjtc@stats.gov.cn	服务业司	《部门服务业财务统计报表制度》（试行）
			公共设施管理业中执行企业会计制度的单位			
702-1 表	部门服务业行政单位财务状况	年报	工程技术业中执行行政单位会计制度的单位			
			公共设施管理业中执行行政单位会计制度的单位			
702-2 表	部门服务业事业单位财务状况	年报	工程技术业中执行事业单位会计制度的单位			
			公共设施管理业中执行事业单位会计制度的单位			

表号	表名	报告期别	填报范围	报送时间及方式	负责单位	备注
综合定报						
ZF401 表	城镇保障性安居工程建设进展情况表	月报	各省（自治区、直辖市）住房城乡建设行政主管部门	月后 6 日前，电子邮件或内部交换 yujh@stats.gov.cn	投资司	
ZF402 表	商品房上市供应情况	月报	40 个重点城市	月后 6 日前，电子邮件或内部交换 luyn@stats.gov.cn		
ZF403 表	商品房月末累计可售情况	月报	40 个重点城市			
ZF404 表	商品房成交情况	月报	40 个重点城市			
ZF405 表	商品住房上市供应套型结构情况	月报	40 个重点城市			
ZF406 表	商品住房月末累计可售套型结构情况	月报	40 个重点城市	月后 6 日前，电子邮件或内部交换 luyn@stats.gov.cn	投资司	
ZF407 表	商品住房成交套型结构情况	月报	40 个重点城市			
ZF408 表	商品住房套均建筑面积情况	月报	40 个重点城市			
ZF409 表	二手房成交情况	月报	40 个重点城市			
ZF410 表	各地区商品房及二手房成交情况	日报	全国 353 个城市	每日 17 时前，电子邮件或内部交换 luyn@stats.gov.cn		

（二）调 查 表 式

综 合 年 报

城市（县城）市政公用设施水平分区情况

表　　号：ＺＦ３０１表
制定机关：国　家　统　计　局
文　　号：国统字〔2019〕3 号
有效期至：２０１９年９月

综合机关名称：住房和城乡建设部　　　　２０　　年

地　区	代码	人口密度（人/平方公里）	人均日生活用水量（升）	用水普及率（%）	燃气普及率（%）	建成区供水管道密度（公里/平方公里）	人均道路面积（平方米）	建成区排水管道密度（公里/平方公里）
甲	乙	1	2	3	4	5	6	7
全　国	**01**							
东部地区	02							
中部地区	03							
西部地区	04							
东北地区	05							

续表

污水处理率（%）		人均公园绿地面积（平方米）	建成区绿化覆盖率（%）	建成区绿地率（%）	生活垃圾处理率（%）	
	污水处理厂集中处理率					生活垃圾无害化处理率
8	9	10	11	12	13	14

单位负责人：　　　　填表人：　　　　报出日期：２０　　年　　月　　日

说明：1. 统计范围：各省、自治区、直辖市设市城市和县。
2. 报送时间：6 月 15 日前，分城市和县城分别报送。

各地区城市（县城）建设情况

表　　号：ZF302表
制定机关：国家统计局
文　　号：国统字〔2019〕3号
有效期至：2019年9月

综合机关名称：住房和城乡建设部　　　　20　年

地　区	代码	城市（县城）个数（个）	地级以上城市数	城区（县城）人口（万人）	城区（县城）暂住人口（万人）	城区（县城）面积（平方公里）	建成区面积	本年征用土地面积（平方公里）	耕地
甲	乙	1	2	3	4	5	6	7	8
全　国	**01**								
北　京	02								
天　津	03								
⋮	⋮								
新　疆	32								

续表一

建设用地面积（平方公里）								
小计	居住用地	公共管理与公共服务设施用地	商业服务业设施用地	工业用地	物流仓储用地	道路交通设施用地	公用设施用地	绿地与广场用地
9	10	11	12	13	14	15	16	17

续表二

年末实有道路长度（公里）	年末实有道路面积（万平方米）	桥梁（座）	立交桥数	道路照明灯（盏）	排水管道长度（公里）	污水管道	年末供水综合生产能力（万立方米/日）	年末供水管道长度（公里）
18	19	20	21	22	23	24	25	26

续表三

供水总量（万立方米）	售水量（万立方米）					免费供水量（万立方米）		漏损水量（万立方米）	用水人口（万人）	人均日生活用水量（升）
	小计	生产运营用水	公共服务用水	居民家庭用水	其他用水		生活用水			
27	28	29	30	31	32	33	34	35	36	37

续表四

实际用水量（万立方米）						节约用水量（万立方米）		用水普及率（%）
合计	工业	新水取用量	工业	重复利用量	工业		工业	
38	39	40	41	42	43	44	45	46

续表五

供热能力		供热总量		管道长度（公里）	供热面积（万平方米）		人工煤气生产能力（万立方米/日）
蒸汽（吨/小时）	热水（兆瓦）	蒸汽（万吉焦）	热水（万吉焦）			住宅	
47	48	49	50	51	52	53	54

续表六

人工煤气				天然气				液化石油气			
供气总量（万立方米）	家庭用量	用气人口（万人）	管道长度（公里）	供气总量（万立方米）	家庭用量	用气人口（万人）	管道长度（公里）	供气总量（吨）	家庭用量	用气人口（万人）	管道长度（公里）
55	56	57	58	59	60	61	62	63	64	65	66

续表七

燃　气普及率（%）	城市污水排 放 量（万立方米）	污水处理厂					其他污水处理装置		污水处理总量（万立方米）
		座数（座）	二、三级处理	污水处理能力（万立方米/日）	二、三级处理	污水处理量（万立方米）	处理能力（万立方米/日）	处理量（万立方米）	
67	68	69	70	71	72	73	74	75	76

续表八

污水再生利用量（万立方米）	城市污水处理率（%）	污水处理厂集中处理率（%）	污水处理厂本年运行费用（万元）	道路清扫保洁面积（万平方米）	生活垃圾清 运 量（万吨）	生活垃圾无害化处理厂（场）数（座）	卫生填埋	焚烧处理	其他
77	78	79	80	81	82	83	84	85	86

续表九

生活垃圾无害化处理能力（吨/日）	卫生填埋	焚烧处理	其他	生活垃圾无害化处理量（万吨）	卫生填埋	焚烧处理	其他	市容环卫专用车辆（台）
87	88	89	90	91	92	93	94	95

续表十

生活垃圾无害化处理率（%）	生活垃圾处理厂本年运行费用（万元）	公厕数（座）	三类以上	绿化覆盖面积（公顷）	建成区	绿地面积（公顷）	建成区	公园绿地面积（公顷）	人均公园绿地面积（平方米）	建成区绿地率（%）
96	97	98	99	100	101	102	103	104	105	106

续表十一

建成区绿　化覆盖率（%）	公园个数（个）	公园面积（公顷）	城市（县城）环境基础设施建设投资额（万元）	燃气	集中供热	排水	污水处理	园林绿化	市容环境卫生	垃圾处理
107	108	109	110	111	112	113	114	115	116	117

单位负责人：　　　　填表人：　　　　报出日期：２０　　年　　月　　日

说明：1. 统计范围：各省、自治区、直辖市设市城市和县。
2. 报送时间：6 月 15 日前，分城市和县城分别报送。
3. 审核关系：宾栏 1≥2；5≥6；7≥8；9=10+11+12+13+14+15+16+17；20≥21；23≥24；27=28+33+35；28=29+30+31+32；33≥34；38≥39；40≥41；42≥43；44≥45；38=40+42；39=41+43；52≥53；55≥56；59≥60；63≥64；69≥70；71≥72；76=73+75；83=84+85+86；87=88+89+90；91=92+93+94；98≥99；100≥101；102≥103；110=111+112+113+115+116；113≥114；116≥117。

分地区城镇保障性安居工程建设和农村危房改造情况

表　　号：Z F 3 0 3 表
制定机关：国　家　统　计　局
文　　号：国统字〔2019〕3 号
有效期至：2 0 1 9 年 9 月

综合机关名称：住房和城乡建设部　　　　2 0 　年

地　区	代码	城镇保障性安居工程开工套数（套）	城镇保障性安居工程基本建成套数（套）	农村危房改造竣工户数（户）	农村危房改造竣工率（%）	老年人家庭无障碍设施改造户数（户）		
							城市	农村
甲	乙	1	2	3	4	5	6	7
全　国	01							
北　京	02							
天　津	03							
…	…							
新　疆	32							

单位负责人：　　　　填表人：　　　　报出日期：2 0 　年　月　日

说明：1. 报送时间：6 月 30 日前。
　　2. 审核关系：5=6+7。

与文化产业有关的建筑设计企业财务状况

表　　号：Z F 3 0 4 表
制定机关：国　家　统　计　局
文　　号：国统字〔2019〕3 号
有效期至：2 0 1 9 年 9 月
计量单位：　万　元

综合机关名称：住房和城乡建设部　　　　2 0 　年

项　目	代码	企业数（个）	年末从业人员（人）	营业收入	工程设计收入	营业成本	营业税金及附加
甲	乙	1	2	3	4	5	6
建筑设计资质企业	01						
建筑装饰工程设计资质企业	02						

续表

利润总额	#应交所得税	净利润	资产合计	#流动资产	#固定资产	负债合计	所有者权益合计
7	8	9	10	11	12	13	14

单位负责人：　　　　填表人：　　　　报出日期：2 0 　年　月　日

说明：1. 报送时间：6 月 30 日前。
　　2. 审核关系：7≥8；10≥11+12。

分地区村庄公共设施情况

表　　号：ＺＦ３０５表
制定机关：国　家　统　计　局
文　　号：国统字〔2019〕3号
有效期至：２０１９年９月

综合机关名称：住房和城乡建设部　　　　２０　　年

地区	代码	集中供水的行政村个数（个）	集中供水的行政村比例（%）	年生活用水量（万立方米）	供水管道长度（公里）	#本年新增	用水人口（万人）	供水普及率（%）	人均日生活用水量（升）
甲	乙	1	2	3	4	5	6	7	8
合计	**01**								
北京	02								
天津	03								
…	…								
新疆	32								

续表一

用气人口（万人）	燃气普及率（%）	集中供热面积（万平方米）	村庄内道路长度（公里）	本年新增	本年更新改造	硬化道路
9	10	11	12	13	14	15

续表二

村庄内道路面积（万平方米）	本年新增	本年更新改造	硬化道路	排水管道沟渠长度（公里）	#本年新增
16	17	18	19	20	21

单位负责人：　　　　填表人：　　　　报出日期：２０　　年　　月　　日

说明：1. 报送时间：2019年6月30日前。
2. 审核关系：4≥5；12≥13；12≥14；12≥15；16≥17；16≥18；16≥19；20≥21；01=02+03+…+32（不对第2、7、10列）。

绿色发展基本情况（五）

表　　号：Z F 7 0 1 表
制定机关：国　家　统　计　局
文　　号：国统字〔2019〕3 号
有效期至：2 0 1 9 年 9 月

综合机关名称：住房和城乡建设部　　　　2 0 　年

地　区	代码	城市生活垃圾清运量（万吨）	县城生活垃圾清运量（万吨）	城市生活垃圾无害化处理量（万吨）	县城生活垃圾无害化处理量（万吨）	生活垃圾无害化处理率（%）	城市污水排放量（万立方米）
甲	乙	1	2	3	4	5	6
全　国	**01**						
北　京	02						
天　津	03						
⋮	⋮						
新　疆	32						

续表

县城污水排放量（万立方米）	城市污水处理厂污水处理量（万立方米）	县城污水处理厂污水处理量（万立方米）	污水集中处理率（%）	城镇环境基础设施建设投资（万元）	城镇绿色建筑占新建建筑比重（%）	城市建成区绿地率（%）
7	8	9	10	11	12	13

单位负责人：　　　　填表人：　　　　报出日期：2 0 　年　月　日

说明：1. 本表数据保留 2 位小数，报送的电子版和纸质版数据要保持一致。
2. 统计范围：各省、自治区、直辖市。
3. 报送时间：7 月 15 日前。

部门服务业企业财务状况

（表式及指标解释见通用表）

部门服务业行政单位财务状况

（表式及指标解释见通用表）

部门服务业事业单位财务状况

（表式及指标解释见通用表）

综 合 定 报

城镇保障性安居工程建设进展情况表

表　　号：ＺＦ４０１表
制定机关：国　家　统　计　局
批准文号：国统字〔2019〕3 号
有效期至：２０２０年１月

综合机关名称：住房和城乡建设部　　　　　２０　　年　　月

指标名称	代码	计量单位	合计	廉租住房	公共租赁住房	经济适用住房	限价商品住房	各类棚户区改造				
								城市棚户区改造	国有工矿棚户区改造	国有林区（场）棚户区（危旧房）改造	国有垦区危房改造	中央下放地方煤矿棚户区改造
甲	乙	丙	1	2	3	4	5	6	7	8	9	10
本年计划投资	101	万元										
本年度已完成投资	102	万元										
本年度新开工住房套数	103	套										
其中：改（扩、翻）建住房套数	104	套										
本年度新开工住房面积	105	平方米										
其中：改（扩、翻）建住房面积	106	平方米										
本年度基本建成住房套数	107	套										
本年度竣工住房套数	108	套										
本年度基本建成住房面积	109	平方米										
本年度竣工住房面积	110	平方米										
本年度购买住房套数	111	套				—	—	—	—	—	—	—
本年度购买住房面积	112	平方米				—	—	—	—	—	—	—
本年度长期租赁住房套数	113	套				—	—	—	—	—	—	—
本年度长期租赁住房面积	114	平方米				—	—	—	—	—	—	—
本年度棚户区拆迁面积	115	平方米		—	—	—	—					
本年度棚户区改造签订征收补偿协议户数	116	户										
实物安置	117	户		—	—	—	—					
货币安置	118	户		—	—	—	—					
本年度入住套数	119	套										

单位负责人：　　　　　　　　　　　填表人：　　　　　　　　　报出日期：20　　年　　月　　日

说明：1. 报送时间：月后 6 日前。
2. 本表逻辑审查关系：
1 栏=2 栏+3 栏+4 栏+5 栏+6 栏+7 栏+8 栏+9 栏+10 栏；116=117+118

商品房上市供应情况

表　　号：Z F 4 0 2 表
制定机关：国 家 统 计 局
文　　号：国统字〔2019〕3 号
有效期至：2 0 2 0 年 1 月

综合机关名称：住房和城乡建设部　　　　2 0　　年　　月

指标名称	代码	商品房当期上市面积（万平方米）			商品房当期上市面积比上年同期增长（%）		
			商品住房			商品住房	
				非政策性住房			非政策性住房
甲	乙	1	2	3	4	5	6
合　计	**01**						
东部城市	**02**						
北　京	03						
…	…						
中部城市	**23**						
太　原	24						
…	…						
西部城市	**32**						
呼和浩特	33						
…	…						

单位负责人：　　　　填表人：　　　　报出日期：20　　年　　月　　日

说明：1. 统计范围：40 个重点城市。
　　2. 报送时间：月后 6 日前。

商品房月末累计可售情况

表　　号：Z F 4 0 3 表
制定机关：国 家 统 计 局
文　　号：国统字〔2019〕3 号
有效期至：2 0 2 0 年 1 月

综合机关名称：住房和城乡建设部　　　　2 0　　年　　月

指标名称	代码	商品房月末累计可售面积（万平方米）			商品房月末累计可售面积比去年年底增加（万平方米）		
			商品住房			商品住房	
				非政策性住房			非政策性住房
甲	乙	1	2	3	4	5	6
合　计	**01**						
东部城市	**02**						
北　京	03						
…	…						
中部城市	**23**						
太　原	24						
…	…						
西部城市	**32**						
呼和浩特	33						
…	…						

单位负责人：　　　　填表人：　　　　报出日期：20　　年　　月　　日

说明：1. 统计范围：40 个重点城市。
　　2. 报送时间：月后 6 日前。

商品房成交情况

表　　号：Z F 4 0 4 表
制定机关：国 家 统 计 局
文　　号：国统字〔2019〕3 号
有效期至：2 0 2 0 年 1 月

综合机关名称：住房和城乡建设部　　　　2 0　　年　　月

指标名称	代码	商品房成交面积（万平方米）			商品房成交面积比上年同期增长（%）		
			商品住房			商品住房	
				非政策性住房			非政策性住房
甲	乙	1	2	3	4	5	6
合　计	01						
东部城市	02						
北　京	03						
…	…						
中部城市	23						
太　原	24						
…	…						
西部城市	32						
呼和浩特	33						
…	…						

单位负责人：　　　　填表人：　　　　报出日期：20　年　月　日

说明：1. 统计范围：40 个重点城市。
　　2. 报送时间：月后 6 日前。

商品住房上市供应套型结构情况

表　　号：Z F 4 0 5 表
制定机关：国 家 统 计 局
文　　号：国统字〔2019〕3 号
有效期至：2 0 2 0 年 1 月

综合机关名称：住房和城乡建设部　　　　2 0　　年　　月

指标名称	代码	面　积				套　数			
		144 平方米/套(含)以下(万平方米)		比重（以上市供应总数为 100）		144 平方米/套(含)以下(万平方米)		比重（以上市供应总数为 100）	
			90 平方米/套(含)以下	144 平方米/套(含)以下	90 平方米/套(含)以下		90 平方米/套(含)以下	144 平方米/套(含)以下	90 平方米/套(含)以下
甲	乙	1	2	3	4	5	6	7	8
合　计	01								
东部城市	02								
北　京	03								
…	…								
中部城市	23								
太　原	24								
…	…								
西部城市	32								
呼和浩特	33								
…	…								

单位负责人：　　　　填表人：　　　　报出日期：20　年　月　日

说明：1. 统计范围：40 个重点城市。
　　2. 报送时间：月后 6 日前。

商品住房月末累计可售套型结构情况

表　　号：Z F 4 0 6 表
制定机关：国 家 统 计 局
文　　号：国统字〔2019〕3 号
有效期至：2 0 2 0 年 1 月

综合机关名称：住房和城乡建设部　　2 0　　年　　月

指标名称	代码	面积				套数			
		144 平方米/套(含)以下(万平方米)	90 平方米/套(含)以下	比重(以月末累计可售总数为100)		144 平方米/套(含)以下(万平方米)	90 平方米/套(含)以下	比重(以月末累计可售总数为100)	
				144 平方米/套(含)以下	90 平方米/套(含)以下			144 平方米/套(含)以下	90 平方米/套(含)以下
甲	乙	1	2	3	4	5	6	7	8
合　　计	**01**								
东部城市	**02**								
北　　京	03								
…	…								
中部城市	**23**								
太　　原	24								
…	…								
西部城市	**32**								
呼和浩特	33								
…	…								

单位负责人：　　填表人：　　报出日期：20　　年　　月　　日

说明：1. 统计范围：40 个重点城市。
　　　2. 报送时间：月后 6 日前。

商品住房成交套型结构情况

表　　号：Z F 4 0 7 表
制定机关：国　家　统　计　局
文　　号：国统字〔2019〕3 号
有效期至：2 0 2 0 年 1 月

综合机关名称：住房和城乡建设部　　　　2 0　　年　　月

指标名称	代码	面积				套数			
		144 平方米/套(含)以下(万平方米)	90 平方米/套(含)以下	比重（以实际成交总数为 100）		144 平方米/套(含)以下(万平方米)	90 平方米/套(含)以下	比重（以实际成交总数为 100）	
				144 平方米/套(含)以下	90 平方米/套(含)以下			144 平方米/套(含)以下	90 平方米/套(含)以下
甲	乙	1	2	3	4	5	6	7	8
合　　计	**01**								
东部城市	**02**								
北　　京	03								
…	…								
中部城市	**23**								
太　　原	24								
…	…								
西部城市	**32**								
呼和浩特	33								
…	…								

单位负责人：　　　　填表人：　　　　报出日期：20　　年　月　日

说明：1. 统计范围：40 个重点城市。
　　　2. 报送时间：月后 6 日前。

商品住房套均建筑面积情况

表　　号：Z F 4 0 8 表
制定机关：国　家　统　计　局
文　　号：国统字〔2019〕3 号
有效期至：2 0 2 0 年 1 月

综合机关名称：住房和城乡建设部　　　　2 0　　年　　月

指标名称	代码	当期上市		月末累计可售		成交	
		套数（套）	套均建筑面积（平方米/套）	套数（套）	套均建筑面积（平方米/套）	套数（套）	套均建筑面积（平方米/套）
甲	乙	1	2	3	4	5	6
合　　计	**01**						
东部城市	**02**						
北　　京	03						
…	…						
中部城市	**23**						
太　　原	24						
…	…						
西部城市	**32**						
呼和浩特	33						
…	…						

单位负责人：　　　　填表人：　　　　报出日期：20　　年　月　日

说明：1. 统计范围：40 个重点城市。
　　　2. 报送时间：月后 6 日前。

二手房成交情况

表　　号：Z F 4 0 9 表
制定机关：国　家　统　计　局
文　　号：国统字〔2019〕3 号
有效期至：2 0 2 0 年 1 月

综合机关名称：住房和城乡建设部　　　　2 0　　年　　月

指标名称	代码	二手房成交面积（万平方米）		二手住房成交套数（套）	比上年同期增长（%）		
			二手住房		二手房成交面积		二手住房成交套数
						二手住房	
甲	乙	1	2	3	4	5	6
合　　计	**01**						
东部城市	**02**						
北　　京	03						
…	…						
中部城市	**23**						
太　　原	24						
…	…						
西部城市	**32**						
呼和浩特	33						
…	…						

单位负责人：　　　　填表人：　　　　报出日期：20　　年　　月　　日

说明：1. 统计范围：40 个重点城市。
　　　2. 报送时间：月后 6 日前。

各地区商品房及二手房成交情况

表　　号：Z F 4 1 0 表
制定机关：国　家　统　计　局
文　　号：国统字〔2019〕3 号
有效期至：2 0 2 0 年 1 月

综合机关名称：住房和城乡建设部　　　　2 0　　年　　月　　日

指标名称	代码	商品房成交面积（万平方米）	商品房成交金额（万元）	二手房成交面积（万平方米）	二手房成交金额（万元）
甲	乙	1	2	3	4
合　计	**01**				
北　京	02				
天　津	03				
…	…				
新　疆	32				

单位负责人：　　　　填表人：　　　　报出日期：20　　年　　月　　日

说明：1. 统计范围：全国 353 个重点城市。
　　　2. 报送时间：每日 17 时前。

（三）主要指标解释

城镇保障性安居工程开工套数 指自年初至报告期末，通过新建和改（扩、翻）建方式新开工的各类保障性住房和棚户区改造安置住房的套数，包括棚户区改造中以货币安置方式解决的户数。房屋开工应以正式开始破土刨槽（地基处理或打永久桩）的日期为准。

城镇保障性安居工程基本建成套数 指自年初至报告期末，通过新建和改（扩、翻）建方式建设的各类保障性住房和棚户区改造安置住房项目中，单体工程按批准的设计文件要求主体工程完工并基本达到使用条件的套数。

农村危房改造竣工户数 指截至当年底已竣工的农村危房改造户数。

农村危房改造竣工率 指农村危房改造竣工户数与年度任务数的比例。

工程设计收入 指报告期内企业在境内、外实现的工程设计收入合计。

风景名胜区 指具有观赏、文化或者科学价值，自然景观、人文景观比较集中，环境优美，可供人们游览或者进行科学、文化活动的区域。国家级风景名胜区指经国务院审定公布的风景名胜区。

风景名胜区面积 指经政府审定批准所确立的风景名胜区规划面积。

可游览面积 指报告期末风景名胜区内实际可供游人游览的面积。

游人量 指报告期内进入风景名胜区的游人数量，包括收费和不收费的游人数量。

景区资金收入 指景区维护和建设的资金收入，包括国家拨款、经营服务收入和其他收入。

经营收入 指报告期内风景名胜区管养单位在经营服务过程中所取得的收入，如门票收入、商业饮食收入等。

景区资金支出 指景区维护和建设的资金支出，包括经营支出、固定资产支出和维护支出等。

经营支出 指报告期内风景名胜区管养单位在经营服务过程中所发生的支出。

维护支出 指报告期内风景名胜区维护建设及其他各项支出的总数。

城区（县城）人口 指划定的城区（县城）范围的户籍人口数。按公安部门的户籍统计为准填报。

城区（县城）暂住人口 指离开常住户口地的市区或乡、镇，到本地居住半年以上的人员。按公安部门的暂住人口统计为准填报。

城区（县城）面积 指城市的城区和县城的面积。设市城市城区包括：市本级（1）街道办事处所辖地域；（2）城市公共设施、居住设施和市政公用设施等连接到的其他镇（乡）地域；（3）常住人口在3000人以上独立的工矿区、开发区、科研单位、大专院校等特殊区域。县城包括：（1）县政府驻地的镇（城关镇）或街道办事处地域；（2）县城公共设施、居住设施和市政设施等连接到的其他镇（乡）地域；（3）县域内常住人口在3000人以上独立的工矿区、开发区、科研单位、大专院校等特殊区域。

建成区面积 城市行政区内实际已成片开发建设、市政公用设施和公共设施基本具备的区域。对核心城市，它包括集中连片的部分以及分散的若干个已经成片建设起来，市政公用设施和公共设施基本具备的地区；对一城多镇来说，它包括由几个连片开发建设起来的，市政公用设施和公共设施基本具备的地区组成。因此建成区范围，一般是指建成区外轮廓线所能包括的地区，也就是这个城市实际建设用地所达到的范围。

本年征用土地面积 指国家为公共利益的需要，可以依法对集体所有的土地征用的面积。征用之后的土地所有权性质从集体所有转变为国有。

建设用地　指城市和县人民政府所在地镇内的居住用地、公共管理与公共服务用地、商业服务业设施用地、工业用地、物流仓储用地、交通设施用地、公用设施用地、绿地。

道路长度　指道路长度和与道路相通的桥梁、隧道的长度，按车行道中心线计算。

道路面积　指道路实际铺装面积和与道路相通的广场、桥梁、隧道的铺装面积（统计时，将人行道面积单独统计）。人行道面积按道路两侧面积相加计算，包括步行街和广场，不含人车混行的道路。

桥梁　指为跨越天然或人工障碍物而修建的构筑物。包括跨河桥、立交桥、人行天桥以及人行地下通道等。

道路照明灯盏数　指在城市道路设置的各种照明用灯。一根电杆上有几盏即计算几盏。统计时，仅统计功能照明灯，不统计景观照明灯。

排水管道长度　指所有排水总管、干管、支管、检查井及连接井进出口等长度之和。计算时应按单管计算，即在同一条街道上如有两条或两条以上并排的排水管道时，应按每条排水管道的长度相加计算。

供水综合生产能力　指按供水设施取水、净化、送水、出厂输水干管等环节设计能力计算的综合生产能力。包括在原设计能力的基础上，经挖、革、改增加的生产能力。计算时，以四个环节中最薄弱的环节为主确定能力。原则上按设计能力填报，对于经过更新改造后，实际生产能力与设计能力相差很大的，按实际能力填报。

供水管道长度　指从送水泵至用户水表之间所有管道的长度。不包括新安装尚未使用、水厂内以及用户建筑物内的管道。在同一条街道埋设两条或两条以上管道时，应按每条管道的长度计算。

供水总量　指报告期内供水企业（单位）供出的全部水量，包括有效供水量和漏损水量。有效供水量指水厂将水供出厂外后，各类用户实际使用到的水量，包括售水量和免费供水量。

售水量　指报告期供水企业（单位）收费供应的水量。售水量只包括本地售水量，不包括销往本区域外的售水量。统计时，仅对本地售水量进行分类统计。计算公式：

售水总量＝生产运营用水+公共服务用水+居民家庭用水+其他用水

生产运营用水　指在城区范围内生产、运营的农、林、牧、渔业，工业，建筑业，交通运输业等单位在生产、运营过程中的用水。

公共服务用水　指为城区社会公共生活服务的用水。包括行政事业单位、部队营区和公共设施服务、批发零售业、住宿餐饮业以及社会服务业等单位的用水。

居民家庭用水　指城市范围内所有居民家庭的日常生活用水。包括城市居民、农民家庭、公共供水站用水。

免费供水量　指无偿供应的水量，比如消防用水，特困居民免收水费的水量等。

漏损水量　指在供水过程中由于管道及附属设施破损而造成的漏水量、失窃水量以及水表失灵少计算的水量。

用水人口　指由城市供水设施供给居民家庭用水的人口，包括农业用水人口、非农业用水人口等。用水人口数可以按当地总人口减去供水设施没有供应到的区域人口。

人均日生活用水量　指每一用水人口平均每天的生活用水量。计算公式：

$$\text{人均日生活用水量}=\frac{\text{居民家庭用水量}+\text{公共服务用水量}+\text{免费供水量中的生活用水量}}{\text{用水人口}}\div\text{报告期日历日数}\times1000\text{升}$$

实际用水量　指报告期各类计划用水户实际使用的新水量。

新水取用量　指取自任何水源被第一次利用的水量。新水量就一个城市来说，包括城市供水企业新水量和社会各单位的新水量。

工业新水取用量 指为使工业生产正常进行，保证生产过程对水的需要，而实际从各种水源引取的、为任何目的所用的新鲜水量，包括间接冷却水新水量、工艺水新水量、锅炉新水量及其他新水量。

用水重复利用量 指各用水单位在生产和生活中，循环利用的水量和直接或经过处理后回收再利用的水量之和。

工业用水重复利用量 指工业企业内部生活及生产用水中，循环利用的水量和直接或经过处理后回收再利用的水量之和。

节约用水量 指报告期新节水量，通过采用各项节水措施（如改进生产工艺、技术、生产设备、用水方式、换装节水器具、加强管理等）后，用水量和用水效益产生效果，而节约的水量。

城市生活用水量 为城市公共服务用水与城市居民家庭用水之和。

用水普及率 指报告期末城市用水人口数与城区人口总数的比率。计算公式：

$$用水普及率=\frac{城区用水人口（含暂住人口）}{城区人口+城区暂住人口}\times 100\%$$

供热能力 指供热企业（单位）向城市热用户输送热能的设计能力。不是热电厂的生产能力。

供热总量 指在报告期供热企业（单位）向城市热用户输送全部蒸汽和热水的总热量。

供热管道长度 指从各类热源到热用户建筑物接入口之间的全部蒸汽和热水的管道长度。不包括各类热源厂内部的管道长度。可按管沟敷设方式（管沟、直埋、架空等）分类统计。

供热面积 指供热企业（单位）向城市各类房屋建筑物、构筑物及其附属设施供热的全部建筑面积。

人工煤气生产能力 指报告期末燃气生产厂制气、净化、输送等环节的综合生产能力，不包括备用设备能力。一般按设计能力计算，当实际生产能力大于设计能力时，应按实际测定的生产能力计算。测定时应以制气、净化、输送三个环节中最薄弱的环节为主。

供气总量 指报告期燃气企业（单位）向用户供应的燃气数量。包括销售量和损失量。

用气人口 指报告期末使用燃气的家庭用户的总人口数。如不能直接掌握本企业（单位）供气范围的用气人口数，以本地城市居民平均每户人口数乘以燃气家庭用户数。

供气管道长度 指报告期末从气源厂压缩机的出口或门站出口至各类用户引入管之间的全部已经通气、投入使用的管道长度。不包括煤气生产厂、输配站、液化气储存站、灌瓶站、储配站、气化站、混气站、供应站等厂（站）内的管道。按不同的材质、管径分别统计。

燃气普及率 指报告期末城区内使用燃气的人口与总人口的比率。计算公式为：

$$燃气普及率=\frac{城区用气人口（含暂住人口）}{城区人口+城区暂住人口}\times 100\%$$

城市污水排放量 指城市生活污水、工业废水的排放总量，包括从排水管道和排水沟（渠）排出的污水量。

污水处理厂 指在城市或工业区的城市污水通过排水管道集中于一个或几个处所，并利用由各种处理单元组成的污水处理系统进行净化处理，最终使处理后的污水和污泥达到规定要求后排放水体或再利用的生产场所。不包括渗水井、化粪池（含改良化粪池）和污水处理装置。

污水处理装置 指在厂矿区设置的处理工业区工业废水并处理周边地区生活污水的小型集中处理设备，还包括在远离市政管网的居民小区、度假区等设置的小型污水处理装置。

污水处理能力 指污水处理厂（或污水处理装置）每昼夜处理污水量的设计能力。

污水处理量 指城市污水处理厂和处理装置实际处理的污水量。包括物理处理量、生物处理量和化学处理量。

再生水利用量 指城市生活污水和工业废水，经过污水处理厂（或污水处理装置）净化处理，达到再生水水质标准和水量要求，并用于农业、绿地浇灌和城市杂用（洗涤、冲渣和生活冲厕、洗车、景观等）等方面的水量。

城市污水处理率　指污水处理量与污水排放总量的比率。计算公式：

$$污水处理率=\frac{污水处理量}{污水排放总量}\times 100\%$$

污水处理厂集中处理率　指报告期内通过污水处理厂处理的污水量与污水排放总量的比率。计算公式：

$$污水处理厂集中处理率=\frac{污水处理厂处理的污水量}{污水排放总量}\times 100\%$$

污水处理厂本年运行费用　指在报告期内污水处理厂正常运行所发生的费用。包括动力费、材料费、输排费、维修费、折旧费、人工工资及福利费和税金等。

道路清扫保洁面积　指报告期末对城市道路和公共场所（主要包括城市行车道、人行道、车行隧道、人行过街地下通道、道路附属绿地、地铁站、高架路、人行过街天桥、立交桥、广场、停车场及其他设施等）进行清扫保洁的面积。一天清扫保洁多次的，按清扫保洁面积最大的一次计算。

生活垃圾清运量　指报告期收集和运送到各生活垃圾处理场（厂）和生活垃圾最终消纳点的生活垃圾数量。生活垃圾指城市日常生活或为城市日常生活提供服务的活动中产生的固体废物以及法律行政规定的视为城市生活垃圾的固体废物。包括：居民生活垃圾、商业垃圾、集市贸易市场垃圾、街道清扫垃圾、公共场所垃圾和机关、学校、厂矿等单位的生活垃圾。

生活垃圾无害化处理场（厂）　指按照有关技术、环境、卫生标准和规范进行设计、建设、运行、维护和管理的各种生活垃圾处理设施，主要包括卫生填埋场、堆肥厂和焚烧厂等。

生活垃圾无害化处理能力　指生活垃圾无害化处理厂（场）按工艺设计每天所能处理生活垃圾的数量。

生活垃圾无害化处理量　指用卫生填埋、堆肥、焚烧等工艺方法处理生活垃圾的总量。即生活垃圾在无害化处理厂（场）处理的垃圾总量。

市容环卫专用车辆设备　指用于环境卫生作业、监察的专用车辆和设备，包括用于道路清扫、冲洗、洒水、除雪、垃圾粪便清运、市容监察以及与其配套使用的车辆和设备。如：垃圾车、扫路机（车）、洗路车、洒水车、真空吸粪车、除雪机、装载机、推土机、压实机、垃圾破碎机、垃圾筛选机、盐粉撒布机、吸泥渣车和专用船舶等。对于长期租赁的车辆及设备也应统计在内。

生活垃圾无害化处理率　指报告期生活垃圾无害化处理量与生活垃圾产生量比率。在统计上，由于生活垃圾产生量不易取得，可用清运量代替。计算公式为：

$$生活垃圾无害化处理率=\frac{生活垃圾无害化处理量}{生活垃圾产生量}\times 100\%$$

生活垃圾处理场（厂）本年运行费用　指在报告期内生活垃圾（粪便）处理场（厂）正常运行所发生的费用。包括材料费、动力费、维修费、设施设备折旧费、人工工资及福利费和税金等。

公共厕所　指供城市居民和流动人口使用，在道路两旁或公共场所等处设置的厕所。分为独立式、附属式和活动式三种类型。统计时只统计独立式和活动式，不统计附属式公厕。

绿化覆盖面积　指城市中的乔木、灌木、草坪等所有植被的垂直投影面积。包括公园绿地、防护绿地、生产绿地、附属绿地、其他绿地的绿化种植覆盖面积、屋顶绿化覆盖面积以及零散树木的覆盖面积，不含各类绿地中的水域面积以及没有被植被覆盖的面积（硬化道路、无屋顶绿化的建筑物等）。乔木树冠下重迭的灌木和草本植物不能重复计算。

绿地面积 指报告期末用作园林和绿化的各种绿地面积。包括公园绿地、生产绿地、防护绿地、附属绿地和其他绿地的面积。

公园绿地 城市中向公众开放的、以游憩为主要功能，有一定的游憩设施和服务设施，同时兼有健全生态、美化景观、防灾减灾等综合作用的绿化用地。

人均公园绿地面积 指报告期末区域内城区人口平均每人拥有的公园绿地面积。人口数采用年底人口数。计算公式为：

$$人均公园绿地面积=\frac{公园绿地面积}{城区人口+城区暂住人口}\times 100\%$$

建成区绿地率 指报告期末建成区内绿地面积与建成区面积的比率。计算公式：

$$建成区绿地率=\frac{建成区绿地面积}{建成区面积}\times 100\%$$

建成区绿化覆盖率 指报告期末建成区内绿化覆盖面积与建成区面积的比率。计算公式为：

$$建成区绿化覆盖率=\frac{建成区绿化覆盖面积}{建成区面积}\times 100\%$$

公园 指常年开放的供公众游览、观赏、休憩、开展科学、文化及休闲等活动，有较完善的设施和良好的绿化环境、景观优美的公园绿地。包括综合性公园、儿童公园、文物古迹公园、纪念性公园、风景名胜公园、动物园、植物园、带状公园等。不包括居住小区及小区以下的游园。统计时只统计市级和区级的综合公园、专类公园和带状公园。并按每个公园分别填报。

公园面积 指报告期末综合公园、专类公园和带状公园的全部占地总面积。即公园内的园路及铺装场地，管理建筑用地，游览、休憩、服务公用建筑用地，绿化用地及水域面积的总和。

城市环境基础设施建设投资 指用于城市燃气、集中供热、排水、园林绿化、市容环境卫生等环境基础设施建设的投资完成总额。

本年计划投资 指全部在建的城镇保障性安居工程项目在报告期所在年度的计划投资，也就是所有新建项目和续建项目的年度计划投资之和。具体来说，既包括报告期内新开工项目，也包括往年开工结转到当年继续施工的续建项目和往年停工当年复工项目，在当年施工需要的投资量。完成投资为报告期内已发生的投资量。

新开工套数和面积 指自年初至报告期末，通过新建和改（扩、翻）建方式新开工的各类保障性住房和棚户区改造安置住房的套数和面积。房屋开工应以正式开始破土刨槽(地基处理或打永久桩)的日期为准。

基本建成套数和面积 指自年初至报告期末，通过新建和改（扩、翻）建方式建设的各类保障性住房和棚户区改造安置住房项目中，单体工程按批准的设计文件要求主体工程完工并基本达到使用条件的套数和面积。

竣工套数和面积 指自年初至报告期末，通过新建和改（扩、翻）建方式建设的各类保障性住房和棚户区改造安置住房项目中，单体工程按批准的设计文件要求全部完工、达到交付使用条件，并按规定程序和要求进行了竣工验收的套数和面积。

购买套数和面积 指自年初至报告期末，通过购买方式实际筹集廉租住房和公共租赁住房的套数和面积，以签订购买合同为准。

长期租赁套数和面积 指自年初至报告期末，通过长期租赁方式实际筹集廉租住房和公共租赁住房的套数，以签订租赁合同为准。

棚户区拆迁面积 指自年初至报告期末，各类棚户区改造项目累计拆除就有房屋的建筑面积，包括住宅房屋和非住宅房屋。

棚户区改造签订征收补偿协议户数　指自年初至报告期末，各类棚户区改造过程中，房屋征收部门与被征收人签订国有土地上房屋征收补偿协议的户数，包括实物补偿方式和货币补偿方式。

入住套数　指年初至报告期末，按照当地住宅小区竣工综合验收有关规定，城镇保障性安居工程项目已经过竣工综合验收，住房保障部门或开发建设单位向保障对象办理交付使用手续的套数。

上市面积　指报告期内经批准核发的《商品房预售许可证》中载明准许预售的面积和现售备案面积总和。

月末累计可售面积　指月末统计时点为止可供销售但未售出的总面积。

成交面积　指报告期内已签订房屋买卖合同的建筑面积,包括预售和现售面积。

当期上市套均建筑面积　指报告期内上市总面积与总套数的比值。

月末累计可售套均建筑面积　指报告期末月末累计可售总面积与总套数的比值。

成交套均建筑面积　指报告期内登记销售总面积与总套数的比值。

非政策性住房　指除经济适用住房、限价房等政策性住房以外的商品住房。

成交金额　指报告期内已签订房屋买卖合同的金额。

生活垃圾清运量　指报告期收集和运送到各生活垃圾处理场（厂）和生活垃圾最终消纳点的生活垃圾数量。生活垃圾指城市（县城）日常生活或为城市（县城）日常生活提供服务的活动中产生的固体废物以及法律行政规定的视为城市生活垃圾的固体废物。包括：居民生活垃圾、商业垃圾、集市贸易市场垃圾、街道清扫垃圾、公共场所垃圾和机关、学校、厂矿等单位的生活垃圾。

生活垃圾无害化处理率　指报告期生活垃圾无害化处理量与生活垃圾产生量比率。在统计上，由于生活垃圾产生量不易取得，可用清运量代替。生活垃圾无害化处理率按城市和县城合计计算。计算公式为：

$$\text{生活垃圾无害化处理率}=\frac{\text{城市生活垃圾无害化处理量}+\text{县城生活垃圾无害化处理量}}{\text{城市生活垃圾清运量}+\text{县城生活垃圾清运量}}\times 100\%$$

污水处理厂污水处理量　指报告期内由污水处理厂处理的污水量。污水处理厂是指城市（县城）处理市政排水管网收集的生活污水及符合排入城镇下水道相关要求的工业废水的污水处理厂。

污水集中处理率　指报告期内由污水处理厂处理的污水量占污水排放量的比例。污水集中处理率按城市和县城合计计算。计算公式为：

$$\text{污水集中处理率}=\frac{\text{城市污水处理厂污水处理量}+\text{县城污水处理厂污水处理量}}{\text{城市污水排放量}+\text{县城污水排放量}}\times 100\%$$

城镇环境基础设施建设投资　指用于城市和县城燃气、集中供热、排水、园林绿化、市容环境卫生等环境基础设施建设的投资完成总额。

城镇绿色建筑占新建建筑比重　指城镇新建绿色建筑面积占城镇新建建筑面积的百分比。绿色建筑指在建筑的全寿命期内，最大限度地节约资源、保护环境和减少污染，为人们提供健康、适用和高效的使用空间，与自然和谐共生的建筑。城镇新建绿色建筑面积指报告期内城镇新建民用建筑（住宅建筑和公共建筑）中按照绿色建筑相关标准设计、施工并已全部完工，达到住人和使用条件，经验收鉴定合格或达到竣工验收标准，可正式移交使用的各栋民用建筑面积的总和。城镇新建建筑面积指报告期内城镇新建民用建筑（住宅建筑和公共建筑）中按照相关标准设计、施工并已全部完工，达到住人和使用条件，经验收鉴定合格或达到竣工验收标准，可正式移交使用的各栋民用建筑面积的总和。计算公式为：

$$\text{城镇绿色建筑占新建建筑比重}=\frac{\text{城镇新建绿色建筑面积}}{\text{城镇新建建筑面积}}\times 100\%$$

城市建成区绿地率 指报告期末建成区内绿地面积占建成区面积的百分比。建成区指城市行政区内实际已成片开发建设、市政公用设施和公共设施基本具备的区域。绿地面积指报告期末用作园林和绿化的各种绿地面积。包括公园绿地、生产绿地、防护绿地、附属绿地和其他绿地的面积。计算公式为：

$$\text{城市建成区绿地率}=\frac{\text{建成区绿地面积}}{\text{建成区面积}}\times 100\%$$

（四）附　录

40 个重点城市与代码

地　区	代　码	地　区	代　码
合　计	1	中部城市	23
东部城市	2	太原市	24
北京市	3	长春市	25
天津市	4	哈尔滨市	26
石家庄市	5	合肥市	27
沈阳市	6	南昌市	28
大连市	7	郑州市	29
上海市	8	武汉市	30
南京市	9	长沙市	31
无锡市	10	西部城市	32
苏州市	11	呼和浩特市	33
杭州市	12	南宁市	34
宁波市	13	北海市	35
温州市	14	重庆市	36
福州市	15	成都市	37
厦门市	16	贵阳市	38
济南市	17	昆明市	39
青岛市	18	西安市	40
广州市	19	兰州市	41
深圳市	20	西宁市	42
海口市	21	银川市	43
三亚市	22	乌鲁木齐市	44

交通运输部

（一）报 表 目 录

表号	表名	报告期别	填报范围	报送时间及方式	负责单位	备注
综合年报						
JT301 表	各地区城市客运车辆情况	年报	各省、自治区、直辖市设市城市	6月15日前；邮寄或电子邮件 nyshjc@stats.gov.cn	能源司	《资源环境综合统计报表制度》
JT302 表	各地区县城客运车辆情况	年报	各省、自治区、直辖市县城			
JT303 表	全国公路营运汽车拥有量	年报	在公路运输管理部门登记注册从事公路客货运输的营业性汽车	3月31日前；电子邮件 dczxjtc@stats.gov.cn	服务业司	《运输邮电软件业统计报表制度》
JT304 表	公路线路里程	年报	各地区公路线路			
JT305 表	全国公路客货运输量	年报	在公路运输管理部门注册登记从事公路运输的营业性载客汽车和营业性货运车辆			
JT306 表	内河航道通航里程	年报	各地区内河航道			
JT307 表	全国营业性民用运输轮驳船拥有量	年报	在交通运输主管部门审批、备案，从事营业性旅客和货物运输生产的船舶			
JT308 表	个体运输轮驳船拥有量	年报	在交通运输主管部门审批、备案，从事营业性旅客和货物运输生产的个体船舶			
JT309 表	全国水路客货运输量	年报	在交通运输主管部门审批、备案，从事营业性旅客和货物运输生产的船舶			
JT310 表	规模以上港口码头泊位数	年报	规模以上港口			
JT311 表	规模以上港口吞吐量	年报	规模以上港口			
JT312 表	规模以上港口分货类吞吐量	年报	规模以上港口			
JT313 表	全国公路交通量调查情况汇总表	年报	各地区交通量观测站点			
JT314 表	国道交通量	年报	辖区内所有国道观测点			
JT315 表	省道交通量	年报	辖区内所有省道观测点			
JT316 表	全社会公路分货类运输量	年报	从事公路运输的全部企事业单位和私人			
JT317 表	全社会水路分货类运输量	年报	从事水路运输的全部企事业单位和私人			
JT318 表	城市公共交通及客运轮渡情况	年报	各地区从事公共交通运输的企业（单位）和个体运输户	4月30日前；电子邮件 dczxjtc@stats.gov.cn		
JT319 表	城市公共交通及客运轮渡能源消费	年报	各地区从事公共交通运输的企业（单位）和个体运输户	5月31日前；电子邮件 dczxjtc@stats.gov.cn		

表号	表名	报告期别	填报范围	报送时间及方式	负责单位	备注
JT320 表	公路、水上运输企业主要能源消费与库存	年报	公路、水上运输企业、港口	3 月 31 日前；邮寄或电子邮件 nysnyjcc@stats.gov.cn	能源司	《能源统计报表制度》
JT321 表	固定资产投资项目新增生产能力（或工程效益）情况	年报		3 月底前；网上直报	投资司	
JT322 表	水上货物运输企业营业收入	5 年报	重点运输企业	3 月 20 日前；电子邮件 xhwang@gj.stats.cn，wangzh@gj.stats.cn	城市司	《交通运输和邮政业价格统计报表制度》
JT701 表	绿色发展基本情况（六）	年报		次年7月15日前；邮寄或电子邮件 nyszhc@stats.gov.cn	能源司	《绿色发展统计报表制度》（试行）
701 表	部门服务业企业财务状况	年报	道路运输业中执行企业会计制度的单位 水上运输业中执行企业会计制度的单位	6 月 30 日前；电子邮件或内部交换 dczxjtc@stats.gov.cn	服务业司	《部门服务业财务统计报表制度》（试行）
综合定报						
JT401 表	公路、水路和港口生产完成情况	月报	全部公路、水路运输企业和规模以上港口生产企业	3、4、9、12 月月后 8 日前，其他月月后 5 日前；红机传真	服务业司	《运输邮电软件业统计报表制度》
JT402 表	全社会分地区公路营业性旅客运输量	月报	在公路运输管理部门注册登记从事公路运输的营业性载客汽车			
JT403 表	全社会分地区公路营业性货物运输量	月报	在公路运输管理部门注册登记从事公路运输的营业性货运车辆			
JT404 表	全社会分地区水路营业性旅客运输量	月报	在交通运输主管部门审批、备案，从事营业性旅客运输的船舶			
JT405 表	全社会分地区水路营业性货物运输量	月报	在交通运输主管部门审批、备案，从事营业性货物运输生产的船舶			
JT406 表	主要城市公共交通客运量情况	月报	36 个中心城市所有从事公共汽电车、轨道交通、城市客运轮渡业务的经营业户以及从事出租客运业务的法人单位。	3、4、9、12 月月后 8 日，其他月月后 6 日前；红机传真		
JT407 表	固定资产投资项目情况	月报		3、4、6、12 月月后 10 日，9 月月后 12 日，其他月月后 9 日 12:00 前；网上直报	投资司	
JT408 表	道路普通货物整车运输非协议价格（线下交易）指数	季报	选中的运输企业	季后 8 日前；电子邮件 xhwang@gj.stats.cn，wangzh@gj.stats.cn	城市司	《交通运输和邮政业价格统计报表制度》
JT409 表	内河（长江）货物运输价格指数	季报		季后 8 日前；电子邮件 xhwang@gj.stats.cn，wangzh@gj.stats.cn	城市司	《交通运输和邮政业价格统计报表制度》

（二）调 查 表 式

综 合 年 报

各地区城市客运车辆情况

表　　号：J T 3 0 1 表
制定机关：国 家 统 计 局
文　　号：国统字〔2019〕3 号
有效期至：2 0 1 9 年 9 月

综合机关名称：交通运输部　　　　2 0　　年

地　区	代码	公共汽电车运营车数（辆）					公共汽电车标准运营车数（标台）	公共汽电车运营线路总长度（公里）	公交专用车道长度（公里）
		合计	公共汽车	天然气燃料车	液化石油气燃料车	无轨电车			
甲	乙	1	2	3	4	5	6	7	8
全　国	**01**								
北　京	02								
天　津	03								
⋮									
新　疆	32								

续表一

公共汽电车客运总量（万人次）	轨道交通运营车数（辆）	地铁	轻轨	有轨电车	轨道交通标准运营车数（标台）	轨道交通运营线路总长度（公里）	地铁	轻轨	有轨电车	轨道交通客运总量（万人次）
9	10	11	12	13	14	15	16	17	18	19

续表二

出租汽车		客运轮渡	
运营车数（辆）	客运总量（万人次）	运营船数（艘）	客运总量（万人次）
20	21	22	23

单位负责人：　　　　填表人：　　　　报出日期：2 0　　年　　月　　日

说明：1. 统计范围：各省、自治区、直辖市设市城市。
　　2. 报送时间：6 月 15 日前。
　　3. 审核关系：宾栏 1=2+5；2≥3+4；10≥11+12+13；15≥16+17+18。

各地区县城客运车辆情况

表　　号：J T 3 0 2 表
制定机关：国 家 统 计 局
文　　号：国统字〔2019〕3 号
综合机关名称：交通运输部　　　　20　年　　　　有效期至：2 0 1 9 年 9 月

地　区	代码	公共汽电车运营车数（辆）					公共汽电车标准运营车数（标台）	公共汽电车运营线路总长度（公里）	公交专用车道长度（公里）
		合计	公共汽车	天然气燃料车	液化石油气燃料车	无轨电车			
甲	乙	1	2	3	4	5	6	7	8
全　国	**01**								
北　京	02								
天　津	03								
⋮	⋮								
新　疆	32								

续表

公共汽电车客运总量（万人次）	出租汽车		客运轮渡	
	运营车数（辆）	客运总量（万人次）	运营船数（艘）	客运总量（万人次）
9	10	11	12	13

单位负责人：　　　　填表人：　　　　报出日期：20　年　月　日

说明：1. 统计范围：各省、自治区、直辖市县城。
2. 报送时间：6 月 15 日前。
3. 审核关系：宾栏 1=2+5；2≥3+4。

全国公路营运汽车拥有量

表　　号：J T 3 0 3 表
制定机关：国 家 统 计 局
文　　号：国统字〔2019〕3 号
综合机关名称：交通运输部　　　　20　年　　　　有效期至：2 0 1 9 年 9 月

地　区	代码	合计（辆）	普通载货汽车		专用载货汽车		载客汽车	
			辆	吨位	辆	吨位	辆	客位
甲	乙	1	2	3	4	5	6	7
全　国	**01**							
北　京	02							
天　津	03							
河　北	04							
山　西	05							
⋮	⋮							
新　疆	32							

单位负责人：　　　　填表人：　　　　报出日期：20　年　月　日

说明：1. 统计范围：在公路运输管理部门登记注册从事公路客货运输的营业性汽车。
2. 报送时间：3 月 31 日前。

公路线路里程

表　　号：JT304表
制定机关：国家统计局
文　　号：国统字〔2019〕3号
有效期至：2019年6月
综合机关名称：交通运输部　　20　　年　　计量单位：公　里

地　区	代码	总计	等级公路						等外公路
			合计	高速	一级	二级	三级	四级	
甲	乙	1	2	3	4	5	6	7	8
全　国	01								
北　京	02								
天　津	03								
河　北	04								
山　西	05								
⋮	⋮								
新　疆	32								

单位负责人：　　填表人：　　报出日期：20　　年　　月　　日

说明：1 统计范围：全国范围内(不包括港、澳、台地区)所有国道、省道、县道、乡道、专用公路、村道。自2006年起 村道正式纳入公路里程统计。
2. 报送时间：3月31日前。
3. 审核关系：1=2+8；2=3+4+5+6+7

全国公路客货运输量

表　　号：JT305表
制定机关：国家统计局
文　　号：国统字〔2019〕3号
有效期至：2019年6月
综合机关名称：交通运输部　　20　　年

地　区	代码	客运量（万人）	旅客周转量（万人公里）	货运量（万吨）	货物周转量（万吨公里）
甲	乙	1	2	3	4
全　国	01				
北　京	02				
天　津	03				
河　北	04				
山　西	05				
内蒙古	06				
⋮	⋮				
新　疆	32				

单位负责人：　　填表人：　　报出日期：20　　年　　月　　日

说明：1. 统计范围：在公路运输管理部门注册登记从事公路运输的营业性载客汽车和营业性货运车辆。
2. 报送时间：3月31日前。

内河航道通航里程

表　　号：J　T　3　0　6　表
制定机关：国　家　统　计　局
文　　号：国统字〔2019〕3 号
有效期至：2　0　1　9　年　6　月

综合机关名称：交通运输部　　　　2 0　　年　　　　计量单位：　公　里

地　区	代码	合计	等级航道
甲	乙	1	2
全　国	**01**		
北　京	02		
天　津	03		
河　北	04		
山　西	05		
内 蒙 古	06		
⋮	⋮		
新　疆	32		

单位负责人：　　　　填表人：　　　　报出日期：2 0　　年　　月　　日

说明：1. 统计范围：各地区内河航道，不含在建和未正式投入使用的。
　　2. 报送时间：3 月 31 日前。

全国营业性民用运输轮驳船拥有量

表　　号：J　T　3　0　7　表
制定机关：国　家　统　计　局
文　　号：国统字〔2019〕3 号
有效期至：2　0　1　9　年　6　月

综合机关名称：交通运输部　　　　2 0　　年

地　区	代码	机动船					驳船		
		艘数（艘）	净载重量（吨位）	载客量（客位）	总功率（千瓦）	拖船功率	艘数（艘）	净载重量（吨位）	载客量（客位）
甲	乙	1	2	3	4	5	6	7	8
全　国	**01**								
北　京	02								
天　津	03								
河　北	04								
山　西	05								
内 蒙 古	06								
⋮	⋮								
新　疆	32								
不分地区	33								

单位负责人：　　　　填表人：　　　　报出日期：2 0　　年　　月　　日

说明：1. 统计范围：在交通运输主管部门审批、备案，从事营业性旅客和货物运输生产的船舶。
　　2. 报送时间：3 月 31 日前。

个体运输轮驳船拥有量

表　　号：J T 3 0 8 表
制定机关：国 家 统 计 局
文　　号：国统字〔2019〕3 号
有效期至：2 0 1 9 年 6 月

综合机关名称：交通运输部　　　　2 0　　年

地　　区	代码	机动船					驳船		
		艘数（艘）	净载重量（吨位）	载客量（客位）	总功率（千瓦）	拖船功率	艘数（艘）	净载重量（吨位）	载客量（客位）
甲	乙	1	2	3	4	5	6	7	8
全　国	**01**								
北　京	02								
天　津	03								
河　北	04								
山　西	05								
内蒙古	06								
⋮	⋮								
新　疆	32								

单位负责人：　　　　填表人：　　　　报出日期：2 0　　年　　月　　日

说明：1. 统计范围：在交通运输主管部门审批、备案，从事营业性旅客和货物运输生产的个体船舶。
2. 报送时间：3 月 31 日前。

全国水路客货运输量

表　　号：J T 3 0 9 表
制定机关：国 家 统 计 局
文　　号：国统字〔2019〕3 号
有效期至：2 0 1 9 年 6 月

综合机关名称：交通运输部　　　　2 0　　年

地　　区	代码	客运量（万人）				旅客周转量（万人公里）				货运量（万吨）				货物周转量（万吨公里）			
		合计	内河	沿海	远洋	合计	内河	沿海	远洋	合计	内河	沿海	远洋	合计	内河	沿海	远洋
甲	乙	1	2	3	4	5	6	7	8	9	10	11	12	13	14	15	16
全　国	**01**																
北　京	02																
天　津	03																
河　北	04																
山　西	05																
内蒙古	06																
⋮	⋮																
新　疆	32																
不分地区	33																

单位负责人：　　　　填表人：　　　　报出日期：2 0　　年　　月　　日

说明：1. 统计范围：在交通运输主管部门审批、备案，从事营业性旅客和货物运输生产的船舶。
2. 报送时间：3 月 31 日前。

规模以上港口码头泊位数

表　　号：J　T　3　1　0　表
制定机关：国　家　统　计　局
文　　号：国统字〔2019〕3 号
有效期至：2　0　1　9 年 6 月

综合机关名称：交通运输部　　　　20　　年

港口名称	代码	合计			生产用			非生产用		
		码头长度（米）	泊位个数（个）	万吨级	码头长度（米）	泊位个数（个）	万吨级	码头长度（米）	泊位个数（个）	万吨级
甲	乙	1	2	3	4	5	6	7	8	9
沿海港口总计 （主要港口） ¦ **内河港口总计** （主要港口） ¦										

单位负责人：　　　　填表人：　　　　报出日期：20　　年　　月　　日

说明：1. 统计范围：规模以上港口。规模以上港口是指年通过能力在 1000 万吨以上的沿海港口和 200 万吨以上的内河港口，以及从事外贸、集装箱装卸的港口，具体范围由交通运输部划定。
2. 报送时间：3 月 31 日前。

规模以上港口吞吐量

表　　号：J　T　3　1　1　表
制定机关：国　家　统　计　局
文　　号：国统字〔2019〕3 号
有效期至：2　0　1　9 年 6 月

综合机关名称：交通运输部　　　　20　　年

港口名称	代码	旅客吞吐量（万人）		货物吞吐量（万吨）	
			出港		外贸
甲	乙	1	2	3	4
沿海港口总计 （主要港口） ¦ **内河港口总计** （主要港口） ¦					

单位负责人：　　　　填表人：　　　　报出日期：20　　年　　月　　日

说明：1. 统计范围：规模以上港口。规模以上港口是指年通过能力在 1000 万吨以上的沿海港口和 200 万吨以上的内河港口，以及从事外贸、集装箱装卸的港口，具体范围由交通运输部划定。
2. 报送时间：3 月 31 日前。

规模以上港口分货类吞吐量

表　　号：J T 3 1 2 表
制定机关：国　家　统　计　局
文　　号：国统字〔2019〕3 号
有效期至：2 0 1 9 年 6 月

综合机关名称：交通运输部　　　　2 0　　年　　月　　　　计量单位：　　万　　吨

货　　类	代码	沿海港口						内河港口					
		总计	外贸	出港	外贸	进港	外贸	总计	外贸	出港	外贸	进港	外贸
甲	乙	1	2	3	4	5	6	7	8	9	10	11	12
合　计	01												
煤炭及制品	02												
石油天然气及制品	03												
其中：原油	04												
金属矿石	05												
钢铁	06												
矿建材料	07												
水泥	08												
木材	09												
非金属矿石	10												
化肥及农药	11												
盐	12												
粮食	13												
机械、设备、电器	14												
化工原料及制品	15												
有色金属	16												
轻工、医药产品	17												
农林牧渔业产品	18												
其他	19												

单位负责人：　　　　　　填表人：　　　　　　报出日期：2 0　　年　　月　　日

说明：1. 统计范围：规模以上港口。规模以上港口是指年通过能力在 1000 万吨以上的沿海港口和 200 万吨以上的内河港口，以及从事外贸、集装箱装卸的港口，具体范围由交通运输部划定。

2. 报送时间：3 月 31 日前。

全国公路交通量调查情况汇总表

表　　号：J T 3 1 3 表
制定机关：国　家　统　计　局
文　　号：国统字〔2019〕3 号
有效期至：2 0 1 9 年 6 月

综合机关名称：交通运输部　　　　　　2 0　　年

地区	代码	调查机构数量（个）					观测站点数量（个）					
		合计	省级	地（市）级	县级	乡级	合计			连续式观测站		
								国道	省道	小计		
											国道	省道
甲	乙	1	2	3	4	5	6	7	8	9	10	11
全　国	01											
北　京	02											
天　津	03											
河　北	04											
山　西	05											
内蒙古	06											
⋮	…											
新　疆	32											

续表

观测站点数量（个）						观测人员数量（人）	观测记录设备数量（台、套）	年经费投入金额（万元）
间隙式观测站			其他观测站					
小计			小计					
	国道	省道		国道	省道			
12	13	14	15	16	17	18	19	20

单位负责人：　　　　　　填表人：　　　　　　报出日期：2 0　　年　　月　　日

说明：1. 统计范围：辖区内所有交通量观测站点。
2. 观测人员数量是指直接从事交通量观测的人员数量。
3. 年经费投入金额是指每年用于观测站点建设、观测记录设备购置、为观测人员支付的工资以及其他直接用于交通量观测的各项支出。
4. 报送时间：3 月 31 日前。
5. 审核关系：1=2+3+4+5；6=9+12+15；7=10+13+16；8=11+14+17。

国道交通量

表　　号：JT314表
制定机关：国家统计局
文　　号：国统字〔2019〕3号
有效期至：2019年6月

综合机关名称：交通运输部　　　　20　　年

地区	代码	观测里程（公里）	年平均日交通量（辆/日）									
			合计	机动车	汽车							
					绝对合计	折算合计	小型货车	中型货车	大型货车	小型客车	大型客车	拖挂汽车
甲	乙	1	2	3	4	5	6	7	8	9	10	11
全　国	01											
北　京	02											
天　津	03											
河　北	04											
山　西	05											
⋮	⋮											
新　疆	32											

续表

年平均日交通量（辆/日）				交通周转量（亿车公里/日）	通行能力（辆/日）	交通拥挤度
拖拉机			非机动车折算合计			
折算合计	小型拖拉机	大型拖拉机				
12	13	14	15	16	17	18

单位负责人：　　　　填表人：　　　　报出日期：20　年　月　日

说明：1. 统计范围：辖区内所有国道观测点。
2. 报送时间：3月31日前。
3. 审核关系：2=3+15；3=5+12；4=6+7+8+9+10+11；18=2/17。

省道交通量

表　　号：JT315表
制定机关：国家统计局
文　　号：国统字〔2019〕3号
有效期至：2019年6月

综合机关名称：交通运输部　　　　20　　年

地区	代码	观测里程（公里）	年平均日交通量（辆/日）									
			合计	机动车	汽车							
					绝对合计	折算合计	小型货车	中型货车	大型货车	小型客车	大型客车	拖挂汽车
甲	乙	1	2	3	4	5	6	7	8	9	10	11
全　国	01											
北　京	02											
天　津	03											
河　北	04											
山　西	05											
⋮	⋮											
新　疆	32											

续表

年平均日交通量（辆/日）				交通周转量（亿车公里/日）	通行能力（辆/日）	交通拥挤度
拖拉机			非机动车折算合计			
折算合计	小型拖拉机	大型拖拉机				
12	13	14	15	16	17	18

单位负责人：　　　　填表人：　　　　报出日期：20　年　月　日

说明：1. 统计范围：辖区内所有省道观测点。
2. 报送时间：3月31日前。
3. 审核关系：2=3+15；3=5+12；4=6+7+8+9+10+11；18=2/17。

全社会公路分货类运输量

表　　号：J T 3 1 6 表
制定机关：国　家　统　计　局
文　　号：国统字〔2019〕3 号
有效期至：2 0 1 9 年 6 月

综合机关名称：交通运输部　　　　2 0　　年

货　　类	代码	货运量 （万吨）	货物周转量 （万吨公里）
甲	乙	1	2
合计	**01**		
煤炭及制品	02		
石油天然气及制品	03		
其中：原油	04		
金属矿石	05		
钢铁	06		
矿建材料	07		
水泥	08		
木材	09		
非金属矿石	10		
其中：磷矿	11		
化肥及农药	12		
盐	13		
粮食	14		
机械、设备、电器	15		
化工原料及制品	16		
有色金属	17		
轻工、医药产品	18		
其中：日用工业品	19		
农林牧渔业产品	20		
其中：棉花	21		
其他	22		

单位负责人：　　　　填表人：　　　　报出日期：2 0　　年　　月　　日

说明：1. 统计范围：在我国注册或在我国境内从事公路运输活动的全部企事业单位和私人（包括个体）。
2. 报送时间：3 月 31 日前。
3. 审核关系：01=02+03+05+06+07+08+09+10+12+13+14+15+16+17+18+20+22。

全社会水路分货类运输量

表　　号：J T 3 1 7 表
制定机关：国　家　统　计　局
文　　号：国统字〔2019〕3 号
有效期至：2 0 1 9 年 6 月

综合机关名称：交通运输部　　　　20　　年

货　类	代码	货运量（万吨）	货物周转量（万吨公里）
甲	乙	1	2
合计	01		
煤炭及制品	02		
石油天然气及制品	03		
其中：原油	04		
金属矿石	05		
钢铁	06		
矿建材料	07		
水泥	08		
木材	09		
非金属矿石	10		
其中：磷矿	11		
化肥及农药	12		
盐	13		
粮食	14		
机械、设备、电器	15		
化工原料及制品	16		
有色金属	17		
轻工、医药产品	18		
其中：日用工业品	19		
农林牧渔业产品	20		
其中：棉花	21		
其他	22		

单位负责人：　　　　填表人：　　　　报出日期：20　　年　　月　　日

说明：1. 统计范围：在我国注册或在我国境内从事水路运输活动的全部企事业单位和私人（包括个体）。
2. 报送时间：3 月 31 日前。
3. 审核关系：01=02+03+05+06+07+08+09+10+12+13+14+15+16+17+18+20+22。

城市公共交通及客运轮渡情况

表　　号：J T 3 1 8 表
制定机关：国　家　统　计　局
文　　号：国统字〔2019〕3 号
有效期至：2 0 1 9 年 6 月

综合机关名称：交通运输部　　　　　　2 0　　年

地　区	代码	公共汽电车								出租汽车	
		运营车数（辆）	天然气燃料车	液化石油气燃料车	无轨电车	标准运营车数（标台）	运营线路总长度（公里）	公交专用车道长度（公里）	客运总量（万人次）	运营车数（辆）	客运总量（万人次）
甲	乙	1	2	3	4	5	6	7	8	9	10
合计											
1. 按地区分列											
北　京											
天　津											
河　北											
┆											
新　疆											
2. 按城市分列（设市城市）											

续表

轨道交通										客运轮渡	
运营车数（辆）	地铁	轻轨	有轨电车	标准运营车数（标台）	运营线路总长度（公里）	地铁	轻轨	有轨电车	客运总量（万人次）	运营船数（艘）	客运总量（万人次）
11	12	13	14	15	16	17	18	19	20	21	22

单位负责人：　　　　　　填表人：　　　　　　报出日期：2 0　　年　　月　　日

说明：1. 统计范围：各地区从事公共交通运输的企业（单位）和个体运输户。
2. 报送时间：4 月 30 日前。
3. 审核关系：1≥2+3+4；6>7；11≥12+13+14；16≥17+18+19。

城市公共交通及客运轮渡能源消费

表　　号：J T 3 1 9 表
制定机关：国 家 统 计 局
文　　号：国统字〔2019〕3 号
有效期至：2 0 1 9 年 6 月

综合机关名称：交通运输部　　　　2 0　　年

地　区	代码	公共汽电车						轨道交通
		汽油消费量（万吨）	乙醇汽油消费量（万吨）	柴油消费量（万吨）	天然气消费量（万立方米）	液化石油气消费量（万吨）	电力消费量（万千瓦时）	电力消费量（万千瓦时）
甲	乙	1	2	3	4	5	6	7
合　计								
1. 按地区分列								
北　京								
天　津								
河　北								
┆								
新　疆								
2. 按城市(县)分列								

续表

出租汽车				客运轮渡	
汽油消费量（万吨）	乙醇汽油消费量（万吨）	天然气消费量（万立方米）	液化石油气消费量（万吨）	汽油消费量（万吨）	柴油消费量（万吨）
8	9	10	11	12	13

单位负责人：　　　　填表人：　　　　报出日期：2 0　　年　　月　　日

说明：1. 报送分省（区、市）数据。
2. 统计范围：各地区从事公共交通运输的企业（单位）和个体运输户。
3. 报送时间：5 月 31 日前。

公路、水上运输企业主要能源消费与库存

表　　号：J T 3 2 0 表
制定机关：国 家 统 计 局
文　　号：国统字〔2019〕3 号
有效期至：2 0 1 9 年 6 月

综合机关名称：交通运输部　　　　2 0　　年

品　　种	计量单位	代码	期　初库存量	本　年消费量			期　末库存量
					公路运输	水上运输和 港 口	
甲	乙	丙	1	2	3	4	5
煤　　炭	万吨	01					
汽　　油	吨	02					
煤　　油	吨	03					
柴　　油	吨	04					
燃 料 油	吨	05					

单位负责人：　　统计负责人：　　填表人：　　联系电话：　　报出日期：2 0　年　月　日

说明：1. 统计范围：公路运输企业、水上运输企业和港口，不包括部门所管理的工业、建筑业等企业及行政、事业单位。
2. 报送时间：3 月 31 日前。

固定资产投资项目新增生产能力（或工程效益）情况

01　单位名称(盖章)：　　02　项目名称：

基层表编码	项目单位	项目建设地	顺序
03			

表　　号：J T 3 2 1 表
制定机关：国 家 统 计 局
文　　号：国统字〔2019〕3 号
有效期至：2 0 1 9 年 6 月

2 0　　年

新增生产能力(或工程效益)名称	计量单位	代码	建设规模	本年施工规模		累计新增生产能力(或工程效益)	
					本年新开工		本年新增
甲	乙	丙	401	402	403	404	405

单位负责人：　　统计负责人：　　填表人：　　报出日期：2 0　年　月　日

说明：1. 统计范围：各种登记注册类型的法人单位以及个体经营进行的计划总投资 500 万元及以上的建设项目（不包括农户投资、不含军工、国防项目）中有能力目录的项目。
2. 报送时间及方式：3 月底前网上直报。
3. 本表逻辑审核关系：401≥402；401≥404；402≥403；404≥405。

水上货物运输企业营业收入

表　　号：J T 3 2 2 表
制定机关：国 家 统 计 局
文　　号：国统字〔2019〕3 号
有效期至：2 0 2 0 年 1 月

综合机关名称：交通运输部　　　　　　2 0　　年

项目名称	代码	营业收入（亿元）				备注
		2014 年	2015 年	2016 年	平均	
甲	乙	1	2	3	4	丙
水上货物运输企业营业收入	01					
一、远洋	02					
二、沿海散货	03					
三、内河	04					

单位负责人：　　　　填表人：　　　　联系电话：　　　　报出日期：2 0　　年　月　日

说明：1. 报送单位：交通运输部综合规划司。
2. 报送日期及方式：2019 年免报。
3. 主要审核关系：01=02+03+04；宾栏第 4 项=(第 1 项+第 2 项+第 3 项)/3。
4. 邮箱地址：wangzh@gj.stats.cn，xhwang@gj.stats.cn。

绿色发展基本情况（六）

表　　号：J T 7 0 1 表
制定机关：国 家 统 计 局
文　　号：国统字〔2019〕3 号
有效期至：2 0 1 9 年 9 月

综合机关名称：交通运输部　　　　　　2 0　　年

地　区	代码	城市公共交通客运总量（万人次）	县城公共交通客运总量（万人次）
甲	乙	1	2
全　国	**01**		
北　京	02		
天　津	03		
⋮	⋮		
新　疆	32		

单位负责人：　　　　填表人：　　　　报出日期：2 0　　年　　月　　日

说明：1. 本表数据保留整数，报送的电子版和纸质版数据要保持一致。
2. 统计范围：各省、自治区、直辖市。
3. 报送时间：7 月 15 日前。

部门服务业企业财务状况

（表式及指标解释见通用表）

综 合 定 报

公路、水路和港口生产完成情况

表　　号：J T 4 0 1 表
制定机关：国 家 统 计 局
文　　号：国统字〔2019〕3 号
有效期至：2 0 2 0 年 1 月

综合机关名称：交通运输部　　2 0　　年　　月

指标名称	计量单位	代码	本年本月止累计	本月	比上年同期增长（%）	
					累计	本月
甲	乙	丙	1	2	3	4
公路						
客运量	万人	01				
旅客周转量	万人公里	02				
货运量	万吨	03				
货物周转量	万吨公里	04				
高速公路小客车流量	万辆	05				
水运						
客运量	万人	06				
旅客周转量	万人公里	07				
货运量	万吨	08				
货物周转量	万吨公里	09				
港口						
沿海规模以上港口货物吞吐量	万吨	10				
其中：外贸	万吨	11				
内河规模以上港口货物吞吐量	万吨	12				
其中：外贸	万吨	13				
规模以上港口集装箱吞吐量	万 TEU	14				
沿海	万 TEU	15				
内河	万 TEU	16				

单位负责人：　　填表人：　　报出日期：2 0　　年　　月　　日

说明：1. 统计范围：全部公路和水路运输企业、规模以上港口生产企业。
2. 报送时间：3、4、9、12 月月后 8 日前，其他月月后 5 日前。其中，“公路货运量”、“公路货物周转量”当月 24 日前报 1-20 日速报数

全社会分地区公路营业性旅客运输量

表　　号：J T 4 0 2 表
制定机关：国 家 统 计 局
文　　号：国统字〔2019〕3 号
有效期至：2 0 2 0 年 1 月

综合机关名称：交通运输部　　20　年　月

地区	代码	客运量（万人）				旅客周转量（万人公里）			
		本年本月止累计	本月	比上年同期增长(%)		本年本月止累计	本月	比上年同期增长(%)	
				累计	本月			累计	本月
甲	乙	1	2	3	4	5	6	7	8
全　国	**01**								
北　京	02								
天　津	03								
河　北	04								
山　西	05								
内蒙古	06								
⋮	⋮								
新　疆	32								

单位负责人：　　填表人：　　报出日期：20　年　月　日

说明：1. 统计范围：在公路运输管理部门注册登记从事公路运输的营业性载客汽车。
2. 报送时间：3、4、9、12 月月后 8 日前，其他月月后 5 日前。

全社会分地区公路营业性货物运输量

表　　号：J T 4 0 3 表
制定机关：国 家 统 计 局
文　　号：国统字〔2019〕3 号
有效期至：2 0 2 0 年 1 月

综合机关名称：交通运输部　　　　2 0　　年　　月

地　　区	代码	货运量（万吨）				货物周转量（万吨公里）			
		本年本月止累计	本月	比上年同期增长(%)		本年本月止累计	本月	比上年同期增长(%)	
				累计	本月			累计	本月
甲	乙	1	2	3	4	5	6	7	8
全　　国	**01**								
北　　京	02								
天　　津	03								
河　　北	04								
山　　西	05								
内 蒙 古	06								
¦	¦								
新　　疆	32								

单位负责人：　　　　填表人：　　　　报出日期：2 0　　年　　月　　日

说明：1. 统计范围：在公路运输管理部门注册登记从事公路运输的营业性货运车辆。
2. 报送时间：3、4、9、12 月月后 8 日前，其他月月后 5 日前。

全社会分地区水路营业性旅客运输量

表　　号：J T 4 0 4 表
制定机关：国 家 统 计 局
文　　号：国统字〔2019〕3 号
有效期至：2 0 2 0 年 1 月

综合机关名称：交通运输部　　　　2 0　　年　　月

地　　区	代码	客运量（万人）				旅客周转量（万人公里）			
		本年本月止累计	本月	比上年同期增长(%)		本年本月止累计	本月	比上年同期增长(%)	
				累计	本月			累计	本月
甲	乙	1	2	3	4	5	6	7	8
全　　国	**01**								
北　　京	02								
天　　津	03								
河　　北	04								
山　　西	05								
内 蒙 古	06								
¦	¦								
新　　疆	32								

单位负责人：　　　　填表人：　　　　报出日期：2 0　　年　　月　　日

说明：1. 统计范围：在交通运输主管部门审批、备案，从事营业性旅客运输的船舶。
2. 报送时间：3、4、9、12 月月后 8 日前，其他月月后 5 日前。

全社会分地区水路营业性货物运输量

表　　号：J T 4 0 5 表
制定机关：国　家　统　计　局
文　　号：国统字〔2019〕3 号
综合机关名称：交通运输部　　　　20　　年　　月　　　　有效期至：2 0 2 0 年 1 月

地　区	代码	货运量（万吨）				货物周转量（万吨公里）			
		本年本月止累计	本月	比上年同期增长(%)		本年本月止累计	本月	比上年同期增长(%)	
				累计	本月			累计	本月
甲	乙	1	2	3	4	5	6	7	8
全国总计	**01**								
北　京	02								
天　津	03								
河　北	04								
山　西	05								
内 蒙 古	06								
┆	┆								
新　疆	32								
不分地区	33								

单位负责人：　　　　填表人：　　　　报出日期：20　　年　　月　　日

说明：1.统计范围：交通运输主管部门审批、备案，从事营业性货物运输生产的船舶。
　　2.报送时间：3、4、9、12 月月后 8 日前，其他月月后 5 日前。

主要城市公共交通客运量情况

表　　号：J T 4 0 6 表
制定机关：国　家　统　计　局
文　　号：国统字〔2019〕3 号
有效期至：2 0 2 0 年 1 月

综合机关名称：交通运输部　　　　2 0　　年　　月

指标	代码	本年本月止累计（万人次）	本月（万人次）	比上年同期增长（%）	
				累计	本月
甲	乙	1	2	3	4
合　　计	**01**				
按交通方式分列					
公共汽电车	02				
轨道交通	03				
出租汽车	04				
城市客运轮渡	05				

单位负责人：　　　　填表人：　　　　报出日期：2 0　　年　　月　　日

说明：1. 统计范围：36 个中心城市所有从事公共汽电车、轨道交通、城市客运轮渡业务的经营业户以及从事出租客运业务的法人单位。

2. 报送时间：3、4、9、12 月月后 8 日，其他月月后 6 日前。

固定资产投资项目情况

表　　号：J T 4 0 7 表
组织机构代码□□□□□□□□-□　　制定机关：国 家 统 计 局
尚未取得统一社会信用代码的填写原统一社会信用代码□□□□□□□□□□□□□□□□□□　　文　　号：国统字〔2019〕3 号
单位详细名称（盖章）：　　2 0 1 9 年 1 一　月　　有效期至：2 0 2 0 年 1 月

一、项目基本情况

01	项目代码	□□□□□□□□□□-□□□□□□□-□□□		
02	项目名称			
13	投资项目在线审批监管平台统一代码	□□□□-□□□□□□-□□-□□-□□□□□□		
104	报表类别	报表类别　□ A 农业　B 规模以上工业　B1 规模以下工业　C 建筑业　E 批发和零售业 S 住宿和餐饮业　X 房地产开发经营业　F 规模以上服务业　H 投资　U 其他		
204	登记注册类型　□□□ **内资** 110 国有　159 其他有限责任公司 120 集体　160 股份有限公司 130 股份合作　171 私营独资 141 国有联营　172 私营合伙 142 集体联营　173 私营有限责任公司 143 国有与集体联营　174 私营股份有限公司 149 其他联营　190 其他 151 国有独资公司 **港澳台商投资** 210 与港澳台商合资经营 220 与港澳台商合作经营 230 港澳台商独资 240 港澳台商投资股份有限公司 290 其他港澳台投资 **外商投资** 310 中外合资经营 320 中外合作经营 330 外资企业 340 外商投资股份有限公司 390 其他外商投资 **个体经营** 410 个体户 420 个人合伙				
03	项目建设所在地及区划	______省(自治区、直辖市)______市(地、州、盟)______县(市、区、旗) ______乡(镇)__________街(村)、门牌号 区划代码　□□□□□□□□□□□□		
04	联系电话	□□□□□□□□—□□□□□	05 项目行业编码	□□□□
06	控股情况	□　1 国有控股　2 集体控股　3 私人控股　4 港澳台商控股　5 外商控股　9 其他		
07	隶属关系　□□ 10 中央　11 地方　90 其他			
08	建设性质	□　1 新建　2 扩建　3 改建和技术改造　4 单纯建造生活设施　5 迁建　6 恢复　7 单纯购置		
09	项目类别	1 工业企业技术改造项目 2 棚户区改造项目 3 涉农项目	10 项目开工时间	□□□□年□□月
11	本年全部投产时间	□□□□年□□月	12 期末项目建设状态	□　1 在建　2 全部投产　3 全部停缓建

二、项目投资情况

指标名称	计量单位	代码	1—本月	指标名称	计量单位	代码	1—本月
甲	乙	丙	1	甲	乙	丙	1
计划总投资	万元	101		房屋竣工面积	平方米	132	
自开始建设累计完成投资	万元	103		其中：住宅	平方米	133	
本年完成投资	万元	107		房屋竣工价值	万元	134	
其中：本月完成投资	万元	140		其中：住宅	万元	135	
其中：住宅	万元	118		上年末结余资金	万元	302	
按构成分：				本年实际到位资金	万元	303	
建筑工程	万元	108		国家预算资金	万元	304	
安装工程	万元	109		其中：中央预算资金	万元	328	
设备工器具购置	万元	110		国内贷款	万元	305	
其中：购置旧设备	万元	111		债券	万元	306	
其他费用	万元	112		利用外资	万元	307	
其中：旧建筑物购置费	万元	113		自筹资金	万元	311	
其中：建设用地费	万元	114		其他资金来源	万元	318	
本年新增固定资产	万元	128		各项应付款合计	万元	320	
房屋施工面积	平方米	130		其中：工程款	万元	321	
其中：住宅	平方米	131					

单位负责人：　　统计负责人：　　填表人：　　报出日期：2 0　　年　　月　　日

说明：1. 统计范围：各种登记注册类型的法人单位以及个体经营进行的计划总投资 500 万元及以上的建设项目（不包括农户投资、不含军工、国防项目）。

2. 报送日期及方式：3、4、6、12 月月后 10 日，9 月月后 12 日，其他月月后 9 日 12：00 前网上直报。

3. 本表除“计划总投资”、“自开始建设累计完成投资”、“其中：本月完成投资”指标外，其他指标均为自年初至报告期末累计数。

4. 投资项目在线审批监管平台统一代码的填报范围：报告期在建及新开工项目均需填写。该代码由各级发改部门投资项目在线审批监管平台生成。

5. 审核关系：103≥107；107≥140；107≥118；107＝108＋109＋110＋112；110≥111；112≥113＋114；130≥131；132≥133；134≥135；303＝304＋305＋306＋307＋311＋318；304≥328；320≥321。

道路普通货物整车运输非协议价格（线下交易）指数

表　　号：J T 4 0 8 表
制定机关：国 家 统 计 局
文　　号：国统字〔2019〕3 号
有效期至：2 0 2 0 年 1 月

综合机关名称：交通运输部　　　　2 0　年　季

项　　目	代码	以交通运输部确定的基期价格为 100 的指数	以上年同季价格为 100 的指数	以上季价格为 100 的指数
甲	乙	1	2	3
道路普通货物整车运输非协议价格（线下交易）	01			

单位负责人：　　填表人：　　联系电话：　　报出日期：2 0　　年　　月　　日

说明：1. 报送单位：交通运输部公路科学研究院。
2. 报送日期及方式：季后 8 日前电子邮件报送。
3. 定基、同比指数保留 2 位小数，环比指数保留 4 位小数。
4. 邮箱地址：wangzh@gj. stats. cn, xhwang@gj. stats. cn。

内河（长江）货物运输价格指数

表　　号：J T 4 0 9 表
制定机关：国 家 统 计 局
文　　号：国统字〔2019〕3 号
有效期至：2 0 2 0 年 1 月

综合机关名称：交通运输部　　　　2 0　年　季

项　　目	代码	以长江航务管理局确定的基期价格为 100 的指数	以上年同季价格为 100 的指数	以上季价格为 100 的指数
甲	乙	1	2	3
1. 长江干散货	01			
2. 长江集装箱	02			

单位负责人：　　填表人：　　联系电话：　　报出日期：2 0　　年　　月　　日

说明：1. 报送单位：长江航务管理局长江航运发展研究中心报国家统计局城市司并抄送湖北调查总队。
2. 报送日期及方式：季后 8 日前电子邮件报送。
3. 定基、同比指数保留 2 位小数，环比指数保留 4 位小数。
4. 邮箱地址：wangzh@gj. stats. cn， xhwang@gj. stats. cn。

（三）主要指标解释

公路运输　指以汽车为主在公路上运送旅客和货物的一种运输方式。具有线路网密度大、分布广、运输中转环节少等特点，适合承担短途旅客、货物运输及铁路、公路、航空港（站）的集散和接运任务。

公路里程　指在一定时期内实际达到《公路工程技术标准 JTG B01-2003》规定的技术等级的公路，并经公路主管部门正式验收交付使用的公路里程数。包括大、中城市的郊区公路，以及公路通过小城镇（指县城、集镇）街道的公路里程和公路桥梁长度、隧道长度、渡口的宽度以及分期修建的公路已验收交付使用的里程，不包括大、中城市的街道、厂矿、林区生产用道和农业生产用道的里程。两条或多条公路共同经由同一路段，只计算一次，不得重复计算里程长度。按公路技术等级分为等级公路和等外公路，其中等级公路分为高速公路、一级公路、二级公路、三级公路和四级公路。

公路营运汽车拥有量　指报告期末公路运输管理部门注册登记的未办理报废、销、转出手续从事公路运输的营业性客货汽车数量。不包括出租汽车、公共汽车。

普通载货汽车　指具有一般构造的栏板式、平板式及厢式货运汽车，包括自卸车、半挂车、厢式车等。

专用载货汽车　指具有特殊构造及附属设备从事专门用途的货运汽车，包括集装箱车、大件运输车、商品汽车运输车、冷藏保温车、罐车和其他货车。

公路货运量　指一定时期内由各种公路运输工具实际运送到目的地并卸完的货物数量。反映公路货运量的指标有发送货物吨数、到达货物吨数和运送货物吨数。

公路货物周转量　指一定时期内由各种公路运输工具实际完成的货物运量与相应的运送距离的乘积之和。计算公式为：

货物周转量(吨公里)=Σ(每批货物重量×该批货物的运送距离)

公路客运量　指公路运输企业及由其组织的其他单位在一定时期内实际运送的旅客人数。公路客运量的计算方法：不论乘车路程远近和票价的多少，以客票为依据，“人”为计量单位；不足购票年龄的免票儿童不计算客运量。

公路旅客周转量　指一定时期内由各种公路运输工具实际运送的旅客人数与相应的运送距离的乘积之和。计算公式为：

旅客周转量(人公里)=Σ(实际运送的每一旅客×该旅客出发站与到达站间距离)

百公里耗油　指一辆载客(或载货)汽车在公路上行驶一百公里的平均燃油消费量。

行驶里程　指一辆载客(或载货)汽车在调查报告期内运行的总公里数。

加油费用　指一辆载客(或载货)汽车在调查报告期内的加油费用。

水路运输　指利用船舶、排筏和其他浮运工具，在江、河、湖泊、水库、人工水道和海上运送旅客和货物的一种运输方式。在水运运输中，远洋及江海水运干线具有成本低、运量大的特点，适合于大宗货物的运送；支流小河运输线星罗密布，深入小港小巷，沟通城乡货物运输和人员出入。

内河航道通航里程　指在一定时期内，能通航运输船舶及排筏的天然河流、湖泊水库、运河及通航渠道的长度。包括全年季节性通航累计三个月以上的航道，不包括仅供零散流放竹、木排的河道。两省以河为界的航道里程，双方均按一半计算，以免重复。该指标可以反映内河水运网的规模、水平和发展情况。

民用运输船舶拥有量　指报告期末在水路运输管理部门注册登记的从事水上客、货运输活动的我国企业或私人拥有的营业性运输船舶（含我国企业或私人拥有的悬挂外国旗的船舶）数量。不包括非运输船舶及农业、渔业生产船舶。

机动船 又称自航船，指装有各种发动机推进装置，以机械动力行驶的船舶。

驳船 指本身无动力装置，或只设简易动力装置，依靠拖船或推船带动的平底船。

拖船 指专门拖带其他船舶、船队、木排的船舶。

船舶净载重量 指报告期末所拥有船舶的总载重量减去燃(物)料、淡水、粮食及供应品、人员及其行李等的重量及船舶常数后，能够装载货物的实际重量。

水路货运量 指在一定时期内由各种水运工具实际运送的货物数量，包括内河、江海、远洋货运量。

水路货物周转量 指一定时期内由各种水路运输工具实际完成的货物运量与相应的运送距离的乘积之和。

水路客运量 指水运企业及由其组织的其他单位在一定时期内实际运送的旅客人数。

水路旅客周转量 指水运企业和由其组织的其他单位在一定时期内实际运送的旅客人数与相应的运送距离的乘积之和。

自有和租用船舶数量 指该企业自己所有的和租用外单位的从事营业性水路运输的船舶数量，包括悬挂外国旗的船舶，不包括非运输船舶、驳船及农业、渔业生产船舶。

挂靠船舶数量 指挂靠到该企业的从事营业性水路运输的船舶数量，不包括非运输船舶、驳船及农业、渔业生产船舶。

柴油消费量 指该企业从事生产运输和行政管理等全部的柴油消费总量，包括企业租用和挂靠到该企业的从事营业性水路运输的船舶的柴油消费量。

港口 指位于江河湖海或水库沿岸，具有一定的设施和条件(如装卸机械、仓库堆场、码头泊位、客运设备等)，供船舶停靠、旅客上下、货物装卸、生活物料供应或其他专门业务的地方。包括港内水域及紧接水域的陆地。按港口所处的水域分为海港、河港、湖港等；按港口是否对外国船舶开放分为对外开放港口和不对外开放港口。

港口码头长度 指报告期末港口用于靠泊船舶，进行装卸货物和上下旅客地段的实际长度，包括固定的、浮动的各种形式码头的长度。固定式码头，指顺水域自码头的一端至另一端的全部长度。浮动式码头，只计算其本身可靠泊船舶的正面长度，不包括浮动码头两端及其靠岸边的内档长度。

港口码头泊位个数 指设有系靠船舶装置、同时可供靠泊船舶的泊位数量，包括码头泊位、浮筒泊位以及供船舶锚泊的锚地泊位、水路过驳的平台泊位等。供停泊一艘船舶所备的位置，称为一个泊位。按泊位的使用性质可分为生产用泊位和非生产用泊位，按靠泊能力可分为万吨级泊位。

港口货物吞吐量 指经由水路进、出港区范围，并经过装卸的货物数量。按货物流向分为进港吞吐量和出港吞吐量，按货物的贸易性质分为内贸和外贸吞吐量。按货物的类别分，可根据现行的交通行业标准《运输货物分类和代码》分类。

港口旅客吞吐量 指由水路乘船进、出港区范围的旅客人数，不包括免票儿童、船舶船员人数、轮渡和港区内短途客运的旅客人数。按旅客流向分为旅客发送量和旅客到达量。

柴油消费量 指该港口从事装卸生产、辅助生产和行政管理等全部的柴油消费总量。

城市公共交通 指城市中供公众乘用的、经济方便的各种交通方式的总称。包括公共汽车、电车、轨道交通(地铁、轻轨、有轨电车、索道、缆车)、出租汽车、公共轮渡等客运交通设施。

运营线路总长度 指全部运营线路长度之和。计算公式为：

运营线路长度=Σ各条运营线路长度

=Σ〔1/2(上行起点至终点里程+下行起点至终点里程+上下行终点掉头里程)〕

单向行驶的环行线路长度等于起点至终点里程与终点下客站至起点里程之和的一半，不包括折返、试车、联络线等非运营线路。

公交专用车道　指为了调整公共交通车辆与其他社会车辆的路权使用分配关系，提高公共交通车辆运营速度和道路资源利用率，而科学、合理设置的公共交通优先车道、专用车道(路)、路口专用线(道)、专用街道、单向优先专用线(道)等。

运营车数　指城市中用于公共交通运营业务的全部车辆数。地铁和轻轨在统计时一自然节为一辆。出租汽车指已经领取出租汽车专用牌照的运营车辆，包括技术完好的、在修的、长期行驶的以及拟报废尚未经上级机关批准的车辆。

轮渡运营船数　指用于城市客渡运营业务的全部船舶数。不含旅游客轮(长途旅游，市内供游人游览江、河、湖泊的船只)。

城市公共交通客运总量　指报告期内城市公共汽电车、轨道交通和客运轮渡的客运总量。

县城公共交通客运总量　指报告期内县城公共汽电车、轨道交通和客运轮渡的客运总量。

基本概况

单位名称　新建项目填报建设项目的全称。在原有企业、事业单位基础上进行的扩建、改建和技术改造等项目填报本企业、事业单位的全称，不要填简称，也不要随意更改。填项目建设单位的名称，依据立项批复里的内容填写，谁立项填谁，一般来说填该项目投资主体的全称。名称必须是由项目建设单位填报，不允许填基层统计部门或基层政府的名称。

项目名称　主要依据立项批复里的项目名称填写，没有立项的根据项目的具体内容填写。一般来讲，单位名称和项目名称不应相同。

建设地址　指建设项目的建设地点。根据实际情况填列：主体工程在现有企业、事业单位内进行建设的，填现有企业、事业单位地址；主体工程在现有企业、事业单位之外进行建设的，填主体工程的建设地址。

建设地址应填××省(自治区、直辖市)××地(区、市、州、盟)××县(区、市、旗)×××乡(镇、街道、政企合一、开发区)×××居委会(村委会、开发区)

建设地址代码填写所在地区划代码(不是邮政编码)。按国家标准《中华人民共和国行政区划代码》(GB/T2260－2002)执行。代码为十二位数字，第一、二位表示省(自治区、直辖市)；第三、四位表示地(区、市、州、盟)；第五、六位表示县(区、市、旗)；第七、八、九位是乡(镇、街道、政企合一、开发区)代码；第十、十一、十二位是居委会(村委会、开发区)代码。项目单位填写项目主体工程的详细建设地址即可，由基层政府统计部门填写建设地址代码。

对于跨县(区、市、旗)由地(市)主管部门上报的项目，第五、六位是地市主管部门的代码，由地(市)统计局统一规定，第七至十二位规定为“000000”。

对于跨地(市)由省(自治区、直辖市)主管部门上报的项目，第三、四位是省级主管部门的代码，由省(自治区、直辖市)统计局统一规定。第五、六位规定为“00”。

登记注册类型　指企业或企业产业活动单位的登记注册类型，按其在工商行政管理机关登记注册的类型填写。划分企业登记注册类型的依据是工商行政管理部门对企业登记注册的类型，按照国家统计局、国家工商行政管理局联合印发的《关于划分企业登记注册类型的规定》［国统字[2011]86 号］执行。机关、事业单位和社会团体及其他组织的登记注册类型，按其主要经费来源和管理方式，根据实际情况，比照《关于划分企业登记注册类型的规定》确定。划分个体经营登记注册类型的依据是国家统计局相关规定，按照国家统计局《关于“个体经营”登记注册类型分类及代码的通知》［国统办字(1999)2 号］执行。

固定资产投资统计报表制度规定，基层统计单位均要填报登记注册类型。登记注册类型由从事固定资产投资活动的企业或个体经营单位填报。已在工商行政管理部门登记的，按登记注册类型填报，未登记的，按投资者的登记注册类型或有关文件的规定填报。

行业类别 指根据其从事的社会经济活动性质对各类单位进行的分类。应根据建设项目建成投产后的主要产品种类或主要用途及社会经济活动种类来划分，不能根据项目单位本身的行业类别来划分。如果项目投产后有几种产品，应根据主要产品来确定行业类别。如某矿业公司的“镁及镁合金生产线”项目，行业类别应为“镁冶炼”。

行业类别要根据最新的《国民经济行业分类和代码》(GB/T 4754-2011）来填报。行业代码为四位，根据行业小类填写。

一般情况下，一个建设项目只能属于一种国民经济行业。

在现有企业、事业单位中，为适应市场变化而全厂性转产，改变原有主要产品种类或主要经济活动性质(如军工转民用)的，则可根据转产后的主要产品种类或主要经济活动性质来划分国民经济行业种类。

隶属关系 指本单位隶属于哪一级行政管理单位。隶属关系是按建设单位或企业、事业、行政单位主管上级机关确定的。本制度规定基层填报单位的隶属关系有五种：中央、省(自治区、直辖市)、市(地、州、盟)、县(市、区、旗)和其他。项目建设单位由哪一级直接领导或管理，就填哪一级。

建设性质 指固定资产再生产的性质，按整个建设项目的具体情况确定，房地产开发单位免填。一个建设项目只能有一种建设性质。

技术改造 指企业采用新技术、新工艺、新设备、新材料对现有设施、工艺条件及生产服务等进行改造提升，淘汰落后产能，实现内涵式发展的投资活动。根据建设性质划分，技术改造投资包括改建和技术改造项目投资，以及扩建、迁建、恢复和单纯购置项目中属于技术改造性质的项目投资。

开工时间 指项目开始建设的年月。按建设项目设计文件中规定的永久性工程第一次开始施工的年月填写。如果没有设计，按计划方案规定的永久性工程实际开始施工的年月填写。这个指标是计算建设项目建设工期和一定时期内施工项目个数的依据。

建设项目永久性工程的开工时间，一般指永久性工程正式破土开槽开始施工的时间，作为建筑物组成部分的正式打桩也算为开工。在此以前的准备工作，如工程地质勘察、平整场地、旧有建筑物的拆除、临时建筑、施工用临时道路、水、电等工程都不算正式开工。总体设计内的工程开工之前，用迁移补偿费先进行拆迁还建工程的项目不算正式开工。没有土建工程的项目，开工时间填写安装工程开始施工的时间。水利、交通、铁路等需要进行大量土、石方工程的项目，开工时间按开始进行土、石方工程的时间填写。以前年度全部停缓建在本年复工的项目，仍按设计文件中规定的永久性工程第一次正式开工的年月填报，不按复工的时间填报开工时间。

本年全部建成投产时间 指建设项目按计划规定的生产能力（或效益）在本年内按合同规定全部建成，经验收合格或达到竣工验收标准(引进项目并应按合同规定经过试生产考核达到验收标准，经双方签字确认)正式移交生产或交付使用的时间。

控股情况 以法人企业为分类对象，根据企业实收资本中某种经济成分的出资人的实际投资情况进行分类，并按出资人对企业的控股程度,分为绝对控股和相对控股。非法人单位投资项目按投资比重划分。本制度中控股情况具体分为国有控股、集体控股、私人控股、港澳台商控股、外商控股和其他六类。行政和事业单位的投资项目都填国有控股。

期末项目建设状态 指报告期末建设项目状态情况。

在建 指建设项目本年正式进行过建筑或安装施工活动，但在报告期末尚未建成投产,处于建设阶段。包括本期施工项目，也包括以前年度施过工结转到本期尚未开工的建设项目。

报告期末已经成立专门的筹集机构，且财务上可以独立核算的筹建项目，期末建设状态也可以填“在建”，但不计算施工项目个数，不能报送建设用地费，建设用地费只有在项目正式开工时才能报送。不能满足成立筹建机构和独立核算两个条件的项目，只有在项目正式开工时才能上报，不能按筹建项目上报。

城乡分组

城镇固定资产投资　指城镇各种登记注册类型的企业、事业、行政单位及个体户进行的计划总投资500万元及500万元以上的建设项目投资。县城及以上区域内发生的投资，县及县以上各级政府及主管部门直接领导、管理的建设项目和企事业单位的投资均为城镇固定资产投资。

农村固定资产投资　指发生在农村区域范围内的非农户固定资产投资项目完成的投资。不包括县及县以上各级政府及主管部门直接领导、管理的建设项目和企事业单位的投资。

固定资产投资额和新增固定资产

固定资产投资额　指以货币形式表现的在一定时期内建造和购置固定资产的工作量以及与此有关的费用的总称。

计划总投资　是反应固定资产投资在建总规模的重要指标，也是检查工程进度，计算建设周期的依据之一。

计划总投资是指在建的建设工程按照总体设计（或按设计概算或预算）规定的内容全部建成计划需要的总投资。没有总体设计的建设工程，分别按报告期施工工程的计划总投资合计数填报。单纯购置单位应填报单纯购置的计划总投资。计划总投资按以下办法确定填报：

①有上级批准计划总投资的，填列上级批准数额。在上级批准计划总投资后，又批准调整（追加或减少）时，应填列批准后的调整数字；

②无上级批准的计划总投资的，填列有关权威单位编制的概算或预算中的计划总投资；

③前两者都没有的，填列年内施工工程计划总投资。

自开始建设累计完成投资　是指建设项目从开始建设到本年底止累计完成的全部投资。它是反映整个建设项目或企、事业单位建设总进度的指标，其计算范围原则上应与“计划总投资”指标包括的工程内容相一致。报告期前已建成投产或停、缓建工程完成的投资以及拆除、报废工程的投资，仍应包括在内，但转出的“在建工程”累计投资应予以扣除，转入的“在建工程”以前年度完成的投资应当包括。

本年完成投资　指从本年1月1日起至本年最后一天止完成的全部投资额。本年完成投资是反映本年的实际投资规模，计算有关投资效果，进行国民经济核算和经济分析的重要指标。

自年初累计完成投资　是指从本年1月1日起至报告期（月、季、半年）末止累计完成的投资。

本月完成投资　指从本月1日起至本月最后一天止完成的全部投资额。

实际完成投资额是以货币表示的工作量指标，包括实际完成的建筑安装工程价值，设备、工具、器具的购置费，以及实际发生的其他费用。没用到工程实体的建筑材料、工程预付款和没有进行安装的需要安装的设备等，都不能计算投资完成额。

计算投资额所依据的价格：建筑安装工程投资额一般按预算价格计算。实行招标的工程，按中标价格计算。凡经建设单位与施工单位双方协商同意的工程价差、量差，且经建设银行同意拨款的，应视同修改预算价格。建筑安装工程应按修改后的预算价格计算投资完成额。

对于某些工程已进入施工但施工图预算尚未编出的，统计报表可根据工程进度先按设计概算或套用相同的结构、类型工程的预算综合价格计算，待预算编出后再进行调整。

建设单位议价购料供应给施工单位，材料价差部分未转给施工单位的，建设单位应将这部分价差包括在建安工程投资中。

设备、工具、器具购置投资额一律按实际价格，即支出的全部金额计算。外购设备、工具、器具除设备本身的价格外，还应包括运杂费、仓库保管费等。自制的设备、工具、器具，按实际发生的全部支出计算。

其他费用的价格一般按财务部门实际支付的金额计算。

国内贷款利息按报告期实际支付的利息计算投资完成额，并作为增加固定资产的费用处理。

利用国外资金或国家自有外汇购置的国外设备、工具、器具、材料以及支付的各种费用，按实际结算价格折合人民币计算。

住宅本年完成投资 指为建造专供居住使用的房屋而进行的投资，包括建造职工家属宿舍和集体宿舍（包括职工单身宿舍、学生宿舍）等完成的投资。住宅是根据单项工程的直接用途确定的，在计算住宅投资时应将与其有关的设备购置和其他费用一并计入。投资单位只填报自己建造的住宅，不包括购置的商品房。

本年新增固定资产 指已经完成建造和购置过程，并已交付生产或使用单位的固定资产的价值，包括已经建成投入生产或交付使用的工程投资和达到固定资产标准的设备、工具、器具的投资及有关应摊入的费用。

属于增加固定资产价值的其他建设费用，应随同交付使用的工程一并计入新增固定资产。

建设项目个数

施工项目个数、本年投产项目个数和本年新开工项目个数：每一个建设项目只计算为一个项目个数。

施工项目个数 指本年正式进行过建筑或安装施工活动的建设项目个数。包括本年新开工项目，以前年度开工跨入本年继续施工项目，本年全部建成投产项目、以前年度全部停缓建在本年恢复施工的项目，本年进行过施工又在本年内全部停缓建的项目。

本年投产项目个数 指报告期内按设计文件规定建成主体工程和相应配套的辅助设施，形成生产能力或工程效益，经过验收合格，并且已正式投入生产或交付使用的建设项目。建成投产项目个数是反映报告期建设成果和考核投资效果的重要依据。

本年新开工项目个数 指报告期内新开工的建设项目。包括新开工的新建项目、扩建项目、改建项目、单纯建造生活设施项目、迁建项目和恢复项目。新开工项目的确定以总体设计或计划文件中所规定的永久性工程正式开工为准。本年新开工项目个数是反映全年新开工的固定资产投资规模的指标。

房屋建筑面积及价值

房屋施工面积 指报告期内施工的全部房屋建筑面积。包括本期新开工的房屋建筑面积、上期跨入本期继续施工的房屋建筑面积、上期停缓建在本期恢复施工的房屋建筑面积、本期竣工的房屋建筑面积以及本期施工后又停缓建的房屋建筑面积。多层建筑应填各层建筑面积之和。

房屋竣工面积 指报告期内房屋建筑按照设计要求已全部完工，达到住人和使用条件，经验收鉴定合格或达到竣工验收标准，可正式移交使用的各栋房屋建筑面积的总和。

竣工面积以房屋单位工程（栋）为核算对象，在整栋房屋符合竣工条件后按其全部建筑面积一次性计算，而不是按各栋施工房屋中已完成的部分或层次分割计算。

计算本年房屋竣工面积，要求严格执行房屋竣工验收标准。民用建筑一般应按设计要求在土建工程和房屋本身附属的水、电、卫（包括设计中有的煤气、暖气）工程已经完工，通风、电梯等设备已经安装完毕，做到水通、灯亮，经验收鉴定合格，并正式交付给使用单位后，才能计算竣工面积。工业及科研等生产性房屋建筑一般应按设计要求在土建工程（包括水、暖、电、卫、通风）及属于房屋组成部分的生活间、操作间等已经完成（不包括安装设备的基础工程），可以进行工艺设备和管线安装时，方可计算本年房屋竣工面积。

资金来源

本年实际到位资金小计 指固定资产投资单位在报告期收到的，用于固定资产投资的各种货币资金。包括国家预算资金、国内贷款、债券、利用外资、自筹资金和其他资金。

国家预算资金 自 2011 年起，按照全国人大和国务院的要求，各级财政的所有资金，包括税收和非税收入，均必须纳入预算管理，我国已不存在预算外资金的概念，因此各级政府用于固定资产投资的财政资金均为预算资金。由于已经没有预算外资金，因此名称改为国家预算资金，包括中央预算资金和地方预算资金，旧的国家预算内资金的内容和现中央预算资金的内容基本一致。

银行贷款 指报告期内向各商业银行、政策性银行借入的用于项目开发建设的各项贷款。

债券 指企业或金融机构为筹集用于固定资产投资的资金向投资者出具的承诺按一定发行条件还本付息的债务凭证，包括金融债券和企业债券。金融债券是由银行和非银行金融机构发行的债券。在我国目前金融债券主要分两类，一是由国家开发银行、进出口银行等政策性银行发行的政策性金融债券，二是由商业银行、证券公司、财务公司等商业性金融机构发行的商业金融债券。企业债券是工商企业依照法定程序发行的债券。公司债券的发行主体可以是股份公司也可以是非股份公司，可以是上市公司也可以是非上市公司，包括依据《企业债券管理条例》发行的企业债券、依据《公司法》发行的上市公司债券、依据中国人民银行规章发行的中期票据等。

利用外资 指报告期收到的境外（包括外国及港澳台地区）资金(包括设备、材料、技术在内)。包括对外借款(外国政府贷款、国际金融组织贷款、出口信贷、外国银行商业贷款、对外发行债券和股票)、外商直接投资、外商其他投资(包括利用外商投资收益在国内进行固定资产再投资活动的资金)。不包括我国自有外汇资金(国家外汇、地方外汇、留成外汇、调济外汇和国内银行自有资金发放的外汇贷款等)。各类外资按报告期末的外汇牌价（中间价）折成人民币计算。

自筹资金 指固定资产投资单位在报告期收到的，由各企事业单位筹集用于固定资产投资的资金，包括各类企事业单位的自有资金和从其他单位筹集的用于固定资产投资的资金，但不包括各类财政性资金、从各类金融机借入资金和国外资金。与原有的自筹资金概念相比，最大的变化是地方财政资金全部归为国家预算资金，自筹资金中不再含有财政资金。自筹资金包括以下三项内容：

其他资金来源 指在报告期收到的除以上各种资金之外的用于固定资产投资的资金。包括社会集资、个人资金、无偿捐赠的资金及其他单位拨入的资金等。

各项应付款合计 指本年用于固定资产投资的应付未付的投资款，即指拖欠施工单位、生产单位、税务部门、职工个人等的投资款。包括当年应付工程款、应付器材款、应付工资、应付有偿调入器材及工程款、其他应付款、应交税金、应交基建收入、应交能源交通建设基金、应交预算调节基金及其他应交款。各项应付款填报报告期实际增加数（或发生数），即当年因建造和购置固定资产而应付未付的各种应付款，不包括以前年度累计的应付款。

工程款 指应付给施工单位的投资款。

建设规模及新增生产能力(或工程效益)

新增生产能力(或工程效益)名称 指建成投产项目或工程新增生产能力(或工程效益)的名称。基层单位要将建成投产项目或工程的全部生产能力（或工程效益），按《新增生产能力(或工程效益)目录及代码》规定的名称及代码填写。

计量单位 按照《新增生产能力(或工程效益)目录》规定的计量单位填报。

建设规模 指建设项目或工程设计文件中规定的全部设计能力(或工程效益)。包括已经建成投产和尚未建成投产的工程的生产能力(或工程效益)。它是以实物形态表示固定资产投资规模的指标，反映建设项目或工程全部建成投产（或交付使用）后，能够为社会提供多少设计能力（或工程效益）。

建设规模应填写设计任务书或计划文件中规定的全部能力（或效益），如工业企业各主要产品的全部生产能力(设计规定有多种产品的，要将主要产品的设计能力逐一填列)，铁路、公路的总长度等。新建项目按全部设计能力(或工程效益)计算；改、扩建项目或企业、事业单位，按改、扩建设计规定的全部新增加的能力(或工程效益)填写，不包括改、扩建以前原有的生产能力（或工程效益）。没有总体设计的企业填本年施工的全部单项工程的设计能力。

本年施工规模 指报告期内施工的单项工程（或更新改造项目）的设计能力(或工程效益)，包括报告期以前已开工跨入本年继续施工的工程的设计能力和报告期新开工工程的设计能力。也包括报告期内建成投产或报告期施工后又停缓建的单项工程设计能力。不包括在报告期以前建成投产或已经停、缓建的工程，以及报告期内尚未正式开工的工程的设计能力。

本年施工规模是全部建设规模中在本年正式施工的部分，即本年施工的工程或项目的全部设计能力。例如某发电厂经批准建设四台 10 万千瓦发电机组，在报告期以前已建成投产一台；在报告期内施工的二台，其中一台建成投产，还有一台没有开工。则该电厂建设规模为 40 万千瓦，报告期的施工规模为 20 万千瓦。

自开始建设累计新增生产能力(或工程效益) 指自开始建设至本年底止建成投产的全部单项工程累计新增生产能力(或工程效益)。包括报告期以前已经建成投产和报告期内建成投产的单项工程的生产能力(或工程效益)。没有总体设计的企业只填本年施工的全部工程自开始建设至本年底止的累计新增生产能力(或工程效益)。

本年新增生产能力(或工程效益) 指在本年度内按照新增生产能力(或工程效益)的计算条件和标准，实际建成投入生产或交付使用的生产能力(或工程效益)。

计算新增生产能力，原则上应按工程的设计（计划）能力计算。设计能力是指设计中规定的主体工程（或主体设备）及相应配套的辅助工程（或配套设备）在正常情况下能够达到的生产能力。在建设过程中需要调整设计能力时，必须经原批准设计的管理机关批准后，才能按批准修改后的能力计算。如尚未批准，仍按原设计能力计算，并加以说明。无设计（或计划）能力的，可根据验收时的鉴定能力计算。

建成投产的工程，各生产环节的设备已经配齐，符合计算新增生产能力条件的，应按该工程的全部设计能力计算；各生产环节的设备虽未按设计全部配套建成，但保证生产所需的主体设备、配套设备、主体工程、辅助工程都已部分完成，形成生产作业线，经负荷试运转正式投入生产的，只计算设备配齐部分的能力。

水　利　部

（一）报 表 目 录

表号	表名	报告期别	填报范围	报送时间及方式	负责单位	备注
综合年报						
SL301 表	水利综合信息	年报		5 月 31 日前；电子邮件 ncsfxc@gj.stats.cn	农村司	《农林牧渔业统计报表制度》
SL302 表	各地区水资源及供用水情况	年报	各省、自治区、直辖市水行政主管部门	5 月 15 日前；邮寄或电子邮件 nyshjc@stats.gov.cn	能源司	《资源环境综合统计报表制度》
SL303 表	各地区水利情况	年报	各省、自治区、直辖市水行政主管部门			
SL304 表	各流域水利情况	年报	各省、自治区、直辖市水行政主管部门	8 月 15 日前；邮寄或电子邮件 nyshjc@stats.gov.cn		
SL305 表	重点评价湖泊水库水质状况	年报	各省、自治区、直辖市水行政主管部门			
SL306 表	分地区水资源和农村安全饮用水基本情况	年报		6月30日前，通过“国家统计局部门综合数据管理系统”报送数据。	社科文司	
SL701 表	绿色发展基本情况（七）	年报		次年7月15日前；邮寄或电子邮件 nyszhc@ stats.gov.cn	能源司	《绿色发展统计报表制度》（试行）
701 表	部门服务业企业财务状况	年报	水利管理业中执行企业会计制度的单位	6 月 30 日前，电子邮件或内部交换 dczxjtc@stats.gov.cn	服务业司	《部门服务业财务统计报表制度》（试行）
702-1 表	部门服务业行政单位财务状况	年报	水利管理业中执行行政单位会计制度的单位			
702-2 表	部门服务业事业单位财务状况	年报	水利管理业中执行事业单位会计制度的单位			
综合定报						
SL401 表	固定资产投资项目情况	月报		3、4、6、12月月后10日，9月月后12日，其他月月后9日12：00前；网上直报。	投资司	

（二）调 查 表 式

综 合 年 报

水利综合信息

表　　号：S L 3 0 1 表
制定机关：国 家 统 计 局
文　　号：国统字〔2019〕3 号
有效期至：2 0 1 9 年 9 月

综合机关名称：水利部　　　　　　　　2 0　　年

指标名称	计量单位	代码	数量	指标名称	计量单位	代码	数量
甲	丙	乙	1	甲	丙	乙	1
水库数量	座	01		灌区数量	处	18	
按规模分：大（1）型	座	02		按规模分：50 万亩以上	处	19	
大（2）型	座	03		30—50 万亩	处	20	
中型	座	04		10—30 万亩	处	21	
小（1）型	座	05		5—10 万亩	处	22	
小（2）型	座	06		1—5 万亩	处	23	
灌溉面积	千公顷	07		0.2—1 万亩	处	24	
耕地灌溉面积	千公顷	08		渠道长度	公里	25	
林地灌溉面积	千公顷	09		$30m^3/s$ 以上	公里	26	
园地灌溉面积	千公顷	10		$1\ m^3 \sim 30m^3/s$	公里	27	
牧草地灌溉面积	千公顷	11		$0.2\ m^3 \sim 1m^3/s$	公里	28	
新增耕地灌溉面积	千公顷	12		堤防长度	公里	29	
减少耕地灌溉面积	千公顷	13		堤防保护耕地面积	千公顷	30	
按减少原因：建设占地	千公顷	14		乡、村水电站	个	31	
退耕	千公顷	15		装机容量	万千瓦	32	
实际耕地灌溉面积	千公顷	16		发电量	万千瓦时	33	
新增节水灌溉工程面积	千公顷	17		机电井	眼	34	

单位负责人：　　　　　　　　填表人：　　　　　　　　报出日期：2 0　　年　　月　　日

说明：1. 本表报送各省、自治区、直辖市数据及全国汇总数据。
2. 报送时间：5 月 31 日前。
3. 渠道长度指的是流量在 $0.2\ m^3/s$ 及以上的渠道长度。
4. 乡、村水电站指的是装机容量 5 万千瓦及以下农村水电站。

各地区水资源及供用水情况

表　　号：S L 3 0 2 表
制定机关：国 家 统 计 局
文　　号：国统字〔2019〕3 号
有效期至：2 0 1 9 年 9 月

综合机关名称：水利部　　　　2 0　　年

地　区	代码	水资源总量（亿立方米）				降水量		供水总量（亿立方米）			
			地表水资源量	地下水资源量	地表水与地下水重复计算量	亿立方米	毫米		地表水	地下水	其他
甲	乙	1	2	3	4	5	6	7	8	9	10
全　国	**01**										
北　京	02										
天　津	03										
⋮	⋮										
新　疆	32										

续表

用水总量（亿立方米）					用水消耗量（亿立方米）
	农业	工业	生活	生态	
11	12	13	14	15	16

单位负责人：　　　　填表人：　　　　报出日期：2 0　　年　　月　　日

说明：1. 统计范围：各省、自治区、直辖市水行政主管部门。
2. 报送时间：8 月 15 日前。
3. 审核关系：宾栏 1=2+3-4；7=8+9+10；11=12+13+14+15。

各地区水利情况

表　　号：S L 3 0 3 表
制定机关：国 家 统 计 局
文　　号：国统字〔2019〕3 号
有效期至：2 0 1 9 年 9 月

综合机关名称：水利部　　　　　　　　　　2 0　　年

地　区	代码	节水灌溉面积（千公顷）	#喷滴灌	#微灌	#低压管灌	累计除涝面积（千公顷）	本年新增除涝面积（千公顷）	水土保持及生态项目本年完成投资（万元）
甲	乙	1	2	3	4	5	6	7
全　国	**01**							
北　京	02							
天　津	03							
⋮	⋮							
新　疆	32							

续表

累计水土流失治理面积（千公顷）	小流域治理面积	本年新增水土流失治理面积（千公顷）	基本农田	梯田	坝地	其他	水资源总量丰枯程度（%）	农田亩均灌溉用水量（立方米）	大江大河防洪工程建设投入（万元）	农业灌溉用水有效利用系数
8	9	10	11	12	13	14	15	16	17	18

单位负责人：　　　　　　　　填表人：　　　　　　　　报出日期：2 0　　年　　月　　日

说明：1. 统计范围：各省、自治区、直辖市水行政主管部门。
2. 报送时间：5 月 31 日前。
3. 审核关系：宾栏 1≥2+3+4；8≥9；10=11+12+13+14。

各流域水利情况

表　　号：ＳＬ３０４表
制定机关：国　家　统　计　局
文　　号：国统字〔2019〕3号
有效期至：２０１９年９月

综合机关名称：水利部　　　　　２０　　年

流域	代码	水资源总量（亿立方米）				降水量		供水总量（亿立方米）			
			地表水资源量	地下水资源量	地表水与地下水资源重复量	亿立方米	毫米		地表水	地下水	其他
甲	乙	1	2	3	4	5	6	7	8	9	10
全　国	01										
松花江区	02										
#松花江	03										
辽河区	04										
#辽河	05										
海河区	06										
#海河	07										
黄河区	08										
淮河区	09										
#淮河	10										
长江区	11										
#太湖	12										
东南诸河区	13										
珠江区	14										
#珠江	15										
西南诸河区	16										
西北诸河区	17										

续表一

用水总量（亿立方米）					节水灌溉面积（千公顷）			
	农业	工业	生活	生态		#喷滴灌	#微灌	#低压管灌
11	12	13	14	15	16	17	18	19

续表二

流域分区河流水质状况评价河长（千米）	分类河长占评价河长百分比（%）					
	Ⅰ类	Ⅱ类	Ⅲ类	Ⅳ类	Ⅴ类	劣Ⅴ类
20	21	22	23	24	25	26

续表三

累计除涝面积（千公顷）	本年新增除涝面积（千公顷）	累计水土流失治理面积（千公顷）		本年新增水土流失治理面积（千公顷）	重要江河湖泊水功能区水质达标率（%）
			小流域治理面积		
27	28	29	30	31	32

单位负责人：　　　　填表人：　　　　报出日期：２０　　年　　月　　日

说明：1. 统计范围：各流域管理机构。
2. 报送时间：8月15日前。
3. 审核关系：宾栏 1=2+3-4；7=8+9+10；11=12+13+14+15；16≥17+18+19；29≥30。

重点评价湖泊水库水质状况

表　　号：S L 3 0 5 表
制定机关：国　家　统　计　局
文　　号：国统字〔2019〕3 号
综合机关名称：水利部　　　　2 0　　年　　　　有效期至：2 0 1 9 年 9 月

湖泊名称	代码	所在行政区	总体水质状况	主要超标项目	营养状况
甲	乙	1	2	3	4
白洋淀	01				
太　湖	02				
西　湖	03				
⋮	⋮				

单位负责人：　　　　填表人：　　　　报出日期：2 0　　年　　月　　日

说明：1. 统计范围：各省、自治区、直辖市水行政主管部门。
　　2. 报送时间：8 月 15 日前。

分地区水资源和农村安全饮水基本情况

表　　号：S L 3 0 6 表
制定机关：国　家　统　计　局
文　　号：国统字〔2019〕3 号
综合机关名称：水利部　　　　2 0　　年　　　　有效期至：2 0 1 9 年 9 月

地　　区	代码	水资源总量（亿立方米）	人均水资源（立方米）	农村集中式供水受益人口比重（%）	农村饮水安全人口（万人）
甲	乙	1	2	3	4
全　国	01				
北　京	02				
天　津	03				
…	…				
新　疆	32				
新疆兵团	33				

单位负责人：　　　　填表人：　　　　报出日期：2 0　　年　　月　　日

说明：1. 报送时间：6 月 30 日前。
　　2. 审核关系：01=02+03+…+33（3 列除外）。

绿色发展基本情况（七）

表　　号：S L 7 0 1 表
制定机关：国 家 统 计 局
文　　号：国统字〔2019〕3 号
综合机关名称：水利部　　　　20　年　　　　有效期至：2 0 1 9 年 9 月

地　区	代码	用水总量（万吨）	用水总量增长率（%）	万元 GDP 用水量降低率（%）	工业用水量（万吨）	单位工业增加值用水量降低率（%）
甲	乙	1	2	3	4	5
全　国	**01**					
北　京	02					
天　津	03					
⋮	⋮					
新　疆	32					

续表

农田灌溉水有效利用系数	重要江河湖泊水功能区水质达标率（%）	新增水土流失治理面积（万公顷）	新增水土流失治理面积任务完成率（%）	农村自来水普及率（%）
6	7	8	9	10

单位负责人：　　　　填表人：　　　　报出日期：20　年　月　日

说明：1. 农田灌溉水有效利用系数指标数据保留 3 位小数，其他指标数据保留 2 位小数。报送的电子版和纸质版数据要保持一致。
2. 统计范围是各省、自治区、直辖市。
3. 报送时间：7 月 15 日前。

部门服务业企业财务状况

（表式及指标解释见通用表）

部门服务业行政单位财务状况

（表式及指标解释见通用表）

部门服务业事业单位财务状况

（表式及指标解释见通用表）

综合定报

固定资产投资项目情况

表　　号：ＳＬ４０１表
组织机构代码□□□□□□□□-□ 制定机关：国　家　统　计　局
尚未领取统一社会信用代码的填写原统一社会信用代码□□□□□□□□□□□□□□□□□□ 文　　号：国统字〔2019〕3号
单位详细名称（盖章）：　　２０１９年１—　月　　有效期至：２０２０年１月

一、项目基本情况

01	项目代码	□□□□□□□□□□-□□□□□□-□□□
02	项目名称	
13	投资项目在线审批监管平台统一代码	□□□□-□□□□□□-□□-□□-□□□□□□
104	报表类别	报表类别　□ A 农业　B 规模以上工业　B1 规模以下工业　C 建筑业　E 批发和零售业 S 住宿和餐饮业　X 房地产开发经营业　F 规模以上服务业　H 投资　U 其他
204		登记注册类型　□□□ **内资** 110 国有　120 集体　130 股份合作　141 国有联营　142 集体联营　143 国有与集体联营　149 其他联营　151 国有独资公司 159 其他有限责任公司　160 股份有限公司　171 私营独资　172 私营合伙　173 私营有限责任公司　174 私营股份有限公司　190 其他 **港澳台商投资** 210 与港澳台商合资经营　220 与港澳台商合作经营　230 港澳台商独资　240 港澳台商投资股份有限公司　290 其他港澳台投资 **外商投资** 310 中外合资经营　320 中外合作经营　330 外资企业　340 外商投资股份有限公司　390 其他外商投资 **个体经营** 410 个体户　420 个人合伙
03	项目建设所在地及区划	______省（自治区、直辖市）______市（地、州、盟）______县（市、区、旗） ______乡（镇）__________街（村）、门牌号 区划代码　□□□□□□□□□□□□

04	联系电话	□□□□□□□□—□□□□□	05	项目行业编码	□□□□
06	控股情况	□　1 国有控股　2 集体控股　3 私人控股　4 港澳台商控股　5 外商控股　9 其他			
07	隶属关系	□□ 10 中央　11 地方　90 其他			
08	建设性质	□　1 新建　2 扩建　3 改建和技术改造　4 单纯建造生活设施　5 迁建　6 恢复　7 单纯购置			
09	项目类别	1 工业企业技术改造项目 2 棚户区改造项目 3 涉农项目	10	项目开工时间	□□□□年□□月
11	本年全部投产时间	□□□□年□□月	12	期末项目建设状态	□　1 在建　2 全部投产　3 全部停缓建

二、项目投资情况

指标名称	计量单位	代码	1—本月	指标名称	计量单位	代码	1—本月
甲	乙	丙	1	甲	乙	丙	1
计划总投资	万元	101		房屋竣工面积	平方米	132	
自开始建设累计完成投资	万元	103		其中：住宅	平方米	133	
本年完成投资	万元	107		房屋竣工价值	万元	134	
其中：本月完成投资	万元	140		其中：住宅	万元	135	
其中：住宅	万元	118		上年末结余资金	万元	302	
按构成分：				本年实际到位资金	万元	303	
建筑工程	万元	108		国家预算资金	万元	304	
安装工程	万元	109		其中：中央预算资金	万元	328	
设备工器具购置	万元	110		国内贷款	万元	305	
其中：购置旧设备	万元	111		债券	万元	306	
其他费用	万元	112		利用外资	万元	307	
其中：旧建筑物购置费	万元	113		自筹资金	万元	311	
其中：建设用地费	万元	114		其他资金来源	万元	318	
本年新增固定资产	万元	128		各项应付款合计	万元	320	
房屋施工面积	平方米	130		其中：工程款	万元	321	
其中：住宅	平方米	131					

单位负责人：　　　　统计负责人：　　　　填表人：　　　　报出日期：2 0　　年　　月　　日

说明：1. 统计范围：各种登记注册类型的法人单位以及个体经营进行的计划总投资 500 万元及以上的建设项目（不包括农户投资、不含军工、国防项目）。

2. 报送日期及方式：3、4、6、12 月月后 10 日，9 月月后 12 日，其他月月后 9 日 12：00 前网上直报。

3. 本表除“计划总投资”、“自开始建设累计完成投资”、“其中：本月完成投资”指标外，其他指标均为自年初至报告期末累计数。

4. 投资项目在线审批监管平台统一代码的填报范围：报告期在建及新开工项目均需填写。该代码由各级发改部门投资项目在线审批监管平台生成。

5. 审核关系：103≥107；107≥140；107≥118；107＝108＋109＋110＋112；110≥111；112≥113＋114；130≥131；132≥133；134≥135；303＝304＋305＋306＋307＋311＋318；304≥328；320≥321。

（三）主要指标解释

水资源总量 指当地降水形成的地表和地下产水总量，即地表径流量与降水入渗补给量之和。

地表水资源量 指河流、湖泊以及冰川等地表水体中可以逐年更新的动态水量，即天然河川径流量。

地下水资源量 指地下饱和含水层逐年更新的动态水量，即降水和地表水入渗对地下水的补给量。

地表水与地下水重复计算量 指地表水和地下水相互转化的部分，即天然河川径流量中的地下水排泄量，和地下水补给量中来源于地表水的入渗补给量。

供水总量 指各种水源为用水户提供的包括输水损失在内的毛水量。

地表水源供水量 指地表水体工程的取水量，按蓄、引、提、调四种形式统计。从水库、塘坝中引水或提水，均属蓄水工程供水量；从河道或湖泊中自流引水的，无论有闸或无闸，均属引水工程供水量；利用扬水站从河道或湖泊中直接取水的，属提水工程供水量；跨流域调水指水资源一级区或独立流域之间的跨流域调配水量，不包括在蓄、引、提水量中。

地下水源供水量 指水井工程的开采量，按浅层淡水、深层承压水和微咸水分别统计。城市地下水源供水量包括自来水厂的开采量和工矿企业自备井的开采量。

其他水源供水量 包括污水处理再利用、集雨工程、海水淡化等水源工程的供水量。

用水总量 指各类用水户取用的包括输水损失在内的毛水量。

农业用水 包括农田灌溉用水、林果地灌溉用水、草地灌溉用水、鱼塘补水和畜禽用水。

工业用水 指工矿企业在生产过程中用于制造、加工、冷却、空调、净化、洗涤等方面的用水，按新水取用量计，不包括企业内部的重复利用水量。

生活用水 包括城镇生活用水和农村生活用水。城镇生活用水由居民用水和公共用水（含第三产业及建筑业等用水）组成；农村生活用水指居民生活用水。

生态环境补水 仅包括人为措施供给的城镇环境用水和部分河湖、湿地补水，而不包括降水、径流自然满足的水量。

节水灌溉 指用尽可能少的水投入，收得尽可能多的农作物产出的一种灌溉模式，目的是提高水的利用率和水分生产率。节水灌溉面积包括：喷灌面积、微灌面积、管道输水面积、渠道防渗面积和其他节水灌溉面积。

喷滴灌 指利用喷头等专用设备把有压水喷洒到空中，形成水滴落到地面和作物表面的灌水方法。不包括用简易方法临时抗旱的面积。

微灌 微灌属于局部灌水方法，主要包括滴灌、微喷灌等。该技术是根据作物需水要求，将作物生长所需要的水分和养分以较小的流量，均匀、准确地直接输送到作物根部附近。

低压管灌 以管道代替土渠的一种输水工程形式，通常要有一定的工作压力。

渠道防渗 渠道防渗是减少渠道输水过程中水的渗漏损失的一种主要技术措施。该技术是通过使用各种防渗材料（土料、三合土、石料、混凝土、塑料薄膜、沥青等）对传统的输水土渠进行压实、护面、衬砌等处理，以达到防渗和较少渗漏损失的效果。

除涝面积　指由于兴修治涝工程或安装排涝机械等水利设施（或进行改种），使易涝耕地免除淹涝，除涝标准达到三年一遇以上者。易涝面积虽经过治理，但标准尚未达到三年一遇标准的，不作为除涝面积统计。

水土保持及生态项目本年完成投资　指报告期内用于水土保持工程项目以及利用水利措施修复生态系统实际完成的全部投资额。包括大江大河中上游水土保持、重点治理区投资以及流域或区域生态综合治理投资等。

累计水土流失治理面积（水土保持面积）　指在山丘地区水土流失面积上，按照综合治理的原则，采取各种治理措施如：水平梯田、淤地坝、谷坊、造林种草、封山育林育草（指有造林、种草补植任务的）等，以及按小流域综合治理措施所治理的水土流失面积总和。

农村集中式供水受益人口比重　指农村集中式供水人口与农村人口的比例。集中式供水指自水源中取水，通过输配水管网送到用户或者公共取水点的供水方式，包括自建设施供水。为用户提供日常饮用水的供水站和为公共场所、居民社区提供的分质供水也属于集中式供水。农村集中式供水人口统计范围为集中供水人口大于等于 20 人，且有输配水管网的农村供水工程受益人口。农村人口指乡镇（不含县城城区）、村庄、国有农场和林场，以及新疆生产建设兵团的团场和连队的农业户籍人口，包括经常在家或一年内在家居住 6 个月以上，而且经济和生活与本户连成一体的人口。

用水总量　指报告期内各类用户取用的包括输水损失在内的毛水量，包括农业用水、工业用水、生活用水、生态环境补水四类。

用水总量增长率　指报告期内用水总量的增长速度。计算公式为：

$$\text{用水总量增长率} = \left(\frac{\text{本期用水总量}}{\text{上期用水总量}} - 1\right) \times 100\%$$

万元 GDP 用水量降低率　指报告期内万元 GDP 用水量的降低速度。万元 GDP 用水量指报告期内用水总量与国内（地区）生产总值（以万元计，按不变价计算）的比值。计算公式为：

$$\text{万元GDP用水量降低率} = \left(1 - \frac{\text{用水量发展速度}}{\text{国内（地区）生产总值发展速度}}\right) \times 100\%$$

工业用水量　指工矿企业在生产过程中用于制造、加工、冷却、空调、净化、洗涤等方面的用水，按新水取用量计，不包括企业内部的重复利用水量。

单位工业增加值用水量降低率　指报告期内单位工业增加值用水量的降低速度。单位工业增加值用水量指报告期内工业用水量与工业增加值（以万元计，按不变价计算）的比值。计算公式为：

$$\text{单位工业增加值用水量降低率} = \left(1 - \frac{\text{工业用水量发展速度}}{\text{工业增加值发展速度}}\right) \times 100\%$$

农田灌溉水有效利用系数　指报告期内灌入田间可被作物吸收利用的水量与灌溉系统取用的灌溉总水量的比值。计算公式为：

$$\text{农田灌溉水有效利用系数} = \frac{\text{净灌溉水量}}{\text{取用灌溉水总量}}$$

重要江河湖泊水功能区水质达标率 指报告期内水质评价达标的水功能区数量与全部参与考核的水功能区数量的百分比。计算公式为：

$$\text{重要江河湖泊水功能区水质达标率} = \frac{\text{水质评价达标的水功能区数}}{\text{参与考核的水功能区数}} \times 100\%$$

新增水土流失治理面积 水土流失面积是指土壤侵蚀强度为轻度和轻度以上的土地面积。新增水土流失治理面积是指报告期内在水土流失的面积上，按综合治理原则，实施了各种水土保持治理措施，达到国家治理标准的水土流失面积的总和。

新增水土流失治理面积任务完成率 指新增完成水土流失治理面积与水土保持生态建设任务指导性指标的比率，可反映各省水土流失治理年度任务完成情况。水土保持生态建设任务指导性指标根据国务院批复的《全国水土保持规划》（2015-2030 年）水土流失治理任务确定。计算公式为：

$$\text{新增水土流失治理面积任务完成率} = \frac{\text{新增完成水土流失治理面积}}{\text{水土保持生态建设任务指导性指标}} \times 100\%$$

农村自来水普及率 指报告期内农村饮用自来水人口数占农村人口总数的百分比。农村人口是指居住和生活在县城（不含）以下的乡镇、村的常住人口。计算公式为：

$$\text{农村自来水普及率} = \frac{\text{农村饮用自来水人口数}}{\text{农村人口总数}} \times 100\%$$

投资基本概况指标

单位名称 新建项目填报建设项目的全称。在原有企业、事业单位基础上进行的扩建、改建和技术改造等项目填报本企业、事业单位的全称，不要填简称，也不要随意更改。填项目建设单位的名称，依据立项批复里的内容填写，谁立项填谁，一般来说填该项目投资主体的全称。名称必须是由项目建设单位填报，不允许填基层统计部门或基层政府的名称。

项目名称 主要依据立项批复里的项目名称填写，没有立项的根据项目的具体内容填写。一般来讲，单位名称和项目名称不应相同。

建设地址 指建设项目的建设地点。根据实际情况填列：主体工程在现有企业、事业单位内进行建设的，填现有企业、事业单位地址；主体工程在现有企业、事业单位之外进行建设的，填主体工程的建设地址。

建设地址应填××省(自治区、直辖市)××市(地、州、盟)××县(市、区、旗)×××乡(镇、街道、政企合一、开发区)×××居委会(村委会、开发区)

建设地址代码填写所在地区划代码(不是邮政编码)。按国家标准《中华人民共和国行政区划代码》(GB/T2260—2002)执行。代码为十二位数字，第一、二位表示省(自治区、直辖市)；第三、四位表示市(地、州、盟)；第五、六位表示县(市、区、旗)；第七、八、九位是乡(镇、街道、政企合一、开发区)代码；第十、十一、十二位是居委会(村委会、开发区)代码。项目单位填写项目主体工程的详细建设地址即可，由基层政府统计部门填写建设地址代码。

对于跨县(市、区、旗)由地(市)主管部门上报的项目，第五、六位是地市主管部门的代码，由地(市)统计局统一规定，第七至十二位规定为“000000”。

对于跨地(市)由省(自治区、直辖市)主管部门上报的项目，第三、四位是省级主管部门的代码，由省(自治区、直辖市)统计局统一规定。第五、六位规定为“00”。

登记注册类型 指企业或企业产业活动单位的登记注册类型，按其在工商行政管理机关登记注册的类型填写。划分企业登记注册类型的依据是工商行政管理部门对企业登记注册的类型，按照国家统计局、国家工商行政管理局联合印发的《关于划分企业登记注册类型的规定》[国统字[2011]86 号] 执行。机关、事业单位和社会团体及其他组织的登记注册类型，按其主要经费来源和管理方式，根据实际情况，比照《关于划分企业登记注册类型的规定》确定。划分个体经营登记注册类型的依据是国家统计局相关规定，按照国家统计局《关于“个体经营”登记注册类型分类及代码的通知》[国统办字(1999)2 号] 执行。

固定资产投资统计报表制度规定，基层统计单位均要填报登记注册类型。登记注册类型由从事固定资产投资活动的企业或个体经营单位填报。已在工商行政管理部门登记的，按登记注册类型填报，未登记的，按投资者的登记注册类型或有关文件的规定填报。

行业类别　指根据其从事的社会经济活动性质对各类单位进行的分类。应根据建设项目建成投产后的主要产品种类或主要用途及社会经济活动种类来划分，不能根据项目单位本身的行业类别来划分。如果项目投产后有几种产品，应根据主要产品来确定行业类别。如某矿业公司的“镁及镁合金生产线”项目，行业类别应为“镁冶炼”。

行业类别要根据最新的《国民经济行业分类和代码》（GB/T 4754-2017）来填报。行业代码为四位，根据行业小类填写。

一般情况下，一个建设项目只能属于一种国民经济行业。

在现有企业、事业单位中，为适应市场变化而全厂性转产，改变原有主要产品种类或主要经济活动性质(如军工转民用)的，则可根据转产后的主要产品种类或主要经济活动性质来划分国民经济行业种类。

隶属关系　指本单位隶属于哪一级行政管理单位。隶属关系是按建设单位或企业、事业、行政单位主管上级机关确定的。本制度规定基层填报单位的隶属关系有五种：中央、省(自治区、直辖市)、市(地、州、盟)、县(市、区、旗)和其他。项目建设单位由哪一级直接领导或管理，就填哪一级。

建设性质　指固定资产再生产的性质，按整个建设项目的具体情况确定，房地产开发单位免填。一个建设项目只能有一种建设性质。

技术改造　指企业采用新技术、新工艺、新设备、新材料对现有设施、工艺条件及生产服务等进行改造提升，淘汰落后产能，实现内涵式发展的投资活动。根据建设性质划分，技术改造投资包括改建和技术改造项目投资，以及扩建、迁建、恢复和单纯购置项目中属于技术改造性质的项目投资。

开工时间　指项目开始建设的年月。按建设项目设计文件中规定的永久性工程第一次开始施工的年月填写。如果没有设计，按计划方案规定的永久性工程实际开始施工的年月填写。这个指标是计算建设项目建设工期和一定时期内施工项目个数的依据。

建设项目永久性工程的开工时间，一般指永久性工程正式破土开槽开始施工的时间，作为建筑物组成部分的正式打桩也算为开工。在此以前的准备工作，如工程地质勘察、平整场地、旧有建筑物的拆除、临时建筑、施工用临时道路、水、电等工程都不算正式开工。总体设计内的工程开工之前，用迁移补偿费先进行拆迁还建工程的项目不算正式开工。没有土建工程的项目，开工时间填写安装工程开始施工的时间。水利、交通、铁路等需要进行大量土、石方工程的项目，开工时间按开始进行土、石方工程的时间填写。以前年度全部停缓建在本年复工的项目，仍按设计文件中规定的永久性工程第一次正式开工的年月填报，不按复工的时间填报开工时间。

本年全部建成投产时间　指建设项目按计划规定的生产能力（或效益）在本年内按合同规定全部建成，经验收合格或达到竣工验收标准(引进项目并应按合同规定经过试生产考核达到验收标准，经双方签字确认)正式移交生产或交付使用的时间。

控股情况　以法人企业为分类对象，根据企业实收资本中某种经济成分的出资人的实际投资情况进行分类，并按出资人对企业的控股程度，分为绝对控股和相对控股。非法人单位投资项目按投资比重划分。本制度中控股情况具体分为国有控股、集体控股、私人控股、港澳台商控股、外商控股和其他六类。行政和事业单位的投资项目都填国有控股。

期末项目建设状态 指报告期末建设项目状态情况。

在建 指建设项目本年正式进行过建筑或安装施工活动，但在报告期末尚未建成投产，处于建设阶段。包括本期施工项目，也包括以前年度施过工结转到本期尚未开工的建设项目。

报告期末已经成立专门的筹集机构，且财务上可以独立核算的筹建项目，期末建设状态也可以填“在建”，但不计算施工项目个数，不能报送建设用地费，建设用地费只有在项目正式开工时才能报送。不能满足成立筹建机构和独立核算两个条件的项目，只有在项目正式开工时才能上报，不能按筹建项目上报。

城乡分组

城镇固定资产投资 指城镇各种登记注册类型的企业、事业、行政单位及个体户进行的计划总投资500万元及500万元以上的建设项目投资。县城及以上区域内发生的投资，县及县以上各级政府及主管部门直接领导、管理的建设项目和企事业单位的投资均为城镇固定资产投资。

农村固定资产投资 指发生在农村区域范围内的非农户固定资产投资项目完成的投资。不包括县及县以上各级政府及主管部门直接领导、管理的建设项目和企事业单位的投资。

固定资产投资额和新增固定资产

固定资产投资额 指以货币形式表现的在一定时期内建造和购置固定资产的工作量以及与此有关的费用的总称。

计划总投资 是反应固定资产投资在建总规模的重要指标，也是检查工程进度，计算建设周期的依据之一。

计划总投资是指在建的建设工程按照总体设计（或按设计概算或预算）规定的内容全部建成计划需要的总投资。没有总体设计的建设工程，分别按报告期施工工程的计划总投资合计数填报。单纯购置单位应填报单纯购置的计划总投资。计划总投资按以下办法确定填报：

①有上级批准计划总投资的，填列上级批准数额。在上级批准计划总投资后，又批准调整（追加或减少）时，应填列批准后的调整数字；

②无上级批准的计划总投资的，填列有关权威单位编制的概算或预算中的计划总投资；

③前两者都没有的，填列年内施工工程计划总投资。

自开始建设累计完成投资 是指建设项目从开始建设到本年底止累计完成的全部投资。它是反映整个建设项目或企、事业单位建设总进度的指标，其计算范围原则上应与“计划总投资”指标包括的工程内容相一致。报告期前已建成投产或停、缓建工程完成的投资以及拆除、报废工程的投资，仍应包括在内，但转出的“在建工程”累计投资应予以扣除，转入的“在建工程”以前年度完成的投资应当包括。

本年完成投资 指从本年1月1日起至本年最后一天止完成的全部投资额。本年完成投资是反映本年的实际投资规模，计算有关投资效果，进行国民经济核算和经济分析的重要指标。

自年初累计完成投资 是指从本年1月1日起至报告期（月、季、半年）末止累计完成的投资。

本月完成投资 指从本月1日起至本月最后一天止完成的全部投资额。

实际完成投资额是以货币表示的工作量指标，包括实际完成的建筑安装工程价值，设备、工具、器具的购置费，以及实际发生的其他费用。没用到工程实体的建筑材料、工程预付款和没有进行安装的需要安装的设备等，都不能计算投资完成额。

计算投资额所依据的价格：建筑安装工程投资额一般按预算价格计算。实行招标的工程，按中标价格计算。凡经建设单位与施工单位双方协商同意的工程价差、量差，且经建设银行同意拨款的，应视同修改预算价格。建筑安装工程应按修改后的预算价格计算投资完成额。

对于某些工程已进入施工但施工图预算尚未编出的，统计报表可根据工程进度先按设计概算或套用相同的结构、类型工程的预算综合价格计算，待预算编出后再进行调整。

建设单位议价购料供应给施工单位，材料价差部分未转给施工单位的，建设单位应将这部分价差包括在建安工程投资中。

设备、工具、器具购置投资额一律按实际价格，即支出的全部金额计算。外购设备、工具、器具除设备本身的价格外，还应包括运杂费、仓库保管费等。自制的设备、工具、器具，按实际发生的全部支出计算。

其他费用的价格一般按财务部门实际支付的金额计算。

国内贷款利息按报告期实际支付的利息计算投资完成额，并作为增加固定资产的费用处理。

利用国外资金或国家自有外汇购置的国外设备、工具、器具、材料以及支付的各种费用，按实际结算价格折合人民币计算。

住宅本年完成投资 指为建造专供居住使用的房屋而进行的投资，包括建造职工家属宿舍和集体宿舍（包括职工单身宿舍、学生宿舍）等完成的投资。住宅是根据单项工程的直接用途确定的，在计算住宅投资时应将与其有关的设备购置和其他费用一并计入。投资单位只填报自己建造的住宅，不包括购置的商品房。

本年新增固定资产 指已经完成建造和购置过程，并已交付生产或使用单位的固定资产的价值，包括已经建成投入生产或交付使用的工程投资和达到固定资产标准的设备、工具、器具的投资及有关应摊入的费用。

属于增加固定资产价值的其他建设费用，应随同交付使用的工程一并计入新增固定资产。

建设项目个数

施工项目个数、本年投产项目个数和本年新开工项目个数：每一个建设项目只计算为一个项目个数。

施工项目个数 指本年正式进行过建筑或安装施工活动的建设项目个数。包括本年新开工项目，以前年度开工跨入本年继续施工项目，本年全部建成投产项目、以前年度全部停缓建在本年恢复施工的项目，本年进行过施工又在本年内全部停缓建的项目。

本年投产项目个数 指报告期内按设计文件规定建成主体工程和相应配套的辅助设施，形成生产能力或工程效益，经过验收合格，并且已正式投入生产或交付使用的建设项目。建成投产项目个数是反映报告期建设成果和考核投资效果的重要依据。

本年新开工项目个数 指报告期内新开工的建设项目。包括新开工的新建项目、扩建项目、改建项目、单纯建造生活设施项目、迁建项目和恢复项目。新开工项目的确定以总体设计或计划文件中所规定的永久性工程正式开工为准。本年新开工项目个数是反映全年新开工的固定资产投资规模的指标。

房屋建筑面积及价值

房屋施工面积 指报告期内施工的全部房屋建筑面积。包括本期新开工的房屋建筑面积、上期跨入本期继续施工的房屋建筑面积、上期停缓建在本期恢复施工的房屋建筑面积、本期竣工的房屋建筑面积以及本期施工后又停缓建的房屋建筑面积。多层建筑应填各层建筑面积之和。

房屋竣工面积 指报告期内房屋建筑按照设计要求已全部完工，达到住人和使用条件，经验收鉴定合格或达到竣工验收标准，可正式移交使用的各栋房屋建筑面积的总和。

竣工面积以房屋单位工程（栋）为核算对象，在整栋房屋符合竣工条件后按其全部建筑面积一次性计算，而不是按各栋施工房屋中已完成的部分或层次分割计算。

计算本年房屋竣工面积，要求严格执行房屋竣工验收标准。民用建筑一般应按设计要求在土建工程和房屋本身附属的水、电、卫（包括设计中有的煤气、暖气）工程已经完工，通风、电梯等设备已经安装完毕，做到水通、灯亮，经验收鉴定合格，并正式交付给使用单位后，才能计算竣工面积。工业及科研等生产性房屋建筑一般应按设计要求在土建工程（包括水、暖、电、卫、通风）及属于房屋组成部分的生活间、操作间等已经完成（不包括安装设备的基础工程），可以进行工艺设备和管线安装时，方可计算本年房屋竣工面积。

资金来源

本年实际到位资金小计 指固定资产投资单位在报告期收到的，用于固定资产投资的各种货币资金。包括国家预算资金、国内贷款、债券、利用外资、自筹资金和其他资金。

国家预算资金 自 2011 年起，按照全国人大和国务院的要求，各级财政的所有资金，包括税收和非税收入，均必须纳入预算管理，我国已不存在预算外资金的概念，因此各级政府用于固定资产投资的财政资金均为预算资金。由于已经没有预算外资金，因此名称改为国家预算资金，包括中央预算资金和地方预算资金，旧的国家预算内资金的内容和现中央预算资金的内容基本一致。

银行贷款 指报告期内向各商业银行、政策性银行借入的用于项目开发建设的各项贷款。

债券 指企业或金融机构为筹集用于固定资产投资的资金向投资者出具的承诺按一定发行条件还本付息的债务凭证，包括金融债券和企业债券。金融债券是由银行和非银行金融机构发行的债券。在我国目前金融债券主要分两类，一是由国家开发银行、进出口银行等政策性银行发行的政策性金融债券，二是由商业银行、证券公司、财务公司等商业性金融机构发行的商业金融债券。企业债券是工商企业依照法定程序发行的债券。公司债券的发行主体可以是股份公司也可以是非股份公司，可以是上市公司也可以是非上市公司，包括依据《企业债券管理条例》发行的企业债券、依据《公司法》发行的上市公司债券、依据中国人民银行规章发行的中期票据等。

利用外资 指报告期收到的境外（包括外国及港澳台地区）资金(包括设备、材料、技术在内)。包括对外借款(外国政府贷款、国际金融组织贷款、出口信贷、外国银行商业贷款、对外发行债券和股票)、外商直接投资、外商其他投资(包括利用外商投资收益在国内进行固定资产再投资活动的资金)。不包括我国自有外汇资金(国家外汇、地方外汇、留成外汇、调济外汇和国内银行自有资金发放的外汇贷款等)。各类外资按报告期末的外汇牌价（中间价）折成人民币计算。

自筹资金 指固定资产投资单位在报告期收到的，由各企事业单位筹集用于固定资产投资的资金，包括各类企事业单位的自有资金和从其他单位筹集的用于固定资产投资的资金，但不包括各类财政性资金、从各类金融机借入资金和国外资金。与原有的自筹资金概念相比，最大的变化是地方财政资金全部归为国家预算资金，自筹资金中不再含有财政资金。自筹资金包括以下三项内容：

其他资金来源 指在报告期收到的除以上各种资金之外的用于固定资产投资的资金。包括社会集资、个人资金、无偿捐赠的资金及其他单位拨入的资金等。

各项应付款合计 指本年用于固定资产投资的应付未付的投资款，即指拖欠施工单位、生产单位、税务部门、职工个人等的投资款。包括当年应付工程款、应付器材款、应付工资、应付有偿调入器材及工程款、其他应付款、应交税金、应交基建收入、应交能源交通建设基金、应交预算调节基金及其他应交款。各项应付款填报报告期实际增加数（或发生数），即当年因建造和购置固定资产而应付未付的各种应付款，不包括以前年度累计的应付款。

工程款　指应付给施工单位的投资款。

建设规模及新增生产能力(或工程效益)

新增生产能力(或工程效益)名称　指建成投产项目或工程新增生产能力(或工程效益)的名称。基层单位要将建成投产项目或工程的全部生产能力（或工程效益），按《新增生产能力(或工程效益)目录及代码》规定的名称及代码填写。

计量单位　按照《新增生产能力(或工程效益)目录》规定的计量单位填报。

建设规模　指建设项目或工程设计文件中规定的全部设计能力(或工程效益)。包括已经建成投产和尚未建成投产的工程的生产能力(或工程效益)。它是以实物形态表示固定资产投资规模的指标，反映建设项目或工程全部建成投产（或交付使用）后，能够为社会提供多少设计能力（或工程效益）。

建设规模应填写设计任务书或计划文件中规定的全部能力（或效益），如工业企业各主要产品的全部生产能力(设计规定有多种产品的，要将主要产品的设计能力逐一填列)，铁路、公路的总长度等。新建项目按全部设计能力(或工程效益)计算；改、扩建项目或企业、事业单位，按改、扩建设计规定的全部新增加的能力(或工程效益)填写，不包括改、扩建以前原有的生产能力（或工程效益）。没有总体设计的企业填本年施工的全部单项工程的设计能力。

本年施工规模　指报告期内施工的单项工程（或更新改造项目）的设计能力(或工程效益)，包括报告期以前已开工跨入本年继续施工的工程的设计能力和报告期新开工工程的设计能力。也包括报告期内建成投产或报告期施工后又停缓建的单项工程设计能力。不包括在报告期以前建成投产或已经停、缓建的工程，以及报告期内尚未正式开工的工程的设计能力。

本年施工规模是全部建设规模中在本年正式施工的部分，即本年施工的工程或项目的全部设计能力。例如某发电厂经批准建设四台 10 万千瓦发电机组，在报告期以前已建成投产一台；在报告期内施工的二台，其中一台建成投产，还有一台没有开工。则该电厂建设规模为 40 万千瓦，报告期的施工规模为 20 万千瓦。

自开始建设累计新增生产能力(或工程效益)　指自开始建设至本年底止建成投产的全部单项工程累计新增生产能力(或工程效益)。包括报告期以前已经建成投产和报告期内建成投产的单项工程的生产能力(或工程效益)。没有总体设计的企业只填本年施工的全部工程自开始建设至本年底止的累计新增生产能力(或工程效益)。

本年新增生产能力(或工程效益)　指在本年度内按照新增生产能力(或工程效益)的计算条件和标准，实际建成投入生产或交付使用的生产能力(或工程效益)。

计算新增生产能力，原则上应按工程的设计（计划）能力计算。设计能力是指设计中规定的主体工程（或主体设备）及相应配套的辅助工程（或配套设备）在正常情况下能够达到的生产能力。在建设过程中需要调整设计能力时，必须经原批准设计的管理机关批准后，才能按批准修改后的能力计算。如尚未批准，仍按原设计能力计算，并加以说明。无设计（或计划）能力的，可根据验收时的鉴定能力计算。

建成投产的工程，各生产环节的设备已经配齐，符合计算新增生产能力条件的，应按该工程的全部设计能力计算；各生产环节的设备虽未按设计全部配套建成，但保证生产所需的主体设备、配套设备、主体工程、辅助工程都已部分完成，形成生产作业线，经负荷试运转正式投入生产的，只计算设备配齐部分的能力。

农业农村部

（一）报 表 目 录

表号	表名	报告期别	填报范围	报送时间及方式	负责单位	备注
NY301 表	农村土地承包经营情况	年报		5 月 31 日前，电子邮件 ncsfxc@gj.stats.cn	农村司	《农林牧渔业统计报表制度》
NY302 表	家庭农场情况	年报				
NY303 表	农民合作社情况	年报				
NY304 表	农业机械化情况	年报		5 月 31 日前，电子邮件 ncsnyc@gj.stats.cn		
NY305 表	土地规模经营情况	年报				
NY306 表	渔业生产情况	年报		4 月 5 日前，电子邮件 ncsxyc@gj.stats.cn		
NY307 表	各地区农村可再生能源利用情况	年报	农区、牧区及半牧区畜牧业生产经营单位；各省、自治区、直辖市农村能源主管部门	5 月 15 日前，邮寄或电子邮件 nyshjc@stats.gov.cn	能源司	《资源环境综合统计报表制度》
NY701 表	绿色发展基本情况（八）	年报		次年7月15日前；邮寄或电子邮件 nyszhc@stats.gov.cn	能源司	《绿色发展统计报表制度》（试行）

（二）调 查 表 式

综 合 年 报

农村土地承包经营情况

表　　号：N Y 3 0 1 表
制定机关：国 家 统 计 局
文　　号：国统字〔2019〕3 号
有效期至：2 0 1 9 年 9 月

综合机关名称：农业农村部　　　　20　年

指标名称	计量单位	代码	数量
甲	乙	丙	1
一、耕地承包情况	-	-	
（一）家庭承包经营的耕地面积	亩	01	
（二）家庭承包经营的农户数	户	02	
（三）家庭承包合同份数	份	03	
（四）颁发土地承包经营权证份数	份	04	
其中：以其他方式承包颁发的	份	05	
（五）机动地面积	亩	06	
二、家庭承包耕地流转情况	-	-	
（一）家庭承包耕地流转总面积	亩	07	
1.转包	亩	08	
2.转让	亩	09	
3.互换	亩	10	
4.出租	亩	11	
其中：出租给本乡镇以外人口或单位的	亩	12	
5.股份合作	亩	13	
其中：耕地入股合作社的面积	亩	14	
6.其他形式	亩	15	
（二）家庭承包耕地流转去向	-	-	
1.流转入农户的面积	亩	16	
2.流转入专业合作社的面积	亩	17	
3.流转入企业的面积	亩	18	
4.流转入其他主体的面积	亩	19	
（三）流转用于种植粮食作物的面积	亩	20	
（四）流转出承包耕地的农户数	户	21	
（五）签订耕地流转合同份数	份	22	
（六）签订流转合同的耕地流转面积	亩	23	

续表

指标名称	计量单位	代码	数量
甲	乙	丙	1
三、仲裁机构队伍情况	-	-	
（一）仲裁委员会数	个	24	
其中:县级仲裁委员会数	个	25	
（二）仲裁委员会人员数	人	26	
其中:农民委员人数	人	27	
（三）聘任仲裁员数	人	28	
（四）仲裁委员会日常工作机构人数	人	29	
其中:专职人员数	人	30	
四、土地承包经营纠纷调处情况	-	-	
（一）受理土地承包及流转纠纷总量	件	31	
1.土地承包纠纷数	件	32	
(1)家庭承包	件	33	
其中：涉及妇女承包权益的	件	34	
(2)其他方式承包	件	35	
2.土地流转纠纷数	件	36	
(1)农户之间	件	37	
(2)农户与村组集体之间	件	38	
(3)农户与其他主体之间	件	39	
3.其他纠纷数	件	40	
（二）调处纠纷总数	件	41	
其中：涉及妇女承包权益的	件	42	
1.调解纠纷数	件	43	
(1)乡镇调解数	件	44	
(2)村民委员会调解数	件	45	
2.仲裁纠纷数	件	46	
(1)和解或调解数	件	47	
(2)仲裁裁决数	件	48	
五、附报:	-	-	
1. 当年征收征用集体土地面积	亩	49	
其中：涉及农户承包耕地面积	亩	50	
①涉及农户数	户	51	
②涉及人口数	人	52	
2. 当年获得土地补偿费总额	万元	53	
(1)留作集体土地补偿费总额	万元	54	
(2)分配给农户的	万元	55	
其中：分配给被征收征用农户的	万元	56	

单位负责人： 填表人： 报出日期：２０　　年　　月　　日

说明：1. 本表报送各省、自治区、直辖市数据与全国汇总数据。

2. 报送时间：5月31日前。

家庭农场情况

表　　号：N Y 3 0 2 表
制定机关：国 家 统 计 局
文　　号：国统字〔2019〕3 号
综合机关名称：农业农村部　　20　年　　有效期至：2 0 1 9 年 9 月

指标名称	计量单位	代码	数量
甲	乙	丙	1
一、家庭农场基本情况	-	-	
（一）家庭农场数量	个	01	
1.已在工商部门注册	个	02	
其中：注册为个体工商户	个	03	
2.已在农业农村部门认定	个	04	
其中：被县级以上农业农村部门认定为示范性家庭农场	个	05	
（二）家庭农场经营土地面积	亩	06	
1.耕地	亩	07	
其中：（1）家庭承包经营	亩	08	
（2）流转经营	亩	09	
2.草地	亩	10	
3.水面	亩	11	
4.其他	亩	12	
（三）家庭农场劳动力数量	个	13	
1.家庭成员劳动力	个	14	
2.常年雇工劳动力	个	15	
二、家庭农场行业分布情况	-	-	
1.种植业	个	16	
其中：粮食产业	个	17	
（1）经营土地面积 50-200 亩	个	18	
（2）经营土地面积 200-500 亩	个	19	
（3）经营土地面积 500-1000 亩	个	20	
（4）经营土地面积 1000 亩以上	个	21	
2.畜牧业	个	22	
其中：（1）生猪产业	个	23	
（2）奶业	个	24	

续表

指标名称	计量单位	代码	数量
甲	乙	丙	1
3.渔业	个	25	
4.种养结合	个	26	
5.其他	个	27	
三、家庭农场经营情况	–	–	
（一）年销售农产品总值	万元	28	
1.10 万元以下	个	29	
2.10-50 万元	个	30	
3.50-100 万元	个	31	
4.100 万元以上	个	32	
（二）购买农业生产投入品总值	万元	33	
（三）拥有注册商标的家庭农场数	个	34	
（四）通过农产品质量认证的家庭农场数	个	35	
四、扶持家庭农场发展情况	–	–	
（一）获得财政扶持资金的家庭农场数	个	36	
各级财政扶持资金总额	万元	37	
其中：1.省级	万元	38	
2.市级	万元	39	
3.县级及以下	万元	40	
（二）获得贷款支持的家庭农场数	个	41	
获得贷款资金总额	万元	42	
其中：1.20 万元及以下	个	43	
2.20-50 万元	个	44	
3.50 万元以上	个	45	

单位负责人： 填表人： 报出日期：2 0 年 月 日

说明：1. 本表报送各省、自治区、直辖市数据与全国汇总数据。
2. 报送时间：5月31日前。

农民合作社情况

表　　号：N Y 3 0 3 表
制定机关：国 家 统 计 局
文　　号：国统字〔2019〕3 号
综合机关名称：农业农村部　　　　2 0　　年　　有效期至：2 0 1 9 年 9 月

指标名称	计量单位	代码	数量
甲	乙	丙	1
一、农民合作社基本情况	–	–	
（一）农民合作社数	个	01	
其中：被农业主管部门认定为示范社	个	02	
（二）农民合作社成员数	个	03	
其中：1.普通农户数	个	04	
2.专业大户及家庭农场成员数	个	05	
3.企业成员数	个	06	
4.其他团体成员数	个	07	
（三）农民合作社带动非成员农户数	户	08	
二、农民合作社分类情况	–	–	
（一）按从事行业划分	–	–	
1.种植业	个	09	
其中：1.粮食产业	个	10	
2.蔬菜产业	个	11	
2.林业	个	12	
3.畜牧业	个	13	
其中：（1）生猪产业	个	14	
（2）奶业	个	15	
（3）牛羊产业	个	16	
4.渔业	个	17	
5.农林牧渔服务业	个	18	
其中：（1）农机服务	个	19	
（2）植保服务	个	20	
（3）土肥服务	个	21	
（4）金融保险服务	个	22	
6.其他	个	23	
（二）按牵头人身份划分	–	–	
1.农民	个	24	
其中：村组干部	个	25	
2.企业	个	26	
3.基层农技服务组织	个	27	
4.其他	个	28	
（三）按经营服务内容划分	–	–	
1.产加销一体化服务	个	29	
2.生产服务为主	个	30	
3.购买服务为主	个	31	
4.仓储服务为主	个	32	
5.运销服务为主	个	33	
6.加工服务为主	个	34	
7.其他	个	35	
（四）按是否采取土地股份合作划分	–	–	
1.非土地股份合作社数量	个	36	
2.土地股份合作社数量	个	37	
（1）入股土地面积	亩	38	
（2）入股成员数	个	39	

续表

指标名称	计量单位	代码	数量
甲	乙	丙	1
（五）按是否开展内部信用合作划分	–	–	
1.未开展内部信用合作的合作社数	个	40	
2.开展内部信用合作的合作社数	个	41	
其中：（1）涉及合作社成员数	个	42	
（2）合作社成员入股互助资金总额	万元	43	
（3）成员使用互助资金总额	万元	44	
三、农民合作社经营服务情况	–	–	
（一）统一组织销售农产品总值	万元	45	
其中：统一销售农产品达 80%以上的	个	46	
（二）统一组织购买农业生产投入品总值	万元	47	
其中：统一购买比例达 80%以上的	个	48	
（三）培训成员数	人次	49	
（四）实施标准化生产的合作社数	个	50	
（五）拥有注册商标的合作社数	个	51	
（六）通过农产品质量认证的合作社数	个	52	
（七）创办加工实体的合作社数	个	53	
四、农民合作社盈余及其分配情况	–	–	
（一）合作社经营收入	万元	54	
（二）农民专业合作社上缴的税金总额	万元	55	
（三）农民专业合作社盈余	万元	56	
（四）可分配盈余	万元	57	
其中：1. 按交易量返还成员总额	万元	58	
2. 按股分红总额	万元	59	
（五）可分配盈余按交易量返还成员的合作社数	个	60	
其中:60%以上	个	61	
（六）提留公积金、公益金及风险金的合作社数	个	62	
五、扶持农民合作社发展情况	–	–	
（一）当年获得财政扶持资金的合作社数	个	63	
其中：农业农村部门扶持的	个	64	
（二）当年各级财政专项扶持资金总额	万元	65	
（三）当年承担国家涉农项目的合作社数	个	66	
（四）当年贷款余额	万元	67	
六、与农民合作社有关的其他情况	–	–	
（一）其他农民专业合作组织数	个	68	
1.专业协会	个	69	
2.专业联合社	个	70	
3.专业联合会	个	71	
（二）其他农民专业合作组织成员数	个	72	
1.专业协会成员	个	73	
2.专业联合社成员	个	74	
3.专业联合会成员	个	75	
（三）其他农民专业合作组织带动非成员农户数	个	76	

单位负责人： 填表人： 报出日期：2 0 年 月 日

说明：1. 本表报送各省、自治区、直辖市数据与全国汇总数据。

2. 报送时间：5 月 31 日前。

农业机械化情况

表　　号：N Y 3 0 4 表
制定机关：国 家 统 计 局
文　　号：国统字〔2019〕3号
有效期至：2 0 1 9 年 9 月

综合机关名称：农业农村部　　　　2 0　　年

指 标 名 称	计量单位	代码	数量
甲	乙	丙	1
一、农用机械总动力	万千瓦	01	
1. 柴油发动机动力	万千瓦	02	
2. 汽油发动机动力	万千瓦	03	
3. 电动机动力	万千瓦	04	
4. 其它机械动力	万千瓦	05	
二、主要农业机械与设备	—	—	
1. 大中型拖拉机	台	06	
2. 小型拖拉机	台	07	
3. 大中型拖拉机配套农具	台	08	
4. 小型拖拉机配套农具	台	09	
5. 农用排灌电动机	台	10	
6. 农用排灌柴油机	台	11	
7. 联合收获机	台	12	
8. 割晒机	台	13	
9. 机动脱粒机	台	14	
10. 养殖渔船	艘	15	
11. 捕捞渔船	艘	16	
12. 节水灌溉机械	套	17	
13. 农用水泵	台	18	
14. 水稻插秧机	台	19	
15. 畜牧养殖机械	套	20	
16. 渔业机械	套	21	
17. 农产品初加工作业机械	套	22	
18. 林果作业机械	套	23	
19. 农田基本建设机械	套	24	
20. 运输机械	套	25	
21. 农用飞机	架	26	
三、农机作业情况	—	—	
1. 机耕面积	千公顷	27	
2. 机播面积	千公顷	28	
3. 机收面积	千公顷	29	
4. 机灌面积	千公顷	30	
5. 机械植保面积	千公顷	31	
6. 保护性耕作面积	千公顷	32	
7. 机械深松面积	千公顷	33	
8. 农业飞机作业面积	千公顷	34	
9. 农业生产燃油消耗	万吨	35	
10. 农机化经营总收入	万元	36	
11. 农机化总投入	万元	37	

单位负责人：　　　　填表人：　　　　报出日期：2 0　　年　　月　　日

说明：1. 自治区、直辖市数据与全国汇总数据。
　　　2. 报送时间：5月31日前。

土地规模经营情况

表　　号：NY305表
制定机关：国家统计局
文　　号：国统字〔2019〕3号
有效期至：2019年9月

综合机关名称：农业农村部　　　　20　　年

指标名称	计量单位	代码	数量
甲	乙	丙	1
1.经营耕地10亩以下的农户数	万户	01	
2.经营耕地10-30亩的农户数	万户	02	
3.经营耕地30-50亩的农户数	万户	03	
4.经营耕地50-100亩的农户数	万户	04	
5.经营耕地100-200亩的农户数	万户	05	
6.经营耕地200亩以上的农户数	万户	06	

单位负责人：　　　　填表人：　　　　报出日期：20　　年　　月　　日

说明：1.本表报送各省、自治区、直辖市数据与全国汇总数据。
　　　2.报送时间：5月31日前。

渔业生产情况

表　　号：N Y 3 0 6 表
制定机关：国 家 统 计 局
文　　号：国统字〔2019〕3 号
有效期至：2 0 1 9 年 9 月

综合机关名称：农业农村部　　　　2 0　　年

指标名称	计量单位	代码	数量	指标名称	计量单位	代码	数量
甲	丙	乙	1	甲	丙	乙	1
一、水产品产量总计	吨	01		远洋渔业	吨	27	
海水养殖	吨	02		淡水捕捞	吨	28	
鱼类	吨	03		鱼类	吨	29	
甲壳类	吨	04		甲壳类	吨	30	
其中：虾类	吨	05		其中：虾类	吨	31	
蟹类	吨	06		蟹类	吨	32	
贝类	吨	07		贝类	吨	33	
藻类	吨	08		藻类	吨	34	
其他类	吨	09		其他类	吨	35	
淡水养殖	吨	10		**二、水产养殖面积**	千公顷	36	
鱼类	吨	11		海水养殖	千公顷	37	
甲壳类	吨	12		海上养殖	千公顷	38	
其中：虾类	吨	13		滩涂养殖	千公顷	39	
蟹类	吨	14		其他养殖	千公顷	40	
贝类	吨	15		淡水养殖	千公顷	41	
藻类	吨	16		池塘养殖	千公顷	42	
其他类	吨	17		湖泊养殖	千公顷	43	
国内海洋捕捞	吨	18		河沟养殖	千公顷	44	
鱼类	吨	19		水库养殖	千公顷	45	
甲壳类	吨	20		其他养殖	千公顷	46	
其中：虾类	吨	21					
蟹类	吨	22					
贝类	吨	23					
头足类	吨	24					
藻类	吨	25					
其他类	吨	26					

补充资料：稻田养鱼面积（47）________千公顷。

单位负责人：　　　　填表人：　　　　报出日期：2 0　　年　　月　　日

说明：1. 本表报送各省、自治区、直辖市数据与全国汇总数据。
　　2. 报送时间：4 月 5 日前。

各地区农村可再生能源利用情况

表　　号：ＮＹ３０７表
制定机关：国　家　统　计　局
文　　号：国统字〔2019〕3号
有效期至：２０１９年９月

综合机关名称：农业农村部　　　　２０　　年

地　区	代码	沼气池产气总量(万立方米)	户　用沼气池	沼气工程	太阳能热水器(万平方米)	太阳房(万平方米)	太阳灶（台）	生活污水净化沼气池（个）	保护性耕作面积（万公顷）	测土配方施肥面积（万公顷）
甲	乙	1	2	3	4	5	6	7	8	9
全　国	**01**									
北　京	02									
天　津	03									
⋮	⋮									
新　疆	32									
新疆兵团	33									

单位负责人：　　　　填表人：　　　　报出日期：２０　　年　　月　　日

说明：1. 统计范围：农区、牧区及半牧区畜牧业生产经营单位；各省、自治区、直辖市农村能源主管部门。
2. 报送时间：6月30日前。
3. 审核关系：宾栏 1=2+3。

绿色发展基本情况（八）

表　　号：N Y 7 0 1 表
制定机关：国　家　统　计　局
文　　号：国统字〔2019〕3 号
有效期至：2 0 1 9 年 9 月

综合机关名称：农业农村部　　　　2 0　　年

地　区	代码	农作物秸秆综合利用率（%）	受污染耕地安全利用率（%）
甲	乙	1	2
全　国	**01**		
北　京	02		
天　津	03		
⋮	⋮		
新　疆	32		

单位负责人：　　　　填表人：　　　　报出日期：2 0　　年　月　日

说明：1. 本表数据保留 2 位小数，报送的电子版和纸质版数据要保持一致。
2. 统计范围是各省、自治区、直辖市。
3. 报送时间：7 月 15 日前。

（三）主要指标解释

农村土地承包经营情况

家庭承包经营的耕地面积 指按照延长土地承包期三十年不变的政策，农村集体经济组织农户以家庭承包方式承包农村集体所有或国家所有由农民集体使用的耕地面积，包括第二轮延长土地承包期时实行家庭承包经营的耕地面积和园地面积。该指标是为了反映农村土地承包政策的落实情况，由于二轮农村土地延包时许多地方将园地也实行了家庭承包，因此将这部分面积也纳入家庭承包经营的耕地面积进行统计，其统计口径与基本情况统计表中的耕地面积不同。

家庭承包经营的农户数 指按照延长土地承包期三十年不变的政策，以家庭承包方式承包农村集体所有或国家所有由农民集体使用的土地的农户数量。

家庭承包合同份数 指采用家庭承包方式，发包方与承包方签订的土地承包合同份数。

颁发土地承包经营权证份数 指依据《中央办公厅、国务院办公厅关于进一步稳定和完善农村土地承包关系的通知》（中办发[1997]16 号）、《农村土地承包法》以及农业部颁发的《农村土地承包经营权证管理办法》（2003 年农业部令 33 号）的规定，由县级以上地方人民政府印制，并加盖县级以上地方人民政府印章，向承包农户家庭颁发的农村土地承包经营权证书份数。个别省（区、市）向农民颁发了乡级人民政府盖章的土地承包经营权证，也在统计之列，但需结合换发新证逐步规范。包括向以家庭承包方式承包土地的农户家庭颁发的土地承包经营权证，也包括以其他方式承包，经依法登记，由县级以上地方人民政府颁发的土地承包经营权证。

以其他方式承包颁发的（土地承包经营权证份数） 指不宜采取家庭承包方式的荒山、荒沟、荒丘、荒滩等农村土地，通过招标、拍卖、公开协商等方式承包的，经依法登记取得的农村土地承包经营权证份数。

机动地面积 指农村集体经济组织以农户家庭承包方式统一组织承包耕地时，预留的用于解决人地矛盾的耕地面积。新开发或土地整理新增加的耕地没有分包到户的、承包方依法自愿交回的耕地，也应纳入机动地统计。

家庭承包耕地流转总面积 指以家庭承包方式承包土地的农户，按照依法、自愿、有偿的原则通过转包、转让、互换、出租、股份合作等方式，将其家庭承包经营的耕地流转给其他经营者的面积总和。

转包 指农户家庭承包耕地流转面积中，承包农户将承包耕地转给本集体经济组织其他承包农户从事农业生产的耕地面积。转包后原土地承包关系不变，原承包方继续履行原土地承包合同规定的权利义务。接包方按转包时约定的条件对转包方负责。承包方将土地交他人代耕不足一年的除外。

转让 指农户家庭承包耕地流转面积中，承包农户经发包方同意将承包期内部分或全部土地承包经营权让渡给第三方，由第三方履行相应土地承包合同的权利和义务的耕地面积。转让后原土地承包关系自行终止，原承包户承包期内的土地承包经营权部分或全部失去。

互换 指承包方之间为各自需要和便于耕种管理，对属于同一集体经济组织的承包地块进行交换，同时交换相应的土地承包经营权。互换双方的面积均统计在内，如：甲以 3 亩与乙的 2 亩互换，即统计为 5 亩。但明确约定不互换土地承包经营权，只交换耕作的，不列入统计。

出租 指农户家庭承包耕地流转面积中，承包农户将所承包的土地全部或部分租赁给本集体经济组织以外的他人从事农业生产的耕地面积。

出租给乡镇以外人口或单位的 指农户家庭承包耕地流转面积中，承包农户将所承包的土地全部或部分租赁给户籍或注册登记不在本乡镇的人口或单位，从事农业生产的耕地面积。

股份合作 指农户家庭承包耕地流转面积中，承包农户将土地承包经营权量化为股权，入股从事农业合作生产的耕地面积。

耕地入股合作社的面积 指农户家庭承包耕地流转面积中，承包农户将土地承包经营权量化为股权，入股农民专业合作社的耕地面积。

其它形式 指农户家庭承包耕地流转面积中，除采取转包、转让、互换、出租、股份合作形式以外的其它方式流转的耕地面积。包括委托他人代耕不足 1 年的。

流转用于种植粮食作物的面积 指流转用于种植谷类、豆类、薯类等粮食作物的耕地面积。

签订耕地流转合同份数 指以家庭承包方式承包耕地的农户流转耕地承包经营权时，与受让方签订的耕地承包经营权流转合同份数。

仲裁委员会数 指按照《农村土地承包经营纠纷调解仲裁法》设立的农村土地承包仲裁委员会个数。

仲裁委员会人员数 指按照《农村土地承包经营纠纷调解仲裁法》设立的仲裁委员会的组成人员数。

农民委员人数 指仲裁委员会组成人员中，农民代表人数。

聘任仲裁员数 指仲裁委员会依法聘任的专门从事农村土地承包经营纠纷仲裁工作的人员数。

仲裁委员会日常工作机构人数 指依法承担仲裁委员会日常工作的机构的人数。日常工作机构一般由当地农村土地承包管理部门承担，由其他部门承担或单独设立的也应纳入统计范围。

专职人员数 指日常工作机构中专门从事仲裁委员会日常工作的人员数。

受理土地承包及流转纠纷总量 指村民委员会、乡镇人民政府和农村土地承包仲裁委员会受理的农村土地承包经营纠纷数量。

土地承包纠纷数 指因订立、履行、变更、解除和终止农村土地承包合同和因收回、调整承包地以及因确认农村土地承包经营权发生的纠纷数量。

土地流转纠纷数 指因农村土地承包经营权转包、出租、互换、转让、股份合作等流转发生的纠纷数量。

其他纠纷数 指土地承包纠纷、土地流转纠纷以外的农村土地承包经营纠纷数量。包括因侵害农村土地承包经营权发生的纠纷和法律、法规规定的其他农村土地承包经营纠纷等。

调处纠纷总数 指村民委员会、乡镇人民政府和农村土地承包仲裁委员会已经调解和仲裁的纠纷数量。

调解纠纷数 指村民委员会、乡镇人民政府调解处理的纠纷数量。

仲裁纠纷数 指农村土地承包仲裁委员会调解和仲裁的纠纷数量。

当年征收征用集体土地面积：指当年各级人民政府实际征收征用农民集体所有的土地的面积。

（征收征用）涉及农户承包耕地面积 指当年各级人民政府实际征收征用农民集体所有的土地中农户承包的耕地面积。

涉及农户数 指当年各级人民政府实际征收征用农户承包耕地涉及的农户数量。

涉及人口数 指当年各级人民政府实际征收征用农户承包耕地涉及的承包农户家庭人口数量。

当年获得土地补偿费总额 指农村集体经济组织和农民因国家征收征用农村集体土地而得到的土地补偿费、安置补助费、青苗补偿费和地上附着物补偿费总额。

留作集体公积公益金的（补偿费） 指当年各级政府征收征用农民集体所有的土地，支付给农村集体经济组织的补偿费中，留作集体积累的部分。不包括应分配给农户由村组织暂收尚未分配给农户的补偿费（包括地上附着物补偿费、青苗补偿费）。

分配给农户的（补偿费）:指当年农村集体经济组织的农户因各级政府征收征用农村集体所有的土地而得到的补偿费总额，包括土地补偿费、安置补助费、青苗补偿费和地上附着物补偿费。

家庭农场情况

家庭农场 以家庭成员为主要劳动力，从事农业规模化、集约化、商品化生产经营，并以农业为主要收入来源的新型农业经营主体。

纳入本统计的家庭农场应当满足以下条件：

（1）家庭农场经营者应具有农村户籍（即非城镇居民）；

（2）以家庭成员为主要劳动力，即：无常年雇工或常年雇工数量不超过家庭务农人员数量；

（3）家庭农场收入应以农业收入为主。即：农业净收入占家庭农场总收益的80%以上；

（4）经营规模达到一定标准并相对稳定，从事粮食作物的，租期或承包期在5年以上的土地经营面积在50-500亩（一年两熟制地区）或100-1000亩（一年一熟制地区）之间，从事经济作物、养殖业或种养结合的，应达到当地县级以上农业农村部门确定的规模标准；

已在工商部门注册的（家庭农场数量） 在工商部门登记注册的家庭农场数量。

注册为个体工商户（家庭农场数量） 在工商部门登记注册为个体工商户的家庭农场数量。

已在农业农村部门认定的（家庭农场数量） 经农业农村部门审查认定的家庭农场数量。

被县级以上农业农村部门认定为示范性家庭农场的（数量） 指依据县级以上农业农村部门出台的有关办法，审查认定为示范性家庭农场的数量。

家庭农场经营土地面积 指家庭农场实际经营农地的面积。

耕地（面积） 指家庭农场经营土地面积中，按照《土地利用现状分类》(GB/T 21010-2007)，属于耕地的面积。

家庭承包经营（耕地面积） 指家庭农场实际经营耕地面积中以家庭承包方式获得的耕地面积。

流转经营（耕地面积） 指家庭农场实际经营耕地中属于流转而来的面积。

草地（面积） 指家庭农场经营农地面积中属于草地的面积。

水面（面积） 指家庭农场经营农地面积中，用于渔业养殖的水域、滩涂的面积。

其他（面积） 指在家庭农场经营土地总面积中，除耕地、园地、草地、水面之外的面积。

家庭农场劳动力数量 指家庭农场当年从事农业生产经营的家庭成员劳动力和常年雇工总数。

家庭成员劳动力（数量） 指家庭农场劳动力中身份为家庭成员的劳动力数量。

常年雇工劳动力（数量） 指家庭农场受雇期限年均9个月或按年计酬的雇工。

种植业（家庭农场） 指从事粮食作物、经济作物、园艺作物等农作物生产的家庭农场。

粮食产业（家庭农场） 指从事谷物、豆类、薯类等农作物生产的家庭农场。

（粮食产业家庭农场）经营土地面积50-200亩（家庭农场） 指从事种植业土地种植面积在50亩以上，200亩以下的家庭农场。包括50亩的，但不包括200亩的。其他依次类推。

畜牧业（家庭农场数量） 指从事畜禽养殖和繁育的家庭农场。

生猪产业（家庭农场） 指从事饲养和繁育取得生猪的家庭农场。

奶业（家庭农场） 指从事饲养奶牛、奶羊获取牛奶、羊奶为主的家庭农场。

渔业（家庭农场） 指从事水产养殖、繁育的家庭农场。

种养结合（家庭农场） 综合开展种植业、养殖业生产经营的家庭农场。

其他（家庭农场） 指从事除种植业、畜牧业、渔业、种养结合类家庭农场以外的家庭农场。

年销售农产品总值 指家庭农场当年自主生产并出售的农、林、牧、渔等农产品的收入。不包括农民自食自用、赠送亲友部分。

10 万元以下（数量） 指本年度销售农产品总金额在 10 万元以下的家庭农场。

10-50 万元（数量） 指本年度销售农产品总金额在 10 万元以上，50 万元以下的家庭农场。包括 10 万元的，但不包括 50 万元的。其他依次类推。

100 万元以上（年销售农产品总值） 指本年度销售农产品总金额在 100 万元（含 100 万元）以上的家庭农场。

购买农业生产投入品总值 指家庭农场本年度购买的农用生产资料等投入品总金额。

自行注册商标的家庭农场数 指拥有注册商标的家庭农场数量。

通过农产品质量认证的家庭农场数 指通过无公害农产品、绿色食品、有机食品、森林产品等质量认证的家庭农场数量。

获得财政扶持资金的家庭农场数 指获得各级财政资金扶持的家庭农场数量。

各级财政扶持资金总额 指家庭农场当年获得各级财政扶持资金的总额。

省级（财政扶持资金） 指家庭农场当年获得的省级财政扶持资金的金额。

市级（财政扶持资金） 指家庭农场当年获得的市级财政扶持资金的金额。

县级及以下财政扶持资金（金额） 指家庭农场当年获得的县级及以下（乡、镇）财政扶持资金的金额。

获得贷款支持家庭农场的数 指当年获得贷款支持的家庭农场数量。

获得贷款资金总额 指当年家庭农场获得贷款支持资金总额。

20 万元及以下（数量） 指本年度获得贷款支持金额在 20 万元及以下的家庭农场数量。包括 20 万元的。

20-50 万元（数量） 指本年度获得贷款支持金额在 20 万元以上，50 万元以下的家庭农场数量。包括 20 万元的，不包括 50 万元的。

50 万元以上（数量） 指本年度获得贷款支持金额 50 万元以上的家庭农场数量。包括 50 万元的。

农民专业合作社情况

农民专业合作社数 指符合《农民专业合作社法》关于专业合作社的性质、设立条件和程序、成员权利与义务、组织机构、财务管理等要求的名称为农民专业合作社的农民互助性经济组织数量，包括已在工商部门登记和虽未登记但符合上述要求的农民专业合作社，不包括以公司等名称登记注册的股份合作制企业、社区经济合作社、供销合作社、农村信用社等。

被农业主管部门认定为示范社的（合作社数） 指依据农业农村部印发的《农民专业合作社示范社创建标准（试行）》（农经发〔2010〕8 号）；由县级以上（包括县级）农业行政主管部门授予农民专业合作社示范社称号的合作社数量。

农民专业合作社成员数 指农民专业合作社年末在册成员数量。

普通农户数 指农民专业合作社年末在册成员中身份为农民，且未被农业农村部门认定为专业大户和家庭农场标准的成员数量。

专业大户及家庭农场成员数 指农民专业合作社年末在册成员中身份为农民，且被农业农村部门认定为专业大户、家庭农场的成员数量。

企业成员数 指农民专业合作社年末在册成员中身份为企业的成员数量。

其他团体成员数 指除自然人成员外，按照《农民专业合作社法》有关规定加入合作社的企业、事业单位、或社会团体数量。

农民专业合作社带动非成员农户数 指与农民专业合作社发生业务往来的非成员农户数量，包括接受各种服务和培训的非成员农户。

种植业（合作社） 指以粮食作物、经济作物、园艺作物等农作物生产经营服务为主，涉及产品加工、仓储、运输、销售服务的农民专业合作社数量。

粮食产业（合作社） 指以谷物、豆类、薯类生产经营服务为主，涉及加工、仓储、运输、销售服务的农民专业合作社数量。

蔬菜产业 指以蔬菜生产经营服务为主的农民专业合作社数量。

林业（合作社） 指通过栽培林木以获取木材、林产品及其加工品的农民专业合作社数量。

畜牧业（合作社） 指以畜禽养殖、繁育为主，涉及产品、牧草、饲料的加工和销售服务的农民专业合作社数量。

生猪产业（合作社） 指通过饲养、繁育取得生猪产品的农民专业合作社数量。

奶业（合作社） 指通过饲养奶牛、奶羊获取牛奶、羊奶及加工品的农民专业合作社数量。

肉牛羊产业 指通过饲养、繁育取得肉牛羊产品的农民专业合作社数量。

渔业（合作社） 指以水产养殖、繁育及捕捞为主，涉及产品加工和销售服务的农民专业合作社数量。包括海水渔业和淡水渔业。

服务业（合作社） 指专门为农业生产者提供产前、产中、产后服务的农民专业合作社数量。

农机服务（合作社） 指以提供农机作业服务为主的农民专业合作社数量。

植保服务（合作社） 指以提供防治病虫害等植物保护服务为主的农民专业合作社数量。

土肥服务（合作社） 指以提供测土配方施肥、土壤改良等以抬高土壤肥力服务为主的农民专业合作社数量。

金融保险服务（合作社） 指以为专业合作社成员提供金融、互助保险等服务为主的农民专业合作社数量。

其他（合作社） 指除种植业、林业、畜牧业、渔业、服务业以外的农村各行业的农民农民专业合作社数量。

牵头人身份 指农民专业合作社的法定代表人（理事长）或牵头领办人的职业身份。农民专业合作社的负责人由农民担任的属于农民牵头领办，由企业指派的代表担任的属于企业牵头领办，由基层农技服务组织指派的代表担任的属于基层农技服务组织牵头领办，由基层供销社、社会团体等指派的代表担任的纳入其他牵头人领办。

产加销一体化服务 指为成员提供生产、加工、储藏、包装、销售各环节一体化服务的农民专业合作社数。

生产服务为主 指主要为成员生产环节提供服务的农民专业合作社。如：为种植业生产提供耕种、施肥、病虫害防治、收获及生产技术咨询等服务，为养殖业生产提供良种繁育、疫病防治、饲养技术咨询等服务。

购买服务为主 指主要为成员提供购买农业生产资料的农民专业合作社数量。

仓储服务为主 指主要为成员提供仓储服务的农民专业合作社数量。

运销服务为主 指主要为成员提供运输、销售服务的农民专业合作社数量。

加工服务为主 指主要为成员提供农产品加工服务的农民专业合作社数量。

其他（经营服务类型合作社） 指除产加销一体化服务为主、生产服务为主、购买服务为主、仓储服务为主、运销服务为主、加工服务为主类型以外的农民专业合作社数量。

非土地股份合作社数量 指合作社成员不以土地承包经营权入股方式组建的农民专业合作社的数量。

土地股份合作社数量 指以土地承包经营权入股方式组建的农民专业合作社的数量。

入股土地面积 指土地股份合作社年末在册成员入股合作社的土地承包经营权面积。

土地股份合作社成员数 指土地股份合作社社年末在册成员数。

未开展内部信用合作的合作社数量 指未在农民专业合作社成员内部开展资金互助服务的合作社数量。

开展内部信用合作的合作社数量 指在农民专业合作社成员内部开展资金互助服务的合作社数量。

涉及合作社成员数 指本年度参与农民专业合作社内部资金互助服务的成员数量。

合作社成员入股互助资金总额 指本年度参加内部信用合作服务的合作社成员，以入股方式缴纳的互助资金总额。

合作社成员使用互助资金总额 指本年度农民专业合作社成员使用合作社互助资金的总额。

统一组织销售农产品总值 指农民专业合作社本年度为成员和非成员统一组织销售的农产品的总金额。包括农民专业合作社统一为成员和非成员销售产品、接受成员委托代销的产品、企业通过农民专业合作社收购成员的产品。

统一销售农产品 80%以上的（合作社数） 指农民专业合作社本年度为成员统一销售产品占成员当年销售产品总值 80%以上的农民专业合作社数量。

统一组织购买农业生产投入品总值 指农民专业合作社本年度为成员和非成员统一组织购买的农用生产资料等投入品总金额。

统一购买比例达 80%以上的（合作社数） 指农民专业合作社本年度为成员统一购买农业生产投入品占成员当年农业生产投入品购买总额 80%以上的农民专业合作社数量。

培训成员数 指农民专业合作社本年度对成员进行技术、营销以及合作思想等方面培训的累计人次。

拥有注册商标的合作社数 指通过直接注册或经授权许可使用各类农产品商标的农民专业合作社数量。

通过农产品质量认证的合作社数 指通过无公害农产品、绿色食品、有机食品、森林产品等质量认证的合作社数量。

创办加工实体的合作社数 指创办了农产品和非农产品加工实体的农民专业合作社数量。

农民专业合作社经营收入 指合作社为成员提供农业生产资料的购买、农产品的销售、加工、运输、贮藏以及与农业生产经营有关的技术、信息等服务取得的收入，以及销售合作社自己生产的产品、对非成员提供劳务等取得的收入。

农民专业合作社上缴的税金总额 指农民专业合作社上缴的各类税金总额。

农民专业合作社盈余 指合作社本年度获得的盈余总额。即经营收入+投资收益+其他收入-经营支出-管理费用-其他支出

合作社的投资收益 指合作社对外投资分的利润、现金股利和债券利息，以及投资到期收回或者中途转让取得款项高于账面余额的差额等

合作社的其他收入 指合作社除经营收入以外的收入。

合作社经营支出 指合作社为成员提供农业生产资料的购买、农产品的销售、加工、运输、贮藏以及与农业生产经营有关的技术、信息等服务取得的收入，以及销售合作社自己生产的产品、对非成员提供劳务等活动发生的实际成本。

合作社的管理费用 指合作社管理活动发生的各项支出，包括管理人员工资、办公费、差旅费、管理用固定资产折旧、业务招待费、无形资产摊销等。

其他支出 指合作社除经营支出、管理费用以外的支出。

农民专业合作社可分配盈余 指农民专业合作社本年度实现的盈余，在弥补亏损和提取公积金后可在合作社成员中分配的金额，即可分配盈余=总收入-总支出-上交税金-弥补亏损-提取公积金。

按交易量返还成员总额 指农民专业合作社本年度从可分配盈余中按与社员交易量（额）的比例返还给成员的总金额。

按股分红总额 指农民专业合作社本年度以成员账户中记载的出资额和公积金份额，以及本社接受国家财政直接补助和他人捐赠形成的财产平均量化到成员的份额，按比例分配给本社成员的红利金额。

可分配盈余按交易量返还成员的合作社数 指本年度按法律和章程规定，将可分配盈余按与社员交易量（额）的比例返还给成员的农民专业合作社数量。

提留公积金、公益金及风险金的合作社数 指本年度按照法律和章程规定提留公积金、公益金及风险金的农民专业合作社数量。

当年获得财政扶持资金的合作社数 指本年度获得中央、省等各级财政资金扶持的农民专业合作社数量。

农业农村部门扶持（合作社数） 指各级农业农村部门利用财政资金扶持的农民专业合作社数量。

当年各级财政专项扶持资金总额 指本年度中央、省、地、县、乡各级财政对农民专业合作社的专项扶持资金总额。

当年承担国家涉农项目的合作社数 指本年度承担国家涉农财政项目的农民专业合作社数量。

当年贷款余额 指本年末农民专业合作社尚未归还各类金融机构的贷款总额。

其他农民专业合作组织数 指专业协会、专业联合社和专业联合会的数量总和。

专业协会 指由同类农产品的生产经营者或者同类农产品生产服务的提供者、利用者，自愿组织起来，有专业协会或其他名称，有较稳定的会员和组织骨干，有一定的管理和分配办法，以增加成员的收入为目的，为成员提供生产资料的购买，农产品的销售、加工、运输、储藏以及技术、信息服务的民办技术经济合作组织总数。不包括行业协会、学会等社会团体，也不包括以公司等名称登记注册的股份合作制企业、社区经济合作社、供销合作社、农村信用社等。

专业联合社 指由 3 个以上专业合作社为主体，自愿联合成立的农民专业合作经济联合组织，一般称为专业联合社。

专业联合会 指由 3 个以上专业协会为主体，自愿联合成立的农民专业合作经济联合组织，一般称为专业联合会。

其他农民专业合作组织成员数 指专业协会、专业联合社和专业联合会成员的数量总和。

专业协会成员 指专业协会年末在册成员数。

专业联合社成员 指专业联合社的年末团体成员数，即加入专业联合社的农民专业合作社数量。

专业联合会成员 指专业联合会的年末团体成员数，即加入专业联合会的农民专业协会数量。

其他农民专业合作组织带动非成员农户数 指与农民专业协会、专业联合社和专业联合会发生业务往来的非成员农户数量，包括接受各种服务和培训的非成员农户。

农业机械化情况

农业机械总动力　指全部农业机械动力的额定功率之和。农业机械是指用于种植业、畜牧业、渔业、农产品初加工、农用运输和农田基本建设等活动的机械及设备。

大中型拖拉机　指发动机额定功率在 14.7 千瓦（含 14.7 千瓦即 20 马力）以上的拖拉机，有链轨式和轮式两种。

小型拖拉机　指发动机额定功率在 2.2 千瓦（含 2.2 千瓦）以上，小于 14.7 千瓦的拖拉机，包括小四轮与手扶式。

拖拉机配套农具　指由拖拉机牵引或悬挂的田间移动作业机具，例如机引犁、旋耕机、机引耙、播种机等农具。与大中型拖拉机配套使用的农具称大中型拖拉机配套农具；与小型拖拉机配套使用的农具称小型拖拉机配套农具。

联合收获机　指能一次完成作物收获的切割（摘穗）、脱粒、分离、清选等其中多项工序的机械。联合收获机按用途分为稻麦联合收割机和玉米联合收获机。

割晒机　指一次仅能完成收割和禾秆铺放的机械，包括割捆机。该项统计仅指小麦、水稻和玉米的割晒机。

机动脱粒机　指由动力机械驱动专门进行农作物脱粒的作业机械。

养殖渔船　指从事渔业养殖业活动的渔船。

捕捞渔船　指从事渔业捕捞业活动的渔船。

节水灌溉类机械　包括微灌、喷灌、滴灌、渗灌机械。计量单位为套，一台水泵不论配多少喷头，均作为一套统计。利用天然水流或水利工程落差的压力进行自流喷灌的自压喷灌系统，也应统计在内。

农用水泵　指用于农业生产的各类水泵。与节水灌溉类机械配套的水泵不统计在内。

机耕面积　指当年使用拖拉机或其他动力机械耕作过的农作物面积，包括耕翻、旋耕、深松等，不包括在实施保护性耕作的耕地上的深松。年内一公顷耕地上种植两茬作物，且都进行了机械耕作，按二公顷统计，种植多茬作物的类推。但对同一茬作物，当年不论耕作几次仍按一公顷统计。

机播面积　指当年使用农用动力机械驱动播种机、移栽机、水稻插秧机等播种、栽插各种作物的实际作业面积。

机收面积　指当年使用联合收割机或机动收割机等动力机械收获各种农作物的面积。它按收获面积计算，收获多少计算多少。

机灌面积　指在当年有效灌溉面积中，使用机灌和电灌的耕地面积（自然面积）。

渔业生产情况

水产品产量　指渔业（捕捞和养殖）生产活动的最终有效成果，包括全部海水和淡水鱼类、甲壳类（虾、蟹）、贝类、头足类、藻类和其它类渔业产品的最终产量。不包括渔业生产过程中的中间成果，如鱼苗、鱼种、亲鱼、转塘鱼、存塘鱼和自用作饵料的产品等。水产品在上岸前已经腐烂变质，不能供人食用或加工成其它制品的，不统计在水产品产量中。

捕捞产量　指捕捞天然生长的水产品数量。

养殖产量　指人工养殖并已起水的水产品数量。

淡水水产品产量　指在淡水水域中捕捞和人工养殖的水产品产量之和。

淡水捕捞产量　指在淡水水域中捕捞的水产品产量。包括虾蟹类（甲壳类）、贝类、藻类和其他类等。

淡水养殖产量　指在淡水水域中人工投放苗种（不包括灌江纳苗）并进行人工饲养管理的、并已捕捞起水的水产品产量。稻田养殖起水产品产量也计入淡水水域养殖产量中。淡水养殖产品包括鱼类、甲壳类（虾、蟹）、贝类、藻类和其他类产品。

海水水产品产量 指在海洋水域中捕捞和人工养殖的水产品产量之和。

海水捕捞产量 指海洋捕捞天然生长的水产品产量。海水捕捞产品包括鱼类、虾蟹类（甲壳类）、贝类、藻类和其他类。

海水养殖产量 指利用海水进行人工投放苗种或天然纳苗并进行人工饲养管理的、并已捕捞起水的水产品产量。海水养殖产品包括鱼类、虾蟹类（甲壳类）、贝类、藻类、其他类。

水产品养殖面积 指在报告期内实际用于养殖水产品的水面面积，包括海水养殖面积和淡水养殖面积。在报告期内无论是否全部收获或尚未收获其产品，均应统计在养殖面积中。但有些水面不投放苗种或投放少量苗种，只进行一般管理的，不统计为养殖面积。养殖面积法定计量单位为公顷。

淡水养殖面积 是指在淡水水域养殖水产品的水面面积，包括池塘、湖泊、河沟、水库及其他。工厂化、稻田养殖不计入养殖总面积。

海水养殖面积 指利用天然海水用于养殖水产品的水面面积，包括海上养殖、滩涂养殖、陆基养殖。工厂化、深水网箱不计入养殖面积。

可再生能源利用情况

户用沼气池 指专门为一家一户修建并使用的沼气发酵装置，包括联户沼气，以联户规模为计算依据。

沼气工程 采用厌氧消化技术处理各类有机废弃物（水）制取沼气的系统工程。其规模按沼气工程的日产沼气量、厌氧消化装置的容积以及配套系统等指标划分为特大型、大型、中型和小型等四种。具体划分标准详见《沼气工程规模分类》（NY／T667－2011）。

太阳能热水器 指利用太阳辐射能转换成热能，提供生活、生产用热水的装置。目前在农村地区推广应用的绝大部分采用平板集热器结构和真空管集热器两种形式。本统计中需要统计的太阳能热水器不包括城市和县城城市居民使用的情况。

太阳房 指利用太阳能辐射进行采暖或降温的房子，通常情况下，在房屋的南面加装双层隔热玻璃、蓄热墙或阳光间，在房屋的北面和屋顶增加保温措施，从而实现冬暖夏凉。太阳房主要应用于冬季需要采暖的北方和高寒地区，多应用于农村民宅、中小学校、乡镇办公楼、敬老院、卫生所等。

太阳灶 指能够把太阳辐射能通过反射聚光的方式直接转换为热能，供人们从事饮事活动的灶具。

生活污水净化沼气池 指结合了厌氧发酵技术的污水综合处理系统，采用“厌氧—兼性过滤—（好氧）”等工艺，多级自流、分级处理、逐段降解，实现综合利用或达标排放。

农作物秸秆综合利用率 指报告期内综合利用的秸秆量占秸秆可收集资源量的百分比。秸秆综合利用包括秸秆肥料化、饲料化、基料化、原料化、燃料化利用，如：秸秆气化、秸秆饲料、秸秆还田、秸秆编织、秸秆燃料等。计算公式为：

$$\text{农作物秸秆综合利用率}=\frac{\text{综合利用秸秆量}}{\text{秸秆可收集资源量}}\times 100\%$$

受污染耕地安全利用率 指通过各类措施，实现食用农产品达标生产或耕地安全利用的受污染耕地面积之和占本区域全部受污染耕地面积的比例。计算公式为：

$$\text{受污染耕地安全利用率}=\frac{\text{受污染耕地安全利用面积}}{\text{受污染耕地面积}}\times 100\%$$

商　务　部

（一）报 表 目 录

表号	表名	报告期别	填报范围	报送时间及方式	负责单位	备注
综合年报						
SW301 表	国外技术引进合同情况	年报		6 月 20 日前，通过“国家统计局部门综合数据管理系统”报送数据。		
SW302 表	文化产品进出口情况	年报		6 月 30 日前，电子邮件 skszhc@stats.gov.cn	社科文司	
SW303 表	文化产品前十五位进出口市场情况	年报				
SW304 表	家政服务业企业情况	年报				
SW305 表	主要国家（地区）外商直接投资情况（按行业分）	年报		2 月 28 日前，电子邮件 mjswjc@gj.stats.cn	贸易外经司 联系电话：68782557	
SW306 表	外商投资企业经营情况	年报		7 月 31 日前，电子邮件 mjswjc@gj.stats.cn		
SW307 表	对外直接投资情况	年报		9 月 30 日前，磁（纸）介质，内部交换		
SW309 表	对外承包工程情况	年报		3 月 31 日前，磁（纸）介质，内部交换		
SW310 表	对外劳务合作情况	年报		3 月 31 日前，磁（纸）介质，内部交换		
SW311 表	国家级经济技术开发区年度情况	年报		次年 6 月 30 日前，电子邮件，mjswjc@gj.stats.cn		
701 表	部门服务业企业财务状况	年报	从事拍卖活动的执行企业会计制度的单位	6 月 30 日前，电子邮件或内部交换 dczxjtc@stats.gov.cn	服务业司	《部门服务业财务统计报表制度》（试行）
			会议及展览服务业中执行企业会计制度的单位			
702-1 表	部门服务业行政单位财务状况	年报	会议及展览服务业中执行行政单位会计制度的单位			
702-2 表	部门服务业事业单位财务状况	年报	会议及展览服务业中执行事业单位会计制度的单位			

表号	表名	报告期别	填报范围	报送时间及方式	负责单位	备注
综合定报						
SW401 表	对外劳务合作人员构成情况	月报		月后 30 日前，磁(纸)介质，内部交换	贸易外经司联系电话：68782557	
SW402 表	对外承包工程项目分类情况	月报		月后 30 日前，磁(纸)介质，内部交换		
SW403 表	外商投资方式	月报		月后 15 日前，电子邮件 mjswjc@gj.stats.cn		
SW404 表	外商投资情况	月报		月后 15 日前，电子邮件 mjswjc@gj.stats.cn		
SW405 表	对外直接投资快报	月报		月后 30 日前，磁(纸)介质，内部交换		
SW406 表	国家级经济技术开发区季度情况	季报		季后 40 日前，电子邮件，mjswjc@gj.stats.cn		
SW407 表	服务进出口情况	月报		月后 40 日前，电子邮件，mjswjc@gj.stats.cn		

国外技术引进合同情况

表　　号：SW301 表
制定机关：国家统计局
文　　号：国统字〔2019〕3 号
有效期至：2019 年 9 月

综合机关名称：商务部　　　　20　　年

项　目	代码	合同数（项）	合同金额（亿美元）	
				技术费
甲	乙	1	2	3
总　计				
一、按地区分组				
二、按行业分组				
三、按引进方式分组				
四、按引进国别或地方分组				

单位负责人：　　　　填表人：　　　　报出日期：20　　年　　月　　日

说明：1. 报送时间：6 月 20 日前。

2. 审核关系：2≥3。

（二）调 查 表 式

综 合 年 报

文化产品进出口情况

表　　号：S W 3 0 2 表
制定机关：国 家 统 计 局
文　　号：国统字〔2019〕3 号
有效期至：2 0 1 9 年 9 月
计量单位：亿美元、%

综合机关名称：商务部　　　　2 0 　年

指标名称	代码	进出口总额			贸易差额	增　长	
			出口额	进口额		出口	进口
甲	乙	1	2	3	4	5	6
合　计	01						
按商品类别分							
出版物	02						
图书、报纸、期刊	03						
音像制品及电子出版物	04						
其他出版物	05						
工艺美术品及收藏品	06						
工艺美术品	07						
收藏品	08						
文化用品	09						
文具	10						
乐器	11						
玩具	12						
游艺器材及娱乐用品	13						
文化专用设备	14						
印刷专用设备	15						
广播电视电影专用设备	16						
按贸易方式分							
一般贸易	17						
加工贸易	18						
其他贸易	19						
按企业性质分							
国有企业	20						
外资企业	21						
按重点国别和地区分	22						
“一带一路”沿线国家和地区							

单位负责人：　　　　填表人：　　　　报出日期：2 0 　年　　月　　日

说明：1. 报送时间：6 月 30 日前。
　　2. 审核关系：1=2+3；01=02+06+09+14=17+18+19=20+21+22；02=03+04+05；06=07+08；09=10+11+12+13；14=15+16。

文化产品前十五位进出口市场情况

表　　号：ＳＷ３０３表
制定机关：国　家　统　计　局
文　　号：国统字〔2019〕3 号
有效期至：２０１９年９月

综合机关名称：商务部　　　　２０　年

位　次	代码	出口市场				进口市场			
		国别（地区）	出口金额（亿美元）	同比增长（%）	占比（%）	国别（地区）	进口金额（亿美元）	同比增长（%）	占比（%）
甲	乙	1	2	3	4	5	6	7	8
1	01								
2	02								
3	03								
4	04								
5	05								
6	06								
7	07								
8	08								
9	09								
10	10								
11	11								
12	12								
13	13								
14	14								
15	15								

单位负责人：　　　　填表人：　　　　报出日期：２０　　年　　月　　日

说明：报送时间：6 月 30 日前。

家政服务业企业情况

表　　号：ＳＷ３０４表
制定机关：国　家　统　计　局
文　　号：国统字〔2019〕3 号
有效期至：２０１９年９月

综合机关名称：商务部　　　　２０　年

地　区	代码	企业数（个）		备注
		本年	上年同期	
甲	乙	1	2	丙
全　国	**01**			
北　京	02			
天　津	03			
…	…			
新　疆	32			

单位负责人：　　　　填报人：　　　　报出日期：20　　年　　月　　日

说明：1. 报送时间：6 月 30 日前。
2. 审核关系：01=02+03+…+32。

主要国家(地区)外商直接投资情况（按行业分）

表　　号：S W 3 0 5 表
制定机关：国　家　统　计　局
文　　号：国统字〔2019〕3 号
有效期至：2 0 1 9 年 1 2 月

综合机关名称：商务部　　　　2 0　　年

指标名称	企业数（家）			实际使用外资(万美元)		
	本　年	上年同期	比上年同期增减(%)	本　年	上年同期	比上年同期增减(%)
甲	1	2	3	4	5	6
总　　计 (按行业大类分组)	按以下国别(地区)分别做表： 香港，日本，韩国，台湾，德国，维尔京，美国，澳大利亚。					

单位负责人：　　　　填表人：　　　　报出日期：2 0　　年　　月　　日

说明：1. 报送时间：2 月 28 日前。
　　2. 行业分组按《国民经济行业分类》(GB/T 4754-2017)行业大类填报。

外商投资企业经营情况

表　　号：S W 3 0 6 表
制定机关：国　家　统　计　局
文　　号：国统字〔2019〕3 号
有效期至：2 0 1 9 年 1 2 月
计量单位：　万　美　元

综合机关名称：商务部　　　　2 0　　年

指标名称	汇总企业家数(个)	销售（营业）收入	服务营业收入	国内销售额	服务营业额	纳税总额	关税
甲	1	2	3	4	5	6	7
总　　计 (按行业大类分组)							

续表

利润总额	净利润	期末资产总额	长期投资	期末负债合计	长期负债
8	9	10	11	12	13

单位负责人：　　　　填表人：　　　　报出日期：2 0　　年　　月　　日

说明：1. 报送时间：7 月 31 日前。
　　2. 行业分组按《国民经济行业分类》(GB/T 4754-2017)行业大类填报。

对外直接投资情况

表　　号：S W 3 0 7 表
制定机关：国 家 统 计 局
文　　号：国统字〔2019〕3 号
有效期至：2 0 1 9 年 1 2 月
计量单位：万 美 元

综合机关名称：商务部　　　　2 0　　年

指标名称	流　量	存　量
甲	1	2
总　计		
一、按国别(地区)分		
二、按行业大类分		
三、按省(自治区、直辖市)分		

单位负责人：　　　　填表人：　　　　报出日期：2 0　　年　　月　　日

说明：1. 报送时间：9 月 30 日前。
2. 国别分组按《国别(地区)统计代码表》填列，行业分组按《国民经济行业分类》(GB/T 4754-2017)行业大类填报。

对外承包工程情况

表　　号：S W 3 0 9 表
制定机关：国 家 统 计 局
文　　号：国统字〔2019〕3 号
有效期至：2 0 1 9 年 1 2 月
计量单位：万 美 元

综合机关名称：商务部　　　　2 0　　年

指标名称	新签合同份数（个）	新签合同额	完成营业额	派出人数（人）	年末在外人数（人）
甲	1	2	3	4	5
一、按国别（地区）分					
二、按省（自治区、直辖市）分					

单位负责人：　　　　填表人：　　　　报出日期：2 0　　年　　月　　日

说明：1. 报送时间：3 月 31 日前。
2. 国别分组按《国别（地区）统计代码表》填列。

对外劳务合作情况

表　　号：S W 3 1 0 表
制定机关：国 家 统 计 局
文　　号：国统字〔2019〕3 号
有效期至：2 0 1 9 年 1 2 月

综合机关名称：商务部　　　　2 0　　年

指标名称	派出人数（人）	年末在外人数（人）
甲	1	2
一、按国别（地区）分		
二、按省（自治区、直辖市）分		

单位负责人：　　　　填表人：　　　　报出日期：2 0　　年　　月　　日

说明：1. 报送时间：3 月 31 日前。
　　　2. 国别分组按《国别（地区）统计代码表》填列。

国家经济技术开发区年度情况

表　　号：SW311表
制定机关：国家统计局
文　　号：国统字〔2019〕3号
有效期至：2019年9月

综合机关名称：商务部　　　　20　年

项　目	代码	园区地区生产总值（万元）	其中：第二产业	其中：工业	其中：第三产业	“四上”企业主营业务收入（万元）	其中：高新技术企业	“四上”企业利润总额（万元）	其中：高新技术企业	财政收入（万元）
甲	乙	1	2	3	4	5	6	7	8	9
全　国	01									
东　部	02									
中　部	03									
西　部	04									

续表

税收收入（万元）	当年固定资产投资（不含农户）（万元）	出口总额（万元）	其中：高新技术产品	进口总额（万元）	其中：高新技术产品	实际利用外资金额（万美元）	历年累计实际利用外资金额（万美元）	期末实有企业数（个）	高新技术企业	年末从业人员（人）
10	11	12	13	14	15	16	17	18	19	20

说明：1. 报送时间：6月30日前。
　　　2. 统计范围：国家级经济技术开发区。

部门服务业企业财务状况

（表式及指标解释见通用表）

部门服务业行政单位财务状况

（表式及指标解释见通用表）

部门服务业事业单位财务状况

（表式及指标解释见通用表）

综 合 定 报

对外劳务合作人员构成情况

表　　号：ＳＷ４０１表
制定机关：国家统计局
文　　号：国统字〔2019〕3号
有效期至：２０２０年６月
计量单位：人

综合机关名称：商务部　　　　２０　　年１－　　月

项　　目	派出人数	月末在外人数
甲	1	2
合　计		
一、按国别（地区）分		
二、按国民经济行业分		

单位负责人：　　　　填表人：　　　　报出日期：２０　　年　　月　　日

说明：报送时间：月后30日前。

对外承包工程项目分类情况

表　　号：ＳＷ４０２表
制定机关：国家统计局
文　　号：国统字〔2019〕3号
有效期至：２０２０年６月

综合机关名称：商务部　　　　２０　　年１－　　月

项　　目	代码	新签合同份数（份）	新签合同额（万美元）	完成营业额（万美元）
甲	乙	1	2	3
合　计	01			
房屋建筑项目	02			
工业建设项目	03			
制造加工设施建设项目	04			
水利建设项目	05			
废水（物）处理项目	06			
交通运输建设项目	07			
危险品处理项目	08			
电力工程建设	09			
石油化工项目	10			
通讯工程建设	11			
其他	12			

单位负责人：　　　　填表人：　　　　报出日期：２０　　年　　月　　日

说明：1. 报送时间：月后30日前。
　　　2. 本表填写1-本月累计数。

外商投资方式

表　　号：SW403表
制定机关：国家统计局
文　　号：国统字〔2019〕3号
有效期至：2020年6月

综合机关名称：商务部　　　　20　　年1－　　月

项　　目	代码	新设立企业数（家）			实际使用外资（亿美元/亿元）		
		1-本月	上年同期	比上年同期增减（%）	1-本月	上年同期	比上年同期增减（%）
甲	乙	1	2	3	4	5	6
合　计	**01**						
一、外商直接投资	02						
1. 中外合资企业	03						
2. 中外合作企业	04						
3. 外资企业	05						
4. 外商投资股份制	06						
5. 合作开发	07						
6. 其他	08						
二、外商其他投资	09						
1. 对外发行股票	10						
2. 国际租赁	11						
3. 补偿贸易	12						
4. 加工装配	13						

单位负责人：　　　　填表人：　　　　报出日期：20　　年　　月　　日

说明：报送时间：月后15日前。

外商投资情况

表　　号：SW404表
制定机关：国家统计局
文　　号：国统字〔2019〕3号
有效期至：2020年6月

综合机关名称：商务部　　　　20　　年1－　　月

项　　目	合计		外商直接投资		外商其他投资	
	企业数（家）	实际投资（万美元/万元）	企业数（家）	实际投资（万美元/万元）	企业数（家）	实际投资（万美元/万元）
甲	1	2	3	4	5	6
总　计						
一、按国别（地区）分						
二、按行业大类分						
三、按东中西部分						

单位负责人：　　　　填表人：　　　　报出日期：20　　年　　月　　日

说明：1. 报送时间：月后15日前。
2. 国别分组按《国别（地区）统计代码表》填列，行业分组按《国民经济行业分类》（GB/T 4754-2017）行业大类填报。

对外直接投资快报

表　　号：S W 4 0 5 表
制定机关：国　家　统　计　局
文　　号：国统字〔2019〕3 号
有效期至：2 0 2 0 年 6 月
计量单位：　万　美　元

综合机关名称：商务部　　　　20　　年1－　　月

指标名称	代码	直接投资额	比上年同期增减（%）
甲	乙	1	2
合　计	**01**		
股权	02		
收益再投资	03		
债务工具	04		

单位负责人：　　　　填表人：　　　　报出日期：2 0　　年　　月　　日

说明：报送时间：月后 30 日前。

国家经济技术开发区季度情况

表　　号：S W 4 0 6 表
制定机关：国　家　统　计　局
文　　号：国统字〔2019〕3 号
有效期至：2 0 2 0 年 6 月

综合机关名称：商务部　　　　2 0 1 9 年 1 -　季度

项　目	代码	规模以上工业总产值（万元）	其中：高新技术企业	财政收入（万元）	税收收入（万元）	固定资产投资（不含农户）（万元）	出口总额（万元）	其中：高新技术产品	进口总额（万元）	其中：高新技术产品	实际利用外资（万美元）
甲	乙	1	2	3	4	5	6	7	8	9	10
全　国	1										
东　部	2										
中　部	3										
西　部	4										

说明：1. 报送时间：季后 40 日前。
2. 统计范围：国家级经济技术开发区。

服务进出口情况

表　　号：　ＳＷ４０７表
制定机关：　国家统计局
文　　号：　国统字〔2019〕3号
有效期至：　2020年9月
计量单位：　亿元、亿美元

综合机关名称：商务部　　　　年　　月

服务类别	代码	本月							1-本月						
		进出口		出口		进口		贸易差额	进出口		出口		进口		贸易差额
		金额	同比（%）	金额	同比（%）	金额	同比（%）		金额	同比（%）	金额	同比（%）	金额	同比（%）	
甲	乙	1	2	3	4	5	6	7	8	9	10	11	12	13	14
总额	01														
运输	02														
其中：海运	03														
空运	04														
旅行	05														
其中：留学	06														
就医	07														
建筑	08														
保险服务	09														
金融服务	10														
电信、计算机和信息服务	11														
电信服务	12														
计算机和信息服务	13														
知识产权使用费	14														
其中：研发成果使用费	15														
视听及相关产品许可费	16														
个人、文化和娱乐服务	17														
维护和维修服务	18														
加工服务	19														
其他商业服务	20														
其中：技术服务	21														
专业管理和咨询服务	22														
研发成果转让费及委托研发	23														
政府服务	24														

单位负责人：　　　　填表人：　　　　报出日期：20　　年　　月　　日

说明：1. 报送时间：月后40日前。
　　2. 本报表数据按当年价格计算。

（三）主要指标解释

利用外资统计

利用外资统计范围 凡经工商行政管理机关核准登记，在中华人民共和国境内所有利用外资的单位和部门，经批准设立的中外合资经营企业、合作经营企业、外资企业、外商投资股份制企业、合作开发项目等具有法人资格的独立核算企业（包括港澳台地区投资企业），在华从事经营活动的外国及港澳台地区企业及外国公司在中国境内设立的分支机构。利用外资统计的资料来源于商务部，外商投资企业的登记注册情况资料来源于国家市场监督管理总局，调查方法是全面调查。

外商投资 指我国政府、部门、企业和其他经济组织通过吸收外商直接投资以及其他方式筹措的境外现汇、技术、设备等。

新设立企业数 指报告期内新设立的外商投资企业家数、新生效的合作开发项目个数。

实际使用外资金额 指合同外资金额的实际执行数，外方投资者根据外商投资企业的合同（章程）的规定实际缴付的出资额和企业投资总额内外方投资者以自己的境外自有资金实际直接向企业提供的期限1年以上的中长期贷款。

外商直接投资 指外方投资者在我国境内通过设立外商投资企业、合伙企业、与中方投资者共同进行石油、天然气和煤层气等资源的合作勘探开发以及设立外国公司分支机构等方式进行投资。外方投资者可以用现金、实物、无形资产、股权等投资。

中外合资经营企业 指外国公司、企业和其他经济组织或个人依据《中华人民共和国中外合资经营企业法》，同中国的公司、企业或其他经济组织在中国境内共同投资举办的企业，合营各方按各自的出资比例分享利润、承担风险。

中外合作经营企业 指外国公司、企业和其他经济组织或个人依据《中华人民共和国中外合作经营企业法》，同中国的公司、企业或其他经济组织在中国境内共同投资或提供合作条件举办的企业。合作各方的权利、义务、利益分配和风险分担等在各方签订的合同中确定。

外资企业 指外国公司、企业和其他经济组织或个人依据《中华人民共和国外资企业法》，在中国境内设立的全部资本由外国投资者投资的企业。

外商投资股份有限公司 指根据《关于设立外商投资股份公司暂行规定》设立，且未上市的股份公司。

合作开发项目 指外国公司依据《对外合作开发海洋石油资源条例》和《对外合作开采陆上石油资源条例》，同中国的公司合作进行石油、天然气和煤层气资源勘探开发项目。

其他 指外国公司、金融机构在华设立从事经营活动的分支机构，如境外公司分公司、境外银行分行等，还包括在境内注册的企业对外发行股票，由境外投资者以外币认购后单个外国投资者在企业所占股权比例超过10%（含10%）的资金。

外商其他投资 指除外商直接投资以外的其他方式吸收的外资。

对外经济合作统计

对外经济合作统计范围 包括对外承包工程和对外劳务合作。

对外承包工程 根据《对外承包工程管理条例》，对外承包工程是指中国的企业或者其他单位承包境外建设工程项目的活动。

对外承包工程项目分为十一大类：房屋建筑项目、工业建设项目、制造加工设施建设项目、水利建设项目、废水（物）处理项目、交通运输建设项目、危险品处理项目、电力工程建设项目、石油化工项目、通讯工程项目、其他。各小类见附录七。

对外劳务合作　指组织劳务人员赴其他国家或地区为国外的企业或机构工作的经营性活动。

为反映我国对外劳务合作人员构成的行业特色，商务部结合国民经济分类标准（GB/T4754-2011）将对外劳务合作项目的人员分为以下八个类别：

（1）农、林、牧、渔业

（2）制造业

（3）建筑业

（4）住宿和餐饮业

（5）科、教、文、卫、体业

（6）交通运输业

（7）计算机服务和软件业

（8）其他

新签合同额　指企业在报告期内签订的合法有效的对外承包工程项目合同的金额。

完成营业额　指企业在报告期内完成的以货币形式表现的对外承包工程工作量。

派出人数　指企业在报告期内派往国（境）外执行对外承包工程和劳务合作项目的人数。

期末在外人数　指报告期末企业在国（境）外执行对外承包工程和劳务合作项目的人数。

对外直接投资统计

对外直接投资统计范围　主要包括境内投资主体通过直接投资在境外设立的各类公司型企业和非公司型企业。

对外直接投资　指我国企业、团体等（简称境内投资主体）　在国外及港澳台地区以现金、实物、无形资产等方式投资，并以控制国（境）外企业的经营管理权为核心的经济活动。对外直接投资的内涵主要体现在一经济体通过投资于另一经济体而实现其持久利益的目标。

直接投资企业　指境内投资主体直接拥有或控制10%或以上投票权（对公司型企业）或其他等价利益的境外企业。境外企业按设立方式主要分为子公司、联营公司和分支机构。

（1）子公司：境内投资主体拥有该境外企业50%以上的股东或成员表决权，并具有该境外企业行政、管理或监督机构主要成员的任命权或罢免权。

（2）联营公司：境内投资主体拥有该境外企业10－50%的股东或成员表决权。

（3）分支机构：即境内投资主体在国（境）外的非公司型企业。境内投资主体在国（境）外的常设机构或办事处、代表处视同分支机构。

对外直接投资额　指境内投资主体在报告期内直接向其境外企业实现的投资，包括股权投资、收益再投资以及债务工具三部分。

（1）股权：指境内投资主体在其境外分支机构的股本金，或在其境外子公司和联营公司的股份。

（2）收益再投资：指境外子公司或联营公司未作为红利分配但应归属于境内投资主体的利润部分，以及境外分支机构未汇给境内投资主体的的利润部分。

（3）债务工具：指境内投资者和境外子公司、分支机构以及联营公司之间的债务交易等，包括境内投资者与境外子公司、联营公司和分支机构的借贷款、应收和应付款项、债务证券等。境内投资者与境外成员企业间的贷款往来亦纳入此范畴。

对外直接投资流量 即当期对外直接投资净额，等于报告期境外企业新增股权加上当期收益再投资，加上对境内投资者的新增债务工具（包括贷款、应收款等），减去当期境外企业对境内投资者的反向投资。

对外直接投资存量 即年末对外直接投资净额，等于报告期境外企业资产负债表中按中方投资比例计算的股本期末数加上按中方投资比例计算的未分配利润期末数，加上期末对境内投资者的债务工具（指境内投资者对境外企业提供贷款、应收款等），再减去境外企业累计对境内投资者的反向投资。

国家级经济技术开发区统计

国家级经济技术开发区统计范围 包括国家级经济技术开发区内注册企业或区内企业，应与上级政府对该区日常统计管理口径相一致。

地区生产总值 指按市场价格计算的一个地区所有常住单位在一定时期内生产活动的最终成果。地区生产总值有三种表现形态，即价值形态、收入形态和产品形态。从价值形态看，它是所有常住单位在一定时期内生产的全部货物和服务价值超过同期投入的全部非固定资产货物和服务价值的差额，即所有常住单位的增加值之和；从收入形态看，它是所有常住单位在一定时期内创造并分配给常住单位和非常住单位的初次收入之和；从产品形态看，它是所有常住单位在一定时期内最终使用的货物和服务价值减去货物和服务进口价值。在实际核算中，地区生产总值有三种计算方法，即生产法、收入法和支出法。三种方法分别从不同的方面反映地区生产总值及其构成。

第二产业 指工业（包括采掘工业、制造业、电力、煤气及水的生产和供应业）和建筑业企业。

工业指从事自然资源的开采，对采掘品和农产品进行加工和再加工的物质生产部门。具体包括：(1)对自然资源的开采，如采矿、晒盐等(但不包括禽兽捕猎和水产捕捞)；(2)对农副产品的加工、再加工，如粮油加工、食品加工、缫丝、纺织、制革等；(3)对采掘品的加工、再加工，如炼铁、炼钢、化工生产、石油加工、机器制造、木材加工等，以及电力、自来水、煤气的生产和供应等；(4)对工业品的修理、翻新，如机器设备的修理、交通运输工具(如汽车)的修理等。

高新技术企业 指经省级或计划单列市的高新技术企业认定管理机构批准认定的高新技术企业。

第三产业 指除农业、工业、建筑业以外的其他各业，包括：交通运输、仓储和邮政业，信息传输、计算机服务和软件业，批发和零售业，住宿和餐饮业，金融业，房地产业，租赁和商务服务业，科学研究、技术服务和地质勘查业，水利、环境和公共设施管理业，居民服务和其他服务业，教育，卫生、社会保障和社会福利业，文化、体育和娱乐业，公共管理和社会组织，国际组织。

工业总产值 指工业企业在报告期内生产的以货币形式表现的工业最终产品和提供工业性劳务活动的总价值量。它反映一定时间内工业生产的总规模和总水平。

工业总产值包括三项内容：即本期生产成品价值、对外加工费收入、在制品半成品期末期初差额价值三部分。工业总产值按“工厂法”原则计算，即以工业企业作为基本计算（核算）单位，按企业的最终产品和提供劳务的总价值量计算，按这种方法计算不允许同一产品价值在企业内部重复计算，不能把企业内部各个车间（分厂）生产的成果相加，但允许企业间的重复计算。

规模以上工业企业指报告期末年主营业务收入 2000 万元及以上的工业法人企业。

主营业务收入 指企业确认的销售商品、提供劳务等主营业务的收入。根据会计“主营业务收入”科目的期末贷方余额填报。

利润总额 指企业在一定会计期间的经营成果，是生产经营过程中各种收入扣除各种耗费后的盈余，反映企业在报告期内实现的盈亏总额。根据会计“利润表”中“利润总额”项目的本期金额数填报。

财政收入 指国家财政参与社会产品分配所取得的收入，是实现国家职能的财力保证。主要包括：（1）各项税收：包括国内增值税、国内消费税、进口货物增值税和消费税、出口货物退增值税和消费税、营业税、企业所得税、个人所得税、资源税、城市维护建设税、房产税、印花税、城镇土地使用税、土地增值税、车船税、船舶吨税、车辆购置税、关税、耕地占用税、契税、烟叶税等。（2）非税收入：包括专项收入、行政事业性收费、罚没收入和其他收入。财政收入按现行分税制财政体制划分为中央本级收入和地方本级收入。

税收收入 指区内国家税收部门以及地方税收部门所征收的所有税收，不包括关税和海关代征的其它税收（进口货物增值税、进口货物消费税）。

当年固定资产投资（不含农户） 指报告期内开发区内各种登记注册类型的企业、事业、行政单位及城镇个体户进行的计划总投资 500 万元及 500 万元以上的建设项目投资和房地产开发投资，包含原口径的城镇固定资产投资加上农村企事业组织项目投资。

出口总额 指实际输出我国国境的货物总金额。包括对外贸易实际出口货物，来料加工装配出口货物，进料加工出口货物，边境地方贸易及边境地区小额贸易出口货物（边民互市贸易除外），中外合资企业、中外合作经营企业、外商独资经营企业出口货物和公用物品，离岸价格在规定限额以上的出口货样和广告品（无商业价值、无使用价值和免费提供出口的除外），以及其他出口货物。

高新技术产品 指科技部、财政部、税务总局联合发布的《中国高新技术产品目录》范围内的产品。

进口总额 指实际输入我国国境的货物总金额。包括对外贸易实际进口货物，来料加工装配进口货物，国家间、联合国及国际组织无偿援助物资和赠送品，华侨、港澳台同胞和外籍华人捐赠品，租赁期满归承租人所有的租赁货物，进料加工进口货物，边境地方贸易及边境地区小额贸易进口货物(边民互市贸易除外)，中外合资企业、中外合作经营企业、外商独资经营企业进口货物和公用物品，离岸价格在规定限额以上的进口货样和广告品(无商业价值、无使用价值和免费提供出口的除外)，从保税仓库提取在中国境内销售的进口货物，以及其他进口货物。

实际利用外资金额 指批准的合同利用外资金额的实际执行数，外国投资者根据批准外商投资企业的合同（章程）的规定实际缴付的出资额和企业投资总额内外国投资者以自己的境外自有资金实际直接向企业提供的贷款。

历年累计实际利用外资金额 指全区自成立开始，历年批准的合同利用外资金额的实际执行数的累计总额。

期末实有企业数 指报告期末，工商部门现存的企业总数（不含已迁出和注销的企业）。

从业人员期末人数 指报告期末最后一日 24 时在本单位中工作，并取得工资或其他形式劳动报酬的人员数。该指标为时点指标，不包括最后一日当天及以前已经与单位解除劳动合同关系的人员，是在岗职工、劳务派遣人员及其他从业人员之和。从业人员不包括：

（1）离开本单位仍保留劳动关系，并定期领取生活费的人员；

（2）利用课余时间打工的学生及在本单位实习的各类在校学生；

（3）本单位因劳务外包而使用的人员，如：建筑业整建制使用的人员。

（四）附　　录

企业登记注册类型与代码

代码	登记注册类型	代码	登记注册类型
100	内资企业	173	私营有限责任公司
110	国有企业	174	私营股份有限公司
120	集体企业	190	其他企业
130	股份合作企业	200	港澳台商投资企业
140	联营企业	210	与港澳台商合资经营企业
141	国有联营企业	220	与港澳台商合作经营企业
142	集体联营企业	230	港澳台商独资经营企业
143	国有与集体联营企业	240	港澳台商投资股份有限公司
149	其他联营企业	290	其他港澳台商投资企业
150	有限责任公司	300	外商投资企业
151	国有独资公司	310	中外合资经营企业
159	其他有限责任公司	320	中外合作经营企业
160	股份有限公司	330	外资企业
170	私营企业	340	外商投资股份有限公司
171	私营独资企业	390	其他外商投资企业
172	私营合伙企业		

国别（地区）统计代码表

代码	国别（地区）	代码	国别（地区）	代码	国别（地区）
100	**亚　洲**	143	台湾省	234	纳米比亚
101	阿富汗	144	东帝汶	235	尼日尔
102	巴林	145	哈萨克斯坦	236	尼日利亚
103	孟加拉国	146	吉尔吉斯斯坦	237	留尼汪
104	不丹	147	塔吉克斯坦	238	卢旺达
105	文莱	148	土库曼斯坦	239	圣多美普林西比
106	缅甸	149	乌兹别克斯坦	240	塞内加尔
107	柬埔寨	199	亚洲其他国家(地区)	241	塞舌尔
108	塞浦路斯	**200**	**非　洲**	242	塞拉利昂
109	朝鲜	201	阿尔及利亚	243	索马里
110	香港	202	安哥拉	244	南非
111	印度	203	贝宁	245	西撒哈拉
112	印度尼西亚	204	博茨瓦纳	246	苏丹
113	伊朗	205	布隆迪	247	坦桑尼亚
114	伊拉克	206	喀麦隆	248	多哥
115	以色列	207	加那利群岛	249	突尼斯
116	日本	208	佛得角	250	乌干达
117	约旦	209	中非共和国	251	布基纳法索
118	科威特	210	塞卜泰(休达)	252	民主刚果
119	老挝	211	乍得	253	赞比亚
120	黎巴嫩	212	科摩罗	254	津巴布韦
121	澳门	213	刚果	255	莱索托
122	马来西亚	214	吉布提	256	梅利利亚
123	马尔代夫	215	埃及	257	斯威士兰
124	蒙古	216	赤道几内亚	258	厄立特里亚
125	尼泊尔	217	埃塞俄比亚	259	马约特岛
126	阿曼	218	加蓬	260	南苏丹共和国
127	巴基斯坦	219	冈比亚	299	非洲其他国家
128	巴勒斯坦	220	加纳	**300**	**欧　洲**
129	菲律宾	221	几内亚	301	比利时
130	卡塔尔	222	几内亚(比绍)	302	丹麦
131	沙特阿拉伯	223	科特迪瓦	303	英国
132	新加坡	224	肯尼亚	304	德国
133	韩国	225	利比里亚	305	法国
134	斯里兰卡	226	利比亚	306	爱尔兰
135	叙利亚	227	马达加斯加	307	意大利
136	泰国	228	马拉维	308	卢森堡
137	土耳其	229	马里	309	荷兰
138	阿联酋	230	毛里塔尼亚	310	希腊
139	也门	231	毛里求斯	311	葡萄牙
141	越南	232	摩洛哥	312	西班牙
142	中华人民共和国	233	莫桑比克	313	阿尔巴尼亚

代码	国别（地区）	代码	国别（地区）	代码	国别（地区）
314	安道尔	404	巴哈马	446	英属维尔京群岛
315	奥地利	405	巴巴多斯	447	圣其茨---尼维斯
316	保加利亚	406	伯利兹	448	圣皮埃尔和密克隆
318	芬兰	408	玻利维亚	449	荷属安地列斯群岛
320	直布罗陀	409	博内尔	499	拉丁美洲其他国家(地区)
321	匈牙利	410	巴西	**500**	**北美洲**
322	冰岛	411	开曼群岛	501	加拿大
323	列支敦士登	412	智利	502	美国
324	马耳他	413	哥伦比亚	503	格陵兰
325	摩纳哥	414	多米尼克	504	百慕大群岛
326	挪威	415	哥斯达黎加	599	北美洲其他国家(地区)
327	波兰	416	古巴	**600**	**大洋洲**
328	罗马尼亚	417	库腊索岛	601	澳大利亚
329	圣马力诺	418	多米尼加共和国	602	库克群岛
330	瑞典	419	厄瓜多尔	603	斐济
331	瑞士	420	法属圭亚那	604	盖比群岛
334	爱沙尼亚	421	格林纳达	605	马克萨斯群岛
335	拉脱维亚	422	瓜德罗普岛	606	瑙鲁
336	立陶宛	423	危地马拉	607	新喀里多尼亚
337	格鲁吉亚	424	圭亚那	608	瓦努阿图
338	亚美尼亚	425	海地	609	新西兰
339	阿塞拜疆	426	洪都拉斯	610	诺福克岛
340	白俄罗斯	427	牙买加	611	巴布亚新几内亚
343	摩尔多瓦	428	马提尼克岛	612	社会群岛
344	俄罗斯联邦	429	墨西哥	613	所罗门群岛
347	乌克兰	430	蒙特塞拉特	614	汤加
350	斯洛文尼亚	431	尼加拉瓜	615	土阿莫土群岛
351	克罗地亚	432	巴拿马	616	土布艾群岛
352	捷克	433	巴拉圭	617	萨摩亚
353	斯洛伐克	434	秘鲁	618	基里巴斯
354	马其顿共和国	435	波多黎各	619	图瓦卢
355	波斯尼亚-黑塞哥维那	436	萨巴	620	密克罗尼西亚联邦
356	梵蒂冈城国	437	圣卢西亚	621	马绍尔群岛共和国
357	法罗群岛	438	圣马丁岛	622	帕劳共和国
358	塞尔维亚	439	圣文森特和格林纳丁斯	623	法属波利尼西亚
359	黑山	440	萨尔瓦多	625	瓦利斯和浮图纳
399	欧洲其他国家	441	苏里南	699	大洋洲其他国家(地区)
400	**拉丁美洲**	442	特立尼达和多巴哥		
401	安提瓜和巴布达	443	特克斯和凯科斯群岛	**701**	**国别(地区)不详**
402	阿根廷	444	乌拉圭	**702**	**联合国及所属机构和其他国际组织**
403	阿鲁巴岛	445	委内瑞拉		

注：本表来源于海关总署《国别（地区）代码表》。

对外承包工程项目分类

项目类别代码（大类、小类）		类别名称
A		**房屋建筑项目**
	01	商用建筑（包括用于商业活动的商场、市场等以及商用办公楼）
	02	政府办公设施
	03	教育用设施（包括幼儿园、学校等）
	04	监狱惩戒机构
	05	卫生保健机构（包括医院以及与卫生保健相关的场所建设）
	06	物流分销、仓储设施（包括各类仓库、商品分拨中心等）
	07	酒店、汽车旅馆、会展中心
	08	多户单元住宅（包括供多户居民居住的住宅、公寓等）
	09	体育设施（包括体育场、运动中心等）
	10	游乐场所、主题公园
	11	宗教和文化设施
	12	土地平整
	13	其他
B		**工业建设项目**
	01	钢铁和有色金属加工厂建设
	02	化学品（非石油）厂建设（包括化肥厂等）
	03	制药厂建设
	04	食品和饮料加工厂建设
	05	纸浆和造纸厂建设
	06	非金属矿物制品厂建设（包括水泥厂、石灰厂、玻璃厂等）
	07	其他
C		**制造加工设施建设项目**
	01	汽车装配和零部件制造厂建设
	02	半导体制造厂建设
	03	电子装配厂建设
	04	航空航天设备制造厂建设
	05	其他
D		**水利建设项目**
	01	水处理、海水淡化厂
	02	供水管线、沟渠建设
	03	水坝、水库
	04	防洪堤坝、海堤建设
	05	打井工程
	06	其他
E		**废水（物）处理项目**
	01	污水处理厂
	02	卫生间、下水道处理
	03	固体废弃物处理
	04	其他

续表

项目类别代码（大类、小类）		类别名称
F		**交通运输建设项目**
	01	公路（含高速公路）
	02	桥梁
	03	港口及港口设施建设
	04	机场（含航站楼）
	05	铁路（含地铁、轻轨及相关公共交通枢纽）
	06	其他
G		**危险品处理项目**
	01	化学品处理和土壤（指遭受污染的土壤）修复
	02	核废料处理
	03	石棉和铅减排处理
	04	空气净化设施
	05	其他
H		**电力工程建设**
	01	化石燃料电厂（石油、天然气和煤做为燃料的电厂）
	02	核电站
	03	水电站
	04	热电联产电厂（指同时向用户供给电能和热能的火力发电厂）、废燃料电厂
	05	风力发电站
	06	太阳能发电站
	07	输配电工程（包括输电线路工程、变电工程、换流站工程等）
	08	电站运营维护（含改造）
	09	其他
I		**石油化工项目**
	01	炼油厂和石化厂建设
	02	油气管线建设
	03	海上石油平台建设
	04	01-03 项服务维护运转
	05	其他
J		**通讯工程建设**
	01	广播电视转播塔施工
	02	数据和网络中心建设
	03	通讯传送架与设施的施工（含地下和水下通信电缆）
	04	通信线路和设备安装
	05	航空航天工程（含卫星发射等）
	06	其他
K		**其他**
	01	与采矿业相关的地质勘察
	02	矿山工程建筑（含坑道、隧道、井道的挖掘、搭建等）
	03	其他

文化和旅游部

（一）报 表 目 录

表号	表名	报告期别	填报范围	报送时间及方式	负责单位	备注
综合年报						
WH301 表	全国文化文物机构和人员情况	年报		6 月 30 日前，通过“国家统计局部门综合数据管理系统”报送数据。	社科文司	《文化及相关产业综合统计制度》
WH302 表	全国艺术表演场馆基本情况	年报				
WH303 表	全国艺术表演团体基本情况	年报				
WH304 表	全国公共图书馆基本情况	年报				
WH305 表	全国群众文化机构基本情况	年报				
WH306 表	分地区公共图书馆基本情况	年报				
WH307 表	分地区群众文化机构基本情况	年报				
WH308 表	分地区艺术表演团体基本情况	年报				
WH309 表	分地区艺术表演场馆基本情况	年报				
WH310 表	分地区娱乐场所基本情况	年报				
WH311 表	分地区网吧基本情况	年报				
WH312 表	分地区动漫企业基本情况	年报				
WH313 表	全国文物业基本情况	年报				
WH314 表	分地区博物馆基本情况	年报				
WH315 表	分地区文物保护管理机构基本情况	年报				
WH316 表	分地区文物科研机构基本情况	年报				
WH317 表	公共文化活动情况年快报	年报		1 月 15 日前，电子邮件 skszhc@stats.gov.cn		
WH318 表	文化文物机构数年快报	年报				
WH319 表	旅游发展情况	年报		1 月 31 日前，电子邮件 mjszxc@gj.stats.cn	贸经司	
WH320 表	国际旅游收入构成	年报				
WH321 表	国内旅游基本情况	年报				
WH322 表	各地区接待入境过夜游客人次情况	年报		2 月 28 日前，电子邮件 mjszxc@gj.stats.cn		
WH323 表	各地区接待入境过夜游客人天情况	年报				
WH324 表	各地区国际旅游收入情况	年报				

表号	表名	报告期别	填报范围	报送时间及方式	负责单位	备注
综合年报						
WH325 表	主要城市接待入境过夜游客人次情况	年报		6月30日前，电子邮件 mjszxc@gj.stats.cn	服务业司	
WH326 表	主要城市接待入境过夜游客人天情况	年报				
WH327 表	主要城市国际旅游收入情况	年报				
WH328 表	各地区入境过夜游客人均天花费情况	年报				
701 表	部门服务业企业财务状况	年报	从事动漫、游戏设计等其他专业技术服务的执行企业会计制度的单位	6月30日前，电子邮件或内部交换 dczxjtc@stats.gov.cn		《部门服务业财务统计报表制度》（试行）
			旅行社及相关服务业中执行企业会计制度的单位			
			文化艺术业中执行企业会计制度的单位			
			娱乐业中执行企业会计制度的单位			
702-1 表	部门服务业行政单位财务状况	年报	从事动漫、游戏设计等其他专业技术服务的执行行政单位会计制度的单位			
			旅行社及相关服务业中执行行政单位会计制度的单位			
			文化艺术业中执行行政单位会计制度的单位			
			娱乐业中执行行政单位会计制度的单位			
702-2 表	部门服务业事业单位财务状况	年报	从事动漫、游戏设计等其他专业技术服务的执行事业单位会计制度的单位			
			旅行社及相关服务业中执行事业单位会计制度的单位			
			文化艺术业中执行事业单位会计制度的单位			
			娱乐业中执行事业单位会计制度的单位			
综合定报						
WH401 表	国内旅游基本情况(季报)	季报		季后30日前，电子邮件 mjszxc@gj.stats.cn	贸易外经司 联系电话：68782550	

（二）调 查 表 式

综 合 年 报

全国文化文物机构和人员情况

表　　号：W H 3 0 1 表
制定机关：国 家 统 计 局
文　　号：国统字〔2019〕3 号
有效期至：2 0 1 9 年 9 月

综合机关名称：文化和旅游部　　　　　　　　2 0　　年

指标名称	代码	机构数（个）	文化部门	其他部门	从业人员（人）	文化部门	其他部门
甲	乙	1	2	3	4	5	6
总　计	01						
文化合计	02						
艺术表演团体	03						
艺术表演场馆	04						
公共图书馆	05						
文化馆	06						
文化站	07						
艺术展览创作机构	08						
艺术教育业	09						
文化科研机构	10						
文化市场经营机构	11						
文化行政主管部门	12						
其他文化机构	13						
文物合计	14						
博物馆	15						
文物保护管理机构	16						
文物科研机构	17						
文物商店	18						
其他文物机构	19						

单位负责人：　　　　　　　　填表人：　　　　　　　　报出日期：2 0　　年　　月　　日

说明：1. 报送时间：6 月 30 日前。

2. 审核关系：1=2+3；4=5+6；
01=02+14；02=03+04+05+06+07+08+09+10+11+12+13；14=15+16+17+18+19。

3. 文化市场经营机构不包括非公有制院团和场馆。

全国艺术表演场馆基本情况

表　　号：W H 3 0 2 表
制定机关：国 家 统 计 局
文　　号：国统字〔2019〕3 号
有效期至：2 0 1 9 年 9 月

综合机关名称：文化和旅游部　　　　2 0　　年

指标名称	代码	机构数（个）	从业人员（人）	座席数（个）	演（映）出场次（万场次）	#艺术演出	观众人次（万人次）	#艺术演出	收入合计（万元）	#财政拨款	#演出收入	支出合计（万元）
甲	乙	1	2	3	4	5	6	7	8	9	10	11
总　计	**01**											
按登记注册类型分												
国 有	02											
集 体	03											
其 他	04											
按性质分												
执行事业会计制度	05											
执行企业会计制度	06											
按管理部门分												
文化部门	07											
其他部门	08											
按机构类型分												
剧场	09											
影剧院	10											
书场、曲艺场	11											
杂技、马戏场	12											
音乐厅	13											
综合性	14											
其他艺术表演场馆	15											
按隶属关系分												
中央	16											
省、区、市	17											
地、市	18											
县、市及以下	19											

单位负责人：　　　　填表人：　　　　报出日期：2 0　　年　　月　　日

说明：1. 报送时间：6 月 30 日前。
　　　2. 审核关系：01=02+03+04=05+06=07+08=09+10+11+12+13+14+15=16+17+18+19；
　　　　4≥5；6≥7；8≥9+10。

全国艺术表演团体基本情况

表　　号：W H 3 0 3 表
制定机关：国 家 统 计 局
文　　号：国统字〔2019〕3 号
有效期至：2 0 1 9 年 9 月

综合机关名称：文化和旅游部　　　　2 0 　　年

指标名称	代码	机构数（个）	从业人员（人）	演出场次（万场次）	#国内演出	#农村
甲	乙	1	2	3	4	5
总　计	**01**					
按登记注册类型分						
国有	02					
集体	03					
其他	04					
按隶属关系分						
中央	05					
省、区、市	06					
地、市	07					
县、市及以下	08					
按性质分						
执行事业会计制度	09					
执行企业会计制度	10					
按管理部门分						
文化部门	11					
其他部门	12					
按剧种分						
话剧、儿童剧、滑稽剧类	13					
歌舞、音乐类	14					
京剧、昆曲类	15					
地方戏曲类	16					
杂技、魔术、马戏类	17					
曲艺类	18					
综合性艺术表演团体	19					

续表

国内演出观众人次（万人次）		收入合计（万元）			支出合计（万元）	政府采购的公益演出活动	
	#农村		#财政拨款	#演出收入		演出场次（万场次）	观众人次（万人次）
6	7	8	9	10	11	12	13

单位负责人：　　　　　　　填表人：　　　　　　　报出日期：2 0 　　年　　月　　日

说明：1 报送时间：6 月 30 日前。
2. 审核关系：01=02+03+04=05+06+07+08=09+10=11+12=13+14+15+16+17+18+19；3≥4≥5；6≥7；8≥9+10。

全国公共图书馆基本情况

表　　号：W H 3 0 4 表
制定机关：国 家 统 计 局
文　　号：国统字〔2019〕3 号
有效期至：2 0 1 9 年 9 月

综合机关名称：文化和旅游部　　　　2 0　　年

指标名称	计量单位	代码	总计	#少儿图书馆	按隶属关系分				
					中央	省、区、直辖市（级）	地市级	县市级	#县图书馆
甲	乙	丙	1	2	3	4	5	6	7
机构数	个	01							
从业人员	人	02							
总藏量	万册	03							
当年购买的报刊种类	万种	04							
累计发放有效借书证数	万个	05							
总流通人次	万人次	06							
其中：书刊文献外借人次	万人次	07							
书刊文献外借册次	万册次	08							
组织各类讲座次数	次	09							
举办展览	个	10							
举办培训班	个	11							
计算机	台	12							
#电子阅览室终端数	台	13							
阅览室坐席数	万个	14							

单位负责人：　　　　填表人：　　　　报出日期：2 0　　年　　月　　日

说明：1. 报送时间：6 月 30 日前。
　　2. 审核关系：1>2；1=3+4+5+6；6>7；06>07；12>13。

全国群众文化机构基本情况

表　　号：WH305表
制定机关：国家统计局
文　　号：国统字〔2019〕3号
有效期至：2019年9月

综合机关名称：文化和旅游部　　　　20　　年

指标名称	计量单位	代码	总计	省、区、直辖市（级）	地市级	县市级	#县文化馆	乡镇（街道）文化站	#乡镇文化站
甲	乙	丙	1	2	3	4	5	6	7
机构数	个	01							
从业人员	人	02							
组织文艺活动	次	03							
参加文艺活动人次	万人次	04							
举办训练班	次	05							
参加培训人次	万人次	06							
举办展览个数	个	07							
参观展览人次	万人次	08							
组织各类理论研讨和讲座次数	次	09							
参加研讨和讲座人次	万人次	10							
藏书	万册	11							
拥有计算机台数	台	12							
本年收入合计	亿元	13							
本年支出合计	亿元	14							
馆办文艺团体	个	15							
馆办文艺团体演出场次	场次	16							
馆办老年大学	个	17							
群众业余文艺团体	个	18							

单位负责人：　　　　填表人：　　　　报出日期：20　　年　　月　　日

说明：1.报送时间：6月30日前。
　　2.审核关系：1=2+3+4+6；4>5；6>7。

分地区公共图书馆基本情况

表　　号：W H 3 0 6 表
制定机关：国　家　统　计　局
文　　号：国统字〔2019〕3 号
有效期至：2 0 1 9 年 9 月

综合机关名称：文化和旅游部　　　　20　　年

地　区	代码	机构数（个）	少儿图书馆	从业人员（人）	#专业技术人员	总藏量（万册）	#图书	少儿图书馆总藏量	少儿文献（万册）	书架单层总长度（米）	本年新购藏量（万册）	累计发放有效借书证数（个）
甲	乙	1	2	3	4	5	6	7	8	9	10	11
全　国	01											
中　央	02											
北　京	03											
天　津	04											
…	…											
新　疆	33											

续表一

总流通人次（万人次）	#书刊文献外借人次	书刊文献外借册次（万册次）	阅览室座席数（个）	#少儿阅览室	组织各类讲座次数（次）	参加讲座人次（万人次）	举办展览（个）	参观展览人次（万人次）
12	13	14	15	16	17	18	19	20

续表二

举办培训班（个）	参加培训人次（万人次）	计算机（台）	#电子阅览室终端数	人均拥有公共图书馆藏量（册）	每万人拥有公共图书馆建筑面积（平方米）	收入合计（万元）	财政拨款	上级补助收入	事业收入	经营收入
21	22	23	24	25	26	27	28	29	30	31

续表三

附属单位上缴收入	其他收入	支出合计（万元）	#基本支出	#项目支出	#经营支出	资产总计（万元）	#固定资产原价	实际使用公用房屋建筑面积（万平方米）	#书库面积	#阅览室面积	实际拥有产权面积（万平方米）
32	33	34	35	36	37	38	39	40	41	42	43

单位负责人：　　　　填表人：　　　　报出日期：20　　年　　月　　日

说明：1. 报送时间：6 月 30 日前。
　　2. 审核关系：1≥2；3≥4；5≥6；5≥7；12≥13；15≥16；23≥24；27=28+29+30+31+32+33；34≥35+36+37；38≥39；40≥41+43；01=02+03+…+33（第 25、26 列除外）。

分地区群众文化机构基本情况

表　　号：W H 3 0 7 表
制定机关：国　家　统　计　局
文　　号：国统字〔2019〕3 号
有效期至：2 0 1 9 年 9 月

综合机关名称：文化和旅游部　　　　2 0　　年

地　区	代码	机构数（个）	文化馆	文化站	从业人员（人）	#专业技术人员	文化馆（站）服务人次（万人次）	组织文艺活动次数（次）	为未成年人组织专场次数（次）	组织文艺活动观众人次（万人次）
甲	乙	1	2	3	4	5	6	7	8	9
全　国	01									
北　京	02									
天　津	03									
…	…									
新　疆	32									

续表一

举办训练班		举办展览		收入合计（万元）							支出合计（万元）
班次（次）	培训人次（万人次）	个数（个）	参观人次（万人次）		财政拨款	上级补助收入	事业收入	经营收入	附属单位上缴收入	其他收入	
10	11	12	13	14	15	16	17	18	19	20	21

续表二

			资产总计（万元）		实际使用房屋建筑面积（万平方米）			实际拥有产权面积（万平方米）	流动舞台车演出情况		
#基本支出	#项目支出	#经营支出		#固定资产原价		#业务用房面积	#对公众开放阅览室面积		流动舞台车数量（辆）	演出场次（场次）	观众人次（万人次）
22	23	24	25	26	27	28	29	30	31	32	33

单位负责人：　　　　填表人：　　　　报出日期：2 0　　年　　月　　日

说明：1. 报送时间：6 月 30 日前。
　　　2. 审核关系：1=2+3；4≥5；14=15+16+17+18+19+20；21≥22+23+24；25≥26；27≥28≥29；01=02+03+…+32。

分地区艺术表演团体基本情况

表　　号：W H 3 0 8 表
制定机关：国 家 统 计 局
文　　号：国统字〔2019〕3 号
有效期至：2 0 1 9 年 9 月

综合机关名称：文化和旅游部　　　　2 0　　年

地　区	代码	机构数（个）	从业人员（人）	#专业技术人员	演出场次（万场次）	#国内演出	农村	国内演出观众人次（万人次）	农村
甲	乙	1	2	3	4	5	6	7	8
全　国	**01**								
中　央	02								
北　京	03								
天　津	04								
…	…								
新　疆	33								

续表一

收入合计（万元）	#财政拨款	#演出收入	支出合计（万元）	#人员支出	资产总计（万元）	#固定资产原价	实际使用房屋建筑面积（万平方米）	#排练练功用房
9	10	11	12	13	14	15	16	17

续表二

实际拥有产权面积（万平方米）	流动舞台车演出情况			政府采购的公益演出活动情况		
	流动舞台车数量（辆）	演出场次（万场次）	观众人次（万人次）	演出场次（万场次）	观众人次（万人次）	补贴收入（万元）
18	19	20	21	22	23	24

单位负责人：　　　　填表人：　　　　报出日期：2 0　　年　　月　　日

说明：1. 报送时间：6 月 30 日前。
　　2. 审核关系：2≥3；4≥5；5≥6；7≥8；9≥10+11；12≥13；14≥15；16≥17；01=02+03+…+33。

分地区艺术表演场馆基本情况

表　　号：WH309表
制定机关：国家统计局
文　　号：国统字〔2019〕3号
有效期至：2019年9月

综合机关名称：文化和旅游部　　　　20　　年

地　　区	代码	机构数（个）	从业人员（人）	#专业技术人员	坐席数（个）	演（映）出场次合计（万场次）	#艺术演出	观众人次合计（万人次）	#艺术演出观众人次
甲	乙	1	2	3	4	5	6	7	8
全　国	**01**								
中　央	02								
北　京	03								
天　津	04								
…	…								
新　疆	33								

续表

收入合计（万元）	#财政拨款	#演出收入	支出合计（万元）	#人员支出	资产总计（万元）	#固定资产原价	实际使用房屋建筑面积（万平方米）	#演（映）业务用房	实际拥有产权面积（万平方米）
9	10	11	12	13	14	15	16	17	18

单位负责人：　　　　填表人：　　　　报出日期：20　　年　　月　　日

说明：1. 报送时间：6月30日前。
　　2. 审核关系：2≥3；5≥6；7≥8；9≥10+11；12≥13；14≥15；16≥17；01=02+03+…+33。

分地区娱乐场所基本情况

表　　号：WH310表
制定机关：国家统计局
文　　号：国统字〔2019〕3号
有效期至：2019年9月

综合机关名称：文化和旅游部　　　　20　　年

地　　区	代码	机构数（个）	从业人员（人）	资产总计（万元）	营业收入（万元）	营业成本（万元）	#养老、医疗、事业等保险费	#工资总额	#税金总额	营业利润（万元）
甲	乙	1	2	3	4	5	6	7	8	9
全　国	**01**									
北　京	02									
天　津	03									
…	…									
新　疆	32									

单位负责人：　　　　填表人：　　　　报出日期：20　　年　　月　　日

说明：1. 报送时间：6月30日前。
　　2. 审核关系：5≥6+7+8；01=02+03+…+32。

分地区网吧基本情况

表　　号：W H 3 1 1 表
制定机关：国 家 统 计 局
文　　号：国统字〔2019〕3 号
有效期至：2 0 1 9 年 9 月

综合机关名称：文化和旅游部　　　　20　　年

地　　区	代码	机构数（个）	从业人员（人）	资产总计（万元）	营业收入（万元）	营业成本（万元）	#养老、医疗、事业等保险费	#工资总额	#税金总额	营业利润（万元）
甲	乙	1	2	3	4	5	6	7	8	9
全　国	**01**									
北　京	02									
天　津	03									
…	…									
新　疆	32									

单位负责人：　　　　填表人：　　　　报出日期：20　　年　　月　　日

说明：1. 报送时间：6 月 30 日前。
2. 审核关系：5≥6+7+8；01=02+03+…+32。

分地区动漫企业基本情况

表　　号：W H 3 1 2 表
制定机关：国 家 统 计 局
文　　号：国统字〔2019〕3 号
有效期至：2 0 1 9 年 9 月
计量单位：　万　元

综合机关名称：文化和旅游部　　　　20　　年

地　　区	代码	机构数（个）	从业人员（人）	资产总计	营业收入	营业成本
甲	乙	1	2	3	4	5
全　国	**01**					
中　央	02					
北　京	03					
天　津	04					
…	…					
新　疆	33					

续表

营业利润	利润总额	本年发放工资总额	本年应交税金总额	经营面积（万平方米）	原创漫画作品（部）	原创动画作品（部）
6	7	8	9	10	11	12

单位负责人：　　　　填表人：　　　　报出日期：20　　年　　月　　日

说明：1. 报送时间：6 月 30 日前。
2. 审核关系：01=02+03+…+33。
3. 动漫企业指经文化和旅游部、财政部、国家税务总局三部门联合认定的从事漫画创作、动画创作、网络动漫（含手机动漫）创作、动漫舞台剧创作、动漫软件开发和动漫衍生产品研发等动漫业务的企业。

全国文物业基本情况

表　　号：W H 3 1 3 表
制定机关：国 家 统 计 局
文　　号：国统字〔2019〕3 号
有效期至：2 0 1 9 年 9 月

综合机关名称：文化和旅游部　　　　2 0　　年

指标名称	代码	机构（个）	从业人员（人）	本年收入合计（万元）	本年支出合计（万元）	资产总计（万元）
甲	乙	1	2	3	4	5
总　计	01					
按单位性质分						
文物科研机构	02					
文物保护管理机构	03					
博物馆	04					
文物商店	05					
其他文物机构	06					
按隶属关系分						
中　央	07					
省、区、市	08					
地、市	09					
县、市	10					
按管理部门分						
文物部门	11					
其他部门	12					

续表

实际使用房屋建筑面积（万平方米）	文物藏品（件/套）		本年从有关部门接收文物数（件/套）	本年藏品征集数（件/套）	举办陈列展览（个）	参观人次（万人次）
		#一级品				
6	7	8	9	10	11	12

单位负责人：　　　　填表人：　　　　报出日期：2 0　　年　　月　　日

说明：1. 报送时间：6 月 30 日前。
2. 审核关系：01=02+03+04+05+06=07+08+09+10=11+12；7≥8。

分地区博物馆基本情况

表　　号：W H 3 1 4 表
制定机关：国 家 统 计 局
文　　号：国统字〔2019〕3 号
有效期至：2 0 1 9 年 9 月

综合机关名称：文化和旅游部　　20　年

地　区	代码	机构数（个）	#免费开放馆数	从业人员（人）	#专业技术人员	文物藏品数（件/套）	基本陈列、展览（个）	参观人次（万人次）	#未成年人
甲	乙	1	2	3	4	5	6	7	8
全　国	**01**								
中　央	02								
北　京	03								
天　津	04								
…	…								
新　疆	33								

续表一

门票销售总　额（万元）	收入合计（万元）	财政拨款	上级补助收入	事业收入	经营收入	附属单位上缴收入	其他收入
9	10	11	12	13	14	15	16

续表二

支出合计（万元）	#基本支出	#项目支出	#经营支出	资产总计（万元）	#固定资产原价	实际使用房　屋建筑面积（万平方米）	#展览用房	#库房	实际拥有产权面积（万平方米）
17	18	19	20	21	22	23	24	25	26

单位负责人：　　　　填表人：　　　　报出日期：20　年　月　日

说明：1. 报送时间：6 月 30 日前。
　　2. 审核关系：1≥2；3≥4；7≥8；10=11+12+13+14+15+16；17≥18+19+20；21≥22；23≥24+25；01=02+03+…+33。

分地区文物保护管理机构基本情况

表　　号：W H 3 1 5 表
制定机关：国 家 统 计 局
文　　号：国统字〔2019〕3 号
有效期至：2 0 1 9 年 9 月

综合机关名称：文化和旅游部　　　　2 0　　年

地　区	代码	机构数（个）	从业人员（人）	#专业技术人员	藏品数（件/套）	基本陈列、展览（个）	参观人次（万人次）	门票销售总额（万元）
甲	乙	1	2	3	4	5	6	7
全　国	**01**							
中　央	02							
北　京	03							
天　津	04							
…	…							
新　疆	33							

续表一

收入合计（万元）	财政拨款	上级补助收入	事业收入	经营收入	附属单位上缴收入	其他收入	支出合计（万元）	#基本支出	#项目支出	#经营支出
8	9	10	11	12	13	14	15	16	17	18

续表二

资产总计（万元）	#固定资产原价	实际使用房屋建筑面积（万平方米）	#展览用房	#文物库房	实际拥有产权面积（万平方米）
19	20	21	22	23	24

单位负责人：　　　　填表人：　　　　报出日期：2 0　　年　　月　　日

说明：1. 报送时间：6 月 30 日前。
　　2. 审核关系：2≥3；8=9+10+11+12+13+14；15≥16+17+18；19≥20；21≥22+23；01=02+03+…+32。

分地区文物科研机构基本情况

表　　号：W H 3 1 6 表
制定机关：国 家 统 计 局
文　　号：国统字〔2019〕3 号
有效期至：2 0 1 9 年 9 月

综合机关名称：文化和旅游部　　　　2 0　　年

地　　区	代码	机构数（个）	从业人员（人）	#专业技术人员	藏品数（件/套）	基本陈列、展览（个）	参观人次（万人次）	门票销售总额（万元）
甲	乙	1	2	3	4	5	6	7
全　国	**01**							
中　央	02							
北　京	03							
天　津	04							
…	…							
新　疆	33							

续表一

收入合计（万元）	财政拨款	上级补助收入	事业收入	经营收入	附属单位上缴收入	其他收入	支出合计（万元）	#基本支出	#项目支出	#经营支出
8	9	10	11	12	13	14	15	16	17	18

续表二

资产总计（万元）	#固定资产原价	实际使用房屋建筑面积（万平方米）	#展览用房	#库房	实际拥有产权面积（万平方米）	文化保护规划和方案设计（个）
19	20	21	22	23	24	25

单位负责人：　　　　填表人：　　　　报出日期：2 0　　年　　月　　日

说明：1. 报送时间：6 月 30 日前。
　　2. 审核关系：2≥3；8=9+10+11+12+13+14；15≥16+17+18；19≥20；21≥22+23；01=02+03+…+33。

公共文化活动情况年快报

表　　号：W H 3 1 7 表
制定机关：国 家 统 计 局
文　　号：国统字〔2019〕3 号
有效期至：2 0 1 9 年 3 月

综合机关名称：文化和旅游部　　　　2 0　　年

指　　标	代码	单位	本年	上年同期
甲	乙	丙	1	2
艺术表演团体	01	个		
公共图书馆	02	个		
公共图书馆总流通人数	03	万人次		
博物馆	04	个		
文化馆	05	个		

单位负责人：　　　　填表人：　　　　报出日期：2 0　　年　　月　　日

说明：报送时间：1 月 15 日前。

文化文物机构数年快报

表　　号：W H 3 1 8 表
制定机关：国 家 统 计 局
文　　号：国统字〔2019〕3 号
有效期至：2 0 1 9 年 6 月

综合机关名称：文化和旅游部　　　　2 0　　年

指　　标	代码	单位	本年
甲	乙	丙	1
公共图书馆	01	个	
文化馆、站	02	个	
省、地市级文化馆	03	个	
县市级文化馆	04	个	
乡镇(街道)文化站	05	个	
博物馆	06	个	
艺术表演团体	07	个	
艺术表演场馆	08	个	

单位负责人：　　　　填表人：　　　　报出日期：2 0　　年　　月　　日

说明：报送时间：4 月 20 日前。

旅游发展情况

表　　号：W H 3 1 9 表
制定机关：国　家　统　计　局
文　　号：国统字〔2019〕3 号
有效期至：2 0 1 9 年 1 2 月

综合机关名称：文化和旅游部　　　　2 0　　年

指标名称	计量单位	代码	本　　年	同比增长(%)
甲	乙	丙	1	2
入境游客	万人次	01		
1. 外国人	万人次	02		
2. 港澳同胞	万人次	03		
3. 台湾同胞	万人次	04		
其中：入境过夜游客	万人次	05		
国内居民出境人数	万人次	06		
其中：因私出境人数	万人次	07		
国内游客	亿人次	08		
旅游收入	—	—		
国际旅游收入	亿美元	09		
国内旅游收入	亿元	10		
国际国内旅游总收入	亿元	11		
入境过夜游客居世界位次	位	12		
旅行社数	个	13		
旅行社从业人员平均人数	人	14		
星级饭店数	个	15		

单位负责人：　　　　填表人：　　　　报出日期：2 0　　年　　月　　日

说明：1. 报送时间：1 月 31 日前。
　　　2. 本表审核关系：01＝02+03+04。

国际旅游收入构成

表　　号：W H 3 2 0 表
制定机关：国 家 统 计 局
文　　号：国统字〔2019〕3 号
有效期至：2 0 1 9 年 1 2 月

综合机关名称：文化和旅游部　　2 0　　年　　计量单位：百 万 美 元

指标名称	代码	收入总额	占总收入比重（%）
甲	乙	1	2
总　　计	**01**		
1. 长途交通	02		
1）民航	03		
2）铁路	04		
3）汽车	05		
4）轮船	06		
2. 游览	07		
3. 住宿	08		
4. 餐饮	09		
5. 商品销售	10		
6. 娱乐	11		
7. 邮电通讯	12		
8. 市内交通	13		
9. 其他服务	14		

单位负责人：　　填表人：　　报出日期：2 0　　年　　月　　日

说明：1. 报送时间：1 月 31 日前。
2. 本表审核关系：01＝02+07+08+09+10+11+12+13+14，02＝03+04+05+06。

国内旅游基本情况

表　　号：W H 3 2 1 表
制定机关：国 家 统 计 局
文　　号：国统字〔2019〕3 号
有效期至：2 0 1 9 年 1 2 月

综合机关名称：文化和旅游部　　2 0　　年

指标名称	代码	总人次数（亿人次）	*出游率（%）	总花费（亿元）	人均花费（元）
甲	乙	1	2	3	4
全国合计	**01**				
城镇居民	02				
农村居民	03				

单位负责人：　　填表人：　　报出日期：2 0　　年　　月　　日

说明：1. 报送时间：1 月 31 日前。
2. *出游率指城镇居民或农村居民出游的人次数占其人口数的比重。

各地区接待入境过夜游客人次情况

表　　号：ＷＨ３２２表
制定机关：国　家　统　计　局
文　　号：国统字〔2019〕3 号
有效期至：２０１９年１２月

综合机关名称：文化和旅游部　　２０　　年　　计量单位：人　次

地　区	代码	接待人次数	同比增长（%）	在接待人次数中			
				外国人	香港同胞	澳门同胞	台湾同胞
甲	乙	1	2	3	4	5	6
北　京	11						
天　津	12						
河　北	13						
山　西	14						
内蒙古	15						
辽　宁	21						
吉　林	22						
黑龙江	23						
上　海	31						
江　苏	32						
浙　江	33						
安　徽	34						
福　建	35						
江　西	36						
山　东	37						
河　南	41						
湖　北	42						
湖　南	43						
广　东	44						
广　西	45						
海　南	46						
重　庆	50						
四　川	51						
贵　州	52						
云　南	53						
西　藏	54						
陕　西	61						
甘　肃	62						
青　海	63						
宁　夏	64						
新　疆	65						

单位负责人：　　填表人：　　报出日期：２０　　年　　月　　日

说明：1. 报送时间：2 月 28 日前。
　　2. 本表审核关系：1＝3+4+5+6。

各地区接待入境过夜游客人天情况

表　　号：W H 3 2 3 表
制定机关：国 家 统 计 局
文　　号：国统字〔2019〕3 号
有效期至：2 0 1 9 年 1 2 月

综合机关名称：文化和旅游部　　　　2 0　　年　　　　计量单位：　人　天

地　区	代码	接待人天数	同比增长（%）	在接待人天数中			
				外国人	香港同胞	澳门同胞	台湾同胞
甲	乙	1	2	3	4	5	6
北　京	11						
天　津	12						
河　北	13						
山　西	14						
内蒙古	15						
辽　宁	21						
吉　林	22						
黑龙江	23						
上　海	31						
江　苏	32						
浙　江	33						
安　徽	34						
福　建	35						
江　西	36						
山　东	37						
河　南	41						
湖　北	42						
湖　南	43						
广　东	44						
广　西	45						
海　南	46						
重　庆	50						
四　川	51						
贵　州	52						
云　南	53						
西　藏	54						
陕　西	61						
甘　肃	62						
青　海	63						
宁　夏	64						
新　疆	65						

单位负责人：　　　　填表人：　　　　报出日期：2 0　　年　　月　　日

说明：1. 报送时间：2 月 28 日前。
　　　2. 本表审核关系：1＝3+4+5+6。

各地区国际旅游收入情况

表　　号：W H 3 2 4 表
制定机关：国 家 统 计 局
文　　号：国统字〔2019〕3 号
有效期至：2 0 1 9 年 1 2 月
综合机关名称：文化和旅游部　　　　2 0　　年　　　　计量单位：　万 美 元

地　区	代码	外汇收入	同比增长（%）
甲	乙	1	2
北　京	11		
天　津	12		
河　北	13		
山　西	14		
内蒙古	15		
辽　宁	21		
吉　林	22		
黑龙江	23		
上　海	31		
江　苏	32		
浙　江	33		
安　徽	34		
福　建	35		
江　西	36		
山　东	37		
河　南	41		
湖　北	42		
湖　南	43		
广　东	44		
广　西	45		
海　南	46		
重　庆	50		
四　川	51		
贵　州	52		
云　南	53		
西　藏	54		
陕　西	61		
甘　肃	62		
青　海	63		
宁　夏	64		
新　疆	65		

单位负责人：　　　　填表人：　　　　报出日期：2 0　　年　　月　　日

说明：报送时间：2 月 28 日前。

主要城市接待入境过夜游客人次情况

表　　号：W H 3 2 5 表
制定机关：国 家 统 计 局
文　　号：国统字〔2019〕3 号
有效期至：2 0 1 9 年 1 2 月

综合机关名称：文化和旅游部　　2 0　　年　　计量单位：　人　次

城　市	代码	接待人次数	同比增长（%）	在接待人次数中			
				外国人	香港同胞	澳门同胞	台湾同胞
甲	乙	1	2	3	4	5	6
北　京	1100						
天　津	1200						
沈　阳	2101						
大　连	2102						
长　春	2201						
哈尔滨	2301						
上　海	3100						
南　京	3201						
无　锡	3202						
苏　州	3203						
杭　州	3301						
宁　波	3302						
黄　山	3409						
厦　门	3502						
济　南	3701						
青　岛	3702						
武　汉	4201						
广　州	4401						
深　圳	4403						
珠　海	4404						
中　山	4420						
桂　林	4503						
海　口	4601						
三　亚	4602						
重　庆	5000						
成　都	5101						
昆　明	5301						
西　安	6101						

单位负责人：　　填表人：　　报出日期：2 0　　年　　月　　日

说明：1.报送时间：2 月 28 日前。
2.本表审核关系：1＝3+4+5+6。

主要城市接待入境过夜游客人天情况

表　　号：WH326表
制定机关：国家统计局
文　　号：国统字〔2019〕3号
有效期至：2019年12月
计量单位：　人天

综合机关名称：文化和旅游部　　20　年

城　市	代码	接待人天数	同比增长（%）	在接待人天数中			
				外国人	香港同胞	澳门同胞	台湾同胞
甲	乙	1	2	3	4	5	6
北　京	1100						
天　津	1200						
沈　阳	2101						
大　连	2102						
长　春	2201						
哈尔滨	2301						
上　海	3100						
南　京	3201						
无　锡	3202						
苏　州	3203						
杭　州	3301						
宁　波	3302						
黄　山	3409						
厦　门	3502						
济　南	3701						
青　岛	3702						
武　汉	4201						
广　州	4401						
深　圳	4403						
珠　海	4404						
中　山	4420						
桂　林	4503						
海　口	4601						
三　亚	4602						
重　庆	5000						
成　都	5101						
昆　明	5301						
西　安	6101						

单位负责人：　　填表人：　　报出日期：20　年　月　日

说明：1. 报送时间：2月28日前。
　　2. 本表审核关系：1＝3+4+5+6。

主要城市国际旅游收入情况

表　　号：W H 3 2 7 表
制定机关：国 家 统 计 局
文　　号：国统字〔2019〕3 号
有效期至：2 0 1 9 年 1 2 月
计量单位：万 美 元

综合机关名称：文化和旅游部　　2 0　　年

城　市	代码	外汇收入	同比增长（%）
甲	乙	1	2
北　京	1100		
天　津	1200		
沈　阳	2101		
大　连	2102		
长　春	2201		
哈尔滨	2301		
上　海	3100		
南　京	3201		
无　锡	3202		
苏　州	3203		
杭　州	3301		
宁　波	3302		
黄　山	3409		
厦　门	3502		
济　南	3701		
青　岛	3702		
武　汉	4201		
广　州	4401		
深　圳	4403		
珠　海	4404		
中　山	4420		
桂　林	4503		
海　口	4601		
三　亚	4602		
重　庆	5000		
成　都	5101		
昆　明	5301		
西　安	6101		

单位负责人：　　填表人：　　报出日期：2 0　　年　　月　　日

说明：报送时间：2 月 28 日前。

各地区入境过夜游客人均天花费情况

表　　号：W H 3 2 8 表
制定机关：国 家 统 计 局
文　　号：国统字〔2019〕3 号
有效期至：2 0 1 9 年 1 2 月

综合机关名称：文化和旅游部　　2 0　年　　计量单位：美元/人天

地　区	代码	人均天花费	外国人	香港同胞	澳门同胞	台湾同胞
甲	乙	1	2	3	4	5
北　京	11					
天　津	12					
河　北	13					
山　西	14					
内蒙古	15					
辽　宁	21					
吉　林	22					
黑龙江	23					
上　海	31					
江　苏	32					
浙　江	33					
安　徽	34					
福　建	35					
江　西	36					
山　东	37					
河　南	41					
湖　北	42					
湖　南	43					
广　东	44					
广　西	45					
海　南	46					
重　庆	50					
四　川	51					
贵　州	52					
云　南	53					
西　藏	54					
陕　西	61					
甘　肃	62					
青　海	63					
宁　夏	64					
新　疆	65					

单位负责人：　　填表人：　　报出日期：2 0　年　月　日

说明：报送时间：6 月 30 日前。

部门服务业企业财务状况

（表式及指标解释见通用表）

部门服务业行政单位财务状况

（表式及指标解释见通用表）

部门服务业事业单位财务状况

（表式及指标解释见通用表）

综合定报

国内旅游基本情况（季报）

表　　号：W H 4 0 1 表
制定机关：国 家 统 计 局
文　　号：国统字〔2019〕3 号
有效期至：2 0 2 0 年 6 月

综合机关名称：文化和旅游部　　　　2 0 　年　　季度

指标名称	代码	总人次数（亿人次）	*出游率（%）	总花费（亿元）	人均花费（元）
甲	乙	1	2	3	4
全国合计	**01**				
城镇居民	02				
农村居民	03				

单位负责人：　　　　填表人：　　　　报出日期：2 0 　年　月　日

说明：1. 报送时间：季后 30 日前。
　　　2. *出游率指城镇居民或农村居民出游的人次数占其人口数的比重。

（三）主要指标解释

公共图书馆 指文化部门主办的面向社会服务的图书馆数量，不包含部队、高校系统及文化馆内设的图书馆。

公共图书馆中少儿阅览室坐席数 指公共图书馆中专门提供给儿童使用的座位数。

公共图书馆中少儿文献 指公共图书馆中供少儿阅览的文献，包括图书、绘本、画册、连环画等。

少儿图书馆数 指为 18 岁以下儿童提供服务的图书馆数量。

少儿图书馆总藏量 指少儿图书馆中已编目的图书、期刊和报纸的合订本、小册子、手稿，以及缩微制品、录像带、录音带、光盘等视听文献资料的数量之和。

文化馆 指专门从事群众文化活动的群众文化场馆数量，不包含文化部门以外的文化宫和少年宫。

文化馆组织未成年人活动专场 指本馆或与外机构联合专门为 18 岁以下儿童、家长和少儿工作者举办的各种文艺演出活动专场次数。

未成年人参观博物馆人次 指接待有组织的集体参观人次与零散观众中能够确切统计的未成年人参观人次的总和。

艺术表演团体演出收入 指艺术表演团体通过售票或包场演出所取得的票房收入，不包括政府采购的公益性演出补贴收入。

政府采购的公益性演出场次/观众人次 指报告期内艺术表演团体不进行售票、免费给社会公众演出并从财政部门获取一定场次补贴的公益性演出场次/观众人次。

藏量 指图书馆已编目的古籍、图书、期刊和报纸的合订本、手册、手稿，以及缩微制品、录像带、录音带、光盘等视听文献资料数量之和。

累计发放有效借书证数 指由图书馆本馆或本馆所在总分馆体系中其他图书馆发放，并在当年内在本馆、本馆下辖分馆或本馆派出各类馆外服务设施中使用过至少一次的借书证数。

总流通人次 指本年度内到图书馆场所接受图书馆服务的总人次，包括借阅书刊、咨询问题，以及参加各类读者活动等。

书刊文献外借人次 指通过本馆或本馆所辖分馆以及本馆派出的馆外服务设施将本馆各类型文献资源借出阅读的读者人次。

组织文艺活动次数 指本馆组织的或与外机构联合组织的各种文艺演出（包括调演、汇演）次数。

举办训练班班次 指本馆举办的或与外机构联合举办的各种文化、艺术、科普（包括图书、讲演、创作、表演、音乐、舞蹈、美术、文学、摄影等）训练班，按截止到年底办完的班数及培训人数，分别计算班次。

举办展览个数 指本馆举办的或与外机构联合举办的在馆内或馆外展览的个数。

馆办文艺团体 指由本馆人员组成的为群众提供文艺演出的演出团队。

馆办老年大学 指由本馆举办的专为老年人进行文艺培训的场所。

群众业余文艺团队 指业务上受本馆指导的城镇和农村各种文艺演出团队。

原创漫画作品 指具有自主知识产权的单幅和多格漫画、插画、漫画图书、动画抓帧图书、漫画报刊、漫画原画等作品。

原创动画作品 指具有自主知识产权的动画电影、动画电视剧、动画短片、动画音像制品等作品。

游客 指任何为休闲、娱乐、观光、度假、探亲访友、就医疗养、购物、参加会议或从事经济、文化、体育、宗教活动，离开常住国(或常住地)到其他国家(或地方)，其连续停留时间不超过 12 个月，并且在其他国家(或地方)的主要目的不是通过所从事的活动获取报酬的人。游客不包括因工作或学习在两地有规律往返的人，按出游时间分为过夜游客和一日游游客(不过夜游客)。游客按出游地分入境游客和国内游客；按出游时间分过夜游客和一日游游客。

入境游客 指报告期内来中国(大陆)观光、度假、探亲访友、就医疗养、购物、参加会议或从事经济、文化、体育、宗教活动的外国人、港澳台同胞等游客(即入境旅游人数)。统计时，入境游客按每入境一次统计 1 人次。入境游客包括入境过夜游客和入境一日游游客。

国内游客 指报告期内在中国(大陆)观光游览、度假、探亲访友、就医疗养、购物、参加会议或从事经济、文化、体育、宗教活动的中国(大陆)居民，其出游的目的不是通过所从事的活动谋取报酬。统计时，国内游客按每出游一次统计 1 人次。国内游客包括国内过夜游客和国内一日游游客。

出境人数（出境游客） 指中国(大陆)公民因公或因私出境前往其他国家、中国香港特别行政区、澳门特别行政区和台湾省观光、度假、探亲访友、就医疗养、购物、参加会议或从事经济、文化、体育、宗教活动的人数(即出境游客)。统计时，出境游客按每出境一次统计 1 人次。

旅游收入 游客(入境游客和国内游客)在旅游过程中(由游客或游客的代表为游客)支付的一切旅游支出就是国家(省、区、市)的旅游收入。旅游支出应包括过夜游客和一日游游客在整个游程中行、游、住、食、购、娱，以及为亲友、家人购买纪念品、礼品等方面的旅游支出，不包括为商业目的购物、购买房、地、车、船等资本性或交易性的投资、馈赠亲友的现金及给公共机构的捐赠。旅游收入包括国际旅游收入和国内旅游收入。

(1)国际旅游收入：入境游客在中国(大陆)境内旅行、游览过程中用于交通、参观游览、住宿、餐饮、购物、娱乐等全部花费。

(2)国内旅游收入：国内游客在国内旅行、游览过程中用于交通、参观游览、住宿、餐饮、购物、娱乐等全部花费。

国家卫生健康委员会

（一）报 表 目 录

表号	表名	报告期别	填报范围	报送时间及方式	负责单位	备注
WJ301 表	分地区医疗卫生机构情况	年报		6 月 30 日前，通过“国家统计局部门综合数据管理系统”报送数据。	社科文司	
WJ302 表	分地区分主办单位医疗卫生机构情况	年报				
WJ303 表	分地区分等级医院情况	年报				
WJ304 表	分地区三级医院情况	年报				
WJ305 表	分地区村卫生室情况	年报				
WJ306 表	分地区分床位医院情况	年报				
WJ307 表	分地区卫生人员情况	年报				
WJ308 表	分地区分机构执业（助理）医师情况	年报				
WJ309 表	分地区全科医生数	年报				
WJ310 表	分地区社区卫生服务中心(站)人员情况	年报				
WJ311 表	分地区乡镇卫生院人员情况	年报				
WJ312 表	分地区村卫生室人员情况	年报				
WJ313 表	分地区分城乡每千人口卫生技术人员情况	年报				
WJ314 表	分地区医疗卫生机构床位情况	年报				
WJ315 表	分地区每千人口医疗卫生机构床位情况	年报				
WJ316 表	卫生总费用	年报				
WJ317 表	分地区卫生总费用	年报				
WJ318 表	政府卫生支出情况	年报				
WJ319 表	医院门诊病人人均医药费用情况	年报				
WJ320 表	30 种疾病平均住院医药费用	年报				
WJ321 表	五级医院 30 种疾病平均住院医药费用	年报				
WJ322 表	分地区医院门诊和住院病人人均医药费用	年报				
WJ323 表	各类医疗卫生机构医疗服务情况	年报				

表号	表名	报告期别	填报范围	报送时间及方式	负责单位	备注
WJ324 表	各类医院诊疗人次数	年报		6 月 30 日前，通过“国家统计局部门综合数据管理系统”报送数据。	社科文司	
WJ325 表	各类医院病床使用率	年报				
WJ326 表	分地区医疗卫生机构服务情况	年报				
WJ327 表	分地区医院门诊服务情况	年报				
WJ328 表	分地区医疗卫生机构住院服务情况	年报				
WJ329 表	分地区医院住院服务情况	年报				
WJ330 表	分地区医院床位使用情况	年报				
WJ331 表	分地区社区卫生服务中心（站）医疗服务情况	年报				
WJ332 表	分地区乡镇卫生院医疗服务情况	年报				
WJ333 表	分地区中医药服务情况	年报				
WJ334 表	28 种传染病报告发病人数及死亡人数排序	年报				
WJ335 表	28 种传染病报告发病率、死亡率及病死率排序	年报				
WJ336 表	分地区 28 种传染病报告发病率和死亡率	年报				
WJ337 表	儿童和孕产妇死亡率	年报				
WJ338 表	孕产妇基本情况	年报				
WJ339 表	儿童健康情况	年报				
WJ340 表	婚前医学检查率及妇女病基本情况	年报				
WJ341 表	国家免疫规划疫苗接种率情况	年报				
WJ342 表	采取各种节育措施基本情况	年报				
WJ343 表	结核病报告情况	年报				
WJ344 表	当年 HIV、AIDS 报告情况	年报				
WJ345 表	城市居民主要疾病死亡率及死因构成情况	年报				
WJ346 表	农村居民主要疾病死亡率及死因构成情况	年报				
WJ347 表	分地区居民健康管理情况	年报				
WJ348 表	分地区计划生育服务与奖励情况	年报				
WJ349 表	医疗卫生基本情况年快报（一）	年报		1 月 15 日前，通过“国家统计局部门综合数据管理系统”报送数据。		

表号	表名	报告期别	填报范围	报送时间及方式	负责单位	备注
WJ350 表	医疗卫生基本情况年快报（二）	年报		4 月 20 日前，通过“国家统计局部门综合数据管理系统”报送数据。		
WJ351 表	各地区农村改厕情况	年报	各省、自治区、直辖市爱卫会	5 月 15 日前；邮寄或电子邮件 nyshjc@stats.gov.cn	能源司	《资源环境综合统计报表制度》
WJ352 表	公立医院互联网服务情况	年报	公立医院	6 月 30 日前网上报送	服务业司	《互联网经济统计报表制度》
WJ353 表	公立医院信息化情况	年报	公立医院	6 月 30 日前网上报送	服务业司	《互联网经济统计报表制度》
WJ701 表	绿色发展基本情况（九）	年报		次年7月15日前；邮寄或电子邮件 nyszhc@ stats.gov.cn	能源司	《绿色发展统计报表制度》（试行）
701 表	部门服务业企业财务状况	年报	卫生业中执行企业会计制度的单位	6 月 30 日前，电子邮件或内部交换 dczxjtc@stats.gov.cn	服务业司	《部门服务业财务统计报表制度》（试行）
702-1 表	部门服务业行政单位财务状况	年报	卫生业中执行行政单位会计制度的单位			
702-2 表	部门服务业事业单位财务状况	年报	卫生业中执行事业单位会计制度的单位			
WJ401 表	各类医疗卫生机构医疗服务情况	季报		季后 40 日前，通过“国家统计局部门综合数据管理系统”报送数据。	社科文司	
WJ402 表	分地区医疗门诊和住院病人人均医疗费用	季报				

（二）调查表式

综合年报

分地区医疗卫生机构情况

表　　号：W J 3 0 1 表
制定机关：国 家 统 计 局
文　　号：国统字〔2019〕3 号
有效期至：2 0 1 9 年 9 月
计量单位：个

综合机关名称：国家卫生健康委员会　　　　2 0　　年

地　区	代码	合计	#医院	公立医院	民营医院	#综合医院	#中医医院	#专科医院
甲	乙	1	2	3	4	5	6	7
全　国	**01**							
北　京	02							
天　津	03							
…	…							
新　疆	32							

续表

#基层医疗卫生机构	社区卫生服务中心（站）	乡　镇卫生院	村卫生室	门诊部（所）	#专业公共卫生机构	#疾病预防控制中心	#专科疾病防治院（所/站）	#妇幼保健院（所/站）	#健康教育中心（所）	#卫生监督所（中心）
8	9	10	11	12	13	14	15	16	17	18

说明：　1. 报送时间：6 月 30 日前。
　　　　2. 审核关系：1>=2+8+14；2=3+4；2>5+6+7；8〉9+10+11+12；13>14+15+16+17+18；01=02+03+…32。

分地区分主办单位医疗卫生机构情况

表　　号：WJ302表
制定机关：国家统计局
文　　号：国统字〔2019〕3号
有效期至：2019年9月

综合机关名称：国家卫生健康委员会　　　　20　　年

地区	代码	机构数（个）				卫生技术人员（人）				床位数（张）			
		合计	政府办	社会办	个人办	合计	政府办	社会办	个人办	合计	政府办	社会办	个人办
甲	乙	1	2	3	4	5	6	7	8	9	10	11	12
全　国	**01**												
北　京	02												
天　津	03												
…	…												
新　疆	32												

单位负责人：　　　　填表人：　　　　报出日期：20　　年　　月　　日

说明：1. 报送时间：6月30日前。
　　2. 审核关系：1=2+3+4；5=6+7+8；9=10+11+12；01=02+03+…32。

分地区分等级医院情况

表　　号：WJ303表
制定机关：国家统计局
文　　号：国统字〔2019〕3号
有效期至：2019年9月
计量单位：个

综合机关名称：国家卫生健康委员会　　　　20　　年

地区	代码	合计			
			三级医院	二级医院	一级医院
甲	乙	1	2	3	4
全　国	**01**				
北　京	02				
天　津	03				
…	…				
新　疆	32				

单位负责人：　　　　填表人：　　　　报出日期：20　　年　　月　　日

说明：1. 报送时间：6月30日前。
　　2. 审核关系：1>2+3+4；01=02+03+…+32。

分地区三级医院情况

表　　号：WJ304表
制定机关：国家统计局
文　　号：国统字〔2019〕3号
有效期至：2019年9月
计量单位：个

综合机关名称：国家卫生健康委员会　　　　20　　年

地区	代码	三级医院	甲等	乙等	丙等
甲	乙	1	2	3	4
全　国	**01**				
北　京	02				
天　津	03				
…	…				
新　疆	32				

单位负责人：　　　　填表人：　　　　报出日期：20　　年　　月　　日

说明：1. 报送时间：6月30日前。
　　2. 审核关系：1>2+3+4；01=02+03+…+32。

分地区村卫生室情况

表　　号：WJ305表
制定机关：国家统计局
文　　号：国统字〔2019〕3号
有效期至：2019年9月

综合机关名称：国家卫生健康委员会　　　　20　　年

地　区	代码	村卫生室（个）						设卫生室的村占行政村数（%）	村卫生室基本药物制度覆盖率（%）
		合计	村办	乡卫生院设点	联合办	私人办	其他		
甲	乙	1	2	3	4	5	6	7	8
全　国	**01**								
北　京	02								
天　津	03								
…	…								
新　疆	32								

单位负责人：　　　　填表人：　　　　报出日期：20　　年　　月　　日

说明：1. 报送时间：6月30日前。
　　2. 审核关系：01=02+03+…+32（第7，8列除外）；1=2+3+4+5+6。

分地区分床位医院情况

表　　号：W J 3 0 6 表
制定机关：国　家　统　计　局
文　　号：国统字〔2019〕3 号
有效期至：2 0 1 9 年 9 月

综合机关名称：国家卫生健康委员会　　　　2 0　　年

地区	代码	合计（张）	0-99 张（张）	比重（%）	100-299（张）	比重（%）	300-499（张）	比重（张）	500 及以上（张）	比重（%）
甲	乙	1	2	3	4	5	6	7	8	9
全　国	**01**									
北　京	02									
天　津	03									
…	…									
新　疆	32									

单位负责人：　　　　填表人：　　　　报出日期：2 0　　年　　月　　日

说明：1. 报送时间：6 月 30 日前。
　　2. 审核关系：1=2+4+6+8；01=02+03+…+32（1, 2, 4, 6, 8 列）。

分地区卫生人员情况

表　　号：W J 3 0 7 表
制定机关：国　家　统　计　局
文　　号：国统字〔2019〕3 号
有效期至：2 0 1 9 年 9 月
计量单位：　　人

综合机关名称：国家卫生健康委员会　　　　2 0　　年

地　区	代码	卫生人员	卫生技术人员	#执业（助理）医师	#执业医师	#注册护士	#药师（士）	乡村医生和卫生员	其他技术人员	管理人员	工勤技能人员
甲	乙	1	2	3	4	5	6	7	8	9	10
全　国	**01**										
北　京	02										
天　津	03										
…	…										
新　疆	32										

续表

专业公共卫生机构卫生人员	疾病预防控制中心	专科疾病防治院（所/站）	妇幼保健院（所/站）	健康教育中心（所）	卫生监督所（中心）	乡镇卫生人员
11	12	13	14	15	16	17

单位负责人：　　　　填表人：　　　　报出日期：2 0　　年　　月　　日

说明：1. 报送时间：6 月 30 日前。
　　2. 审核关系：1=2+7+8+9+10；2>3+5+6；3>4；1>11；1>17；11>=12+13+14+15+16；01=02+03+…32。

分地区分机构执业（助理）医师情况

表　　号：WJ308表
制定机关：国家统计局
文　　号：国统字〔2019〕3号
有效期至：2019年9月
计量单位：人

综合机关名称：国家卫生健康委员会　　　　20　　年

地　区	代码	医院执业（助理）医师	执业医师	基层医疗卫生机构执业（助理）医师	执业医师	社区服务中心（站）执业（助理）医师	执业医师	乡镇卫生院执业（助理）医师	执业医师
甲	乙	1	2	3	4	5	6	7	8
全　国	**01**								
北　京	02								
天　津	03								
…	…								
新　疆	32								

单位负责人：　　　　填表人：　　　　报出日期：20　　年　　月　　日

说明：1. 报送时间：6月30日前。
　　2. 审核关系：1>2；3>4；5>6；7>8；01=02+03+…32。

分地区全科医生数

表　　号：WJ309表
制定机关：国家统计局
文　　号：国统字〔2019〕3号
有效期至：2019年9月
计量单位：人

综合机关名称：国家卫生健康委员会　　　　20　　年

地　区	代码	全科医生数	注册为全科医学专业的人数	取得全科医生培训合格证书的人数	每万人口全科医生数
甲	乙	1	2	3	4
全　国	**01**				
北　京	02				
天　津	03				
…	…				
新　疆	32				

单位负责人：　　　　填表人：　　　　报出日期：20　　年　　月　　日

说明：1. 报送时间：6月30日前。
　　2. 审核关系：1=2+3；　01=02+03+…+32（4列除外）。

分地区社区卫生服务中心(站)人员情况

表　　号：W J 3 1 0 表
制定机关：国 家 统 计 局
文　　号：国统字〔2019〕3 号
有效期至：2 0 1 9 年 9 月

综合机关名称：国家卫生健康委员会　　　　2 0　　年　　　　计量单位：　　　人

地　区	代码	合计	卫生技术人员							其他技术人员	管理人员	工勤技能人员
			小计	执业(助理)医师	执业医师	注册护士	药师(士)	技师(士)	其他			
甲	乙	1	2	3	4	5	6	7	8	9	10	11
全　国	**01**											
北　京	02											
天　津	03											
…	…											
新　疆	32											

单位负责人：　　　　填表人：　　　　报出日期：2 0　　年　　月　　日

说明：1. 报送时间：6 月 30 日前。
　　2. 审核关系：1=2+9+10+11；2=3+5+6+7+8；01=02+03+…+32。

分地区乡镇卫生院人员情况

表　　号：W J 3 1 1 表
制定机关：国 家 统 计 局
文　　号：国统字〔2019〕3 号
有效期至：2 0 1 9 年 9 月

综合机关名称：国家卫生健康委员会　　　　2 0　　年　　　　计量单位：　　　人

地　区	代码	合计	卫生技术人员							其他技术人员	管理人员	工勤技能人员	每千农村人口乡镇卫生院人员数
			小计	执业(助理)医师	执业医师	注册护士	药剂人员	技师(士)	其他				
甲	乙	1	2	3	4	5	6	7	8	9	10	11	12
全　国	**01**												
北　京	02												
天　津	03												
…	…												
新　疆	32												

单位负责人：　　　　填表人：　　　　报出日期：2 0　　年　　月　　日

说明：1. 报送时间：6 月 30 日前。
　　2. 审核关系：1=2+9+10+11；2=3+5+6+7+8；01=02+03+…+32（12 列除外）。

分地区村卫生室人员情况

表　　号：W J 3 1 2 表
制定机关：国 家 统 计 局
文　　号：国统字〔2019〕3 号
有效期至：2 0 1 9 年 9 月

综合机关名称：国家卫生健康委员会　　　　2 0　　年　　　　　　　　计量单位：　　　人

地　区	代码	合计	执业（助理）医师	注册护士	乡村医生	卫生员	平均每村村卫生室人员	平均每千农村人口村卫生室人员	诊疗人次数（万人次）
甲	乙	1	2	3	4	5	6	7	8
全　国	**01**								
北　京	02								
天　津	03								
…	…								
新　疆	32								

单位负责人：　　　　　　　　填表人：　　　　　　　　报出日期：2 0　　年　　月　　日

说明：1. 报送时间：6 月 30 日前。
　　　2. 审核关系：1=2+3+4+5；01=02+03+…+32（第 5, 6 列除外）。

分地区分城乡每千人口卫生技术人员情况

表　　号：W J 3 1 3 表
制定机关：国 家 统 计 局
文　　号：国统字〔2019〕3 号
有效期至：2 0 1 9 年 9 月

综合机关名称：国家卫生健康委员会　　　　2 0　　年　　　　　　　　计量单位：　　　人

地　区	代码	卫生技术人员			执业（助理）医师			注册护士		
		合计	城市	农村	合计	城市	农村	合计	城市	农村
甲	乙	1	2	3	4	5	6	7	8	9
全　国	**01**									
北　京	02									
天　津	03									
…	…									
新　疆	32									

单位负责人：　　　　　　　　填表人：　　　　　　　　报出日期：2 0　　年　　月　　日

说明：报送时间：6 月 30 日前。

分地区医疗卫生机构床位情况

表　　号：WJ314表
制定机关：国家统计局
文　　号：国统字〔2019〕3号
有效期至：2019年9月
计量单位：张

综合机关名称：国家卫生健康委员会　　20　　年

地区	代码	合计	#医院			#基层医疗卫生机构			#专业公共卫生机构			综合医院	中医医院	专科医院
			#医院	公立医院	民营医院	#基层医疗卫生机构	#社区卫生服务中心（站）	#乡镇卫生院	#专业公共卫生机构	#妇幼保健院（所、站）	#专科疾病防治院（所、站）			
甲	乙	1	2	3	4	5	6	7	8	9	10	11	12	13
全国	**01**													
北京	02													
天津	03													
…	…													
新疆	32													

单位负责人：　　填表人：　　报出日期：20　　年　　月　　日

说明：1. 报送时间：6月30日前。
2. 审核关系：1>=2+5+8；2=3+4；5>6+7；8>=9+10；2>11+12+13；01=02+03+…32。

分地区分城乡每千人口医疗卫生机构床位情况

表　　号：WJ315表
制定机关：国家统计局
文　　号：国统字〔2019〕3号
有效期至：2019年9月
计量单位：张

综合机关名称：国家卫生健康委员会　　20　　年

地　区	代码	医疗卫生机构床位数			每千人口医疗卫生机构床位			每千农村人口乡镇卫生院床位数
		合计	城市	农村	合计	城市	农村	
甲	乙	1	2	3	4	5	6	7
全　国	**01**							
北　京	02							
天　津	03							
…	…							
新　疆	32							

说明：1. 报送时间：6月30日前。
2. 审核关系：1=2+3；01=02+03+…32（第1、2、3列）。

卫生总费用

表　　号：W J 3 1 6 表
制定机关：国 家 统 计 局
文　　号：国统字〔2019〕3 号
综合机关名称：国家卫生健康委员会　　　　２０　　年　　　　有效期至：２ ０ １ ９ 年 ９ 月

指标名称	计量单位	代码	本年	上年同期
甲	乙	丙	1	2
卫生总费用	亿元	01		
按支出类型分	—	—		
政府卫生支出	亿元	02		
社会卫生支出	亿元	03		
个人现金卫生支出	亿元	04		
按城乡分	—	—		
城市	亿元	05		
农村	亿元	06		
人均卫生费用	元	07		
其中：城市	元	08		
农村	元	09		
政府卫生支出占财政支出比重	%	10		
政府卫生支出占卫生总费用比重	%	11		
政府卫生支出与 GDP 之比	%	12		
卫生总费用与 GDP 之比	%	13		

单位负责人：　　　　填表人：　　　　报出日期：２０　　年　　月　　日

说明：1. 报送时间：6 月 30 日前。
　　2. 审核关系：01=02+03+04=05+06。

分地区卫生总费用

表　　号：W J 3 1 7 表
制定机关：国 家 统 计 局
文　　号：国统字〔2019〕3 号
综合机关名称：国家卫生健康委员会　　　　２０　　年　　　　有效期至：２ ０ １ ９ 年 ９ 月

地　区	代码	卫生总费用(亿元)				卫生总费用构成(%)			卫生总费用占GDP(%)	人均卫生费用(元)
		合计	政府卫生支出	社会卫生支出	个人卫生支出	政府卫生支出	社会卫生支出	个人卫生支出		
甲	乙	1	2	3	4	5	6	7	8	9
全　国	**01**									
北　京	02									
天　津	03									
…	…									
新　疆	32									

单位负责人：　　　　填表人：　　　　报出日期：２０　　年　　月　　日

说明：1. 报送时间：6 月 30 日前。
　　2. 审核关系：1=2+3+4；5+6+7=100；01=02+03+…+32（5,6,7,8,9 列除外）。

政府卫生支出情况

表　　号：W J 3 1 8 表
制定机关：国　家　统　计　局
文　　号：国统字〔2019〕3 号
有效期至：2 0 1 9 年 9 月

综合机关名称：国家卫生健康委员会　　2 0　　年　　计量单位：　亿元

地区	代码	合计	医疗卫生服务支出	医疗保障支出	行政管理事务支出	人口与计划生育事务支出
甲	乙	1	2	3	4	5
全国	01					

单位负责人：　　填表人：　　报出日期：2 0　　年　　月　　日

说明：1. 报送时间：6 月 30 日前。
　　2. 审核关系：1=2+3+4+5。

医院门诊病人人均医药费用情况

表　　号：W J 3 1 9 表
制定机关：国　家　统　计　局
文　　号：国统字〔2019〕3 号
有效期至：2 0 1 9 年 9 月

综合机关名称：国家卫生健康委员会　　2 0　　年

级别	代码	门诊病人次均医药费（元）			占门诊医药费(%)	
			药费	检查费	药费	检查费
甲	乙	1	2	3	4	5
医院合计	01					
#公立医院	02					
#三级医院	03					
#二级医院	04					
#一级医院	05					

单位负责人：　　填表人：　　报出日期：2 0　　年　　月　　日

说明：1. 报送时间：6 月 30 日前。
　　2. 审核关系：1>2+3。

30 种疾病平均住院医药费用

表　　号：W J 3 2 0 表
制定机关：国　家　统　计　局
文　　号：国统字〔2019〕3 号
有效期至：2 0 1 9 年 9 月

综合机关名称：国家卫生健康委员会　　　　　2 0　　年

疾病名称(ICD-10)	代码	出院人数(人)	平均住院日(日)	人均医药费(元)	药费	检查费	治疗费	手术费	卫生材料费
甲	乙	1	2	3	4	5	6	7	8
病毒性肝炎	01								
浸润性肺结核	02								
急性心肌梗塞	03								
充血性心力衰竭	04								
细菌性肺炎	05								
慢性肺源性心脏病	06								
急性上消化道出血	07								
原发性肾病综合征	08								
甲状腺功能亢进	09								
脑出血	10								
脑梗塞	11								
再生障碍性贫血	12								
急性白血病	13								
结节性甲状腺肿	14								
急性阑尾炎	15								
急性胆囊炎	16								
腹股沟疝	17								
胃恶性肿瘤	18								
肺恶性肿瘤	19								
食管恶性肿瘤	20								
心肌梗塞冠状动脉搭桥	21								
膀胱恶性肿瘤	22								
前列腺增生	23								
颅内损伤	24								
腰椎间盘突出症	25								
儿童支气管肺炎	26								
感染性腹泻	27								
子宫平滑肌瘤	28								
剖宫产	29								
老年性白内障	30								

单位负责人：　　　　　　填表人：　　　　　　报出日期：2 0　　年　　月　　日

说明：报送时间：6 月 30 日前。

五级医院30种疾病平均住院医药费用

表　　号：W J 3 2 1 表
制定机关：国　家　统　计　局
文　　号：国统字〔2019〕3号
有效期至：2 0 1 9 年 9 月

综合机关名称：国家卫生健康委员会　　　　2 0　　年　　　　计量单位：　　亿元

疾病名称(ICD-10)	代码	中央属	省属	地级市属	县级市属	县属
甲	乙	1	2	3	4	5
病毒性肝炎	01					
浸润性肺结核	02					
急性心肌梗塞	03					
充血性心力衰竭	04					
细菌性肺炎	05					
慢性肺源性心脏病	06					
急性上消化道出血	07					
原发性肾病综合征	08					
甲状腺功能亢进	09					
脑出血	10					
脑梗塞	11					
再生障碍性贫血	12					
急性白血病	13					
结节性甲状腺肿	14					
急性阑尾炎	15					
急性胆囊炎	16					
腹股沟疝	17					
胃恶性肿瘤	18					
肺恶性肿瘤	19					
食管恶性肿瘤	20					
心肌梗塞冠状动脉搭桥	21					
膀胱恶性肿瘤	22					
前列腺增生	23					
颅内损伤	24					
腰椎间盘突出症	25					
儿童支气管肺炎	26					
儿童感染性腹泻	27					
子宫平滑肌瘤	28					
剖宫产	29					
老年性白内障	30					

单位负责人：　　　　　　填表人：　　　　　　报出日期：2 0　　年　　月　　日

说明：报送时间：6月30日前。

分地区医院门诊和住院病人人均医药费用

表　　号：WJ322表
制定机关：国家统计局
文　　号：国统字〔2019〕3号
有效期至：2019年9月

综合机关名称：国家卫生健康委员会　　　　20　　年　　　　计量单位：　　元

地　区	代码	门诊病人次均医药费(元)	药费	检查费	住院病人人均医药费(元)	药费	检查费	手术费
甲	乙	1	2	3	4	5	6	7
全　国	**01**							
北　京	02							
天　津	03							
…	…							
新　疆	32							

单位负责人：　　　　填表人：　　　　报出日期：20　　年　　月　　日

说明：1. 报送时间：6月30日前。
　　2. 审核关系：1>2+3；4>5+6+7。

各类医疗卫生机构医疗服务情况

表　　号：WJ323表
制定机关：国家统计局
文　　号：国统字〔2019〕3号
有效期至：2019年9月

综合机关名称：国家卫生健康委员会　　　　20　　年

机构名称	代码	诊疗人次数（万人次）	医师日均担负诊疗人次（人次）	入院人数（万人）	出院人数（万人）	实际开放总床日数（日）
甲	乙	1	2	3	4	5
总计	**01**					
医院	02					
综合医院	03					
中医医院	04					
中西医结合医院	05					
民族医院	06					
专科医院	07					
护理院	08					
基层医疗卫生机构	09					
社区卫生服务中心（站）	10					
卫生院	11					
街道卫生院	12					
乡镇卫生院	13					
村卫生室	14					
门诊部	15					
诊所（医务室）	16					
专业公共卫生机构	17					
专科疾病防治院（所、站）	18					
妇幼保健院（所、站）	19					
其他机构	20					
疗养院	21					

续表

机构名称	代码	平均开放病床（张）	病床周转次数（次）	病床工作日（日）	病床使用率（%）	平均住院日（日）	每百门急诊入院人数（人）
甲	乙	6	7	8	9	10	11
总计	**01**						
医院	02						
综合医院	03						
中医医院	04						
中西医结合医院	05						
民族医院	06						
专科医院	07						
护理院	08						
基层医疗卫生机构	09						
社区卫生服务中心（站）	10						
卫生院	11						
街道卫生院	12						
乡镇卫生院	13						
村卫生室	14						
门诊部	15						
诊所（医务室）	16						
专业公共卫生机构	17						
专科疾病防治院（所、站）	18						
妇幼保健院（所、站）	19						
其他机构	20						
疗养院	21						

说明：1. 报送时间：6 月 30 日前。

2. 审核关系：01=02+09+16+19；02=03+04+...+08；09>=10+11+14+15+16；11=12+13；17>18+19； 20>21（所有关系式适用于第 1, 3, 4, 5, 6 列）。

各类医院诊疗人次数

表　　号：W J 3 2 4 表
制定机关：国 家 统 计 局
文　　号：国统字〔2019〕3 号
有效期至：2 0 1 9 年 9 月
计量单位：万人次

综合机关名称：国家卫生健康委员会　　2 0 　 年

指标	代码	20　年
甲	乙	1
总　计	**01**	
按经济类型分	02	
公立医院	03	
民营医院	04	
按主办单位分	05	
政府办	06	
社会办	07	
个人办	08	
按管理类别分	09	
非营利性	10	
营利性	11	
按医院等级分	12	
三级医院	13	
二级医院	14	
一级医院	15	
未评级医院	16	
按机构类别分	17	
综合医院	18	
中医医院	19	
中西医结合医院	20	
民族医院	21	
专科医院	22	
护理院	23	

单位负责人：　　填表人：　　报出日期：2 0 　 年 　 月 　 日

说明：1. 报送时间：6 月 30 日前。
　　2. 审核关系：01=03+04；01=06+07+08；01=10+11；01=13+14+15+16；01=18+19+20+21+22+23。

各类医院病床使用率

表　　号：W J 3 2 5 表
制定机关：国　家　统　计　局
文　　号：国统字〔2019〕3 号
有效期至：2 0 1 9 年 9 月
计量单位：　　　%

综合机关名称：国家卫生健康委员会　　　　2 0　　年

分　类	代码	20 年
甲	乙	1
总　　计	01	
按经济类型分	02	
公立医院	03	
民营医院	04	
按主办单位分	05	
政府办	06	
社会办	07	
个人办	08	
按营利类别分	09	
非营利性	10	
营利性	11	
按医院等级分	12	
三级医院	13	
二级医院	14	
一级医院	15	
按机构类别分	16	
综合医院	17	
中医医院	18	
中西医结合医院	19	
民族医院	20	
专科医院	21	
护理院	22	

单位负责人：　　　　填表人：　　　　报出日期：2 0　　年　　月　　日

说明：报送时间：6 月 30 日前。

分地区医疗卫生机构服务情况

表　　号：W J 3 2 6 表
制定机关：国 家 统 计 局
文　　号：国统字〔2019〕3 号
综合机关名称：国家卫生健康委员会　　20　　年　　有效期至：2 0 1 9 年 9 月

地区	代码	门诊诊疗人次数（人次）	门急诊	居民门诊平均就诊次数（次）	医师日均担负诊疗人次（人次）	医院	基层医疗机构	乡镇医院	门诊观察室留观病例数（人）	门诊健康检查人数（人）	急诊病死率（%）	观察室病死率（%）
甲	乙	1	2	3	4	5	6	7	8	9	10	11
全国	**01**											
北京	02											
天津	03											
…	…											
新疆	32											

单位负责人：　　填表人：　　报出日期：20　　年　　月　　日

说明：1. 报送时间：6 月 30 日前。
　　2. 审核关系：1>2；01=02+03+…32（第 1，2，8，9 列）。

分地区医院门诊服务情况

表　　号：W J 3 2 7 表
制定机关：国 家 统 计 局
文　　号：国统字〔2019〕3 号
综合机关名称：国家卫生健康委员会　　20　　年　　有效期至：2 0 1 9 年 9 月

地　区	代码	诊疗人次数（人次）			健康检查人数（人）		
		合计	公立	民营	合计	公立	民营
甲	乙	1	2	3	4	5	6
全　国	**01**						
北　京	02						
天　津	03						
…	…						
新　疆	32						

单位负责人：　　填表人：　　报出日期：20　　年　　月　　日

说明：1. 报送时间：6 月 30 日前。
　　2. 审核关系：1=2+3；4=5+6；01=02+03+…+32。

分地区医疗卫生机构住院服务情况

表　　号：W J 3 2 8 表
制定机关：国 家 统 计 局
文　　号：国统字〔2019〕3 号
有效期至：2 0 1 9 年 9 月

综合机关名称：国家卫生健康委员会　　　　2 0　　年

地　　区	代码	入院人数（万人）	出院人数（万人）	居民年住院率（%）	住院病人手术人次（万人次）	病死率（%）	每床出院人数（人）	每百门急诊入院人数（人）
甲	乙	1	2	3	4	5	6	7
全　国	**01**							
北　京	02							
天　津	03							
…	…							
新　疆	32							

单位负责人：　　　　填表人：　　　　报出日期：2 0　　年　　月　　日

说明：1. 报送时间：6 月 30 日前。
　　2. 审核关系：01=02+03+…+32（1，2 列）。

分地区医院住院服务情况

表　　号：W J 3 2 9 表
制定机关：国 家 统 计 局
文　　号：国统字〔2019〕3 号
有效期至：2 0 1 9 年 9 月
计量单位：　万人，万人次

综合机关名称：国家卫生健康委员会　　　　2 0　　年

地　区	代码	入院人数			出院人数			住院病人手术人次数		
		合计	公立	民营	合计	公立	民营	合计	公立	民营
甲	乙	1	2	3	4	5	6	7	8	9
全　国	**01**									
北　京	02									
天　津	03									
…	…									
新　疆	32									

单位负责人：　　　　填表人：　　　　报出日期：2 0　　年　　月　　日

说明：1. 报送时间：6 月 30 日前。
　　2. 审核关系：1=2+3；4=5+6；7=8+9；01=02+03+…+32。

分地区医院床位使用情况

表　　号：W J 3 3 0 表
制定机关：国 家 统 计 局
文　　号：国统字〔2019〕3 号
有效期至：2 0 1 9 年 9 月

综合机关名称：国家卫生健康委员会　　　　2 0　　年

地　区	代码	病床工作日（日）			病床使用率（%）			出院者平均住院日（日）		
		合计	公立	民营	合计	公立	民营	合计	公立	民营
甲	乙	1	2	3	4	5	6	7	8	9
全　国	**01**									
北　京	02									
天　津	03									
…	…									
新　疆	32									

单位负责人：　　　　　　填表人：　　　　　　报出日期：2 0　　年　　月　　日

说明：报送时间：6 月 30 日前。

分地区社区卫生服务中心（站）医疗服务情况

表　　号：W J 3 3 1 表
制定机关：国 家 统 计 局
文　　号：国统字〔2019〕3 号
有效期至：2 0 1 9 年 9 月

综合机关名称：国家卫生健康委员会　　　　2 0　　年

地　区	代码	社区卫生服务中心					社区卫生服务站	
		诊疗人次（万人次）	入院人数（万人）	病床使用率（%）	平均住院日（日）	医师日均担负诊疗人次（人次）	诊疗人次（万人次）	医师日均担负诊疗人次（人次）
甲	乙	1	2	3	4	5	6	7
全　国	**01**							
北　京	02							
天　津	03							
…	…							
新　疆	32							

单位负责人：　　　　　　填表人：　　　　　　报出日期：2 0　　年　　月　　日

说明：1. 报送时间：6 月 30 日前。
　　2. 审核关系：01=02+03+…+32（第 1，2，6 列）。

分地区乡镇卫生院医疗服务情况

表　　号：W J 3 3 2 表
制定机关：国　家　统　计　局
文　　号：国统字〔2019〕3 号
有效期至：2 0 1 9 年 9 月

综合机关名称：国家卫生健康委员会　　　　2 0　　年

地　　区	代码	诊疗人次数（万人次）	住院人数（万人）	出院人数（万人）	病　床使用率（%）	平　均住院日（日）	医师日均担负诊疗人次（人次）
甲	乙	1	2	3	4	5	6
全　国	**01**						
北　京	02						
天　津	03						
…	…						
新　疆	32						

单位负责人：　　　　填表人：　　　　报出日期：2 0　　年　　月　　日

说明：1. 报送时间：6 月 30 日前。
　　2. 审核关系：01=02+03+…+32（第 1, 2, 3 列）。

分地区中医药服务情况

表　　号：W J 3 3 3 表
制定机关：国　家　统　计　局
文　　号：国统字〔2019〕3 号
有效期至：2 0 1 9 年 9 月

综合机关名称：国家卫生健康委员会　　　　2 0　　年

地区	代码	每千人口中医类别执业（助理）医师数（人）		每千人口中医类医疗卫生机构床位数（张）	中医医院病床使用率（%）	中医医院医师日均担负诊疗人次（人次）	中医院出院者平均住院日（日）	提供中医药服务的基层医疗卫生机构比例（%）	提供中医药服务的社区卫生服务中心比例（%）	中医体质辨识管理率（%）
			#基层医疗卫生机构							
甲	乙	1	2	3	4	5	6	7	8	9
全国	**01**									
北京	02									
天津	03									
…	…									
新疆	32									

单位负责人：　　　　填表人：　　　　报出日期：2 0　　年　　月　　日

说明：1. 报送时间：6 月 30 日前。
　　2. 审核关系：1>2。

28种传染病报告发病人数及死亡人数排序

表　　号：W J 3 3 4 表
制定机关：国　家　统　计　局
文　　号：国统字〔2019〕3号
有效期至：2 0 1 9 年 9 月
计量单位：　　　人

综合机关名称：国家卫生健康委员会　　　　2 0　　年

顺位	代码	发病		死亡	
		疾病名称	发病人数	疾病名称	死亡人数
甲	乙	1	2	3	4
1	01				
2	02				
…	…				
28	28				

单位负责人：　　　　填表人：　　　　报出日期：2 0　　年　　月　　日

说明：报送时间：6月30日前。

28种传染病报告发病率、死亡率及病死率排序

表　　号：W J 3 3 5 表
制定机关：国　家　统　计　局
文　　号：国统字〔2019〕3号
有效期至：2 0 1 9 年 9 月

综合机关名称：国家卫生健康委员会　　　　2 0　　年

顺位	代码	发病		死亡		病死	
		疾病名称	发病率（1/10万）	疾病名称	死亡率（1/10万）	疾病名称	病死率（%）
甲	乙	1	2	3	4	5	6
1	01						
2	02						
…	…						
28	28						

单位负责人：　　　　填表人：　　　　报出日期：2 0　　年　　月　　日

说明：报送时间：6月30日前。

分地区 28 种传染病报告发病率和死亡率

表　　号：WJ336表
制定机关：国家统计局
文　　号：国统字〔2019〕3号
有效期至：2019年9月

综合机关名称：国家卫生健康委员会　　　　　20　　年

顺位	代码	发病率（1/10万）			艾滋病死亡率（1/10万）	肺结核死亡率（1/10万）
			艾滋病	肺结核		
甲	乙	1	2	3	4	5
全　国	**01**					
北　京	02					
天　津	03					
…	…					
新　疆	32					

单位负责人：　　　　　　填表人：　　　　　　报出日期：20　　年　　月　　日

说明：报送时间：6月30日前。

儿童和孕产妇死亡率

表　　号：WJ337表
制定机关：国家统计局
文　　号：国统字〔2019〕3号
有效期至：2019年9月

综合机关名称：国家卫生健康委员会　　　　　20　　年

指标名称	代码	新生儿死亡率（‰）			婴儿死亡率（‰）						5岁以下儿童死亡率（‰）						孕产妇死亡率（1/10万）					
		合计	城市	农村	合计	城市	农村	东部	中部	西部	合计	城市	农村	东部	中部	西部	合计	城市	农村	东部	中部	西部
甲	乙	1	2	3	4	5	6	7	8	9	10	11	12	13	14	15	16	17	18	19	20	21
总　计	**01**																					
其中：男	02																–	–	–	–	–	–
女	03																–	–	–	–	–	–

单位负责人：　　　　　　填表人：　　　　　　报出日期：20　　年　　月　　日

说明：报送时间：6月30日前。

孕产妇基本情况

表　　号：W J 3 3 8 表
制定机关：国 家 统 计 局
文　　号：国统字〔2019〕3 号
有效期至：2 0 1 9 年 9 月

综合机关名称：国家卫生健康委员会　　　　20　　年　　　　计量单位：　　%

地　区	代码	住院分娩率			农村高危孕产妇住院分娩率	非住院分娩中新法接生率	孕产妇死因构成				
		合计	市	县			产科出血	妊高症	内科合并症	羊水栓塞	其他
甲	乙	1	2	3	4	5	6	7	8	9	10
全　国	**01**										
北　京	02										
天　津	03										
…	…										
新　疆	32										

续表

孕产妇中重度贫血患病率	产前检查率			孕产妇系统管理率			孕产妇建卡率	活产数（人）	产后访视率	孕产妇死亡率（1/10 万）		
	合计	市	县	合计	市	县				合计	城市	农村
11	12	13	14	15	16	17	18	19	20	21	22	23

说明：1. 报送时间：6 月 30 日前。

2. 审核关系：01=02+03+…+32（第 19 列）。

儿童健康情况

表　　号：W J 3 3 9 表
制定机关：国 家 统 计 局
文　　号：国统字〔2019〕3 号
有效期至：2 0 1 9 年 9 月

综合机关名称：国家卫生健康委员会　　　　2 0　　年

地　区	代码	低出生体重发生率（%）	0-6 个月婴儿纯母乳喂养率（%）			3 岁以下儿童系统管理率（%）	7 岁以下儿童保健管理率（%）	5 岁以下儿童贫血患病率（%）	5 岁以下儿童生长迟缓率（%）	5 岁以下儿童低体重（中重度营养不良）率（%）
			合计	市	县					
甲	乙	1	2	3	4	5	6	7	8	9
全　国	**01**									
北　京	02									
天　津	03									
…	…									
新　疆	32									

续表

出生缺陷发生率（1/万）			神经管缺陷发生率（1/万）	18 岁以下儿童伤害死亡率（1/10 万）	围产儿死亡率（‰）	新生儿访视率（%）
合计	市	县				
10	11	12	13	14	15	16

单位负责人：　　　　填表人：　　　　报出日期：2 0　　年　　月　　日

说明：报送时间：6 月 30 日前。

婚前医学检查率及妇女病基本情况

表　　号：W J 3 4 0 表
制定机关：国 家 统 计 局
文　　号：国统字〔2019〕3 号
有效期至：2 0 1 9 年 9 月

综合机关名称：国家卫生健康委员会　　　　2 0　　年

地　区	代码	婚前医学检查率（%）			妇女常见病筛查率（%）	查出妇女病率（%）	宫颈癌死亡率（1/10 万）	乳腺癌死亡率（1/10 万）
		合计	市	县				
甲	乙	1	2	3	4	5	6	7
全　国	**01**							
北　京	02							
天　津	03							
…	…							
新　疆	32							

单位负责人：　　　　填表人：　　　　报出日期：2 0　　年　　月　　日

说明：报送时间：6 月 30 日前。

国家免疫规划疫苗接种率情况

表　　号：W J 3 4 1 表
制定机关：国 家 统 计 局
文　　号：国统字〔2019〕3 号
有效期至：2 0 1 9 年 9 月
计量单位：　　%

综合机关名称：国家卫生健康委员会　　　　2 0　　年

地　区	代码	卡介苗	百白破疫苗	脊髓灰质炎疫苗	含麻疹成分疫苗	乙肝疫苗	流脑疫苗	乙脑疫苗	甲肝疫苗
甲	乙	1	2	3	4	5	6	7	8
全　国	**01**								
北　京	02								
天　津	03								
…	…								
新　疆	32								

单位负责人：　　　　填表人：　　　　报出日期：2 0　　年　　月　　日

说明：报送时间：6 月 30 日前。

采取各种节育措施基本情况

表　　号：W J 3 4 2 表
制定机关：国 家 统 计 局
文　　号：国统字〔2019〕3 号
有效期至：2 0 1 9 年 9 月
综合机关名称：国家卫生健康委员会　　20　年　　计量单位：%

地　区	代码	避孕方法中男性避孕方法比例	已婚育龄妇女避孕率	避孕方法构成						
				男性绝育	女性绝育	宫内节育器	皮下埋植	口服及注射避孕药	避孕套	其他
甲	乙	1	2	3	4	5	6	7	8	9
全　国	**01**									
北　京	02									
天　津	03									
…	…									
新　疆	32									

单位负责人：　　填表人：　　报出日期：20　年　月　日

说明：1. 报送时间：6 月 30 日前。
2. 审核关系：3+4+5+6+7+8+9=100。

结核病报告情况

表　　号：W J 3 4 3 表
制定机关：国 家 统 计 局
文　　号：国统字〔2019〕3 号
有效期至：2 0 1 9 年 9 月
综合机关名称：国家卫生健康委员会　　20　年

指标名称	计量单位	代码	本年	上年同期
甲	乙	丙	1	2
结核病登记例数	例	01		
新涂阳登记例数	例	02		
其中：女	例	03		
其中：0-14 岁	例	04		
其中：女	例	05		
结核病登记率	（1/10 万）	06		

单位负责人：　　填表人：　　报出日期：20　年　月　日

说明：1. 报送时间：6 月 30 日前。
2. 审核关系：02>03；04>05。

当年HIV、AIDS报告情况

表　　号：W J 3 4 4 表
制定机关：国 家 统 计 局
文　　号：国统字〔2019〕3号
有效期至：2 0 1 9 年 9 月

综合机关名称：国家卫生健康委员会　　　　2 0　　年　　　　计量单位：　　　例

指标名称	代码	本年	上年同期
甲	乙	1	2
HIV报告例数	01		
其中：女	02		
其中：0-19岁	03		
其中：20-24岁	04		
其中：18个月-14岁	05		
其中：母婴传播感染	06		
AIDS报告例数	07		
其中：女	08		
其中：0-19岁	09		
其中：20-24岁	10		

单位负责人：　　　　填表人：　　　　报出日期：2 0　　年　　月　　日

说明：报送时间：6月30日前。

城市居民主要疾病死亡率及死因构成情况

表　　号：W J 3 4 5 表
制定机关：国 家 统 计 局
文　　号：国统字〔2019〕3 号
有效期至：2 0 1 9 年 9 月

综合机关名称：国家卫生健康委员会　　　　2 0　　年

疾病名称	代码	合计			男			女		
		死亡率(1/10 万)	构成(%)	位次	死亡率(1/10 万)	构成(%)	位次	死亡率(1/10 万)	构成(%)	位次
甲	乙	1	2	3	4	5	6	7	8	9
传染病(含呼吸道结核)	01									
寄生虫病	02									
恶性肿瘤	03									
血液、造血器官及免疫疾病	04									
内分泌、营养和代谢疾病	05									
精神障碍	06									
神经系统疾病	07									
心脏病	08									
脑血管病	09									
呼吸系统疾病	10									
消化系统疾病	11									
肌肉骨骼和结缔组织疾病	12									
泌尿生殖系统疾病	13									
妊娠、分娩产褥期并发症	14									
围生期疾病	15									
先天畸形、变形和染色体异常	16									
损伤和中毒外部原因	17									
诊断不明	18									
其他疾病	19									

单位负责人：　　　　填表人：　　　　报出日期：2 0　　年　　月　　日

说明：1. 报送时间：6 月 30 日前。
2. 审核关系：1 在 4 和 7 之间。

农村居民主要疾病死亡率及死因构成情况

表　　号：W J 3 4 6 表
制定机关：国　家　统　计　局
文　　号：国统字〔2019〕3 号
有效期至：2 0 1 9 年 9 月

综合机关名称：国家卫生健康委员会　　　　2 0　　年

疾病名称	代码	合计			男			女		
		死亡率(1/10 万)	构成(%)	位次	死亡率(1/10 万)	构成(%)	位次	死亡率(1/10 万)	构成(%)	位次
甲	乙	1	2	3	4	5	6	7	8	9
传染病(含呼吸道结核)	01									
寄生虫病	02									
恶性肿瘤	03									
血液、造血器官及免疫疾病	04									
内分泌营养和代谢疾病	05									
精神障碍	06									
神经系统疾病	07									
心脏病	08									
脑血管病	09									
呼吸系统疾病	10									
消化系统疾病	11									
肌肉骨骼和结缔组织疾病	12									
泌尿生殖系统疾病	13									
妊娠分娩产褥期并发症	14									
围生期疾病	15									
先天畸形、变性和染色体异常	16									
损伤和中毒外部原因	17									
诊断不明	18									
其他疾病	19									

单位负责人：　　　　填表人：　　　　报出日期：2 0　　年　　月　　日

说明：1. 报送时间：6 月 30 日前。
　　　2. 审核关系：1 在 4 和 7 之间。

分地区居民健康管理情况

表　　号：W J 3 4 7 表
制定机关：国　家　统　计　局
文　　号：国统字〔2019〕3 号
有效期至：2 0 1 9 年 9 月

综合机关名称：国家卫生健康委员会　　　　2 0　　年

地　区	代码	城乡居民健康档案规范化电子建档率（%）	65 岁及以上居民健康管理人数（人）	城乡居民具备健康素养的人数比重（%）
甲	乙	1	2	3
全　国	**01**			
北　京	02			
天　津	03			
…	…			
新　疆	32			

单位负责人：　　　　填表人：　　　　报出日期：2 0　　年　　月　　日

说明：报送时间：6 月 30 日前。

分地区计划生育服务与奖励情况

表　　号：W J 3 4 8 表
制定机关：国　家　统　计　局
文　　号：国统字〔2019〕3 号
有效期至：2 0 1 9 年 9 月

综合机关名称：国家卫生健康委员会　　　　2 0　　年

地　区	代码	节育手术总例数（万例）	免费计划生育基本技术服务人数（人）	免费计划生育基本技术服务人群覆盖率（%）	农村部分计划生育家庭奖励扶助户数（户）	农村部分计划生育家庭奖励扶助年户平均费用（元）
甲	乙	1	2	3	4	5
全　国	**01**					
北　京	02					
天　津	03					
…	…					
新　疆	32					

单位负责人：　　　　填表人：　　　　报出日期：2 0　　年　　月　　日

说明：1. 报送时间：6 月 30 日前。
　　　2. 审核关系：01=02+03+…+32（3、5 列除外）。

医疗卫生基本情况年快报（一）

表　　号：W J 3 4 9 表
制定机关：国 家 统 计 局
文　　号：国统字〔2019〕3 号
有效期至：2 0 1 9 年 6 月

综合机关名称：国家卫生健康委员会　　　　2 0 　年

指　　标	代码	单位	本　年	上年同期
甲	乙	丙	1	2
医疗卫生机构数	01	万个		
#医院	02	万个		
公立医院	03	万个		
民营医院	04	万个		
#基层医疗卫生机构	05	万个		
乡镇卫生院	06	万个		
社区卫生服务中心（站）	07	万个		
门诊部（所）	08	万个		
村卫生室	09	万个		
#专业公共卫生机构	10	万个		
疾病预防控制中心	11	万个		
卫生监督所（中心）	12	万个		
卫生技术人员	13	万人		
#执业医师和执业助理医师	14	万人		
注册护士	15	万人		
医疗卫生机构床位数	16	万张		
#医院	17	万张		
乡镇卫生院	18	万张		
总诊疗人次	19	亿人次		
出院人数	20	亿人		
开展网上预约诊疗的公立医院数	21	个		
占全部公立医院数的比重	22	%		

单位负责人：　　　　填表人：　　　　报出日期：2 0 　年　月　日

说明：1. 报送时间：1 月 15 日前。
2. 01>02+05+10；02≥03+04；05≥06+07+08+09；10≥11+12；13>14+15；16>17+18。

医疗卫生基本情况年快报（二）

表　　号：W J 3 5 0 表
制定机关：国 家 统 计 局
文　　号：国统字〔2019〕3 号
有效期至：2 0 1 9 年 9 月

综合机关名称：国家卫生健康委员会　　　　2 0　　年

指　　标	代码	单位	本　　年
甲	乙	丙	1
医疗卫生机构	01	万个	
#医院	02	万个	
医疗卫生机构床位数	03	万张	
#医院	04	万张	
卫生人员	05	万人	
卫生技术人员	06	万人	
执业（助理）医师	07	万人	
执业医师	08	万人	
注册护士数	09	万人	

单位负责人：　　　　填表人：　　　　报出日期：2 0　　年　月　日

说明：1. 报送时间：4 月 20 日前。
2. 逻辑关系：01>02；05>06；03>04；06>07+09；07>08。

各地区农村改厕情况

表　　号：W J 3 5 1 表
制定机关：国 家 统 计 局
文　　号：国统字〔2019〕3 号
有效期至：2 0 1 9 年 9 月

综合机关名称：国家卫生健康委员会　　　　2 0　　年

地　区	代码	农村改厕（万户）					
		农　村总户数	累计使用卫生厕所户数	卫生厕所普及率（%）	无害化卫生厕所普及率（%）	累计使用卫生公厕户数	新增无害化卫生厕所户数
甲	乙	1	2	3	4	5	6
全　国	**01**						
北　京	02						
天　津	03						
⋮	⋮						
新　疆	32						
新疆兵团	33						

续表

农村改厕投入（万元）	国家	集体	个人	其他
7	8	9	10	11

单位负责人：　　　　填表人：　　　　报出日期：2 0　　年　　月　　日

说明：1. 统计范围：各省、自治区、直辖市爱卫会。
2. 报送时间：5 月 15 日前。
3. 审核关系：宾栏 7=8+9+10+11。

公立医院互联网服务情况

表　　号：W J 3 5 2 表
制定机关：国 家 统 计 局
文　　号：国统字〔2019〕3 号
有效期至：2 0 1 9 年 6 月
综合机关名称：国家卫生健康委员会　　20　年　　计量单位：个

指标名称	代码	本年
甲	乙	1
期末公立医院数	01	
其中：开展网上预约诊疗的公立医院数	02	
其中：开展远程医疗服务公立医院数	03	
其中：三级甲等医院	04	
其中：与基层医疗卫生机构建立远程医疗服务公立医院数	05	

单位负责人：　　填表人：　　报出日期：　年　月　日

说明：1. 报送时间：6 月 30 日前网上报送。
2. 审核关系：(1)01>02　(2)01>03　(3)03>04　(4)03>05。

公立医院信息化情况

表　　号：W J 3 5 3 表
制定机关：国 家 统 计 局
文　　号：国统字〔2019〕3 号
有效期至：2 0 1 9 年 6 月
综合机关名称：国家卫生健康委员会　　20　年　　计量单位：个

指标名称	代码	合计	三级医院	二级医院	一级医院
甲	乙	1	2	3	4
标准化电子病历	01				
管理信息系统	02				
医学影像（PACS）	03				
实验室检验	04				

单位负责人：　　填表人：　　报出日期：　年　月　日

说明：1. 报送时间：6 月 30 日前网上报送。
2. 审核关系：1≥2+3+4。

绿色发展基本情况（九）

表　　号：ＷＪ７０１表
制定机关：国　家　统　计　局
文　　号：国统字〔2019〕3 号
有效期至：２０１９年９月

综合机关名称：国家卫生健康委员会　　２０　年

地　区	代码	农村卫生厕所普及率（%）
甲	乙	1
全　国	**01**	
北　京	02	
天　津	03	
…	…	
新　疆	32	

单位负责人：　　填表人：　　报出日期：２０　年　月　日

说明：1. 本表数据保留 2 位小数，报送的电子版和纸质版数据要保持一致。
2. 统计范围是各省、自治区、直辖市。
3. 报送时间：7 月 15 日前。

部门服务业企业财务状况

（表式及指标解释见通用表）

部门服务业行政单位财务状况

（表式及指标解释见通用表）

部门服务业事业单位财务状况

（表式及指标解释见通用表）

各类医疗卫生机构医疗服务情况

表　　号：W J 4 0 1 表
制定机关：国 家 统 计 局
文　　号：国统字〔2019〕3 号
有效期至：2 0 2 0 年 1 月

综合机关名称：国家卫生健康委员会　　　　2 0　　年 1 － 季

指标名称	代码	诊疗人次数（万人次）	出院人数（万人）	实际开放总床日数（日）
甲	乙	1	2	3
总计	01			
一、医院	02			
按经济类型分				
公立医院	03			
民营医院	04			
按医院等级分				
三级医院	05			
二级医院	06			
一级医院	07			
未评级医院	08			
二、基层医疗卫生机构	09			
其中：社区卫生服务中心（站）	10			
卫生院	11			
街道卫生院	12			
乡镇卫生院	13			
三、其他机构	14			

说明：1. 报送时间：季后 40 日前。
2. 1 列、2 列审核关系：02=03+04；02=05+06+07+08。

分地区医院门诊和住院病人人均医药费用

表　　号：W J 4 0 2 表
制定机关：国　家　统　计　局
文　　号：国统字〔2019〕3号
综合机关名称：国家卫生健康委员会　　　　2 0　　年 1 －　季　　　　有效期至：2 0 2 0 年 1 月

地区	代码	门诊病人次均医药费(元)	# 药费	住院病人人均医药费(元)	# 药费
甲	乙	1	2	4	5
全　国	01				
北　京	02				
天　津	03				
…	…				
新　疆	32				

说明：报送时间：季后40日前。

（三）主要指标解释

医疗卫生机构 指从卫生行政部门取得《医疗机构执业许可证》，或从民政、工商行政、机构编制管理部门取得法人单位登记证书，为社会提供医疗保健、疾病控制、卫生监督服务或从事医学科研和医学在职培训等工作的单位。医疗卫生机构包括医院、基层医疗卫生机构、专业公共卫生机构、其他医疗卫生机构。

医院 包括综合医院、中医医院、中西医结合医院、民族医院、各类专科医院和护理院，不包括专科疾病防治院、妇幼保健院和疗养院。

基层医疗卫生机构 包括社区卫生服务中心、社区卫生服务站、街道卫生院、乡镇卫生院、村卫生室、门诊部、诊所（医务室）。

专业公共卫生机构 包括疾病预防控制中心、专科疾病防治机构、妇幼保健机构、健康教育机构、急救中心（站）、采供血机构、卫生监督机构、卫生部门主管的计划生育技术服务中心。不包括传染病院、结核病医院、血防医院、精神病医院、卫生监督（监测、检测）机构。

其他医疗卫生机构 包括疗养院、临床检验中心、医学科研机构、医学在职教育机构、医学考试中心、农村改水中心、人才交流中心、统计信息中心等卫生事业单位。

乡镇卫生院 指报告期末从卫生行政部门取得医疗机构执业许可证，为社会提供医疗服务、公共卫生服务等工作的政府办乡镇卫生院。

社区卫生服务中心（站） 指报告期末从卫生行政部门取得医疗机构执业许可证，为社会提供医疗服务、公共卫生服务等工作的社区卫生服务中心。

卫生人员 指在医院、基层医疗卫生机构、专业公共卫生机构及其他医疗卫生机构工作的职工，包括卫生技术人员、乡村医生和卫生员、其他技术人员、管理人员和工勤人员。一律按支付年底工资的在岗职工统计，包括各类聘任人员（含合同工）及返聘本单位半年以上人员，不包括临时工、离退休人员、退职人员、离开本单位仍保留劳动关系人员、本单位返聘和临聘不足半年人员。

卫生技术人员 包括执业医师、执业助理医师、注册护士、药师（士）、检验技师（士）、影像技师、卫生监督员和见习医（药、护、技）师（士）等卫生专业人员。不包括从事管理工作的卫生技术人员（如院长、副院长、党委书记等）。

执业医师 指《医师执业证》“级别”为“执业医师”且实际从事医疗、预防保健工作的人员，不包括实际从事管理工作的执业医师。执业医师类别分为临床、中医、口腔和公共卫生四类。

执业助理医师 指《医师执业证》“级别”为“执业助理医师”且实际从事医疗、预防保健工作的人员，不包括实际从事管理工作的执业助理医师。执业助理医师类别分为临床、中医、口腔和公共卫生四类。

每千人口卫生技术人员 每千人口卫生技术人员=卫生技术人员数/人口数×1000。人口数系公安部户籍人口。

每千人口执业（助理）医师 每千人口执业（助理）医师=（执业医师数+执业助理医师数）/人口数×1000。人口数系公安部户籍人口。

计算公式为：每千人口执业（助理）医师=（年末执业医师数+年末执业助理医师数）/年末人口数×1000

每千人口注册护士 指年末每千人口拥有的注册护士数。

计算公式为：每千人口注册护士=年末注册护士数 / 年末人口数×1000

每千人口医疗卫生机构床位数 指年末每千人口拥有的医疗卫生机构床位数。

计算公式为：每千人口医疗卫生机构床位数=年末医疗卫生机构床位数/年末人口数×1000

床位数 指年末医疗卫生机构实有床位数，又称实有床位数、病床数。实有床位包括正规床、简易床、监护床、超过半年的加床、正在消毒和修理的床位、因扩建或大修而停用的床位。不包括产科新生儿床、接产室待产床、库存床、观察床、临时加床和病人家属陪侍床。

28 种传染病报告发病率 是指某年某地区每 10 万人口中 28 种传染病报告发病数。即 28 种传染病报告发病率=28 种传染病报告发病数/人口数×100000。

28 种传染病报告死亡率 是指某年某地区每 10 万人口中 28 种传染病报告死亡数。即 28 种传染病报告死亡率=28 种传染病报告死亡数/人口数×100000。

28 种传染病报告病死率 是指某年某地区 28 种传染病报告死亡数与报告发病数之比。即 28 种传染病报告病死率=28 种传染病报告死亡数/报告发病数×100%。

粗死亡率 指年内一定地区的死亡人数与同期平均人数之比，一般以‰表示。

病死率 表示一定时期内（通常为一年），患某种疾病的死亡人数与患某种疾病发病人数之比，一般以%表示。

孕产妇死亡率 指年内每 10 万名孕产妇的死亡人数。孕产妇死亡指从妊娠期至产后 42 天内，由于任何妊娠或妊娠处理有关的原因导致的死亡，但不包括意外原因死亡者。按国际通用计算方法，“孕产妇总数”以“活产数”代替计算。取自妇幼监测网数据。

活产数 指年内妊娠满 28 周及以上（如孕周不清楚，可参考出生体重达 1000 克及以上），娩出后有心跳、呼吸、脐带搏动、随意肌收缩四项生命体征之一的新生儿数。

5岁以下儿童死亡率 指年内未满5岁儿童死亡人数与活产数之比，一般以‰表示。取自妇幼监测网数据。

婴儿死亡率 指年内未满周岁死亡的婴儿数与活产数之比。取自妇幼监测网数据。

新生儿死亡率 指年内新生儿死亡数与活产数之比。一般以‰表示。新生儿死亡指出生至28天以内（即0-27天） 死亡人数。取自妇幼监测网数据。

低出生体重发生率 指年内出生体重低于 2500 克的婴儿数与活产数之比。取自妇幼卫生年报。

5 岁以下儿童发育迟缓率 指某地区 5 岁以下儿童按照年龄身高低于正常儿童（参考标准）按年龄身高的中位数减去两个标准差以上的人数占体检儿童总数的百分比。取自抽样调查数据。计算公式为：

5 岁以下儿童发育迟缓率=5 岁以下儿童年龄身高低于中位数减两个标准差的人数/儿童体检总数×100%

5 岁以下儿童低体重患病率 指某地区年内 5 岁以下按年龄体重低于中位数减去两个标准差的人数与儿童体检总数之比。取自抽样调查数据。计算公式为：

5 岁以下儿童低体重患病率=5 岁以下按年龄体重低于中位数减去两个标准差的人数/儿童体检总数×100%

住院分娩率 指年内在取得助产技术资质乡的机构分娩的活产数与所有活产数之比。一般用百分率表示，取自妇幼卫生年报。

非住院分娩中新法接生率 指某地区一定时期内，非住院分娩中新法接生人数占该时期非住院分娩产妇的比重。新法接生指产包、接生者的手、产妇的外阴部及婴儿脐带均消毒，且由医生、助产士和受过培训并取得“家庭接生人员合格证”的初级卫生人员或接生员接生。取自妇幼卫生年报。

高危产妇比重 指各种病理因素及急慢性危险因素造成产妇高危人数与活产人数之比。一般用百分率表示，取自妇幼卫生年报。

婚前医学检查率 指年内进行婚前医学检查人数与应查人数之比。取自妇幼卫生年报。

查出妇女病率 指年内查出进行妇科病普查时查出的妇科病患病人数与实查人数之比。取自妇幼卫生年报。

产前检查率 指某地区年内产前接受过一次及以上产前检查的产妇人数与活产数之比。取自妇幼卫生年报。

孕产妇系统管理率 指年内孕产妇系统管理人数与活产数之比，一般以%表示。孕产妇系统管理人数指按系统管理要求，妊娠至产后 28 天内接受过早孕检查、至少 5 次产前检查、新法接生和产后访视的产妇人数。取自妇幼卫生年报。

3 岁以下儿童系统管理率 指年内 3 岁以下儿童系统管理人数与当地 3 岁儿童数之比，一般以%表示。3 岁以下儿童系统管理指 3 岁以下儿童按年龄接受生长监测或 4：2：1（城市）或 3：2：1（农村）体检检查（身高和体重）的人数。新生儿访视时的体检次数不包括在内。取自妇幼卫生年报。

7 岁以下儿童保健管理率 指年内 7 岁以下儿童保健覆盖人数与 7 岁以下儿童数之比，一般以%表示。7 岁以下保健覆盖人数指 7 岁以下儿童中当年实际接受 1 次及以上体格检查（身高和体重）的人数。取自妇幼卫生年报。

神经管缺陷发生率 取自全国妇幼卫生监测系统。

18 岁以下儿童伤害死亡率 指年内未满 18 岁的人群死于伤害的频率。建议以全国疾病监测系统数据为主要来源，可有其他补充。计算公式为：

$$\begin{matrix}\text{18岁以下儿童}\\\text{伤害死亡率}\end{matrix}=\frac{\text{某地区年内未满18岁儿童因伤害死亡的人数}}{\text{该地区年内18岁以下儿童平均人口}}\times 100000/100000$$

卡介苗、百白破疫苗、脊灰疫苗、含麻疹成分疫苗、乙肝疫苗、流脑疫苗、乙脑疫苗、甲肝疫苗接种率 接种率指按照儿童免疫程序实际接种某疫苗人数占应接种人数的百分比。应接种人数指在某时间范围内，所辖地域范围内达到免疫程序规定应接受某疫苗接种的适龄儿童人数。实种人数指某时间段内，某地域范围内某种疫苗应种人数中实际接种人数。取自免疫规划监测信息系统资料。计算公式为：

$$\text{单项疫苗接种率}=\frac{\text{单项疫苗实种人数}}{\text{单项疫苗应接种人数}}\times 100\%$$

注意：卡介苗、甲肝疫苗统计单剂接种率；乙肝疫苗、百白破疫苗、脊髓灰质炎疫苗统计基础免疫第 3 剂接种率；含麻疹成分疫苗、乙脑疫苗统计第 1 剂接种率；流脑疫苗统计 A 群流脑疫苗第 2 剂接种率。

当年 HIV 报告例数 指当年报告的 HIV 感染者人数。HIV 感染者指感染 HIV 后尚未发展到艾滋病阶段的患者。当年 HIV 报告例数是指该年 1 月 1 日至 12 月 31 日报告的艾滋病病毒感染者例数。取自艾滋病网络直报系统。

当年 AIDS 报告例数 是指当年报告的艾滋病病人数。艾滋病病人指感染 HIV 后发展到艾滋病阶段的患者。当年 AIDS 报告例数指该年 1 月 1 日至 12 月 31 日报告的艾滋病病人例数。取自艾滋病网络直报系统。

孕产妇艾滋病病毒感染率 取自全国妇幼卫生年报。

妇女梅毒年报告发病率 当年 1 月 1 日零时至 12 月 31 日 24 时全国 31 个省（自治区、直辖市）通过中国疾病预防控制信息系统网络，所报告的符合卫生部颁布的卫生行业标准梅毒诊断标准的首诊病例数（包括一期、二期、三期、隐性与胎传梅毒）占当年全国妇女平均人口数的比例。取自国家综合卫生管理信息平台传染病报告管理系统。计算公式为：

妇女梅毒年报告发病率＝当年全国报告的梅毒病例数/当年全国妇女平均人口数×100000/100000

门诊病人次均医药费用 指报告期内某地区门诊病人平均每次就诊医药费用，简称次均门诊费用。计算公式为：

门诊病人次均医药费用=报告期内某地区门诊医疗收入 / 同期该地区总诊疗人次数

卫生总费用 指一个国家或地区在一定时期内，为开展卫生服务活动从全社会筹集的卫生资源的货币总额，按来源法核算。它反映一定经济条件下，政府、社会和居民个人对卫生保健的重视程度和费用负担水平，以及卫生筹资模式的主要特征和卫生筹资的公平性合理性。

政府卫生支出 指各级政府用于医疗卫生服务、医疗保障补助、卫生和医疗保险行政管理、人口与计划生育事务支出等各项事业的经费。

社会卫生支出 指政府支出外的社会各界对卫生事业的资金投入。包括社会医疗保障支出、商业健康保险费、社会办医支出、社会捐赠援助、行政事业性收费收入等。

个人现金卫生支出 指城乡居民在接受各类医疗卫生服务时的现金支付，包括享受各种医疗保险制度的居民就医时自付的费用。可分为城镇居民、农村居民个人现金卫生支出，反映城乡居民医疗卫生费用的负担程度。

人均卫生费用 即某年卫生总费用与同期平均人口数之比。

卫生总费用与GDP之比 指某年卫生总费用与同期国内生产总值（GDP）之比。是用来反映一定时期国家对卫生事业的资金投入力度，以及政府和全社会对卫生事业、居民健康的重视程度。

参加新农合人数 指根据本地新农合实施方案到年内新农合筹资截止时已缴纳新农合资金的人口数。

新农合当年基金支出 指本年度实际从新农合基金帐户中支出用于新农合补偿的资金。

新农合补偿受益人次 指年内新农合参合人员因病就医获得补偿的人次数，包括住院、家庭帐户形式、门诊、特殊病种大额门诊、住院正常分娩、体检和其他补偿人次之和。

新农合本年度筹资总额 指为本年度筹集的、实际进入新农合专用帐户的基金数额。包括本年度中央及地方财政配套资金、农民个人缴纳资金（含民政部门及其他相关部门代缴的救助资金）、新农合基金本年度产生的全部利息收入及其他渠道实际筹集到的新农合基金额。筹资数额以进入新农合专用帐户的基金数额为准，不含上年结转资金。

累计使用卫生公厕户数 指农民因某种原因没有兴建自己的卫生厕所，而使用村内卫生公厕的户数。

农村卫生厕所普及率 报告期内使用各类卫生厕所的农户数占农村总户数的百分比。卫生厕所是指厕屋整体结构完整，室内清洁、无粪便暴露，粪便通过直接处理或转运后处理达到无害化卫生要求、对环境不造成污染的厕所。卫生厕所主要包括三格池式、双瓮式、粪尿分集式、双坑交替式厕所，具有完整下水道系统及小型粪污集中处理系统的水冲式厕所，以及粪尿集中清运处理系统等。农村总户数是指县域（不含）以下农户总数。计算公式为：

$$\text{农村卫生厕所普及率} = \frac{\text{使用各类卫生厕所的农户数}}{\text{农村总户数}} \times 100\%$$

公立医院 指经济类型为国有和集体办的医院。

民营医院 指公立医院以外的其他医院，包括联营、股份合作、私营、台港澳投资和外国投资等医院。

总诊疗人次数 指所有诊疗工作的总人次数，统计界定原则为：

（1）按挂号数统计，包括门诊、急诊、出诊、预约诊疗、单项健康检查、健康咨询指导（不含健康讲座）人次。患者一次就诊多次挂号，按实际诊疗次数统计，不包括根据医嘱进行的各项检查、治疗、处置工作量以及免疫接种、健康管理服务人次数。

（2）未挂号就诊、本单位职工就诊及外出诊疗（不含外出会诊）不收取挂号费的，按实际诊疗人次统计。

出院人数　指所有住院后出院的人数。包括医嘱离院、医嘱转其他医疗机构、非医嘱离院、死亡及其他人数，不含家庭病床撤床人数。

实际开放总床日数　指年内医院各科每日夜晚 12 点开放病床数总和，不论该床是否被病人占用，都应计算在内。包括消毒和小修理等暂停使用的病床，超过半年的加床。不包括因病房扩建或大修而停用的病床及临时增设病床（半年以内）。

退役军人事务部

（一）报 表 目 录

表号	表名	报告期别	填报范围	报送时间及方式	负责单位	备注
综合年报						
702-1 表	部门服务业行政单位财务状况	年报	烈士陵园、纪念馆中执行行政单位会计制度的单位	6 月 30 日前，电子邮件或内部交换 dczxjtc@stats.gov.cn	服务业司	《部门服务业财务统计报表制度》（试行）
702-2 表	部门服务业事业单位财务状况		烈士陵园、纪念馆中执行事业单位会计制度的单位			

（二）调 查 表 式

综 合 年 报

部门服务业行政单位财务状况

（表式及指标解释见通用表）

部门服务业事业单位财务状况

（表式及指标解释见通用表）

应急管理部

（一）报 表 目 录

表号	表名	报告期别	报送时间及方式	负责单位	备注
YJ301 表	全国生产安全事故情况表	年报	6 月 30 日前，通过“国家统计局部门综合数据管理系统”报送数据。	社科文司	
YJ302 表	全国生产安全事故情况年快报	年报	1 月 15 日前，通过“国家统计局部门综合数据管理系统”报送数据。	社科文司	
YJ303 表	各地区农作物受灾及森林火灾情况	年报	5 月 15 日前；邮寄或电子邮件 nyshjc@stats.gov.cn	能源司	《资源环境综合统计报表制度》
YJ304 表	分地区社会捐赠情况	年报	6 月 30 日前，通过“国家统计局部门综合数据管理系统”报送数据	社科文司	

（二）调 查 表 式

全国生产安全事故情况表

表　　号：Y J 3 0 1 表
制定机关：国　家　统　计　局
文　　号：国统字〔2019〕3 号
有效期至：2 0 1 9 年 9 月
计量单位：　　　　　人

综合机关名称：应急管理部　　　　　　　　　　2 0 　年

项　目	代码	总计		较大事故		重大事故		特别重大事故	
		发生数（起）	死亡人数（人）	发生数（起）	死亡人数（人）	发生数（起）	死亡人数（人）	发生数（起）	死亡人数（人）
甲	乙	1	2	3	4	5	6	7	8
合　计	01								
农林牧渔业	02								
1. 农业机械	03								
2. 渔业船舶	04								
3. 其他	05								
采矿业	06								
1. 煤矿	07								
2. 金属非金属矿山	08								
3. 其他	09								
商贸制造业	10								
1. 化工	11								
2. 烟花爆竹	12								
3. 冶金机械 8 行业	13								
4. 其他	14								
建筑业	15								
1. 房屋建筑及市政工程	16								
2. 交通建设工程	17								
3. 其他	18								
交通运输业	19								
1. 铁路运输业	20								
2. 道路运输业	21								
3. 水上运输业	22								
4. 航空运输业	23								
5. 其他	24								
其他行业	25								

说明：1. 报送时间：6 月 30 日前。
　　2. 审核关系：01=02+06+10+15+19+25；02=03+04+05；06=07+08+09；10=11+12+13+14；15=16+17+18；19=20+21+22+23+24。

全国生产安全事故情况年快报

表　　号：Y J 3 0 2 表
制定机关：国 家 统 计 局
文　　号：国统字〔2019〕3 号
有效期至：2 0 1 9 年 9 月

综合机关名称：应急管理部　　2 0　　年　　计量单位：　　人

项　　目	代码	本年	上年
甲	乙	1	2
各类生产安全事故死亡人数	01		
亿元国内生产总值生产安全事故死亡人数	02		
工矿商贸企业就业人员 10 万人生产安全事故死亡人数	03		
煤矿百万吨死亡人数	04		

说明：报送时间：1 月 15 日前。

各地区农作物受灾及森林火灾情况

表　　号：Y J 3 0 3 表
制定机关：国 家 统 计 局
文　　号：国统字〔2019〕3 号
有效期至：2 0 1 9 年 9 月

综合机关名称：应急管理部　　　　2 0 　　年　　　　计量单位：　万公顷

地　区	代码	合计			旱灾			洪涝和地质灾害			风雹灾		
		受灾	成灾	绝收	受灾	成灾	绝收	受灾	成灾	绝收	受灾	成灾	绝收
甲	乙	1	2	3	4	5	6	7	8	9	10	11	12
全　国	01												
北　京	02												
天　津	03												
…	…												
新　疆	32												
其中：兵团	33												

续表

台风灾			地震			低温冷冻和雪灾			其他灾害			人口受灾			直接经济损失（亿元）
受灾	成灾	绝收	受灾	成灾	绝收	受灾	成灾	绝收	受灾	成灾	绝收	受灾人口（万人次）	死亡人口（人）	紧急转移人口（万人）	
13	14	15	16	17	18	19	20	21	22	23	24	25	26	27	28

续表

倒塌房屋（万间）	森林火灾											
	森林火灾数（次）	一般火灾	较大火灾	重大火灾	特别重大火灾	火场总面积	受害森林面积	公益林	商品林	伤亡人数（人）	死亡	其他损失折款（万元）
29	30	31	32	33	34	35	36	37	38	39	40	41

单位负责人：　　　　填表人：　　　　报出日期：2 0 　　年　　月　　日

说明：1. 统计范围：各省、自治区、直辖市应急管理部门。
2. 报送时间：5 月 15 日前。
3. 审核关系：1=4+7+10+13+16+19+22；2=5+8+11+14+17+20+23；3=6+9+12+15+18+21+24。

分地区社会捐赠情况

表　　号：Y J 3 0 4 表
制定机关：国 家 统 计 局
文　　号：国统字〔2019〕3 号
有效期至：2 0 1 9 年 9 月

综合机关名称：应急管理部　　　　2 0　　年

地区	代码	社会捐赠款物合计（亿元）	社会捐赠款			社会捐赠其他物资折款	受益人次（万人次）	社会捐赠接收工作站点数（个）		
			社会捐赠款	民政部门	各类社会组织				社会捐赠接收工作站数	慈善超市数
甲	乙	1	2	3	4	5	6	7	8	9
全国	**01**									
本部级	02									
北京	03									
天津	04									
…	…									
新疆	33									

说明：1. 报送时间：6 月 30 日前。
　　　2. 审核关系：1=2+5；2=3+4；7>8；7>9；01=02+03+…+33。

中国人民银行

（一）报 表 目 录

表号	表名	报告期别	填报范围	报送时间及方式	负责单位	备注
综合年报						
RH701 表	银行及相关金融业资产负债及损益表	年报	银行及相关金融业单位	6 月 30 日前，电子邮件或内部交换 dczxjtc@stats.gov.cn	服务业司	《部门服务业财务统计报表制度》（试行）
综合定报						
RH401 表	各地区房地产开发贷款情况	月报	各省、自治区、直辖市	月后 6 日前，电子邮件或内部交换 luyn@stats.gov.cn	投资司	
RH404 表	银行及相关金融业财务状况	季报	银行及相关金融业单位	季后 25 日前	服务业司	《部门服务业财务统计报表制度》（试行）

（二）调 查 表 式

综 合 年 报

银行及相关金融业资产负债及损益表

表　　号：　R H 7 0 1 表
制定机关：　国 家 统 计 局
文　　号：　国统字〔2019〕3 号
有效期至：　2 0 1 9 年 9 月
计量单位：　万　元

综合机关名称：中国人民银行　　　　2 0 　年

地区	资产负债						损益					
	固定资产原价	累计折旧	本年折旧	资产总计	负债合计	实收资本	营业收入	利息收入	金融机构往来利息收入	各项贷款利息收入	利息支出	金融机构往来利息支出
甲	1	2	3	4	5	6	7	8	9	10	11	12
全国总计												
北　京												
天　津												
河　北												
山　西												
内蒙古												
…												
新　疆												

续表一

各项存款利息支出	手续费收入	手续费支出	租赁收益	投资收益	公允价值变动收益	汇兑净收益	其他业务收入	营业支出	业务及管理费
13	14	15	16	17	18	19	20	21	22

续表二

职工工资	福利费	住房公积金和住房补贴	税金及附加	资产减值损失	其他业务支出	营业利润	加：营业外收入	补贴收入	减：营业外支出	利润总额	应交增值税
23	24	25	26	27	28	29	30	31	32	33	34

单位负责人：　　　　填表人：　　　　报出日期：2 0 　年　月　日

说明：按照银行业存款类金融机构、财务公司、银行业非存款类金融机构三个类别，分别报送本年和上年本外币累计数。

综 合 定 报

各地区房地产开发贷款情况

表　　号：R H 4 0 1 表
制定机关：国 家 统 计 局
文　　号：国统字〔2019〕3 号
有效期至：2 0 2 0 年 1 月

综合机关名称：中国人民银行　　　　2 0　　年　　月

地　区	代码	房地产开发贷款余额（亿元）	同比增长（%）	房地产开发贷款新增额（亿元）	同比增长（%）	个人住房贷款余额（亿元）	同比增长（%）	个人住房贷款新增额（亿元）	同比增长（%）
甲	乙	1	2	3	4	5	6	7	8
合　计	01								
北　京	02								
天　津	03								
…	…								
新　疆	32								

单位负责人：　　　　填表人：　　　　报出日期：2 0　　年　　月　　日

说明：1. 统计范围：各省、自治区、直辖市。
　　　2. 报送时间：月后 6 日前。

银行及相关金融业财务状况

表　　号：ＲＨ４０４表
制定机关：国　家　统　计　局
文　　号：国统字〔2019〕3 号
综合机关名称：中国人民银行　　　　２０　　年　　季　　　　有效期至：２０２０年１月

指标名称	代码	银行业存款类		银行业非存款类	
		本年累计（亿元）	本季（亿元）	本年累计（亿元）	本季（亿元）
甲	乙	1	2	3	4
一、营业收入	01				
利息收入	02				
金融机构往来利息收入	03				
各项贷款利息收入	04				
利息支出	05				
金融机构往来利息支出	06				
各项存款利息支出	07				
手续费收入	08				
手续费支出	09				
租赁收益	10				
投资收益	11				
公允价值变动收益	12				
汇兑净收益	13				
其他业务收入	14				
二、营业支出	15				
业务及管理费	16				
职工工资	17				
福利费	18				
住房公积金和住房补贴	19				
税金及附加	20				
资产减值损失	21				
其他业务支出	22				
三、营业利润	23				
加：营业外收入	24				
减：营业外支出	25				
四、利润总额	26				

单位负责人：　　　　填表人：　　　　报出日期：２０　　年　　月　　日

说明：1. 统计范围：银行及相关金融业单位。
　　　2. 报送日期：季后 25 日前，节假日顺延。

国务院国有资产监督管理委员会

（一）报 表 目 录

表号	表名	报告期别	填报范围	报送时间及方式	负责单位	备注
综合年报						
701 表	部门服务业企业财务状况	年报	中国航空集团公司 中国南方航空集团公司 中国东方航空集团公司	6 月 30 日前，电子邮件或内部交换 dczxjtc@stats.gov.cn	服务业司	《部门服务业财务统计报表制度》（试行）
综合定报						
GZ401 表	中央企业主要财务指标	月报	国资委管辖的中央企业	月后 22 日 12:00 前，电子邮件或内部交换 gysjjxyc@stats.gov.cn	工业司	

（二）调 查 表 式

综 合 年 报

部门服务业企业财务状况

（表式及指标解释见通用表）

综 合 定 报

中央企业主要财务指标

表　　号：G Z 4 0 1 表
制定机关：国　家　统　计　局
文　　号：国统字〔2019〕3 号
有效期至：2 0 2 0 年 1 月

综合机关名称：国务院国有资产监督管理委员会　　　　2 0　　年　　月

指标名称	代码	本月			累计		
		本月	上年同期	增速	1—本月	上年同期	增速
计量单位	–	亿元	亿元	%	亿元	亿元	%
甲	乙	1	2	3	4	5	6
利润总额	01						
其中：工业	02						
营业收入	03						
其中：工业	04						

单位负责人：　　统计负责人：　　填表人：　　联系电话：　　报出日期：2 0　　年　　月　　日

说明：1. 统计范围：国资委管辖的中央企业。
2. 本表填报汇总数据。
3. 报送时间：月后 22 日 12:00 前，1 月免报。

海 关 总 署

（一）报 表 目 录

表号	表名	报告期别	报送时间及方式	负责单位	备注
综合年报					
HG301 表	进出口商品国别（地区）总值	年报	8 月 31 日前，电子邮件 mjswjc@gj.stats.cn	贸易外经司 联系电话： 68782557	
HG302 表	进出口商品构成	年报			
HG303 表	进出口商品类章总值	年报			
HG304 表	进出口商品贸易方式总值	年报			
HG305 表	出口商品贸易方式企业性质总值	年报			
HG306 表	进口商品贸易方式企业性质总值	年报			
HG307 表	进出口商品收发货人所在地总值	年报			
HG308 表	进出口商品境内目的地/货源地总值	年报			
HG309 表	主要国家（地区）进出口商品类章总值	年报			
HG310 表	出入境货物检验检疫情况	年报	6 月 20 日，通过“国家统计局部门综合数据管理系统”报送数据。	社科文司	《科技综合统计报表制度》
综合定报					
HG401 表	进出口商品国别（地区）总值	月报	月后 23 日前，磁（纸）介质，内部交换	贸易外经司 联系电话： 68782557	
HG402 表	进出口商品构成	月报			
HG403 表	进出口商品类章总值	月报			
HG404 表	进出口商品贸易方式总值	月报			
HG405 表	出口商品贸易方式企业性质总值	月报			
HG406 表	进口商品贸易方式企业性质总值	月报			
HG407 表	进出口商品收发货人所在地总值	月报			
HG408 表	进出口商品境内目的地/货源地总值	月报			
HG409 表	外商投资企业进出口总值	月报			
HG410 表	出口主要商品量值	月报			
HG411 表	进口主要商品量值	月报			
HG412 表	对主要国家（地区）出口商品类章金额	月报			
HG413 表	自主要国家（地区）进口商品类章金额	月报			

（二）调 查 表 式

综 合 年 报

进出口商品国别（地区）总值

表　　号：H G 3 0 1 表
制定机关：国 家 统 计 局
文　　号：国统字〔2019〕3 号
有效期至：2 0 1 9 年 1 2 月

综合机关名称：海关总署　　　　2 0　　年　　　　计量单位：千美元，万元

进口原产国（地） 出口最终目的国（地）	本　年			上　年		
	出口	进口	差额	出口	进口	差额
总　　值						
亚洲						
…						
非洲						
…						
欧洲						
…						
拉丁美洲						
…						
北美洲						
…						
大洋州						
…						
国别（地区）不详						
东南亚国家联盟						
欧洲联盟						
亚太经济合作组织						

单位负责人：　　　　填表人：　　　　报出日期：2 0　　年　　月　　日

说明：报送时间：8 月 31 日前。

进出口商品构成

表　　号：H G 3 0 2 表
制定机关：国　家　统　计　局
文　　号：国统字〔2019〕3 号
有效期至：2 0 1 9 年 1 2 月
综合机关名称：海关总署　　　　2 0　　年　　　　计量单位：　千美元，万元

商品构成（按 SITC 分类）	出　口		进　口	
	金 额	比重（%）	金 额	比重（%）
总　　值				
一、初级产品				
……				
二、工业制成品				
……				

单位负责人：　　　　填表人：　　　　报出日期：2 0　　年　　月　　日

说明：报送时间：8 月 31 日前。

进出口商品类章总值

表　　号：H G 3 0 3 表
制定机关：国　家　统　计　局
文　　号：国统字〔2019〕3 号
有效期至：2 0 1 9 年 1 2 月
综合机关名称：海关总署　　　　2 0　　年　　　　计量单位：　千美元，万元

H S 类 章	出　口		进　口	
	金 额	比重（%）	金 额	比重（%）
总　　值				
第一类　活动物；动物产品				
01章　活动物				
……				
第二十二类　特殊交易品及未分类商品				
98 章 特殊交易品及未分类商品				

单位负责人：　　　　填表人：　　　　报出日期：2 0　　年　　月　　日

说明：报送时间：8 月 31 日前。

进出口商品贸易方式总值

表　　号：H G 3 0 4 表
制定机关：国 家 统 计 局
文　　号：国统字〔2019〕3 号
有效期至：2 0 1 9 年 1 2 月

综合机关名称：海关总署　　2 0　　年　　计量单位：　千美元，万元

贸易方式	进出口		出　口		进　口	
	金 额	比重（%）	金 额	比重（%）	金 额	比重（%）
总　　值						
一般贸易						
国家间、国际组织无偿援助和赠送的物资						
其他捐赠物资						
来料加工装配贸易						
进料加工贸易						
加工贸易进口设备						
边境小额贸易						
对外承包工程出口货物						
租赁贸易						
外商投资企业作为投资进口的设备、物品						
出料加工贸易						
免税外汇商品						
免税品						
保税监管场所进出境货物						
海关特殊监管区域物流货物						
海关特殊监管区域进口设备						
其他						

单位负责人：　　填表人：　　报出日期：2 0　　年　　月　　日

说明：报送时间：8 月 31 日前。

出口商品贸易方式企业性质总值

表　　号：HG 3 0 5 表
制定机关：国 家 统 计 局
文　　号：国统字〔2019〕3 号
有效期至：2 0 1 9 年 1 2 月

综合机关名称：海关总署　　　　2 0　　年　　　　计量单位：千美元，万元，%

企业性质 贸易方式	合计		国有企业		中外合作		中外合资		外商独资		私营企业		其他	
	金额	同比增长	金额	同比增长	金额	同比增长	金额	同比增长	金额	同比增长	金额	同比增长	金额	同比增长
总　　值														
一般贸易														
国家间、国际组织无偿援助和赠送的物资														
来料加工装配贸易														
进料加工贸易														
边境小额贸易														
对外承包工程出口货物														
租赁贸易														
出料加工贸易														
保税监管场所进出境货物														
海关特殊监管区域物流货物														
其他														

单位负责人：　　　　填表人：　　　　报出日期：2 0　　年　　月　　日

说明：报送时间：8 月 31 日前。

进口商品贸易方式企业性质总值

表　　号：H G 3 0 6 表
制定机关：国 家 统 计 局
文　　号：国统字〔2019〕3 号
有效期至：2 0 1 9 年 1 2 月
综合机关名称：海关总署　　　　2 0 　　年　　　　计量单位：千美元，万元，%

企业性质 贸易方式	合计		国有企业		中外合作		中外合资		外商独资		私营企业		其他	
	金额	同比增长	金额	同比增长	金额	同比增长	金额	同比增长	金额	同比增长	金额	同比增长	金额	同比增长
总　值														
一般贸易														
国家间、国际组织无偿援助和赠送的物资														
其他捐赠物资														
来料加工装配贸易														
进料加工贸易														
边境小额贸易														
加工贸易进口设备														
租赁贸易														
外商投资企业作为投资进口的设备、物品														
出料加工贸易														
免税外汇商品														
免税品														
保税监管场所进出境货物														
海关特殊监管区域物流货物														
海关特殊监管区域进口设备														
其他														

单位负责人：　　　　填表人：　　　　报出日期：2 0 　　年　　月　　日

说明：报送时间：8 月 31 日前。

进出口商品收发货人所在地总值

表　　号：HG 307 表
制定机关：国家统计局
文　　号：国统字〔2019〕3 号
有效期至：2019年12月
计量单位：千美元，万元

综合机关名称：海关总署　　　　20　　年

经营单位所在地	进出口		出　口		进　口	
	金额	比重（%）	金额	比重（%）	金额	比重（%）
总　　值						
北京						
天津						
河北						
其中：石家庄						
…						
新疆						
其中：乌鲁木齐						

单位负责人：　　　　填表人：　　　　报出日期：20　　年　　月　　日

说明：报送时间：8 月 31 日前。

进出口商品境内目的地/货源地总值

表　　号：HG 308 表
制定机关：国家统计局
文　　号：国统字〔2019〕3 号
有效期至：2019年12月
计量单位：千美元，万元

综合机关名称：海关总署　　　　20　　年

境内目的地/货源地	进出口		出　口		进　口	
	金额	比重（%）	金额	比重（%）	金额	比重（%）
总　　值						
北京						
天津						
河北						
其中：石家庄						
…						
新疆						
其中：乌鲁木齐						

单位负责人：　　　　填表人：　　　　报出日期：20　　年　　月　　日

说明：报送时间：8 月 31 日前。

主要国家（地区）进出口商品类章总值

表　　号：H G 3 0 9 表
制定机关：国 家 统 计 局
文　　号：国统字〔2019〕3 号
有效期至：2 0 1 9 年 1 2 月
计量单位：　千美元，万元

综合机关名称：海关总署　　　　2 0　　年

H S 类 章	香港		台湾		日本		欧盟		美国	
	出口	进口	出口	进口	出口	进口	出口	进口	出口	进口
总　值										
第一类　活动物；动物产品										
02章　活动物										
…										
第二十二类　特殊交易品及未分类商品										
98 章 特殊交易品及未分类商品										

单位负责人：　　　　填表人：　　　　报出日期：2 0　　年　　月　　日

说明：报送时间：8 月 31 日前。

出入境货物检验检疫情况

表　　号：H G 3 1 0 表
制定机关：国 家 统 计 局
文　　号：国统字〔2019〕3 号
有效期至：2 0 1 9 年 9 月

综合机关名称：海关总署　　　　2 0　　年

地　　区	代码	出入境货物检验检疫总计			
		批次（批）	不合格	货　值（万美元）	不合格
甲	乙	4	5	6	7
全国	01				
北京	02				
天津	03				
…	…				
新疆	32				

单位负责人：　　　　填表人：　　　　报出日期：2 0　　年　　月　　日

说明：1. 统计范围：全国出入境检验检疫货物。
　　　2. 报送时间：6 月 20 日前。

综 合 定 报

进出口商品国别（地区）总值

表　　号：H G 4 0 1 表
制定机关：国 家 统 计 局
文　　号：国统字〔2019〕3号
有效期至：2 0 2 0 年 6 月
计量单位：千美元，万元

综合机关名称：海关总署　　　　20　　年　　月

进口原产国（地） 出口最终目的国（地）	进出口		出　口		进　口		比上年同期累计增减（%）		
	本月	1-本月	本月	1-本月	本月	1-本月	进出口	出口	进口
总　值									
亚洲									
…									
非洲									
…									
欧洲									
…									
拉丁美洲									
…									
北美洲									
…									
大洋州									
…									
国别（地区）不祥									
东南亚国家联盟									
欧洲联盟									
亚太经济合作组织									

单位负责人：　　　　填表人：　　　　报出日期：20　　年　　月　　日

说明：报送时间及方式：月后23日前，以磁（纸）介质内部交换方式报送。

进出口商品构成

表　　号：H G 4 0 2 表
制定机关：国 家 统 计 局
文　　号：国统字〔2019〕3 号
有效期至：2 0 2 0 年 6 月
计量单位：　千美元，万元

综合机关名称：海关总署　　　　2 0　　年　　月

商品构成（SITC 分类）	出　口		进　口		比上年同期累计增减（%）	
	本月	1-本月	本月	1-本月	出口	进口
总　　值						
一、初级产品						
…						
二、工业制品						
…						

单位负责人：　　　　填表人：　　　　报出日期：2 0　　年　　月　　日

说明：报送时间及方式：月后 23 日前，以磁（纸）介质内部交换方式报送。

进出口商品类章总值

表　　号：H G 4 0 3 表
制定机关：国 家 统 计 局
文　　号：国统字〔2019〕3 号
有效期至：2 0 2 0 年 6 月
计量单位：　千美元，万元

综合机关名称：海关总署　　　　2 0　　年　　月

H S 类 章	出　口		进　口		比上年同期累计增减（%）	
	本月	1-本月	本月	1-本月	出口	进口
总　　值						
第一类　活动物；动物产品						
01 章 活动物						
…						
第二十二类　特殊交易品及未分类商品						
98 章 特殊交易品及未分类商品						

单位负责人：　　　　填表人：　　　　报出日期：2 0　　年　　月　　日

说明：报送时间及方式：月后 23 日前，以磁（纸）介质内部交换方式报送。

进出口商品贸易方式总值

表　　号：H G 4 0 4 表
制定机关：国　家　统　计　局
文　　号：国统字〔2019〕3 号
有效期至：2 0 2 0 年 6 月

综合机关名称：海关总署　　　　20　　年　　月　　　　计量单位：　千美元，万元

指标名称	进出口		出口		进口	
	本月	1-本月	本月	1-本月	本月	1-本月
总　　值						
一般贸易						
国家间、国际组织无偿援助和赠送的物资						
其他捐赠物资						
来料加工装配贸易						
进料加工贸易						
边境小额贸易						
加工贸易进口设备						
对外承包工程出口货物						
租赁贸易						
外商投资企业作为投资进口的设备、物品						
出料加工贸易						
免税外汇商品						
免税品						
保税监管场所进出境货物						
海关特殊监管区域物流货物						
海关特殊监管区域进口设备						
其他						

单位负责人：　　　　填表人：　　　　报出日期：20　　年　　月　　日

说明：报送时间及方式：月后 23 日前，以磁（纸）介质内部交换方式报送。

出口商品贸易方式企业性质总值

表　　号：H G 4 0 5 表
制定机关：国 家 统 计 局
文　　号：国统字〔2019〕3 号
有效期至：2 0 2 0 年 6 月
综合机关名称：海关总署　　　　2 0　　年 1 —　　月　　　　计量单位：千美元，万元，%

企业性质 贸易方式	合计		国有企业		外商投资企业								其他	
					小计		中外合作		中外合资		外商独资			
	金额	同比增长	金额	同比增长	金额	同比增长	金额	同比增长	金额	同比增长	金额	同比增长	金额	同比增长
总　　值														
一般贸易														
国家间、国际组织无偿援助和赠送的物资														
来料加工装配贸易														
进料加工贸易														
边境小额贸易														
对外承包工程出口货物														
租赁贸易														
出料加工贸易														
保税监管场所进出境货物														
海关特殊监管区域物流货物														
其他														

单位负责人：　　　　填表人：　　　　报出日期：2 0　　年　　月　　日

说明：1. 报送时间及方式：月后 23 日前，以磁（纸）介质内部交换方式报送。
　　　2. 本表填写 1-本月累计数。

进口商品贸易方式企业性质总值

表　　号：H G 4 0 6 表
制定机关：国 家 统 计 局
文　　号：国统字〔2019〕3 号
有效期至：2 0 2 0 年 6 月

综合机关名称：海关总署　　　　2 0 　　年 1 － 　　月　　　　计量单位：千美元，万元，%

企业性质 / 贸易方式	合计		国有企业		外商投资企业								其他	
					小计		中外合作		中外合资		外商独资			
	金额	同比增长	金额	同比增长	金额	同比增长	金额	同比增长	金额	同比增长	金额	同比增长	金额	同比增长
总　　值														
一般贸易														
国家间、国际组织无偿援助和赠送的物资														
其他捐赠物资														
补偿贸易														
来料加工装配贸易														
进料加工贸易														
寄售代销贸易														
边境小额贸易														
加工贸易进口设备														
租赁贸易														
外商投资企业作为投资进口的设备、物品														
出料加工贸易														
易货贸易														
免税外汇商品														
免税品														
保税监管场所进出境货物														
海关特殊监管区域物流货物														
海关特殊监管区域进口设备														
其他														

单位负责人：　　　　填表人：　　　　报出日期：2 0 　　年　　月　　日

说明：1. 报送时间及方式：月后 23 日前，以磁（纸）介质内部交换方式报送。
2. 本表填 1-本月累计数。

进出口商品收发货人所在地总值

表　　号：H G 4 0 7 表
制定机关：国 家 统 计 局
文　　号：国统字〔2019〕3 号
有效期至：2 0 2 0 年 6 月
计量单位：　千美元，万元

综合机关名称：海关总署　　　　2 0　　年　　月

经营单位所在地	进出口		出　口		进　口		比上年同期累计增减（%）		
	本月	1-本月	本月	1-本月	本月	1-本月	进出口	出口	进口
总　　值									
北京									
天津									
河北									
其中：石家庄									
…									
新疆									
其中：乌鲁木齐									

单位负责人：　　　　填表人：　　　　报出日期：2 0　　年　　月　　日

说明：报送时间及方式：月后 23 日前，以磁（纸）介质内部交换方式报送。

进出口商品境内目的地/货源地总值

表　　号：H G 4 0 8 表
制定机关：国 家 统 计 局
文　　号：国统字〔2019〕3 号
有效期至：2 0 2 0 年 6 月
计量单位：　千美元，万元

综合机关名称：海关总署　　　　2 0　　年　　月

经营单位所在地	进出口		出　口		进　口		比上年同期累计增减（%）		
	本月	1-本月	本月	1-本月	本月	1-本月	进出口	出口	进口
总　　值									
北京									
天津									
河北									
其中：石家庄									
…									
新疆									
其中：乌鲁木齐									

单位负责人：　　　　填表人：　　　　报出日期：2 0　　年　　月　　日

说明：报送时间及方式：月后 23 日前，以磁（纸）介质内部交换方式报送。

外商投资企业进出口总值

表　　号：H G 4 0 9 表
制定机关：国 家 统 计 局
文　　号：国统字〔2019〕3 号
有效期至：2 0 2 0 年 6 月
计量单位：　千美元，万元

综合机关名称：海关总署　　　　　　2 0　　年　　月

外商投资企业	进出口		出　口		进　口		比上年同期累计增减（%）		
	本月	1-本月	本月	1-本月	本月	1-本月	进出口	出口	进口
合　计									
中外合作企业									
中外合资企业									
外商独资企业									
北京市									
中外合作企业									
中外合资企业									
外商独资企业									
…									
新疆维吾尔自治区									
中外合作企业									
中外合资企业									
外商独资企业									

单位负责人：　　　　　　填表人：　　　　　　报出日期：2 0　　年　　月　　日

说明：报送时间及方式：月后23日前，以磁（纸）介质内部交换方式报送。

出口主要商品量值

表　　号：H G 4 1 0 表
制定机关：国 家 统 计 局
文　　号：国统字〔2019〕3 号
有效期至：2 0 2 0 年 6 月
计量单位：　千美元，万元

综合机关名称：海关总署　　　　　　2 0　　年　　月

商品名称	计量单位	本月		1-本月		上年同期累计		比上年同期累计增减（%）	
		数量	金额	数量	金额	数量	金额	数量	金额
（按商品目录填报）									

单位负责人：　　　　　　填表人：　　　　　　报出日期：2 0　　年　　月　　日

说明：1. 报送时间及方式：月后23日前，以磁（纸）介质内部交换方式报送。
　　　2. 商品名称根据海关统计月报出口主要商品目录填报。

进口主要商品量值

表　　号：H G 4 1 1 表
制定机关：国 家 统 计 局
文　　号：国统字〔2019〕3 号
有效期至：2 0 2 0 年 6 月
综合机关名称：海关总署　　2 0　年　月　　计量单位：千美元，万元

商品名称	计量单位	本月		1-本月		上年同期累计		比上年同期累计增减（%）	
		数量	金额	数量	金额	数量	金额	数量	金额
（按商品目录填报）									

单位负责人：　　填表人：　　报出日期：2 0　年　月　日

说明：1. 报送时间及方式：月后 23 日前，以磁（纸）介质内部交换方式报送。
2. 商品名称根据海关统计月报进口主要商品目录填报。

对主要国家（地区）出口商品类章金额

表　　号：H G 4 1 2 表
制定机关：国 家 统 计 局
文　　号：国统字〔2019〕3 号
有效期至：2 0 2 0 年 6 月
综合机关名称：海关总署　　2 0　年　月　　计量单位：千美元，万元

H S 类 章	香港		台湾		日本		欧盟		美国	
	本月	1-本月	本月	1-本月	本月	1-本月	本月	1-本月	本月	1-本月
总　值										
第一类　活动物；动物产品										
01 章　活动物										
…										
第二十二类　特殊交易品及未分类商品										
98 章　特殊交易品及未分类商品										

单位负责人：　　填表人：　　报出日期：2 0　年　月　日

说明：报送时间及方式：月后 23 日前，以磁（纸）介质内部交换方式报送。

自主要国家（地区）进口商品类章金额

表　　号：HG413表
制定机关：国家统计局
文　　号：国统字〔2019〕3号
有效期至：2020年6月
计量单位：千美元，万元

综合机关名称：海关总署　　　　20　　年　　月

HS类章	香港		台湾		日本		欧盟		美国	
	本月	1-本月	本月	1-本月	本月	1-本月	本月	1-本月	本月	1-本月
总　值										
第1类 活动物；动物产品										
01章 活动物										
…										
第22类 特殊交易品及未分类商品										
98章 特殊交易品及未分类商品										

单位负责人：　　　　填表人：　　　　报出日期：20　　年　　月　　日

说明：报送时间及方式：月后23日前，以磁（纸）介质内部交换方式报送。

（三）主要指标解释

对外贸易统计范围 是按照联合国国际贸易统计原则制定的，即凡是引起中华人民共和国境内物质资源存量增加或减少的进出口货物（除制度另有规定者外），均列入该项统计。海关总署负责组织实施中国对外贸易统计，统计依据是中国各地海关对进出口货物执行实际监管的进出口报关单。

海关统计包括实际进出中华人民共和国关境的货物。保税仓库、保税区或经济特区进出境的货物、加工贸易进出口的货物、租赁期一年及以上的租赁贸易货物、外商投资企业进出口的货物、国际间无偿援助的物资以及捐赠品等均列入海关统计。

海关统计不包括暂时进出口货物、租赁期一年以下的租赁进出境货物、进出口境旅客的自用物品（汽车除外）、进出境运输工具在境外添装的燃料、物料和食品以及经过中国领土的直接过境货物。

进出口商品分类 进出口商品目录是在海关合作理事会（世界海关组织 WCO）制定的《商品名称和编码协调制度》（HS）的基础上，结合我国进出口实际情况制定的。历年出口商品分类金额和历年进口商品分类金额按照联合国《国际贸易标准分类》（SITC）进行统计。

进出口统计价格 进口货物按到岸价格（CIF）统计，出口货物按离岸价格（FOB）统计。

到岸价格包括货价和货物运抵中国关境输入地点起卸前的包装费、运费、保险费和其他劳务费等费用。离岸价格不包括货物离开中国关境后运费、保险费和其他费用。

统计价格分别以人民币和美元计值。如果成交价格为其他货币，则根据国家外汇管理部门公布的折算率分别折算成人民币和美元。

货物进出口国家（地区） 进口货物统计原产国（地区），出口货物统计最终目的地国（地区）。

原产国（地区）：指进口货物生产、开采或加工制造的国家（地区）。对经过两个以上国家（地区）加工制造的进口货物，则以最后一个对货物进行经济上可以视实质性加工的国家（地区）作为该货物的原产国。原产国确实不详时，按“国别不详”统计。

最终目的地国（地区）：指出口货物已知的消费、使用或进一步加工制造国家（地区），包括直接使用或进行加工的国家（地区）。最终目的地国（地区）不能确定时，按货物出口时尽可能预知的最后运往国（地区）统计。

货物进出口总额 指实际进出我国关境的货物总金额。包括对外贸易实际进出口货物，来料加工装配进出口货物，国家间、联合国及国际组织无偿援助物资和赠送品，华侨、港澳台同胞和外籍华人捐赠品，租赁期满归承租人所有的租赁货物，进料加工进出口货物，边境地方贸易及边境地区小额贸易进出口货物，中外合资企业、中外合作经营企业、外商独资经营企业进出口货物和公用物品，到、离岸价格在规定限额以上的进出口货样和广告品（无商业价值、无使用价值和免费提供出口的除外），从保税仓库提取在中国境内销售的进口货物，以及其他进出口货物。该指标用以观察一个国家在对外贸易方面的总规模。我国规定出口货物按离岸价格统计，进口货物按到岸价格统计。

商品收发货人所在地进、出口额 指在所在地海关注册登记的有进出口经营权的企业实际进、出口额。

商品目的地进口额和商品货源地出口额 目的地进口额指进口货物的消费、使用或最终抵运地的实际进口额；货源地出口额指出口货物的产地或原始发货地的实际出口额。

（四）附　　录

国别（地区）统计代码表

代码	国别（地区）	代码	国别（地区）	代码	国别（地区）
100	**亚　洲**	143	台湾省	234	纳米比亚
101	阿富汗	144	东帝汶	235	尼日尔
102	巴林	145	哈萨克斯坦	236	尼日利亚
103	孟加拉国	146	吉尔吉斯斯坦	237	留尼汪
104	不丹	147	塔吉克斯坦	238	卢旺达
105	文莱	148	土库曼斯坦	239	圣多美普林西比
106	缅甸	149	乌兹别克斯坦	240	塞内加尔
107	柬埔寨	199	亚洲其他国家（地区）	241	塞舌尔
108	塞浦路斯	**200**	**非　洲**	242	塞拉利昂
109	朝鲜	201	阿尔及利亚	243	索马里
110	香港	202	安哥拉	244	南非
111	印度	203	贝宁	245	西撒哈拉
112	印度尼西亚	204	博茨瓦纳	246	苏丹
113	伊朗	205	布隆迪	247	坦桑尼亚
114	伊拉克	206	喀麦隆	248	多哥
115	以色列	207	加那利群岛	249	突尼斯
116	日本	208	佛得角	250	乌干达
117	约旦	209	中非共和国	251	布基纳法索
118	科威特	210	塞卜泰（休达）	252	民主刚果
119	老挝	211	乍得	253	赞比亚
120	黎巴嫩	212	科摩罗	254	津巴布韦
121	澳门	213	刚果	255	莱索托
122	马来西亚	214	吉布提	256	梅利利亚
123	马尔代夫	215	埃及	257	斯威士兰
124	蒙古	216	赤道几内亚	258	厄立特里亚
125	尼泊尔	217	埃塞俄比亚	259	马约特岛
126	阿曼	218	加蓬	260	南苏丹共和国
127	巴基斯坦	219	冈比亚	299	非洲其他国家
128	巴勒斯坦	220	加纳	**300**	**欧　洲**
129	菲律宾	221	几内亚	301	比利时
130	卡塔尔	222	几内亚（比绍）	302	丹麦
131	沙特阿拉伯	223	科特迪瓦	303	英国
132	新加坡	224	肯尼亚	304	德国
133	韩国	225	利比里亚	305	法国
134	斯里兰卡	226	利比亚	306	爱尔兰
135	叙利亚	227	马达加斯加	307	意大利
136	泰国	228	马拉维	308	卢森堡
137	土耳其	229	马里	309	荷兰
138	阿联酋	230	毛里塔尼亚	310	希腊
139	也门	231	毛里求斯	311	葡萄牙
141	越南	232	摩洛哥	312	西班牙
142	中华人民共和国	233	莫桑比克	313	阿尔巴尼亚

代码	国别（地区）	代码	国别（地区）	代码	国别（地区）
314	安道尔	404	巴哈马	446	英属维尔京群岛
315	奥地利	405	巴巴多斯	447	圣其茨---尼维斯
316	保加利亚	406	伯利兹	448	圣皮埃尔和密克隆
318	芬兰	408	玻利维亚	449	荷属安地列斯群岛
320	直布罗陀	409	博内尔	499	拉丁美洲其他国家（地区）
321	匈牙利	410	巴西	**500**	**北美洲**
322	冰岛	411	开曼群岛	501	加拿大
323	列支敦士登	412	智利	502	美国
324	马耳他	413	哥伦比亚	503	格陵兰
325	摩纳哥	414	多米尼克	504	百慕大群岛
326	挪威	415	哥斯达黎加	599	北美洲其他国家（地区）
327	波兰	416	古巴	**600**	**大洋洲**
328	罗马尼亚	417	库腊索岛	601	澳大利亚
329	圣马力诺	418	多米尼加共和国	602	库克群岛
330	瑞典	419	厄瓜多尔	603	斐济
331	瑞士	420	法属圭亚那	604	盖比群岛
334	爱沙尼亚	421	格林纳达	605	马克萨斯群岛
335	拉脱维亚	422	瓜德罗普岛	606	瑙鲁
336	立陶宛	423	危地马拉	607	新喀里多尼亚
337	格鲁吉亚	424	圭亚那	608	瓦努阿图
338	亚美尼亚	425	海地	609	新西兰
339	阿塞拜疆	426	洪都拉斯	610	诺福克岛
340	白俄罗斯	427	牙买加	611	巴布亚新几内亚
343	摩尔多瓦	428	马提尼克岛	612	社会群岛
344	俄罗斯联邦	429	墨西哥	613	所罗门群岛
347	乌克兰	430	蒙特塞拉特	614	汤加
350	斯洛文尼亚	431	尼加拉瓜	615	土阿莫土群岛
351	克罗地亚	432	巴拿马	616	土布艾群岛
352	捷克	433	巴拉圭	617	萨摩亚
353	斯洛伐克	434	秘鲁	618	基里巴斯
354	马其顿共和国	435	波多黎各	619	图瓦卢
355	波斯尼亚-黑塞哥维那	436	萨巴	620	密克罗尼西亚联邦
356	梵蒂冈城国	437	圣卢西亚	621	马绍尔群岛共和国
357	法罗群岛	438	圣马丁岛	622	帕劳共和国
358	塞尔维亚	439	圣文森特和格林纳丁斯	623	法属波利尼西亚
359	黑山	440	萨尔瓦多	625	瓦利斯和浮图纳
399	欧洲其他国家	441	苏里南	699	大洋洲其他国家（地区）
400	**拉丁美洲**	442	特立尼达和多巴哥		
401	安提瓜和巴布达	443	特克斯和凯科斯群岛	**701**	**国别（地区）不详**
402	阿根廷	444	乌拉圭	**702**	**联合国及所属机构和其他国际组织**
403	阿鲁巴岛	445	委内瑞拉		

注：本表来源于海关总署《国别（地区）代码表》。

国际贸易标准分类（SITC 分类）

类别	SITC 分类	类别	SITC 分类
	一、初级产品	52 章	无机化学品
0 类	食品及活动物	53 章	燃料、鞣料及着色料
00 章	活动物	54 章	医药品
01 章	肉及肉制品	55 章	精油、香料及盥洗、光洁制品
02 章	乳品及蛋品	56 章	制成肥料
03 章	鱼、甲壳及软体类动物及其制品	57 章	初级形状的塑料
04 章	谷物及其制品	58 章	非初级形状的塑料
05 章	蔬菜及水果	59 章	其他化学原料及其产品
06 章	糖、糖制品及蜂蜜		
07 章	咖啡、茶、可可、调味料及其制品	6 类	按原料分类的制成品
08 章	饲料（不包括未碾磨谷物）	61 章	皮革、皮革制品及已鞣毛皮
09 章	杂项食品	62 章	橡胶制品
		63 章	软木及木制品（家具除外）
1 类	饮料及烟类	64 章	纸及纸板；纸浆、纸及纸板制品
11 章	饮料	65 章	纺纱、织物、制成品及有关产品
12 章	烟草及其制品	66 章	非金属矿物制品
		67 章	钢铁
2 类	非食用原料（燃料除外）	68 章	有色金属
21 章	生皮及生毛皮	69 章	金属制品
22 章	油籽及含油果实		
23 章	生橡胶（包括合成橡胶及再生橡胶）	7 类	机械及运输设备
24 章	软木及木材	71 章	动力机械及设备
25 章	纸浆及废纸	72 章	特种工业专用机械
26 章	纺织纤维及其废料	73 章	金工机械
27 章	天然肥料及矿物（煤、石油及宝石除外）	74 章	通用工业机械设备及零件
28 章	金属矿砂及金属废料	75 章	办公用机械及自动数据处理设备
29 章	其他动、植物原料	76 章	电信及声音的录制及重放装置设备
		77 章	电力机械、器具及其电气零件
3 类	矿物燃料、润滑油及有关原料	78 章	陆路车辆（包括气垫式）
32 章	煤、焦炭及煤砖	79 章	其他运输设备
33 章	石油、石油产品及有关原料		
34 章	天然气及人造气	8 类	杂项制品
35 章	电流	81 章	活动房屋；卫生、水道、供热及照明装置
		82 章	家具机器零件；褥垫及类似填充制品
4 类	动植物油、脂及蜡	83 章	旅行用品、手提包及类似产品
41 章	动物油、脂	84 章	服装及衣着附件
42 章	植物油、脂	85 章	鞋靴
43 章	已加工过的动植物油、脂及动植物蜡	87 章	专业、科学及控制用仪器和装置
		88 章	摄影器材、光学物品及钟表
	二、工业制品	89 章	杂项制品
5 类	化学制品及有关产品		
51 章	有机化学品	9 类	未分类的商品

商品名称和编码协调制度（H S 类章）

类章	商品名称
第一类	活动物；动物产品
01 章	活动物
02 章	肉及食用杂碎
03 章	鱼、甲壳动物、软体动物及其他水生无脊椎动物
04 章	乳品；蛋品；天然蜂蜜；其他食用动物产品
05 章	其他动物产品
第二类	植物产品
06 章	活树及其他活植物；鳞茎、根及类似品；插花及装饰用簇叶
07 章	食用蔬菜、根及块茎
08 章	食用水果及坚果；甜瓜等水果的果皮
09 章	咖啡、茶、马黛茶及调味香料
10 章	谷物
11 章	制粉工业产品；麦芽；淀粉等；面筋
12 章	含油子仁及果实；杂项子仁及果实；工业或药用植物；稻草、秸杆及饲料
13 章	虫胶；树胶、树脂及其他植物液、汁
14 章	编结用植物材料；其他植物产品
第三类	动、植物油、脂及其分解产品；精制的食用油脂；动、植物蜡
15 章	动、植物油、脂及其分解产品；精制的食用油脂；动、植物蜡
第四类	食品；饮料、酒及醋；烟草、烟草及烟草的代用品的制品
16 章	肉、鱼、甲壳动物、软体动物及其他水生无脊椎动物的制品
17 章	糖及糖食
18 章	可可及可可制品
19 章	谷物粉、淀粉等或乳的制品；糕饼点心
20 章	蔬菜、水果等或植物其他部分的制品
21 章	杂项食品
22 章	饮料、酒及醋
23 章	食品工业的残渣及废料；配制的动物饲料
24 章	烟草、烟草及烟草代用品的制品
第五类	矿产品
25 章	盐；硫磺；泥土及石料；石膏料、石灰及水泥
26 章	矿砂、矿渣及矿灰
27 章	矿物燃料、矿物油及其蒸馏产品；沥青物质；矿物蜡
第六类	化学工业及其相关工业的产品
28 章	无机化学品；贵金属、稀土金属、放射性元素及其同位素等的有机及无机化合物
29 章	有机化学品
30 章	药品
31 章	肥料
32 章	鞣料浸膏及染料浸膏；鞣酸及其衍生物；染料、颜料及其他着色料；油漆及清漆；油灰及其他类似胶粘剂；墨水、油墨
33 章	精油及香膏；香料制品及化妆盥洗品
34 章	肥皂、有机表面活性剂、洗涤剂、润滑剂、人造蜡、调制蜡、光洁剂、蜡烛及类似品、塑型用膏、“牙科用蜡”及牙科用熟石膏制剂

类章	商品名称
35 章	蛋白类物质；改性淀粉；胶；酶
36 章	炸药；烟火制品；引火合金；易燃材料制品
37 章	照相及电影用品
38 章	杂项化学产品
第七类	塑料及其制品；橡胶及其制品
39 章	塑料及其制品
40 章	橡胶及其制品
第八类	生皮、皮革、毛皮及其制品；鞍具及挽具；旅行用品、手提包及类似品；动物肠线（蚕胶丝除外）制品
41 章	生皮（毛皮除外）及皮革
42 章	皮革制品；鞍具及挽具；旅行用品、手提包及类似容器；动物肠线（蚕胶丝除外）制品
43 章	**毛皮、人造毛皮及其制品**
第九类	木及木制品；木炭；软木及软木制品；稻草、秸秆、针茅或其他编结材料制品；篮筐及柳条编结品
44 章	木及木制品；木炭
45 章	软木及软木制品
46 章	稻草、秸秆、针茅或其他编结材料制品；篮筐及柳条编结品
第十类	木浆及其他纤维状纤维素浆；纸及纸板的废碎品；纸、纸板及其制品
47 章	木浆等纤维状纤维素浆；纸及纸板的废碎品
48 章	纸及纸板；纸浆、纸或纸板制品
49 章	书籍、报纸、印刷图画及其他印刷品；手稿、打字稿及设计图纸
第十一类	纺织原料及纺织制品
50 章	蚕丝
51 章	羊毛、动物细毛或粗毛；马毛纱线及其机织物
52 章	棉花
53 章	其他植物纤维；纸纱线及其机织物
54 章	化学纤维长丝
55 章	化学纤维短纤
56 章	絮胎、毡呢及无纺织物；特种纱线；线、绳、索、缆及其制品
57 章	地毯及纺织材料的其他铺地制品
58 章	特种机织物；簇绒织物；花边；装饰毯；装饰带；刺绣品
59 章	浸渍、涂布、包覆或层压的纺织物；工业用纺织制品
60 章	针织物及钩编织物
61 章	针织或钩编的服装及衣着附件
62 章	非针织或非钩编的服装及衣着附件
63 章	其他纺织制品；成套物品；旧衣着及旧纺织品；碎织物
第十二类	鞋、帽、伞、杖、鞭及其零件；已加工的羽毛及其制品；人造花；人发制品
64 章	鞋靴、护腿和类似品及其零件
65 章	帽类及其零件
66 章	雨伞、阳伞、手杖、鞭子、马鞭及其零件
67 章	已加工羽毛、羽绒及其制品；人造花；人发制品
第十三类	石料、石膏、水泥、石棉、云母及类似材料的制品；陶瓷产品；玻璃及制品
68 章	石料、石膏、水泥、石棉、云母及类似材料的制品
69 章	陶瓷产品
70 章	玻璃及其制品

类章	商品名称
第十四类	天然或养殖珍珠、宝石或半宝石、贵金属、包贵金属及其制品；仿首饰；硬币
71 章	天然或养殖珍珠、宝石或半宝石、贵金属、包贵金属及其制品；仿首饰；硬币
第十五类	贱金属及其制品
72 章	钢铁
73 章	钢铁制品
74 章	铜及其制品
75 章	镍及其制品
76 章	铝及其制品
78 章	铅及其制品
79 章	锌及其制品
80 章	锡及其制品
81 章	其他贱金属、金属陶瓷及其制品
82 章	贱金属工具、器具、利口器、餐匙、餐叉及其零件
83 章	贱金属杂项制品
第十六类	机器、机械器具、电气设备及其零件；录音机及放声机、电视图像、声音的录制和重放设备及其零件、附件
84 章	核反应堆、锅炉、机械器具及零件
85 章	电机、电气设备及其零件；录音机及放声机、电视图像、声音的录制和重放设备及其零件、附件
第十七类	车辆、航空器、船舶及运输设备
86 章	铁道及电车道机车、车辆及其零件；铁道及电车道轨道固定装置及其零件、附件；各种机械（包括电动机械）交通信号设备
87 章	车辆及其零件、附件，但铁道及电车道车辆除外
88 章	航空器、航天器及其零件
89 章	船舶及浮动结构体
第十八类	光学、照相、电影、计量、检验、医疗或外科用仪器及设备、精密仪器及设备；钟表；乐器；上述物品的零件、附件
90 章	光学、照相、电影、计量、检验、医疗或外科用仪器及设备、精密仪器及设备；上述物品的零件、附件
91 章	钟表及其零件
92 章	乐器及其零件、附件
第十九类	武器、弹类药及其零件、附件
93 章	武器、弹药及其零件、附件
第二十类	杂项制品
94 章	家具；寝具、褥垫、弹簧床垫、软坐垫及类似的填充制品；未列名灯具及照明装置；发光标志、发光名牌及类似品；活动房屋
95 章	玩具、游戏品、运动用品及其零件、附件
96 章	杂项制品
第二十一类	艺术品、收藏品及古物
97 章	艺术品、收藏品及古物
第二十二类	特殊交易品及未分类商品
98 章	特殊交易品及未分类商品

国家市场监督管理总局

（一）报 表 目 录

表号	表名	报告期别	填报范围	报送时间及方式	负责单位	备注
综合年报						
SJ301表	分地区广告业基本情况	年报		6月30日前，通过“国家统计局部门综合数据管理系统”报送数据。	社科文司	《文化及相关产业综合统计制度》
SJ303表	产品质量监督抽查情况	年报	国家监督抽查结果和省级监督抽查结果。	6月20日前，通过“国家统计局部门综合数据管理系统”报送数据。		《科技综合统计报表制度》
SJ304表	分地区产品质量情况	年报	产品质量情况统计范围为全国千户重点企业和全国重点工业城市企业			
SJ305表	国家和地方标准、计量基本情况	年报	标准指标的统计范围是本年度批准发布的国家标准（不包括食品安全、职业卫生、兽药、农业转基因生物安全评价国家标准）；计量指标的统计范围是全国质量技术监督机构			
SJ306表	分地区食品药品安全情况	年报		6月30日前，通过“国家统计局部门综合数据管理系统”报送数据。		
SJ307表	全国受理食品药品投诉和查处案件情况	年报				
SJ308表	外商投资企业登记基本情况（按企业类别、行业分）	年报		6月30日前，电子邮件mjswjc@gj.stats.cn	贸易外经司联系电话：68782557	
SJ309表	外商投资企业登记基本情况（按国别（地区）、省区市分）	年报				
SJ310表	分地区分行业私营企业就业人员	年报		3月30日前，电子邮件wushan@gj.stats.cn	人口司	
SJ311表	分地区分行业城镇私营企业就业人员	年报				
SJ312表	分地区分行业个体就业人员	年报				
SJ313表	分地区分行业城镇个体就业人员	年报				
SJ314表	分地区私营企业和个体户数	年报				

<table>
<tr><th>表号</th><th>表名</th><th>报告期别</th><th>填报范围</th><th>报送时间及方式</th><th>负责单位</th><th>备注</th></tr>
<tr><td colspan="7">综合年报</td></tr>
<tr><td>SJ701 表</td><td>应对气候变化相关情况</td><td>年报</td><td></td><td>7 月 31 日前；邮寄或电子邮件
nyshjc@stats.gov.cn</td><td>能源司</td><td>《应对气候变化部门统计报表制度》</td></tr>
<tr><td rowspan="2">701 表</td><td rowspan="2">部门服务业企业财务状况</td><td rowspan="2">年报</td><td>广告业中执行企业会计制度的单位制度的单位</td><td rowspan="5">6 月 30 日前，电子邮件或内部交换
dczxjtc@stats.gov.cn</td><td rowspan="5">服务业司</td><td rowspan="5">《部门服务业财务统计报表制度》（试行）</td></tr>
<tr><td>质检技术服务业中执行企业会计制度的单位</td></tr>
<tr><td>702-1 表</td><td>部门服务业行政单位财务状况</td><td>年报</td><td>质检技术服务业中执行行政单位会计制度的单位</td></tr>
<tr><td rowspan="2">702-2 表</td><td rowspan="2">部门服务业事业单位财务状况</td><td rowspan="2">年报</td><td>广告业中执行事业单位会计</td></tr>
<tr><td>质检技术服务业中执行事业单位会计制度的单位</td></tr>
<tr><td colspan="7">综合定报</td></tr>
<tr><td>SJ401 表</td><td>新登记注册市场主体基本情况</td><td>季报</td><td></td><td>季后 15 日前，通过“国家统计局部门综合数据管理系统”报送数据。</td><td>社科文司</td><td></td></tr>
</table>

（二）调 查 表 式

综 合 年 报

分地区广告业基本情况

表　　号：S J 3 0 1 表
制定机关：国 家 统 计 局
文　　号：国统字〔2019〕3 号
综合机关名称：国家市场监督管理总局　　　　2 0 　年　　　　有效期至：2 0 1 9 年 9 月

地　区	代码	广告经营单位（个）	广告从业人员（人）	广告经营额（万元）
甲	乙	1	2	3
全国	**01**			
北京	02			
天津	03			
…	…			
新疆	32			

单位负责人：　　　　填表人：　　　　报出日期：2 0 　年　月　日

说明：1. 报送时间：6 月 30 日前。
　　2. 审核关系：01=02+03+…+32。

产品质量监督抽查情况

表　　号：S J 3 0 3 表
制定机关：国 家 统 计 局
文　　号：国统字〔2019〕3 号
有效期至：2 0 1 9 年 9 月

综合机关名称：国家市场监督管理总局　　　　2 0 　年

项　　目	代码	抽查产品（种）	抽查企业（家）	抽查产品（批）	不合格产品（批）
甲	乙	1	2	3	4
一、产品质量国家监督抽查合计					
食品相关产品					
日用及纺织品					
轻工产品					
机械及安防产品					
电子电器					
电工及材料					
建筑与装饰装修材料					
农业生产资料					
二、产品质量省级监督抽查合计					
按地区分组					

单位负责人：　　　　填表人：　　　　报出日期：2 0 　年　月　日

说明：1. 统计范围：国家监督抽查结果和省级监督抽查结果。
　　2. 报送时间：6 月 20 日前。

分地区产品质量情况

表　　号：S J 3 0 4 表
制定机关：国 家 统 计 局
文　　号：国统字〔2019〕3 号
有效期至：2 0 1 9 年 9 月

综合机关名称：国家市场监督管理总局　　　　2 0 　年

地　　区	代码	采用国际标准和国外先进标准产品产值率（%）	质量损失率（%）	产品质量合格率（%）
甲	乙	1	2	3
全国	01			
北京	02			
天津	03			
…	…			
新疆	32			

单位负责人：　　　　填表人：　　　　报出日期：2 0 　年　月　日

说明：1. 统计范围：产品质量情况统计范围为全国千户重点企业和全国重点工业城市企业。
　　2. 报送时间：6 月 20 日前。

国家和地方标准、计量基本情况

表　　号：S J 3 0 5 表
制定机关：国 家 统 计 局
文　　号：国统字〔2019〕3号
有效期至：2 0 1 9 年 9 月

综合机关名称：国家市场监督管理总局　　　　2 0 　年

指标名称	计量单位	代码	本年
甲	乙	丙	1
一、国家情况			
本年度制、修订 标准合计	个	01	
制定	个	02	
修订	个	03	
国标标准采用程度合计	个	04	
等同	个	05	
修改	个	06	
非等效	个	07	
计量基准和社会公用计量标准建立情况			
项别	项	08	
计量仪器检定按类别分			
长度	台、件	09	
温度	台、件	10	
力学	台、件	11	
电磁	台、件	12	
光学	台、件	13	
声学	台、件	14	
化学	台、件	15	
电离辐射	台、件	16	
无线电	台、件	17	
时间频率	台、件	18	
其他	台、件	19	
二、地方情况			
本年末标准累计	个	20	
本年度制、修订标准合计	个	21	
制定	个	22	
修订	个	23	

单位负责人：　　　　填表人：　　　　报出日期：2 0 　年 　月 　日

说明：1. 统计范围：标准指标的统计范围是本年度批准发布的国家标准（不包括食品安全、职业卫生、兽药、农业转基因生物安全评价国家标准）；计量指标的统计范围是全国质量技术监督机构。
2. 报送时间：6月20日前。

分地区食品药品安全情况

表　　号：S J 3 0 6 表
制定机关：国 家 统 计 局
文　　号：国统字〔2019〕3 号
有效期至：2 0 1 9 年 9 月

综合机关名称：国家市场监督管理总局、国家药品监督管理局　　2 0　　年

地　区	代码	食品药品监测检验机构县（市、区）覆盖率（%）	食品药品监测检验机构地（市、区）覆盖率（%）	县级食品药品监管机构数（个）	县级食品药品检验检测机构数（个）	食品药品监管人员数（人）	累计在册执业药师数（人）	药品不良反应报告数（份）	医疗器械不良事件报告数（份）
甲	乙	1	2	3	4	5	6	7	8
全国	**01**								
国家级	02								
北京	03								
天津	04								
…	…								
新疆	33								
兵团	34								
解放军	35								

单位负责人：　　　　填表人：　　　　报出日期：2 0　　年　　月　　日

说明：1. 报送时间：6 月 30 日前。
　　2. 审核关系：01=02+03+…35（1、2 列除外）。

全国受理食品药品投诉和查处案件情况

表　　号：S J 3 0 7 表
制定机关：国 家 统 计 局
文　　号：国统字〔2019〕3 号
有效期至：2 0 1 9 年 9 月
计量单位：　件

综合机关名称：国家市场监督管理总局、国家药品监督管理局　　2 0　　年

项　目	代码	本年	上年同期	备注
甲	乙	1	2	3
受理药品投诉	01			
受理医疗器械投诉	02			
受理化妆品投诉	03			
受理食品（含保健食品）投诉	04			
查处药品案件	05			
查处医疗器械案件	06			
查处化妆品案件	07			
查处食品（含保健食品）案件	08			

单位负责人：　　　　填表人：　　　　报出日期：2 0　　年　　月　　日

说明：报送时间：6 月 30 日前。

外商投资企业登记基本情况
（按企业类别、行业分）

表　　号：S J 3 0 8 表
制定机关：国　家　统　计　局
文　　号：国统字〔2019〕3 号
有效期至：2 0 1 9 年 1 2 月

综合机关名称：国家市场监督管理总局　　　　2 0　　年　　　　计量单位：　　万美元

指标名称	年末实有				本年登记				本年注销企业数（个）	累计注销企业数（个）
	企业数（个）	投资总额	注册资本（认缴出资金额）	外方	企业数（个）	投资总额	注册资本（认缴出资金额）	外方		
甲	1	2	3	4	5	6	7	8	9	10
总　计										
一、按企业类别分										
二、按行业大类分										

单位负责人：　　　　填表人：　　　　报出日期：2 0　　年　　月　　日

说明：1. 报送时间：6 月 30 日前。
　　2. 企业类别分组按《外商投资企业登记类别》填报；行业分组按《国民经济行业分类》（GB/T 4754-2017）行业大类填报。

外商投资企业登记基本情况
（按国别（地区）、省（区、市）分）

表　　号：S J 3 0 9 表
制定机关：国　家　统　计　局
文　　号：国统字〔2019〕3 号
有效期至：2 0 1 9 年 1 2 月

综合机关名称：国家市场监督管理总局　　　　2 0　　年　　　　计量单位：　　万美元

指标名称	年末实有				本年登记				本年注销企业数（个）	累计注销企业数（个）
	企业数（个）	投资总额	注册资本（认缴出资金额）	外方	企业数（个）	投资总额	注册资本（认缴出资金额）	外方		
甲	1	2	3	4	5	6	7	8	9	10
一、按国别（地区）分										
二、按省（区、市）分										

单位负责人：　　　　填表人：　　　　报出日期：2 0　　年　　月　　日

说明：1. 报送时间：6 月 30 日前。
　　2. 国别分组按《国别（地区）统计代码表》填列。

分地区分行业私营企业就业人员

表　　号：S J 3 1 0 表
制定机关：国　家　统　计　局
文　　号：国统字〔2019〕3 号
有效期至：2 0 1 9 年 1 2 月

综合机关名称：国家市场监督管理总局　　　　2 0　　年　　　　单　　位：　　人

地　区	代码	合计	农林牧渔业	采矿业	制造业	电力、热力、燃气及水生产和供应业	建筑业	批发和零售业	交通运输、仓储和邮政业	住宿和餐饮业
甲	乙	1	2	3	4	5	6	7	8	9
全国	**01**									
北京	02									
天津	03									
…	…									
新疆	32									

续表

信息传输、软件和信息技术服务业	金融业	房地产业	租赁和商务服务业	科学研究和技术服务业	水利、环境和公共设施管理业	居民服务、修理和其他服务业	教育	卫生和社会工作	文化、体育和娱乐业	公共管理、社会保障和社会组织
10	11	12	13	14	15	16	17	18	19	20

单位负责人：　　　　　　　　填表人：　　　　　　　　报出日期：2 0　　年　　月　　日

说明：　1. 报送时间：3 月 30 日前。
　　　　2. 审核关系：1=2+3+…+20；01=02+03+…32。

分地区分行业城镇私营企业就业人员

表　　号：S J 3 1 1 表
制定机关：国 家 统 计 局
文　　号：国统字〔2019〕3 号
有效期至：2 0 1 9 年 1 2 月

综合机关名称：国家市场监督管理总局　　　　2 0　　年　　　　单　　位：　　　人

地　区	代码	合计	农林牧渔业	采矿业	制造业	电力、热力、燃气及水生产和供应业	建筑业	批发和零售业	交通运输、仓储和邮政业	住宿和餐饮业
甲	乙	1	2	3	4	5	6	7	8	9
全国	**01**									
北京	02									
天津	03									
…	…									
新疆	32									

续表

信息传输、软件和信息技术服务业	金融业	房地产业	租赁和商务服务业	科学研究和技术服务业	水利、环境和公共设施管理业	居民服务、修理和其他服务业	教育	卫生和社会工作	文化、体育和娱乐业	公共管理、社会保障和社会组织
10	11	12	13	14	15	16	17	18	19	20

单位负责人：　　　　　　填表人：　　　　　　报出日期：2 0　　年　　月　　日

说明：1. 报送时间：3 月 30 日前。
2. 审核关系：1=2+3+…+20；01=02+03+…32。

分地区分行业个体就业人员

表　　号：ＳＪ３１２表
制定机关：国　家　统　计　局
文　　号：国统字〔2019〕3号
有效期至：２０１９年１２月

综合机关名称：国家市场监督管理总局　　　　２０　　年　　　　单　　位：　　　人

地　区	代码	合计	农林牧渔业	采矿业	制造业	电力、热力、燃气及水生产和供应业	建筑业	批发和零售业	交通运输、仓储和邮政业	住宿和餐饮业
甲	乙	1	2	3	4	5	6	7	8	9
全国	**01**									
北京	02									
天津	03									
…	…									
新疆	32									

续表

信息传输、软件和信息技术服务业	金融业	房地产业	租赁和商务服务业	科学研究和技术服务业	水利、环境和公共设施管理业	居民服务、修理和其他服务业	教育	卫生和社会工作	文化、体育和娱乐业	公共管理、社会保障和社会组织
10	11	12	13	14	15	16	17	18	19	20

单位负责人：　　　　填表人：　　　　报出日期：２０　　年　　月　　日

说明：1. 报送时间：3月30日前。
　　　2. 审核关系：1=2+3+…+20；01=02+03+…32。

分地区分行业城镇个体就业人员

表　　号：S J 3 1 3 表
制定机关：国 家 统 计 局
文　　号：国统字〔2019〕3 号
有效期至：2 0 1 9 年 1 2 月

综合机关名称：国家市场监督管理总局　　　　2 0　　年　　　　单　　位：　　　人

地　区	代码	合计	农林牧渔业	采矿业	制造业	电力、热力、燃气及水生产和供应业	建筑业	批发和零售业	交通运输、仓储和邮政业	住宿和餐饮业
甲	乙	1	2	3	4	5	6	7	8	9
全国	**01**									
北京	02									
天津	03									
…	…									
新疆	32									

续表

信息传输、软件和信息技术服务业	金融业	房地产业	租赁和商务服务业	科学研究和技术服务业	水利、环境和公共设施管理业	居民服务、修理和其他服务业	教育	卫生和社会工作	文化、体育和娱乐业	公共管理、社会保障和社会组织
10	11	12	13	14	15	16	17	18	19	20

单位负责人：　　　　　　填表人：　　　　　　报出日期：2 0　　年　　月　　日

说明：1. 报送时间：3 月 30 日前。
　　　2. 审核关系：1=2+3+…+20；01=02+03+…32。

分地区私营企业和个体户数

表　　号：ＳＪ３１４表
制定机关：国　家　统　计　局
文　　号：国统字〔2019〕3 号
有效期至：２０１９年６月
综合机关名称：国家市场监督管理总局　　　　２０　　年　　　　计量单位：　　　户

地　　区	代码	私营企业户数			个体户数		
		合计	城镇	乡村	合计	城镇	乡村
甲	乙	1	2	3	4	5	6
全国	**01**						
北京	02						
天津	03						
…	…						
新疆	32						

单位负责人：　　　　填表人：　　　　报出日期：２０　　年　　月　　日

说明：1. 报送时间：3 月 30 日前。
　　　2. 审核关系：1=2+3；4=5+6；01=02+03+…32。

应对气候变化相关情况

表　　号：ＳＪ７０１表
制定机关：国　家　统　计　局
文　　号：国统字〔2019〕3 号
综合机关名称：国家市场监督管理总局　　　　２０　　年　　　　有效期至：２０１９年９月

指标名称	计量单位	代码	本年
甲	乙	丙	1
碳排放标准数量	个	01	
低碳产品认证数量	个	02	

单位负责人：　　　　填表人：　　　　报出日期：２０　　年　　月　　日

说明：报送时间：7 月 31 日前。

部门服务业企业财务状况

（表式及指标解释见通用表）

部门服务业行政单位财务状况

（表式及指标解释见通用表）

部门服务业事业单位财务状况

（表式及指标解释见通用表）

综 合 定 报

新登记注册市场主体基本情况

表　　号：S J 4 0 1 表
制定机关：国 家 统 计 局
文　　号：国统字〔2019〕3 号
有效期至：2 0 2 0 年 4 月
计量单位：万　户

综合机关名称：国家市场监督管理总局　　　　2 0　　年

行　业	代码	全国新登记注册市场主体（万户）	企业	内资企业	其中：私营企业	外商投资企业	个体工商户
甲	乙	1	2	3	4	5	6
总　计	01						
其中：教育	02						
卫生和社会工作	03						
文化、体育和娱乐业	04						

说明：1. 报送时间：季后 15 日前。
　　2. 审核关系：1>=2+6；2=3+5；3>=4；01>=02+03+04。

（三）附　　录

外商投资企业登记类别

代码	登记类别	代码	登记类别
A	有限责任公司	B	股份有限公司
A11	中外合资	B11	中外合资，未上市
A12	中外合作	B12	中外合资，上市
A13	外商合资	B13	外商合资，未上市
A14	外国法人独资	B14	外商合资，上市
A15	外国非法人经济组织独资	B21	台港澳与外国投资者合资，未上市
A16	外国自然人独资	B22	台港澳与外国投资者合资，上市
A21	台港澳与外国投资者合资	B23	台港澳与境内合资，未上市
A22	台港澳与境内合资	B24	台港澳与境内合资，上市
A23	台港澳与境内合作	B25	台港澳合资，未上市
A24	台港澳合资	B26	台港澳合资，上市
A25	台港澳法人独资	D	其他企业
A26	台港澳非法人经济组织独资		
A27	台港澳自然人独资		

（四）主要指标解释

内资企业　指由中国境内自然人、法人或其他组织投资设立的各类企业的总称。包括公司、非公司法人企业、合伙企业、个人独资企业和其他经营单位。

私营企业　指按照《公司法》《个人独资企业法》《合伙企业法》和《私营企业暂行条例》登记注册的私营有限责任公司、私营股份有限公司、私营合伙企业和私营独资企业。

外商投资企业　指外国投资者依照中华人民共和国法律的规定，在中国境内单独投资或与中国投资者共同投资设立的企业。主要包括外资企业、中外合资经营企业、中外合作经营企业、外商投资股份有限公司、外商投资合伙企业。

个体工商户　指依照《个体工商户条例》规定，经工商和市场监管部门登记，从事工商业经营的有经营能力的公民。

国家监督抽查　指国家市场监督管理总局为监督产品质量，依法组织对在中华人民共和国境内生产、销售的产品进行有计划的随机抽样、检验，并对抽查结果公布和处理的活动。

地方监督抽查　指地方质量技术监督部门为监督产品质量，依法组织对在本辖区内生产、销售的产品进行有计划的随机抽样、检验，并对抽查结果公布和处理的活动。

食品相关产品　指与食品直接接触的包装、容器和工具等物器，以及食品加工机械和洗涤消毒剂等产品。

日用及纺织品　指普通人日常使用的物品以及经过加工织造而成的产品的总称。

轻工产品　指提供生活消费或者手工制作的轻工产品的总称。

机械及安防产品　指用于机器与机构的机械产品的总称以及用于安全防范的产品的总称。

电子电器　指集电子信息、智能技术或者电气技术的电子电器产品的总称。

电工及材料　指用于电力工程或者电气工程等的电工产品以及相关材料和辅助材料的总称。

建筑装饰装修材料　指用于建筑工程和室内装饰装修的建筑材料和装饰装修的材料。

农业生产资料　指农户或农业企业从事农林牧渔生产所必需的物资资料的总称。

采用国际标准和国外先进标准产品产值率　工业企业采用国际标准、国外先进标准组织生产产品的产值（现行价，下同）与同期工业总产值（现行价，下同）之比。

质量损失率　质量损失率是指产品质量成本的内部损失成本与外部损失成本之和与工业总产值之比。

产品质量合格率　按照规定的方法、程序和标准实施质量抽样检测，判定为质量合格的样品数占全部抽样样品数的百分比。

出入境货物检验检疫　是指经出入境检验检疫机构进行检验检疫的出入境货物。

批次　指按一份报检申请单为一批计算的出入境货物批量。

不合格批次　指按一份报检申请单为一批计算的不合格出入境货物批量。

货值　指出入境货物的价值，计量单位为美元。

不合格货值　指出入境货物不合格部分的价值，计量单位为美元。

国家标准　指需要在全国范围内统一的技术要求，由国务院标准化行政主管部门编制计划，组织草拟，统一审批、编号、发布的标准。强制性标准　指保障人体健康，人身、财产安全的标准和法律、行政法规规定强制执行的标准。

推荐性标准 指强制性以外的标准。

国标标准采用程度—等同 指与国际标准在技术内容和文本结构上相同，或者与国际标准在技术内容上相同，只存在少量编辑性修改。

国标标准采用程度—修改 指与国际标准之间存在技术性差异，并清楚地标明这些差异以及解释其产生的原因，允许包含编辑性修改。

国标标准采用程度—非等效 指与相应国际标准在技术内容和文本结构上不同，他们之间的差异没有被清楚的标明。

地方标准 指没有国家标准、行业标准而又需要在省、自治区、直辖市范围内统一的工业产品的安全、卫生要求，由省、自治区、直辖市人民政府标准化行政主管部门统一审批、编号、发布的并报国务院标准化行政主管部门备案的标准。

计量基准 经国家质检总局批准，在中国境内为了定义、实现、保存、复现量的单位或者一个或多个量值，用作有关量的测量标准定值依据的实物量具、测量仪器、标准物质或者测量系统。

社会公用计量标准 指县级以上人民政府计量行政部门组建的，作为统一本地区量值的依据，并对社会实施计量监督具有公正作用的各项计量标准。

计量仪器检定类别 我国按专业把计量划分为长度、温度、力学、电磁、光学、声学、化学、放射性、无线电、时间频率等 10 大类，计量仪器检定时也按上述专业分类实施。

碳排放标准数量 指在报告期内，由有关部门发布的、针对某一行业中主要产品二氧化碳排放要求的标准总数。

低碳产品认证数量 指报告期内经过低碳产品认证的证书数、企业数。

食品药品检验检测机构县（市、区）覆盖率 指食品药品监管系统内已设立县级食品药品检验检测机构的县（市、区）占全部县（市、区）的比例，由统计资料计算获得。

县级食品药品监管机构 指已设立的县级食品药品监管行政机构数，由统计资料计算获得。

县级食品药品检验检测机构数 指食品药品监管系统内已设立的县级食品药品检验检测机构数，由统计资料计算获得。

食品药品监管行政机构人员数 指报告期末实有的食品药品监督管理行政机关中经国家有关部门分配、安排或招收录用的人员，不含各类工勤人员。

食品药品监管事业单位人员数 指报告期末实有的食品药品监督管理事业单位中经国家有关部门任用、聘用的人员数，按照谁管理的人员谁负责统计的原则，一般情况下工资由哪个单位发放，就由哪个单位负责统计。

累计在册执业药师数 指累计在注册有效期内 执业药师数，由统计资料计算获得。

药品不良反应报告数 指怀疑药品产生不良反应现象的病例报告数，由统计资料计算获得。

医疗器械不良事故报告数 指怀疑医疗器械产生不良事件的病例报告数，由统计资料计算获得。

投诉 指报表期内各级食品药品监管部门受理投诉举报数量。

查处案件 指报表期内食品药品监管部门结案的按一般程序立案查处的案件和按简易案件程序处理的案件。

国家广播电视总局

（一）报 表 目 录

表号	表名	报告期别	填报范围	报送时间及方式	负责单位	备注
GD301 表	各地区网络视听节目服务发展情况	年报	提供网络视听节目服务的法人。	6 月 30 日前网上报送。	服务业司	《互联网经济统计报表制度》
GD302 表	分地区广播电视节目覆盖情况	年报		6 月 30 日前，通过“国家统计局部门综合数据管理系统”报送数据。	社科文司	《文化及相关产业综合统计制度》
GD303 表	分地区广播节目播出情况	年报				
GD304 表	分地区广播节目制作情况	年报				
GD305 表	分地区电视节目播出情况	年报				
GD306 表	分地区电视节目制作及交易情况	年报				
GD307 表	分地区有线广播电视传输干线及实际用户情况	年报				
GD308 表	分地区广播电视对外宣传情况	年报				
GD309 表	全国电视节目进口情况	年报				
GD310 表	分地区电视节目进口情况	年报				
GD311 表	分地区广播电视就业人员情况	年报				
GD312 表	分地区广播电视实际创收收入及资产情况	年报				
GD313 表	分地区广播电视行政事业单位财务收支情况	年报				
GD314 表	分地区广播电视行政事业单位实际创收情况	年报				
GD315 表	分地区广播电视行政事业单位资产负债情况	年报				
GD316 表	分地区广播电视企业单位资产负债情况	年报				
GD317 表	分地区广播电视企业单位经营情况	年报				
GD318 表	分地区广播电视企业单位创收情况	年报				
701 表	部门服务业企业财务状况	年报	广播电视传输服务业中执行企业会计制度的单位 广播、电视、电影和录音制作业中执行企业会计制度的单位	6 月 30 日前，电子邮件或光盘内部交换	服务业司	《部门服务业财务统计报表制度(试行)》

表号	表名	报告期别	填报范围	报送时间及方式	负责单位	备注
702-1 表	部门服务业行政单位财务状况	年报	广播电视传输服务业中执行行政单位会计制度的单位			
			广播、电视、电影和录音制作业中执行行政单位会计制度的单位			
702-2 表	部门服务业事业单位财务状况	年报	广播电视传输服务业中执行事业单位会计制度的单位			
			广播、电视、电影和录音制作业中执行事业单位会计制度的单位			

各地区网络视听节目服务发展情况

表　　号：G D 3 0 1 表
制定机关：国　家　统　计　局
文　　号：国统字〔2019〕3 号
综合机关名称：国家广播电视总局　　　　2 0　　年　　　　有效期至：2 0 1 9 年 6 月

地区	代码	服务收入情况		
		网络视听节目服务收入（万元）		
			网络视听用户付费收入	网络视听节目版权收入
甲	乙	1	2	3
全　国	01			
北　京	02			
天　津	03			
…	…			
新　疆	32			

续表一

用户发展情况		年度新增节目情况			
注册用户数（万个）	付费用户数（万个）	网络剧（部/集）	网络电影（部）	电　影（部）	电视剧（部/集）
4	5	6	7	8	9

续表二

节目存量与用户访问情况				
自制专业栏目存量（个/分钟）	用户生产节目（UGC）存量（个）	年度独立访客数（UV）（人）	年度节目播放次数（VV）（次）	年度观看时长（万分钟）
10	11	12	13	14

单位负责人：　　　　填表人：　　　　报出日期：　　年　　月　　日

报送时间及方式：6 月 30 日前。

分地区广播电视节目覆盖情况

表　　号：G D 3 0 2 表
制定机关：国　家　统　计　局
文　　号：国统字〔2019〕3 号
有效期至：2 0 1 9 年 9 月

综合机关名称：国家广播电视总局　　　　2 0　　年

地　　区	代码	广播节目综合人口覆盖率（%）	#农村	电视节目综合人口覆盖率（%）	#农村
甲	乙	1	2	3	4
全国	**01**				
北京	02				
天津	03				
…	…				
新疆	32				

单位负责人：　　　　填表人：　　　　报出日期：2 0　　年　　月　　日

说明：1. 报送时间：6 月 30 日前。
2. 审核关系：01=02+03+…+32。

分地区广播节目播出情况

表　　号：G D 3 0 3 表
制定机关：国 家 统 计 局
文　　号：国统字〔2019〕3 号
有效期至：2 0 1 9 年 9 月

综合机关名称：国家广播电视总局　　2 0　　年

地　　区	代码	公共广播节目套数（套）	公共广播节目播出时间（小时）	#转中央台节目	#播出自制节目	#购买交换节目
甲	乙	1	2	3	4	5
全国	**01**					
总局直属	02					
北京	03					
天津	04					
…	…					
新疆	33					

续表

按节目类型分						少儿广播节目播出时　间（时：分）
新闻资讯类	专题服务类	综艺益智类	广播剧类	广告类	其他类	
6	7	8	9	10	11	12

单位负责人：　　填表人：　　报出日期：2 0　　年　　月　　日

说明：1. 报送时间：6 月 30 日前。
　　2. 审核关系：2≥3；2≥4；2≥5；2=6+7+8+9+10+11；01=02+03+04+…+33。

分地区广播节目制作情况

表　　号：G D 3 0 4 表
制定机关：国 家 统 计 局
文　　号：国统字〔2019〕3 号
有效期至：2 0 1 9 年 9 月
计量单位：　小　时

综合机关名称：国家广播电视总局　　2 0　　年

地　　区	代码	制作广播节目时间	新闻资讯类	专题服务类	综艺益智类	广播剧类	广告类	其他类
甲	乙	1	2	3	4	5	6	7
全国	**01**							
总局直属	02							
北京	03							
天津	04							
…	…							
新疆	33							

单位负责人：　　填表人：　　报出日期：2 0　　年　　月　　日

说明：1. 报送时间：6 月 30 日前。
　　2. 审核关系：1=2+3+4+5+6+7；01=02+03+04+…+33。

分地区电视节目播出情况

表　　号：G D 3 0 5 表
制定机关：国　家　统　计　局
文　　号：国统字〔2019〕3 号
有效期至：2 0 1 9 年 9 月

综合机关名称：国家广播电视总局　　　　2 0　　年

地　区	代码	公共电视节目套数（套）	公共电视节目播出时间（小时）	#转中央台节目	#自制节目	#购买、交换节目	按节目类型分：新闻资讯类	专题服务类	综艺益智类	影视剧类	广告类	其他类
甲	乙	1	2	3	4	5	6	7	8	9	10	11
全国	**01**											
总局直属	02											
北京	03											
天津	04											
…	…											
新疆	33											

续表

电视剧播出数（部）	#进口	电视剧播出数（集）	#进口	电视动画播出时间（时：分）	#进口	少儿电视节目播出时间（时：分）
12	13	14	15	16	17	18

单位负责人：　　　　填表人：　　　　报出日期：2 0　　年　　月　　日

说明：1. 报送时间：6 月 30 日前。
2. 审核关系：2≥3；2≥4；2≥5；2=6+7+8+9+10+11；12≥13；14≥15；16≥17；01=02+03+…+33。

分地区电视节目制作及交易情况

表　　号：G D 3 0 6 表
制定机关：国 家 统 计 局
文　　号：国统字〔2019〕3 号
综合机关名称：国家广播电视总局　　　　20　　年　　　　有效期至：2 0 1 9 年 9 月

地　　区	代码	制作电视节目时间（小时）	新闻资讯类	专题服务类	综艺益智类	影视剧类	广告类	其他类
甲	乙	1	2	3	4	5	6	7
全国	**01**							
总局直属	02							
北京	03							
天津	04							
…	…							
新疆	33							

续表

电视节目制作投资额（万元）	#电视剧	#电视动画	电视节目销售额（万元）	#电视剧	#电视动画
8	9	10	11	12	13

单位负责人：　　　　填表人：　　　　报出日期：2 0　　年　　月　　日

说明：1. 报送时间：6 月 30 日前。
　　　2. 审核关系：1=2+3+4+5+6+7；8≥9+10；11≥12+13；01=02+03+…+33。

分地区有线广播电视传输干线及实际用户情况

表　　号：G D 3 0 7 表
制定机关：国 家 统 计 局
文　　号：国统字〔2019〕3 号
综合机关名称：国家广播电视总局　　　　20　　年　　　　有效期至：2 0 1 9 年 9 月

地　　区	代码	有线广播电视传输干线网络总长（万公里）	有线广播电视实际用户数（万户）	#农村	#数字电视	#付费电视	有线广播电视实际用户数占家庭总户数的比重（%）	#农村
甲	乙	1	2	3	4	5	6	7
全国	**01**							
总局直属	02							
北京	03							
天津	04							
…	…							
新疆	33							

单位负责人：　　　　填表人：　　　　报出日期：2 0　　年　　月　　日

说明：1. 报送时间：6 月 30 日前。
　　　2. 审核关系：2≥3；2≥4；4≥5；01=02+03+…+33（第 6、7 列除外）

分地区广播电视对外宣传情况

表　　号：G D 3 0 8 表
制定机关：国　家　统　计　局
文　　号：国统字〔2019〕3 号
有效期至：2 0 1 9 年 9 月

综合机关名称：国家广播电视总局　　　　2 0　　年

地　区	代码	对外广播		对外电视	
		对外广播节目播出套数（套）	对外广播节目播出时间（小时）	对外电视节目播出套数（套）	对外电视节目播出时间（小时）
甲	乙	1	2	3	4
全国	**01**				
总局直属	02				
北京	03				
天津	04				
…	…				
新疆	33				

单位负责人：　　　　填表人：　　　　报出日期：2 0　　年　　月　　日

说明：1. 报送时间：6 月 30 日前。
　　2. 审核关系：01=02+03+…+33。

全国电视节目进口情况

表　　号：G D 3 0 9 表
制定机关：国　家　统　计　局
文　　号：国统字〔2019〕3 号
有效期至：2 0 1 9 年 9 月

综合机关名称：国家广播电视总局　　　　2 0　　年

指标名称	计量单位	代码	合计	欧洲	非洲	美洲	#美国	亚洲	#日本	#韩国	#东南亚	#中国香港	#中国台湾	大洋洲
甲	乙	丙	1	2	3	4	5	6	7	8	9	10	11	12
电视节目进口总额	万元	01												
#电视剧	万元	02												
电视动画	万元	03												
纪录片	万元	04												
电视节目进口量	小时	05												
#电视剧	部	06												
#电视剧	集	07												
电视动画	小时	08												
纪录片	小时	09												

单位负责人：　　　　填表人：　　　　报出日期：2 0　　年　　月　　日

说明：1. 报送时间：6 月 30 日前。
　　2. 审核关系：4≥5；6≥7+8+9+10+11；01≥02+03+04；10≥11+12+13。

分地区电视节目进口情况

表　　号：G D 3 1 0 表
制定机关：国 家 统 计 局
文　　号：国统字〔2019〕3 号
有效期至：2 0 1 9 年 9 月

综合机关名称：国家广播电视总局　　　　2 0　　年

地　　区	代码	电视节目进口总额（万元）	#电视剧	#电视动画	电视节目进口量（小时）	进口电视剧 部	进口电视剧 集
甲	乙	1	2	3	4	5	6
全国	**01**						
总局直属	02						
北京	03						
天津	04						
…	…						
新疆	33						

单位负责人：　　　　填表人：　　　　报出日期：2 0　　年　　月　　日

说明：1. 报送时间：6 月 30 日前。
　　2. 审核关系：1≥2+3;；7≥8+9；01=02+03+…+33。

分地区广播电视就业人员情况

表　　号：G D 3 1 1 表
制定机关：国 家 统 计 局
文　　号：国统字〔2019〕3 号
有效期至：2 0 1 9 年 9 月
计量单位：　　　人

综合机关名称：国家广播电视总局　　　　2 0　　年

地　区	代码	从业人员	#女	#长期职工	按岗位分					
					管理人员	专业人员	编辑、记者	#女	播音员、主持人	#女
甲	乙	1	2	3	4	5	6	7	8	9
全国	**01**									
总局直属	02									
北京	03									
天津	04									
…	…									
新疆	33									

续表

按岗位分				按职称分			
工程技术人员	艺术人员	经营人员	其他人员	正高	副高	中级	初级及以下
10	11	12	13	14	15	16	17

单位负责人：　　　　填表人：　　　　报出日期：2 0　　年　　月　　日

说明：1. 报送时间：6 月 30 日前。
　　2. 审核关系：1≥2；1≥3；1=4+5+13；5≥6+8+10+11+12；6≥7；8≥9；01=02+03+⋯+33。

分地区广播电视实际创收收入及资产情况

表　　号：GD312表
制定机关：国家统计局
文　　号：国统字〔2019〕3号
有效期至：2019年9月
计量单位：万元

综合机关名称：国家广播电视总局　　20　年

地　区	代码	实际创收收入	#广告收入				
				广播广告	电视广告	网络媒体广告收入	其他广告
甲	乙	1	2	3	4	5	6
全国	**01**						
总局直属	02						
北京	03						
天津	04						
…	…						
新疆	33						

续表

#有线电视网络收入					#新媒体业务收入	#广播电视节目销售收入	资产总额
	有线电视收视维护费收入	付费数字电视频道收入	三网融合业务收入	其他有限电视网络收入			
7	8	9	10	11	12	13	14

单位负责人：　　填表人：　　报出日期：20　年　月　日

说明：1. 报送时间：6月30日前。
　　2. 审核关系：1≥2+7+12+13；2=3+4+5+6；7=8+9+10+11；01=02+03+…+33。

分地区广播电视行政事业单位财务收支情况

表　　号：GD313表
制定机关：国家统计局
文　　号：国统字〔2019〕3号
有效期至：2019年9月
计量单位：万元

综合机关名称：国家广播电视总局　　20　年

地　区	代码	总收入					总支出	资产总额
			财政补助收入	事业收入	经营收入	其他收入		
甲	乙	1	2	3	4	5	6	7
全国	**01**							
总局直属	02							
北京	03							
天津	04							
…	…							
新疆	33							

单位负责人：　　填表人：　　报出日期：20　年　月　日

说明：1. 报送时间：6月30日前。
　　2. 审核关系：1=2+3+4+5；01=02+03+…+33。

分地区广播电视行政事业单位实际创收情况

表　　号：GD314表
制定机关：国家统计局
文　　号：国统字〔2019〕3号
有效期至：2019年9月
综合机关名称：国家广播电视总局　　20　年　　计量单位：万元

地　区	代码	实际创收收入	广告收入				
				广播广告收入	电视广告收入	网络媒体广告收入	其他广告收入
甲	乙	1	2	3	4	5	6
全国	**01**						
总局直属	02						
北京	03						
天津	04						
…	…						
新疆	33						

续表

有线电视网络收入					新媒体业务收入	广播电视节目销售收入	电视购物频道收入	其他创收收入
	有线电视收视维护费收入	付费数字电视频道收入	三网融合业务收入	其他有线电视网络收入				
7	8	9	10	11	12	13	14	15

单位负责人：　　填表人：　　报出日期：20　年　月　日

说明：1. 报送时间：6月30日前。
　　2. 审核关系：1=2+7+12+13+14+15；2=3+4+5+6；7=8+9+10+11；01=02+03+…+33。

分地区广播电视行政事业单位资产负债情况

表　　号：GD315表
制定机关：国家统计局
文　　号：国统字〔2019〕3号
有效期至：2019年9月
综合机关名称：国家广播电视总局　　20　年　　计量单位：万元

地　区	代码	资产总额		
			#固定资产原值	#专业设备
甲	乙	1	2	3
全国	**01**			
总局直属	02			
北京	03			
天津	04			
…	…			
新疆	33			

单位负责人：　　填表人：　　报出日期：20　年　月　日

说明：1. 报送时间：6月30日前。
　　2. 审核关系：1≥2≥3；01=02+03+…+33。

分地区广播电视企业单位资产负债情况

表　　号：G D 3 1 6 表
制定机关：国　家　统　计　局
文　　号：国统字〔2019〕3 号
有效期至：2 0 1 9 年 9 月
综合机关名称：国家广播电视总局　　　　2 0　　年　　　　计量单位：　万　元

地　区	代码	资产总额	#固定资产净值	负债总额	所有者权益
甲	乙	1	2	3	4
全国	**01**				
总局直属	02				
北京	03				
天津	04				
…	…				
新疆	33				

单位负责人：　　　　填表人：　　　　报出日期：2 0　　年　　月　　日

说明：1. 报送时间：6 月 30 日前。
　　2. 审核关系：1≥2；01=02+03+…+33。

分地区广播电视企业单位经营情况

表　　号：G D 3 1 7 表
制定机关：国　家　统　计　局
文　　号：国统字〔2019〕3 号
有效期至：2 0 1 9 年 9 月
综合机关名称：国家广播电视总局　　　　2 0　　年　　　　计量单位：　万　元

地　区	代码	总收入	#营业收入	本年应缴税金	资产总额	本年新增固定资产
甲	乙	1	2	3	4	5
全国	**01**					
总局直属	02					
北京	03					
天津	04					
…	…					
新疆	33					

单位负责人：　　　　填表人：　　　　报出日期：2 0　　年　　月　　日

说明：1. 报送时间：6 月 30 日前。
　　2. 审核关系：1≥2；01=02+03+…+33。

分地区广播电视企业单位创收情况

表　　号：G D 3 1 8 表
制定机关：国 家 统 计 局
文　　号：国统字〔2019〕3 号
有效期至：2 0 1 9 年 9 月
计量单位：　万　元

综合机关名称：国家广播电视总局　　　　2 0　　年

地　　区	代码	实际创收收入	广告收入				
				广播广告收入	电视广告收入	网络媒体广告收入	其他广告收入
甲	乙	1	2	3	4	5	6
全国	**01**						
总局直属	02						
北京	03						
天津	04						
…	…						
新疆	33						

续表

有线电视网络收入					新媒体业务收入	广播电视节目销售收入	电视购物频道收入	其他创收收入
	有线电视收视维护费收入	付费数字电视频道收入	三网融合业务收入	其他有线电视网络收　入				
7	8	9	10	11	12	13	14	15

单位负责人：　　　　填表人：　　　　报出日期：2 0　　年　　月　　日

说明：1. 报送时间：6 月 30 日前。
　　　2. 审核关系：1=2+7+12+13+14+15；2=3+4+5+6；7=8+9+10+11；01=02+03+…+33。

部门服务业企业财务状况

（表式及指标解释见通用表）

部门服务业行政单位财务状况

（表式及指标解释见通用表）

部门服务业事业单位财务状况

（表式及指标解释见通用表）

（三）主要指标解释

网络视听节目服务　指制作、编辑、集成并通过互联网向公众提供视音频节目，以及为他人提供上载传播视听节目服务的活动。

网络视听服务收入　指开展与互联网视听节目服务相关业务的各项收入之和，包括广告收入、版权收入、用户付费收入、与互联网视听节目相关的其他收入等。

网络视听用户付费收入　指通过向网络视听服务注册用户收取费用取得的收入。

网络视听节目版权收入　指从事版权销售等与版权有关的经济活动而获得的收入，包括自身知识产权的收入、购买他人版权后进行的网络视频版权分销收入等。

国家体育总局

（一）报 表 目 录

表号	表名	报告期别	填报范围	报送时间及方式	负责单位	备注
TY301 表	体育系统机构人员情况	年报		6 月 30 日前，通过"国家统计局部门综合数据管理系统"报送数据	社科文司	
TY302 表	运动员获世界冠军和分项创世界纪录情况	年报				
TY304 表	分地区分技术等级运动员发展情况	年报				
TY305 表	分项目分技术等级运动员发展情况	年报				
TY306 表	分地区分等级教练员发展情况	年报				
TY307 表	分地区优秀运动队人员情况	年报				
TY308 表	分地区在岗专职教练员	年报				
TY309 表	分地区分文化程度在岗专职教练员情况	年报				
TY310 表	分地区分文化程度优秀运动队运动员情况	年报				
TY311 表	分地区分技术等级优秀运动队运动员情况	年报				
TY312 表	分地区国民体质监测和社会体育指导员情况	年报				
TY313 表	分地区健身场地设施建设情况	年报				
TY314 表	创造世界纪录和获得世界冠军情况年快报	年报		第一次 1 月 15 日前，第二次 4 月 20 日前，通过"国家统计局部门综合数据管理系统"报送数据。		
701 表	部门服务业企业财务状况	年报	体育业中执行企业会计制度的单位	6 月 30 日前，电子邮件或内部交换 dczxjtc@stats.gov.cn	服务业司	《部门服务业财务统计报表制度》（试行）
702-1 表	部门服务业行政单位财务状况	年报	体育业中执行行政单位会计制度的单位			
702-2 表	部门服务业事业单位财务状况	年报	体育业中执行事业单位会计制度的单位			

（二）调 查 表 式

综 合 年 报

体育系统机构人员情况

表　　号：T Y 3 0 1 表
制定机关：国 家 统 计 局
文　　号：国统字〔2019〕3 号
有效期至：2 0 1 9 年 9 月
综合机关名称：国家体育总局　　　　2 0　　年　　　　计量单位：　　个、人

指标名称	代码	合计		国家级		省级		地级		县级	
		机构	人员	机构	人员	机构	人员	机构	人员	机构	人员
甲	乙	1	2	3	4	5	6	7	8	9	10
总　计	**01**										
体育行政机关	02										
运动项目管理部门	03										
本科院校	04										
职业、运动技术学院	05										
体育运动学校	06										
竞技体校	07										
少儿体育运动学校（业余体校）	08										
单项运动学校	09										
体育中学	10										
训练基地	11										
体育场馆	12										
体育科研机构	13										
其他事业单位	14										
其他	15										

单位负责人：　　　　填表人：　　　　报出日期：2 0　　年　　月　　日

说明：1. 报送时间：6 月 30 日前。
　　　2. 审核关系：1=3+5+7+9；2=4+6+8+10；01=02+03+…+15。

运动员获世界冠军和分项创世界纪录情况

表　　号：T Y 3 0 2 表
制定机关：国 家 统 计 局
文　　号：国统字〔2019〕3 号
综合机关名称：国家体育总局　　　　2 0　　年　　　　有效期至：2 0 1 9 年 9 月

项　　目	代码	项数（项）	人数（人）	个数（个）	次数（次）
甲	乙	1	2	3	4
获世界冠军	01				—
分项创世界纪录	—			—	
（按实际情况填报）				—	

单位负责人：　　　　填表人：　　　　报出日期：2 0　　年　　月　　日

说明：1. 报送时间：6 月 30 日前。
　　　2. 审核关系：01=分项之和。

分地区分技术等级运动员发展情况

表　　号：T Y 3 0 4 表
制定机关：国　家　统　计　局
文　　号：国统字〔2019〕3 号
有效期至：2 0 1 9 年 9 月

综合机关名称：国家体育总局　　　　2 0　　年　　　　计量单位：　　人

地　区	代码	合计	#女	国际级运动健将	#女	运动健将	#女	一　级运动员	#女	二　级运动员	#女
甲	乙	1	2	3	4	5	6	7	8	9	10
全国	**01**										
中央	02										
北京	03										
天津	04										
…	…										
新疆	33										

单位负责人：　　　　填表人：　　　　报出日期：2 0　　年　　月　　日

说明：1. 报送时间：6 月 30 日前。
　　2. 审核关系：1>2；3>4；5>6；7>8；9>10；1=3+5+7+9；2=4+6+8+10；01=02+03+…+33。

分项目分技术等级运动员发展情况

表　　号：T Y 3 0 5 表
制定机关：国 家 统 计 局
文　　号：国统字〔2019〕3 号
有效期至：2 0 1 9 年 9 月
计量单位：　　人

综合机关名称：国家体育总局　　　　2 0　　年

项　目	代码	合计	#女	国际级运动健将	#女	运动健将	#女	一　级运动员	#女	二　级运动员	#女
甲	乙	1	2	3	4	5	6	7	8	9	10
总计	01										
（按项目顺序填报）											

单位负责人：　　　　填表人：　　　　报出日期：2 0　　年　　月　　日

说明：1. 报送时间：6 月 30 日前。
　　2. 审核关系：1>2；3>4；5>6；7>8；9>10；1=3+5+7+9；2=4+6+8+10；01=分项之和。

分地区分等级教练员发展情况

表　　号：T Y 3 0 6 表
制定机关：国 家 统 计 局
文　　号：国统字〔2019〕3 号
有效期至：2 0 1 9 年 9 月
计量单位：　　人

综合机关名称：国家体育总局　　　　2 0　　年

地　区	代码	合计	女	国家级教练	女	高级教练	女	一级	女	二级	女	三级	女
甲	乙	1	2	3	4	5	6	7	8	9	10	11	12
全国	01												
北京	02												
天津	03												
…	…												
新疆	32												

单位负责人：　　　　填表人：　　　　报出日期：2 0　　年　　月　　日

说明：1. 报送时间：6 月 30 日前。
　　2. 审核关系：1>2；1=3+5+7+9+11；2=4+6+8+10+12；3>4；5>6；7>8；9>10；11>12；01=02+03+…+32。

分地区优秀运动队人员情况

表　　号：T Y 3 0 7 表
制定机关：国 家 统 计 局
文　　号：国统字〔2019〕3 号
有效期至：2 0 1 9 年 9 月

综合机关名称：国家体育总局　　　　　　2 0　　年　　　　　　计量单位：　　人

地　区	代码	合计	#教练员	#运动员	#科研人员	#医务人员	#文化教师	#管理人员
	乙	1	2	3	4	5	6	7
全国	**01**							
中央	02							
北京	03							
天津	04							
…	…							
新疆	33							

单位负责人：　　　　　　填表人：　　　　　　报出日期：2 0　　年　　月　　日

说明：1. 报送时间：6 月 30 日前。
2. 审核关系：1>2+3+4+5+6+7；01=02+03+…+33。

分地区在岗专职教练员

表　　号：T Y 3 0 8 表
制定机关：国 家 统 计 局
文　　号：国统字〔2019〕3 号
有效期至：2 0 1 9 年 9 月
综合机关名称：国家体育总局　　2 0　　年　　计量单位：人

地　区	代码	合计	一线	二线	三线
甲	乙	1	2	3	4
全国	**01**				
中央	02				
北京	03				
天津	04				
…	…				
新疆	33				

单位负责人：　　填表人：　　报出日期：2 0　　年　　月　　日

说明：1. 报送时间：6 月 30 日前。
　　2. 审核关系：1=2+3+4；01=02+03+…+33。

分地区分文化程度在岗专职教练员情况

表　　号：T Y 3 0 9 表
制定机关：国 家 统 计 局
文　　号：国统字〔2019〕3 号
有效期至：2 0 1 9 年 9 月
综合机关名称：国家体育总局　　2 0　　年　　计量单位：人

地　区	代码	合计	研究生及以上	本科	专科	中专（中学）及以下
甲	乙	1	2	3	4	5
全国	**01**					
中央	02					
北京	03					
天津	04					
…	…					
新疆	33					

单位负责人：　　填表人：　　报出日期：2 0　　年　　月　　日

说明：1. 报送时间：6 月 30 日前。
　　2. 审核关系：1=2+3+4+5；01=02+03+…+33。

分地区分文化程度优秀运动队运动员情况

表　　号：T Y 3 1 0 表
制定机关：国 家 统 计 局
文　　号：国统字〔2019〕3 号
有效期至：2 0 1 9 年 9 月
计量单位：　　　人

综合机关名称：国家体育总局　　　　2 0　　年

地　区	代码	合计	研究生及以上	本科	大专	中学（中专）以下
甲	乙	1	2	3	4	5
全国	**01**					
中央	02					
北京	03					
天津	04					
…	…					
新疆	33					

单位负责人：　　　　填表人：　　　　报出日期：2 0　　年　　月　　日

说明：1. 报送时间：6 月 30 日前。
　　2. 审核关系：1=2+3+4+5；01=02+03+…+33。

分地区分技术等级优秀运动队运动员情况

表　　号：T Y 3 1 1 表
制定机关：国 家 统 计 局
文　　号：国统字〔2019〕3 号
有效期至：2 0 1 9 年 9 月
计量单位：　　　人

综合机关名称：国家体育总局　　　　2 0　　年

地　区	代码	合计	国际级运动健将	运动健将	一级	二级	三级	无等级
甲	乙	1	2	3	4	5	6	7
全国	**01**							
中央	02							
北京	03							
天津	04							
…	…							
新疆	33							

单位负责人：　　　　填表人：　　　　报出日期：2 0　　年　　月　　日

说明：1. 报送时间：6 月 30 日前。
　　2. 审核关系：1=2+3+4+5+6+7；01=02+03+…+33。

分地区国民体质监测和社会体育指导员情况

表　　号：T Y 3 1 2 表
制定机关：国　家　统　计　局
文　　号：国统字〔2019〕3 号
有效期至：2 0 1 9 年 9 月

综合机关名称：国家体育总局　　　　2 0　　年

地　区	代码	国民体质测试站（点）年末累计数（个）	接受国民体质测试人数（人）	社会体育指导员年末累计审批人数（人）	社会体育指导员当年审批人数（人）
甲	乙	1	2	3	4
全国	**01**				
中央	02				
北京	03				
天津	04				
…	…				
新疆	33				

单位负责人：　　　　填表人：　　　　报出日期：2 0　　年　　月　　日

说明：1. 报送时间：6 月 30 日前。
　　2. 审核关系：01=02+03+…+33。

分地区健身场地设施建设情况

表　　号：T Y 3 1 3 表
制定机关：国　家　统　计　局
文　　号：国统字〔2019〕3 号
有效期至：2 0 1 9 年 9 月
计量单位：　　个

综合机关名称：国家体育总局　　　　2 0　　年

地　区	代码	各类健身场地设施数	全民健身活动中心	乡镇体育健身工程	村级农民体育健身工程	全民健身路径工程
甲	乙	1	2	3	4	5
全国	**01**					
中央	02					
北京	03					
天津	04					
…	…					
新疆	33					

单位负责人：　　　　填表人：　　　　报出日期：2 0　　年　　月　　日

说明：1. 报送时间：6 月 30 日前。
　　2. 审核关系：1>=2+3+4+5；01=02+03+…+33。

创造世界纪录和获得世界冠军情况年快报

表　　号：T Y 3 1 4 表
制定机关：国　家　统　计　局
文　　号：国统字〔2019〕3 号
综合机关名称：国家体育总局　　　　20　　年　　　　有效期至：2 0 1 9 年 6 月

指　　标	代码	单位	本年	上年同期
甲	乙	丙	1	2
创世界纪录				
项数	01	项		
次数	02	次		
人数	03	队		
队数	04	队		
获得世界冠军				
项数	04	项		
个数	05	个		

单位负责人：　　　　填表人：　　　　报出日期：2 0　　年　　月　　日

说明：报送时间：第一次 1 月 15 日前，第二次 4 月 20 日前。

部门服务业企业财务状况

（表式及指标解释见通用表）

部门服务业行政单位财务状况

（表式及指标解释见通用表）

部门服务业事业单位财务状况

（表式及指标解释见通用表）

（三）主要指标解释

行政机关　指各级政府部门所属的体育行政主管部门，包括独立和合并的，如体育行政部门与文化、教育行政部门合并。

运动项目管理部门（优秀运动队）　指国家体育总局及各省、市、自治区和地市体育行政部门直属的运动项目管理机构及其所属的从事专业体育训练的优秀运动队。

本科院校　指国家体育总局及省级体育行政部门主管的专业体育高等本科院校。

职业、运动技术学院　指由各省（区市）体育局所属的运动技术学院及在此基础上转型的体育职业教育学院。

体育运动学校　指按国家规定的设置标准经教育部门批准设立的培养体育中等专业学历和体育后备力量的中等专业学校。

竞技体校　主要指体育院校的附属竞技体校。指经教育部门批准成立，依附高等体育院校，坚持“亦训亦读”的全日制体育中等专业学校。

少年儿童体育学校（业余体校）　是指九年义务教育阶段培养少年儿童体育专项运动技能的体育特色学校。

单项运动学校　指经教育部门批准成立，以某一运动项目为训练的主要内容的培养体育中等学历和体育后备人才的专业学校。

体育中学　指经教育部门批准成立，由当地体育、教育部门联合办校，普通中学教育与体育专项训练相结合的，培养体育后备人才的新型学校。

训练基地　指经各级行政管理部门批准成立的，以为优秀运动队提供训练场所为主要目的的，有专业训练和后勤服务设施的独立法人单位；

体育场馆　指为训练、竞赛、健身提供服务的，以面向社会公众为主要服务对象的，经各级行政主管部门批准成立的机构；

体育科研机构　指各级体育局所属的主要从事体育科学研究活动的机构。

其它事业单位　指上述类型以外的经各级行政机关批准成立的独立法人单位。

其它　指体育系统所属的其它非行政事业单位，如企业、体育社会团体和民间非营利组织等，其中，企业是指从事生产、流通、服务等经济活动，以生产或服务满足社会需要，实行自主经营、独立核算、依法设立的盈利性的体育经济组织。体育社团指群众为了满足体育爱好和达到强身健体的需求，人为组织或自发组织由各级体育行政部门或体育总会批准并在民政部门登记注册的体育社团法人；体育类民办非企业单位,是指由企业事业单位、社会团体、其他社会力量和公民个人利用非国有资产举办的，不以营利为目的的,以开展体育活动为主要内容的民办的中心、院、社、俱乐部、场馆等社会组织。

体育教练员　指具有体育教练员专业技术职务任职资格、聘任在相关专业技术岗位从事体育训练教学工作且享受专业技术人员工资待遇的人员。

优秀运动队运动员　指在优秀运动队试训、集训、正式运动员、处于职业转换期的运动员和因故滞留运动队的运动员。（1）试训：办理了试训合同，未办理正式运动员聘用手续的运动员。（2）集训：短期内集中训练或临时选调承担训练任务，未办理正式入队或试训手续的运动员（3）正式：试训结束后，符合聘用条件、办理聘用手续的运动员。工资关系在体育系统运动队，且工资实行运动员基础津贴和成绩津贴。(4）过渡期：又称职业转换过渡期，因训练水平、伤病等原因不宜继续从事专业训练的，经体育行政部门批准后停止训练，继续享受体育津贴，按国家有关规定参加社会保险并享受社会保险等待遇，给予不超过一年的职业转换过渡期。(4）其它：指优秀运动员因训练水平、伤病等原因不宜继续从事专业训练的，经体育行政部门批准后停止训练，已超过一年的职业转换过渡期，未实现职业转换的运动员，包括长期滞留运动队的运动员。

科学研究人员 指具有自然科学研究或社会科学研究专业技术职务任职资格、聘任在相关专业技术岗位从事体育科学研究工作且享受专业技术人员工资待遇的人员。

卫生技术人员 指具有卫生专业技术职务任职资格，聘任在相关专业技术岗位从事运动创伤、医务监督、运动营养等医务工作且享受专业技术人员工资待遇的人员。

文化教师 指具有高等学校、中等专业学校、中小学教师专业技术职务任职资格，聘任在相关专业技术岗位从事高校教学、体校教学、中小学教学等以及科研等工作且享受专业技术人员工资待遇的人员。

管理人员 指在事业单位专门从事党、政、工、团的管理工作的人员。

等级运动员 指经各级体育行政部门正式批准授予技术等级的运动员，分为国际级运动健将、运动健将、一级、二级运动员。

执教队伍 一线是指国家队、国家集训队、中青队和各省、市、自治区优秀运动队，二线是指体育运动学校运动员，三线是指各类少年儿童业余体校。非国家集训队可根据实际情况填报。

在队情况 在岗和待岗指在事业单位有编制且享有相应工资待遇的教练员，外聘指在本单位无编制从外单位聘任的教练员。

国民体质监测

累计建立国民体质测试站（点）总数 指各省（区、市）截止到本年度末所建立的国民体质监测站的总数量。

本年度接受国民体质测试人数 指各省（区、市）本年度参加国民体质测试的人数。

社会体育指导员 包括获得技术等级称号和获得职业资格的社会体育指导员。截至年末累计审批人数：指从实行审批制度起截至本年末被批准为社会体育指导员的累计人数。本年度审批人数：是指在当年中被批准为社会体育指导员的人数。

各类健身场地设施 包括村级农民体育健身工程、乡镇体育健身工程、全民健身路径工程、全民健身活动中心、体育公园、全民健身广场、户外体育营地、社区运动场、健身步道等用于群众健身的场地设施。

村级农民体育健身工程 指在行政村或自然村建设的含有一块混凝土标准篮球场，配备一副标准篮球架和 2 张室外乒乓球台的健身场所。

乡镇体育健身工程 指乡镇以室内体育场地设施和室外灯光篮球场为主、含有多种体育场地设施、可开展多项群众健身活动的场所。

全民健身活动中心 指室内建筑面积 500 至 2000 平方米以内、具有 5 种以上体育场地设施、不设固定看台的可开展多项群众健身活动的场所。

国家机关事务管理局

（一）报 表 目 录

表号	表名	报告期别	填报范围	报送时间及方式	负责单位	备注
JG704 表	公共机构能源资源消费	年报	全国公共机构	7 月 31 日前；邮寄或电子邮件 nyshjc@stats.gov.cn	能源司	《应对气候变化部门统计报表制度》
JG701 表	绿色发展基本情况（十一）	年报		次年7月15日前；邮寄或电子邮件 nyszhc@stats.gov.cn	能源司	《绿色发展统计报表制度》（试行）

（二）调 查 表 式

综 合 年 报

公共机构能源资源消费

表　　号：J G 7 0 4 表
制定机关：国 家 统 计 局
文　　号：国统字〔2019〕3 号
有效期至：2 0 1 9 年 9 月

综合机关名称：国家机关事务管理局　　　　2 0　　年

指标名称	计量单位	代码	本年
甲	乙	丙	1
一、基本情况	—	—	
公共机构数量	个	A01	
建筑面积	万平方米	A02	
用能人数	万人	A03	
车辆数量	万辆	A04	
其中：			
汽油车	万辆	A05	
柴油车	万辆	A06	
新能源车	万辆	A07	
二、能源消费	—	—	
电消费量	万千瓦时	B01	
原煤消费量	万吨	B02	
天然气消费量	万立方米	B03	
汽油消费量	万升	B04	
其中：车用汽油	万升	B05	
柴油消费量	万升	B06	
其中：车用柴油	万升	B07	
液化石油气消费量	吨	B08	
热力消费量	吉焦	B09	
其他能源消费量	万吨标准煤	B10	

单位负责人：　　　　填表人：　　　　报出日期：2 0　　年　　月　　日

说明：1.统计范围：全国公共机构。
2.报送时间：7 月 31 日前。
3.审核关系：A04≥A05+A06+A07；B04≥B05；B06≥B07。

绿色发展基本情况（十一）

表　　号：J G 7 0 1 表
制定机关：国 家 统 计 局
文　　号：国统字〔2019〕3 号
有效期至：2 0 1 9 年 9 月

综合机关名称：国家机关事务管理局　　　　2 0　　年

地　区	代码	公共机构人均能耗（千克标准煤/人）	公共机构人均能耗降低率（%）
甲	乙	1	2
全　国	**01**		
北　京	02		
天　津	03		
⋮	⋮		
新　疆	32		

单位负责人：　　　　填表人：　　　　报出日期：2 0　　年　月　日

说明：1. 本表数据保留 2 位小数，报送的电子版和纸质版数据要保持一致。
2. 统计范围是各省、自治区、直辖市。
3. 报送时间：7 月 15 日前。

（三）主要指标解释

公共机构　《中华人民共和国节约能源法》第四十七条、《公共机构节能条例》第二条规定公共机构是指全部或者部分使用财政性资金的国家机关、事业单位和团体组织。

建筑面积　指公共机构办公使用的所有建筑面积，职工住宅除外。

用能人数　指公共机构报告期内日平均用能人数，包括在岗在编（注册）人员和各类编外工作人员。

计算方法：用能人数=公共机构办公区域报告期内的用能人数总量/报告期天数。

车辆数量　指公共机构报告期内属于公共机构公务活动使用的所有公车数量。包括公共机构使用的汽油车数量、柴油车数量和新能源车数量。

汽油车数量　指公共机构使用车辆中消费汽油的车辆数量。

柴油车数量　指公共机构使用车辆中消费柴油的车辆数量。

新能源车数量　指公共机构使用车辆中消费新能源的车辆数量。

电消费量　指公共机构办公区报告期内消费的总电量。

原煤消费量　指公共机构办公区报告期内的原煤实际消费量。

天然气消费量　指公共机构办公区报告期内的天然气实际消费量。

汽油消费量　指公共机构报告期内办公使用的汽油实际消费量。

汽油消费量等于车用汽油消费量与因冬季供暖、日常烧制饮用开水等所需的其他汽油消费量的总和。

柴油消费量　指公共机构报告期内办公使用的柴油实际消费量。

柴油消费量等于车用柴油消费量与因冬季供暖、日常烧制饮用开水等所需的其他柴油消费量的总和。

液化石油气消费数据　指公共机构报告期内办公使用的液化石油气实际消费量。

热力消费量　指公共机构办公区报告期内的外购热力消费量。热力消费量数据从热量计量装置上获取。

其他能源消费量　指公共机构办公区报告期内使用的其他能源数据。

公共机构人均能耗　公共机构人均能耗是指报告期内公共机构能源消费量与用能人数的比值。计算公式为：

$$\text{公共机构人均能耗} = \frac{\text{公共机构能源消费量}}{\text{用能人数}}$$

公共机构人均能耗降低率　指报告期内公共机构人均能耗的降低速度。公共机构是指全部或者部分使用财政性资金的国家机关、事业单位和团体组织。国家机关包括党的机关、人大机关、行政机关、政协机关审判机关、检察机关等；事业单位包括全部或部分使用财政性资金的教育、科技、文化、卫生、体育等事业单位及国家机关所属事业单位；团体组织包括全部或部分使用财政性资金的工、青、妇等团体组织和有关组织。计算公式为：

$$\text{公共机构人均能耗降低率} = \left(1 - \frac{\text{本期公共机构人均能耗}}{\text{上期公共机构人均能耗}}\right) \times 100\%$$

新华通讯社

（一）报 表 目 录

表号	表名	报告期别	填报范围	报送时间及方式	负责单位	备注
701 表	部门服务业企业财务状况	年报	新闻业（新华通讯社所属单位）中执行企业会计制度的单位	6 月 30 日前，电子邮件或内部交换 dczxjtc@stats.gov.cn	服务业司	《部门服务业财务统计报表制度》（试行）
702-2 表	部门服务业事业单位财务状况	年报	新闻业（新华通讯社所属单位）中执行事业单位会计制度的单位			

（二）调 查 表 式

综 合 年 报

部门服务业企业财务状况

（表式及指标解释见通用表）

部门服务业事业单位财务状况

（表式及指标解释见通用表）

中国科学院

（一）报 表 目 录

表号	表名	报告期别	填报范围	报送时间及方式	负责单位	备注
ZK301 表	中国科学院院士	年报	截止到 2018 年底的现有两院院士	6 月 20 日前，通过“国家统计局部门综合数据管理系统”报送数据。	社科文司	《科技综合统计报表制度》

（二）调 查 表 式

中国科学院院士

表　　号：ZK301 表
制定机关：国家统计局
文　　号：国统字〔2019〕3 号
有效期至：2019 年 9 月
综合机关名称：中国科学院　　20　　年　　计量单位：人

指标名称	代码	本年
甲	乙	1
中国科学院院士合计	**01**	
数学物理学部	02	
化学部	03	
生命科学和医学学部	04	
地学部	05	
信息技术科学部	06	
技术科学部	07	
补充资料：中国科学院全体院士名单（如女性请标注）		

单位负责人：　　填表人：　　报出日期：20　　年　　月　　日

说明：1. 统计范围：截止到 2018 年底的现有两院院士。
　　2. 报送时间：6 月 20 日前。

中国地震局

（一）报 表 目 录

表号	表名	报告期别	填报范围	报送时间及方式	负责单位	备注
DZ301 表	地震台（网）基本情况	年报	各省自治区、直辖市地震局，各直属单位	6 月 20 日前，通过“国家统计局部门综合数据管理系统”报送数据。	社科文司	《科技综合统计报表制度》
DZ302 表	地震灾害情况	年报	各省、自治区、直辖市地震环境监测站	5 月 15 日前；邮寄或电子邮件 nyshjc@stats.gov.cn	能源司	《资源环境综合统计报表制度》
701 表	部门服务业企业财务状况	年报	地震服务业中执行企业会计制度的单位	6 月 30 日前，电子邮件或内部交换 dczxjtc@stats.gov.cn	服务业司	《部门服务业财务统计报表制度》（试行）
702-1 表	部门服务业行政单位财务状况	年报	地震服务业中执行行政单位会计制度的单位			
702-2 表	部门服务业事业单位财务状况	年报	地震服务业中执行事业单位会计制度的单位			

（二）调 查 表 式

综 合 年 报

地震台（网）基本情况

表　　号：DZ301表
制定机关：国家统计局
文　　号：国统字〔2019〕3号
有效期至：2019年9月
计量单位：个

综合机关名称：中国地震局　　　　20　　年

项　目	代码	地震台站			地震监测台网		市、县地震台		
		国家级台	省级台	强震观测点	地震台网	测站数	市、县级台	企业台	宏观观测点
甲	乙	1	2	3	4	5	6	7	8
总　计									
按地区分组									

单位负责人：　　　　填表人：　　　　报出日期：20　　年　　月　　日

说明：1. 统计范围：各省自治区、直辖市地震局，各直属单位。
　　2. 报送时间：6 月 20 日前。

地震灾害情况

表　　号：D Z 3 0 2 表
制定机关：国 家 统 计 局
文　　号：国统字〔2019〕3 号
有效期至：2 0 1 9 年 9 月

综合机关名称：中国地震局　　　　20　　年

地　区	代码	地震灾害次数（次）	5.0 级以下	5.0-5.9 级	6.0-6.9 级	7.0 级以上	人员伤亡（人）	死亡人数	直接经济损失（万元）
甲	乙	1	2	3	4	5	6	7	8
全　国 按地区分列	01								

单位负责人：　　　　填表人：　　　　报出日期：20　　年　　月　　日

说明：1. 统计范围：各省、自治区、直辖市地震环境监测站。
2. 报送时间：5 月 15 日前。
3. 审核关系：宾栏 1=2+3+4+5；6>7。

部门服务业企业财务状况

（表式及指标解释见通用表）

部门服务业行政单位财务状况

（表式及指标解释见通用表）

部门服务业事业单位财务状况

（表式及指标解释见通用表）

（三）主要指标解释

发生地震灾害次数　指发生形成灾害（包括人员伤亡或经济损失）的所有震级的地震次数。

中国气象局

（一）报 表 目 录

表号	表名	报告期别	填报范围	报送时间及方式	负责单位	备注
综合年报						
QX301 表	全国气象部门基本情况	年报	中国气象局及其直属单位，各省、自治区、直辖市、计划单列市气象局及其直属单位，各地市气象局及其直属单位，各县气象局及其直属单位	6 月 20 日前，通过“国家统计局部门综合数据管理系统”报送数据。	社科文司	《科技综合统计报表制度》
QX302 表	主要城市气候情况	年报	直辖市及省会城市	5 月 15 日前；邮寄或电子邮件 nyshjc@stats.gov.cn	能源司	《资源环境综合统计报表制度》
QX303 表	主要城市各月平均气温	年报	直辖市及省会城市	5 月 15 日前；邮寄或电子邮件 nyshjc@stats.gov.cn		
QX304 表	主要城市各月降水量	年报	直辖市及省会城市			
QX305 表	主要城市各月平均相对湿度	年报	直辖市及省会城市			
QX306 表	主要城市各月日照时数	年报	直辖市及省会城市			
QX307 表	固定资产投资项目新增生产能力（或工程效益）情况	年报		3 月底前；网上直报	投资司	
QX701 表	应对气候变化相关情况	年报		7 月 31 日前；邮寄或电子邮件 nyshjc@stats.gov.cn	能源司	《应对气候变化部门统计报表制度》
QX702 表	各地区年平均气温和平均年降水量	年报				
701 表	部门服务业企业财务状况	年报	气象服务业中执行企业会计制度的单位	6 月 30 日前，电子邮件或内部交换 dczxjtc@stats.gov.cn	服务业司	《部门服务业财务统计报表制度》（试行）
702-1 表	部门服务业行政单位财务状况	年报	气象服务业中执行行政单位会计制度的单位			
702-2 表	部门服务业事业单位财务状况	年报	气象服务业中执行事业单位会计制度的单位			
综合定报						
QX401 表	固定资产投资项目情况	月报		3、4、6、12 月月后 10 日，9 月月后 12 日，其他月月后 9 日 12:00 前；网上直报	投资司	

（二）调 查 表 式

综 合 年 报

全国气象部门基本情况

表　　号：Q X 3 0 1 表
制定机关：国 家 统 计 局
文　　号：国统字〔2019〕3 号
有效期至：2 0 1 9 年 9 月

综合机关名称：中国气象局　　　　　　20　　年

项　目	代码	气象观测业务台站（个）									
		地面观测	高空探测	区域气象观测站	天气雷达观测	大气成分观测	辐射观测	农业气象观测	农业气象实验站	卫星云图接收	大气本底站
甲	乙	1	2	3	4	5	6	7	8	9	10
总　计	01										
按地区分组											
大连市											
宁波市											
青岛市											
厦门市											
其他											

续表一

气象观测业务台站（个）								
闪电定位监测	沙尘暴监　测	紫外线观　测	风廓线雷达观测	导航卫星气象观测	空间天气监测	酸雨观测	环境气象观测	臭氧观测
11	12	13	14	15	16	17	18	19

续表二

气象科学数据共享服务数据量（GB）	装备									全国气象部门职工总数（人）
	拥有计算机数（台）	高性能计算机	服务器（套）	个人计算机（含个人工作站）	云图接收机数（台）	远程会商系统设备（多点控制单元和会议终端）（套）	人工影响天气地面作　业（次）	设备高炮（门）	火箭发射系统（部）	
20	21	22	23	24	25	26	27	28	29	30
–	–	–	–	–	–	–	–	–	–	–
–	–	–	–	–	–	–	–	–	–	–
–	–	–	–	–	–	–	–	–	–	–
–	–	–	–	–	–	–	–	–	–	–
–	–	–	–	–	–	–	–	–	–	–

单位负责人：　　　　　　　　填表人：　　　　　　　　报出日期：20　　年　　月　　日

说明：1. 统计范围：中国气象局及其直属单位，各省、自治区、直辖市、计划单列市气象局及其直属单位，各地市气象局及其直属单位，各县气象局及其直属单位。

2. 报送时间：6 月 20 日前。

主要城市气候情况

表　　号：QX302表
制定机关：国家统计局
文　　号：国统字〔2019〕3号
有效期至：2019年9月

综合机关名称：中国气象局　　20　年

城　市	代码	年平均气　温（摄氏度）	年极端最高气温（摄氏度）	年极端最低气温（摄氏度）	年平均相对湿度（%）	全年日照时数（小时）	全年降水　量（毫米）
甲	乙	1	2	3	4	5	6
北　京	01						
天　津	02						
石家庄	03						
⋮							
乌鲁木齐	31						

单位负责人：　　填表人：　　报出日期：20　年　月　日

说明：1. 统计范围：直辖市及省会城市。
2. 报送时间：5月15日前。
3. 审核关系：宾栏 2>1>3。

主要城市各月平均气温

表　　号：QX303表
制定机关：国家统计局
文　　号：国统字〔2019〕3号
有效期至：2019年9月

综合机关名称：中国气象局　　20　年

城　市	代码	平均气温（摄氏度）											
		1月	2月	3月	4月	5月	6月	7月	8月	9月	10月	11月	12月
甲	乙	1	2	3	4	5	6	7	8	9	10	11	12
北　京	01												
天　津	02												
石家庄	03												
⋮	⋮												
乌鲁木齐	31												

单位负责人：　　填表人：　　报出日期：20　年　月　日

说明：1. 统计范围：直辖市及省会城市。
2. 报送时间：5月15日前。

主要城市各月降水量

表　　号：ＱＸ３０４表
制定机关：国　家　统　计　局
文　　号：国统字〔2019〕3号
有效期至：２０１９年９月

综合机关名称：中国气象局　　　　２０　　年

城　市	代码	降水量（毫米）											
		1月	2月	3月	4月	5月	6月	7月	8月	9月	10月	11月	12月
甲	乙	1	2	3	4	5	6	7	8	9	10	11	12
北　京	01												
天　津	02												
石家庄	03												
⋮	⋮												
乌鲁木齐	31												

单位负责人：　　　　填表人：　　　　报出日期：２０　　年　　月　　日

说明：1.统计范围：直辖市及省会城市。
　　　2.报送时间：5月15日前。

主要城市各月平均相对湿度

表　　号：ＱＸ３０５表
制定机关：国　家　统　计　局
文　　号：国统字〔2019〕3号
有效期至：２０１９年９月

综合机关名称：中国气象局　　　　２０　　年

城　市	代码	平均相对湿度（%）											
		1月	2月	3月	4月	5月	6月	7月	8月	9月	10月	11月	12月
甲	乙	1	2	3	4	5	6	7	8	9	10	11	12
北　京	01												
天　津	02												
石家庄	03												
⋮	⋮												
乌鲁木齐	31												

单位负责人：　　　　填表人：　　　　报出日期：２０　　年　　月　　日

说明：1.统计范围：直辖市及省会城市。
　　　2.报送时间：5月15日前。

主要城市各月日照时数

表　　号：Q X 3 0 6 表
制定机关：国 家 统 计 局
文　　号：国统字〔2019〕3 号
综合机关名称：中国气象局　　　　20　　年　　　　有效期至：2 0 1 9 年 9 月

城　市	代码	日照时数（小时）											
		1月	2月	3月	4月	5月	6月	7月	8月	9月	10月	11月	12月
甲	乙	1	2	3	4	5	6	7	8	9	10	11	12
北　京	01												
天　津	02												
石家庄	03												
⋮	⋮												
乌鲁木齐	31												

单位负责人：　　　　填表人：　　　　报出日期：20　　年　　月　　日

说明：1. 统计范围：直辖市及省会城市。
　　2. 报送时间：5 月 15 日前。

固定资产投资项目新增生产能力（或工程效益）情况

01 单位名称(盖章)：　　　　02 项目名称：

基层表编码 03：项目单位 □□□□□□□□□；项目建设地 □□□□□□；顺序 □□□

表　　号：Q X 3 0 7 表
制定机关：国 家 统 计 局
文　　号：国统字〔2019〕3 号
20　　年　　　　有效期至：2 0 1 9 年 6 月

新增生产能力(或工程效益)名称	计量单位	代码	建设规模	本年施工规模		累计新增生产能力(或工程效益)	
					本年新开工		本年新增
甲	乙	丙	401	402	403	404	405

单位负责人：　　　　统计负责人：　　　　填表人：　　　　报出日期：20　　年　　月　　日

说明：1. 统计范围：各种登记注册类型的法人单位以及个体经营进行的计划总投资 500 万元及以上的建设项目（不包括农户投资、不含军工、国防项目）中有能力目录的项目。
　　2. 报送时间及方式：3 月底前网上直报。
　　3. 本表逻辑审核关系：
　　(1) 401≥402　　(2) 401≥404　　(3) 402≥403　　(4) 404≥405

应对气候变化相关情况

表　　号：Q X 7 0 1 表
制定机关：国　家　统　计　局
文　　号：国统字〔2019〕3 号
有效期至：2 0 1 9 年 9 月

综合机关名称：中国气象局　　　　2 0　　年

指标名称	计量单位	代码	本年
甲	乙	丙	1
二氧化碳浓度 　按大气本底站分列	Ppm	01	—

单位负责人：　　　　填表人：　　　　报出日期：2 0　　年　　月　　日

说明：报送时间：7 月 31 日前。

各地区年平均气温和平均年降水量

表　　号：Q X 7 0 2 表
制定机关：国　家　统　计　局
文　　号：国统字〔2019〕3 号
有效期至：2 0 1 9 年 9 月

综合机关名称：中国气象局　　　　2 0　　年

地　区	代码	年平均气　温（摄氏度）	平均年降水量（毫米）
甲	乙	1	2
全　国	**01**		
北　京	02		
天　津	03		
┆	┆		
新　疆	32		

单位负责人：　　　　填表人：　　　　报出日期：2 0　　年　　月　　日

说明：报送时间：7 月 31 日前。

部门服务业企业财务状况

（表式及指标解释见通用表）

部门服务业行政单位财务状况

（表式及指标解释见通用表）

部门服务业事业单位财务状况

（表式及指标解释见通用表）

综 合 定 报

固定资产投资项目情况

表　　号：Q X 4 0 1 表
统一社会信用代码□□□□□□□□□□□□□□□□□□　制定机关：国　家　统　计　局
尚未领取统一社会信用代码的填写原组织机构代码□□□□□□□□-□　文　　号：国统字〔2019〕3 号
单位详细名称（盖章）：　2 0 1 9 年 1 －　月　有效期至：2 0 2 0 年 1 月

一、项目基本情况

01	项目代码	□□□□□□□□□□-□□□□□□-□□□		
02	项目名称			
13	投资项目在线审批监管平台统一代码	□□□□-□□□□□□-□□-□□-□□□□□□		
104	报表类别	报表类别　□ A 农业　B 规模以上工业　B1 规模以下工业　C 建筑业　E 批发和零售业 S 住宿和餐饮业　X 房地产开发经营业　F 规模以上服务业　H 投资　U 其他		
204	登记注册类型　□□□ **内资** 110 国有　120 集体　130 股份合作　141 国有联营　142 集体联营　143 国有与集体联营　149 其他联营　151 国有独资公司 159 其他有限责任公司　160 股份有限公司　171 私营独资　172 私营合伙　173 私营有限责任公司　174 私营股份有限公司　190 其他 **港澳台商投资** 210 与港澳台商合资经营　220 与港澳台商合作经营　230 港澳台商独资　240 港澳台商投资股份有限公司　290 其他港澳台投资 **外商投资** 310 中外合资经营　320 中外合作经营　330 外资企业　340 外商投资股份有限公司　390 其他外商投资 **个体经营** 410 个体户　420 个人合伙			
03	项目建设所在地及区划	＿＿＿＿省(自治区、直辖市)＿＿＿＿市(地、州、盟)＿＿＿＿县(市、区、旗) ＿＿＿＿乡(镇)＿＿＿＿街(村)、门牌号 区划代码　□□□□□□□□□□□□		
04	联系电话	□□□□□□□□—□□□□□	05	项目行业编码　□□□□
06	控股情况	□　1 国有控股　2 集体控股　3 私人控股　4 港澳台商控股　5 外商控股　9 其他		
07	隶属关系　□□ 10 中央　11 地方　90 其他			
08	建设性质	□　1 新建　2 扩建　3 改建和技术改造　4 单纯建造生活设施　5 迁建　6 恢复　7 单纯购置		
09	项目类别	1 工业企业技术改造项目 2 棚户区改造项目 3 涉农项目	10	项目开工时间　□□□□年□□月
11	本年全部投产时间	□□□□年□□月	12	期末项目建设状态　□　1 在建　2 全部投产　3 全部停缓建

二、项目投资情况

指标名称	计量单位	代码	1—本月	指标名称	计量单位	代码	1—本月
甲	乙	丙	1	甲	乙	丙	1
计划总投资	万元	101		房屋竣工面积	平方米	132	
自开始建设累计完成投资	万元	103		其中：住宅	平方米	133	
本年完成投资	万元	107		房屋竣工价值	万元	134	
其中：本月完成投资	万元	140		其中：住宅	万元	135	
其中：住宅	万元	118		上年末结余资金	万元	302	
按构成分：				本年实际到位资金	万元	303	
建筑工程	万元	108		国家预算资金	万元	304	
安装工程	万元	109		其中：中央预算资金	万元	328	
设备工器具购置	万元	110		国内贷款	万元	305	
其中：购置旧设备	万元	111		债券	万元	306	
其他费用	万元	112		利用外资	万元	307	
其中：旧建筑物购置费	万元	113		自筹资金	万元	311	
其中：建设用地费	万元	114		其他资金来源	万元	318	
本年新增固定资产	万元	128		各项应付款合计	万元	320	
房屋施工面积	平方米	130		其中：工程款	万元	321	
其中：住宅	平方米	131					

单位负责人：　　统计负责人：　　填表人：　　报出日期：２０　　年　　月　　日

说明：1. 统计范围：各种登记注册类型的法人单位以及个体经营进行的计划总投资 500 万元及以上的建设项目（不包括农户投资、不含军工、国防项目）　。

2. 报送日期及方式：3、4、6、12 月月后 10 日，9 月月后 12 日，其他月月后 9 日 12：00 前网上直报。

3. 本表除“计划总投资”、“自开始建设累计完成投资”、“其中：本月完成投资”指标外，其他指标均为自年初至报告期末累计数。

4. 投资项目在线审批监管平台统一代码的填报范围：报告期在建及新开工项目均需填写。该代码由各级发改部门投资项目在线审批监管平台生成。

5. 审核关系：

(1) 103≥107　(2) 107≥140　(3) 107≥118　(4) 107＝108＋109＋110＋112

(5) 110≥111　(6) 112≥113＋114　(7) 130≥131　(8) 132≥133

(9) 134≥135　(10) 303＝304＋305＋306＋307＋311＋318　(11) 304≥328

(12) 320≥321

（三）主要指标解释

地面观测 是对地面表面一定范围内的气象状况及其变化过程进行系统地、连续地观察和测定，为天气预报、气象信息、气候分析、科学研究和气象服务提供重要的依据。

辐射观测 包括太阳辐射与地球辐射两部分。包括直接辐射、净全辐射、总辐射、散射辐射、反射辐射、长波辐射和紫外辐射等观测项目组成。

闪电定位监测 用于监测云闪和地闪发生的时间、位置和强度等信息

区域气象观测站 是根据中尺度灾害性天气预警，大中城市、特殊地区和专属经济区的气象服务需要，为当地经济社会发展、增强气象监测手段和提高气象服务能力而建设的国家级地面自动气象观测站。

空间天气监测 主要是利用地基、天基监测设备获得的相关资料，对太阳表面、行星际、磁层和电离层中的粒子、电场、磁场和波动等等离子体和电磁参数，热层和电离层中的密度、温度和速度等流体参数进行连续监测。

高空气象观测站 是指利用气球携带无线电探空仪，以自由升空方式对自地球表面到几万米高度空间的大气要素（温度、湿度、气压）和运动状态（风向、风速）等的变化进行观测的气象台站。

天气雷达观测站 是指通过天气雷达开展大气中云雨发展过程和风场变化观测的气象台站。

风廓线雷达观测站 是指利用风廓线雷达开展高空大气垂直遥感探测获取大气三维风场信息的气象台站。

导航卫星气象观测站 是指通过获取导航卫星系统（如 GPS、北斗卫星）信号开展大气水汽观测的气象台站。

平均气温 气温指空气的温度，我国一般以摄氏度为单位表示。气象观测的温度表是放在离地面约 1.5 米处通风良好的百叶箱里测量的，因此，通常说的气温指的是离地面 1.5 米处百叶箱中的温度。计算方法：月平均气温是将全月各日的平均气温相加，除以该月的天数而得。年平均气温是将 12 个月的月平均气温累加后除以 12 而得。

年平均相对湿度 相对湿度指空气中实际水气压与当时气温下的饱和水气压之比，通常以（%）为单位表示。其统计方法与气温相同。

全年日照时数 日照时数指太阳实际照射地面的时数，通常以小时为单位表示。其统计方法与降水量相同。

降水量 指从天空降落到地面的液态或固态（经融化后）水，未经蒸发、渗透、流失而在地面上积聚的深度。月降水量是将全月各日的降水量累加而得，年降水量是将 12 个月的月降水量累加而得。

各省（区、市）年平均气温 气温指空气的温度。各省（区、市）年平均气温是指该省（区、市）范围内代表性站点各站年平均气温的平均值。各站年平均气温是 12 个月平均气温累加后除以 12 得到。

各省（区、市）平均年降水量 降水量指从天空降落到地面的液态或者固态（经融合后）水，未经蒸发、渗透、流失而在地面上积聚的深度。各省（区、市）平均年降水量是指该省（区、市）范围内代表性站点各站年降水量的平均值。各站年降水量是 12 个月的月降水量累加得到。

基本概况指标

单位名称　新建项目填报建设项目的全称。在原有企业、事业单位基础上进行的扩建、改建和技术改造等项目填报本企业、事业单位的全称，不要填简称，也不要随意更改。填项目建设单位的名称，依据立项批复里的内容填写，谁立项填谁，一般来说填该项目投资主体的全称。名称必须是由项目建设单位填报，不允许填基层统计部门或基层政府的名称。

项目名称　主要依据立项批复里的项目名称填写，没有立项的根据项目的具体内容填写。一般来讲，单位名称和项目名称不应相同。

建设地址　指建设项目的建设地点。根据实际情况填列：主体工程在现有企业、事业单位内进行建设的，填现有企业、事业单位地址；主体工程在现有企业、事业单位之外进行建设的，填主体工程的建设地址。

建设地址应填××省(自治区、直辖市)××市(地、州、盟)××县(市、区、旗)×××乡(镇、街道、政企合一、开发区)×××居委会(村委会、开发区)

建设地址代码填写所在地区划代码(不是邮政编码)。按国家标准《中华人民共和国行政区划代码》(GB/T2260－2002)执行。代码为十二位数字，第一、二位表示省(自治区、直辖市)；第三、四位表示市(地、州、盟)；第五、六位表示县(市、区、旗)；第七、八、九位是乡(镇、街道、政企合一、开发区)代码；第十、十一、十二位是居委会(村委会、开发区)代码。项目单位填写项目主体工程的详细建设地址即可，由基层政府统计部门填写建设地址代码。

对于跨县(市、区、旗)由地(市)主管部门上报的项目，第五、六位是地市主管部门的代码，由地(市)统计局统一规定，第七至十二位规定为“000000”。

对于跨地(市)由省(自治区、直辖市)主管部门上报的项目，第三、四位是省级主管部门的代码，由省(自治区、直辖市)统计局统一规定。第五、六位规定为“00”。

登记注册类型　指企业或企业产业活动单位的登记注册类型，按其在工商行政管理机关登记注册的类型填写。划分企业登记注册类型的依据是工商行政管理部门对企业登记注册的类型，按照国家统计局、国家工商行政管理局联合印发的《关于划分企业登记注册类型的规定》[国统字[2011]86 号] 执行。机关、事业单位和社会团体及其他组织的登记注册类型，按其主要经费来源和管理方式，根据实际情况，比照《关于划分企业登记注册类型的规定》确定。划分个体经营登记注册类型的依据是国家统计局相关规定，按照国家统计局《关于“个体经营”登记注册类型分类及代码的通知》[国统办字(1999)2 号] 执行。

固定资产投资统计报表制度规定，基层统计单位均要填报登记注册类型。登记注册类型由从事固定资产投资活动的企业或个体经营单位填报。已在工商行政管理部门登记的，按登记注册类型填报，未登记的，按投资者的登记注册类型或有关文件的规定填报。

行业类别　指根据其从事的社会经济活动性质对各类单位进行的分类。应根据建设项目建成投产后的主要产品种类或主要用途及社会经济活动种类来划分，不能根据项目单位本身的行业类别来划分。如果项目投产后有几种产品，应根据主要产品来确定行业类别。如某矿业公司的“镁及镁合金生产线”项目，行业类别应为“镁冶炼”。

行业类别要根据最新的《国民经济行业分类和代码》(GB/T 4754-2017）来填报。行业代码为四位，根据行业小类填写。

一般情况下，一个建设项目只能属于一种国民经济行业。

在现有企业、事业单位中，为适应市场变化而全厂性转产，改变原有主要产品种类或主要经济活动性质(如军工转民用)的，则可根据转产后的主要产品种类或主要经济活动性质来划分国民经济行业种类。

隶属关系 指本单位隶属于哪一级行政管理单位。隶属关系是按建设单位或企业、事业、行政单位主管上级机关确定的。本制度规定基层填报单位的隶属关系有三种：中央、地方和其他。项目建设单位由哪一级直接领导或管理，就填哪一级。

建设性质 指固定资产再生产的性质，按整个建设项目的具体情况确定，房地产开发单位免填。一个建设项目只能有一种建设性质。

技术改造 指企业采用新技术、新工艺、新设备、新材料对现有设施、工艺条件及生产服务等进行改造提升，淘汰落后产能，实现内涵式发展的投资活动。根据建设性质划分，技术改造投资包括改建和技术改造项目投资，以及扩建、迁建、恢复和单纯购置项目中属于技术改造性质的项目投资。

开工时间 指项目开始建设的年月。按建设项目设计文件中规定的永久性工程第一次开始施工的年月填写。如果没有设计，按计划方案规定的永久性工程实际开始施工的年月填写。这个指标是计算建设项目建设工期和一定时期内施工项目个数的依据。

建设项目永久性工程的开工时间，一般指永久性工程正式破土开槽开始施工的时间，作为建筑物组成部分的正式打桩也算为开工。在此以前的准备工作，如工程地质勘察、平整场地、旧有建筑物的拆除、临时建筑、施工用临时道路、水、电等工程都不算正式开工。总体设计内的工程开工之前，用迁移补偿费先进行拆迁还建工程的项目不算正式开工。没有土建工程的项目，开工时间填写安装工程开始施工的时间。水利、交通、铁路等需要进行大量土、石方工程的项目，开工时间按开始进行土、石方工程的时间填写。以前年度全部停缓建在本年复工的项目，仍按设计文件中规定的永久性工程第一次正式开工的年月填报，不按复工的时间填报开工时间。

本年全部建成投产时间 指建设项目按计划规定的生产能力（或效益）在本年内按合同规定全部建成，经验收合格或达到竣工验收标准(引进项目并应按合同规定经过试生产考核达到验收标准，经双方签字确认)正式移交生产或交付使用的时间。

控股情况 以法人企业为分类对象，根据企业实收资本中某种经济成分的出资人的实际投资情况进行分类，并按出资人对企业的控股程度,分为绝对控股和相对控股。非法人单位投资项目按投资比重划分。本制度中控股情况具体分为国有控股、集体控股、私人控股、港澳台商控股、外商控股和其他六类。行政和事业单位的投资项目都填国有控股。

期末项目建设状态 指报告期末建设项目状态情况。

在建 指建设项目本年正式进行过建筑或安装施工活动，但在报告期末尚未建成投产,处于建设阶段。包括本期施工项目，也包括以前年度施过工结转到本期尚未开工的建设项目。

报告期末已经成立专门的筹集机构，且财务上可以独立核算的筹建项目，期末建设状态也可以填“在建”，但不计算施工项目个数，不能报送建设用地费，建设用地费只有在项目正式开工时才能报送。不能满足成立筹建机构和独立核算两个条件的项目，只有在项目正式开工时才能上报，不能按筹建项目上报。

城乡分组

城镇固定资产投资 指城镇各种登记注册类型的企业、事业、行政单位及个体户进行的计划总投资500万元及500万元以上的建设项目投资。县城及以上区域内发生的投资，县及县以上各级政府及主管部门直接领导、管理的建设项目和企事业单位的投资均为城镇固定资产投资。

农村固定资产投资　指发生在农村区域范围内的非农户固定资产投资项目完成的投资。不包括县及县以上各级政府及主管部门直接领导、管理的建设项目和企事业单位的投资。

固定资产投资额和新增固定资产

固定资产投资额　指以货币形式表现的在一定时期内建造和购置固定资产的工作量以及与此有关的费用的总称。

计划总投资　是反应固定资产投资在建总规模的重要指标，也是检查工程进度，计算建设周期的依据之一。

计划总投资是指在建的建设工程按照总体设计（或按设计概算或预算）规定的内容全部建成计划需要的总投资。没有总体设计的建设工程，分别按报告期施工工程的计划总投资合计数填报。单纯购置单位应填报单纯购置的计划总投资。计划总投资按以下办法确定填报：

①有上级批准计划总投资的，填列上级批准数额。在上级批准计划总投资后，又批准调整（追加或减少）时，应填列批准后的调整数字；

②无上级批准的计划总投资的，填列有关权威单位编制的概算或预算中的计划总投资；

③前两者都没有的，填列年内施工工程计划总投资。

自开始建设累计完成投资　是指建设项目从开始建设到本年底止累计完成的全部投资。它是反映整个建设项目或企、事业单位建设总进度的指标，其计算范围原则上应与“计划总投资”指标包括的工程内容相一致。报告期前已建成投产或停、缓建工程完成的投资以及拆除、报废工程的投资，仍应包括在内，但转出的“在建工程”累计投资应予以扣除，转入的“在建工程”以前年度完成的投资应当包括。

本年完成投资　指从本年 1 月 1 日起至本年最后一天止完成的全部投资额。本年完成投资是反映本年的实际投资规模，计算有关投资效果，进行国民经济核算和经济分析的重要指标。

自年初累计完成投资　是指从本年 1 月 1 日起至报告期（月、季、半年）末止累计完成的投资。

本月完成投资　指从本月 1 日起至本月最后一天止完成的全部投资额。

实际完成投资额是以货币表示的工作量指标，包括实际完成的建筑安装工程价值，设备、工具、器具的购置费，以及实际发生的其他费用。没用到工程实体的建筑材料、工程预付款和没有进行安装的需要安装的设备等，都不能计算投资完成额。

计算投资额所依据的价格：建筑安装工程投资额一般按预算价格计算。实行招标的工程，按中标价格计算。凡经建设单位与施工单位双方协商同意的工程价差、量差，且经建设银行同意拨款的，应视同修改预算价格。建筑安装工程应按修改后的预算价格计算投资完成额。

对于某些工程已进入施工但施工图预算尚未编出的，统计报表可根据工程进度先按设计概算或套用相同的结构、类型工程的预算综合价格计算，待预算编出后再进行调整。

建设单位议价购料供应给施工单位，材料价差部分未转给施工单位的，建设单位应将这部分价差包括在建安工程投资中。

设备、工具、器具购置投资额一律按实际价格，即支出的全部金额计算。外购设备、工具、器具除设备本身的价格外，还应包括运杂费、仓库保管费等。自制的设备、工具、器具，按实际发生的全部支出计算。

其他费用的价格一般按财务部门实际支付的金额计算。

国内贷款利息按报告期实际支付的利息计算投资完成额，并作为增加固定资产的费用处理。

利用国外资金或国家自有外汇购置的国外设备、工具、器具、材料以及支付的各种费用，按实际结算价格折合人民币计算。

住宅本年完成投资 指为建造专供居住使用的房屋而进行的投资，包括建造职工家属宿舍和集体宿舍（包括职工单身宿舍、学生宿舍）等完成的投资。住宅是根据单项工程的直接用途确定的，在计算住宅投资时应将与其有关的设备购置和其他费用一并计入。投资单位只填报自己建造的住宅，不包括购置的商品房。

本年新增固定资产 指已经完成建造和购置过程，并已交付生产或使用单位的固定资产的价值，包括已经建成投入生产或交付使用的工程投资和达到固定资产标准的设备、工具、器具的投资及有关应摊入的费用。

属于增加固定资产价值的其他建设费用，应随同交付使用的工程一并计入新增固定资产。

建设项目个数

施工项目个数、本年投产项目个数和本年新开工项目个数：每一个建设项目只计算为一个项目个数。

施工项目个数 指本年正式进行过建筑或安装施工活动的建设项目个数。包括本年新开工项目，以前年度开工跨入本年继续施工项目，本年全部建成投产项目、以前年度全部停缓建在本年恢复施工的项目，本年进行过施工又在本年内全部停缓建的项目。

本年投产项目个数 指报告期内按设计文件规定建成主体工程和相应配套的辅助设施，形成生产能力或工程效益，经过验收合格，并且已正式投入生产或交付使用的建设项目。建成投产项目个数是反映报告期建设成果和考核投资效果的重要依据。

本年新开工项目个数 指报告期内新开工的建设项目。包括新开工的新建项目、扩建项目、改建项目、单纯建造生活设施项目、迁建项目和恢复项目。新开工项目的确定以总体设计或计划文件中所规定的永久性工程正式开工为准。本年新开工项目个数是反映全年新开工的固定资产投资规模的指标。

房屋建筑面积及价值

房屋施工面积 指报告期内施工的全部房屋建筑面积。包括本期新开工的房屋建筑面积、上期跨入本期继续施工的房屋建筑面积、上期停缓建在本期恢复施工的房屋建筑面积、本期竣工的房屋建筑面积以及本期施工后又停缓建的房屋建筑面积。多层建筑应填各层建筑面积之和。

房屋竣工面积 指报告期内房屋建筑按照设计要求已全部完工，达到住人和使用条件，经验收鉴定合格或达到竣工验收标准，可正式移交使用的各栋房屋建筑面积的总和。

竣工面积以房屋单位工程（栋）为核算对象，在整栋房屋符合竣工条件后按其全部建筑面积一次性计算，而不是按各栋施工房屋中已完成的部分或层次分割计算。

计算本年房屋竣工面积，要求严格执行房屋竣工验收标准。民用建筑一般应按设计要求在土建工程和房屋本身附属的水、电、卫（包括设计中有的煤气、暖气）工程已经完工，通风、电梯等设备已经安装完毕，做到水通、灯亮，经验收鉴定合格，并正式交付给使用单位后，才能计算竣工面积。工业及科研等生产性房屋建筑一般应按设计要求在土建工程（包括水、暖、电、卫、通风）及属于房屋组成部分的生活间、操作间等已经完成（不包括安装设备的基础工程），可以进行工艺设备和管线安装时，方可计算本年房屋竣工面积。

资金来源

本年实际到位资金小计 指固定资产投资单位在报告期收到的，用于固定资产投资的各种货币资金。包括国家预算资金、国内贷款、债券、利用外资、自筹资金和其他资金。

国家预算资金　自 2011 年起，按照全国人大和国务院的要求，各级财政的所有资金，包括税收和非税收入，均必须纳入预算管理，我国已不存在预算外资金的概念，因此各级政府用于固定资产投资的财政资金均为预算资金。由于已经没有预算外资金，因此名称改为国家预算资金，包括中央预算资金和地方预算资金，旧的国家预算内资金的内容和现中央预算资金的内容基本一致。

银行贷款　指报告期内向各商业银行、政策性银行借入的用于项目开发建设的各项贷款。

债券　指企业或金融机构为筹集用于固定资产投资的资金向投资者出具的承诺按一定发行条件还本付息的债务凭证，包括金融债券和企业债券。金融债券是由银行和非银行金融机构发行的债券。在我国目前金融债券主要分两类，一是由国家开发银行、进出口银行等政策性银行发行的政策性金融债券，二是由商业银行、证券公司、财务公司等商业性金融机构发行的商业金融债券。企业债券是工商企业依照法定程序发行的债券。公司债券的发行主体可以是股份公司也可以是非股份公司，可以是上市公司也可以是非上市公司，包括依据《企业债券管理条例》发行的企业债券、依据《公司法》发行的上市公司债券、依据中国人民银行规章发行的中期票据等。

利用外资　指报告期收到的境外（包括外国及港澳台地区）资金(包括设备、材料、技术在内)。包括对外借款(外国政府贷款、国际金融组织贷款、出口信贷、外国银行商业贷款、对外发行债券和股票)、外商直接投资、外商其他投资(包括利用外商投资收益在国内进行固定资产再投资活动的资金)。不包括我国自有外汇资金(国家外汇、地方外汇、留成外汇、调济外汇和国内银行自有资金发放的外汇贷款等)。各类外资按报告期末的外汇牌价（中间价）折成人民币计算。

自筹资金　指固定资产投资单位在报告期收到的，由各企事业单位筹集用于固定资产投资的资金，包括各类企事业单位的自有资金和从其他单位筹集的用于固定资产投资的资金，但不包括各类财政性资金、从各类金融机借入资金和国外资金。与原有的自筹资金概念相比，最大的变化是地方财政资金全部归为国家预算资金，自筹资金中不再含有财政资金。自筹资金包括以下三项内容：

其他资金来源　指在报告期收到的除以上各种资金之外的用于固定资产投资的资金。包括社会集资、个人资金、无偿捐赠的资金及其他单位拨入的资金等。

各项应付款合计　指本年用于固定资产投资的应付未付的投资款，即指拖欠施工单位、生产单位、税务部门、职工个人等的投资款。包括当年应付工程款、应付器材款、应付工资、应付有偿调入器材及工程款、其他应付款、应交税金、应交基建收入、应交能源交通建设基金、应交预算调节基金及其他应交款。各项应付款填报报告期实际增加数（或发生数），即当年因建造和购置固定资产而应付未付的各种应付款，不包括以前年度累计的应付款。

工程款　指应付给施工单位的投资款。

建设规模及新增生产能力(或工程效益)

新增生产能力(或工程效益)名称　指建成投产项目或工程新增生产能力(或工程效益)的名称。基层单位要将建成投产项目或工程的全部生产能力（或工程效益），按《新增生产能力(或工程效益)目录及代码》规定的名称及代码填写。

计量单位　按照《新增生产能力(或工程效益)目录》规定的计量单位填报。

建设规模　指建设项目或工程设计文件中规定的全部设计能力(或工程效益)。包括已经建成投产和尚未建成投产的工程的生产能力(或工程效益)。它是以实物形态表示固定资产投资规模的指标，反映建设项目或工程全部建成投产（或交付使用）后，能够为社会提供多少设计能力（或工程效益）。

建设规模应填写设计任务书或计划文件中规定的全部能力（或效益），如工业企业各主要产品的全部生产能力(设计规定有多种产品的，要将主要产品的设计能力逐一填列)，铁路、公路的总长度等。新建项目按全部设计能力(或工程效益)计算；改、扩建项目或企业、事业单位，按改、扩建设计规定的全部新增加的能力(或工程效益)填写，不包括改、扩建以前原有的生产能力（或工程效益）。没有总体设计的企业填本年施工的全部单项工程的设计能力。

本年施工规模 指报告期内施工的单项工程（或更新改造项目）的设计能力(或工程效益)，包括报告期以前已开工跨入本年继续施工的工程的设计能力和报告期新开工工程的设计能力。也包括报告期内建成投产或报告期施工后又停缓建的单项工程设计能力。不包括在报告期以前建成投产或已经停、缓建的工程，以及报告期内尚未正式开工的工程的设计能力。

本年施工规模是全部建设规模中在本年正式施工的部分，即本年施工的工程或项目的全部设计能力。例如某发电厂经批准建设四台 10 万千瓦发电机组，在报告期以前已建成投产一台；在报告期内施工的二台，其中一台建成投产，还有一台没有开工。则该电厂建设规模为 40 万千瓦，报告期的施工规模为 20 万千瓦。

自开始建设累计新增生产能力(或工程效益) 指自开始建设至本年底止建成投产的全部单项工程累计新增生产能力(或工程效益)。包括报告期以前已经建成投产和报告期内建成投产的单项工程的生产能力(或工程效益)。没有总体设计的企业只填本年施工的全部工程自开始建设至本年底止的累计新增生产能力(或工程效益)。

本年新增生产能力(或工程效益) 指在本年度内按照新增生产能力(或工程效益)的计算条件和标准，实际建成投入生产或交付使用的生产能力(或工程效益)。

计算新增生产能力，原则上应按工程的设计（计划）能力计算。设计能力是指设计中规定的主体工程（或主体设备）及相应配套的辅助工程（或配套设备）在正常情况下能够达到的生产能力。在建设过程中需要调整设计能力时，必须经原批准设计的管理机关批准后，才能按批准修改后的能力计算。如尚未批准，仍按原设计能力计算，并加以说明。无设计（或计划）能力的，可根据验收时的鉴定能力计算。

建成投产的工程，各生产环节的设备已经配齐，符合计算新增生产能力条件的，应按该工程的全部设计能力计算；各生产环节的设备虽未按设计全部配套建成，但保证生产所需的主体设备、配套设备、主体工程、辅助工程都已部分完成，形成生产作业线，经负荷试运转正式投入生产的，只计算设备配齐部分的能力。

中国银行保险监督管理委员会

（一）报 表 目 录

表号	表名	报告期别	填报范围	报送时间及方式	负责单位	备注
BJ301 表	分地区商业保险情况	年报		6 月 30 日前，通过“国家统计局部门综合数据管理系统”报送数据。	社科文司	
BJ302 表	分地区商业保险机构经办医疗保险情况					
BJ303 表	保险系统机构和人员情况表	年报		次年 8 月 30 日前	核算司	
BJ304 表	保险公司业务经济技术指标情况表					
BJ305 表	保险公司资产情况表					
BJ306 表	保险公司资金运用情况表					
BJ307 表	分地区原保险保费收入和赔付支出情况表					
BJ701 表	保险业费用明细表	年报	保险业单位	6 月 30 日前，电子邮件或光盘内部交换	服务业司	《部门服务业财务统计报表制度》（试行）
BJ702 表	保险业资产负债表	年报	保险业单位			
BJ703 表	保险业利润表	年报	保险业单位			
701 表	部门服务业企业财务状况	年报	典当业中执行企业会计制度的单位			
BJ401 表	保险业财务状况	月报	保险公司	月后 25 日前	服务业司	《部门服务业财务统计报表制度》（试行）

（二）调 查 表 式

综 合 年 报

分地区商业保险情况

表　　号：B J 3 0 1 表
制定机关：国 家 统 计 局
文　　号：国统字〔2019〕3 号
有效期至：2 0 1 9 年 9 月

综合机关名称：中国银行保险监督管理委员会　　　2 0　　年

地　　区	代码	商业保险机构数（个）	养老保险	原保险保费收入（万元）	健康险	原保险赔付支出（万元）	健康险
甲	乙	1	2	3	4	5	6
全国	**01**						
集团、总公司							
本级	02						
北京	03						
天津	04						
…	…						
新疆	33						

单位负责人：　　　　填表人：　　　　报出日期：2 0　　年　　月　　日

说明：1. 报送时间：6 月 30 日前。
　　2. 审核关系：1>2；3>4；5>6；01=02+03+…+33。

分地区商业保险机构经办医疗保险情况

表　　号：B J 3 0 2 表
制定机关：国 家 统 计 局
文　　号：国统字〔2019〕3 号
有效期至：2 0 1 9 年 9 月

综合机关名称：中国银行保险监督管理委员会　　　2 0　　年

地　　区	代码	医疗保险经办业务服务人次（万人次）	医疗保险经办业务原保险保费收入（万元）	医疗保险经办业务新增委托管理资金（万元）	城乡居民大病保险覆盖人数（万人）	城乡居民大病保险赔付金额（万元）
甲	乙	1	2	3	4	5
全国	**01**					
北京	02					
天津	03					
…	…					
新疆	32					

单位负责人：　　　　填表人：　　　　报出日期：2 0　　年　　月　　日

说明：1. 报送时间：6 月 30 日前。
　　2. 审核关系：01=02+03+…+32。

保险系统机构和人员情况表

表　　号：B J 3 0 3 表
制定机关：国 家 统 计 局
文　　号：国统字〔2019〕3 号
综合机关名称：中国银行保险监督管理委员会　　　　2 0　　年　　　　有效期至：2 0 1 9 年 9 月

项　　目	本年		
	机构数(个)	职工人数(人)	女职工(人)
总　　计			
保险集团公司			
中资保险公司			
#总公司			
省级分公司			
中心支分公司			
支公司			
营业部			
营销服务部			
中外合资公司			
总公司			
省级分公司			

单位负责人：　　　　填表人：　　　　报出日期：2 0　　年　　月　　日

说明：报送时间：次年 8 月 30 日前。

保险公司业务经济技术指标情况表

表　　号：B J 3 0 4 表
制定机关：国 家 统 计 局
文　　号：国统字〔2019〕3 号
综合机关名称：中国银行保险监督管理委员会　　　　2 0　　年　　　　有效期至：2 0 1 9 年 9 月

项　　目	本年	
	保　费(亿元)	赔款及给付(亿元)
合　　计		
财产保险公司		
企业财产保险		
家庭财产保险		
机动车辆保险		
工程保险		
责任保险		
信用保险		
保证保险		
船舶保险		
货物运输保险		
特殊风险保险		
农业保险		
健康险		
意外伤害保险		
其他险		
人寿保险公司		
寿险		
健康险		
人身意外伤害险		

单位负责人：　　　　填表人：　　　　报出日期：2 0　　年　　月　　日

说明：报送时间：次年 8 月 30 日前。

保险公司资产情况表

表　　号：B J 3 0 5 表
制定机关：国 家 统 计 局
文　　号：国统字〔2019〕3 号
有效期至：2 0 1 9 年 9 月

综合机关名称：中国银行保险监督管理委员会　　2 0　　年　　单　　位：　　亿　　元

年份	总资产					
		财产险公司	寿险公司	再保险公司	中资公司	外资公司
本年						

单位负责人：　　填表人：　　报出日期：2 0　　年　　月　　日

说明：报送时间：次年 8 月 30 日前。

保险公司资金运用情况表

表　　号：B J 3 0 6 表
制定机关：国 家 统 计 局
文　　号：国统字〔2019〕3 号
有效期至：2 0 1 9 年 9 月

综合机关名称：中国银行保险监督管理委员会　　2 0　　年　　单　　位：　　亿　　元

年份	资金运用余　　额					
		银行存款	国　债	金融债券	企业债券	证券投资基金
本年						

单位负责人：　　填表人：　　报出日期：2 0　　年　　月　　日

说明：报送时间：次年 8 月 30 日前。

分地区原保险保费收入和赔付支出情况表

表　　号：B J 3 0 7 表
制定机关：国　家　统　计　局
文　　号：国统字〔2019〕3 号
有效期至：2 0 1 9 年 9 月

综合机关名称：中国银行保险监督管理委员会　　2 0　　年　　单　　位：　　亿　元

地　区	原保险保费收入			赔付支出		
	小计	财产险业务	人身险业务	小计	财产险业务	人身险业务
全国合计						
北京市						
天津市						
河北省						
山西省						
内蒙古自治区						
辽宁省						
#大连市						
吉林省						
黑龙江省						
上海市						
江苏省						
浙江省						
#宁波市						
安徽省						
福建省						
#厦门市						
江西省						
山东省						
#青岛市						
河南省						
湖北省						
湖南省						
广东省						
#深圳市						
广西壮族自治区						
海南省						
重庆市						
四川省						
贵州省						
云南省						
西藏自治区						
陕西省						
甘肃省						
青海省						
宁夏回族自治区						
新疆维吾尔族自治区						
集团、总公司本级						

单位负责人：　　填表人：　　报出日期：2 0　　年　　月　　日

说明：报送时间：次年 8 月 30 日前。

保险业费用明细表

表　　号：B J 7 0 1 表
制定机关：国 家 统 计 局
文　　号：国统字〔2019〕3 号
有效期至：2 0 1 9 年 9 月

综合机关名称：中国银行保险监督管理委员会　　　2 0　　年　　　　　　　　计量单位：　　万　元

地　区	手续费及佣金支出	手续费支　出	佣金支出	业务及管理费	折旧费	业务宣传费	业务招待费	电子设备运转费	安全防范费	邮电费	劳动保护费	外事费	印刷费	低值易耗品摊销	职工工资及福利费
甲	1	2	3	4	5	6	7	8	9	10	11	12	13	14	15
全国总计															
北　京															
天　津															
河　北															
山　西															
内蒙古															
┆															
新　疆															

续表一

差旅费	水电费	职工教育经费	工会经费	会议费	诉讼费	公证费	咨询费	无形资产摊销	长期待摊费用摊　销	取　暖降温费	聘　请中　介机构费	技　术转让费	绿化费	董事会费
16	17	18	19	20	21	22	23	24	25	26	27	28	29	30

续表二

财　产保险费	劳　动保险费	待　业保险费	住　房公积金	物　业管理费	研究费用	租赁费	同业公会会费	修理费	公杂费	审计费	社　会统　筹保险费	上　交管理费	学会会费	车　船使用费
31	32	33	34	35	36	37	38	39	40	41	42	43	44	45

续表三

银　行结算费	调查费	印花税	房产税	车　船使用税	土　地使用税	防预费	开办费	委　托管理费	托管费	席位费用	提取保险保障基　金	其他	营销费用（养老）	合计
46	47	48	49	50	51	52	53	54	55	56	57	58	59	60

单位负责人：　　　　　　　　　填表人：　　　　　　　　　报出日期：2 0　　年　　月　　日

保险业资产负债表

表　　号：ＢＪ７０２表
制定机关：国　家　统　计　局
文　　号：国统字〔2019〕3 号
有效期至：２０１９年９月
计量单位：万　元

综合机关名称：中国银行保险监督管理委员会　　　２０　　年

地　区	资　产													
	货币资金	拆出资金	交易性金融资产	衍生金融资产	买入返售金融资产	应收利息	应收保费	应收资产管理费	应收管理费（养老）	应收代位追偿款	应收分保账款	应收分保未到期责任准备金	应收分保未决赔款准备金	应收分保寿险责任准备金
甲	1	2	3	4	5	6	7	8	9	10	11	12	13	14
全国总计														
北　京														
天　津														
河　北														
山　西														
┆														
新　疆														

续表一

应收分保长期健康险责任准备金	保户质押贷款	贷款	存出保证金	定期存款	可供出售金融资产	持有至到期投资	长期股权投资	存出资本保证金	投资性房地产	固定资产	累计折旧	无形资产	递延所得税资产	系统内往来（借项）	内部往来（借项）
15	16	17	18	19	20	21	22	23	24	25	26	27	28	29	30

续表二

			负　债										
独立账户资产	其他资产	资产总计	短期借款	存入保证金	拆入资金	交易性金融负债	衍生金融负债	卖出回购金融资产款	应付手续费及佣金	应付营销费用（养老）	预收保费	应付职工薪酬	应交税费
31	32	33	34	35	36	37	38	39	40	41	42	43	44

续表三

保险保障基金	应付赔付款	其他应付款	应付保单红利	应付分保账款	未到期责任准备金	未决赔款准备金	已发生未报告未决赔款准备金	寿险责任准备金	长期健康险责任准备金	保户储金及投资款	长期借款	应付债券	卫星发射保险基金	递延所得税负债
45	46	47	48	49	50	51	52	53	54	55	56	57	58	59

续表四

					所有者（股东）权益									负债和所有者（股东）权益总计
系统内往来（贷项）	内部往来（贷项）	独立账户负债	其他负债	负债合计	实收资本（或股本）	资本公积	减：库存股	盈余公积	一般风险准备	未分配利润	外币报表折算差额	少数股东权益	所有者权益合计	
60	61	62	63	64	65	66	67	68	69	70	71	72	73	74

单位负责人：　　　　　填表人：　　　　　报出日期：２０　　年　　月　　日

保险业利润表

表　　号：B J 7 0 3 表
制定机关：国　家　统　计　局
文　　号：国统字〔2019〕3 号
有效期至：2 0 1 9 年 9 月
综合机关名称：中国银行保险监督管理委员会　　2 0　　年　　计量单位：　万　元

地区	营业收入	已赚保费	保险业务收入	分保费收入	减：分出保费	提取未到期责任准备金	资产管理费收入	管理费收入（养老）	投资收益	对联营企业和合营企业的投资收益	公允价值变动收益	汇兑净收益	其他业务收入	营业支出	退保金
甲	1	2	3	4	5	6	7	8	9	10	11	12	13	14	15
全国总计															
北　京															
天　津															
河　北															
山　西															
内蒙古															
┇															
新　疆															

续表一

赔付支出	减：摊回赔付支出	提取未决赔款准备金	减：摊回未决赔款准备金	提取寿险责任准备金	减：摊回寿险责任准备金	提取长期健康险责任准备金	减：摊回长期健康险责任准备金	保单红利支出	分保费用	税金及附加	手续费及佣金支出	营销费用（养老）	业务及管理费	减：摊回分保费用
16	17	18	19	20	21	22	23	24	25	26	27	28	29	30

续表二

其他业务成本	资产减值损失	营业利润	加：营业外收入	补贴收入	减：营业外支出	利润总额	减：所得税费用	净利润	少数股东损益	每股收益	基本每股收益	稀释每股收益	应交增值税
31	32	33	34	35	36	37	38	39	40	41	42	43	44

单位负责人：　　　　填表人：　　　　报出日期：2 0　　年　　月　　日

部门服务业企业财务状况

（表式及指标解释见通用表）

部门服务业行政单位财务状况

（表式及指标解释见通用表）

部门服务业事业单位财务状况

（表式及指标解释见通用表）

保险业财务状况

表　　号：B J 4 0 1 表
制定机关：国　家　统　计　局
文　　号：国统字〔2019〕3 号
有效期至：2 0 2 0 年 1 月

综合机关名称：中国银行保险监督管理委员会　　2 0　年　月

指标名称	单位	代码	1-本月	上年同期
甲	乙	丙	1	2
一、损益及分配	–	–		
（一）营业收入	千元	01		
已赚保费	千元	02		
保险业务收入	千元	03		
其中：分保费收入	千元	04		
减：分出保费	千元	05		
提取未到期责任准备金	千元	06		
资产管理费收入	千元	07		
管理费收入（养老）	千元	08		
投资收益（损失以“—”号填列）	千元	09		
其中：对联营企业和合营企业的投资收益	千元	10		
公允价值变动收益（损失以“—”号填列）	千元	11		
汇兑收益（损失以“—”号填列）	千元	12		
其他业务收入	千元	13		
（二）营业支出	千元	14		
退保金	千元	15		
赔付支出	千元	16		
减：摊回赔付支出	千元	17		
提取未决赔款准备金	千元	18		
减：摊回未决赔款准备金	千元	19		
提取寿险责任准备金	千元	20		
减：摊回寿险责任准备金	千元	21		
提取长期健康险责任准备金	千元	22		
减：摊回长期健康险责任准备金	千元	23		
保单红利支出	千元	24		
分保费用	千元	25		
税金及附加	千元	26		
手续费及佣金支出	千元	27		
营销费用（养老）	千元	28		
业务及管理费	千元	29		
减：摊回分保费用	千元	30		
其他业务成本	千元	31		
资产减值损失	千元	32		
（三）营业利润（亏损以“—”号填列）	千元	33		
加：营业外收入	千元	34		
减：营业外支出	千元	35		
（四）利润总额（亏损总额以“—”号填列）	千元	36		
二、应付职工薪酬	千元	37		
三、期末保险业从业人员数	人	38		

单位负责人：　　填表人：　　报出日期：2 0　年　月　日

说明：1. 统计范围：保险公司。
　　　2. 报送日期：月后 25 日前，节假日顺延。

（三）主要指标解释

拆出资金 指金融企业拆借给境内、境外其他金融机构的款项。

交易性金融资产 指企业为交易目的所持有的债券投资、股票投资、基金投资等交易性金融资产的公允价值。

买入返售金融资产 指金融企业按照返售协议约定先买入再按固定价格返售的票据、证券、贷款等金融资产所融出的资金。

应收利息 指企业交易性金融资产、持有至到期投资、可供出售金融资产、发放贷款、存放中央银行款项、拆出资金、买入返售金融资产等应收取的利息。

应收代位追偿款 指保险企业按照原保险合同约定承担赔付保险金责任后确认的代位追偿款。

应收分保账款 指保险企业从事再保险业务应收取的款项。

存出保证金 指金融企业因办理业务需要存出或缴纳的各种保证金款项。

可供出售金融资产 指企业持有的可供出售金融资产的公允价值，包括划分为可供出售的股票投资、债券投资等金融资产。

持有至到期投资 指企业持有至到期投资的摊余成本。

长期股权投资 指企业持有的采用成本法和权益法核算的长期股权投资。

存出资本保证金 指保险企业按规定比例缴存的资本保证金。

固定资产 指企业持有的固定资产原价。

无形资产 指企业持有的无形资产成本，包括专利权、非专利技术、商标权、著作权、土地使用权等。

递延所得税资产 指企业确认的可抵扣暂时性差异产生的所得税资产。

独立账户资产 指保险企业对分拆核算的投资连结产品不属于风险保障部分确认的独立账户资产价值。

短期借款 指企业向银行或其他金融机构等借入的期限在 1 年以下（含 1 年）的各种借款。

存入保证金 指金融企业收到客户存入的各种保证金，如信用证保证金、承兑汇票保证金、保函保证金、担保保证金等。

交易性金融负债 指企业承担的交易性金融负债的公允价值。

拆入资金 指金融企业从境内、境外金融机构拆入的款项。

卖出回购金融资产款 指金融企业按照回购协议先卖出再按固定价格买入的票据、证券、贷款等金融资产所融入的资金。

应交税费 指企业按照税法等规定计算应交纳的各种税费，包括增值税、消费税、营业税、所得税、资源税、土地增值税、城市维护建设税、房产税、土地使用税、车船使用税、教育费附加、矿产资源补偿税等。

应付保单红利 指保险企业按原保险合同约定应付未付投保人的红利。

应付分保账款 指保险企业从事再保险业务应付未付的款项。

未到期责任准备金 指保险企业提取的非寿险原保险合同未到期责任准备金。

长期借款 指企业向银行或其他金融机构借入的期限在 1 年以上（不含 1 年）的各项借款。

递延所得税负债 指企业确认的应纳税暂时性差异产生的所得税负债。

应付债券 指企业为筹集（长期）资金而发行债券的本金和利息。

实收资本 指企业各投资者实际投入的资本（或股本）总额，包括货币、实物、无形资产等各种形式的投入。实收资本按投资主体可分为国家资本、集体资本、法人资本、个人资本、港澳台资本和外商资本。根据会计“资产负债表”中“所有者权益”项下“实收资本”的期末余额数填报。

资本公积　指企业收到投资者出资额超出其在注册资本或股本中所占份额的部分。

库存股　指企业收购、转让或注销的本公司股份金额。

盈余公积　指企业按照规定从净利润中提取的各种积累资金。

一般风险准备　指金融企业规定从净利润中提取，用于弥补亏损的风险准备。

独立账户负债　指保险公司对投资连结保险提取的单位准备金和投资账户负债。其中，投资账户负债是指在投资账户资产投资过程中形成的卖出回购证券、应付款项等负债。

提取未到期责任准备金　指保险企业提取的非寿险原保险合同未到期责任准备金和再保险合同分保未到期责任准备金。

退保金　指保险企业寿险原保险合同提前解除时按照约定应当退还投保人的保单现金价值。

赔付支出　指保险企业支付的原保险合同赔付款项和再保险合同赔付款项。

摊回赔付支出　指再保险分出人向再保险接受人摊回的赔付成本。

保单红利支出　指保险企业按原保险合同约定支付给投保人的红利。

摊回分保费用　指再保险分出人向再保险接受人摊回的分保费用。

手续费及佣金支出　指金融企业发生的与经营活动相关的各项手续费、佣金等支出。

分保费用　指再保险接受人向再保险分出人支付的分保费用。

所得税费用　指企业确认的应从当期利润总额中扣除的所得税费用。

商业保险机构数　指我国境内、经保险监督管理部门批准设立，并依法登记注册的各类商业保险公司数量。包括集团公司、总公司、省级分公司、支公司、营业部、营销服务部以及代表处的数量之和。

养老保险机构数　指我国境内、经保险监督管理部门批准设立，并依法登记注册的各类专业的养老保险公司数量。

原保险保费收入　指投保人为取得保险人在保险合同约定范围内所承担赔偿或给付保险金责任而支付给保险人的费用。

健康险　指保险人通过疾病保险、医疗保险、失能收入损失保险和护理保险等方式对因健康原因导致的损失给付保险金的保险业务。

赔付支出　指保险人根据保险合同的约定，向被保险人或受益人赔偿或给付保险金的金额。

商业保险机构经办医疗保险　指政府或企事业团体通过委托代办或者购买服务等方式，委托商业保险机构开展的新农合、新农合补充、城镇职工基本医疗、城镇职工补充医疗、城镇居民基本医疗、城镇居民补充医疗、医疗救助、企事业团体补充医疗、城乡居民大病保险等医疗保险业务。

服务人次　指商业保险机构经办医疗保险业务的参保人次。

新增委托管理基金　指报告期新增的政府或企事业团体委托商业保险机构管理的各种医疗保险基金。

大病保险　指为提高城乡居民医疗保障水平，在基本医疗保障的基础上，对城乡居民大病发生的高额医疗费用给予进一步保障的一项制度性安排。具体做法是从城镇居民基本医疗保险基金、新农合基金或城乡居民基本医疗保险基金中划出一定比例或额度作为大病保险资金，通过招投标方式向符合经营资质的商业保险公司购买大病保险。

覆盖人数　指大病保险业务的参保人员数量。

资产总计　指企业过去的交易或者事项形成的、由企业拥有或者控制的、预期会给企业带来经济利益的资源。资产一般按流动性（资产的变现或耗用时间长短）分为流动资产和非流动资产。其中流动资产可分为货币资金、交易性金融资产、应收票据、应收账款、预付款项、其他应收款、存货等；非流动资产可分为长期股权投资、固定资产、无形资产及其他非流动资产等。根据会计“资产负债表”中“资产总计”项目的期末余额数填报。

执行《企业会计准则》或《小企业会计准则》的企业：资产总计=流动资产合计+非流动资产合计；执行其他企业会计制度的企业资产包括流动资产、长期投资、固定资产、无形资产和其他资产等。

负债合计 指企业过去的交易或者事项形成的，预期会导致经济利益流出企业的现时义务。负债一般按偿还期长短分为流动负债和非流动负债。根据会计“资产负债表”中“负债合计”项目的期末余额数填报。

执行《企业会计准则》或《小企业会计准则》的企业：负债合计=流动负债合计+非流动负债合计；执行其他企业会计制度的企业负债包括流动负债和长期负债。

累计折旧 指企业在报告期末提取的历年固定资产折旧累计数。根据会计“累计折旧”科目的期末贷方余额填报。

中国证券监督管理委员会

（一）报 表 目 录

表号	表名	报告期别	填报范围	报送时间及方式	负责单位	备注
ZQ301 表	证券市场基本情况表	年报		次年 8 月 30 日前	核算司	
ZQ302 表	上市公司数量表	年报				
ZQ303 表	证券市场发行情况表	年报				
ZQ304 表	股票交易情况表	年报				
ZQ701 表	证券业资产负债表	年报	证券业单位	6 月 30 日前，电子邮件或内部交换 dczxzhc@stats. gov. cn	服务业司	《部门服务业财务统计报表制度》（试行）
ZQ702 表	证券业利润和费用明细表	年报	证券业单位			
ZQ703 表	基金业资产负债表	年报	基金业单位			
ZQ704 表	基金业利润表	年报	基金业单位			
ZQ705 表	基金业业务及管理费用明细表	年报	基金业单位			
ZQ706 表	期货业资产负债表	年报	期货业单位			
ZQ707 表	期货业利润和费用明细表	年报	期货业单位			
ZQ401 表	证券公司利润表	月报	证券公司	月后 25 日前	服务业司	《部门服务业财务统计报表制度》（试行）

（二）调 查 表 式

综 合 年 报

证券市场基本情况表

表　　号：Z Q 3 0 1 表
制定机关：国 家 统 计 局
文　　号：国统字〔2019〕3 号
有效期至：2 0 1 9 年 9 月

综合机关名称：中国证券监督管理委员会　　　　2 0　　年

项　　目	计量单位	上年	本年
境内上市公司数（A、B 股）	（家）		
境内上市外资股公司数(B 股)	（家）		
境外上市公司数（H 股）	（家）		
股票总发行股本	（亿股）		
#流通股本	（亿股）		
股票市价总值	（亿元）		
#股票流通市值	（亿元）		
股票成交量	（亿股）		
股票成交金额	（亿元）		
上证综合指数	（收盘）		
深证综合指数	（收盘）		
股票有效账户数	（万户）		
平均市盈率			
上海			
深圳			
平均换手率	（%）		
上海			
深圳			
国债发行额	（亿元）		
公司信用类债券发行额	（亿元）		
债券成交额	（亿元）		
债券现货成交金额	（亿元）		
债券回购成交金额	（亿元）		
证券投资基金只数	（只）		
证券投资基金规模	（亿份）		
证券投资基金成交金额	（亿元）		
期货总成交量	（万手）		
期货总成交额	（亿元）		

单位负责人：　　　　填表人：　　　　报出日期：2 0　　年　　月　　日

说明：报送时间：次年 8 月 30 日前。

上市公司数量表

表　　号：ＺＱ３０２表
制定机关：国　家　统　计　局
文　　号：国统字〔2019〕3 号
有效期至：２０１９年９月

综合机关名称：中国证券监督管理委员会　　　　２０　　年

年　份	全国合计	上交所	深交所	发 A 股公司	发 B 股公司	同时发 A 股、B 股公司
本年						

单位负责人：　　　　填表人：　　　　报出日期：２０　　年　　月　　日

说明：报送时间：次年 8 月 30 日前。

证券市场发行情况表

表　　号：ＺＱ３０３表
制定机关：国　家　统　计　局
文　　号：国统字〔2019〕3 号
有效期至：２０１９年９月

综合机关名称：中国证券监督管理委员会　　　　２０　　年

年　份	境内发行金额			境外股票发行金额	新三板股票发行金额	合计
	小计	股票发行金额	交易所债券发行金额			
2018 年						

单位负责人：　　　　填表人：　　　　报出日期：２０　　年　　月　　日

说明：报送时间：次年 8 月 30 日前。

股票交易情况表

表　　号：ZQ304表
制定机关：国家统计局
文　　号：国统字〔2019〕3号
有效期至：2019年9月

综合机关名称：中国证券监督管理委员会　　　　20　　年

项　　目	计量单位	本年
上市公司数	（家）	
上市股票数	（只）	
A股		
B股		
股票总发行股本	（亿股）	
A股		
B股		
#流通股本		
A股		
B股		
股票市价总值	（亿元）	
A股		
B股		
#股票流通市值		
A股		
B股		
股票成交金额	（亿元）	
A股		
B股		
总成交股数	（亿股）	
A股		
B股		
上证综合指数		
最高		
最低		
收盘		
深证综合指数		
最高		
最低		
收盘		

单位负责人：　　　　填表人：　　　　报出日期：20　　年　　月　　日

说明：报送时间：次年8月30日前。

证券业资产负债表

表　　号：Z Q 7 0 1 表
制定机关：国　家　统　计　局
文　　号：国统字〔2019〕3 号
有效期至：2 0 1 9 年 9 月
计量单位：　　万　　元

综合机关名称：中国证券监督管理委员会　　　　2 0　　年

地　区	资　产													
	货币资金	客户资金存款	结算备付金	客户备付金	拆出资金	交易性金融资产	衍生金融资产	买入返售金融资产	应收利息	存出保证金	可供出售金融资产	持有至到期投资	长期股权投资	投资性房地产
甲	1	2	3	4	5	6	7	8	9	10	11	12	13	14
全国总计														
北　京														
天　津														
河　北														
山　西														
内蒙古														
┆														
新　疆														

续表一

							负　债									
固定资产	累计折旧	无形资产	交易席位费	递延所得税资产	其他资产	资产总计	短期借款	质押借款	拆入资金	交易性金融负债	衍生金融负债	卖出回购金融资产款	代理买卖证券款	代理承销证券款	应付职工薪酬	应交税费
15	16	17	18	19	20	21	22	23	24	25	26	27	28	29	30	31

续表二

							所有者（股东）权益						负债和所有者（股东）权益总计
应付利息	预计负债	长期借款	应付债券	递延所得税负债	其他负债	负债合计	实收资本(或股本)	资本公积	减：库存股	盈余公积	一般风险准备	未分配利润	
32	33	34	35	36	37	38	39	40	41	42	43	44	45

单位负责人：　　　　　　填表人：　　　　　　报出日期：2 0　　年　　月　　日

证券业利润和费用明细表

表　　号：ＺＱ７０２表
制定机关：国　家　统　计　局
文　　号：国统字〔2019〕3号
有效期至：２０１９年９月
计量单位：　万　元

综合机关名称：中国证券监督管理委员会　　２０　　年

地区	利润								
	营业收入	手续费及佣金净收入	代理买卖证券业务净收入	证券承销业务净收入	受托客户资产管理业务净收入	利息净收入	投资收益	对联营企业和合营企业的投资收益	公允价值变动净收益
甲	1	2	3	4	5	6	7	8	9
全国总计									
北　京									
天　津									
河　北									
山　西									
内蒙古									
┆									
新　疆									

续表一

汇兑净收益	其他业务收入	营业支出	税金及附加	业务及管理费	资产减值损失	其他业务成本	营业利润	加：营业外收入	补贴收入	减：营业外支出
10	11	12	13	14	15	16	17	18	19	20

续表二

利润总额	减：所得税费用	净利润	费用明细					应交增值税
			运营费用	物业及设备费用	人工费用	其他营业费用	合计	
21	22	23	24	25	26	27	28	29

单位负责人：　　　　填表人：　　　　报出日期：２０　　年　　月　　日

基金业资产负债表

表　　号：Z Q 7 0 3 表
制定机关：国 家 统 计 局
文　　号：国统字〔2019〕3 号
有效期至：2 0 1 9 年 9 月
计量单位：万　元

综合机关名称：中国证券监督管理委员会　　　　2 0　　年

地　区	资　　产												
	货币资金	一般风险准备	专项风险准备	交易性金融资产	成本	公允价值变动收益	衍生金融资产	买入返售金融资产	应收利息	存出保证金	应收账款	可供出售金融资产	成本
甲	1	2	3	4	5	6	7	8	9	10	11	12	13
全国总计													
北　京													
天　津													
河　北													
山　西													
内蒙古													
┆													
新　疆													

续表一

应计利息	公允价值变动	利息调整	可供出售金融资产减值准备	持有至到期投资	成本	应计利息	利息调整	持有至到期投资减值准备	投资性房地产	固定资产	累计折旧	在建工程	无形资产
14	15	16	17	18	19	20	21	22	23	24	25	26	27

续表二

				负　　债								
递延所得税资产	长期待摊费用	其他资产	资产总计	交易性金融负债	衍生金融负债	卖出回购金融资产款	应付职工薪酬	应付账款	应交税费	应付利息	预计负债	长期应付款
28	29	30	31	32	33	34	35	36	37	38	39	40

续表三

				所有者（股东）权益					负债和所有者（股东）权益总计
长期借款	递延所得税负债	其他负债	负债合计	实收资本	资本公积	盈余公积	一般风险准备	未分配利润	
41	42	43	44	45	46	47	48	49	50

单位负责人：　　　　填表人：　　　　报出日期：2 0　　年　　月　　日

基金业利润表

表　　号：ZQ704表
制定机关：国家统计局
文　　号：国统字〔2019〕3号
有效期至：2019年9月

综合机关名称：中国证券监督管理委员会　　　　20　　年　　　　计量单位：万元

地区	营业收入	管理费收入	证券投资基金管理费收入	社保基金管理费收入	企业年金管理费收入	特定客户管理费收入	销售服务费收入	手续费收入	利息净收入	投资收益	债券利息	股利
甲	1	2	3	4	5	6	7	8	9	10	11	12
全国总计												
北　京												
天　津												
河　北												
山　西												
内蒙古												
┆												
新　疆												

续表一

非货币市场基金分红	货币市场基金分红	出售价差损益	公允价值变动收益	股票	债券	基金	衍生工具	套期工具	指定以公允价值计量且其变动计入当期损益的金融资产负债	汇兑净收益	其他业务收入
13	14	15	16	17	18	19	20	21	22	23	24

续表二

营业支出	税金及附加	业务及管理费	资产减值损失	其他业务成本	营业利润	加：营业外收入	补贴收入	减：营业外支出	利润总额	减：所得税费用	净利润	应交增值税
25	26	27	28	29	30	31	32	33	34	35	36	37

单位负责人：　　　　填表人：　　　　报出日期：20　　年　　月　　日

基金业业务及管理费用明细表

表　　号：Z Q 7 0 5 表
制定机关：国 家 统 计 局
文　　号：国统字〔2019〕3 号
有效期至：2 0 1 9 年 9 月
计量单位：　　万　　元

综合机关名称：中国证券监督管理委员会　　　　2 0　　年

地　区	人力资源开支	工资	奖金	职工福利费	法定社会保险费	法定医疗保险费	法定失业保险费	住房公积金	补充商业保险	年金	工会经费	职工教育经费	非货币性福利
甲	1	2	3	4	5	6	7	8	9	10	11	12	13
全国总计													
北　京													
天　津													
河　北													
山　西													
内蒙古													
┆													
新　疆													

续表一

辞退福利	股份支付	执行董事津贴	基金管理人业绩报酬	其他	营销开支	对外宣传广告费	业务招待费	营销目的差旅费	营销培训费	营销会议费	支付划款手续费
14	15	16	17	18	19	20	21	22	23	24	25

续表二

销售奖励	尾随佣金	前端支付代销机构后端认、申购手续费	其他	研发开支	调研费	研发咨询费	研发培训费	其他	办公费开支	日常开支部分	租赁费及物业管理费
26	27	28	29	30	31	32	33	34	35	36	37

续表三

电子设备运转费及修理费	交通费及机动车辆运营费	水电费及邮电通讯费	财产保险费	办公目的会议费、差旅费	劳务费	税金	自用房产房产税	自用房产土地使用税	车船使用税	印花税（除证券交易）	其他
38	39	40	41	42	43	44	45	46	47	48	49

续表四

其他	公司管理部分	股东会、董事会、监事会会费	非执行董事、监事津贴	其他	专业服务部分	会计师费	律师费	咨询费(办公费性质)	信息披露费	监管费	会员资格年费	其他
50	51	52	53	54	55	56	57	58	59	60	61	62

续表五

折旧摊销部分	固定资产折旧费	无形资产摊销	长期待摊费用摊销	低值易耗品摊销	其他	投资研究支出	保本基金保本费	一般风险准备支出	开办费	其他开支
63	64	65	66	67	68	69	70	71	72	73

单位负责人： 填表人： 报出日期：2 0 年 月 日

期货业资产负债表

表　　号：Z Q 7 0 6 表
制定机关：国 家 统 计 局
文　　号：国统字〔2019〕3 号
有效期至：2 0 1 9 年 9 月
计量单位：万 元

综合机关名称：中国证券监督管理委员会　　　　２０　　年

地区	资产										
	货币资金	期货保证金存款	应收货币保证金	应收质押保证金	存出保证金	交易性金融资产	应收结算担保金	应收风险损失款	应收利息	应收佣金	其他应收款
甲	1	2	3	4	5	6	7	8	9	10	11
全国总计											
北　京											
天　津											
河　北											
山　西											
内蒙古											
┆											
新　疆											

续表一

											负债	
可供出售金融资产	持有至到期投资	长期股权投资	期货会员资格投资	固定资产	累计折旧	本年折旧	无形资产	递延所得税资产	其他资产	资产总计	短期借款	应付货币保证金
12	13	14	15	16	17	18	19	20	21	22	23	24

续表二

应付质押保证金	交易性金融负债	期货风险准备金	应付期货投资者保障基金	应付职工薪酬	贷方累计发生额	应交税费	应付利息	应付手续费和佣金	其他应付款	预计负债	长期借款	递延所得税负债	其他负债	负债合计
25	26	27	28	29	30	31	32	33	34	35	36	37	38	39

续表三

所有者（股东）权益												负债和所有者（股东）权益总计
实收资本（或股本）	国家资本	集体资本	法人资本	个人资本	港澳台资本	外商资本	资本公积	减：库存股	盈余公积	一般风险准备	未分配利润	
40	41	42	43	44	45	46	47	48	49	50	51	52

单位负责人：　　　　填表人：　　　　报出日期：２０　　年　　月　　日

期货业利润和费用明细表

表　　号：ＺＱ７０７表
制定机关：国　家　统　计　局
文　　号：国统字〔2019〕3号
有效期至：２０１９年９月
计量单位：万　元

综合机关名称：中国证券监督管理委员会　　　　２０　　年

地　区	利　润										
	营业收入	手续费收　入	佣金净收　入	利息净收　入	投资收益	公允价值变动收　益	汇　兑净收益	其他业务收入	营业支出	提取期货风险准备金	营　业税金及其　他
甲	1	2	3	4	5	6	7	8	9	10	11
全国总计											
北　京											
天　津											
河　北											
山　西											
内蒙古											
┆											
新　疆											

续表

										费用明细					
业务及管理费	资产减值损失	其他业务成本	营业利润	加：营业外收入	补贴收入	减：营业外支出	利润总额	减：所得税费用	净利润	运营费用	物业及设备费用	人工费用	其他营业费用	合计	应交增值税
12	13	14	15	16	17	18	19	20	21	22	23	24	25	26	27

单位负责人：　　　　填表人：　　　　报出日期：２０　　年　　月　　日

证券公司利润表

表　　号：Z Q 4 0 1 表
制定机关：国　家　统　计　局
文　　号：国统字〔2019〕3 号
综合机关名称：中国证券监督管理委员会　　20　年　月　　有效期至：2 0 2 0 年 1 月

指标名称	代码	本期（亿元）	本年累计（亿元）
甲	乙	1	2
一、营业收入	01		
手续费净收入（净损失以“－”号填列）	02		
其中：证券经纪业务净收入	03		
其中：代理买卖证券业务净收入	04		
交易单元席位租赁净收入	05		
代理销售金融产品净收入	06		
投资银行业务净收入	07		
其中：承销业务净收入	08		
保荐业务净收入	09		
财务顾问业务净收入	10		
其中：并购重组财务顾问业务净收入	11		
投资咨询业务净收入	12		
资产管理业务净收入	13		
其中：公募基金管理业务净收入（含大集合）	14		
集合资产管理业务净收入	15		
定向资产管理业务净收入	16		
专项资产管理业务净收入	17		
利息净收入（净损失以“－”号填列）	18		
其中：1. 利息收入（收入以“+”号填列）	19		
其中：存放金融同业利息收入	20		
其中：自有资金存款利息收入	21		
客户资金存款利息收入	22		
融资业务利息收入	23		
其中：融资融券业务利息收入	24		
约定购回利息收入	25		
股票质押回购利息收入	26		
2. 利息支出（支出以“－”号填列）	27		
其中：卖出回购金融资产利息支出	28		
其中：报价回购利息支出	29		
拆入资金利息支出	30		
其中：转融通利息支出	31		
债券利息支出	32		
投资收益（净损失以“－” 号填列）	33		
其中：对联营企业和合营企业的投资收益	34		
对子公司的投资收益	35		
交易性金融工具的投资收益	36		
可供出售金融资产的投资收益	37		
持有至到期金融资产的投资收益	38		

续表

指标名称	代码	本期（亿元）	本年累计（亿元）
甲	乙	1	2
衍生金融工具的投资收益	39		
公允价值变动收益（净损失以“－” 号填列）	40		
其中：交易性金融工具公允价值变动收益	41		
衍生金融工具公允价值变动收益	42		
汇兑收益（损失以“－”号填列）	43		
其他业务收入	44		
二、营业支出	45		
税金及附加	46		
业务及管理费	47		
其中：折旧及摊销	48		
场地设备租赁费	49		
职工薪酬	50		
证券投资者保护基金	51		
资产减值损失（冲回以“－”号列示）	52		
其他业务成本	53		
三、营业利润（亏损以“－”号填列）	54		
加：营业外收入	55		
减：营业外支出	56		
四、利润总额（亏损总额“－” 号填列）	57		
减：所得税费用	58		
五、净利润（净亏损以“-”号填列）	59		
六、其他综合收益	60		
七、综合收益总额	61		

单位负责人： 填表人： 报出日期：2 0 年 月 日

说明：1.统计范围：证券公司。

2.报送日期：月后25日前，节假日顺延。

（三）主要指标解释

拆出资金 指金融企业拆借给境内、境外其他金融机构的款项。

交易性金融资产 指企业为交易目的所持有的债券投资、股票投资、基金投资等交易性金融资产的公允价值。

买入返售金融资产 指金融企业按照返售协议约定先买入再按固定价格返售的票据、证券、贷款等金融资产所融出的资金。

应收利息 指企业交易性金融资产、持有至到期投资、可供出售金融资产、发放贷款、存放中央银行款项、拆出资金、买入返售金融资产等应收取的利息。

存出保证金 指金融企业因办理业务需要存出或缴纳的各种保证金款项。

可供出售金融资产 指企业持有的可供出售金融资产的公允价值，包括划分为可供出售的股票投资、债券投资等金融资产。

持有至到期投资 指企业持有至到期投资的摊余成本。

长期股权投资 指企业持有的采用成本法和权益法核算的长期股权投资。

固定资产 指企业持有的固定资产原价。

无形资产 指企业持有的无形资产成本，包括专利权、非专利技术、商标权、著作权、土地使用权等。

递延所得税资产 指企业确认的可抵扣暂时性差异产生的所得税资产。

短期借款 指企业向银行或其他金融机构等借入的期限在 1 年以下（含 1 年）的各种借款。

交易性金融负债 指企业承担的交易性金融负债的公允价值。

拆入资金 指金融企业从境内、境外金融机构拆入的款项。

卖出回购金融资产款 指金融企业按照回购协议先卖出再按固定价格买入的票据、证券、贷款等金融资产所融入的资金。

应交税费 指企业按照税法等规定计算应交纳的各种税费，包括增值税、消费税、营业税、所得税、资源税、土地增值税、城市维护建设税、房产税、土地使用税、车船使用税、教育费附加、矿产资源补偿税等。

长期借款 指企业向银行或其他金融机构借入的期限在 1 年以上（不含 1 年）的各项借款。

递延所得税负债 指企业确认的应纳税暂时性差异产生的所得税负债。

应付债券 指企业为筹集（长期）资金而发行债券的本金和利息。

实收资本 指企业各投资者实际投入的资本（或股本）总额，包括货币、实物、无形资产等各种形式的投入。实收资本按投资主体可分为国家资本、集体资本、法人资本、个人资本、港澳台资本和外商资本。根据会计“资产负债表”中“所有者权益”项下“实收资本”的期末余额数填报。

资本公积 指企业收到投资者出资额超出其在注册资本或股本中所占份额的部分。

库存股 指企业收购、转让或注销的本公司股份金额。

盈余公积 指企业按照规定从净利润中提取的各种积累资金。

一般风险准备 指金融企业规定从净利润中提取，用于弥补亏损的风险准备。

所得税费用 指企业确认的应从当期利润总额中扣除的所得税费用。

资产总计 指企业过去的交易或者事项形成的、由企业拥有或者控制的、预期会给企业带来经济利益的资源。资产一般按流动性（资产的变现或耗用时间长短）分为流动资产和非流动资产。其中流动资产可分为货币资金、交易性金融资产、应收票据、应收账款、预付款项、其他应收款、存货等；非流动资产可分为长期股权投资、固定资产、无形资产及其他非流动资产等。根据会计“资产负债表”中“资产总计”项目的期末余额数填报。

执行《企业会计准则》或《小企业会计准则》的企业：资产总计=流动资产合计+非流动资产合计；执行其他企业会计制度的企业资产包括流动资产、长期投资、固定资产、无形资产和其他资产等。

负债合计 指企业过去的交易或者事项形成的，预期会导致经济利益流出企业的现时义务。负债一般按偿还期长短分为流动负债和非流动负债。根据会计“资产负债表”中“负债合计”项目的期末余额数填报。

执行《企业会计准则》或《小企业会计准则》的企业：负债合计=流动负债合计+非流动负债合计；执行其他企业会计制度的企业负债包括流动负债和长期负债。

累计折旧 指企业在报告期末提取的历年固定资产折旧累计数。根据会计“累计折旧”科目的期末贷方余额填报。

国家粮食和物资储备局

（一）报 表 目 录

表号	表名	报告期别	填报范围	报送时间及方式	负责单位	备注
LS201 表	全国粮食统一竞价交易平台电子商务交易情况	季报	全国粮食统一竞价交易平台。	一季度季后 8 日、二季度季后 9 日、三、四季度季后 10 日 24 时前网上填报	服务业司	《互联网经济统计报表制度》

（二）调 查 表 式

综 合 定 报

全国粮食统一竞价交易平台电子商务交易情况

表　　号：ＬＳ２０１表
制定机关：国　家　统　计　局
文　　号：国统字〔2019〕3 号
综合机关名称：国家粮食和物资储备局　　　20　　年　　季　　　有效期至：２０２０年１月

一、平台基本情况

01	电商平台统计代码：□□□□□□□□□-□□
02	电商平台详细名称：
03	电商平台网址：

二、平台交易情况

指标名称	计量单位	代码	合　计		自营交易额		非自营交易额	
			1-本季	上年同期	1-本季	上年同期	1-本季	上年同期
甲	乙	丙	1	2	3	4	5	6
平台交易额	万元	04						
按卖方所在地分：	—	—	—	—	—	—	—	—
北京	万元	05						
天津	万元	06						
…	…	..						
新疆	万元	35						

单位负责人：　　统计负责人：　　填表人：　　联系电话：　　报出日期：　年　月　日

说明：1. 统计范围：全国粮食统一竞价交易平台。

2. 报送日期：国家粮食局一季度季后 8 日，二季度季后 9 日，三、四季度季后 10 日 24 时前网上填报。

3. 审核关系：（1）　1=3+5　　（2）　2=4+6　　（3）04=05+06+…+35。

（三）主要指标解释

平台交易额　指电子商务交易平台在报告期内促成的商品和服务交易订单的金额，包括当期客户预付并未结转收入的交易金额，扣除往期预付本期给予退回或撤销的客户订单金额。平台交易额是平台促成的交易额，而不仅仅是平台报送法人参与的交易额。

自营电子商务交易平台　指为企业自己开展电子商务交易活动搭建的平台。

非自营电子商务交易平台　指为其他单位或个人开展电子商务交易活动提供服务的平台。

非自营交易额　指在非自营电子商务交易平台上实现的交易金额，不包括拥有平台的企业作为销售方或采购方参与的交易额。

国家能源局

（一）报 表 目 录

表号	表名	报告期别	填报范围	报送时间及方式	负责单位	备注
NE701 表	应对气候变化相关情况	年报		7 月 31 日前；邮寄或电子邮件 nyshjc@stats.gov.cn	能源司	《应对气候变化部门统计报表制度》
NE702 表	煤炭生产企业瓦斯排放和利用	年报	全国所有安装风排瓦斯设施的煤炭生产企业			

（二）调 查 表 式

综 合 年 报

应对气候变化相关情况

表　　号：N E 7 0 1 表
制定机关：国 家 统 计 局
文　　号：国统字〔2019〕3 号
有效期至：2 0 1 9 年 9 月

综合机关名称：国家能源局　　　　2 0　　年

指标名称	计量单位	代码	本年
甲	乙	丙	1
发展非化石能源投入	万元	01	

单位负责人：　　　　填表人：　　　　报出日期：2 0　　年　　月　　日

说明：报送时间：7 月 31 日前。

煤炭生产企业瓦斯排放和利用

表　　号：N E 7 0 2 表
制定机关：国 家 统 计 局
文　　号：国统字〔2019〕3 号
有效期至：2 0 1 9 年 9 月

综合机关名称：国家能源局　　　　2 0　　年

指标名称	计量单位	代码	本年
甲	乙	丙	1
矿井风排瓦斯量（甲烷）	万立方米	01	
煤矿瓦斯抽采量（甲烷）	万立方米	02	
矿井瓦斯利用量（甲烷）	万立方米	03	
煤层气抽采量（甲烷）	万立方米	04	
放空气体甲烷排放	万立方米	05	

单位负责人：　　　　填表人：　　　　报出日期：2 0　　年　　月　　日

说明：1. 统计范围：全国所有安装风排瓦斯设施的煤炭生产企业。
　　2. 报送时间：7 月 31 日前。

（三）主要指标解释

发展非化石能源投入　指用于发展非化石能源的中央财政资金，主要包括用于核电及水电、风电、太阳能、生物质能、地热能、海洋能等可再生能源的开发。

矿井风排瓦斯量（甲烷）　指矿井通风系统风流从矿井带出的瓦斯（甲烷）量。

煤矿瓦斯抽采量（甲烷）　指是向煤层和瓦斯集聚区域打钻，将钻孔接在专用的管路上，利用抽采设备从煤层和采空区中抽取到的瓦斯（甲烷）量。

矿井瓦斯利用量（甲烷）　指抽采出的矿井瓦斯（甲烷）中被有效利用的量。

放空气体甲烷排放　指从矿井直接排放至空气中的甲烷量。

国家国防科技工业局

（一）报 表 目 录

表号	表名	报告期别	填报范围	报送时间及方式	负责单位	备注
KG302 表	研究与试验发展（R&D）人员情况	年报	国防科技工业系统的科学研究与技术开发机构及科技信息与文献机构。	加“*”指标 6 月 20 日前，其他指标 4 月 30 日前，通过磁介质报送	社科文司	《科技综合统计报表制度》
KG303 表	研究与试验发展（R&D）经费情况	年报	国防科技工业系统的科学研究与技术开发机构及科技信息与文献机构。	加“*”指标 6 月 20 日前，其他指标 4 月 30 日前，通过磁介质报送		
KG304 表	研究与试验发展（R&D）产出情况	年报	国防科技工业系统的科学研究与技术开发机构及科技信息与文献机构。	加“*”指标 6 月 20 日前，其他指标 4 月 30 日前，通过磁介质报送		
KG305 表	研究与试验发展（R&D）项目（课题）情况	年报	国防科技工业系统的科学研究与技术开发机构及科技信息与文献机构。	加“*”指标 6 月 20 日前，其他指标 4 月 30 日前，通过磁介质报送		
KG306 表	研究机构情况	年报	国防科技工业系统的科学研究与技术开发机构及科技信息与文献机构。	4 月 30 日前磁介质		
KG307 表	研究与试验发展（R&D）情况快报	年报	国防科技工业系统的科学研究与技术开发机构及科技信息与文献机构。	1 月 10 日前磁介质		

（二）调查表式

研究与试验发展（R&D）人员情况

表　　号：K G 3 0 2 表
制定机关：国　家　统　计　局
文　　号：国统字〔2019〕3 号
有效期至：2 0 1 9 年 9 月

综合机关名称：国家国防科技工业局　　　　20　　年

指标名称	代码	单位数（个）		从业人员（人）*	R&D 人员（人）	其中：女	其中：研究人员	其中：	
			有 R&D 活动单位					全时人员	非全时人员
甲	乙	1	2	3	4	5	6	7	8
总　　计									
一、按隶属关系分									
二、按行业分									
三、按地区分									
四、按学科分（至门类）*									
五、按机构服务的国民经济行业分*									

续表

其中：				R&D 人员折合全时当量（人年）	其中：研究人员	其中：		
博士毕业	硕士毕业	本科毕业	其他学历			基础研究	应用研究	试验发展
9	10	11	12	13	14	15	16	17

单位负责人：　　　　填表人：　　　　报出日期：20　　年　　月　　日

说明：1. 统计范围：国防科技工业系统的科学研究与技术开发机构及科技信息与文献机构。
2. 报送时间及方式：加“*”指标 6 月 20 日前，其他指标 4 月 30 日前，通过磁介质报送。
3. 审核关系：
（1）1≥2　（2）4≥5　（3）4≥6　（4）4=7+8=9+10+11+12　（5）13≥14　（6）13=15+16+17

研究与试验发展（R&D）经费情况

表　　号：K G 3 0 3 表
制定机关：国 家 统 计 局
文　　号：国统字〔2019〕3 号
有效期至：2 0 1 9 年 9 月
计量单位：　万　元

综合机关名称：国家国防科技工业局　　　　2 0　　年

指标名称	代码	R&D 经费内部支出	其中：			其中：			
			基础研究	应用研究	试验发展	日常性支出	人员劳务费	资产性支出	仪器和设备
甲	乙	1	2	3	4	5	6	7	8
总　计									
一、按隶属关系分									
二、按行业分									
三、按地区分									
四、按学科分（至门类）*									
五、按机构服务的国民经济行业分									

续表

其中：				R&D 经费外部支出	对境内研究机构支出	对境内高等学校支出	对境内企业支出	对境外支出
政府资金	企业资金	境外资金	其他资金					
9	10	11	12	13	14	15	16	17

单位负责人：　　　　填表人：　　　　报出日期：2 0　　年　　月　　日

说明：1. 统计范围：国防科技工业系统的科学研究与技术开发机构及科技信息与文献机构。
2. 报送时间及方式：加“*”指标 6 月 20 日前，其他指标 4 月 30 日前，通过磁介质报送。
3. 审核关系：
（1）1=2+3+4=5+7=9+10+11+12　（2）5≥6　（3）7≥8　（4）13≥14+15+16+17

研究与试验发展（R&D）产出情况

表　　号：K G 3 0 4 表
制定机关：国 家 统 计 局
文　　号：国统字〔2019〕3 号
综合机关名称：国家国防科技工业局　　　　20　　年　　　　有效期至：2 0 1 9 年 9 月

指标名称	代码	专利申请数（件）	发明专利	专利授权数（件）	发明专利	有效发明专利数（件）
甲	乙	1	2	3	4	5
总　　计						
一、按隶属关系分						
二、按行业分						
三、按地区分						
四、按学科分（至门类）*						
五、按机构服务的国民经济行业分*						

续表

专利所有权转让及许可数（件）	专利所有权转让及许可收入（万元）	集成电路布图设计登记数（件）	植物新品种权授予数（项）	形成国家或行业标准数（项）	发表科技论文（篇）	国外发表*	出版科技著作（种）
6	7	8	9	10	11	12	13

单位负责人：　　　　填表人：　　　　报出日期：2 0　　年　　月　　日

说明：1. 统计范围：国防科技工业系统的科学研究与技术开发机构及科技信息与文献机构。
2. 报送时间及方式：加“*”指标 6 月 20 日前，其他指标 4 月 30 日前，通过磁介质报送。
3. 审核关系：
（1）1≥2　　（2）3≥4　　（3）11≥12

研究与试验发展（R&D）项目（课题）情况

表　　号：K G 3 0 5 表
制定机关：国 家 统 计 局
文　　号：国统字〔2019〕3号
有效期至：2 0 1 9 年 9 月

综合机关名称：国家国防科技工业局　　　　2 0　　年

指标名称	代码	项目（课题）数（项）	项目（课题）参加人员折合全时当量（人年）	研究人员	项目（课题）经费内部支出（万元）
甲	乙	1	2	3	4
总　　计					
一、按项目（课题）来源分					
二、按项目（课题）合作形式分					
三、按项目（课题）活动类型分					
四、按学科分类分（包含门类及一级学科*）					
五、按项目（课题）服务的国民经济行业分					
六、按项目（课题）社会经济目标分					
七、按隶属关系分					
八、按行业分					
九、按地区分					

单位负责人：　　　　填表人：　　　　报出日期：2 0　　年　　月　　日

说明：1.统计范围：国防科技工业系统的科学研究与技术开发机构及科技信息与文献机构。
2.报送时间及方式：加“*”指标6月20日前，其他指标4月30日前，通过磁介质报送。
3.审核关系：　2≥3

研究机构情况

表　　号：KG306表
制定机关：国家统计局
文　　号：国统字〔2019〕3号
有效期至：2019年6月

综合机关名称：国家国防科技工业局　　　　20　　年

指标名称	代码	机构数（个）	R&D人员（人）	博士毕业	硕士毕业	R&D经费支出（万元）	科研用仪器设备原价（万元）	进口
甲	乙	1	2	3	4	5	6	7
总　　计								
一、按学科分								
二、按机构服务的国民经济行业分								
三、按机构组成类型分								
四、按隶属关系分								
五、按行业分								
六、按地区分								

单位负责人：　　　　填表人：　　　　报出日期：20　　年　　月　　日

说明：1.统计范围：国防科技工业系统的科学研究与技术开发机构及科技信息与文献机构。
2.报送时间及方式：4月30日前，通过磁介质报送。
3.审核关系：
（1）2≥3+4　　　（2）6≥7

研究与试验发展（R&D）情况快报

表　　号：KG307表
制定机关：国家统计局
文　　号：国统字〔2019〕3号
有效期至：2019年2月

综合机关名称：国家国防科技工业局　　　　20　　年

指标名称	代码	R&D经费内部支出（亿元）	其中：基础研究	R&D人员折合全时当量（万人年）
甲	乙	1	2	3
总　　计				

单位负责人：　　　　填表人：　　　　报出日期：　20　　年　　月　　日

说明：1.统计范围：国防科技工业系统的科学研究与技术开发机构及科技信息与文献机构。
2.报送时间及方式：1月10日前，通过磁介质报送。
3.审核关系：1≥2

（三）主要指标解释

科技活动 是指在自然科学、农业科学、医药科学、工程与技术科学、人文与社会科学领域（简称科学技术领域）中与科技知识的产生、发展、传播和应用密切相关的有组织的活动。为核算科技投入的需要，科技活动可分为科学研究与试验发展（R&D）、科学研究与试验发展成果应用及相关的科技服务三类活动。

R&D（研究与试验发展） 是指在科学技术领域，为增加知识总量、以及运用这些知识去创造新的应用进行的系统的创造性的活动，包括基础研究、应用研究、试验发展三类活动。

基础研究 是指为了获得关于现象和可观察事实的基本原理的新知识（揭示客观事物的本质、运动规律，获得新发现、新学说）而进行的实验性或理论性研究，它不以任何专门或特定的应用或使用为目的。其成果以科学论文和科学著作为主要形式。

应用研究 是指为获得新知识而进行的创造性研究，主要针对某一特定的目的或目标。应用研究是为了确定基础研究成果可能的用途，或是为达到预定的目标探索应采取的新方法（原理性）或新途径。其成果形式以科学论文、专著、原理性模型或发明专利为主。

试验发展 是指利用从基础研究、应用研究和实际经验所获得的现有知识，为产生新的产品、材料和装置，建立新的工艺、系统和服务，以及对已产生和建立的上述各项作实质性的改进而进行的系统性工作。其成果形式主要是专利、专有技术、具有新产品基本特征的产品原型或具有新装置基本特征的原始样机等。在社会科学领域，试验发展是指把通过基础研究、应用研究获得的知识转变成可以实施的计划（包括为进行检验和评估实施示范项目）的过程。人文科学领域没有对应的试验发展活动。

R&D 人员 指单位内部从事基础研究、应用研究和试验发展三类活动的人员。包括直接参加上述三类项目活动的人员以及这三类项目的管理人员和直接服务人员。为研发活动提供直接服务的人员包括直接为研发活动提供资料文献、材料供应、设备维护等服务的人员。

R&D 人员中女性 指单位研发人员中的女性人数。

R&D 人员中研究人员 指从事新知识、新产品、新工艺、新方法、新系统的构想或创造的专业人员及 R&D 项目（课题）或 R&D 机构的高级管理人员。研究人员一般应具备中级以上职称或博士学历。从事 R&D 的博士研究生应被视作研究人员。

R&D 人员中全时人员 在报告年度实际从事研发活动的时间占制度工作时间 90%及以上的研发人员。在科技管理部门（科研管理处、部、科）专职从事研发活动管理工作的人员、单位所属常年有开发任务的研发机构中专职从事研发活动及其管理和直接服务的人员，以及上述人员以外在报告年度主要从事研发项目的人员可视作研发活动全时人员。

R&D 人员中非全时人员 在报告年度实际从事研发活动的时间占制度工作时间 10%（含 10%）至 90%的研发人员。

R&D 人员中博士毕业 指研发人员中具有博士学历（学位）的人员。

R&D 人员中硕士毕业 指研发人员中具有硕士学历（学位）的人员。

R&D 人员中本科毕业 指研发人员中具有本科学历（学位）的人员。

R&D 人员中其他学历 指研发人员中不具有上述博士、硕士和本科学历（学位）的人员。

R&D 人员折合全时当量 由参加 R&D 项目人员的全时当量及应分摊在 R&D 项目的管理和直接服务人员的全时当量两部分相加计算。一个折合全时当量是一人年。例如，一个人在 R&D 活动上花费了 30%的正常工作时间而 70%的时间用于其他工作，则其折合全时当量为 0.3。

研究人员折合全时当量 指研究人员的折合全时当量。

基础研究人员折合全时当量 由参加基础研究的全时当量及应分摊在这类项目上的管理和直接服务人员的全时当量两部分相加计算。

应用研究人员折合全时当量 由参加应用研究的全时当量及应分摊在这类项目上的管理和直接服务人员的全时当量两部分相加计算。

试验发展人员折合全时当量 由参加试验发展研究的全时当量及应分摊在这类项目上的管理和直接服务人员的全时当量两部分相加计算。

R&D 经费内部支出 指调查单位在报告年度用于内部开展 R&D 活动（基础研究、应用研究和试验发展）的实际支出。包括用于 R&D 项目（课题）活动的直接支出，以及间接用于 R&D 活动的管理费、服务费、与 R&D 有关的基本建设支出以及外协加工费等。不包括生产性活动支出、归还贷款支出以及与外单位合作或委托外单位进行 R&D 活动而转拨给对方的经费支出。

R&D 经费内部支出中的日常性支出 包括 R&D 活动人员的劳务费及其他日常支出。其他日常支出包括因开展研发活动而发生的各项管理费用和购买非资产性的材料、物资费用等。具体包括原料、材料、辅料、元器件、零配件、低值易耗品的费用（包括包装、运输、储存及各种杂费等）；房屋租金、水电费、燃料费、维修费；科研项目前期论证费、调研差旅费、资料费、计算机服务费、印刷费、邮寄费、专题技术及学术会议费、成果鉴定费；办公费、行政管理费、人事及财务管理费等。提供间接服务人员（如司机、保安人员、炊事人员、医疗保健人员等）的劳务费按其为 R&D 活动提供服务的时间比例分摊计入本项支出。

R&D 日常性支出中人员劳务费（含工资） 指以货币或实物形式直接或间接支付给 R&D 活动人员的劳动报酬。包括各种形式的工资、补助工资、津贴、价格补贴、奖金、福利、失业保险、养老保险、医疗保险、工伤保险、人民助学金等。为 R&D 活动提供间接服务人员的劳务费不计入此项。无论是 R&D 项目经费支出的劳务费还是非 R&D 项目经费支出的 R&D 人员的劳务费（含工资）均应计算在内。

R&D 经费内部支出中资产性支出 指调查单位在报告年度为开展 R&D 活动而进行建造、购置、安装、改建、扩建固定资产，以及进行设备技术改造和大修理等实际支出的费用。

资产性支出中土建工程 指调查单位在报告年度为开展 R&D 活动而用于建设科研楼、中试车间、试验场地等土建项目的实际支出。

资产性支出中仪器和设备 指调查单位在报告年度为开展 R&D 活动而用于购买仪器和设备的实际支出。

R&D 经费内部支出中基础研究支出 指报告年度调查单位内部基础研究项目的实际经费支出，以及应分摊在这类项目上的管理费用、直接服务费用和其他费用。

R&D 经费内部支出中应用研究支出 指报告年度调查单位内部应用研究项目的实际经费支出，以及应分摊在这类项目上的管理费用、直接服务费用和其他费用。

R&D 经费内部支出中试验发展支出 指报告年度调查单位内部试验发展基础研究项目的实际经费支出，以及应分摊在这类项目上的管理费用、直接服务费用和其他费用。

R&D 经费内部支出中政府资金 指调查单位 R&D 经费内部支出中来自各级政府部门的各类资金，包括财政科学技术拨款、科学基金、教育等部门事业费以及政府部门预算外资金的实际支出。

R&D 经费内部支出中企业资金 指调查单位 R&D 经费内部支出中来自本企业的自有资金和接受其他企业委托而获得的经费，以及科研院所、高校等事业单位从企业获得的资金的实际支出。

R&D 经费内部支出中境外资金 指调查单位 R&D 经费内部支出中来自中国境外的企业、大学、国际组织、民间组织、金融机构及外国政府的资金的实际支出。

R&D 经费内部支出中其他资金 指从上述渠道以外获得的计划用于 R&D 活动的经费，如企业从金融机构贷款得到的用于内部开展 R&D 活动的资金，从独立科研院所和高等学校等事业单位获得的用于 R&D 活动的经费，来自民间非赢利机构的资助和个人捐赠等。

R&D 经费外部支出 指报告年度调查单位委托外单位或与外单位合作进行 R&D 活动而拨给对方的经费。不包括外协加工费。

R&D 经费外部支出中对境内研究机构的支出 指报告年度调查单位委托或与境内独立研究机构合作开展 R&D 活动而支付予其的经费。

R&D 经费外部支出中对境内高等学校支出 指报告年度调查单位委托或与境内高等学校合作开展 R&D 活动而支付予其的经费。

R&D 经费外部支出中对境内其他企业支出 指报告年度调查单位委托或与境内其他企业合作开展 R&D 活动而支付予其的经费。

R&D 经费外部支出中对境外机构支出 指报告年度调查单位委托或与境外机构合作开展 R&D 活动而支付予其的经费。

R&D 项目（课题）数 指调查单位在当年立项并开展研究工作、以前年份立项仍继续进行研究的研发项目（课题）数，包括当年完成和年内研究工作已告失败的研发项目（课题），但不包括委托外单位进行的研发项目（课题）数。

R&D 项目（课题）人员折合全时当量 指调查单位在报告年度实际参加研发项目（课题）活动人员折合的全时当量。

R&D 项目（课题）经费内部支出 指调查单位内部在报告年度进行研发项目（课题）研究和试制等的实际支出。包括劳务费、其他日常支出、固定资产购建费、外协加工费等，不包括委托或与外单位合作进行项目（课题）研究而拨付给对方使用的经费。

专利申请数 指调查单位在报告年度向国内外知识产权行政部门提出专利申请并被受理后，按规定缴足申请额，符合进入初步审查阶段条件的件数。专利是专利权的简称，是对发明人的发明创造经审查合格后，由专利主管部门依法授予发明人和设计人对该项发明创造享有的专有权，包括发明、实用新型和外观设计三种。

发明专利申请数 指调查单位在报告年度向国内外知识产权行政部门提出发明专利申请并被受理后，按规定缴足申请费，符合进入初步审查阶段条件的件数。

专利授权数 指报告年度由国内外知识产权行政部门向调查单位授予专利权的件数。

发明专利授权数 指报告年度由国内外知识产权行政部门向调查单位授予发明专利权的件数。

有效发明专利数 指调查单位作为专利权人在报告年度拥有的、经国内外知识产权行政部门授权且在有效期内的发明专利件数。

专利所有权转让及许可数 指报告年度调查单位向外单位转让专利所有权或允许专利技术由被许可单位使用的件数。

专利所有权转让与许可收入 指报告年度调查单位向外单位转让专利所有权或允许专利技术由被许可单位使用而得到的收入。包括当年从被转让方或被许可方得到的一次性付款和分期付款收入，以及利润分成、股息收入等。

集成电路布图设计登记数 指报告年度调查单位向知识产权行政部门提出登记申请并被受理登记的集成电路布图设计的件数。

植物新品种权授予数 指报告年度调查单位向农业、林业行政部门（审批机关）提出申请并被授予植物新品种的项数。

形成国家或行业标准数 指报告年度调查单位在自主研发或自主知识产权基础上形成的国家或行业标准。形成国家或行业标准须经有关部门批准。

发表科技论文 指在学术刊物上以书面形式发表的最初的科学研究成果。应具备以下三个条件：（1）首次发表的研究成果；（2）作者的结论和试验能被同行重复并验证；（3）发表后科技界能引用。

出版科技著作 指经过正式出版部门编印出版的论述科学技术问题的理论性论文集或专著以及大专院校教科书、科普著作。但不包括翻译国外的著作。由多人合著的科技著作，由第一作者所在单位统计。

项目（课题）名称 按调查单位确定的科技项目（课题）名称，或项目（课题）合同议定书确定的名称填报。

项目（课题）来源　项目来源的分类及代码是：1. 国家科技项目（课题），2. 地方科技项目（课题），3. 其他企业委托科技项目（课题），4. 自选科技项目（课题），5. 来自国外的科技项目（课题），6. 其他科技项目（课题）。

项目（课题）合作形式　选择最主要的项目（课题）合作形式并按相应的代码填写，具体的分类与代码是：1. 与境外机构合作，2. 与境内高校合作，3. 与境内独立研究机构合作，4. 与境内注册的外商独资企业合作，5. 与境内注册的其他企业合作，6. 独立完成，7. 其他。

项目（课题）活动类型　选择最主要的项目（课题）活动类型并按相应的代码填写，具体的分类与代码是：1. 基础研究，2. 应用研究，3. 试验发展。

学科分类　按国家标准《学科分类与代码》（GB/T 13745-2009）中的一级学科代码填写。

项目服务的国民经济行业　按国家标准《国民经济行业分类与代码》（GB/T 4754-2011）中的大类代码填写。

项目的社会经济目标　指项目立项时确定的社会经济目标。若一个项目有两个及以上的社会经济目标应选择最主要的社会经济目标填写。项目的社会经济目标为：1. 环境保护、生态建设及污染防治，2. 能源生产、分配和合理利用，3. 卫生事业的发展，4. 教育事业的发展，5. 基础设施以及城市和农村规划，6. 社会发展和社会服务，7. 地球和大气层的探索与利用，8. 民用空间探测及开发，9. 农林牧渔业发展，10. 工商业发展，11. 非定向研究，12. 其他民用目标，13. 国防。

项目人员折合全时当量　指调查单位在报告年度实际参加某科技项目（课题）活动人员的折合全时当量。

项目研究人员折合全时当量　指调查单位在报告年度实际参加某科技项目（课题）活动研究人员的折合全时当量。

项目经费内部支出　指报告年度在本单位内部开展科技项目活动的经费支出，不包括委托研制或合作研制而支付外单位的经费。

项目经费内部支出中政府资金　指项目经费内部支出中来自各级政府部门的各类资金，包括财政科学技术拨款、科学基金、教育等部门事业费以及政府部门预算外资金的实际支出。

机构名称　独立研究机构填写正式对外使用的名称，非独立研发（科技）机构填写所在单位规定使用的名称。

学科分类　按国家标准《学科分类与代码》（GB/T 13745-2009）中的一级学科代码填写。

服务的国民经济行业　按国家标准《国民经济行业分类与代码》（GB/T 4754-2011）中的大类代码填写。服务于多个国民经济行业的机构按其最主要的服务行业填写。

研究机构组成类型　按相应的分类填写代码，具体的分类与代码是：10. 政府部门办，20. 与境内高校合办，30. 与境内独立研究机构合办，40. 与境外机构合办，51. 与境内注册外商独资企业合办，52. 与境内注册其他企业合办，60. 单位自办，70. 其他。

机构 R&D 人员　指报告年度独立研究机构及非独立科技机构内直接从事研发活动，以及专门从事研发活动管理和为研发活动提供直接服务工作时间占全部工作时间的 10%及以上的人员。

机构 R&D 人员中博士毕业人员　指研发机构 R&D 人员中具有博士学历或博士学位的人员。

机构 R&D 人员中硕士毕业人员　指研发机构 R&D 人员中具有硕士学历或硕士学位的人员。

机构 R&D 经费支出　指报告年度独立研究机构与非独立科技机构用于内部开展研发活动实际支出的费用。

机构仪器和设备原价　指独立及非独立研发机构报告期末固定资产中仪器和设备的原价（不包括长期闲置不用的仪器和设备）。

机构仪器和设备原价中进口　指独立及非独立研发机构报告期末固定资产中从国外购入的仪器和设备的原价（不包括长期闲置不用的仪器和设备）。

（四）综合汇总分组目录

1. 按 R&D 活动类型分组

（1）基础研究

（2）应用研究

（3）试验发展

2. 按隶属关系分组

（1）中央

（2）地方

3. 按学科分组

（1）自然科学

（2）农业科学

（3）医药科学

（4）工程与技术科学

（5）人文与社会科学

4. 按项目（课题）来源分组

（1）国家科技项目（课题）

（2）地方科技项目（课题）

（3）其他企业委托科技项目（课题）

（4）自选科技项目（课题）

（5）来自国外的科技项目（课题）

（6）其他科技项目（课题）

5. 按项目（课题）合作形式分组

（1）与境外机构合作

（2）与境内高校合作

（3）与境内独立研究机构合作

（4）与境内注册外商独资企业合作

（5）与境内注册其他企业合作

（6）独立完成

（7）其他

6. 按项目（课题）社会经济目标分组

（1）环境保护、生态建设及污染防治

（2）能源生产、分配和合理利用

（3）卫生事业的发展

（4）教育事业的发展

（5）基础设施以及城市和农村规划

（6）社会发展和社会服务

（7）地球和大气层的探索与利用

（8）民用空间探测及开发

（9）农林牧渔业发展

（10）工商业发展

（11）非定向研究

（12）其他民用目标

（13）国防

7. 按机构组成类型分组

（10）政府部门办
（20）与境内高校合办
（30）与境内独立研究机构合办
（40）与境外机构合办
（51）与境内注册外商独资企业合办
（52）与境内注册其他企业合办
（60）单位自办
（70）其他

8. 按服务的国民经济行业分组

按《国民经济行业分类与代码》（GB/T 4754-2017）分到大类（略）。

9. 按地区分组

按《中华人民共和国行政区划代码》（GB/T 2260）分到省。

国家烟草专卖局

（一）报 表 目 录

表号	表名	报告期别	填报范围	报送时间及方式	负责单位	备注
YC201 表	烟草电子商务交易平台情况	季报	卷烟交易系统、烟叶交易系统、中烟新商盟卷烟订货商务平台、中国烟草物资电子商务网、中国烟草机械零配件交易监管网。	一季度季后 8 日、二季度季后 9 日、三、四季度季后 10 日 24 时前网上填报	服务业司	《互联网经济统计报表制度》

（二）调 查 表 式

综 合 定 报

烟草电子商务交易平台情况

表　　号：Y C 2 0 1 表
统一社会信用代码□□□□□□□□□□□□□□□□□□　　制定机关：国 家 统 计 局
尚未领取统一社会信用代码的填写原组织机构代码：□□□□□□□□－□　　文　　号：国统字〔2019〕3 号
单位详细名称：　　20　　年　　季　　有效期至：2 0 2 0 年 1 月

一、平台基本情况

01	平台统计代码：□□□□□□□□□-□□
02	平台详细名称：＿＿＿＿＿＿＿＿＿＿＿＿＿＿＿＿＿＿＿＿
03	平台网址：＿＿＿＿＿＿＿＿＿＿＿＿＿＿＿＿＿＿＿＿

二、平台交易情况

指标名称	计量单位	代码	合计		对单位（B2B+B2G）				对个人（B2C+C2C）			
					商品		服务		商品		服务	
			1-本季	上年同期	1-本季	上年同期	1-本季	上年同期	1-本季	上年同期	1-本季	上年同期
甲	乙	丙	1	2	3	4	5	6	7	8	9	10
平台交易额	万元	04										
1. 按平台性质分：	—	—	—	—	—	—	—	—	—	—	—	—
自营电子商务销售额	万元	05										
自营电子商务采购额	万元	06							—	—	—	—
非自营电子商务交易额	万元	07										
2. 按卖方所在地区分：	—	—	—	—	—	—	—	—	—	—	—	—
北　京	万元	08										
天　津	万元	09										
…	…	…										
新　疆	万元	38										
境　外	万元	39										
3. 对境外销售商品或提供服务的金额	万元	40										
平台交易服务费	万元	41			—	—	—	—	—	—	—	—

单位负责人：　　统计负责人：　　填表人：　　联系电话：　　报出日期：　　年　　月　　日

说明：1. 统计范围：卷烟交易系统、烟叶交易系统、中烟新商盟卷烟订货商务平台、中国烟草物资电子商务网、中国烟草机械零配件交易监管网。

2. 报送日期：国家烟草专卖局一季度季后 8 日、二季度季后 9 日、三、四季度季后 10 日 24 时前网上填报。

3. 审核关系：(1) 04=05+06+07 (2) 04=08+09+…+39 (3) 05>=40 (4) 1=3+5+7+9 (5) 2=4+6+8+10

（三）主要指标解释

平台交易额 指电子商务交易平台在报告期内促成的商品和服务交易订单的金额，包括当期客户预付并未结转收入的交易金额，扣除往期预付本期给予退回或撤销的客户订单金额。平台交易额是平台促成的交易额，而不仅仅是平台报送法人参与的交易额。平台交易额包括自营电子商务销售额、自营电子商务采购额和非自营电子商务交易额。

自营电子商务交易平台 指为企业自己开展电子商务交易活动搭建的平台。

自营电子商务销售额 指企业在自营电子商务交易平台上销售商品或服务的金额。

自营电子商务采购额 指企业在自营电子商务交易平台上采购商品或服务的金额。

非自营电子商务交易平台 指为其他单位或个人开展电子商务交易活动提供服务的平台。

非自营电子商务交易额 指在非自营电子商务交易平台上实现的交易金额，不包括拥有平台的企业作为销售方或采购方参与的交易额。

国家移民管理局

（一）报 表 目 录

表号	表名	报告期别	填报范围	报送时间及 方 式	负责单位	备注
综合定报						
YM401 表	入出境人员综合情况	月报		月后 15 日前，磁介质，内部交换	贸易外经司 联系电话：68782550	
YM402 表	入境外国籍人员分类情况	月报		月后 15 日前，磁介质，内部交换		
YM403 表	出境内地居民分类情况	月报		月后 15 日前，磁(纸)介质，内部交换		

（二）调 查 表 式

综 合 定 报

入出境人员综合情况

表　　号：Y M 4 0 1 表
制定机关：国 家 统 计 局
文　　号：国统字〔2019〕3 号
有效期至：2 0 2 0 年 6 月

综合机关名称：国家移民管理局　　　　2 0　　年　　月　　　　计量单位：　　人　　次

指标名称			代码	总计	入境合计	出境合计	入出境旅客						
							合计	入境方式					
								小计	船舶	飞机	火车	汽车	徒步
甲			乙	1	2	3	4	5	6	7	8	9	10
总　　计			**01**										
中国籍	合计		02										
	内地公民	小计	03										
		因公	04										
		因私	05										
		边民	06										
	香港		07										
	澳门		08										
	台湾		09										
外国公民			10										
外国边民			11										
华　侨			12										

续表

入出境旅客						入出境服务员工										
出境方式						合计	入境方式					出境方式				
小计	船舶	飞机	火车	汽车	徒步		小计	船舶	飞机	火车	汽车	小计	船舶	飞机	火车	汽车
11	12	13	14	15	16	17	18	19	20	21	22	23	24	25	26	27

单位负责人：　　　　　　　　填表人：　　　　　　　　报出日期：2 0　　年　　月　　日

说明：1.报送时间：月后 15 日前，以磁介质内部交换方式报送(1 月份以内部交换方式报送全年数据)。
2.审核关系：
行关系：01＝02+10+11，02＝03+07+08+09，03＝04+05+06；
列关系：1＝2+3，4=5+11，17=18+23。

入境外国籍人员分类情况

表　　号：Y M 4 0 2 表
制定机关：国 家 统 计 局
文　　号：国统字〔2019〕3 号
有效期至：2 0 2 0 年 6 月
计量单位：　人　次

综合机关名称：国家移民管理局　　　　2 0 　年　　月

国家/地区	代码	合计	类别		入境方式				
			旅客	员工	船舶	飞机	火车	汽车	徒步
甲	乙	1	2	3	4	5	6	7	8
总　计									
亚洲小计									
……									
非洲小计									
……									
欧洲小计									
……									
大洋洲小计									
……									
北美洲小计									
……									
南美洲小计									
……									
南极洲小计									
……									
其他小计									
……									

续表一

性别		年龄				
男	女	14 岁以下	15 岁至 24 岁	25 岁至 44 岁	45 岁至 64 岁	65 岁以上
9	10	11	12	13	14	15

续表二

入境事由									
会议/商务	访问	观光/休闲	探亲访友	就业	学习	定居	返回常住地	服务员工	其他
16	17	18	19	20	21	22	23	24	25

单位负责人：　　　　填表人：　　　　报出日期：2 0 　年　　月　　日

说明：1. 报送时间：月后 15 日前，以磁介质内部交换方式报送(1 月份以内部交换方式报送全年数据)。
　　2. 审核关系：
　　　行关系：总计＝亚洲小计+非洲小计+欧洲小计+大洋洲小计+北美洲小计+南美洲小计+南极洲小计+其他小计；
　　　列关系：1＝2+3, 1=4+5+6+7+8, 1=9+10, 1=11+12+13+14+15， 1=16+17+18+19+20+21+22+23+24+25。

出境内地居民分类情况

表　　号：Y M A 4 0 3 表
制定机关：国　家　统　计　局
文　　号：国统字〔2019〕3 号
有效期至：2 0 2 0 年 6 月

综合机关名称：国家移民管理局　　　　2 0　　年　　月　　　　计量单位：　人　次

国家/地区	代码	合计	类别		出境方式				
			旅客	员工	船舶	飞机	火车	汽车	徒步
甲	乙	1	2	3	4	5	6	7	8
总　计									
亚洲小计									
……									
非洲小计									
……									
欧洲小计									
……									
大洋洲小计									
……									
北美洲小计									
……									
南美洲小计									
……									
南极洲小计									
……									
其他小计									

续表一

性别		年龄					证件种类	
男	女	14 岁以下	15 岁至 24 岁	25 岁至 44 岁	45 岁至 64 岁	65 岁以上	因公	因私
9	10	11	12	13	14	15	16	17

续表二

出境事由									
会议/商务	访问	观光/休闲	探亲访友	就业	学习	定居	返回常住地	服务员工	其他
18	19	20	21	22	23	24	25	26	27

单位负责人：　　　　填表人：　　　　报出日期：2 0　　年　　月　　日

说明：1. 报送时间和方式：月后 15 日前，以磁(纸)介质内部交换方式报送（1 月份前内部交换方式报送全年数据）。

2. 审核关系：

行关系：总计=亚洲小计+非洲小计+欧洲小计+大洋洲小计+北美洲小计+南美洲小计+南极洲小计+其他小计；

列关系：1＝2+3,1=4+5+6+7+8,1=9+10,1=11+12+13+14+15,1=16+17,1=18+19+20+21+22+23+24+25+26+27。

国家林业和草原局

（一）报 表 目 录

表号	表名	报告期别	填报范围	报送时间及方式	负责单位	备注
LY301 表	林业生产情况	年报	各省、自治区、直辖市林业厅（局），内蒙古、吉林、龙江、大兴安岭林业（森工）集团，新疆生产建设兵团林业局	4 月 20 日前，电子邮件 ncsxyc@gj.stats.cn	农村司	《农林牧渔业统计报表制度》
LY302 表	各地区森林草原与湿地资源情况	年报	各省、自治区、直辖市林业厅（局），内蒙古、吉林、龙江、大兴安岭林业（森工）集团，新疆生产建设兵团林业局	5 月 15 日前；邮寄或电子邮件 nyshjc@stats.gov.cn	能源司	《资源环境综合统计报表制度》
LY303 表	各地区造林和自然保护情况	年报	各省、自治区、直辖市林业厅（局），内蒙古、吉林、龙江、大兴安岭林业（森工）集团，新疆生产建设兵团林业局			
LY304 表	各地区林业投资情况	年报	各省、自治区、直辖市林业厅（局），内蒙古、吉林、龙江、大兴安岭林业（森工）集团，新疆生产建设兵团林业局			
LY305 表	各地区林业与草原灾害情况	年报	各省、自治区、直辖市林业厅（局），内蒙古、吉林、龙江、大兴安岭林业（森工）集团，新疆生产建设兵团林业局。			
LY701 表	绿色发展基本情况（十）	年报		次年7月15日前；邮寄或电子邮件 nyszhc@stats.gov.cn	能源司	《绿色发展统计报表制度》（试行）
LY720 表	森林生物量生长量	年报		7 月 30 日前；邮寄或电子邮件 nyshjc@stats.gov.cn	能源司	《应对气候变化部门统计报表制度》
701 表	部门服务业企业财务状况	年报	自然生态系统保护管理业中执行企业会计制度的单位	6 月 30 日前，电子邮件或内部交换 dczxjtc@stats.gov.cn	服务业司	《部门服务业财务统计报表制度》（试行）
			野生动物保护业中执行企业会计制度的单位			
			野生植物保护业中执行企业会计制度的单位			
702-1 表	部门服务业行政单位财务状况	年报	自然生态系统保护管理业中执行行政单位会计制度的单位			
			野生动物保护业中执行行政单位会计制度的单位			
			野生植物保护业中执行行政单位会计制度的单位			
702-2 表	部门服务业事业单位财务状况	年报	自然生态系统保护管理业中执行事业单位会计制度的单位			
			野生动物保护业中执行事业单位会计制度的单位			
			野生植物保护业中执行事业单位会计制度的单位			

（二）调 查 表 式

综 合 年 报

林业生产情况

表　　号：L Y 3 0 1 表
制定机关：国 家 统 计 局
文　　号：国统字〔2019〕3号
有效期至：2 0 1 9 年 9 月

综合机关名称：国家林业和草原局　　　　2 0　　年

指标名称	计量单位	代码	数量	指标名称	计量单位	代码	数量
甲	乙	丙	1	甲	乙	丙	1
一、造林面积	公顷	01		十、当年苗木产量	株	24	
按造林方式分				十一、育苗面积	公顷	25	
1. 人工造林	公顷	02		其中：本年新增育苗面积	公顷	26	
其中：竹林面积	公顷	03		十二、主要林产品产量	—		
灌木林面积	公顷	04		1. 天然生漆	吨	27	
2. 飞播造林	公顷	05		2. 油桐籽	吨	28	
3. 无林地和疏林地新封	公顷	06		3. 油茶籽	吨	29	
按经济成份分				4. 乌桕子	吨	30	
1. 公有经济造林	公顷	07		5. 五倍子	吨	31	
（1）国有经济造林	公顷	08		6. 棕片	吨	32	
（2）集体经济造林	公顷	09		7. 天然松脂	吨	33	
2. 非公有经济造林	公顷	10		8. 竹笋干	吨	34	
按林种用途分				9. 紫胶（原胶）	吨	35	
1. 用材林	公顷	11		10. 核桃	吨	36	
2. 经济林	公顷	12		11. 板栗	吨	37	
3. 防护林	公顷	13		12. 松子	吨	38	
4. 薪炭林	公顷	14		13. 花椒	吨	39	
5. 特种用途林	公顷	15		14. 八角	吨	40	
二、有林地造林面积	公顷	16		十三、竹木采伐	—		
三、更新造林面积	公顷	17		1. 木材（商品材）	万立方米	41	
四、低产低效林改造面积	公顷	18		其中：村及村以下采伐	万立方米	42	
五、四旁(零星)植树	株	19		2. 农民自用材	万立方米	43	
六、年末实有封山(沙)育林面积	公顷	20		3. 农民烧材	万立方米	44	
七、未成林抚育作业面积	公顷次	21		4. 竹材	万根	45	
八、中、幼龄林抚育面积	公顷	22		其中：村及村以下采伐	万根	46	
九、林木种子采集量	吨	23					

单位负责人：　　　　填表人：　　　　报出日期：2 0　　年　　月　　日

说明：1. 本表由国家林业和草原局报送各省、自治区、直辖市数据及全国汇总数据
　　　2. 报送时间：4 月 20 日前。

各地区森林草原与湿地资源情况

表　　号：L Y 3 0 2 表
制定机关：国 家 统 计 局
文　　号：国统字〔2019〕3 号
有效期至：2 0 1 9 年 9 月

综合机关名称：国家林业和草原局　　　　2 0　　年

地　区	代码	林地面积（公顷）	森林面积（公顷）		森林覆盖率（%）	活立木总蓄积量（万立方米）	森林蓄积量（万立方米）
				人工林			
甲	乙	1	2	3	4	5	6
全　国	**01**						
北　京	02						
天　津	03						
⋮							
新　疆	32						
大兴安岭	33						

续表一

湿地面积（千公顷）	自然湿地					人工湿地
		近海与海岸湿地	河流湿地	湖泊湿地	沼泽湿地	
7	8	9	10	11	12	13

续表二

湿地总面积占辖区面积比重（%）	湿地保护面积（千公顷）	沙化土地面积（千公顷）	草原总面积（千公顷）	累计种草保留公顷（千公顷）	当年新增种草面积（千公顷）	新增草原改良面积(千公顷)
14	15	16	17	18	19	20

单位负责人：　　　　填表人：　　　　报出日期：2 0　　年　　月　　日

说明：1. 统计范围：各省、自治区、直辖市林业厅（局），内蒙古、吉林、龙江、大兴安岭林业（森工）集团，新疆生产建设兵团林业局。

2. 报送时间：5 月 15 日前。

3. 审核关系：宾栏 2≥3；7=8+13；8≥9+10+11+12。

各地区造林和自然保护情况

表　　号：L Y 3 0 3 表
制定机关：国 家 统 计 局
文　　号：国统字〔2019〕3 号
有效期至：2 0 1 9 年 9 月
综合机关名称：国家林业和草原局　　20　年　　计量单位：公　顷

地　区	代码	造林总面积	按造林方式分					森林抚育面积	年末实有封山（沙）育林面积
			人工造林	飞播造林	新封山育林	退化林修复	人工更新		
甲	乙	1	2	3	4	5	6	7	8
全　国	**01**								
北　京	02								
天　津	03								
⋮									
新　疆	32								
大兴安岭	33								

续表一

林业重点工程造林面积					
造林面积	天然林资源保护工程	退耕还林工程	京津风沙源治理工程	石漠化治理工程	三北及长江流域等重点防护林体系建设工程
9	10	11	12	13	14

续表二

天然林资源保护工程										
工程区木材产量（立方米）	造林面积					年末实有封山（沙）育林面积	森林管护面积		林业投资完成额（万元）	
	合计	人工造林	飞播造林	新封山育林	退化林修复			国有林		国家投资
15	16	17	18	19	20	21	22	23	24	25

续表三

退耕还林工程						
造林面积				年末实有封山（沙）育林面积	林业投资完成额（万元）	
	退耕地造　林	荒山荒地造　林	当年新封山（沙）育林面积			国家投资
26	27	28	29	30	31	32

续表四

三北及长江流域等重点防护林体系工程								
造林面积						年末实有封山（沙）育林面积	林业投资完成额（万元）	
	人工造林	飞播造林	新封山育林	退化林修复	人工更新			国家投资
33	34	35	36	37	38	39	40	41

续表五

京津风沙源治理工程										
造林面积					年末实有封山（沙）育林面积	草地治理面积	小流域治理	水利设施（处）	林业投资完成额（万元）	
	人工造林	飞播造林	新封山育林	退化林修复						国家投资
42	43	44	45	46	47	48	49	50	51	52

续表六

自然保护区数（个）	自然保护区面积（万公顷）	自然保护区面积占辖区面积比重（%）	林业系统野生动植物保护及自然保护区工程								增加森林碳汇投入（万元）
			自然保护区数（个）		自然保护区面积（万公顷）		国际重要湿地		投资完成额（万元）		
				国家级		国家级	个数（个）	面积（万公顷）		国家投资	
53	54	55	56	57	58	59	60	61	62	63	64

续表七

海洋类型自然保护区数量（个）							保护区面积（平方）	近岸及海岸湿地面积（万公顷）
合计	按保护级别分		按保护类型分					
	国家级	地方级	海洋海岸生态系统	海洋自然遗迹	海洋生物多样性	其他		
65	66	67	68	69	70	71	72	73

单位负责人：　　　　填表人：　　　　报出日期：2 0　　年　　月　　日

说明：1. 统计范围：各省、自治区、直辖市林业厅（局），内蒙古、吉林、龙江、大兴安岭林业（森工）集团，新疆生产建设兵团林业局；列入林业重点工程区实施范围内的省区及单位。

2. 报送时间：5 月 15 日前。

3. 审核关系：宾栏 1=2+3+4+5+6；9=10+11+12+13+14；16=17+18+19+20；22≥23；24≥25；26=27+28+29；31≥32；33=34+35+36+37+38；40≥41；42=43+44+45+46；51≥52；56≥57；58≥59；62≥63；65=66+67；65=68+69+70+71。

各地区林业投资情况

表　　号：ＬＹ３０４表
制定机关：国 家 统 计 局
文　　号：国统字〔2019〕3号
有效期至：２０１９年９月

综合机关名称：国家林业和草原局　　　　　２０　　年

地　区	代码	本年林业投资完成额（万元）	国家投资	生态建设与保护	林业支撑与保障	林业产业发　展	其他
甲	乙	1	2	3	4	5	6
全　国	**01**						
北　京	02						
天　津	03						
┆	┆						
新　疆	32						
大兴安岭	33						

单位负责人：　　　　填表人：　　　　报出日期：２０　　年　　月　　日

说明：1. 统计范围：各省、自治区、直辖市林业厅（局），内蒙古、吉林、龙江、大兴安岭林业（森工）集团，新疆生产建设兵团林业局。
2. 报送时间：5月15日前。
3. 审核关系：宾栏 1=3+4+5+6。

各地区林业与草原灾害情况

表　　号：L Y 3 0 5 表
制定机关：国 家 统 计 局
文　　号：国统字〔2019〕3 号
有效期至：2 0 1 9 年 9 月

综合机关名称：国家林业和草原局　　2 0　　年　　计量单位：　公　顷

地区	代码	森林有害生物								
		合计			森林病害			森林虫害		
		发生面积	防治面积	防治率（%）	发生面积	防治面积	防治率（%）	发生面积	防治面积	防治率（%）
甲	乙	1	2	3	4	5	6	7	8	9
全　国	**01**									
北　京	02									
天　津	03									
⋮	⋮									
新　疆	32									
大兴安岭	33									

续表一

森林有害生物							草原灾害				
森林鼠害			有害植物			林业有害生物重度发生面积	草原鼠害（千公顷）		草原虫害（千公顷）		草原火灾受害面积（公顷）
发生面积	防治面积	防治率（%）	发生面积	防治面积	防治率（%）		危害面积	治理面积	危害面积	治理面积	
10	11	12	13	14	15	16	17	18	19	20	21

单位负责人：　　填表人：　　报出日期：2 0　　年　　月　　日

说明：1. 统计范围：各省、自治区、直辖市林业厅（局），内蒙古、吉林、龙江、大兴安岭林业（森工）集团，新疆生产建设兵团林业局。
2. 报送时间：5 月 15 日前。
3. 审核关系：宾栏 3=2÷1×100%；6=5÷4×100%；9=8÷7×100%；12=11÷10×100%；15=14÷13×100%。

绿色发展基本情况（十）

表　　号：L Y 7 0 1 表
制定机关：国 家 统 计 局
文　　号：国统字〔2019〕3 号
有效期至：2 0 1 9 年 9 月

综合机关名称：国家林业和草原局　　　　　　2 0　　年

地　区	代码	森林覆盖率（%）	森林蓄积量（亿立方米）	乔木林单位面积蓄积量（立方米/公顷）	草原综合植被覆盖度（%）	湿地面积（千公顷）	湿地保护率（%）
甲	乙	1	2	3	4	5	6
全　国	**01**						
北　京	02						
天　津	03						
⋮	⋮						
新　疆	32						

续表一

陆域自然保护区面积（万公顷）	陆域自然保护区面积占陆地国土面积比例（%）	海洋保护区面积（万公顷）	海洋保护区面积增长率（%）	沙化土地治理面积（公顷）	可治理沙化土地治理率（%）
7	8	9	10	11	12

单位负责人：　　　　　　　　　　填表人：　　　　　　　　　　报出日期：2 0　　年　月　日

说明：1. 本表数据保留 2 位小数，报送的电子版和纸质版数据要保持一致。
　　2. 统计范围是各省、自治区、直辖市。
　　3. 报送时间：7 月 15 日前。

森林生物量生长量

表　　号：L Y 7 2 0 表
制定机关：国 家 统 计 局
文　　号：国统字〔2019〕3 号
有效期至：2 0 1 9 年 9 月

综合机关名称：国家林业和草原局　　　　20　　年

指标名称	计量单位	代码	本年
甲	乙	丙	1
活立木蓄积总生长量	亿立方米/年	01	
活立木蓄积净生长量	亿立方米/年	02	
活立木蓄积总消耗量	亿立方米/年	03	
活立木蓄积净消耗量	亿立方米/年	04	
森林蓄积总生长量	亿立方米/年	05	
森林蓄积净生长量	亿立方米/年	06	
森林蓄积总消耗量	亿立方米/年	07	
森林蓄积净消耗量	亿立方米/年	08	
森林植被总生物量	亿　吨	09	
乔木林单位面积生物量	吨/公顷	10	

单位负责人：　　填表人：　　报出日期：20　　年　　月　　日

说明：1. 本表由国家林业和草原局负责报送。
　　　2. 报送时间：7 月 31 日。

部门服务业企业财务状况

（表式及指标解释见通用表）

部门服务业行政单位财务状况

（表式及指标解释见通用表）

部门服务业事业单位财务状况

（表式及指标解释见通用表）

（三）主要指标解释

林地面积　指用来发展林业的土地，包括郁闭度 0.20 以上的乔木林地以及竹林地、灌木林地、疏林地、采伐迹地、火烧迹地、未成林造林地、苗圃地和县级以上人民政府规划的宜林地面积。

森林面积　包括郁闭度 0.2 以上的乔木林地面积和竹林面积，国家特别规定的灌木林地面积、农田林网以及村旁、路旁、水旁、宅旁林木的覆盖面积。

人工林面积　指由人工播种、植苗或扦插造林形成的生长稳定，（一般造林 3-5 年后或飞机播种 5-7 年后）每公顷保存株数大于或等于造林设计植树株数 80%或郁闭度 0.20 以上（含 0.20）的林分面积。

活立木总蓄积量　指一定范围土地上全部树木蓄积的总量，包括森林蓄积、疏林蓄积、散生木蓄积和四旁树蓄积。

湿地　指天然或人工、长久或暂时性的沼泽地、泥炭地或水域地带，包括静止或流动、淡水、半咸水、咸水体，低潮时水深不超过 6 米的水域以及海岸地带地区的珊瑚滩和海草床、滩涂、红树林、河口、河流、淡水沼泽、沼泽森林、湖泊、盐沼及盐湖。

造林面积　指在宜林荒山荒地、宜林沙荒地、无立木林地、疏林地和退耕地等其它宜林地上通过人工措施形成或恢复森林、林木、灌木林的过程。

人工造林　指在宜林荒山荒地、宜林沙荒地、无立木林地、疏林地和退耕地等其它宜林地上通过播种、植苗和分植来提高森林植被覆被率的技术措施。

飞播造林　指通过飞机播种，并辅以适当的人工措施，在自然力的作用下使其形成森林或灌草植被，提高森林植被覆被率或提高森林植被质量的技术措施。包括荒山飞播造林和飞播营林。

新封山育林　指对宜林地、无立木林地、疏林地或低质低效有林地、灌木林地实施封禁并辅以人工促进手段，使其形成森林或灌草植被或提高林分质量的一项技术措施。包括无林地和疏林地封育以及有林地和灌木林地封育。

退化林修复　指为改善林分的活力和结构，有效遏制防护林退化，提高林分质量和恢复森林功能，对结构失调和稳定性降低、功能退化甚至丧失且自然更新能力弱的林分采取的结构调整、树种替换、补植补播、嫁接复壮等森林经营措施。包括低效林改造和退化防护林改造。

更新造林　指在采伐迹地、火烧迹地、林中空地上通过人工造林重新形成森林的过程。包括通过松土除草、平茬或断根复壮、补植补播、除蘖间苗等措施促进目的树种幼苗幼树生长发育的人工促进天然更新。

天然林资源保护工程　是我国林业的“天”字号工程、一号工程，也是投资最大的生态工程。具体包括三个层次:全面停止长江上游、黄河上中游地区天然林采伐；大幅度调减东北、内蒙古等重点国有林区的木材产量；同时保护好其他地区的天然林资源。主要解决这些区域天然林资源的休养生息和恢复发展问题。

退耕还林工程　是我国林业建设上涉及面最广、政策性最强、工序最复杂、群众参与度最高的生态建设工程。主要解决重点地区的水土流失问题。

退耕地造林面积　指在现有的耕地上停止种植农作物，并进行造林，经过检查验收成活率达 85%以上的面积。

三北、长江流域等重点防护林体系工程　三北和长江中下游地区等重点防护林体系建设工程，是我国涵盖面最大、内容最丰富的防护林体系建设工程。具体包括三北防护林工程、长江防护林工程、沿海防护林工程、珠江防护林工程、太行山绿化工程和平原绿化工程。主要解决三北地区的防沙治沙问题和其他区域各不相同的生态问题。

京津风沙源治理工程 环北京地区防沙治沙工程,是首都乃至中国的“形象工程”,也是环京津生态圈建设的主体工程。主要解决首都周围地区的风沙危害问题。

林业系统野生动植物保护及自然保护区工程 野生动植物保护及自然保护区建设工程,是一个面向未来,着眼长远,具有多项战略意义的生态保护工程,也是呼应国际大气候、树立中国良好国际形象的“外交工程”。主要解决基因保存、生物多样性保护、自然保护、湿地保护等问题。

海洋自然保护区 指国家为保护濒危或珍奇海洋动植物以及海洋自然景观、自然生态系统、历史遗迹等环其周围划定的保护地。海洋自然保护区是一块包括陆地、山川、水域和海洋的较大面积的自然场地。海洋自然保护区按保护级别分为国家级、省级和市（地）、县级；按保护类别分为海洋和海岸生态系统、海洋生物和海洋自然遗迹。

海洋和海岸生态系统保护区 指以海洋、海岸生物与其生境共同形成的海洋和海岸生态系统作为主要保护对象的自然保护区。

海洋自然遗迹保护区 指以特殊意义的地质遗迹和古生物遗迹等作为主要保护对象的一类自然保护区，分为地质遗迹类型自然保护区和古生物遗迹类型自然保护区。

海洋生物多样性保护区 指以栖息于海洋环境的所有动物、植物和微生物物种、每个物种所拥有的全部基因以及它们与生存环境所组成的生态系统为主要保护对象的自然保护区。

森林生物量生长量

活立木蓄积总生长量 指林地和非林地上包括林木、散生木、四旁树在内的全部活立木蓄积的生长量总和，一般用年均值表示。

活立木蓄积净生长量 指活立木蓄积总生长量减去枯损量后的生长量，一般用年均值表示。

活立木蓄积总消耗量 指林地和非林地上包括林木、散生木、四旁树在内的全部活立木蓄积的采伐量和枯损量总和，一般用年均值表示。

活立木蓄积净消耗量 指活立木蓄积总消耗量减去枯损量后的消耗量，也就是总采伐量，一般用年均值表示。

森林蓄积总生长量 指森林蓄积的生长量总和，一般用年均值表示。

森林蓄积净生长量 指森林蓄积总生长量减去枯损量后的生长量，一般用年均值表示。

森林蓄积总消耗量 指森林蓄积的采伐量和枯损量总和，一般用年均值表示。

森林蓄积净消耗量 指森林蓄积总消耗量减去枯损量后的消耗量，也就是总采伐量，一般用年均值表示。

森林植被总生物量 指林地和非林地上附着的乔木（竹）、灌木有机物质绝干重，包括地上和地下部分的生物量。

乔木林单位面积生物量 指乔木林中单位面积的有机物质绝干重。

森林覆盖率 指报告期末以行政区域为单位的森林面积占区域土地总面积的百分比。森林面积指郁闭度 0.2 以上的乔木林地面积和竹林面积，国家特别规定的灌木林地面积、农田林网以及村旁、路旁、水旁、宅旁林木的覆盖面积。计算公式为：

$$\text{森林覆盖率} = \frac{\text{森林面积}}{\text{土地总面积}} \times 100\%$$

森林蓄积量 指报告期末一定森林面积上存在着的林木树干部分的总材积。

乔木林单位面积蓄积量 指乔木林蓄积量与乔木林面积之比。计算公式为：

$$\text{乔木林单位面积蓄积量} = \frac{\text{乔木林蓄积量}}{\text{乔木林面积}}$$

草原综合植被覆盖度　指某一区域各主要草地类型的植被覆盖度与其所占面积比重的加权平均值。植被覆盖度是指单位面积内植被地上部分(包括叶、茎、枝)在地面的垂直投影面积占统计区总面积的百分比。计算公式为：

$$\text{草原综合植被覆盖度} = \frac{\sum \text{各类草地面积} \times \text{植被覆盖度}}{\text{本地区草地总面积}} \times 100\%$$

湿地　指天然或人工、长久或暂时的沼泽地、泥炭地或水域地带，带有静止或流动、淡水或半咸水及咸水水体，包括低潮时水深不超过 6 米的海域。包括近海及海岸湿地、河流湿地、湖泊湿地、沼泽湿地和人工湿地，不包括水稻田。

湿地保护率　指列入保护范围的湿地面积占湿地总面积的百分比。湿地保护面积指报告期末受到各类方式保护的湿地面积总和，包括位于国际重要湿地、国家公园、湿地自然保护区、湿地公园、森林公园、海洋公园、地质公园、世界文化自然遗产、水产种质资源保护区、风景名胜区、湿地保护小区和纳入生态保护红线范围内的各类湿地面积。计算公式为：

$$\text{湿地保护率} = \frac{\text{湿地保护面积}}{\text{湿地总面积}} \times 100\%$$

陆域自然保护区面积占陆地国土面积比例　指陆域自然保护区面积占陆地国土面积的百分比。陆域自然保护区面积指为了保护自然环境和自然资源，促进国民经济的持续发展，将一定面积的陆地和水体划分出来，并经各级人民政府批准而进行特殊保护和管理的区域面积。计算公式为：

$$\text{陆域自然保护区面积占陆地国土面积比例} = \frac{\text{陆域自然保护区面积}}{\text{陆地国土面积}} \times 100\%$$

海洋保护区面积　指专供海洋资源、环境和生态保护的海域面积，包括海洋自然保护区、海洋特别保护区。

海洋保护区面积增长率　指报告期内海洋保护区面积的增长速度。计算公式为：

$$\text{海洋保护区面积增长率} = \left(\frac{\text{本期海洋保护区面积}}{\text{上期海洋保护区面积}} - 1\right) \times 100\%$$

沙化土地治理面积　指报告期内通过各种防沙治沙措施治理的沙化土地面积。

可治理沙化土地治理率　指完成治理的沙化土地面积占可治理沙化土地总面积的百分比。可治理沙化土地是指在目前的技术经济状况下，气候、水资源等条件许可，经过人为干预，能恢复林草植被，表现出风沙活动减轻，土地退化状况好转，生态改善等特征的沙化土地。计算公式为：

$$\text{可治理沙化土地治理率} = \frac{\text{完成治理的沙化土地面积}}{\text{可治理沙化土地总面积}} \times 100\%$$

国家铁路局

（一）报 表 目 录

表号	表名	报告期别	填报范围	报送时间及方式	负责单位	备注
综合年报						
TJ301 表	全国铁路线路里程	年报	全国铁路	4 月 30 日前；电子邮件 dczxjtc@stats.gov.cn	服务业司	《运输邮电软件业统计报表制度》
TJ302 表	全国铁路运输设备基本情况	年报	全国铁路			
TJ303 表	全国铁路客货运输量	年报	全国铁路			
TJ304 表	全国铁路分货类运输量	年报	全国铁路			
TJ305 表	铁路地区间货物交流	年报	国家铁路			
综合定报						
TJ401 表	分地区铁路客运量完成情况	月报	全国铁路	3、4、9、12 月月后 8 日前，其他月月后 6 日前，其中“全国总计”5 日前报快报数；电子邮件 dczxjtc@stats.gov.cn	服务业司	《运输邮电软件业统计报表制度》
TJ402 表	分地区铁路旅客周转量完成情况	月报	全国铁路			
TJ403 表	分地区铁路货物运输完成情况	月报	全国铁路	3、4、9、12 月月后 8 日前，其他月月后 6 日前。其中“全国总计”25 日前报 1-24 日速报数，5 日前报快报数。电子邮件 dczxjtc@stats.gov.cn		
TJ404 表	铁路运输生产主要指标	月报	全国铁路	月后 6 日前；电子邮件 dczxjtc@stats.gov.cn		
TJ405 表	全国铁路分货类运输量	月报	全国铁路			
TJ406 表	铁路运输主要财务状况	季报	全国铁路	季后 20 日前；电子邮件 dczxjtc@stats.gov.cn		

（二）调 查 表 式

综 合 年 报

全国铁路线路里程

表　　号：T J 3 0 1 表
制定机关：国 家 统 计 局
文　　号：国统字〔2019〕3 号
有效期至：2 0 1 9 年 6 月
计量单位：公　里

综合机关名称：国家铁路局　　　　2 0　　年

地　　区	代码	延展里程	营业里程	
				正式营业里程
甲	乙	1	2	3
全国总计	**01**			
北　　京	02			
天　　津	03			
河　　北	04			
¦	¦			
新　　疆	32			

单位负责人：　　　　填表人：　　　　报出日期：2 0　　年　　月　　日

说明：1. 统计范围：全国铁路。
　　　2. 报送时间：4 月底前。

全国铁路运输设备基本情况

表　　号：T J 3 0 2 表
制定机关：国 家 统 计 局
文　　号：国统字〔2019〕3 号
有效期至：2 0 1 9 年 6 月
计量单位：公　里

综合机关名称：国家铁路局　　　　2 0　　年

指标名称	代码	实际
甲	乙	1
一、营业里程	01	
复线里程	02	
电气化铁路里程	03	
高速铁路里程	04	
二、机车年末数	05	
内燃机车	06	
电力机车	07	
三、客车年末数	08	
软卧车	09	
硬卧车	10	
软座车	11	
硬座车	12	
四、货车年末数	13	

单位负责人：　　　　填表人：　　　　报出日期：2 0　　年　　月　　日

说明：1. 统计范围：全国铁路。
　　　2. 报送时间：4 月底前。

全国铁路客货运输量

表　　号：T J 3 0 3 表
制定机关：国 家 统 计 局
文　　号：国统字〔2019〕3 号
有效期至：2 0 1 9 年 6 月

综合机关名称：国家铁路局　　2 0　　年

地　区	代码	客运量（万人）	其中:高铁客运量	旅客周转量（万人公里）	其中:高铁旅客周转量	货运量（万吨）	货物周转量（万吨公里）
甲	乙	1	2	3	4	5	6
全国总计	**01**						
北　京	02						
天　津	03						
河　北	04						
山　西	05						
内 蒙 古	06						
┆	┆						
新　疆	32						

单位负责人：　　填表人：　　报出日期：2 0　　年　　月　　日

说明：1. 统计范围：全国铁路。
　　　2. 报送时间：4 月底前。

全国铁路分货类运输量

表　　号：T J 3 0 4 表
制定机关：国　家　统　计　局
文　　号：国统字〔2019〕3 号
综合机关名称：国家铁路局　　　　2 0　　年　　　　有效期至：2 0 1 9 年 6 月

货类品名	代码	货运量（万吨）	货物周转量（万吨公里）	平均运距（公里）
甲	乙	1	2	3
合计	**01**			
煤炭	02			
石油	03			
焦炭	04			
金属矿石	05			
钢铁及有色金属	06			
非金属矿石	07			
磷矿石	08			
矿建材料	09			
水泥	10			
木材	11			
粮食	12			
零担	13			
集装箱	14			

单位负责人：　　　　填表人：　　　　报出日期：2 0　　年　　月　　日

说明：1. 统计范围：全国铁路。
　　　2. 报送时间：4 月底前。

铁路地区间货物交流

表　　号：TJ305表
制定机关：国家统计局
文　　号：国统字〔2019〕3号
有效期至：2019年6月
计量单位：万吨

综合机关名称：国家铁路局　　　　20　　年

到达省 发送省	代码	北京	天津	河北	山西	内蒙古	…	宁夏	新疆	合计
甲	乙	1	2	3	4	5	6-29	30	31	32
全国总计	**01**									
北　京	02									
天　津	03									
河　北	04									
山　西	05									
内蒙古	06									
┆	┆									
新　疆	32									

单位负责人：　　　　填表人：　　　　报出日期：20　年　月　日

说明：1.统计范围：国家铁路。
2.报送时间：4月底前。

综 合 定 报

分地区铁路客运量完成情况

表　　号：T J 4 0 1 表
制定机关：国 家 统 计 局
文　　号：国统字〔2019〕3 号
有效期至：2 0 2 0 年 1 月

综合机关名称：国家铁路局　　　　20　　年　　月

地　区	代码	客运量(万人)				其中：高铁客运量（万人）			
		本年本月止累计	本月	比上年同期增长(%)		本年本月止累计	本月	比上年同期增长(%)	
				累计	本月			累计	本月
甲	乙	1	2	3	4	5	6	7	8
全国总计	**01**								
北　　京	02								
天　　津	03								
河　　北	04								
⋮	⋮								
新　　疆	32								

单位负责人：　　　　填表人：　　　　报出日期：20　　年　　月　　日

说明：1. 本表由国家铁路局报送。
　　2. 统计范围：全国铁路。
　　3. 报送日期及方式：3、4、9、12 月月后 8 日前，其他月月后 6 日前。

分地区铁路旅客周转量完成情况

表　　号：T J 4 0 2 表
制定机关：国 家 统 计 局
文　　号：国统字〔2019〕3 号
有效期至：2 0 2 0 年 1 月

综合机关名称：国家铁路局　　　　20　　年　　月

地　区	代码	旅客周转量(万人公里)				其中：高铁旅客周转量(万人公里)			
		本年本月止累计	本月	比上年同期增长(%)		本年本月止累计	本月	比上年同期增长(%)	
				累计	本月			累计	本月
甲	乙	1	2	3	4	5	6	7	8
全国总计	**01**								
北　　京	02								
天　　津	03								
河　　北	04								
⋮	⋮								
新　　疆	32								

单位负责人：　　　　填表人：　　　　报出日期：20　　年　　月　　日

说明：1. 本表由国家铁路局报送。
　　2. 统计范围：全国铁路。
　　3. 报送日期及方式：3、4、9、12 月月后 8 日前，其他月月后 6 日前。

分地区铁路货物运输完成情况

表　　号：T J 4 0 3 表
制定机关：国　家　统　计　局
文　　号：国统字〔2019〕3 号
有效期至：2 0 2 0 年 1 月

综合机关名称：国家铁路局　　　　20　年　月

地区	代码	货运量（万吨）				货物周转量（万吨公里）			
		本年本月止累计	本月	比上年同期增长（%）		本年本月止累计	本月	比上年同期增长（%）	
				累计	本月			累计	本月
甲	乙	1	2	3	4	5	6	7	8
全国总计	**01**								
北　京	02								
天　津	03								
河　北	04								
山　西	05								
内蒙古	06								
⋮	⋮								
新　疆	32								

单位负责人：　　　　填表人：　　　　报出日期：20　年　月　日

说明：1. 统计范围：全国铁路。
　　2. 报送时间：3、4、9、12 月月后 8 日前，其他月月后 6 日前。

铁路运输生产主要指标

表　　号：T J 4 0 4 表
制定机关：国　家　统　计　局
文　　号：国统字〔2019〕3 号
有效期至：2 0 2 0 年 1 月

综合机关名称：国家铁路局　　　　20　年　月

指标名称	计量单位	代码	本年本月止累计	本月	比上年同期增减（%）	
					累计	本月
甲	乙	丙	1	2	3	4
货物总运输量	万吨	01				
其中：货物运量	万吨	02				
行包运量	万吨	03				
货运总周转量	亿吨公里	04				
其中：货物周转量	亿吨公里	05				
行包周转量	亿吨公里	06				
客运量	万人	07				
旅客周转量	亿人公里	08				

单位负责人：　　　　填表人：　　　　报出日期：20　年　月　日

说明：1. 统计范围：全国铁路。
　　2. 报送时间：月后 6 日前。

全国铁路分货类运输量

表　　号：T J 4 0 5 表
制定机关：国 家 统 计 局
文　　号：国统字〔2019〕3 号
有效期至：2 0 2 0 年 1 月

综合机关名称：国家铁路局　　2 0　年　月

货类品名	代码	货运量（万吨）				货物周转量（万吨公里）				平均运距（公里）
		本年本月止累计	本月	比上年同期增长(%)		本年本月止累计	本月	比上年同期增长(%)		
				累计	本月			累计	本月	
甲	乙	1	2	3	4	5	6	7	8	9
合计	**01**									
煤炭	02									
石油	03									
焦炭	04									
金属矿石	05									
钢铁及有色金属	06									
非金属矿石	07									
磷矿石	08									
矿建材料	09									
水泥	10									
木材	11									
粮食	12									
零担	13									
集装箱	14									

单位负责人：　　填表人：　　报出日期：2 0　年　月　日

说明：1. 统计范围：全国铁路。
　　　2. 报送时间：月后 6 日前。

铁路运输主要财务状况

表　　号：T J 4 0 6 表
制定机关：国 家 统 计 局
文　　号：国统字〔2019〕3 号
有效期至：2 0 2 0 年 1 月
计量单位：万　元

综合机关名称：国家铁路局　　　　2 0　　年　　季

指标名称	代码	实际
甲	乙	1
营业收入	01	
其中：客运收入	02	
货运收入	03	
营业成本	04	
其中：营业税金及附加	05	
营业外收入	06	
营业利润	07	
应付工资总额	08	

单位负责人：　　　　填表人：　　　　报出日期：2 0　　年　　月　　日

说明：1. 统计范围：全国铁路（含国家控股合资铁路）。
2. 报送时间：季后 20 日前。

（三）主要指标解释

铁路运输 指有固定的运行轨道，以铁路机车、客、货车辆为运输工具，承担旅客、货物运送任务的一种运输方式。具有全天候、大批量、长距离、成本低、高效率的现代化运输特点，是我国综合运输体系中，起骨干力量的重要运输方式。我国铁路运输是由国家铁路、地方铁路、合资铁路和铁路专用线及专用铁道组成，主要承担大宗货物中长距离运输和中长途旅客运输。

铁路营业里程 又称营业长度（包括正式营业和临时营业里程），指办理客货运输业务的铁路正线总长度。凡是全线或部分建成双线及以上的线路，以第一线的实际长度计算；复线、站线、段管线、岔线和特殊用途线以及不计算运费的联络线都不计算营业里程。

铁路正线延展里程 指正线第一线、第二线、第三线和其他正线建筑里程之和，不包括站线、段管线、岔线及特殊用途线的延展里程。它是作为计算铁路线上钢轨、枕木及路基砂石需要量的主要依据。

铁路复线里程 指双线及以上的线路长度。营业里程的复线，按与复线相对应的 1 线长度计算，计算方法与营业里程一致。

电气化里程 指具备了电力机车牵引条件，并已交付运营的线路里程。

铁路自动、半自动闭塞里程 为保证列车安全运行，在一个区间、同一时间内，一般只允许一列列车运行，这种保证列车在这个区间安全间隔运行的技术方法称为“闭塞”。自动闭塞是根据列车运行及有关闭塞分区状态，自动变换通过信号机显示而司机凭信号显示行车的闭塞方法。采用此方式的闭塞公里为自动闭塞里程。半自动闭塞是由人工办理闭塞手续，列车凭信号显示发车后，出站信号机自动关机闭塞，靠车站值班员确认列车整列到达，办理区间闭塞复原的一种闭塞方式。采用此方式的闭塞公里为半自动闭塞里程。

无缝线路里程 无缝线路是由多根钢轨焊接成一定长度的长钢轨线路。无缝线路长度，包括固定区、伸缩区、缓冲区三部分长度。按营业里程计算。

铁路机车 指用于牵引货物列车和旅客列车的动力车辆。按照运用情况分为客运机车、货运机车（包括小运转）、调车机车、路用机车和其他机车，按照机车的原动力分为蒸汽机车、电力机车和内燃机车三种。

铁路客车 指用于运送旅客的铁路车辆，一般分为硬座车、软座车、硬卧车、软卧车、餐车、行李车、公务车等。

铁路货车 用于装运货物的铁路车辆，具有经常流动、没有固定地点等特点，按车型可分为棚车、敞车、平车、毒品车、罐车、冷藏车等。

铁路旅客运量 指一定时期内使用铁路客车运送的旅客人数。铁路旅客运量的计算方法：不论票价多少或行程长短，均按单程计算为一人次；不足购票年龄免购客票的儿童，不计算运量；月、季票按每月往返各 21 人次计算。

旅客发送人数 指购买客票在铁路各营业站和乘降所乘车的旅客人数、在列车内补票（即车补）和到站补票（即站补）的旅客人数、由国外及新线接运的旅客人数之和并减去退票人数。

旅客到达人数 指在一定时期内铁路各营业站实际到达的旅客人数。

旅客运送人数 指在一定时期内铁路各车站运送的旅客人数。

铁路旅客周转量 指一定时期内使用铁路客车运送的旅客人数与运输距离的乘积之和。计算公式为：

旅客周转量（人公里）=Σ（实际运送的每一乘客×该旅客出发站与到达站间距离）

=实际运送的旅客人数×旅客平均运程

旅客运输平均运距 指报告期内平均每一位旅客的旅行距离。计算公式为：

旅客运输平均运距=旅客周转量/客运量

铁路货物运量 指使用铁路货车实际运送的货物重量。

货物发送吨数 指在一定时期内全国铁路营业车站所承运的货物总量，包括本站承运的货物和由国外、水路、地方铁路、新线接运的货物和不同轨距倒装的货物，是根据铁路货物运输的原始单据（货票）所记载的重量计算的。

货物到达吨数 指在一定时期内铁路营业车站最终到达的货物总量，包括向国外铁路、水运、铁路新线及地方铁路等其他铁路移交的货物吨数。

货物运送吨数 指在一定时期内经过铁路运输并办理一定运送业务的货物总量。全国铁路由于不存在输入、输出、通过等直通运输，只存在自装自卸的货物运输，所以发送货物吨数或到达吨数就是它的货物运送吨数。但铁路局除了进行在铁路局管界内自装自卸的管内运输以外，还要进行由两个或两个以上的铁路局共同完成的直通运输，为了说明铁路局的全部货物运输工作量，就需要统计货物运送吨数。计算公式为：

全国铁路货物运送吨数=全国铁路发送货物吨数

=全国铁路到达货物吨数

铁路局货物运送吨数=发送货物吨数+接运货物吨数

=到达货物吨数+移交货物吨数

=（管内+输出+输入+通过）货物吨数

铁路货物周转量 指一定时期内使用铁路货车完成的货物运量与运送距离的乘积之和。计算公式为：

货物周转量（吨公里）=Σ（每批货物重量×该批货物的运送距离）

=实际运送货物吨数×货物平均运程

货物运输平均运距 指报告期内平均每吨货物的运输距离。计算公式为：

货物运输平均运距=货物周转量/货运量

铁路装车数 指在铁路营业线或临时营业线上，车站、铁路分局、铁路局或全路在一定时期内运送货物发送时装车完毕的车数。为反映装车数的一般水平，可计算平均一日装车数，计算公式为：

平均一日装车数=报告期装车总数／报告期日历日数

铁路货车平均静载重 指货物在装车时的静止装载重量。计算公式为：

货车平均静载重（吨）=货物发送吨数／装车数

货车载重力利用率 为静载重与标记载重的比值，该指标可以反映货车载重能力的利用程度。计算公式为：

货车载重力利用率（%）=货车平均静载重/货车平均标记载重×100%。

铁路货运机车日产量 指在一定时期内，平均每台货运机车在一昼夜内所完成的总重吨公里数，包括载运货物的重量和车辆本身的自重。该指标从时间和牵引能力两方面反映了机车运用效率。计算公式为：

货运机车平均日产量（吨公里）=货运总重吨公里／货运机车台日数

内燃机车 指牵引动力类型为内燃的机车。

电力机车 指牵引动力类型为电力的机车。

货运机车平均牵引总重 为每台货运机车平均牵引列车的总重量。等于总重吨公里（不包括单机）

除以本务、重联、补机走行公里之和。

货运机车日车公里　为平均每台运用货运机车在一昼夜内走行的公里，等于货运机车沿线公里（不包括补机）除以运用货运机车台日（不包括补机）。

客运机车日车公里　为平均每台运用客运机车在一昼夜内走行的公里，等于客运机车沿线公里（不包括补机）除以运用客运机车台日（不包括补机）。

内燃机车每万吨公里耗油　指内燃机车装载一万吨货物行驶一公里的平均耗油量。

电力机车每万吨公里耗电　指电力机车装载一万吨货物行驶一公里的平均耗电量。

旅客（货物）列车出发（运行）正点率　指正点出发（运行）的旅客（货物）列车占出发（运行）总列数的比率。计算公式为：

铁路旅客（货物）列车出发（运行）正点率（%）=正点出发（运行）的旅客（货物）列车数／旅客（货物）列车出发（运行）总列数×100%

旅客（货物）运输密度　指报告期内营业线路平均每公里线路上所通过的旅客（货物）周转量。计算公式为：

旅客运输密度（人公里/公里）=旅客周转量／线路营业里程

货物运输密度（吨公里/公里）=货物周转量／线路营业里程

旅客（货物）列车技术速度　为旅客（货物）列车在区间内平均每小时走行的公里数。计算公式为：

旅客（货物）列车技术速度（公里/小时）=旅客（货物）列车公里/纯运行时间

旅客（货物）列车旅行速度　为旅客（货物）列车在区段内平均每小时走行的公里数。计算公式为：

旅客（货物）列车旅行速度（公里/小时）=旅客（货物）列车公里/旅行时间

货车周转时间　指货车自第一次装车完了时起至再一次装车完了时止所消耗的时间（天数）。等于运用车辆日除以工作量，或等于旅行时间、货物作业停留时间、中转停留时间之和。

一次货物作业时间　为运用车在站线（包括区间）及专用线（包括路产专用线）内进行装卸、倒装作业所停留的时间。计算公式为：

一次货物作业平均停留时间（小时）=货物作业车辆小时/货物作业次数

货车中转停留时间　指货车在车站进行解体、改编、中转技术作业及其他中转作业（包括变更到站、装载整理、专为加冰及洗罐消毒的货车，按规定进行洗罐的罐车除外）所停留的时间。计算公式为：

货车中转停留时间（小时）=中转车辆小时/中转车数

铁路运输总收入　指铁路运输企业在完成客货运输工作中，按照国家批准的运费标准收取的货币收入。包括货运收入，客运收入，行李、包裹收入，邮运收入，车站和列车补收的旅客客票收入，到站补收的货物和行包运费、货物行包变更手续费等。

中国民用航空局

（一）报 表 目 录

表号	表名	报告期别	填报范围	报送时间及方式	负责单位	备注
综合年报						
MH301 表	航空企业主要能源消费与库存	年报	航空运输企业	3 月 31 日前；邮寄或电子邮件 nysnyjcc@stats.gov.cn	能源司	《能源统计报表制度》
MH302 表	民航航线及飞机年末数	年报	民航运输企业	3 月 31 日前；内部交换	服务业司	《运输邮电软件业统计报表制度》
MH303 表	民航主要机型运用情况	年报	民航运输企业	3 月 31 日前；内部交换		
MH304 表	民航运输生产主要指标	年报	民航运输企业	3 月 31 日前；内部交换		
701 表	部门服务业企业财务状况	年报	航空运输业中执行企业会计制度的单位	6 月 30 日前；电子邮件或内部交换 dczxjtc@stats.gov.cn	服务业司	《部门服务业财务统计报表制度》（试行）
综合定报						
MH401 表	民航客货运输完成情况	月报	民航运输企业	3、4、9、12 月月后 8 日前，其他月月后 5 日前；红机传真	服务业司	《运输邮电软件业统计报表制度》
MH402 表	航空运输业价格指数	季报	选中的运输企业	季后 9 日前；电子邮件 xhwang@gj.stats.cn ，wangzh@gj.stats.cn	城市司	《交通运输和邮政业价格统计报表制度》

（二）调 查 表 式

综 合 年 报

航空企业主要能源消费与库存

表　　号：M H 3 0 1 表
制定机关：国 家 统 计 局
文　　号：国统字〔2019〕3 号
有效期至：2 0 1 9 年 6 月

综合机关名称：中国民用航空局　　　　2 0　　年

品　　种	计量单位	代码	期初库存量	本年消费量	期末库存量
甲	乙	丙	1	2	3
煤　　炭	万吨	01			
汽　　油	吨	02			
煤　　油	吨	03			
柴　　油	吨	04			
燃 料 油	吨	05			
电　　力	万千瓦时	06			

单位负责人：　　统计负责人：　　填表人：　　联系电话：　　报出日期：2 0　年　月　日

说明：1. 统计范围：航空运输企业，不包括部门所管理的工业、建筑业等企业及行政、事业单位。
2. 报送时间：3 月 31 日前。

民航航线及飞机年末数

表　　号：M H 3 0 2 表
制定机关：国 家 统 计 局
文　　号：国统字〔2019〕3 号
有效期至：2 0 1 9 年 6 月

综合机关名称：中国民用航空局　　　　2 0　　年

指标名称	计量单位	代码	实际
甲	乙	丙	1
一、定期航班航线条数	条		
国际航线	条		
国内航线	条		
其中：地区航线	条		
二、定期航班航线里程	公里		
国际航线	公里		
国内航线	公里		
其中：地区航线	公里		
三、定期航班通航机场数	个		
四、民航飞机期末架数	架		
运输飞机	架		
大中型飞机	架		
（列出主要机型）			
小型飞机	架		
（列出主要机型）			
通用航空飞机	架		
教学校验飞机	架		
五、国外通航国家和地区	个		
其中：通航城市	个		

单位负责人：　　　　填表人：　　　　报出日期：2 0　　年　　月　　日

说明：1. 统计范围：运输航空公司。
　　　2. 报送时间：3 月底前。

民航主要机型运用情况

表　　号：M H 3 0 3 表
制定机关：国 家 统 计 局
文　　号：国统字〔2019〕3 号
有效期至：2 0 1 9 年 6 月

综合机关名称：中国民用航空局　　　　2 0　　年

机型	代码	期末飞机架数	飞行小时	正班飞行万公里	平均每可用机飞行小时	平均每可用机日生产飞行小时	正班平均载运率（%）
甲	乙	1	2	3	4	5	6
（运输飞机）							
⋮							

单位负责人：　　　　填表人：　　　　报出日期：2 0　　年　　月　　日

说明：1. 统计范围：运输航空公司。
　　　2. 报送时间：3 月底前。

民航运输生产主要指标

表　　号：M H 3 0 4 表
制定机关：国 家 统 计 局
文　　号：国统字〔2019〕3 号
有效期至：2 0 1 9 年 6 月

综合机关名称：中国民用航空局　　　　　　2 0　　年

指标名称	计量单位	代码	实际	指标名称	计量单位	代码	实际
甲	乙	丙	1	甲	乙	丙	1
一、客货运输量				（五）总周转量	万吨公里	17	
（一）客运量	万人	01		国际航线	万吨公里	18	
国际航线	万人	02		国内航线	万吨公里	19	
国内航线	万人	03		其中：地区航线	万吨公里	20	
其中：地区航线	万人	04		二、飞行班次	班次	21	
（二）旅客周转量	万人公里	05		国际航线	班次	22	
国际航线	万人公里	06		国内航线	班次	23	
国内航线	万人公里	07		其中：地区航线	班次	24	
其中：地区航线	万人公里	08		三、通用航空飞行时间	小时	25	
（三）货邮运量	吨	09		农林业航空作业	小时	26	
国际航线	吨	10		其中：航空护林	小时	27	
国内航线	吨	11		播种造林	小时	28	
其中：地区航线	吨	12		工业航空作业	小时	29	
（四）货邮周转量	万吨公里	13		其中：航空探矿	小时	30	
国际航线	万吨公里	14					
国内航线	万吨公里	15					
其中：地区航线	万吨公里	16					

单位负责人：　　　　　　　　填表人：　　　　　　　　报出日期：2 0　　年　　月　　日

说明：1. 统计范围：运输航空公司和通用航空公司。
　　　2. 报送时间：3 月底前。

部门服务业企业财务状况

（表式及指标解释见通用表）

综 合 定 报

民航客货运输完成情况

表　　号：M H 4 0 1 表
制定机关：国 家 统 计 局
文　　号：国统字〔2019〕3 号
有效期至：2 0 2 0 年 1 月

综合机关名称：中国民用航空局　　　　2 0　　年　　月

指标名称	计量单位	代码	本年本月止累计	本月	比上年同期增长（%）	
					累计	本月
甲	乙	丙	1	2	3	4
客运量	万人	01				
旅客周转量	万人公里	02				
货邮运输量	万吨	03				
货邮周转量	万吨公里	04				
运输总周转量	万吨公里	05				

单位负责人：　　　　填表人：　　　　报出日期：2 0　　年　　月　　日

说明：1. 统计范围：运输航空公司。
　　2. 报送时间：3、4、9、12 月月后 8 日前，其他月月后 5 日前。

航空运输业价格指数

表　　号：M H 4 0 2 表
制定机关：国　家　统　计　局
文　　号：国统字(2019)3 号
有效期至：2 0 2 0 年 1 月

综合机关名称：中国民用航空局　　　　2 0　　年　季

项　　目	代码	以中国民用航空局确定的基期价格为 100 的指数	以上年同季价格为 100 的指数	以上季价格为 100 的指数
甲	乙	1	2	3
航空运输业	01			
一、航空旅客运输	02			
1. 国内	03			
其中：港澳台	04			
2. 国际	05			
二、航空货物运输	06			
1. 国内	07			
其中：港澳台	08			
2. 国际	09			

单位负责人：　　　填表人：　　　联系电话：　　　报出日期：2 0　　年　　月　　日

说明：1. 报送单位：中国民用航空局发展计划司。
2. 报送日期及方式：季后 9 日前电子邮件报送全国数据及北京、上海数据。
3. 定基、同比指数保留 2 位小数，环比指数保留 4 位小数。
4. 邮箱地址：wangzh@gj.stats.cn, xhwang@gj.stats.cn。

（三）主要指标解释

民用航空运输 指利用飞机和空中航线运送旅客和货邮的一种运输方式，具有速度快和不受地形限制的特点。航空运输成本高、运量小，适合对时间要求高的运输事务。

航线条数 指定期航班营运的航线条数。按国内航线（其中：港澳航线）、国际航线分类统计。

国际航线 指航线中任一航段的起讫点（技术经停点除外）在外国领土上的航线。

国内航线 指航线中各航段的起讫点（技术经停点除外）都在国内的航线。

地区航线 指航线中任一航段的起讫点在香港、澳门或台湾的航线（经香港、澳门、台湾飞往外国的航线统计为国际航线）。

定期航班航线里程 指定期航班营运里程的总长度，以万公里为计算单位。航线里程的统计分为按重复距离计算和按不重复距离计算两种形式。“按重复距离计算”是指不同航线的相同航段距离可以重复累加；“按不重复距离计算”则不同航线相同航段只统计一次。

定期航班通航机场 指有定期航班执飞的机场。

民用飞机期末架数 指报告期末实有的、持有有效适航证书的飞机数量。

运输飞机 指从事公共航空运输的民用飞机。分为大中型飞机和小型飞机，大中型飞机指 100 座及以上的运输飞机，小型飞机指 100 座以下的运输飞机。

民用航空飞机平均在册架数 指报告期平均每天在册的飞机架数。计算公式为：

民用航空飞机平均在册架数=报告期在册飞机总架/报告期日历天数

民用航空飞行班次 指飞机自始发到终点航站的一次飞行，去回程各按一个班次统计。专、包机飞行，按任务和架次统计。一项任务和一项包机，是由一架飞机完成的，按一架次统计；由两架飞机或由一架飞机两次完成的，按两架次统计。

民用航空客运量 指公共航空运输飞行所载运的旅客人数。成人和儿童各按一人计算，婴儿不计人数。每一特定航班的每一旅客只计算一次。唯一例外的是，乘坐定期航班既经过国内航段又经过国际航段的旅客，同时计算一个国内旅客和一个国际旅客。不定期航班运送的旅客每一特定航班（同一航班）只计算一次。

民用航空旅客周转量 反映旅客在空中实现位移的综合性生产指标，体现航空运输企业所完成的旅客运输工作量。计算单位为人公里（或称“客公里”）和吨公里。计算公式为：

旅客周转量（人公里）=Σ（航段旅客运输量×航段距离）

民用航空货邮运量 指公共航空运输飞行所载运的货物、邮件重量，货物包括外交信袋和快件。原始数据以吨位计算单位，保留一位小数。每一特定航班（同一航班）的货邮只计算一次，不能按航段重复计算。单对于既经过国内航段、又经过国际航段运输的货邮，则同时统计为国内货邮和国际货邮。不定期航班运输的货物每一特定航班（同一航班）只计算一次。

民用航空货邮周转量 指一定时期内，公共航空运输单位实际运送的货物、邮件的重量与相应的货邮运输距离乘积之和。计算公式为：

货邮周转量(吨公里)=Σ(每批货邮重量×该批货邮运送距离)

民用航空总周转量 指反映旅客、货邮在空中运载工具的作用下发生位移的综合性指标，体现航空运输过程的生产效果。计算公式为：

民用航空总周转量=旅客周转量+邮件周转量+货物周转量

旅客的重量换算：成人 90 公斤，儿童 45 公斤，婴儿 9 公斤。

正班平均载运率 指报告期内正班飞行所完成的运输总周转量与可提供周转量之比。

通用航空 指用民用航空器从事公共航空运输以外的民用航空活动，包括从事工业、农业、林业、渔业和建筑业的作业飞行以及医疗卫生、抢险救灾、气象探测、海洋监测、科学实验、教育训练、文化体育等方面的飞行活动。

飞行小时 指从飞机滑动前撤除轮档起至飞机着陆停稳后安放轮档止的全部时间。为方便操作，可以计为飞机靠自身动力开始滑行起至飞行航段结束至停机位置的全部时间，即飞机地面滑行时间和空中飞行时间之和。

农林业航空作业 是指利用飞机或直升机为农林牧副渔业生产、气象、资源保护等提供经营性服务的飞行。

航空护林 指使用飞机或直升机和专用仪器设备并配备专业人员，在林区实施林火消防以保护森林资源的作业飞行。主要作业项目有巡护飞行、索降灭火、机降灭火、喷液灭火、吊桶灭火等。以飞行小时为计算单位进行统计。

播种造林 指按照规划设计要求，利用飞机从空中播撒林木种子的飞行作业。以飞行小时和作业面积“公顷”为计算单位进行统计。

工业航空作业 是指使用民用航空器为工业部门提供各种经营性作业飞行和服务的飞行活动。

航空探矿 航空地球物理勘探的简称，是使用装有专用探测仪器的飞机或直升机，通过从空中测量地球各种物理场（磁场、电磁场、重力场、放射性场等）的变化，了解地下地质情况和矿藏分布状况的飞行作业。以飞行小时和测线公里为计算单位进行统计。

国家邮政局

（一）报 表 目 录

表号	表名	报告期别	填报范围	报送时间及方式	负责单位	备注
综合年报						
YZ301 表	邮政行业主要指标完成情况	年报	全国邮政企业和获得快递业务经营许可的快递服务企业	5 月 31 日前；电子邮件 dczxjtc@stats.gov.cn	服务业司	《运输邮电软件业统计报表制度》
YZ302 表	快递服务企业业务收入	5 年报	选中的快递服务企业	3 月 20 日前；电子邮件 xhwang@gj.stats.cn, wangzh@gj.stats.cn	城市司	《交通运输和邮政业价格统计报表制度》
701 表	部门服务业企业财务状况	年报	邮政业中执行企业会计制度的单位	6 月 30 日前；电子邮件或内部交换 dczxjtc@stats.gov.cn	服务业司	《部门服务业财务统计报表制度》（试行）
综合定报						
YZ401 表	邮政业务量完成情况	月报	全国邮政企业和获得快递业务经营许可的快递服务企业	月后 20 日前；电子邮件 dczxjtc@stats.gov.cn	服务业司	《运输邮电软件业统计报表制度》
YZ402 表	分地区邮政行业业务总量及收入完成情况	月报	全国邮政企业和获得快递业务经营许可的快递服务企业			
YZ403 表	分地区邮政业务量完成情况	月报	全国邮政企业和获得快递业务经营许可的快递服务企业			

（二）调 查 表 式

综 合 年 报

邮政行业主要指标完成情况

表　　号：Y Z 3 0 1 表
制定机关：国 家 统 计 局
文　　号：国统字〔2019〕3 号
有效期至：2 0 1 9 年 6 月

综合机关名称：国家邮政局　　　　2 0　　年

指标名称	计量单位	代码	实际
甲	乙	丙	1
一、邮政行业业务总量及收入			
邮政行业业务总量（2010 年不变价格）	亿元	01	
邮政行业业务收入	亿元	02	
其中：邮政寄递服务收入	亿元	03	
二、邮政行业主要服务能力			
营业网点	处	04	
其中：快递营业网点	处	05	
信筒信箱	个	06	
邮路总长度	公里	07	
其中：航空邮路	公里	08	
铁路邮路	公里	09	
汽车邮路	公里	10	
农村投递路线长度	公里	11	
城市投递路线长度	公里	12	
三、邮政普遍服务			
函件	亿件	13	
包裹	万件	14	
订销报纸累计数	万份	15	
订销杂志累计数	万份	16	
订销报刊期发数	万份	17	
纪特邮票	万枚	18	
汇兑	万笔	19	
四、快递服务			
快递业务量	万件	20	
其中：同城	万件	21	
异地	万件	22	
国际及港澳台	万件	23	
快递业务收入	万元	24	
其中：同城	万元	25	
异地	万元	26	
国际及港澳台	万元	27	
五、邮政通信服务水平			
平均每一营业网点服务面积	平方公里	28	
平均每一营业网点服务人口	万人	29	
已通邮的行政村比重	%	30	
平均每人每年发函件数	件	31	
平均每百人每年订有报刊数	份	32	
城区每日平均投递频次	次	33	
农村每周平均投递频次	次	34	

单位负责人：　　　　填表人：　　　　报出日期：2 0　　年　　月　　日

说明：1. 统计范围：邮政业为邮政企业和获得快递业务经营许可的快递服务企业。
2. 甲栏指标要求同时报送分省数据。
3. 报送时间：年后 5 月 31 日前。

快递服务企业业务收入

表　　号：ＹＺ３０２表
制定机关：国家统计局
文　　号：国统字〔2019〕3号
综合机关名称：国家邮政局　　　　2 0　　年　　　　有效期至：2 0 2 0 年 1 月

项目名称	代码	业务收入（万元）			备注
		2015年	2016年	平均	
甲	乙	1	2	3	丙
快递服务企业业务收入	01				
一、东部	02				
1.同城	03				
2.异地	04				
3.国际及港澳台	05				
二、中部	06				
1.同城	07				
2.异地	08				
3.国际及港澳台	09				
三、西部	10				
1.同城	11				
2.异地	12				
3.国际及港澳台	13				

单位负责人：　　统计负责人：　　填表人：　　联系电话：　　　　报出日期：2 0　　年　　月　　日

说明：1.报送单位：国家邮政局政策法规司。
2.报送日期及方式：2018年免报。
3.主要审核关系：
(1)01=02+06+10　(2)02=03+04+05　(3)06=07+08+09　(4)10=11+12+13
(5)宾栏第3项=(第1项+第2项)/2
4.邮箱地址：wangzh@gj.stats.cn,xhwang@gj.stats.cn。

部门服务业企业财务状况

（表式及指标解释见通用表）

综合定报

邮政业务量完成情况

表　　号：Y Z 4 0 1 表
制定机关：国 家 统 计 局
文　　号：国统字〔2019〕3 号
有效期至：2 0 2 0 年 1 月

综合机关名称：国家邮政局　　　　2 0　　年　　月

指标名称	计量单位	代码	本年本月止累计	本月	比上年同期增减%	
					累计	本月
甲	乙	丙	1	2	3	4
邮政行业业务总量（2010 年不变价格）	亿元	01				
邮政行业业务收入	亿元	02				
其中：邮政寄递服务收入	亿元	03				
函件	万件	04				
包裹	万件	05				
汇兑	万笔	06				
订销报纸累计数	万份	07				
订销杂志累计数	万份	08				
快递业务量	万件	09				
其中：同城	万件	10				
异地	万件	11				
国际及港澳台	万件	12				
快递业务收入	万元	13				
其中：同城	万元	14				
异地	万元	15				
国际及港澳台	万元	16				

单位负责人：　　　　填表人：　　　　报出日期：2 0　　年　　月　　日

说明：1. 统计范围：邮政业为邮政企业和获得快递业务经营许可的快递服务企业。
2. 甲栏邮政行业业务总量及其他主要指标初步统计数同时报送。
3. 报送时间：月后 20 日前。

分地区邮政行业业务总量及收入完成情况

表　　号：Y Z 4 0 2 表
制定机关：国 家 统 计 局
文　　号：国统字〔2019〕3 号
有效期至：2 0 2 0 年 1 月

综合机关名称：国家邮政局　　　　2 0　　年　　月　　　　计量单位：万　元

地　区	代码	邮政行业业务总量				邮政行业业务收入			
		本年本月止累计	本月	比上年同期增减%		本年本月止累计	本月	比上年同期增减%	
				累计	本月			累计	本月
甲	乙	1	2	3	4	5	6	7	8
全国总计	**01**								
北　京	02								
天　津	03								
┆	┆								
新　疆	32								

单位负责人：　　　　填表人：　　　　报出日期：2 0　　年　　月　　日

说明：1. 统计范围：邮政业为邮政企业和获得快递业务经营许可的快递服务企业。
2. 报送时间：月后 20 日前。

分地区邮政业务量完成情况

表　　号：Y Z 4 0 3 表
制定机关：国 家 统 计 局
文　　号：国统字〔2019〕3 号
有效期至：2 0 2 0 年 1 月

综合机关名称：国家邮政局　　　　2 0　　年　　月

指标名称	计量单位	代码	本年本月止累计	比上年同期累计增减%
甲	乙	丙	1	2
函件	万件	01		
包裹	万件	02		
汇兑	万笔	03		
订销报纸累计数	万份	04		
订销杂志累计数	万份	05		
快递业务量	万件	06		
其中：同城	万件	07		
异地	万件	08		
国际及港澳台	万件	09		
快递业务收入	万元	10		
其中：同城	万元	11		
异地	万元	12		
国际及港澳台	万元	13		

单位负责人：　　　　填表人：　　　　报出日期：2 0　　年　　月　　日

说明：1. 统计范围：邮政业为邮政企业和获得快递业务经营许可的快递服务企业。
2. 甲栏指标要求同时报送分省数据。
3. 报送时间：月后 20 日前。

（三）主要指标解释

邮政行业业务总量 指以货币形式表现的邮政企业为社会提供各类邮政通信服务或其他服务的总数量。计算方法为各类邮政通信服务业务的实物量分别乘以相应的不变单价，求出各类业务的货币量后加总求得。该指标反映了一定时期邮政通信业务发展的总成果，是观察邮政通信业务发展变化总趋势的综合性指标。

邮政行业业务收入 指邮政企业和快递企业从事各种邮政业务、快递业务取得的收入总和。

营业网点 指拥有固定地址，直接对外营业，可收寄邮件或快件的营业场所和服务机构的数量。

信筒信箱 指已设置在固定地点，由邮政局所派员定时开箱收取信件的信筒信箱（设置在邮政营业局所内的除外）。

邮路 指各邮政局所之间，邮政局所与车站、码头、机场、转运站、邮件处理中心、报刊社之间，邮区中心局与邮政局所及各邮区中心局之间由自办或委办人员按固定班期规定路线交换邮件（包括机要文件，下同）、报刊的路线。包括农村地区运邮兼投递的路线，不包括城市、农村地区纯投递路线。按运输方式可分为航空邮路、铁路邮路、汽车邮路、水路邮路和其他邮路等。

邮路总长度 指邮路由起点到终点的长度。单程长度统计法的计算方法是直线算单程；环型算全程；直环混合中直线部分算单程，环型部分算全程；Y 型三段相加算单程。

投递路线 指邮政局所或邮政投递机构的自办或委办人员按固定班期（班次）、规定路线为城乡用户投递邮件、报刊的路线。按地域可分为城市投递路线和农村投递路线。

函件 指邮政企业为用户传递以书面信息为主的邮件，包括信件、印刷品和邮送广告等。

包裹 指符合准寄范围，按一般时限规定传递处理的物品。

订销报纸累计份数 指报告期内订阅和零售（含特发）国内外各种报纸每期（出版期）份数相加的总和。

订销杂志累计份数 指报告期内订阅和零售（含特发）国内外各种杂志每期（出版期）份数相加的总和。

订销报刊期发份数 指报告期内订阅和零售（含特发）国内外各种报刊最末一期（出版期）的份数。

纪特邮票 各级集邮公司的集邮门市部、集邮销售点（含邮政支局所），在报告期内销售集邮邮票的数量，包括特种邮票、纪念邮票、国际及港澳台地区邮票、欠资邮票、加字改值邮票、编号邮票、“文”字邮票、小型张、小全张、小本票、无齿票等。

汇兑 邮政企业接受汇款人委托，将收汇的款项全额兑付给指定收款人的业务，包括邮政储蓄银行汇兑业务量。汇票包括普通汇票、快件汇票、电子汇票（含加急和特急电子汇票）、礼仪汇款和入帐汇款等。

快递业务量 指企业收寄的各类快递业务总数量，由受理用户委托的企业负责统计。包括国内同城快递业务量、国内异地快递业务量、港澳台快递业务量、国际快递业务量。

快递业务收入 指企业从事快递业务取得的收入。

营业网点服务面积 指报告期行政区域平均每一营业网点服务的面积。计算公式：

$$每一营业网点服务面积=\frac{行政区域土地面积（平方公里）}{营业网点总数（处）}$$

营业网点服务人口 指报告期行政区域平均每一营业网点服务的人口数。计算公式：

$$每一营业网点服务人口=\frac{行政区域总人口数（万人）}{营业网点总数（处）}$$

已通邮的行政村比重 指已经设有邮政网点或投递终端服务点的行政村占行政村总数的比重。

平均每人每年发函件数 指在某一行政区划内一年平均每人交寄的函件件数（包括机要文件）。

平均每百人每年订有报刊数 指在某一行政区划内一年平均每百人拥有订销报刊的期发份数。

城区每日平均投递频次 指县（市）所在地以上的城区每日平均投递的频次。

农村每周平均投递频次 指县城以下乡（镇）每周平均投递的频次（包括自办和委托代办投递）。

国家外汇管理局

（一）报 表 目 录

表号	表名	报告期别	填报范围	报送时间及方式	负责单位	备注
综合年报						
WG301 表	中国国际投资头寸	年报		6 月 30 日前 纸介质，内部交换	贸易外经司 联系电话： 68782557	
综合定报						
WG401 表	银行结售汇	月报		月后 20 日前 纸介质，内部交换	贸易外经司 联系电话： 68782557	
WG402 表	人民币市场汇率	月报		月后 25 日前， 纸介质，内部交换		
WG403 表	全口径外债情况表	季报		季后 3 个月前 纸介质，内部交换		
WG404 表	国际收支平衡表	半年报		上半年 10 月 31 日前，下半年 2020 年 5 月 31 日前 纸介质，内部交换		

（二）调 查 表 式

综 合 年 报

中国国际投资头寸

表　　号：W G 3 0 1 表
制定机关：国 家 统 计 局
文　　号：国统字〔2019〕3 号
有效期至：2 0 1 9 年 1 2 月
计量单位：　亿 美 元

综合机关名称：国家外汇管理局　　　　2 0　　年

指标名称	代码	年　末
甲	乙	1
净头寸	01	
A. 资产	02	
1. 直接投资	03	
1.1 股权	04	
1.2 关联企业债务	05	
1.a 金融部门	06	
1.1.a 股权	07	
1.2.a 关联企业债务	08	
1.b 非金融部门	09	
1.1.b 股权	10	
1.2.b 关联企业债务	11	
2. 证券投资	12	
2.1 股权	13	
2.2 债券	14	
3. 金融衍生工具	15	
4. 其他投资	16	
4.1 其他股权	17	
4.2 货币和存款	18	
4.3 贷款	19	
4.4 保险和养老金	20	
4.5 贸易信贷	21	
4.6 其他	22	
5. 储备资产	23	
5.1 货币黄金	24	
5.2 特别提款权	25	
5.3 在国际货币基金组织的储备头寸	26	
5.4 外汇储备	27	
5.5 其他储备资产	28	
B. 负债	29	
1. 直接投资	30	
1.1 股权	31	
1.2 关联企业债务	32	
1.a 金融部门	33	
1.1.a 股权	34	
1.2.a 关联企业债务	35	
1.b 非金融部门	36	
1.1.b 股权	37	

续表

指标名称	代码	年　末
甲	乙	1
1.2.b 关联企业债务	38	
2.证券投资	39	
2.1 股权	40	
2.2 债券	41	
3.金融衍生工具	42	
4.其他投资	43	
4.1 其他股权	44	
4.2 货币和存款	45	
4.3 贷款	46	
4.4 保险和养老金	47	
4.5 贸易信贷	48	
4.6 其他	49	
4.7 特别提款权	50	

单位负责人：　　填表人：　　报出日期：2 0　　年　　月　　日

说明：1.报送时间及方式：6 月 30 日前，以纸介质内部交换方式报送。
2.净头寸是指资产减负债，“＋”表示净资产，“—”表示净负债。

综 合 定 报

银行结售汇

表　　号：W G 4 0 1 表
制定机关：国 家 统 计 局
文　　号：国统字〔2019〕3 号
有效期至：2 0 2 0 年 6 月

综合机关名称：国家外汇管理局　　　　20　年　月　　　　计量单位：万美元

项　目	代码	本月发生数	与去年同比(%)	本年累计数	与去年同比(%)
甲	乙	1	2	3	4
一、结汇	01				
（一）经常项目	02				
1.货物贸易	03				
2.服务贸易	04				
运输	05				
旅游	06				
金融和保险服务	07				
专有权利使用费和特许费	08				
咨询服务	09				
其他服务	10				
其中：银行卡	11				
3.收益和经常转移	12				
职工报酬和赡家款	13				
投资收益	14				
其他经常转移	15				
（二）资本与金融项目	16				
1.资本账户	17				
2.直接投资	18				
其中：投资资本金	19				
直接投资撤资	20				
房地产	21				
3.证券投资	22				
对境外证券投资撤回	23				
证券筹资	24				
4.其他投资	25				
其中：跨境贷款	26				
外债转贷款	27				
5.国内外汇贷款	28				
6.金融机构资金本外币转换	29				
其中：资本金(营运资金)	30				
代债务人结汇	31				
7.其他	32				
二、远期结汇签约额	33				
未到期远期结汇	34				
三、售汇	35				
（一）经常项目	36				
1.货物贸易	37				
2.服务贸易	38				

续表

项　　目	代码	本月发生数	与去年同比(%)	本年累计数	与去年同比(%)
甲	乙	1	2	3	4
运输	39				
旅游	40				
金融和保险服务	41				
专有权利使用费和特许费	42				
咨询服务	43				
其他服务	44				
其中：银行卡	45				
3.收益和经常转移	46				
职工报酬和赡家款	47				
投资收益	48				
其他经常转移	49				
（二）资本与金融项目	50				
1.资本账户	51				
2.直接投资	52				
其中：投资资本金	53				
直接投资撤资	54				
房地产	55				
3.证券投资	56				
对境外证券投资	57				
证券投资撤出	58				
4.其他投资	59				
其中：跨境贷款	60				
外债转贷款	61				
5.国内外汇贷款	62				
6.金融机构资金本外币转换	63				
其中：资本金（营运资金）	64				
代债务人售汇	65				
7.其他	66				
四、远期售汇签约额	67				
未到期远期售汇	68				
五、未到期期权 DELTA 净敞口	69				
六、结售汇差额	70				
经常项目差额	71				
资本与金融项目差额	72				

单位负责人：　　　　填表人：　　　　报出日期：2 0　　年　　月　　日

说明：报送日期及方式：月后20日前，以纸介质内部交换方式报送。

人民币市场汇率

表　　号：W G 4 0 2 表
制定机关：国 家 统 计 局
文　　号：国统字〔2019〕3 号
有效期至：2 0 2 0 年 6 月
计量单位：人民币元 / 100 外币

综合机关名称：国家外汇管理局　　　　2 0　　年　　月

币种	代码	期初价	期末价	最高价	最低价	期平均	累计平均
甲	乙	1	2	3	4	5	6
美元	01						
欧元	02						
日元	03						
港币	04						
英镑	05						

单位负责人：　　　　填表人：　　　　报出日期：2 0　　年　　月　　日

说明：报送日期及方式：月后 25 日前，以纸介质内部交换方式报送。

全口径外债情况表

表　　号：W G 4 0 3 表
制定机关：国　家　统　计　局
文　　号：国统字〔2019〕3 号
有效期至：2 0 2 0 年 6 月
计量单位：　亿　美　元

综合机关名称：国家外汇管理局　　2 0　　年 1 —　　季

债务类型	代码	上期末余额	本期末余额
甲	乙	1	2
外债总额头寸	01		
一、广义政府	02		
（一）短期	03		
货币与存款	04		
债务证券	05		
贷款	06		
贸易信贷与预付款	07		
其他债务负债	08		
（二）长期	09		
SDR 分配	10		
货币与存款	11		
债务证券	12		
贷款	13		
贸易信贷与预付款	14		
其他债务负债	15		
二、中央银行	16		
（一）短期	17		
货币与存款	18		
债务证券	19		
贷款	20		
贸易信贷与预付款	21		
其他债务负债	22		
（二）长期	23		
SDR 分配	24		
货币与存款	25		
债务证券	26		
贷款	27		
贸易信贷与预付款	28		
其他债务负债	29		
三、其他接受存款公司	30		
（一）短期	31		
货币与存款	32		
债务证券	33		
贷款	34		
贸易信贷与预付款	35		
其他债务负债	36		
（二）长期	37		

续表

债务类型	代码	上期末余额	本期末余额
甲	乙	1	2
货币与存款	38		
债务证券	39		
贷款	40		
贸易信贷与预付款	41		
其他债务负债	42		
四、其他部门	43		
（一）短期	44		
货币与存款	45		
债务证券	46		
贷款	47		
贸易信贷与预付款	48		
其他债务负债	49		
（二）长期	50		
货币与存款	51		
债务证券	52		
贷款	53		
贸易信贷与预付款	54		
其他债务负债	55		
五、直接投资：公司间贷款	56		
直接投资企业对直接投资者的债务负债	57		
直接投资者对直接投资企业的债务负债	58		
对关联企业的债务负债	59		

单位负责人： 填表人： 报出日期：２０ 年 月 日

说明：报送时间及方式：季后 3 个月前，以纸介质内部交换方式报送。

国际收支平衡表

表　　号：WG404表
制定机关：国家统计局
文　　号：国统字〔2019〕3号
有效期至：2020年6月
综合机关名称：国家外汇管理局　　　　20　年　半年　　　　计量单位：亿美元、亿元

指标名称	代码	差额	贷方	借方
甲	乙	1	2	3
一、经常项目	01			
A. 货物和服务	02			
1. 货物	03			
2. 服务	04			
2.1 加工服务	05			
2.2 维护和维修服务	06			
2.3 运输	07			
2.4 旅行	08			
2.5 建设	09			
2.6 保险和养老金服务	10			
2.7 金融服务	11			
2.8 知识产权使用费	12			
2.9 电信、计算机和信息服务	13			
2.10 其他商业服务	14			
2.11 个人、文化和娱乐服务	15			
2.12 别处未提及的政府服务	16			
B. 初次收入	17			
1. 雇员报酬	18			
2. 投资收益	19			
3. 其他初次收入	20			
C. 二次收入	21			
1. 个人转移	22			
2. 其他二次收入	23			
二、资本和金融账户	24			
A. 资本账户	25			
B. 金融账户	26			
资产	27			
负债	28			
1. 非储备性质的金融账户	29			
资产	30			
负债	31			
1.1 直接投资	32			
1.1.1 资产	33			
1.1.1.1 股权	34			
1.1.1.2 关联企业债务	35			
1.1.1.a 金融部门	36			
1.1.1.1.a 股权	37			
1.1.1.2.a 关联企业债务	38			
1.1.1.b 非金融部门	39			
1.1.1.1.b 股权	40			

续表

指标名称	代码	差额	贷方	借方
甲	乙	1	2	3
1.1.1.2.b 关联企业债务	41			
1.1.2 负债	42			
1.1.2.1 股权	43			
1.1.2.2 关联企业债务	44			
1.1.2.a 金融部门	45			
1.1.2.1.a 股权	46			
1.1.2.2.a 关联企业债务	47			
1.1.2.b 非金融部门	48			
1.1.2.1.b 股权	49			
1.1.2.2.b 关联企业债务	50			
1.2 证券投资	51			
1.2.1 资产	52			
1.2.1.1 股权	53			
1.2.1.2 债券	54			
1.2.2 负债	55			
1.2.2.1 股权	56			
1.2.2.2 债券	57			
1.3 金融衍生工具	58			
1.3.1 资产	59			
1.3.2 负债	60			
1.4 其他投资	61			
1.4.1 资产	62			
1.4.1.1 其他股权	63			
1.4.1.2 货币和存款	64			
1.4.1.3 贷款	65			
1.4.1.4 保险和养老金	66			
1.4.1.5 贸易信贷	67			
1.4.1.6 其他	68			
1.4.2 负债	69			
1.4.2.1 其他股权	70			
1.4.2.2 货币和存款	71			
1.4.2.3 贷款	72			
1.4.2.4 保险和养老金	73			
1.4.2.5 贸易信贷	74			
1.4.2.6 其他	75			
1.4.2.7 特别提款权	76			
2. 储备资产	77			
2.1 货币黄金	78			
2.2 特别提款权	79			
2.3 在国际货币基金组织的储备头寸	80			
2.4 外汇储备	81			
2.5 其他储备资产	82			
三、净误差与遗漏	83			

单位负责人： 填表人： 报出日期：2 0 年 月 日

说明：报送时间及方式：上半年 10 月 31 日前，下半年 2020 年 5 月 31 日前，以纸介质内部交换方式报送。

（三）主要指标解释

国际收支统计　根据国际货币基金组织（IMF）《国际收支和国际投资头寸手册》（第六版）制定的标准，国际收支统计报表是反映某个时期内一个国家或地区与世界其他国家或地区间的经济交易的统计报表。

国际投资头寸统计　根据《国际收支和国际投资头寸手册》（第六版）制定的标准，国际投资头寸统计表是反映特定时点上一个国家或地区对世界其他国家或地区金融资产和负债存量的统计报表。

货物　指经济所有权在我国居民与非居民之间发生转移的货物交易。贷方记录货物出口，借方记录货物进口。货物账户数据主要来源于海关进出口统计，但与海关统计存在以下主要区别：一是国际收支中的货物只记录所有权发生了转移的货物（如一般贸易、进料加工贸易等贸易方式的货物），所有权未发生转移的货物（如来料加工或出料加工贸易）不纳入货物统计，而纳入服务贸易统计；二是计价方面，国际收支统计要求进出口货值均按离岸价格记录，海关出口货值为离岸价格，但进口货值为到岸价格，因此国际收支统计从海关进口货值中调出国际运保费支出，并纳入服务贸易统计；三是补充部分进出口退运等数据；四是补充了海关未统计的转手买卖下的货物净出口数据。

服务　包括加工服务，维护和维修服务，运输，旅行，建设，保险和养老金服务，金融服务，知识产权使用费，电信、计算机和信息服务，其他商业服务，个人、文化和娱乐服务以及别处未提及的政府服务。贷方记录提供的服务，借方记录接受的服务。

加工服务　指货物的所有权没有在所有者和加工方之间发生转移，加工方仅提供加工、装配、包装等服务，并从货物所有者处收取加工服务费用。

维护和维修服务　指居民或非居民向对方所拥有的货物和设备（如船舶、飞机及其他运输工具）提供的维修和保养工作。

运输　指将人和物体从一地点运送至另一地点的过程以及相关辅助和附属服务，以及邮政和邮递服务。

旅行　指旅行者在其作为非居民的经济体旅行期间消费的物品和购买的服务。

建设　指建筑形式的固定资产的建立、翻修、维修或扩建，工程性质的土地改良、道路、桥梁和水坝等工程建筑，相关的安装、组装、油漆、管道施工、拆迁和工程管理等，以及场地准备、测量和爆破等专项服务。

保险和养老金服务　指各种保险服务，以及同保险交易有关的代理商的佣金。

金融服务　指金融中介和辅助服务，但不包括保险和养老金服务项目所涉及的服务。

知识产权使用费　指居民和非居民之间经许可使用无形的、非生产/非金融资产和专有权以及经特许安排使用已问世的原作或原型的行为。

电信、计算机和信息服务　指居民和非居民之间的通信服务以及与计算机数据和新闻有关的服务交易，但不包括以电话、计算机和互联网为媒介交付的商业服务。

其他商业服务　指居民和非居民之间其他类型的服务，包括研发服务，专业和管理咨询服务，技术、贸易相关等服务。

个人、文化和娱乐服务　指居民和非居民之间与个人、文化和娱乐有关的服务交易，包括视听和相关服务（电影、收音机、电视节目和音乐录制品），其他个人、文化娱乐服务（健康、教育等）。

别处未提及的政府服务　指在其他货物和服务类别中未包括的政府和国际组织提供和购买的各项货物和服务。

雇员报酬　指根据企业与雇员的雇佣关系，因雇员在生产过程中的劳务投入而获得的酬金回报。

投资收益　指因金融资产投资而获得的利润、股息（红利）、再投资收益和利息，但金融资产投资的资本利得或损失不是投资收益，而是金融账户统计范畴。

其他初次收入　指将自然资源让渡给另一主体使用而获得的租金收入，以及跨境产品和生产的征税和补贴。

二次收入　指居民与非居民之间的经常转移，包括现金和实物。

资本账户　指居民与非居民之间的资本转移，以及居民与非居民之间非生产非金融资产的取得和处置。

金融账户　指发生在居民与非居民之间、涉及金融资产与负债的各类交易。

直接投资　以投资者寻求在本国以外运行企业获取有效发言权为目的的投资。

证券投资　包括证券投资资产和证券投资负债，相关投资工具可划分为股权和债券。

金融衍生工具　用于记录我国居民与非居民金融工具工具和雇员认股权交易情况。

其他投资　除直接投资、证券投资、金融衍生工具和储备资产外，居民与非居民之间的其他金融交易。包括其他股权、货币和存款、贷款、保险和养老金、贸易信贷和其他。

储备资产　指我国中央银行拥有的对外资产。

货币黄金　指我国中央银行作为国际储备持有的黄金。

特别提款权　是国际货币基金组织根据会员国认缴的份额分配的,可用于偿还国际货币基金组织债务、弥补会员国政府之间国际收支赤字的一种账面资产。

在国际货币基金组织的储备头寸　指在国际货币基金组织普通账户中会员国可自由提取使用的资产。

外汇储备　指我国中央银行持有的可用作国际清偿的流动性资产和债权。

其他储备资产　指不包括在以上储备资产中的、我国中央银行持有的可用作国际清偿的流动性资产和债权。

净误差与遗漏　平衡表采用复式记账法，由于统计资料来源和时点不同等原因，会形成经常账户与资本和金融账户不平衡，形成统计残差项，称为净误差与遗漏。

国家知识产权局

（一）报 表 目 录

表号	表名	报告期别	填报范围	报送时间及方式	负责单位	备注
ZC301 表	专利主要指标初步情况	年报	向我国国家知识产权局提出各类专利申请的境内外专利申请人以及得到或拥有我国国家知识产权局授予专利权的境内外专利权人。	1 月 15 日前，电子邮件 skskjc@stats.gov.cn	社科文司	《科技综合统计报表制度》
ZC302 表	国内外三种专利情况	年报	向我国国家知识产权局提出各类专利申请的国内外专利申请人以及得到或拥有我国国家知识产权局授予专利权的国内外专利权人。	6 月 30 日前，通过“国家统计局部门综合数据管理系统”报送数据。		
ZC303 表	国内三种专利情况	年报	向我国国家知识产权局提出各类专利申请的国内专利申请人以及得到或拥有我国国家知识产权局授予专利权的国内专利权人。			
ZC304 表	国外三种专利情况	年报	向我国国家知识产权局提出各类专利申请的国外专利申请人以及得到或拥有我国国家知识产权局授予专利权的国外专利权人。			
ZC305 表	国际专利分类情况	年报	向我国国家知识产权局提出发明及实用新型专利申请的国内外专利申请人以及得到或拥有我国国家知识产权局授予发明及实用新型专利权的国内外专利权人。			
ZC306 表	商标注册申请及核准注册商标	年报	向我国商标局提出商标注册申请的国内外商标申请人以及其商标经商标局核准注册的国内外商标注册人	6 月 20 日前，通过“国家统计局部门综合数据管理系统”报送数据。		
ZC307 表	集成电路布图设计登记申请和登记发证	年报	向我国国家知识产权局提出集成电路布图设计登记申请的国内外申请人以及获得我国国家知识产权局登记发证的集成电路布图设计国内外专有权人			
ZC308 表	农业植物新品种权申请和授权	年报	向我国农业农村部提出植物新品种权申请的国内外单位和个人以及获得我国农业农村部授予植物新品种权的国内外单位和个人			
ZC309 表	分地区国内文化及相关产业专利授权情况	年报		6 月 30 日前，电子邮件 skszhc@stats.gov.cn	社科文司	
ZC310 表	按类别分国内文化及相关产业专利授权情况	年报				
701 表	部门服务业企业财务状况	年报	知识产权服务业中执行企业会计制度的单位	6 月 30 日前，电子邮件或内部交换 dczxjtc@stats.gov.cn	服务业司	《部门服务业财务统计报表制度》（试行）
702-1 表	部门服务业行政单位财务状况	年报	知识产权服务业中执行行政单位会计制度的单位			
702-2 表	部门服务业事业单位财务状况	年报	知识产权服务业中执行事业单位会计制度的单位			

（二）调 查 表 式

综 合 年 报

专利主要指标初步情况

表　　号：Z C 3 0 1 表
制定机关：国 家 统 计 局
文　　号：国统字〔2019〕3 号
有效期至：2 0 1 9 年 2 月

综合机关名称：国家知识产权局　　　　2 0　　年　　　　计量单位：　　件

指标名称	代码	专利申请数	其中：境内	其中：发明专利	其中：境内	专利授权数	其中：境内	其中：发明专利
甲	乙	1	2	3	4	5	6	7
总　　计 上年同期								

续表

其中：境内	有效专利数	其中：境内	其中：发明专利	其中：境内
8	9	10	11	12

单位负责人：　　　　填表人：　　　　报出日期：2 0　　年　　月　　日

说明：1. 统计范围：向我国国家知识产权局提出各类专利申请的境内外专利申请人以及得到或拥有我国国家知识产权局授予专利权的境内外专利权人。

2. 报送时间：1 月 15 日前。

3. 审核关系：

（1）1≥2　（2）1≥3　（3）2≥4　（4）3≥4　（5）5≥6　（6）5≥7

（7）6≥8　（8）7≥8　（9）9≥10　（10）9≥11　（11）10≥12　（12）11≥12

国内外三种专利情况

表　　号：Z C 3 0 2 表
制定机关：国 家 统 计 局
文　　号：国统字〔2019〕3 号
有效期至：2 0 1 9 年 9 月
计量单位：件

综合机关名称：国家知识产权局　　　　2 0　　年

指标名称	代码	专利申请数				专利授权数
			发明专利	实用新型专利	外观设计专利	
甲	乙	1	2	3	4	5
总　计	01					
按类型分						

续表

			有效专利数			
发明专利	实用新型专利	外观设计专利		发明专利	实用新型专利	外观设计专利
6	7	8	9	10	11	12

单位负责人：　　　　填表人：　　　　报出日期：2 0　　年　　月　　日

说明：1. 统计范围：向我国国家知识产权局提出各类专利申请的国内外专利申请人以及得到或拥有我国国家知识产权局授予专利权的国内外专利权人。
2. 报送时间：6 月 30 日前。
3. 审核关系：（1）1=2+3+4　（2）5=6+7+8　（3）9=10+11+12

国内三种专利情况

表　　号：Z C 3 0 3 表
制定机关：国 家 统 计 局
文　　号：国统字〔2019〕3 号
有效期至：2 0 1 9 年 9 月
计量单位：件

综合机关名称：国家知识产权局　　　　2 0　　年

指标名称	代码	专利申请数				专利授权数
			发明专利	实用新型专利	外观设计专利	
甲	乙	1	2	3	4	5
总　计	01					
按地区分						
香　港						
澳　门						
台　湾						

续表

			有效专利数			
发明专利	实用新型专利	外观设计专利		发明专利	实用新型专利	外观设计专利
6	7	8	9	10	11	12

单位负责人：　　　　填表人：　　　　报出日期：2 0　　年　　月　　日

说明：1. 统计范围：向我国国家知识产权局提出各类专利申请的国内专利申请人以及得到或拥有我国国家知识产权局授予专利权的国内专利权人。
2. 报送时间：6 月 30 日前。
3. 审核关系：（1）1=2+3+4　（2）5=6+7+8　（3）9=10+11+12

国外三种专利情况

表　　号：ZC304表
制定机关：国家统计局
文　　号：国统字〔2019〕3号
有效期至：2019年9月
计量单位：件

综合机关名称：国家知识产权局　　　　20　　年

指标名称	代码	专利申请数	发明专利	实用新型专利	外观设计专利	专利授权数
甲	乙	1	2	3	4	5
总　计 按国别（地区）分						

续表

发明专利	实用新型专利	外观设计专利	有效专利数	发明专利	实用新型专利	外观设计专利
6	7	8	9	10	11	12

单位负责人：　　　　填表人：　　　　报出日期：20　　年　　月　　日

说明：1. 统计范围：向我国国家知识产权局提出各类专利申请的国外专利申请人以及得到或拥有我国国家知识产权局授予专利权的国外专利权人。

2. 报送时间：6月30日前。

3. 审核关系：（1）1=2+3+4　　（2）5=6+7+8　　（3）9=10+11+12

国际专利分类情况

表　　号：ZC305表
制定机关：国家统计局
文　　号：国统字〔2019〕3号
有效期至：2019年9月
计量单位：件

综合机关名称：国家知识产权局　　　　20　　年

指标名称	代码	专利受理数	专利授权数	有效专利数
甲	乙	1	2	3
总　计 按国际专利分类分				

单位负责人：　　　　填表人：　　　　报出日期：20　　年　　月　　日

说明：1. 统计范围：向我国国家知识产权局提出发明及实用新型专利申请的国内外专利申请人以及得到或拥有我国国家知识产权局授予发明及实用新型专利权的国内外专利权人。其中“专利申请受理数”统计口径为当年由国家知识产权局完成分类的发明及实用新型专利申请数量。

2. 报送时间：6月30日前。

商标注册申请及核准注册商标

表　　号：ＺＣ３０６表
制定机关：国家统计局
文　　号：国统字〔2019〕3号
有效期至：２０１９年９月

综合机关名称：国家知识产权局　　２０　　年　　计量单位：　　件

地　区	代码	注册申请				核准注册				
		国内	国际	马德里	合计	国内		国际	马德里	合计
						核准注册数	截至2016年底有效注册量			
甲	乙	1	2	3	4	5	6	7	8	9
总　计										
按地区分组			—	—	—			—	—	—
…										
香　港			—	—	—			—	—	—
澳　门			—	—	—			—	—	—
台　湾			—	—	—			—	—	—

单位负责人：　　填表人：　　报出日期：２０　　年　　月　　日

说明：1. 统计范围：向我国商标局提出商标注册申请的国内外商标申请人以及其商标经商标局核准注册的国内外商标注册人。
2. 报送时间：6月20日前。
3. 审核关系：4=1+2+3；9=5+7+8

集成电路布图设计登记申请和登记发证

表　　号：ＺＣ３０７表
制定机关：国家统计局
文　　号：国统字〔2019〕3号
有效期至：２０１９年９月

综合机关名称：国家知识产权局　　２０　　年　　计量单位：　　件

项　目	代码	申请数	发证数
甲	乙	1	2
总　计			
一、国　内			
按地区分			
…			
香　港			
台　湾			
二、国　外			
按国别（地区）分			
…			

单位负责人：　　填表人：　　报出日期：２０　　年　　月　　日

说明：1. 统计范围：向我国国家知识产权局提出集成电路布图设计登记申请的国内外申请人以及获得我国国家知识产权局登记发证的集成电路布图设计国内外专有权人。
2. 报送时间：6月20日前。

农业植物新品种权申请和授权

表　　号：ＺＣ３０８表
制定机关：国　家　统　计　局
文　　号：国统字〔2019〕3号
有效期至：２０１９年９月
综合机关名称：国家知识产权局　　　　　　２０　　年　　　　　　　　计量单位：　　　　件

项　　目	代码	申　请 数	授　权　数
甲	乙	1	2
总　计			
一、按单位性质分			
二、按植物种类分			
三、按国内地区分			
四、按国别（地区）分			

单位负责人：　　　　　　　　　　　填表人：　　　　　　　　　　　报出日期：２０　　年　　月　　日

说明：1. 统计范围：向我国农业农村部提出植物新品种权申请的国内外单位和个人以及获得我国农业农村部授予植物新品种权的国内外单位和个人。
2. 报送时间：6月20日前。

分地区国内文化及相关产业专利授权情况

表　　号：ＺＣ３０９表
制定机关：国　家　统　计　局
文　　号：国统字〔2019〕3号
有效期至：２０１９年９月
综合机关名称：国家知识产权局　　　　　　２０　　年　　　　　　　　计量单位：　　　　件

地　　区	代 码	文化及相关产业专利授权总数	发明专利	实用新型专利	外观设计专利
甲	乙	1	2	3	4
全国	**01**				
北京	02				
天津	03				
…	…				
新疆	32				

单位负责人：　　　　　　　　　　　填表人：　　　　　　　　　　　报出日期：２０　　年　　月　　日

说明：1. 报送日期：6月30日前。
2. 审核关系：1=2+3+4；01=02+03+…+32。

按类别分国内文化及相关产业专利授权情况

表　　号：ＺＣ３１０表
制定机关：国　家　统　计　局
文　　号：国统字〔2019〕3号
有效期至：２０１９年９月
计量单位：　件

综合机关名称：国家知识产权局　　　　２０　　年

类　别	代码	文化及相关产业专利授权总数	发明专利	实用新型专利	外观设计专利
甲	乙	1	2	3	4
合 计	01				
工艺美术品的制造	02				
园林、陈设艺术及其他陶瓷制品的制造	03				
印刷复制服务	04				
办公用品的制造	05				
乐器的制造	06				
玩具的制造	07				
游艺器材及娱乐用品的制造	08				
视听设备的制造	09				
焰火、鞭炮产品的制造	10				
文化用纸的制造	11				
文化用油墨颜料的制造	12				
文化用化学品的制造	13				
其他文化用品的制造	14				
印刷专用设备的制造	15				
广播电视电影专用设备的制造	16				
其他文化专用设备的制造	17				

单位负责人：　　　　填表人：　　　　报出日期：２０　　年　　月　　日

说明：1. 报送日期：6月30日前。

2. 审核关系：1=2+3+4；01=02+03+04+05+06+07+08+09+10+11+12+13+14+15+16+17。

部门服务业企业财务状况

（表式及指标解释见通用表）

部门服务业行政单位财务状况

（表式及指标解释见通用表）

部门服务业事业单位财务状况

（表式及指标解释见通用表）

（三）主要指标解释

专利 专利权的简称，是发明创造经审查合格后，由国务院专利行政部门依据专利法授予申请人对该项发明创造享有的专有权。发明创造是指发明、实用新型和外观设计。

发明专利 指对产品、方法或者其改进所提出的新的技术方案。

实用新型专利 指对产品的形状、构造或者其结合所提出的适于实用的技术方案。

外观设计 指对产品的形状、图案或者其结合以及色彩与形状、图案的结合所作出的富有美感并适于工业应用的新设计。

商标注册 商标使用人取得商标专用权的前提和条件，只有经核准注册的商标，才受法律保护。

集成电路布图设计 确定用以制造集成电路的电子元件在一个传导材料中的几何图形排列和连接的布局设计。

农业植物新品种 包括粮食、棉花、油料、麻类、糖料、蔬菜（含西甜瓜）、烟草、桑树、茶树、果树（干果除外）、观赏植物（木本除外）、草类、绿肥、草本药材、食用菌、藻类和橡胶树等植物的新品种。

国家档案局

（一）报 表 目 录

表号	表名	报告期别	填报范围	报送时间及方式	负责单位	备注
DA301 表	国家综合档案馆基本情况	年报		6 月 30 日前，通过“国家统计局部门综合数据管理系统”报送数据。	社科文司	
DA302 表	各类档案馆机构和人员情况	年报				
DA303 表	国家档案馆基本情况年快报	年报		1 月 15 日前，通过“国家统计局部门综合数据管理系统”报送数据。	社科文司	
702-1 表	部门服务业行政单位财务状况	年报	档案馆中执行行政单位会计制度的单位	6 月 30 日前；电子邮件或内部交换 dczxjtc@stats.gov.cn	服务业司	《部门服务业财务统计报表制度》（试行）
702-2 表	部门服务业事业单位财务状况	年报	档案馆中执行事业单位会计制度的单位			

（二）调 查 表 式

综 合 年 报

国家综合档案馆基本情况

表　　号：D A 3 0 1 表
制定机关：国 家 统 计 局
文　　号：国统字〔2019〕3 号
有效期至：2 0 1 9 年 9 月

综合机关名称：国家档案局　　　　　　2 0　　年

指标名称	计量单位	代码	本年	上年同期	备注
甲	乙	丙	1	2	丁
馆藏档案	万卷、万件	01			
排架长度	万米	02			
照片档案	万张	03			
开放档案	万卷、万件	04			
利用档案	万卷、万件次	05			
馆藏资料	万册	06			
利用现行文件	万件次	07			
举办档案展览	个	08			
档案馆建筑面积	万平方米	09			
政府信息公开查阅场所	个	10			

单位负责人：　　　　　　填表人：　　　　　　报出日期：2 0　　年　　月　　日

说明：报送时间：6 月 30 日前。

各类档案馆机构和人员情况

表　　号：D A 3 0 2 表
制定机关：国 家 统 计 局
文　　号：国统字〔2019〕3 号
有效期至：2 0 1 9 年 9 月

综合机关名称：国家档案局　　2 0　　年

指标名称	计量单位	代码	本年	上年同期	备注
甲	乙	丙	1	2	丁
国家综合档案馆	-				
馆数	个	01			
专职人员	人	02			
国家专门档案馆	-				
馆数	个	03			
专职人员	人	04			
部门档案馆	-				
馆数	个	05			
专职人员	人	06			
企业档案馆数	个	07			
事业单位档案馆数	个	08			

单位负责人：　　填表人：　　报出日期：2 0　　年　　月　　日

说明：报送时间：6 月 30 日前。

国家档案馆基本情况年快报

表　　号：D A 3 0 3 表
制定机关：国 家 统 计 局
文　　号：国统字〔2019〕3 号
有效期至：2 0 1 9 年 6 月

综合机关名称：国家档案局　　2 0　　年

	代码	单位	本年	上年同期
甲	乙	丙	1	2
全国档案馆数	01	个		
综合档案馆馆藏档案数	02	万卷、万件		
综合档案馆开放档案数	03	万卷、万件		

单位负责人：　　填表人：　　报出日期：2 0　　年　　月　　日

说明：报送时间：1 月 15 日前。

部门服务业行政单位财务状况

（表式及指标解释见通用表）

部门服务业事业单位财务状况

（表式及指标解释见通用表）

（三）主要指标解释

国家综合档案馆 指归口中央或地方各级档案行政管理部门直接管理、按行政区划或历史时期设置的，收集和整理所辖范围内多种门类档案的档案馆。

国家专门档案馆 指归口中央或地方各级档案行政管理部门（或与有关部门）直接管理的，收集和管理某一专门领域或某种特殊载体形态档案的档案馆。如照片档案馆、城建档案馆等。

部门档案馆 指中央或地方某些专业主管部门所属的，收集、整理本部门档案的档案馆。如外交、安全、公检法、气象、邮电、铁道、测绘档案馆等。

企业档案馆 指列入统计范围的企业集团和大型企业设置的负责收集、管理本企业及其所属单位所形成档案的档案馆。

事业单位档案馆 指事业单位设置的负责收集、管理本单位及其所属机构所形成档案的档案馆，包括文化事业单位（如理工农林医类以外的大专院校、文艺团体、新闻出版单位等）档案馆和科技事业单位（如研究院、设计院、理工农林医类大专院校等）档案馆。

专职人员 指专门从事档案工作的在职职工。

排架长度 指档案叠放排列的厚度总和。

照片档案 指专门集中保管的照片档案，与其他档案一起立卷保管的照片档案不计在内。

馆藏资料 指已编目的用作资料的古籍、图书、期刊、报纸等，以及其他形式的技术资料、编研资料和不作为档案保管的文件。

政府信息公开查阅场所 指按照《中华人民共和国政府信息公开条例》的要求，各级人民政府在国家档案馆设置的政府信息查阅场所。

利用现行文件 指公民利用正在施行的，具有效力的党政机关、企事业单位、军队、人民团体公开发布或内部使用的法规性、指导性文书。

国家新闻出版署

（一）报 表 目 录

表号	表名	报告期别	填报范围	报送时间及方式	负责单位	备注
XC301 表	图书出版情况	年报		6 月 30 日前，通过“国家统计局部门综合数据管理系统”报送数据。	社科文司	《文化及相关产业综合统计制度》
XC302 表	分地区图书出版机构和人员情况	年报				
XC303 表	分地区各类出版物情况	年报				
XC304 表	各类课本出版情况	年报				
XC305 表	分地区少年儿童图书和课本出版情况	年报				
XC306 表	全国各类少年儿童出版物情况	年报				
XC308 表	分地区版权合同登记情况	年报				
XC309 表	出版物版权引进和输出情况	年报				
XC310 表	分地区音像制品及电子出版物情况	年报				
XC311 表	全国图书、期刊、报纸进出口情况	年报				
XC312 表	全国音像、电子出版物和数字出版物进出口情况	年报				
XC313 表	分地区出版物印刷生产情况	年报				
XC314 表	分地区出版物发行购、销、存情况	年报				
XC317 表	分地区作品自愿登记情况	年报				
XC318 表	公共文化活动情况年快报（一）	年报		1 月 15 日前，电子邮件 skszhc@stats.gov.cn		
XC319 表	公共文化活动情况年快报（二）	年报				
XC320 表	图书、期刊和报纸出版情况年快报	年报		4 月 20 日前，电子邮件 skszhc@stats.gov.cn		

表号	表名	报告期别	填报范围	报送时间及方式	负责单位	备注
701 表	部门服务业企业财务状况	年报	出版业中执行企业会计制度的单位	6 月 30 日前，电子邮件或内部交换 dczxjtc@stats.gov.cn	服务业司	《部门服务业财务统计报表制度》（试行）
702-1 表	部门服务业行政单位财务状况	年报	出版业中执行行政单位会计制度的单位			
702-2 表	部门服务业事业单位财务状况	年报	出版业中执行事业单位会计制度的单位			

（二）调 查 表 式

综 合 年 报

图书出版情况

表　　号：X C 3 0 1 表
制定机关：国 家 统 计 局
文　　号：国统字〔2019〕3 号
综合机关名称：国家新闻出版署　　2 0　　年　　有效期至：2 0 1 9 年 9 月

类　　别	代码	种　数（种）		总印数（万册、万张）
			#新版	
甲	乙	1	2	3
图书总计	**01**			
使用“中国标准书号”部分合计	02			
马列主义、毛泽东思想	03			
哲学	04			
社会科学总论	05			
政治、法律	06			
军事	07			
经济	08			
文化、科学、教育、体育	09			
语言、文字	10			
文学	11			
艺术	12			
历史、地理	13			
自然科学总论	14			
数理科学、化学	15			
天文学、地球科学	16			
生物科学	17			
医学、卫生	18			
农业科学	19			
工业技术	20			
交通运输	21			
航空、航天	22			
环境科学	23			
综合性图书	24			
不使用“中国标准书号”部分合计	**25**			
图片	26			
国标(GB)、部标(BB)等标准类文件印品	27			
活页文选、活页歌篇、小件印品等	28			

单位负责人：　　填表人：　　报出日期：2 0　　年　　月　　日

说明：1. 报送时间：6 月 30 日前。
　　2. 审核关系：01=02+25；02=03+04+05+06+07+08+09+10+11+12+13+14+15+16+17+18+19+20+21+22+23+24；25=26+27+28。

分地区图书出版机构和人员情况

表　　号：XC302表
制定机关：国家统计局
文　　号：国统字〔2019〕3号
有效期至：2019年9月

综合机关名称：国家新闻出版署　　　　20　　年

地　　区	代码	图书出版社	
		机构数（个）	职工人数（人）
甲	乙	1	2
全国	**01**		
中央	02		
北京	03		
天津	04		
…	…		
新疆	33		

单位负责人：　　　　填表人：　　　　报出日期：20　　年　　月　　日

说明：1. 报送时间：6月30日前。
　　2. 审核关系：01=02+03+04+…+33。

分地区各类出版物情况

表　　号：XC303表
制定机关：国家统计局
文　　号：国统字〔2019〕3号
有效期至：2019年9月

综合机关名称：国家新闻出版署　　　　20　　年

地区	代码	图书					期刊		
		种数（种）	#新版	#少数民族	#盲文	总印数（万册、万张）	种数（种）	#少数民族	总印数（万册）
甲	乙	1	2	3	4	5	6	7	8
全国	**01**								
中央	02								
北京	03								
天津	04								
…	…								
新疆	33								

续表

报纸		音像制品		电子出版物	
种数（种）	总印数（万份）	种数（种）	出版数量（万盒、万张）	种数（种）	数量（万张）
9	10	11	12	13	14

单位负责人：　　　　填表人：　　　　报出日期：20　　年　　月　　日

说明：1. 报送时间：6月30日前。
　　2. 审核关系：1≥2；1≥3；1≥4；6≥7；01=02+03+…+33。

各类课本出版情况

表　　号：X C 3 0 4 表
制定机关：国 家 统 计 局
文　　号：国统字〔2019〕3 号
综合机关名称：国家新闻出版署　　20　年　　有效期至：2 0 1 9 年 9 月

项　目	代码	种数（种）	#新版	总印数（万册、万张）	总印张（千印张）	定价总金额（万元）
甲	乙	1	2	3	4	5
总计	**01**					
大专及以上课本	02					
中专、技校课本	03					
中学课本	04					
小学课本	05					
业余教育课本	06					
扫盲课本	07					
教学用书	08					

单位负责人：　　填表人：　　报出日期：2 0　年　月　日

说明：1. 报送时间：6 月 30 日前。
　　2. 审核关系：1>2；01=02+03+04+05+06+07+08。

分地区少年儿童图书和课本出版情况

表　　号：X C 3 0 5 表
制定机关：国 家 统 计 局
文　　号：国统字〔2019〕3 号
综合机关名称：国家新闻出版署　　20　年　　有效期至：2 0 1 9 年 9 月

地　区	代码	种数（种）				总印数（万册、万张）		总印张（千印张）	
		少年儿童图书	#新版	课本	#新版	少年儿童图书	课本	少年儿童图书	课本
甲	乙	1	2	3	4	5	6	7	8
全国	**01**								
中央	02								
北京	03								
天津	04								
…	…								
新疆	33								

单位负责人：　　填表人：　　报出日期：2 0　年　月　日

说明：1. 报送时间：6 月 30 日前。
　　2. 审核关系：1≥2；3≥4；01=02+03+…+33。

全国各类少年儿童出版物情况

表　　号：X C 3 0 6 表
制定机关：国 家 统 计 局
文　　号：国统字〔2019〕3 号
有效期至：2 0 1 9 年 9 月

综合机关名称：国家新闻出版署　　　　2 0 　年

指标名称	计量单位	代码	本年	上年同期
甲	乙	丙	1	2
全国出版少年儿童期刊种类	种	01		
全国出版少年儿童期刊数量	万册	02		
全国出版少年儿童图书种类	种	03		
全国出版少年儿童图书数量	万册（张）	04		
全国出版少年儿童音像制品数量	万盒（张）	05		

单位负责人：　　　　填表人：　　　　报出日期：2 0 　年　月　日

说明：1. 报送时间：6 月 30 日前。
　　2. 审核关系：05>06+07+08+09+10；11>12；13>14。

分地区版权合同登记情况

表　　号：X C 3 0 8 表
制定机关：国 家 统 计 局
文　　号：国统字〔2019〕3 号
有效期至：2 0 1 9 年 9 月
计量单位：　项

综合机关名称：国家新闻出版署　　　　2 0 　年

地　区	代码	合计	图书	期刊	音像制品	电子出版物	软件	电影	电视节目	其他
甲	乙	1	2	3	4	5	6	7	8	9
全国	**01**									
中国版权保护中心	02									
北京	03									
天津	04									
…	…									
新疆	33									

单位负责人：　　　　填表人：　　　　报出日期：2 0 　年　月　日

说明：1. 报送时间：6 月 30 日前。
　　2. 审核关系：1=2+3+4+5+6+7+8；01=02+03+…+33。

出版物版权引进和输出情况

表　　号：X C 3 0 9 表
制定机关：国 家 统 计 局
文　　号：国统字〔2019〕3号
有效期至：2 0 1 9 年 9 月

综合机关名称：国家新闻出版署　　　　2 0　　年　　　　计量单位：　　项

项　目	代码	合计	图书	录音制品	录像制品	电子出版物
甲	乙	1	2	3	4	5
本年引进版权总数	01					
美　国	02					
英　国	03					
德　国	04					
法　国	05					
俄罗斯	06					
加拿大	07					
新加坡	08					
日　本	09					
韩　国	10					
香港地区	11					
澳门地区	12					
台湾地区	13					
其　他	14					
本年输出版权总数	15					
美　国	16					
英　国	17					
德　国	18					
法　国	19					
俄罗斯	20					
加拿大	21					
新加坡	22					
日　本	23					
韩　国	24					
香港地区	25					
澳门地区	26					
台湾地区	27					
其　他	28					

单位负责人：　　　　　　填表人：　　　　　　报出日期：2 0　　年　　月　　日

说明：1. 报送时间：6月30日前。
　　2. 审核关系：1=2+3+4+5+6+7+8+9；01=02+03+04+05+06+07+08+09+10+11+12+13+14；
　　15=16+17+18+19+20+21+22+23+24+25+26+27+28。

分地区音像制品及电子出版物情况

表　　号：X C 3 1 0 表
制定机关：国 家 统 计 局
文　　号：国统字〔2019〕3 号
综合机关名称：国家新闻出版署　　20　　年　　有效期至：2 0 1 9 年 9 月

地　区	代码	录像制品出版品种（种）	#新版	录像制品出版数量（万盒、万张）	#新版	录像制品发行数量（万盒、万张）
甲	乙	1	2	3	4	5
全国	01					
中央	02					
北京	03					
天津	04					
…	…					
新疆	33					

续表

录音制品出版品种（种）	#新版	录音制品出版数量（万盒、万张）	#新版	录音制品发行数量（万盒、万张）	电子出版物出版品种（种）	#新版	电子出版物出版数量（万张）	#新版
6	7	8	9	10	11	12	13	14

单位负责人：　　填表人：　　报出日期：2 0　　年　　月　　日

说明：1. 报送时间：6 月 30 日前。
2. 审核关系：1≥2；3≥4；6≥7；8≥9；11≥12；13≥14；01=02+03+…+33。

全国图书、期刊、报纸进出口情况

表　　号：X C 3 1 1 表
制定机关：国 家 统 计 局
文　　号：国统字〔2019〕3 号
综合机关名称：国家新闻出版署　　20　　年　　有效期至：2 0 1 9 年 9 月

指标名称	代码	出口		进口	
		数量（万册、份）	金额（万美元）	数量（万册、份）	金额（万美元）
甲	乙	1	2	3	4
总计	01				
图书	02				
哲学、社会科学	03				
文化、教育	04				
文学、艺术	05				
自然、科学技术	06				
少儿读物	07				
综合性图书	08				
期刊	09				
报纸	10				

单位负责人：　　填表人：　　报出日期：2 0　　年　　月　　日

说明：1. 报送时间：6 月 30 日前。
2. 审核关系：01=02+09+10；02=03+04+05+06+07+08。
3. 本表数据为全国有出版物进口经营许可证的出版物进出口经营单位数据。

全国音像、电子出版物和数字出版物进出口情况

表　　号：X C 3 1 2 表
制定机关：国 家 统 计 局
文　　号：国统字〔2019〕3 号
有效期至：2 0 1 9 年 9 月

综合机关名称：国家新闻出版署　　　　2 0　　年

指标名称	代码	出口		进口	
		数量（盒、张）	金额（万美元）	数量（盒、张）	金额（万美元）
甲	乙	1	2	3	4
总计	**01**				
录音制品	02				
录像制品	03				
电子出版物	04				
数字出版物	05				

单位负责人：　　　　填表人：　　　　报出日期：2 0　　年　　月　　日

说明：1. 报送时间：6 月 30 日前。
2. 审核关系：01=02+06+10+11；02=03+04+05；06=07+08+09。
3. 本表数据为全国有出版物进口经营许可证的出版物进出口经营单位数据。

分地区出版物印刷生产情况

表　　号：XC313表
制定机关：国家统计局
文　　号：国统字〔2019〕3号
有效期至：2019年9月

综合机关名称：国家新闻出版署　　　　20　　年

地　　区	代码	企业数（个）	从业人员（人）	印刷产量		装订产量（万令）	用纸量（万令）
				黑白（万令）	彩色（万对开色令）		
甲	乙	1	2	3	4	5	6
全国	**01**						
北京	02						
天津	03						
…	…						
新疆	32						

单位负责人：　　　　填表人：　　　　报出日期：20　　年　　月　　日

说明：1. 报送时间：6月30日前。
2. 审核关系：01=02+03+…+32。

分地区出版物发行购、销、存情况

表　　号：XC314表
制定机关：国家统计局
文　　号：国统字〔2019〕3号
有效期至：2019年9月
计量单位：万册（张、份、盒）、万元

综合机关名称：国家新闻出版署　　　　20　　年

地　　区	代码	购进金额	销售金额	库存金额
甲	乙	1	2	3
全国	**01**			
中央	02			
北京	03			
天津	04			
…	…			
新疆	33			

单位负责人：　　　　填表人：　　　　报出日期：20　　年　　月　　日

说明：1. 报送时间：6月30日前。
2. 审核关系：01=02+03+…+33。
3. 本表数据为全国新华书店系统和出版社自办发行单位数据。

分地区作品自愿登记情况

表　　号：X C 3 1 7 表
制定机关：国 家 统 计 局
文　　号：国统字〔2019〕3 号
有效期至：2 0 1 9 年 9 月
计量单位：件

综合机关名称：国家新闻出版署　　2 0　　年

地　　区	代码	合计	#文字	#音乐	#曲艺	#舞蹈	#美术	#摄影	#影视
甲	乙	1	2	3	4	5	6	7	8
全国	**01**								
中国版权保护中心	02								
北京	03								
天津	04								
…	…								
新疆	33								

单位负责人：　　填表人：　　报出日期：2 0　　年　　月　　日

说明：1. 报送时间：6 月 30 日前。

2. 审核关系：1≥2+3+4+5+6+7+8；01=02+03+…+33。

公共文化活动情况年快报（一）

表　　号：X C 3 1 8 表
制定机关：国 家 统 计 局
文　　号：国统字〔2019〕3 号
有效期至：2 0 1 9 年 3 月

综合机关名称：国家新闻出版署　　　　2 0　年

指　　标	代码	单位	本年	上年同期
甲	乙	丙	1	2
报纸	01	亿份		
期刊	02	亿册		
图书	03	亿册(张)		
人均拥有图书数	04	亿册(张)		
作品自愿登记数	05	件		

单位负责人：　　　　填表人：　　　　报出日期：2 0　年　月　日

说明：报送时间：1 月 15 日前。

公共文化活动情况年快报（二）

表　　号：X C 3 1 9 表
制定机关：国 家 统 计 局
文　　号：国统字〔2019〕3 号
有效期至：2 0 1 9 年 3 月

综合机关名称：国家新闻出版署　　　　2 0　年

指　　标	代码	单位	本年	上年同期	指　　标	代码	单位	本年	上年同期
甲	乙	丙	1	2	甲	乙	丙	1	2
广播电台	01	个			生产电视剧部数	09	部		
电视台	02	个			生产电视剧集数	10	集		
广播电视台	03	个			电视动画片	11	分钟		
教育电视台	04	个			故事影片	12	部		
广播节目综合人口覆盖率	05	%			科教影片	13	部		
电视节目综合人口覆盖率	06	%			纪录影片	14	部		
有线电视实际用户数	07	亿户			动画影片	15	部		
有线数字电视实际用户数	08	亿户			特种影片	16	部		

单位负责人：　　　　填表人：　　　　报出日期：2 0　年　月　日

说明：报送时间：1 月 15 日前。

图书、期刊和报纸出版情况年快报

表　　号：X C 3 2 0 表
制定机关：国　家　统　计　局
文　　号：国统字〔2019〕3 号
有效期至：2 0 1 9 年 6 月

综合机关名称：国家新闻出版署　　　　20　　年

指　　标	代码	单位	本年
甲	乙	丙	1
图书			
种数	01	万种	
总印数	02	亿册、亿张	
期刊			
种数	03	种	
总印数	04	亿册	
报纸			
种数	05	种	
总印数	06	亿份	

单位负责人：　　　　填表人：　　　　报出日期：2 0　　年　月　日

说明：报送时间：4 月 20 日前。

部门服务业企业财务状况

（表式及指标解释见通用表）

部门服务业行政单位财务状况

（表式及指标解释见通用表）

部门服务业事业单位财务状况

（表式及指标解释见通用表）

（三）主要指标解释

大专及以上课本 指国家教育行政部门和中央各部委，各地区审定、规划的，列入教材征订目录的高等学校、电视大学、函授大学等使用的教材、教材习题解答集。

中专、技校课本 指国家教育行政部门和中央各部委审定、规划的，列入新教材征订目录，专供中等专业学校（包括中等师范学校）、技工学校作教材用的课本和课本习题解答集。

中学课本 指在国家教育行政部门每年春秋两季颁发的《全国普通中小学教学用书目录》和由各省、自治区、直辖市教育行政部门审定、补充下达的《中小学教学用书目录》中所列的课本、教学挂图和随课本作教材用的习题解答集。

小学课本 指在国家教育行政部门每年春秋两季颁发的《全国普通中小学教学用书目录》和由各省、自治区、直辖市教育行政部门审定、补充下达的《中小学教学用书目录》中所列的课本、教学挂图和随课本作教材用的习题解答集。

业余教育课本 指国家教育行政部门和中央各部委审定、规划的，列入新教材征订目录，对成人进行政治、业务、文化教育所使用的课本，包括广播电台、电视台举办或与其他单位合办的业余讲座使用的课本及其他业余教育课本。

扫盲课本 专供扫盲使用的课本。

教学用书 由省、自治区、直辖市以上教育行政机关统一规定为各级学校教员必须采用的“教学参考资料”及“教学大纲”。

少年儿童读物 指供初中及初中以下少年儿童阅读的书籍，不包括九年义务制教育的课本及其补充读物。

全国出版少年儿童期刊种类/数量 指经新闻出版行政管理部门机关批准公开出版的，以初中及以下少年儿童为对象的期刊种类/数量。

全国出版少年儿童音像制品数量 指经国家正式批准的音像出版单位出版的，以初中及以下少年儿童为对象的音像制品数量。

编辑人数 指全国出版单位参与出版专业技术人员职业资格注册的编辑人数，未包括部分未参加登记注册工作的出版单位和新闻单位，如大学学报编辑部、学术性期刊、报社等。

记者人数 指经国家新闻出版广电总局核发记者证的报纸、期刊、广播电视、通讯社的记者人数（即在中国记者网登记并领取记者证的人数）。

出版物纯销售 指向读者实际销售的出版物以及直接向国外出口的出版物。

版权合同登记 指根据国际条约和中国有关法律法规，申请人到著作权行政管理部门登记著作权质权等各类授权合同的行为。

作品自愿登记 指作者、其他享有著作权的公民、法人或者非法人单位和专有权所有人及其代理人，自愿到著作权行政管理部门登记应予以保护作品的行为。

版权输出和引进 指以受版权保护的作品的财产权为标的物，与国外的出版单位等相关机构进行的交易行为，其内容涉及图书、报刊、影视、动漫、戏剧、音乐、软件等。

广播节目综合人口覆盖率 指在对象区内能接收到中央、省、地（市）、县（市）广播传输机构以无线、有线、卫星等方式传输的广播节目信号的人口数占对象区总人口数的比重。计算公式：

广播节目综合人口覆盖率＝广播节目综合覆盖人口/对象区内的总人口数×100％

农村广播节目综合人口覆盖率　指在对象区内能接收到中央、省、地（市）、县（市）广播传输机构以无线、有线、卫星等方式传输的广播节目信号的农村人口数占对象区总农村人口数的比重。计算公式：

农村广播节目综合人口覆盖率＝农村广播节目综合覆盖人口/对象区内的总农村人口数×100%

电视节目综合人口覆盖率　指在对象区内能接收到中央、省、地（市）、县（市）电视传输机构以无线、有线、卫星等方式传输的电视节目信号的人口数占对象区总人口数的比重。计算公式：

电视节目综合人口覆盖率＝电视节目综合覆盖人口/对象区内的总人口数×100%

农村电视节目综合人口覆盖率　指在对象区内能接收到中央、省、地（市）、县（市）电视传输机构以无线、有线、卫星等方式传输的电视节目信号的农村人口数占对象区总农村人口数的比重。计算公式：

农村电视节目综合人口覆盖率＝农村电视节目综合覆盖人口/对象区内的总农村人口数×100%

公共广播节目套数　指经总局批准的、广播电视播出机构开办的不向听众收取收听费用，以为大众提供公共广播服务为主要目的，用固定频率播出，并编有整套自办节目时间表的广播节目套数。

公共广播节目播出时间　指广播电视播出机构公共节目全年播出的时间，含节目重复播出时间。

播出新闻资讯类节目时间　指广播电视播出机构全年播出的全部新闻资讯类广播节目播出时间。包括新闻、新闻信息摘编、报道、深度分析等直播节目等。

播出专题服务类节目时间　指广播电视播出机构全年播出的除新闻类以外的专业性、对象性的专题广播节目播出时间。包括经济、交通、农村、科教、少儿、军事等。

播出综艺益智类节目时间　指广播电视播出机构全年播出的综艺益智类广播节目播出时间。包括文学类、曲艺类、文艺类、艺术类、益智类、游戏竞猜类节目以及单本戏曲。

播出广播剧类节目时间　指广播电视播出机构全年播出的广播剧类节目播出时间。包括广播剧类、电影录音类节目。

播出广告类节目时间　指广播电视播出机构全年播出的广告类广播节目播出时间。包括公益广告类、商业广告类节目。

播出其他类节目时间　指广播电视播出机构全年播出的除以上各类广播节目外，其他广播节目播出时间。

制作广播节目时间　指广播电视节目制作机构全年自采、自编及合作制作、加工制作的各类广播节目。

制作新闻资讯类广播节目时间　指广播电视节目制作机构全年制作的各类新闻资讯类广播节目时间。主要有新闻、新闻信息摘编、报道、深度分析等直播节目等。

制作专题服务类广播节目时间　指广播电视节目制作机构全年制作的除新闻类以外的、专业性、对象性的广播专题节目时间。包括经济、交通、科教、少儿、农村、军事等。

制作综艺益智类广播节目时间　指广播电视节目制作机构全年制作的综艺类广播节目时间。包括文学类、曲艺类、文艺类、艺术类、益智类节目以及单本戏曲等。

制作广播剧类广播节目时间　指广播电视节目制作机构全年制作的广播戏剧类节目时间。包括广播剧类、电影录音类节目。

制作广告类广播节目时间　指广播电视节目制作机构全年制作的广告类广播节目时间。包括公益广告类、商业广告类节目。

制作其他类广播节目时间　指广播电视节目制作机构全年制作的除以上各类广播节目外制作其他

节目的时间。

公共电视节目套数 指电视播出机构开办的不向听众收取收看费用，以为大众提供公共电视服务为主要目的，用固定频率播出的电视节目套数。

公共电视节目播出时间 指广播电视播出机构全年播出公共电视节目的时间，含节目重复播出时间。

播出新闻资讯类节目时间 指广播电视播出机构全年播出的全部新闻资讯类电视节目播出时间。包括新闻信息类、深度报道类、消息类节目。

播出专题服务类节目时间 指广播电视播出机构全年播出的专题服务类电视节目播出时间。包括纪录片类、谈话类、少儿类、农村类、军事类、经济生活类、科教文化类、服务类节目等。

播出综艺益智类节目时间 指广播电视播出机构全年播出的综艺益智类电视节目播出时间。包括综艺类、艺术类、文艺类及曲艺戏曲类（包括单本戏曲）等节目。

播出影视剧类节目时间 指广播电视播出机构全年播出的影视剧类电视节目播出时间。包括动画片类、电视剧类、电视电影类节目。

播出广告类节目时间 指广播电视播出机构全年播出的广告类电视节目播出时间。包括公益广告类、商业广告类节目。

播出其他类节目时间 指广播电视播出机构全年播出的除以上各类电视节目外，其他电视节目播出时间。

电视剧播出数 指广播电视播出机构所有频道全年播出的电视剧播出的部数、集数，含重复播出。

进口电视剧播出数 指广播电视播出机构全年播出的从境外（包括港澳台）进口电视剧的部数、集数，含重复播出。

电视动画播出时间 指广播电视播出机构全年播出的电视动画的时长，含重复播出。

进口电视动画播出时间 指广播电视播出机构全年播出的从境外（包括港澳台）进口电视动画的时长，含重复播出。

少儿电视节目播出时间 指广播电视播出机构自全年面向少年儿童的电视节目播出时间，含节目重复播出时间，包括少儿频道及少儿专题节目播出时间。

少儿广播节目播出时间 指广播电视播出机构自全年面向少年儿童的广播节目播出时间，含节目重复播出时间，包括少儿频道及少儿专题节目播出时间。

制作电视节目时间 指广播电视节目制作机构全年自采、自编、自录及合作制作、加工制作的各类电视节目。包括直播电视节目。

制作新闻资讯类电视节目时间 指广播电视节目制作机构全年制作的新闻资讯类电视节目时间。包括信息推介类、深度报道类、消息类节目。

制作专题服务类电视节目时间 指广播电视节目制作机构全年制作的专题服务类电视节目时间。包括纪录片类、谈话类、少儿类、农村类、军事类、经济生活类、科教文化类、服务类节目。

制作综艺益智类电视节目时间 指广播电视节目制作机构全年制作的综艺益智类电视节目时间。包括综艺类、艺术类、文艺类及曲艺戏曲类（包括单本戏曲）节目等。

制作影视剧类电视节目时间 指广播电视节目制作机构全年制作的影视剧类电视节目时间。包括电视电影、电视剧、电视动画等。

制作广告类电视节目时间 指广播电视节目制作机构全年制作的广告类电视节目时间。包括公益广告类、商业广告类节目。

制作其他类电视节目时间　指广播电视节目制作机构全年制作的除以上各类电视节目外制作其他节目的时间。

制作电视剧数量　指广播电视节目制作机构本年制作完成的电视剧的部数和集数。

制作电视动画时间　指广播电视节目制作机构全年制作完成电视动画的时长。

电视节目（电视剧、动画电视、纪录片）制作投资额　指全年制作各类电视节目（电视剧、动画电视、纪录片）的当年投资额。

电视节目（电视剧、动画电视、纪录片）销售额　指广播电视播出、制作机构全年在境内外（包括港澳台）市场的各类广播电视节目（电视剧、动画电视、纪录片）销售额。

有线广播电视传输干线长度　指有线电视网络光节点之前传输网络的长度。

有线广播电视实际用户数　指通过广播电视有线传输网收看电视节目的家庭用户数。包括接收模拟信号和数字信号的有线电视用户数。

农村有线广播电视实际用户数　指农村有线电视用户数，包括广播电视干线网联网用户和小片网用户。

数字电视实际用户数　指通过广播电视有线传输网收看数字信号电视节目的家庭用户数。

付费数字电视实际用户数　指通过广播电视有线传输网收看数字信号的电视节目，并交纳付费电视收视费的有线电视家庭用户数。包括单向接收用户和双向互通用户。

有线广播电视实际用户数占家庭总户数的比重　指在对象区内能通过广播电视有线传输网收看到电视节目的用户数（包括接收模拟信号和数字信号的用户数）占对象区内家庭总户数的比重。计算公式：

有线广播电视实际用户数占家庭总户数的比重＝有线广播电视实际用户数/对象区内的家庭总户数×100％

农村有线广播电视实际用户数占农村家庭总户数的比重　指在对象区内能通过广播电视有线传输网收看到电视节目的农村用户数（包括接收模拟信号和数字信号的用户数）占对象区内农村家庭总户数的比重。计算公式：

农村有线广播电视实际用户数占家庭总户数的比重＝农村有线广播电视实际用户数/对象区内的农村家庭总户数×100％。

从业人员　指取得工资或其他形式劳动报酬的全部工作人员（含非在编人员）。包括临时人员，不包括离退休人员。

长期职工　指用工期限在一年以上（包括一年）的职工。

管理人员　指在管理工作岗位，从事行政管理和其他管理工作的人员。

专业技术人员　指在专业技术岗位工作，经人事部门实际聘任的专业人员。

其他人员　指除管理人员、专业人员之外的其他人员。

编辑、记者　指取得编辑、记者职业资格证书的在岗人员。

播音员、主持人　指取得播音员、主持人职业资格证书的在岗人员。

工程技术人员　指取得相关资格的工程技术在岗人员。

艺术人员　指取得相关资格的艺术生产创作在岗人员。

经营人员　指取得相关资格的单位经营岗位的人员。

实际创收收入　指除财政性资金以外的本单位全年实际创收收入，包括按规定上缴财政部门或上级单位的收入。

广告收入　指广播、电视、报刊、网站、路牌等播出、刊载广告取得的收入。

有限电视网络收入　指广播电视网络传输机构通过有限电视网络经营和服务取得的收入。

广播电视节目销售收入　指广播电视播出制作经营机构通过销售广播电视各类节目取得的收入。包括电视剧、动画电视、纪录片、专题片等各类电视节目境内外销售收入。

其他创收收入 指除广告收入、网络收入、三网融和业务收入、广播电视节目销售收入之外的其他创收收入。包括演出收入、发行收入、版权、播映权、广播电视节目衍生的光盘音像制品销售收入，以及合作合拍收入、技术服务收入、无形资产转让收入、利息收入、捐赠收入、经营服务收入、租赁收入和其他收入等。

有线电视收视维护费收入 指向有线电视用户提供公共服务电视节目收取的固定的基本维护费用。不包括入网费（初装费）。

付费数字电视收入 指付费广播电视频道（频率）机构、集成运营机构、传输运营机构、用户接入运营机构通过提供专业化、对象化、个性化付费广播电视服务取得的收入。

三网融合业务收入 指基于有线电视网络提供的互动电视类业务、网络服务业务、互联网接入业务、互联网数据传送增值业务、多媒体通信业务、媒体内容中心服务业务以及各种网络创新业务所取得的收入。

其他网络收入 指除有线广播电视收视费、付费数字电视收入、三网融合业务收入之外的其他网络经营服务收入。包括入网费（初装费）收入、有线电视建设配套费收入、落地费收入等。

新媒体业务收入 指广电 IPTV 机构、互联网电视（OTT）牌照机构和网络视听节目服务机构开展广电 IPTV、互联网电视（OTT）、网络视听节目服务及其他新媒体（新闻客户端、微信、微博、网站等）业务取得的收入。

行政事业单位总收入 指行政事业单位的各项收入之和，包括财政补助收入、上级补助收入、专项拨入资金、事业收入、附属单位上缴收入、经营收入及其他收入。

财政补助收入 指从主管部门、上级单位或直接从财政部门取得的财政性收入，包括财政专项资金，不包括发改委安排的预算内基建投资。

事业收入 指开展广播电视业务活动及其辅助活动取得的收入。其中按规定应上缴财政部门的资金和应缴入财政专户的预算外资金不计入事业收入，从财政专户核拨的预算外资金和部分核准不上缴财政专户管理的预算外资金计入事业收入。

经营收入 指在广播电视业务活动及辅助活动之外开展非独立核算经营活动取得的收入。

总支出 指行政事业单位开展广播电视业务及其它活动中发生的各项支出。包括基本支出和项目支出等各项支出。

行政事业单位资产总额 指事业单位占有或使用的能以货币计量的经济资源，包括各种财产、债权。包括流动资产、对外投资、固定资产、无形资产和其他权利等。

企业总收入 指广播电视企业单位各项收入，包括企业主营业务收入、补助收入、其他业务收入等。

本年应缴税金指企业全年缴纳的各项税金及附加。

营业利润 指企业经营活动所获得的利润。

企业资产总额 指企业拥有或控制的能以货币计量的经济资源，包括各种财产、债券和其他权利。包括流动资产、长期投资、固定资产、无形资产、递延资产。

负债总额 指企业所承担的能以货币计量、需以资产或劳务偿付的债务，包括流动负债和长期负债。

所有者权益 指企业投资人对企业净资产的所有权，包括企业投资人对企业的投入资本以及形成的资本公积金、盈余公积金和未分配利润。

资产总额 指企业拥有或控制的能以货币计量的经济资源，包括各种财产、债券和其他权利。包括流动资产、长期投资、固定资产、无形资产、递延资产。

国家电影局

（一）报 表 目 录

表号	表名	报告期别	填报范围	报送时间及方式	负责单位	备注
DY301 表	分地区农村电影放映情况	年报		6 月 30 日前，通过“国家统计局部门综合数据管理系统”报送数据	社科文司	《文化及相关产业综合统计制度》
DY302 表	全国电影发展情况	年报				

分地区农村电影放映情况

表　　号：D Y 3 0 1 表
制定机关：国 家 统 计 局
文　　号：国统字〔2019〕3 号
有效期至：2 0 1 9 年 9 月

综合机关名称：国家电影局　　　　2 0　　年

地　　区	代码	本年	上年同期
甲	乙	1	2
全国	**01**		
北京	02		
天津	03		
…	…		
新疆	32		

单位负责人：　　　　填表人：　　　　报出日期：2 0　　年　　月　　日

说明：1. 报送时间：6 月 30 日前。
　　　2. 审核关系：01=02+03+⋯+32。

全国电影发展情况

表　　号：DY302表
制定机关：国家统计局
文　　号：国统字〔2019〕3号
有效期至：2019年9月

综合机关名称：国家电影局　　　　20　　年

指标名称	单位	代码	本年	上年同期	备注
甲	乙	丙	1	2	3
生产故事影片	部	01			
生产动画影片	部	02			
生产科教影片	部	03			
生产纪录影片	部	04			
生产特种影片	部	05			
电影院线					
院线数量	条	06			
院线内影院	家	07			
银幕	块	08			
全国电影票房收入	亿元	09			
国产电影票房收入	亿元	10			
进口电影票房收入	亿元	11			

单位负责人：　　　　填表人：　　　　报出日期：20　　年　　月　　日

说明：1. 报送时间：6月30日前。
　　　2. 审核关系：09=10+11。

中华全国总工会

（一）报 表 目 录

表号	表名	报告期别	报送时间及方式	负责单位	备注
ZG301 表	全国工会组织基本情况	年报	6 月 30 日前，通过“国家统计局部门综合数据管理系统”报送数据。	社科文司	
ZG302 表	分地区按登记注册类型分基层工会组织情况	年报			
ZG303 表	分地区各级工会劳动法律监督工作情况	年报			
ZG304 表	分地区工会会员人数	年报	6 月 30 日前，电子邮件 wushan@gj.stats.cn	人口司	
ZG305 表	分地区基层单位建立职工代表大会制度情况	年报			
ZG306 表	分地区基层以上工会职业培训机构情况	年报			
ZG307 表	分地区基层工会开展合理化建议和劳动竞赛活动情况	年报			
ZG308 表	分地区基层工会参与调节劳动争议工作情况	年报			
ZG309 表	分地区基层以上工会职业介绍机构情况	年报			

（二）调 查 表 式

综 合 年 报

全国工会组织基本情况

表　　号：Z G 3 0 1 表
制定机关：国 家 统 计 局
文　　号：国统字〔2019〕3 号
有效期至：2 0 1 9 年 9 月

综合机关名称：中华全国总工会　　　　2 0　　年

指标名称	计量单位	代码	本年	上年同期
甲	乙	丙	1	2
工会基层组织数	万个	01		
工会专职工作人员人数	万人	02		
已建工会组织的基层单位职工人数	万人	03		
其中：女	万人	04		
农民工：	万人	05		
其中：女	万人	06		
已建工会组织的基层单位工会会员人数	万人	07		
其中：女	万人	08		
职工代表数	万人	09		
其中：女	万人	10		
执行了《女职工劳动保护特别规定》的企业比重	%	11		
设立女职工哺乳室的企业比重	%	12		
企业职工代表大会中女性代表比重	%	13		
企业董事会中女职工董事占职工董事比重	%	14		
企业监事会中女职工监事占职工监事比重	%	15		

单位负责人：　　　　填表人：　　　　报出日期：2 0　　年　　月　　日

说明：1. 报送时间：6 月 30 日前。
　　2. 审核关系：03>04；03>05；05>06；07>08；09>10。

分地区按登记注册类型分基层工会组织情况

表　　号：ＺＧ３０２表
制定机关：国　家　统　计　局
文　　号：国统字〔2019〕3号
有效期至：２０１９年９月

综合机关名称：中华全国总工会　　２０　　年　　计量单位：　个

地　区	代码	总　计	国有企业	集体企业	股份合作企　业	联营企业	有限责任公　司	股份有限公　司
甲	乙	1	2	3	4	5	6	7
全国	**01**							
北京	02							
天津	03							
…	…							
新疆	32							

续表

私营企业	其他内资企　业	个　体经营户	港澳台商投资企业	外商投资企　业	事业	机关	其他
8	9	10	11	12	13	14	15

单位负责人：　　填表人：　　报出日期：２０　　年　　月　　日

说明：1. 报送时间：6月30日前。
　　2. 审核关系：1=2+3…+15；01=02+03+…+32。

分地区基层工会劳动法律监督工作情况

表　　号：ＺＧ３０３表
制定机关：国　家　统　计　局
文　　号：国统字〔2019〕3号
有效期至：２０１９年９月

综合机关名称：中华全国总工会　　２０　　年　　计量单位：　个、件

地　区	代码	基层工会劳动法律监督组织			基层以上工会劳动法律监督组织		
		组织个数	本年度工会劳动法律监督组织受理违法、违规案件	提请劳动监察部门处理的案件	组织个数	本年度工会劳动法律监督组织受理案件	提请劳动监察部门处理的案件
甲	乙	1	2	3	4	5	6
全国	**01**						
北京	02						
天津	03						
…	…						
新疆	32						

单位负责人：　　填表人：　　报出日期：２０　　年　　月　　日

说明：1. 报送时间：6月30日前。
　　2. 审核关系：2>3；5>6；01=02+03+…+32。

分地区工会会员人数

表　　号：ＺＧ３０４表
制定机关：国　家　统　计　局
文　　号：国统字〔2019〕3 号
有效期至：２０１９年９月

综合机关名称：中华全国总工会　　　　２０　　年　　　　单　　位：　　　人

地　　区	代码	合计	内资企业									
			国有企业	集体企业	股份合作企业	联营企业	国有独资公司	其他有限责任公司	国有控股公司	其他股份有限公司	私营企业	其他企业
甲	乙	1	2	3	4	5	6	7	8	9	10	11
全国	01											
北京	02											
天津	03											
…	…											
新疆	32											

续表

体经营户	港澳台商投资企业	外商投资企业	事业单位	机关	其他
2	13	14	15	16	17

单位负责人：　　　　填表人：　　　　报出日期：２０　　年　　月　　日

说明：1. 报送时间：6 月 30 日前。
　　　2. 审核关系：1=2+3+⋯+17；01=02+03+⋯32。

分地区基层单位建立职工代表大会制度情况

表　　号：ZG305表
制定机关：国家统计局
文　　号：国统字〔2019〕3号
有效期至：2019年9月
综合机关名称：中华全国总工会　　　　20　　年　　　　单　　位：个、人

地　区	代码	建立职工（代表）大会制度的企事业单位（个）	本年度召开过职工（代表）大会的企事业单位（个）	职工代表大会的职工代表（人）	#女职工代表	实行厂务公开的企事业单位（个）	职工董事占董事比重（%）	职工监事占监事比重（%）
甲	乙	1	2	3	4	5	6	7
全国	01							
北京	02							
天津	03							
…	…							
新疆	32							
国家机关	33							
中直机关	34							

单位负责人：　　　　填表人：　　　　报出日期：20　　年　　月　　日

说明：1. 报送时间：6月30日前。
　　2. 审核关系：1≥2；3≥4；01=02+03+…+32+33+34。

分地区基层以上工会职业培训机构情况

表　　号：ZG306表
制定机关：国家统计局
文　　号：国统字〔2019〕3号
有效期至：2019年9月
综合机关名称：中华全国总工会　　　　20　　年　　　　单　　位：个、人次

地　区	代码	工会开办的职业培训机构（个）	本年度工会职业培训机构培训人次（人次）	#农民工	#下岗失业人员人次数	#经培训实现再就业人次数
甲	乙	1	2	3	4	5
全国	01					
北京	02					
天津	03					
…	…					
新疆	32					

单位负责人：　　　　填表人：　　　　报出日期：20　　年　　月　　日

说明：1. 报送时间：6月30日前。
　　2. 审核关系：2≥3+4；4≥5；01=02+03+…+32。

分地区基层工会开展合理化建议和劳动竞赛活动情况

表　　号：ZG307表
制定机关：国家统计局
文　　号：国统字〔2019〕3号
有效期至：2019年9月

综合机关名称：中华全国总工会　　　　20　　年　　　　单　　位：件、个、人次

地　　区	代码	本年度职工提出合理化建议件数（件）	本年度已实施的合理化建议件数（件）	本年度开展了劳动竞赛的基层工会（个）	本年度参加劳动竞赛的职工（人次）
甲	乙	1	2	3	4
全国	01				
北京	02				
天津	03				
…	…				
新疆	32				
国家机关	33				
中直机关	34				

单位负责人：　　　　填表人：　　　　报出日期：20　　年　　月　　日

说明：1. 报送时间：6月30日前。
　　　2. 审核关系：01=02+03+…+32+33+34。

分地区基层工会参与调节劳动争议工作情况

表　　号：ZG308表
制定机关：国家统计局
文　　号：国统字〔2019〕3号
有效期至：2019年9月

综合机关名称：中华全国总工会　　　　20　　年　　　　单　　位：件、个、人

地　　区	代码	建立劳动争议调解委员会的基层工会（个）	劳动争议调解委员会中工会成员（人）	本年度劳动争议调解委员会受理劳动争议件数（件）	#集体劳动争议	本年度劳动争议调解委员会调解成功劳动争议件数（件）	#集体劳动争议
甲	乙	1	2	3	4	5	6
全国	01						
北京	02						
天津	C3						
…	…						
新疆	32						
国家机关	33						
中直机关	34						

单位负责人：　　　　填表人：　　　　报出日期：20　　年　　月　　日

说明：1. 报送时间：6月30日前。
　　　2. 审核关系：3≥4；5≥6；01=02+03+…+32+33+34。

分地区基层以上工会职业介绍机构情况

表　　号：ZG309表
制定机关：国家统计局
文　　号：国统字〔2019〕3号
有效期至：2019年9月
综合机关名称：中华全国总工会　　　　20　　年　　　　单　　位：　　个、人次

地区	代码	工会开办职业介绍机构（个）	#获得政府有关部门资质认定的机构（个）	本年度工会职业介绍机构成功介绍人次数（人次）	#农民工（人次）	#下岗失业人员人次数（人次）
甲	乙	1	2	3	4	5
全国	**01**					
北京	02					
天津	03					
…	…					
新疆	32					

单位负责人：　　　　填表人：　　　　报出日期：20　　年　　月　　日

说明：1. 报送时间：6月30日前。
2. 审核关系：1≥2；3≥4+5；01=02+03+…+32。

（三）主要指标解释

企业职工代表大会中女性代表比重　指职工代表大会的女代表人数占全部职工代表人数的比重。职工代表的职责是代表职工群众参加企业民主管理，对选举人负责。职工代表应该由企业职工直接选举产生。

企业董事会中女职工董事占职工董事比重　指企业董事会中女职工董事占全部职工董事的比重。职工董事是指依照法律规定，通过职工代表大会（或职工大会）民主选举产生，进入公司董事会，代表职工行使决策和监督权利的职工代表。该指标是反映女性职工参与企业生产经营管理情况的重要指标。

企业监事会中女职工监事占职工监事比重　是指企业监事会中女职工监事占职工监事的比重。职工监事是指依照法律规定，通过职工代表大会（或职工大会）民主选举产生，进入公司监事会，代表职工行使决策和监督权利的职工代表。该指标是反映女性职工参与企业生产经营管理情况的重要指标。

执行了《女职工劳动保护特别规定》的企业比重　指在被调查的企业中执行了女职工“四期劳动保护”和女职工禁忌从事劳动范围规定的企业数占被调查企业总数的比重。女职工包括所有从事体力劳动和脑力劳动的已婚、未婚的女性职工。女职工“四期劳动保护”是指《劳动法》和《女职工劳动保护特别规定》中对女职工经期、孕期、产期、哺乳期有关劳动权利、劳动强度和享受待遇等各项规定。女职工禁忌从事的劳动范围是指《女职工劳动保护特别规定》附录中的各项明确规定。

中华全国妇女联合会

（一）报 表 目 录

表号	表名	报告期别	报送时间及方式	负责单位	备注
FL301 表	妇联干部基本情况	年报	6 月 30 日前，通过“国家统计局部门综合数据管理系统”报送数据。	社科文司	
FL302 表	全国妇女儿童社会活动基本情况	年报			
FL303 表	为妇女儿童提供信访、热线咨询等服务件次数	年报			

（二）调 查 表 式

综 合 年 报

妇联干部基本情况

表　　号：F L 3 0 1 表
制定机关：国 家 统 计 局
文　　号：国统字〔2019〕3 号
有效期至：2 0 1 9 年 9 月

综合机关名称：中华全国妇女联合会　　　　2 0　　年

项目	代码	妇联组织（个）	妇联干部（人）	基层妇联组织（个）	基层妇联主席（人）
甲	乙	1	2	3	4
全国	**01**				
中央	02				
北京	03				
天津	04				
…	…				
新疆	33				
新疆兵团	34				

单位负责人：　　　　填表人：　　　　报出日期：2 0　　年　　月　　日

说明：1. 报送时间：6 月 30 日前。
　　　2. 审核关系：01=02+03+…+34。

全国妇女儿童社会活动基本情况

表　　号：F L 3 0 2 表
制定机关：国 家 统 计 局
文　　号：国统字〔2019〕3 号
有效期至：2 0 1 9 年 9 月

综合机关名称：中华全国妇女联合会　　　　2 0　　年

地　区	代码	妇女之家数（个）	各级表彰的五好家庭（个）	各级表彰的三八红旗手（人）	各级揭晓的“最美家庭”（个）	儿童之家数（个）	家长学校数（个）	家长学校培训人次（万人次）
甲	乙	1	2	3	4	5	6	7
全国	**01**							
中央	02							
北京	03							
天津	04							
…	…							
新疆	33							
新疆兵团	34							

说明：1. 报送时间：6 月 30 日前。
　　　2. 审核关系：01=02+03+…+34。

为妇女儿童提供信访、热线咨询等服务件次数

表　　号：F L 3 0 3 表
制定机关：国 家 统 计 局
文　　号：国统字〔2019〕3 号
有效期至：2 0 1 9 年 9 月

综合机关名称：中华全国妇女联合会　　　　2 0　　年

地　区	代码	本年	上年同期
甲	乙	1	2
全国	**01**		
中央	02		
北京	03		
天津	04		
…	…		
新疆	33		
新疆兵团	34		

单位负责人：　　　　填表人：　　　　报出日期：2 0　　年　　月　　日

说明：1. 报送时间：6 月 30 日前。
　　　2. 审核关系：01=02+03+…+34。

（三）主要指标解释

妇联干部　指参照公务员法管理的县和县以上妇联机关工作人员。

基层妇联干部　指乡镇妇联、街道妇联组织工作人员。

利用公益岗位等配备的妇联专干　指利用政府开发的社会管理类、基层服务类等公益岗位配备的专门从事社区妇联工作的人员。

妇女之家　指村、社区以及女性集中的特色产业链、生产基地、经济合作组织、专业合作社、行业协会、商务楼宇、专业市场等领域设置的妇女之家的累计数。

儿童之家　是以村和社区为依托，利用村和和社区资源建立，以保护儿童权利和促进儿童发展为宗旨，向儿童提供游戏、娱乐、教育、卫生和社会心理支持等一体化服务的体系。儿童之家应配备必须的活动设施，室内面积一般不少于30平方米，应有专职或兼职工作人员。

家长学校数　为帮助家长掌握优生、优育、优教知识，改善对子女保育、教育的方法，根据不同年龄儿童的家长举办的各种类型的培训学习。本制度中的家长学校只包括妇联系统的家长学校数，未包括民政、卫生计生委等系统的家长学校数。

中国科学技术协会

（一）报 表 目 录

表号	表名	报告期别	填报范围	报送时间及方式	负责单位	备注
KX301 表	中国科协人员基本情况	年报		6 月 30 日前，通过“国家统计局部门综合数据管理系统”报送数据。	社科文司	
KX302 表	青少年科技教育普及情况	年报				
KX303 表	中国科协系统科技活动情况	年报	全国学会、省级学会、中国科协机关及直属单位、省级科协、副省级省会城市科协、地市级科协和县市级科协。	6 月 20 日前，通过“国家统计局部门综合数据管理系统”报送数据。	社科文司	《科技综合统计报表制度》

（二）调 查 表 式

综 合 年 报

中国科协人员基本情况

表　　号：K X 3 0 1 表
制定机关：国 家 统 计 局
文　　号：国统字〔2019〕3 号
综合机关名称：中国科学技术协会　　20　　年　　有效期至：2 0 1 9 年 9 月

指标名称	计量单位	代码	本年	上年同期
甲	乙	丙	1	2
各级科协从业人员	人	01		
其中：女	人	02		
全国学会理事会理事	人	03		
其中：女	人	04		
全国学会在册个人会员数	人	05		
其中：女	人	06		
表彰奖励科技人员	人次	07		
其中：女	人次	08		

单位负责人：　　填表人：　　报出日期：20　　年　　月　　日

说明：1. 报送时间：6 月 30 日前。
2. 审核关系：01>02；03>04；05>06；07>08。

青少年科技教育普及情况

表　　号：K X 3 0 2 表
制定机关：国 家 统 计 局
文　　号：国统字〔2019〕3 号
综合机关名称：中国科学技术协会　　20　　年　　有效期至：2 0 1 9 年 9 月

指标名称	计量	代码	本年	上年同期
甲	乙	丙	1	2
举办青少年科技竞赛	次	01		
参加人数	万人次	02		
举办青少年科技教育活动和培训	次	03		
参加人数	万人次	04		
举办青少年高校科学营	次	05		
参加人数	万人次	06		
少儿参观科技馆人次	万人次	07		

说明：报送时间：6 月 30 日前。

中国科协系统科技活动情况

表　　号：K X 3 0 3 表
制定机关：国 家 统 计 局
文　　号：国统字〔2019〕3 号
有效期至：2 0 1 9 年 9 月

综合机关名称：中国科学技术协会　　　　2 0　　年

指标名称	计量单位	代码	总计	科协小计	学会小计		
						全国学会	省级学会
甲	乙	丙	1	2	3	4	5
一、机构和人员							
机构数	个	01					
从业人员	人	02					
学会数	个	03					
学会个人会员	万人	04					
学会从业人员	人	05					
企业科协	个	06					
个人会员	万人	07					
高等院校科协	个	08					
个人会员	万人	09					
街道科普协会	个	10					
个人会员	万人	11					
乡镇科普协会	个	12					
个人会员	万人	13					
农技协	个	14					
个人会员	万人	15					
二、学术交流活动							
学术交流活动	次	16					
参加人数	万人次	17					
#企业科技工作者	万人次	18					
三、科学技术普及活动							
举办科普宣讲活动	次	19					
宣讲活动受众人数	万人次	20					
实用技术培训人数	万人次	21					
推广新技术、新品种	项	22					
参加活动科技人员	万人次	23					
四、青少年科技教育							
举办青少年科普宣讲活动	次	24					
受众人数	万人次	25					
举办青少年科技竞赛	次	26					
参加人数	万人次	27					
举办青少年科学营	次	28					
参加人数	万人次	29					

续表

指标名称	计量单位	代码	总计	科协小计	学会小计		
						全国学会	省级学会
甲	乙	丙	1	2	3	4	5
五、科技开放与交流							
参加国外科技活动人数	人次	30					
接待国外专家学者	人次	31					
六、科技服务							
提供决策咨询报告	篇	32					
科普惠农兴村奖补资金	万元	33					
七、为科技工作者服务							
反映科技工作者建议	条	34					
表彰奖励科技工作者	人次	35					
#女性科技工作者	人次	36					
八、科技期刊与科技传播							
主办科技期刊	种	37					
总印数	万册	38					
主办科技报纸	种	39					
总印数	万份	40					
编著科技图书	种	41					
总印数	万册	42					
主办科技网站	个	43					
浏览人数	万人次	44					
九、科普基础设施建设							
科技馆	个	45					
#建筑面积 8000 平方米以上	个	46					
全年参观人数	万人次	47					
#少儿参观人数	万人次	48					
农村科普示范基地	个	49					
科普画廊建筑面积（宣传栏、橱窗）	平方米	50					
科普画廊展示面积	平方米	51					
科普大篷车行驶里程	公里	52					

单位负责人：　　填表人：　　报出日期：２０　　年　　月　　日

说明：1.统计范围：全国学会、省级学会、中国科协机关及直属单位、省级科协、副省级省会城市科协、地市级科协和县市级科协。

2.报送时间：6 月 20 日前。

（三）主要指标解释

各级科协从业人员 指在本级机关及直属单位工作的在编和连续工作一年以上的非在编人员。其中直属单位是指由科协主办并直接领导的，经工商行政管理部门登记具有独立法人资格的企业，或经编制管理部门批准的事业单位（不含其下属的企事业单位）。统计范围：县级以上科协。

全国学会理事会理事 指经会员代表大会选举产生的全国学会理事。

全国学会在册个人会员数指在本学会注册登记，并取得本学会会员资格的人员（包括外籍会员）。

表彰奖励科技人员 指本单位正式行文表彰（含命名）的、在科技工作中有特殊贡献的科技人员。一般的表扬鼓励和专门针对本单位工作人员的表彰奖励不统计在内。统计范围是：中国科协、省级科协、计划单列市科协、省会城市科协、全国学会和省级学会。

农技协 指在民政部门登记、经科协正式审批接纳的农村专业技术协会（农技协）和在科协登记备案的各类农村专业技术研究会（农研会）。

个人会员（基层组织个人会员） 指企业、高校、乡镇、街道等建立的科学技术协会（科学技术普及协会）发展的个人会员（取得本学会会员资格的人员）。

学会个人会员 指在本学会注册登记，并取得本学会会员资格的人员（包括外籍会员）。

学会从业人员 指在本学会工作并领取劳动报酬的在编人员和连续工作一年以上的社会聘用人员。

举办青少年科技竞赛 由本单位独立举办或牵头组织举办的旨在推动青少年科技活动的蓬勃开展，培养青少年的创新精神和实践能力，提高青少年的科技素质，鼓励优秀人才的涌现，推进科技普及发展的各类科技竞赛活动。统计范围：县级以上科协、全国学会和省级学会。

举办青少年科技教育活动和培训 指本单位单独和牵头组织的，向青少年、科技辅导员和各级管理工作者普及科学技术、提供展示和交流平台的活动，以及相关的培训活动。

举办青少年高校科学营 指中国科协、教育部共同主办的青少年高校科学营活动。统计范围：中国科协。

少儿参观科技馆人次 科技馆指面向公众常年开馆，具备展览教育，培训教育、实验教育等功能的社会科技教育固定设施。少儿泛指学龄前儿童及小学低年级儿童。

参加活动科技人员总数 指参与各类科普活动的全部科技人员，包括志愿者、被邀请的专家和科技专业人员等。

举办青少年科普宣讲活动 指本单位单独和牵头组织的，以报告会、广播、电视、报刊、网络和其它形式举办的科普讲座和报告，以陈列实物及展示图片等形式举办的各类科普展览，面向青少年普及科学知识、传播科学思想、科学精神、科学方法。

中国残疾人联合会

（一）报 表 目 录

表号	表名	报告期别	报送时间及方式	负责单位	备注
CL301 表	分地区残疾人康复基本情况	年报	6 月 30 日前，通过“国家统计局部门综合数据管理系统”报送数据。	社科文司	
CL302 表	分地区残疾人康复机构基本情况	年报			
CL303 表	分地区残疾人教育基本情况	年报			
CL304 表	分地区残疾人就业基本情况	年报			
CL305 表	分地区残疾人社会保障基本情况	年报			
CL306 表	分地区残疾人扶贫基本情况	年报			
CL307 表	分地区残疾人文化体育工作基本情况	年报			
CL308 表	分地区残疾人维权基本情况	年报			
CL309 表	分地区基层残疾人组织建设基本情况	年报			
CL310 表	分地区残疾人服务设施建设基本情况	年报			
CL311 表	分地区残疾人人口基础数据库持证残疾人主要数据	年报			
CL312 表	分地区残疾人基本公共服务情况	年报			
CL313 表	残疾人事业基本情况年快报	年报			

（二）调 查 表 式

综 合 年 报

分地区残疾人康复基本情况

表　　号：C L 3 0 1 表
制定机关：国 家 统 计 局
文　　号：国统字〔2019〕3 号
有效期至：2 0 1 9 年 9 月

综合机关名称：中国残疾人联合会　　　　2 0 　年

地 区	代码	视力残疾基本康复服务				听力语言残疾基本康复服务			
		小计	0-6 岁儿童	盲人	低视力者	小计	0-6 岁儿童	7-17 岁儿童	成人助听器适配及适应训练
甲	乙	1	2	3	4	5	6	7	8
全国	**01**								
北京	02								
天津	03								
…	…								
新疆	32								

续表一

肢体残疾基本康复服务			智力残疾基本康复服务			精神病防治康复			
小计	0-6 岁儿童	7-17 岁儿童及成人	小计	0-6 岁儿童	7-17 岁儿童及成人	小计	0-6 岁孤独症儿童	7-17 岁孤独症	成年精神残疾人
9	10	11	12	13	14	15	16	17	18

单位负责人：　　　　填表人：　　　　报出日期：2 0 　年 　月 　日

说明：1. 报送时间：6 月 30 日前。
2. 审核关系：1>2；1=3+4；5=6+7+8；9=10+11；12=13+14；15=16+17+18；01=02+03+…+32。

分地区残疾人康复机构基本情况

表　　号：C L 3 0 2 表
制定机关：国 家 统 计 局
文　　号：国统字〔2019〕3 号
有效期至：2 0 1 9 年 9 月
综合机关名称：中国残疾人联合会　　　　2 0　　年　　　　计量单位：　　个

地 区	代码	残疾人康复机构	视力残疾康复机构	听力言语残疾康复机构	肢体残疾康复机构	智力残疾康复机构	精神残疾康复机构	辅助器具服务机构
甲	乙	1	2	3	4	5	6	7
全国	**01**							
北京	02							
天津	03							
…	…							
新疆	32							

说明：1. 报送时间：6 月 30 日前。
　　　2. 审核关系：01=02+03+…+32。

分地区残疾人教育基本情况

表　　号：C L 3 0 3 表
制定机关：国 家 统 计 局
文　　号：国统字〔2019〕3 号
有效期至：2 0 1 9 年 9 月

综合机关名称：中国残疾人联合会　　　　　　　　2 0　　年

地　区	代码	学前教育（3-5岁）									
		残疾人事业专项彩票公益金助学项目资助人数（人）	女	视力残疾	听力残疾	言语残疾	肢体残疾	智力残疾	精神残疾	多重残疾	其他残疾儿童助学项目资助（人）
甲	乙	1	2	3	4	5	6	7	8	9	10
全国	**01**										
北京	02										
天津	03										
…	…										
新疆	32										

续表一

特殊教育普通高中								中等职业教育						
普通高中（个）		招生数（人）		在校生数（人）		毕业生数（人）		残疾人中等职业学校（个）	招生数（人）			在校生数（人）		
盲	聋	盲	聋	盲	聋	盲	聋		盲	聋	肢残	盲	聋	肢残
11	12	13	14	15	16	17	18	19	20	21	22	23	24	25

续表二

中等职业教育			高等教育								
毕业生数（人）			残疾考生达到普通高等院校录取分数线人数（人）	录取人数				高等特殊教育院校录取残疾考生人数（人）			
盲	聋	肢残			研究生	本科录取	专科录取		研究生	本科	专科
26	27	28	29	30	31	32	33	34	35	36	37

单位负责人：　　　　　　　　填表人：　　　　　　　　报出日期：2 0　　年　　月　　日

说明：1. 报送时间：6 月 30 日前。
　　　2. 审核关系：1>2；1=3+4+5+6+7+8+9；29>30；30=31+32+33；34=35+36+37；01=02+03+…+32。

分地区残疾人就业基本情况

表　　号：C L 3 0 4 表
制定机关：国 家 统 计 局
文　　号：国统字〔2019〕3 号
有效期至：2 0 1 9 年 9 月

综合机关名称：中国残疾人联合会　　　　2 0　　年

地区	代码	就业合计（人）							
			按比例就业	集中就业	个体就业	公益性岗位就业	辅助性就业	从事农业种养	灵活就业
甲	乙	1	2	3	4	5	6	7	8
全国	**01**								
北京	02								
天津	03								
…	…								
新疆	32								

续表一

盲人按摩					
保健按摩人员本年度培训（人）	医疗按摩人员本年度培训（人）	按摩机构（个）		盲人保健按摩人员就业人数（人）	盲人医疗按摩人员就业人数（人）
		医疗按摩机构	保健按摩机构		
9	10	11	12	13	14

单位负责人：　　　　填表人：　　　　报出日期：2 0　　年　　月　　日

说明：1. 报送时间：6 月 30 日前。

2. 审核关系：1=2+3+4+5+6+7+8；01=02+03+…+32。

分地区残疾人社会保障基本情况

表　　号：C L 3 0 5 表
制定机关：国 家 统 计 局
文　　号：国统字〔2019〕3 号
有效期至：2 0 1 9 年 9 月

综合机关名称：中国残疾人联合会　　　　20　年

地　区	代码	残疾居民参加城乡社会养老保险情况						
		实际参保的残疾居民（万人）	领取待遇	60 周岁参保残疾居民	重度残疾人	全部或部分代缴	非重度残疾人	全部或部分代缴
甲	乙	1	2	3	4	5	6	7
全国	**01**							
北京	02							
天津	03							
…	…							
新疆	32							

续表一

寄宿制托养服务					日间照料托养服务				
寄宿托养服务机构合计（个）	托养残疾人（人）	智力残疾人	精神残疾人	重度肢体残疾人	日间照料托养服务机构（个）	托养残疾人（人）	智力残疾人	精神残疾人	重度肢体残疾人
8	9	10	11	12	13	14	15	16	17

续表二

综合托养服务					居家托养
综合托养服务机构（个）	托养残疾人（人）	智力残疾人	精神残疾人	重度肢体残疾人	本年度享受居家托养服务残疾人（人）
18	19	20	21	22	23

说明：1. 报送时间：6 月 30 日前。
2. 审核关系：1≥2；1≥3≥4≥5；3=4+6；6≥7；9≥10+11+12；14≥15+16+17；19≥20+21+22；01=02+03+…+32。

分地区残疾人扶贫基本情况

表　　号：C L 3 0 6 表
制定机关：国　家　统　计　局
文　　号：国统字〔2019〕3 号
综合机关名称：中国残疾人联合会　　　　20　　年　　　　有效期至：2 0 1 9 年 9 月

地 区	代码	残疾人实用技术培训		残疾人康复扶贫资金落实		
		本年度培训残疾人（万人次）	本年度培训投入经费（万元）	本年度项目贷款实际落实（万元）	本年度项目贷款扶持贫困残疾人（人）	本年度到户贷款扶持贫困残疾人（人）
甲	乙	1	2	3	4	5
全国	**01**					
北京	02					
天津	03					
…	…					
新疆	32					

续表

残疾人扶贫基地建设			农村贫困残疾人危房改造	
扶贫基地（个）	安置就业残疾人数（人）	扶持带动残疾人户数（户）	本年度危房改造实际完成（户）	本年度危房改造项目受益贫困残疾人（人）
6	7	8	9	10

单位负责人：　　　　填表人：　　　　报出日期：2 0　　年　　月　　日

说明：1. 报送时间：6 月 30 日前。
　　　2. 审核关系：01=02+03+…+32。

分地区残疾人文化体育工作基本情况

表　　号：C L 3 0 7 表
制定机关：国　家　统　计　局
文　　号：国统字〔2019〕3 号
综合机关名称：中国残疾人联合会　　　　20　　年　　　　有效期至：2 0 1 9 年 9 月

地　区	代码	省级残疾人文化工作			省级残疾人体育工作				
		公共图书馆盲文及盲人有声读物图书室（个）	残疾人文化周（场次）	残疾人文化艺术类比赛及展览（次）	残疾人群众体育健身活动（次）	残疾人群众体育健身活动参加人（人次）	残疾人群众体育活动示范点（个）	残疾人体育健身指导员（人）	残疾人体育比赛（次）
甲	乙	1	2	3	4	5	6	7	8
全国	**01**								
北京	02								
天津	03								
…	…								
新疆	32								

续表

			地市级残疾人体育工作				残疾人康复体育关爱家庭服务（户）
参赛残疾人运动员（人次）	残疾人体育训练基地（个）	聘任教练员（人）	残疾人群众体育健身活动（次）	残疾人群众体育健身活动参加人数（人次）	残疾人体育健身示范点（个）	残疾人体育社会指导员（人）	
9	10	11	12	13	14	15	16

单位负责人：　　　　　　　　填表人：　　　　　　　　报出日期：20　　年　　月　　日

说明：1. 报送时间：6 月 30 日前。
　　　2. 审核关系：01=02+03+…+32。

分地区残疾人维权基本情况

表　　号：C L 3 0 8 表
制定机关：国 家 统 计 局
文　　号：国统字〔2019〕3 号
有效期至：2 0 1 9 年 9 月

综合机关名称：中国残疾人联合会　　　　2 0　　年

地　区	代码	法律救助及援助					
		残疾人法律救助工作站（个）	残疾人法律救助工作站办理案件（件）	协助人大代表提出议案、建议（件）	协助政协委员提出提案（件）	办理人大建议（件）	办理政协提案（件）
甲	乙	1	2	3	4	5	6
全国	**01**						
北京	02						
天津	03						
…	…						
新疆	32						

续表一

无障碍设施建设				残疾人信访		残疾人机动轮椅车燃油补贴（人）
无障碍建设与管理法规、政府令（个）	系统开展无障碍建设市县、区（个）	无障碍检查（次）	无障碍培训（人次）	残疾人来信（件）	残疾人来访（人次）	
7	8	9	10	11	12	13

单位负责人：　　　　填表人：　　　　报出日期：2 0　　年　　月　　日

说明：1. 报送时间：6 月 30 日前。
　　　2. 审核关系：01=02+03+…+32。

分地区基层残疾人组织建设基本情况

表　　号：C L 3 0 9 表
制定机关：国 家 统 计 局
文　　号：国统字〔2019〕3 号
有效期至：2 0 1 9 年 9 月

综合机关名称：中国残疾人联合会　　　　　　　2 0　　年

地　区	代码	乡（镇、街道）残联		村（社区）残疾人组织			志愿者助残	
		残联数（个）	残疾人专职委员（万人）	已建村残疾人协会（个）	已建社区残疾人协会（个）	残疾人专职委员（万人）	助残志愿者登记在册人数（万人）	受助残疾人（万人）
甲	乙	1	2	3	4	5	6	7
全国	01							
北京	02							
天津	03							
…	…							
新疆	32							

单位负责人：　　　　　　　填表人：　　　　　　　报出日期：2 0　　年　　月　　日

说明：1. 报送时间：6 月 30 日前。
　　　2. 审核关系：01=02+03+…+32。

分地区基层残疾人服务设施建设基本情况

表　　号：C L 3 1 0 表
制定机关：国 家 统 计 局
文　　号：国统字〔2019〕3 号
有效期至：2 0 1 9 年 9 月

综合机关名称：中国残疾人联合会　　　　　　　2 0　　年

地区	代码	综合服务设施			康复设施			托养设施		
		已投入使用项目			已投入使用项目			已投入使用项目		
		项目个数（个）	建设规模（平方米）	总投资（万元）	项目个数（个）	建设规模（平方米）	总投资（万元）	项目个数（个）	建设规模（平方米）	总投资（万元）
甲	乙	1	2	3	4	5	6	7	8	9
全国	01									
北京	02									
天津	03									
…	…									
新疆	32									

单位负责人：　　　　　　　填表人：　　　　　　　报出日期：2 0　　年　　月　　日

说明：1. 报送时间：6 月 30 日前。
　　　2. 审核关系：01=02+03+…+32。

分地区残疾人人口基础数据库持证残疾人主要数据

表　　号：ＣＬ３１１表
制定机关：国　家　统　计　局
文　　号：国统字〔2019〕3 号
有效期至：２０１９年９月
综合机关名称：中国残疾人联合会　　　　２０　　年　　　　计量单位：　　　人

地　　区	代码	分残疾类别							
		合计	视　力 残疾人	听　力 残疾人	言　语 残疾人	肢　体 残疾人	智　力 残疾人	精　神 残疾人	多　重 残疾人
甲	乙	1	2	3	4	5	6	7	8
全国	**01**								
北京	02								
天津	03								
…	…								
新疆	32								

续表

分性别		分年龄			分教育程度					
男性	女性	0-14 岁	15-59 岁	60 岁及以上	文盲	小学	初中	高中及 中专	大学专科 及以上	其他
9	10	11	12	13	14	15	16	17	18	19

单位负责人：　　　　填表人：　　　　报出日期：２０　　年　　月　　日

说明：1. 报送时间：6 月 30 日前。
2. 审核关系：1=2+3+4+5+6+7+8；1=9+10；1=11+12+13；1=14+15+16+17+18+19；01=02+03+…+32。

分地区残疾人基本公共服务情况

表　　号：C L 3 1 2 表
制定机关：国 家 统 计 局
文　　号：国统字〔2019〕3 号
有效期至：2 0 1 9 年 9 月

综合机关名称：中国残疾人联合会　　　　2 0　　年

地区	代码	地市级残疾人康复设施覆盖率（%）	系统开展无障碍环境建设改造县（市、区）比重（%）	每十万人口康复专业人才数（人）	公共图书馆盲人阅览室覆盖率（%）	残疾人文化活动参与比率（%）	电视手语栏目开播率（%）
甲	乙	1	2	3	4	5	6
全国	**01**						
北京	02						
天津	03						
…	…						
新疆	32						

单位负责人：　　　　填表人：　　　　报出日期：2 0　　年　　月　　日

说明：报送时间：6 月 30 日前。

残疾人事业基本情况年快报

表　　号：C L 3 1 3 表
制定机关：国 家 统 计 局
文　　号：国统字〔2019〕3 号
有效期至：2 0 1 9 年 6 月

综合机关名称：中国残疾人联合会　　　　2 0　　年

指标名称	代码	单位	本年	上年同期
甲	乙	丙	1	2
本年残疾人综合服务设施新投入使用项目总额	01	万元		
其中：康复设施	02	万元		
扶持贫困残疾人户数	03	万户		
扶贫贫困残疾人数	04	万人次		
获得世界冠军				
项数	05	项		
个数	06	个		

单位负责人：　　　　填表人：　　　　报出日期：2 0　　年　　月　　日

说明：报送时间：1 月 15 日前。

（三）主要指标解释

分地区残疾人康复基本情况

白内障复明手术 指本年度白内障复明手术的任务完成数。

贫困白内障患者免费手术 指免费为贫困白内障患者实施的复明手术。

低视力配用助视器 指本年度低视力配用助视器的任务完成数。

盲人定向行走训练 指本年度盲人定向行走训练的任务完成数。

盲人定向行走训练指导师 指截止到本年度 12 月 31 日，盲人定向行走训练指导师实有人数。

开展视力残疾康复机构 指截止到本年度 12 月 31 日，开展视力残疾康复业务（包括白内障、低视力康复、盲人定向行走训练指导以及其他视力残疾康复业务等中的一项或多项）的各级机构。

视力残疾康复机构-在岗人员 指本年度各级视力残疾康复机构（包括低视力康复机构、盲人定向行走训练指导机构和其他视力残疾康复机构）的在岗人员（包括专业技术人员、管理人员和其他人员）总数。

新收训聋儿 指本年度（上年 9 月 1 日-本年 8 月 31 日）康复机构新收训聋儿数量。包含机构内康复、社区家庭指导聋儿数之和。

机构训练 指本年度（上年 9 月 1 日-本年 8 月 31 日）康复机构新收训聋儿的数量。

家庭训练 指本年度（上年 9 月 1 日-本年 8 月 31 日）由机构或家长学校指导在社区、家庭进行康复训练的聋儿的数量。

专业人员培训 指本年度由省、地市、县各级听力语言康复机构组织举办专业人员培训班培训的专业人员数。

开展听力语言康复康复机构 业务—康复功能：指截止到本年度 12 月 31 日，开展听力语言康复业务（包括为 0-6 岁听障儿童提供全日制或寄宿制康复训练、为 0-6 岁听障儿童提供个别化听力语言康复训练中的一项或两项）的省、地市、县各级机构。

肢体残疾康复训练人数 指本年度肢体残疾儿童（脑瘫儿童）在机构系统训练、肢体残疾儿童在社区和家庭进行康复、成年肢体残疾人在社区和家庭康复任务完成数之和。

成年肢体残疾人社区、家庭康复 指本年度成年肢体残疾人在社区和家庭进行康复的任务完成数。

麻风畸残矫治手术 指本年度麻风畸残矫治手术完成数。

开展肢体残疾康复训练服务机构 指截止到本年度 12 月 31 日，残联系统和残联系统外的部门以及社会力量开展肢体残疾康复训练服务业务的省、地市、县各级机构。

智力残疾康复训练人数 指年度内智力残疾儿童在机构进行系统康复训练、在社区家庭进行康复和成年智力残疾人社区家庭康复的任务完成数之和。

成年智力残疾人社区、家庭康复 指本年度成年智力残疾人在社区、家庭进行康复的任务完成数。

康复管理、技术人员培训 指本年度按照《智力残疾康复“十二五”实施方案》，国家级、省、地（市）、县（市、区）培训智力残疾康复管理和技术人员的人次数之和。

开展智力残疾康复机构 指截止到本年度 12 月 31 日，省、地市、县各级开展智力残疾康复训练服务业务的机构。

监护病人数 指通过各种方式得到有效监护的精神病人总数。

显好病人数 指经过采取有效的治疗康复措施，病情稳定，症状缓解的精神病人数。

参与社会总人数 指生活能自理、参加家务劳动、社会生产和社会活动的精神病人数。

接受康复训练的精神病患者 指本年度接受康复训练的精神病患者，包括接受生活自理、体能训练、生产及职业技能训练和生活适应能力训练的患者。

接受治疗救助的贫困精神病患者 指本年度通过各种方式接受医疗救助的贫困精神病患者。

孤独症儿童康复训练机构 指截止到本年度 12 月 31 日，开展孤独症儿童康复训练业务的各级机构。

机构内教师 指孤独症儿童康复训练机构内从事孤独症儿童康复训练的教师。

辅助器具供应件数 指本年度各级残联辅助器具供应服务机构为残疾人提供的辅助器具件数，包括地方自筹资金发放的辅助器具。

矫形器装配 指本年度为残疾人装配的矫形器例数，包括地方自筹资金装配的矫形器。

假肢装配 指本年度为残疾人装配的假肢例数，包括地方自筹资金装配的假肢。

其他辅助器具供应 指本年度为残疾人供应的其他辅助器具供应总件数（不包括矫形器和假肢装配），包括地方自筹资金发放的辅助器具。

分地区残疾儿童康复训练基本情况

在训聋儿 指本年度 8 月 31 日之前康复机构收训聋儿总数。

肢体残疾儿童机构康复训练 指本年度内肢体残疾儿童康复训练人数，包括脑瘫儿童在机构内进行系统训练和肢体残疾儿童在社区、家庭进行康复的人数。

智力残疾儿童康复训练 指年度内智力残疾儿童康复训练人数，包括在机构内进行系统训练和在社区、家庭进行康复训练的人数。

贫困肢体残疾儿童矫治手术 指本年度由中国残联下达的为贫困肢体残疾儿童实施矫治手术任务的完成数。

孤独症儿童康复训练 指本年度内孤独症儿童康复训练机构中在训孤独症儿童的总数。

残疾儿童康复救助 指“残疾儿童康复救助项目”中央财政专项资金救助的残疾儿童。

残疾人康复机构 指省、地市、县各级开展视力、听力、言语、肢体、智力、精神等一项或多项残疾康复业务的各类康复机构（包括康复中心、听力语言康复中心、辅助器具服务中心和其他康复机构）。

贫困孤独症儿童康复救助 指本地区本年度贫困孤独症儿童康复救助总数，包括国家孤独症儿童抢救性康复项目和其他康复项目。

分地区残疾人教育基本情况

未入学学龄残疾儿童少年 指截止到本年度 12 月 31 日各地残联登记的，《义务教育法》规定的入学年龄段（6-14 周岁或 7-15 周岁）内的，因各种原因未能入学的各类残疾儿童少年。

其中**视力残疾儿童少年**、**听力残疾儿童少年**、**言语残疾儿童少年**、**肢体残疾儿童少年**、**智力残疾儿童少年**、**精神残疾儿童少年**均指一人只患一类残疾的**儿童少年**；**多重残疾儿童少年**指一人患两种及两种以上类别的儿童少年。残疾类别的判定标准使用 2011 年 5 月 1 日正式实施的《残疾人分类和分级》推荐性国家标准（GB/T26341-2010）。

特殊教育普通高中机构 指截止到本年度 12 月 31 日，按国家规定的设置标准和审批程序批准成立的，专门招收盲、聋初中毕业生实施普通高级中等教育的全日制学校（部、班）。其中**其他**指招收盲、聋两类以上残疾学生的特殊教育普通高中。

残疾人中等职业教育机构 指截止到本年度 12 月 31 日，按国家规定的设置标准和审批程序批准成立的，专门招收各类残疾初中毕业生实施全日制中等职业学历教育的教育机构。即，教育部门所属特教学校举办的中等职业教育班（部），残联系统或其他部门举办的独立建制的中等职业学校。

招生 指本年度教育机构实际招收入学的新生。

在校学生 指本年度教育机构中具有学籍的注册学生。

毕业生 指本年度在教育机构中具有学籍的学生中，学完教学计划规定的全部课程，考试及格并取得毕业证书、实际毕业的学生。

残疾考生达到普通高等院校录取分数线 指本年度参加全国普通高等教育统一招生考试，并达到当地录取分数线的各类残疾人高中毕业生。

普通高等院校录取残疾考生 指本年度参加全国普通高等教育统一招生考试，并达到当地录取分数线且被普通高等院（校）录取的各类残疾人高中毕业生。

分地区残疾人就业基本情况

城镇残疾人就业人数合计 指截止到本年度 12 月 31 日，实际在业的城镇（非农业户口）残疾人，就业形式包括集中就业、分散按比例就业（包括实施按比例就业前已在社会各单位就业的残疾人）、个体及其他形式就业、公益性岗位就业、辅助性就业等各种形式。其中**集中就业**指城镇残疾人在福利企业、符合集中就业条件的盲人按摩机构等就业；**按比例就业**指城镇残疾人分散在机关、团体、企事业单位及各种经济组织等单位就业；**个体及其他形式就业**指城镇残疾人个体就业和灵活就业；**公益性岗位就业**指城镇残疾人在城镇公共管理和涉及居民利益的非营利性的服务岗位上就业；**辅助性就业**指通过集中组织精神、智力和重度肢体残疾人参加适当生产劳动，以提高劳动技能、改善身体生活状况为目的的就业，包括公疗机构、农疗机构、集中托养机构中的劳动车间、庇护工场等。

本年度新增新安排 分别指本年度通过集中就业、按比例就业、个体及其他形式就业、公益性岗位就业、辅助性就业等各种形式新安排实现就业的城镇残疾人。

农村残疾人就业实际就业 指截止到本年度 12 月 31 日，农村残疾人（农业户口）从事各种生产劳动，包括种植业、养殖业、家庭手工业及在各种类型企事业、服务业、商业及个体从业。其中**从事农业生产劳动**指其中从事种植业、养殖业等农业生产劳动的残疾人；**其他形式就业**指其中从事家庭手工业及在各种类型企事业、服务业、商业及个体从业的残疾人。

职业培训基地 指截止到本年度 12 月 31 日，承担着残疾人就业前培训、在职培训、下岗失业人员转岗转业培训、农村务工人员培训等项职能的实体。其中**残联兴办**指残联系统创办或主要由残联系统投资的职业培训基地；**依托社会机构兴办**指由非残联系统的社会机构主办或创办投资的职业培训基地。

本年度城镇职业培训 指本年度在各类职业培训机构（基地）接受培训（含统计时正在接受培训）的城镇残疾人人次数。

医疗按摩人员培训 指本年度经过中专及中专以上学历培养并取得毕业证书的医疗按摩人员。

保健按摩人员培训 指本年度接受保健按摩培训并取得证书的盲人。

医疗按摩机构 指截止到本年度 12 月 31 日，经卫生部门批准各级残联及同级卫生部门开设的以医疗按摩为主体的盲人按摩诊所、盲人按摩门诊部、盲人按摩医院及在社会医疗机构中的按摩（推拿）科室。

保健按摩机构 指截止到本年度 12 月 31 日，经当地工商行政部门注册登记领取营业执照，以保健按摩为主体的按摩院、所、中心等各种形式按摩机构。（未经当地残联和工商部门批准取得营业执照者不统计。）

盲人保健按摩人员就业 指本年度接受培训并已就业的盲人保健按摩人员。

盲人医疗按摩人员就业 指本年度培养的盲人医疗按摩人员中已就业的人数。

分地区残疾人社会保障基本情况

城镇残疾职工参加养老保险 指截止到本年度 12 月 31 日，实现就业的残疾职工实际参加职工基本养老保险的人数。

城镇残疾职工参加医疗保险 指截止到本年度 12 月 31 日，实现就业的残疾职工实际参加职工基本医疗保险的人数。

残疾居民参加城乡社会养老保险

符合参保条件的残疾居民 指截止到本年度 12 月 31 日，年满 16 周岁（不含在校学生）、未参加城镇职工基本养老保险、有参加城镇或农村居民社会养老保险意愿的城乡非从业残疾居民。

实际参保的残疾居民指在“符合参保条件的残疾居民”中实际缴费参加城乡居民社会养老保险并已建立缴费记录档案的残疾居民，包括城乡居民养老保险制度实施时，已年满 60 周岁、未享受城镇职工基本养老保险待遇，直接按月领取城镇居民社会养老保险基础养老金的残疾居民，不包括只登记未建立缴费记录档案的残疾人。其中**领取待遇**指在“实际参保的残疾居民”中，已年满 60 周岁、未享受城镇职工基本养老保险待遇、直接按月领取城乡居民社会养老保险基础养老金的残疾居民；**60 周岁以下参保残疾居民**指在“实际参保的残疾居民”中，60 周岁以下，实际缴费参加城乡居民社会养老保险并已建立缴费记录档案的残疾居民。

重度残疾人 指残疾等级为一、二级的残疾人；**非重度残疾人**指残疾等级为三级、四级的残疾人。

获得全额代缴 指其中由财政全部代缴保险费的参保残疾居民；**获得部分代缴指**由财政部

城镇-已纳入最低生活保障 指截止到本年度 12 月 31 日，家庭人均收入低于当地城市居民最低生活保障标准，并已经纳入最低生活保障的具有城镇户口的残疾人。

集中供养 指截止到本年度 12 月 31 日，在社会福利院等社会福利机构集中供养的城镇“三无”残疾人员。

其他救助救济 指本年度定期或不定期享受政府、残联或社会捐助的资金和实物救助救济的具有城镇户口的残疾人。

农村-已纳入最低生活保障 指截止到本年度 12 月 31 日，家庭人均收入低于当地城市居民最低生活保障标准，并已经纳入最低生活保障的具有农村户口的残疾人。

五保供养 指截止到本年度 12 月 31 日，符合农村“五保供养”条件，并实际享受“五保供养”的农村残疾人。

其他救助救济 指本年度定期或不定期享受政府、残联或社会捐助的资金和实物救助救济的具有农村户口的残疾人。

本年度享受生活补贴残疾人 指本年度享受了贫困残疾人专项生活补贴制度的残疾人。

本年度享受护理补贴残疾人 指本年度享受了重度残疾人专项护理补贴制度的残疾人。

托养服务机构 是指为有托养服务需求的智力、精神、无生活自理能力、长期需要专人照料或护理的残疾人提供基本生活照料和护理、生活自理能力训练、心理及行为辅导、康复训练及医疗保健、社会适应辅导、休闲生活辅导、劳动技能训练和职业康复等方面服务的场所。包括各级各类寄宿制集中托养机构、日间照料机构和综合托养服务机构。其中**寄宿制托养服务机构**指截止到本年度 12 月 31 日、实际建立并运行的只开展对残疾人进行寄宿托养服务的托养服务机构；**日间照料托养服务机构**指截止到本年度 12 月 31 日，实际建立并运行的只开展对残疾人进行日间照料的托养服务的机构；**综合托养服务机构**指截止到本年度 12 月 31 日，实际建立并运行的同时开展寄宿托养服务和日间照料托养服务的机构。

机构中托养残疾人　指获得托养服务机构所提供的基本生活照料和护理、生活自理能力训练、心理及行为辅导、康复训练及医疗保健、社会适应辅导、休闲生活辅导、劳动技能训练和职业康复等方面服务的智力、精神、无生活自理能力、长期需要专人照料或护理的残疾人。其中**重度肢体残疾人**指其中持有二代残疾人证，残疾等级为一级、二级的肢体残疾人。

居家托养服务　是指以社区（村）为依托，以社会服务组织、志愿服务人员、家庭邻里等为载体，采取派人包户、定期上门、临时陪护、发放服务券等多种形式，为居住在家没有生活自理能力的残疾人提供服务。**享受居家托养服务残疾人**是指本年度居住在家并符合托养条件，获得政府和残联组织提供的多种形式的生活照料、康复护理、精神慰藉、安全保护的等上门服务的残疾人。

分地区残疾人扶贫基本情况

本年度扶持贫困残疾人户　指本年度通过各种方式扶持的农村贫困残疾人家庭。

本年度扶持贫困残疾人　指本年度通过各种方式接受扶持的农村贫困残疾人。

本年度脱贫残疾人　指本年度通过各种方式接受扶持实际脱贫（达到国家贫困线标准以上）的农村残疾人。

本年度实用技术培训　指本年度通过各种培训方式接受农村实用技术培训的贫困残疾人。

地方经费投入　指本年度地方各级安排用于农村残疾人实用技术培训的资金数额。

本年度贷款实际落实　指本年度中央下达的康复扶贫贴息贷款实际落实数额。

本年度项目贷款扶持残疾人　指本年度用于项目的康复扶贫贴息贷款实际扶持的贫困残疾人。

本年度到户贷款扶持残疾人　指本年度用于到户的康复扶贫贴息贷款实际扶持的贫困残疾人。

残疾人扶贫基地　指截止到本年度 12 月 31 日，本地区现有的农村残疾人扶贫基地。

安置残疾人就业　指截止到本年度 12 月 31 日，农村残疾人扶贫基地中实际安置就业的残疾人。

扶持带动残疾人户　指截止到本年度 12 月 31 日，农村残疾人扶贫基地实际辐射带动的残疾人户。

本年度危房改造实际完成　指本年度实际完成农村贫困残疾人危房改造数量。

本年度危房改造受益残疾人　指本年度实施危房改造而受益的农村贫困残疾人数量。

分地区残疾人文体活动基本情况

盲文及盲人有声读物阅览室　指截止到本年度 12 月 31 日，省、地市、县（市、区）三级公共图书馆已经开办的盲文及盲人有声读物图书室。

残疾人文化周　指本年度文化周活动期间，已经组织开展的各类残疾人文化活动的场次数。

残疾人文化艺术类比赛及展览　指本年度省级、地市、县（市、区）三级举办的各类残疾人文化艺术方面（如美术、书法、摄影、集邮等）的比赛和展览。

残疾人群众体育健身活动　指本年度省级举办的残疾人群众体育健身活动，主要指为推广普及群众体育健身活动而举办的健身展示交流、比赛和培训活动，不包括以选拔运动员参加全国残疾人运动会和单项赛事为主要目的的残疾人体育比赛。

残疾人群众体育活动示范点　指截止到本年度 12 月 31 日，已建设完成的省级、地市级残疾人群众体育活动示范点。

残疾人体育健身指导员　指截止到本年度 12 月 31 日，已培养的省级、地市级残疾人社会体育健身指导员。

残疾人体育比赛　指本年度省级组织的、以选拔运动员参加全国残疾人运动会（包括全国特奥运动会）和单项赛事（包括特奥比赛）为主要目的的残疾人运动会（选拔赛）。

参赛残疾人运动员　指本年度省级举办的省级“残疾人体育比赛”中参赛残疾人运动员。

残疾人体育训练基地　指截止到本年度 12 月 31 日，已经挂牌或签订协议的省级残疾人体育训练基地。

残疾人体育训练基地在编人员　指截止到本年度 12 月 31 日，省级残疾人体育训练基地中在编的残疾人体育专职工作人员。

聘任教练员　指持有教练员资格证书，并且本年度至少承担一次省级残疾人运动队（员）的训练、参赛任务的教练员。

分地区残疾人维权基本情况

制定或修改关于残疾人的专门法规、规章　指省、地市级人大或政府本年度制定或修改的关于残疾人的综合性或专项法规、规章。市指《中华人民共和国立法法》第 63 条第 4 款规定的较大的市。

制定或修改保障残疾人权益的规范性文件　指省、地市、县级政府本年度制定或修改的保障残疾人权益的规范性文件。

人大执法检查或专题调研　指本年度省、市、县级人大对《残疾人保障法》及其他保障残疾人权益的法律、法规、规章、规范性文件进行执法检查或专题调研。

政协视察或专题调研　指本年度省、市、县级政协对《残疾人保障法》及其他保障残疾人权益的法律、法规、规章、规范性文件开展视察或专题调研。

残疾人法律救助工作站　指截止到本年度 12 月 31 日，省、地市、县级残联建立残疾人法律救助工作站。

残疾人法律救助工作站办理的案件　指本年度残疾人法律救助工作站直接办理的法律救助案件。列入本指标的案件必须建立规范档案备查。

残疾人法律援助中心（工作站）　指截止到本年度 12 月 31 日，省、市、县级司法行政部门和残联联合建立的残疾人法律援助中心（工作站）。

残疾人法律援助中心（工作站）办理的案件　指本年度残疾人法律援助中心（工作站）直接办理的法律援助案件。列入本指标的案件必须建立规范档案备查。

人大代表　指本届任期内，当选省、市、县级人大代表的残疾人及其亲友和残疾人工作者。

政协委员　指本届任期内，被推荐为省、市、县级政协委员的残疾人及其亲友和残疾人工作者。

无障碍建设与管理法规、政府令　指截止到本年度 12 月 31 日，促进本地区无障碍建设和管理的地方性法规或规章。

系统开展无障碍建设市、县　指截止到本年度 12 月 31 日，省、地市、县级残联与同级建设等部门联合确定的依据中国残疾人事业“十二五”计划纲要及其配套实施方案和创建“十二五”全国无障碍建设市、县工作标准、无障碍建设有关技术规范要求，制定规划，系统开展无障碍建设的地市、县。

贫困残疾人家庭无障碍改造　指本年度省、地市、县级残联依据中国残疾人事业“十二五”计划纲要及其配套实施方案和中国残联的要求，完成贫困残疾人家庭无障碍改造的户数，包括中央部署任务完成数和各省自行部署的任务完成数。

无障碍建设检查　指本年度省、市、县级人大或政协或政府行政职能部门依据中国残疾人事业“十一五”计划纲要及配套实施方案和有关规范、标准对本地区无障碍建设情况进行的检查。

无障碍培训　指本年度省、市、县残联、政府有关部门对政府部门、残联相关工作人员开展的无障碍培训。

来信　指以书信、传真等形式向省、市、县残联反映信访诉求。

来访　指以走访形式到省、市、县残联反映信访诉求，包含“个体访”和“集体访”。

分地区基层残疾人组织建设基本情况

助残志愿者　按照《中国助残志愿者注册管理办法（试行）》的相关规定，助残志愿者是指在残联组织或在残联组织授权的单位注册登记、参加助残服务时间累计达到 3 小时以上的志愿者。

分地区残疾人服务设施建设基本情况

服务设施类型

——综合服务设施是指以综合服务设施立项的，具有就业服务、职业培训、康复指导、文体活动、辅具供应、法律服务功能的设施；至少具备四项以上功能的设施才能填报。

——康复设施是指以康复设施概念立项的，以康复医学为基础，运用医疗、工程、教育、职业、心理、社会等康复手段，对残疾人进行康复治疗和训练服务，提高或恢复其功能，使他们能够重返社会的场所；包括由康复中心、聋儿康复中心、辅具中心等设施。

——托养设施是指以托养设施概念立项的，以智力、精神及重度残疾人为服务对象，提供托管、养护服务为主，辅以针对残疾人特点的康复、教育、培训、职业技能培训等服务的设施；托养设施主要包括生活技能训练用房、康复用房、培训与教育用房、就业训练与生产劳动用房、托养住宿用房、生活用房、辅助用房等。

建设规模　即建筑面积，又称建筑展开面积。指所建综合服务设施各层使用面积、辅助面积和结构面积的总和。

总投资　新增固定资产建设期间的支出合计。

分地区残疾人人口基础数据库主要数据

已办理证件残疾人　指已办理第二代残疾人证的总人数

残疾类别　判定标准使用 2011 年 5 月 1 日正式实施的《残疾人分类和分级》推荐性国家标准（GB/T26341-2010）。

中国物流与采购联合会

（一）报 表 目 录

表号	表名	报告期别	填报范围	报送时间及方式	负责单位	备注
综合年报						
WL401 表	道路普通货物整车运输非协议价格（线上交易）指数	季报	选中的运输企业	季后 8 日前，电子邮件 xhwang@gj.stats.cn, wangzh@gj.stats.cn	城市司	《交通运输和邮政业价格统计报表制度》

（二）调 查 表 式

综 合 定 报

道路普通货物整车运输非协议价格（线上交易）指数

表　　号：WL401 表
制定机关：国家统计局
文　　号：国统字〔2019〕3 号
有效期至：2020 年 1 月

综合机关名称：中国物流与采购联合会　　　　20　　年　　季

项　　目	代码	以中国物流与采购联合会确定的基期价格为 100 的指数	以上年同季价格为 100 的指数	以上季价格为 100 的指数
甲	乙	1	2	3
道路普通货物整车运输非协议价格(线上交易)	01			

单位负责人：　　填表人：　　联系电话：　　报出日期：20　　年　　月　　日

说明：1. 报送单位：中国物流与采购联合会信息中心。
　　2. 报送日期及方式：季后 8 日前电子邮件报送。
　　3. 定基、同比指数保留 2 位小数，环比指数保留 4 位小数。
　　4. 邮箱地址：wangzh@gj.stats.cn，xhwang@gj.stats.cn。

中国石油和化学工业联合会

（一）报 表 目 录

表号	表名	报告期别	填报范围	报送时间及方式	负责单位	备注
SH701 表	石油天然气生产企业放空气体排放	年报	全国石油、天然气生产企业	7 月 31 日前；邮寄或电子邮件 nyshjc@stats.gov.cn	能源司	《应对气候变化部门统计报表制度》

（二）调 查 表 式

综 合 年 报

石油天然气生产企业放空气体排放

表　　号：S H 7 0 1 表
制定机关：国 家 统 计 局
文　　号：国统字〔2019〕3 号
有效期至：2 0 1 9 年 9 月

综合机关名称：中国石油和化学工业联合会　　　　2 0　　年

指标名称	计量单位	代码	本年
甲	乙	丙	1
天然气勘探火炬燃烧二氧化碳排放	万吨	01	
天然气勘探放空气体甲烷排放	万立方米	02	
天然气生产火炬燃烧二氧化碳排放	万吨	03	
天然气生产放空气体甲烷排放	万立方米	04	
石油勘探火炬燃烧二氧化碳排放	万吨	05	
石油勘探放空气体甲烷排放	万立方米	06	
石油生产火炬燃烧二氧化碳排放	万吨	07	
石油生产放空气体甲烷排放	万立方米	08	

单位负责人：　　　　填表人：　　　　报出日期：2 0　　年　　月　　日

说明：1. 统计范围：全国石油、天然气生产企业。
　　2. 报送时间：7 月 31 日前。

（三）主要指标解释

天然气勘探火炬燃烧二氧化碳排放　指天然气勘探过程中被直接燃烧掉的伴生气体产生的二氧化碳排放量。

天然气勘探放空气体甲烷排放　指天然气勘探过程中放空的甲烷量。

天然气生产火炬燃烧二氧化碳排放　指天然气生产过程中被直接燃烧掉的伴生气体产生的二氧化碳排放量。

天然气生产放空气体甲烷排放　指天然气生产过程中放空的甲烷量。

石油勘探火炬燃烧二氧化碳排放　指石油勘探过程中被直接燃烧掉的伴生气体产生的二氧化碳排放量。

石油勘探放空气体甲烷排放　指石油勘探过程中放空的甲烷量。

石油生产火炬燃烧二氧化碳排放　指石油生产过程中被直接燃烧掉的伴生气体产生的二氧化碳排放量。

石油生产放空气体甲烷排放　指石油生产过程中放空的甲烷量。

中国钢铁工业协会

（一）报 表 目 录

表号	表名	报告期别	填报范围	报送时间及方式	负责单位	备注
ZT701 表	钢铁企业温室气体相关情况	年报	会员钢铁生产企业	7 月 31 日前；邮寄或电子邮件 nyshjc@stats.gov.cn	能源司	《应对气候变化部门统计报表制度》

（二）调 查 表 式

综 合 年 报

钢铁企业温室气体相关情况

表　　号：Z T 7 0 1 表
制定机关：国 家 统 计 局
文　　号：国统字〔2019〕3 号
有效期至：2 0 1 9 年 9 月

综合机关名称：中国钢铁工业协会　　　　2 0 　年　　　　计量单位：　　吨

指标名称	代码	本年
甲	乙	1
石灰石消耗量	01	
白云石消耗量	02	
电炉电极消耗量	03	

单位负责人：　　　　填表人：　　　　报出日期：2 0 　年　月　日

说明：1. 统计范围：会员钢铁生产企业。
　　2. 报送时间：7 月 31 日前。

（三）主要指标解释

石灰石消耗量　指钢铁企业报告期内各工序消耗的石灰石总量，单位：吨。

白云石消耗量　指钢铁企业报告期内各工序消耗的白云石总量，单位：吨。

电炉电极消耗量　指钢铁企业报告期内消耗的电炉电极总量，单位：吨。

中国电力企业联合会

（一）报 表 目 录

表号	表名	报告期别	填报范围	报送时间及方式	负责单位	备注
综合年报						
DL301 表	固定资产投资项目新增生产能力（或工程效益）情况	年报		3 月底前；网上直报	投资司	
DL701 表	火力发电企业温室气体相关情况	年报	装机容量 6000 千瓦及以上的火力发电企业	7 月 31 日前；邮寄或电子邮件 nyshjc@stats.gov.cn	能源司	《应对气候变化部门统计报表制度》
综合定报						
DL401 表	电力省际间输入、输出情况	月报	国家电网公司总（分）部、各省级电网公司；中国南方电网有限责任公司及其所属各省电网公司；内蒙古电力有限责任公司	月后 15 日前；电子邮件 nyssCxsc@stats.gov.cn	能源司	《能源统计报表制度》
DL402 表	固定资产投资项目情况	月报		3、4、6、12 月月后 10 日，9 月月后 12 日，其他月月后 9 日 12：00 前；网上直报	投资司	

（二）调 查 表 式

综 合 年 报

固定资产投资项目新增生产能力（或工程效益）情况

01 单位名称(盖章)： 02 项目名称：

基层表编码 03 | 项目单位 | 项目建设地 | 顺序

20 年

表　　号：D L 3 0 1 表
制定机关：国 家 统 计 局
文　　号：国统字〔2019〕3 号
有效期至：2 0 1 9 年 6 月

新增生产能力(或工程效益)名称	计量单位	代码	建设规模	本年施工规模		累计新增生产能力(或工程效益)	
					本年新开工		本年新增
甲	乙	丙	401	402	403	404	405

单位负责人：　　　　统计负责人：　　　　填表人：　　　　报出日期：2 0　　年　　月　　日

说明：1. 统计范围：各种登记注册类型的法人单位以及个体经营进行的计划总投资 500 万元及以上的建设项目（不包括农户投资、不含军工、国防项目）中有能力目录的项目。
2. 报送时间及方式：3 月底前网上直报。
3. 本表逻辑审核关系：
(1) 401≥402　　(2) 401≥404　　(3) 402≥403　　(4) 404≥405

火力发电企业温室气体相关情况

表　　号：D L 7 0 1 表
制定机关：国 家 统 计 局
文　　号：国统字〔2019〕3 号
有效期至：2 0 1 9 年 9 月

综合机关名称：中国电力企业联合会　　　　2 0　　年

指标名称	计量单位	代码	本年
甲	乙	丙	1
燃料平均收到基含碳量	%	01	
燃料平均收到基低位发热量	千焦/千克	02	
锅炉固体未完全燃烧热损失百分率	%	03	
脱硫石灰石消耗量	千吨	04	
脱硫石灰石纯度	%	05	

单位负责人：　　　　填表人：　　　　报出日期：2 0　　年　　月　　日

说明：1. 统计范围：装机容量 6000 千瓦及以上的火力发电企业。
2. 报送时间：7 月 31 日前。

综 合 定 报

电力省际间输入、输出情况

表　　号：D L 4 0 1 表
制定机关：国 家 统 计 局
文　　号：国统字〔2019〕3 号
有效期至：2 0 2 0 年 1 月
综合机关名称：中国电力企业联合会　　20　年　月　　计量单位：万 千 瓦 时

指标名称	代码	输入电量		输出电量	
		1-本月	上年同期	1-本月	上年同期
甲	乙	1	2	3	4
合　计	**01**				
北　京	02				
天　津	03				
河　北	04				
山　西	05				
内蒙古	06				
辽　宁	07				
吉　林	08				
黑龙江	09				
上　海	10				
江　苏	11				
浙　江	12				
安　徽	13				
福　建	14				
江　西	15				
山　东	16				
河　南	17				
湖　北	18				
湖　南	19				
广　东	20				
广　西	21				
海　南	22				
重　庆	23				
四　川	24				
贵　州	25				
云　南	26				
西　藏	27				
陕　西	28				
甘　肃	29				
青　海	30				
宁　夏	31				
新　疆	32				

单位负责人：　　填表人：　　联系电话：　　报出日期：20　年　月　日

说明：报送时间：月后 15 日前。

固定资产投资项目情况

	表　　号：D L 4 0 2 表
统一社会信用代码□□□□□□□□□□□□□□□□□□	制定机关：国　家　统　计　局
尚未领取统一社会信用代码的填写原组织机构代码□□□□□□□□-□	文　　号：国统字〔2019〕3 号
单位详细名称（盖章）：　　2 0 1 9 年 1 —　月	有效期至：2 0 2 0 年 1 月

一、项目基本情况

01	项目代码	□□□□□□□□□□□-□□□□□□□-□□□
02	项目名称	
13	投资项目在线审批监管平台统一代码	□□□□-□□□□□□□-□□-□□-□□□□□□
104	报表类别	报表类别　□ A 农业　B 规模以上工业　B1 规模以下工业　C 建筑业　E 批发和零售业 S 住宿和餐饮业　X 房地产开发经营业　F 规模以上服务业　H 投资　U 其他
204	登记注册类型　□□□	**内资** 110 国有　120 集体　130 股份合作　141 国有联营　142 集体联营　143 国有与集体联营　149 其他联营　151 国有独资公司 159 其他有限责任公司　160 股份有限公司　171 私营独资　172 私营合伙　173 私营有限责任公司　174 私营股份有限公司　190 其他 **港澳台商投资** 210 与港澳台商合资经营　220 与港澳台商合作经营　230 港澳台商独资　240 港澳台商投资股份有限公司　290 其他港澳台投资 **外商投资** 310 中外合资经营　320 中外合作经营　330 外资企业　340 外商投资股份有限公司　390 其他外商投资 **个体经营** 410 个体户　420 个人合伙
03	项目建设所在地及区划	______省（自治区、直辖市）______市（地、州、盟）______县（市、区、旗） ______乡（镇）______街（村）、门牌号 区划代码　□□□□□□□□□□□□

04	联系电话	□□□□□□□□—□□□□□	05 项目行业编码	□□□□
06	控股情况　□　1 国有控股　2 集体控股　3 私人控股　4 港澳台商控股　5 外商控股　9 其他			
07	隶属关系　□□ 10 中央　11 地方　90 其他			
08	建设性质	□　1 新建　2 扩建　3 改建和技术改造　4 单纯建造生活设施　5 迁建　6 恢复　7 单纯购置		
09	项目类别	1 工业企业技术改造项目 2 棚户区改造项目 3 涉农项目	10 项目开工时间	□□□□年□□月
11	本年全部投产时间	□□□□年□□月	12 期末项目建设状态	□　1 在建　2 全部投产　3 全部停缓建

二、项目投资情况

指标名称	计量单位	代码	1—本月	指标名称	计量单位	代码	1—本月
甲	乙	丙	1	甲	乙	丙	1
计划总投资	万元	101		房屋竣工面积	平方米	132	
自开始建设累计完成投资	万元	103		其中：住宅	平方米	133	
本年完成投资	万元	107		房屋竣工价值	万元	134	
其中：本月完成投资	万元	140		其中：住宅	万元	135	
其中：住宅	万元	118		上年末结余资金	万元	302	
按构成分：				本年实际到位资金	万元	303	
建筑工程	万元	108		国家预算资金	万元	304	
安装工程	万元	109		其中：中央预算资金	万元	328	
设备工器具购置	万元	110		国内贷款	万元	305	
其中：购置旧设备	万元	111		债券	万元	306	
其他费用	万元	112		利用外资	万元	307	
其中：旧建筑物购置费	万元	113		自筹资金	万元	311	
其中：建设用地费	万元	114		其他资金来源	万元	318	
本年新增固定资产	万元	128		各项应付款合计	万元	320	
房屋施工面积	平方米	130		其中：工程款	万元	321	
其中：住宅	平方米	131					

单位负责人：　　统计负责人：　　填表人：　　报出日期：2 0　年　月　日

说明：1. 统计范围：各种登记注册类型的法人单位以及个体经营进行的计划总投资 500 万元及以上的建设项目（不包括农户投资、不含军工、国防项目）。

2. 报送日期及方式：3、4、6、12 月月后 10 日，9 月月后 12 日，其他月月后 9 日 12：00 前网上直报。

3. 本表除“计划总投资”、“自开始建设累计完成投资”、“其中：本月完成投资”指标外，其他指标均为自年初至报告期末累计数。

4. 投资项目在线审批监管平台统一代码的填报范围：报告期在建及新开工项目均需填写。该代码由各级发改部门投资项目在线审批监管平台生成。

5. 审核关系：

(1) 103≥107　(2) 107≥140　(3) 107≥118　(4) 107＝108＋109＋110＋112

(5) 110≥111　(6) 112≥113＋114　(7) 130≥131　(8) 132≥133

(9) 134≥135　(10) 303＝304＋305＋306＋307＋311＋318　(11) 304≥328

(12) 320≥321

（三）主要指标解释

燃料平均收到基含碳量（%） 指报告期内电厂各种燃料收到基含碳量加权平均值。按入炉燃料月消耗量和含碳量加权统计计算。

$$C_{ar}=\frac{\sum_{i=1}^{n}C_{ar,i}B_{i}}{\sum_{i=1}^{n}B_{i}}$$

燃料平均收到基低位发热量 指报告期内电厂各种燃料收到基低位发热量加权平均值。按入炉燃料月消耗量和低位发热量加权统计计算。

$$Q_{ar,net}=\frac{\sum_{i=1}^{n}Q_{ar,net,i}B_{i}}{\sum_{i=1}^{n}B_{i}}$$

锅炉固体未完全燃烧热损失百分率 指锅炉灰渣可燃物造成的热量损失和中速磨煤机排出石子煤的热量损失占输入热量的百分率。计算方法可参照 DL/T 904-2004。

脱硫石灰石消耗量 指报告期内脱硫装置石灰石使用量。

脱硫石灰石纯度 指碳酸钙占脱硫石灰石的百分比。

基本概况指标

单位名称 新建项目填报建设项目的全称。在原有企业、事业单位基础上进行的扩建、改建和技术改造等项目填报本企业、事业单位的全称，不要填简称，也不要随意更改。填项目建设单位的名称，依据立项批复里的内容填写，谁立项填谁，一般来说填该项目投资主体的全称。名称必须是由项目建设单位填报，不允许填基层统计部门或基层政府的名称。

项目名称 主要依据立项批复里的项目名称填写，没有立项的根据项目的具体内容填写。一般来讲，单位名称和项目名称不应相同。

建设地址 指建设项目的建设地点。根据实际情况填列：主体工程在现有企业、事业单位内进行建设的，填现有企业、事业单位地址；主体工程在现有企业、事业单位之外进行建设的，填主体工程的建设地址。

建设地址应填××省(自治区、直辖市)××市(地、州、盟)××县(市、区、旗)×××乡(镇、街道、政企合一、开发区)×××居委会(村委会、开发区)

建设地址代码填写所在地区划代码(不是邮政编码)。按国家标准《中华人民共和国行政区划代码》(GB/T2260－2002)执行。代码为十二位数字，第一、二位表示省(自治区、直辖市)；第三、四位表示市(地、州、盟)；第五、六位表示县(市、区、旗)；第七、八、九位是乡(镇、街道、政企合一、开发区)代码；第十、十一、十二位是居委会(村委会、开发区)代码。项目单位填写项目主体工程的详细建设地址即可，由基层政府统计部门填写建设地址代码。

对于跨县(市、区、旗)由地(市)主管部门上报的项目，第五、六位是地市主管部门的代码，由地(市)统计局统一规定，第七至十二位规定为“000000”。

对于跨地(市)由省(自治区、直辖市)主管部门上报的项目，第三、四位是省级主管部门的代码，由省(自治区、直辖市)统计局统一规定。第五、六位规定为“00”。

登记注册类型　指企业或企业产业活动单位的登记注册类型，按其在工商行政管理机关登记注册的类型填写。划分企业登记注册类型的依据是工商行政管理部门对企业登记注册的类型，按照国家统计局、国家工商行政管理局联合印发的《关于划分企业登记注册类型的规定》[国统字[2011]86号] 执行。机关、事业单位和社会团体及其他组织的登记注册类型，按其主要经费来源和管理方式，根据实际情况，比照《关于划分企业登记注册类型的规定》确定。划分个体经营登记注册类型的依据是国家统计局相关规定，按照国家统计局《关于“个体经营”登记注册类型分类及代码的通知》[国统办字(1999)2号] 执行。

固定资产投资统计报表制度规定，基层统计单位均要填报登记注册类型。登记注册类型由从事固定资产投资活动的企业或个体经营单位填报。已在工商行政管理部门登记的，按登记注册类型填报，未登记的，按投资者的登记注册类型或有关文件的规定填报。

行业类别　指根据其从事的社会经济活动性质对各类单位进行的分类。应根据建设项目建成投产后的主要产品种类或主要用途及社会经济活动种类来划分，不能根据项目单位本身的行业类别来划分。如果项目投产后有几种产品，应根据主要产品来确定行业类别。如某矿业公司的“镁及镁合金生产线”项目，行业类别应为“镁冶炼”。

行业类别要根据最新的《国民经济行业分类和代码》(GB/T 4754-2017) 来填报。行业代码为四位，根据行业小类填写。

一般情况下，一个建设项目只能属于一种国民经济行业。

在现有企业、事业单位中，为适应市场变化而全厂性转产，改变原有主要产品种类或主要经济活动性质(如军工转民用)的，则可根据转产后的主要产品种类或主要经济活动性质来划分国民经济行业种类。

隶属关系　指本单位隶属于哪一级行政管理单位。隶属关系是按建设单位或企业、事业、行政单位主管上级机关确定的。本制度规定基层填报单位的隶属关系有五种：中央、省(自治区、直辖市)、市(地、州、盟)、县(市、区、旗)和其他。项目建设单位由哪一级直接领导或管理，就填哪一级。

建设性质　指固定资产再生产的性质，按整个建设项目的具体情况确定，房地产开发单位免填。一个建设项目只能有一种建设性质。

技术改造　指企业采用新技术、新工艺、新设备、新材料对现有设施、工艺条件及生产服务等进行改造提升，淘汰落后产能，实现内涵式发展的投资活动。根据建设性质划分，技术改造投资包括改建和技术改造项目投资，以及扩建、迁建、恢复和单纯购置项目中属于技术改造性质的项目投资。

开工时间　指项目开始建设的年月。按建设项目设计文件中规定的永久性工程第一次开始施工的年月填写。如果没有设计，按计划方案规定的永久性工程实际开始施工的年月填写。这个指标是计算建设项目建设工期和一定时期内施工项目个数的依据。

建设项目永久性工程的开工时间，一般指永久性工程正式破土开槽开始施工的时间，作为建筑物组成部分的正式打桩也算为开工。在此以前的准备工作，如工程地质勘察、平整场地、旧有建筑物的拆除、临时建筑、施工用临时道路、水、电等工程都不算正式开工。总体设计内的工程开工之前，用迁移补偿费先进行拆迁还建工程的项目不算正式开工。没有土建工程的项目，开工时间填写安装工程开始施工的时间。水利、交通、铁路等需要进行大量土、石方工程的项目，开工时间按开始进行土、石方工程的时间填写。以前年度全部停缓建在本年复工的项目，仍按设计文件中规定的永久性工程第一次正式开工的年月填报，不按复工的时间填报开工时间。

本年全部建成投产时间 指建设项目按计划规定的生产能力（或效益）在本年内按合同规定全部建成，经验收合格或达到竣工验收标准(引进项目并应按合同规定经过试生产考核达到验收标准，经双方签字确认)正式移交生产或交付使用的时间。

控股情况 以法人企业为分类对象，根据企业实收资本中某种经济成分的出资人的实际投资情况进行分类，并按出资人对企业的控股程度,分为绝对控股和相对控股。非法人单位投资项目按投资比重划分。本制度中控股情况具体分为国有控股、集体控股、私人控股、港澳台商控股、外商控股和其他六类。行政和事业单位的投资项目都填国有控股。

期末项目建设状态 指报告期末建设项目状态情况。

在建 指建设项目本年正式进行过建筑或安装施工活动，但在报告期末尚未建成投产,处于建设阶段。包括本期施工项目，也包括以前年度施过工结转到本期尚未开工的建设项目。

报告期末已经成立专门的筹集机构，且财务上可以独立核算的筹建项目，期末建设状态也可以填“在建”，但不计算施工项目个数，不能报送建设用地费，建设用地费只有在项目正式开工时才能报送。不能满足成立筹建机构和独立核算两个条件的项目，只有在项目正式开工时才能上报，不能按筹建项目上报。

城乡分组

城镇固定资产投资 指城镇各种登记注册类型的企业、事业、行政单位及个体户进行的计划总投资500万元及500万元以上的建设项目投资。县城及以上区域内发生的投资，县及县以上各级政府及主管部门直接领导、管理的建设项目和企事业单位的投资均为城镇固定资产投资。

农村固定资产投资 指发生在农村区域范围内的非农户固定资产投资项目完成的投资。不包括县及县以上各级政府及主管部门直接领导、管理的建设项目和企事业单位的投资。

固定资产投资额和新增固定资产

固定资产投资额 指以货币形式表现的在一定时期内建造和购置固定资产的工作量以及与此有关的费用的总称。

计划总投资 是反应固定资产投资在建总规模的重要指标，也是检查工程进度，计算建设周期的依据之一。

计划总投资是指在建的建设工程按照总体设计（或按设计概算或预算）规定的内容全部建成计划需要的总投资。没有总体设计的建设工程，分别按报告期施工工程的计划总投资合计数填报。单纯购置单位应填报单纯购置的计划总投资。计划总投资按以下办法确定填报：

①有上级批准计划总投资的，填列上级批准数额。在上级批准计划总投资后，又批准调整（追加或减少）时，应填列批准后的调整数字；

②无上级批准的计划总投资的，填列有关权威单位编制的概算或预算中的计划总投资；

③前两者都没有的，填列年内施工工程计划总投资。

自开始建设累计完成投资 是指建设项目从开始建设到本年底止累计完成的全部投资。它是反映整个建设项目或企、事业单位建设总进度的指标，其计算范围原则上应与“计划总投资”指标包括的工程内容相一致。报告期前已建成投产或停、缓建工程完成的投资以及拆除、报废工程的投资，仍应包括在内，但转出的“在建工程”累计投资应予以扣除，转入的“在建工程”以前年度完成的投资应当包括。

本年完成投资 指从本年1月1日起至本年最后一天止完成的全部投资额。本年完成投资是反映本年的实际投资规模，计算有关投资效果，进行国民经济核算和经济分析的重要指标。

自年初累计完成投资　是指从本年 1 月 1 日起至报告期（月、季、半年）末止累计完成的投资。

本月完成投资　指从本月 1 日起至本月最后一天止完成的全部投资额。

实际完成投资额是以货币表示的工作量指标，包括实际完成的建筑安装工程价值，设备、工具、器具的购置费，以及实际发生的其他费用。没用到工程实体的建筑材料、工程预付款和没有进行安装的需要安装的设备等，都不能计算投资完成额。

计算投资额所依据的价格：建筑安装工程投资额一般按预算价格计算。实行招标的工程，按中标价格计算。凡经建设单位与施工单位双方协商同意的工程价差、量差，且经建设银行同意拨款的，应视同修改预算价格。建筑安装工程应按修改后的预算价格计算投资完成额。

对于某些工程已进入施工但施工图预算尚未编出的，统计报表可根据工程进度先按设计概算或套用相同的结构、类型工程的预算综合价格计算，待预算编出后再进行调整。

建设单位议价购料供应给施工单位，材料价差部分未转给施工单位的，建设单位应将这部分价差包括在建安工程投资中。

设备、工具、器具购置投资额一律按实际价格，即支出的全部金额计算。外购设备、工具、器具除设备本身的价格外，还应包括运杂费、仓库保管费等。自制的设备、工具、器具，按实际发生的全部支出计算。

其他费用的价格一般按财务部门实际支付的金额计算。

国内贷款利息按报告期实际支付的利息计算投资完成额，并作为增加固定资产的费用处理。

利用国外资金或国家自有外汇购置的国外设备、工具、器具、材料以及支付的各种费用，按实际结算价格折合人民币计算。

住宅本年完成投资　指为建造专供居住使用的房屋而进行的投资，包括建造职工家属宿舍和集体宿舍（包括职工单身宿舍、学生宿舍）等完成的投资。住宅是根据单项工程的直接用途确定的，在计算住宅投资时应将与其有关的设备购置和其他费用一并计入。投资单位只填报自己建造的住宅，不包括购置的商品房。

本年新增固定资产　指已经完成建造和购置过程，并已交付生产或使用单位的固定资产的价值，包括已经建成投入生产或交付使用的工程投资和达到固定资产标准的设备、工具、器具的投资及有关应摊入的费用。

属于增加固定资产价值的其他建设费用，应随同交付使用的工程一并计入新增固定资产。

建设项目个数

施工项目个数、本年投产项目个数和本年新开工项目个数：每一个建设项目只计算为一个项目个数。

施工项目个数　指本年正式进行过建筑或安装施工活动的建设项目个数。包括本年新开工项目，以前年度开工跨入本年继续施工项目，本年全部建成投产项目、以前年度全部停缓建在本年恢复施工的项目，本年进行过施工又在本年内全部停缓建的项目。

本年投产项目个数　指报告期内按设计文件规定建成主体工程和相应配套的辅助设施，形成生产能力或工程效益，经过验收合格，并且已正式投入生产或交付使用的建设项目。建成投产项目个数是反映报告期建设成果和考核投资效果的重要依据。

本年新开工项目个数　指报告期内新开工的建设项目。包括新开工的新建项目、扩建项目、改建项目、单纯建造生活设施项目、迁建项目和恢复项目。新开工项目的确定以总体设计或计划文件中所规定的永久性工程正式开工为准。本年新开工项目个数是反映全年新开工的固定资产投资规模的指标。

房屋建筑面积及价值

房屋施工面积 指报告期内施工的全部房屋建筑面积。包括本期新开工的房屋建筑面积、上期跨入本期继续施工的房屋建筑面积、上期停缓建在本期恢复施工的房屋建筑面积、本期竣工的房屋建筑面积以及本期施工后又停缓建的房屋建筑面积。多层建筑应填各层建筑面积之和。

房屋竣工面积 指报告期内房屋建筑按照设计要求已全部完工，达到住人和使用条件，经验收鉴定合格或达到竣工验收标准，可正式移交使用的各栋房屋建筑面积的总和。

竣工面积以房屋单位工程（栋）为核算对象，在整栋房屋符合竣工条件后按其全部建筑面积一次性计算，而不是按各栋施工房屋中已完成的部分或层次分割计算。

计算本年房屋竣工面积，要求严格执行房屋竣工验收标准。民用建筑一般应按设计要求在土建工程和房屋本身附属的水、电、卫（包括设计中有的煤气、暖气）工程已经完工，通风、电梯等设备已经安装完毕，做到水通、灯亮，经验收鉴定合格，并正式交付给使用单位后，才能计算竣工面积。工业及科研等生产性房屋建筑一般应按设计要求在土建工程（包括水、暖、电、卫、通风）及属于房屋组成部分的生活间、操作间等已经完成（不包括安装设备的基础工程），可以进行工艺设备和管线安装时，方可计算本年房屋竣工面积。

资金来源

本年实际到位资金小计 指固定资产投资单位在报告期收到的，用于固定资产投资的各种货币资金。包括国家预算资金、国内贷款、债券、利用外资、自筹资金和其他资金。

国家预算资金 自 2011 年起，按照全国人大和国务院的要求，各级财政的所有资金，包括税收和非税收入，均必须纳入预算管理，我国已不存在预算外资金的概念，因此各级政府用于固定资产投资的财政资金均为预算资金。由于已经没有预算外资金，因此名称改为国家预算资金，包括中央预算资金和地方预算资金，旧的国家预算内资金的内容和现中央预算资金的内容基本一致。

银行贷款 指报告期内向各商业银行、政策性银行借入的用于项目开发建设的各项贷款。

债券 指企业或金融机构为筹集用于固定资产投资的资金向投资者出具的承诺按一定发行条件还本付息的债务凭证，包括金融债券和企业债券。金融债券是由银行和非银行金融机构发行的债券。在我国目前金融债券主要分两类，一是由国家开发银行、进出口银行等政策性银行发行的政策性金融债券，二是由商业银行、证券公司、财务公司等商业性金融机构发行的商业金融债券。企业债券是工商企业依照法定程序发行的债券。公司债券的发行主体可以是股份公司也可以是非股份公司，可以是上市公司也可以是非上市公司，包括依据《企业债券管理条例》发行的企业债券、依据《公司法》发行的上市公司债券、依据中国人民银行规章发行的中期票据等。

利用外资 指报告期收到的境外（包括外国及港澳台地区）资金(包括设备、材料、技术在内)。包括对外借款(外国政府贷款、国际金融组织贷款、出口信贷、外国银行商业贷款、对外发行债券和股票)、外商直接投资、外商其他投资(包括利用外商投资收益在国内进行固定资产再投资活动的资金)。不包括我国自有外汇资金(国家外汇、地方外汇、留成外汇、调济外汇和国内银行自有资金发放的外汇贷款等)。各类外资按报告期末的外汇牌价（中间价）折成人民币计算。

自筹资金 指固定资产投资单位在报告期收到的，由各企事业单位筹集用于固定资产投资的资金，包括各类企事业单位的自有资金和从其他单位筹集的用于固定资产投资的资金，但不包括各类财政性资金、从各类金融机借入资金和国外资金。与原有的自筹资金概念相比，最大的变化是地方财政资金全部归为国家预算资金，自筹资金中不再含有财政资金。自筹资金包括以下三项内容：

其他资金来源　指在报告期收到的除以上各种资金之外的用于固定资产投资的资金。包括社会集资、个人资金、无偿捐赠的资金及其他单位拨入的资金等。

各项应付款合计　指本年用于固定资产投资的应付未付的投资款，即指拖欠施工单位、生产单位、税务部门、职工个人等的投资款。包括当年应付工程款、应付器材款、应付工资、应付有偿调入器材及工程款、其他应付款、应交税金、应交基建收入、应交能源交通建设基金、应交预算调节基金及其他应交款。各项应付款填报报告期实际增加数（或发生数），即当年因建造和购置固定资产而应付未付的各种应付款，不包括以前年度累计的应付款。

工程款　指应付给施工单位的投资款。

建设规模及新增生产能力(或工程效益)

新增生产能力(或工程效益)名称　指建成投产项目或工程新增生产能力(或工程效益)的名称。基层单位要将建成投产项目或工程的全部生产能力（或工程效益），按《新增生产能力(或工程效益)目录及代码》规定的名称及代码填写。

计量单位　按照《新增生产能力(或工程效益)目录》规定的计量单位填报。

建设规模　指建设项目或工程设计文件中规定的全部设计能力(或工程效益)。包括已经建成投产和尚未建成投产的工程的生产能力(或工程效益)。它是以实物形态表示固定资产投资规模的指标，反映建设项目或工程全部建成投产（或交付使用）后，能够为社会提供多少设计能力（或工程效益）。

建设规模应填写设计任务书或计划文件中规定的全部能力（或效益），如工业企业各主要产品的全部生产能力(设计规定有多种产品的，要将主要产品的设计能力逐一填列)，铁路、公路的总长度等。新建项目按全部设计能力(或工程效益)计算；改、扩建项目或企业、事业单位，按改、扩建设计规定的全部新增加的能力(或工程效益)填写，不包括改、扩建以前原有的生产能力（或工程效益）。没有总体设计的企业填本年施工的全部单项工程的设计能力。

本年施工规模　指报告期内施工的单项工程（或更新改造项目）的设计能力(或工程效益)，包括报告期以前已开工跨入本年继续施工的工程的设计能力和报告期新开工工程的设计能力。也包括报告期内建成投产或报告期施工后又停缓建的单项工程设计能力。不包括在报告期以前建成投产或已经停、缓建的工程，以及报告期内尚未正式开工的工程的设计能力。

本年施工规模是全部建设规模中在本年正式施工的部分，即本年施工的工程或项目的全部设计能力。例如某发电厂经批准建设四台 10 万千瓦发电机组，在报告期以前已建成投产一台；在报告期内施工的二台，其中一台建成投产，还有一台没有开工。则该电厂建设规模为 40 万千瓦，报告期的施工规模为 20 万千瓦。

自开始建设累计新增生产能力(或工程效益)　指自开始建设至本年底止建成投产的全部单项工程累计新增生产能力(或工程效益)。包括报告期以前已经建成投产和报告期内建成投产的单项工程的生产能力(或工程效益)。没有总体设计的企业只填本年施工的全部工程自开始建设至本年底止的累计新增生产能力(或工程效益)。

本年新增生产能力(或工程效益)　指在本年度内按照新增生产能力(或工程效益)的计算条件和标准，实际建成投入生产或交付使用的生产能力(或工程效益)。

计算新增生产能力，原则上应按工程的设计（计划）能力计算。设计能力是指设计中规定的主体工程（或主体设备）及相应配套的辅助工程（或配套设备）在正常情况下能够达到的生产能力。在建设过程中需要调整设计能力时，必须经原批准设计的管理机关批准后，才能按批准修改后的能力计算。如尚未批准，仍按原设计能力计算，并加以说明。无设计（或计划）能力的，可根据验收时的鉴定能力计算。

建成投产的工程，各生产环节的设备已经配齐，符合计算新增生产能力条件的，应按该工程的全部设计能力计算；各生产环节的设备虽未按设计全部配套建成，但保证生产所需的主体设备、配套设备、主体工程、辅助工程都已部分完成，形成生产作业线，经负荷试运转正式投入生产的，只计算设备配齐部分的能力。

有色金属工业协会

（一）报 表 目 录

表号	表名	报告期别	填报范围	报送时间及方式	负责单位	备注
YS301 表	主要有色金属矿产产量情况	年报	规模以上工业法人单位	7 月 31 日前；邮寄或电子邮件 nyszyc@stats.gov.cn	能源司	《资源环境综合统计报表制度》

（二）调 查 表 式

综 合 年 报

主要有色金属矿产产量情况

表　　号：Y S 3 0 1 表
制定机关：国　家　统　计　局
文　　号：国统字〔2019〕3 号
有效期至：2 0 1 9 年 9 月
计量单位：万　　吨

综合机关名称：中国有色金属工业协会　　　　2 0　　年

指标名称	代码	本年	上年同期
甲	乙	1	2
铜矿（原矿）产量	01		
铝土矿（原矿）产量	02		
铅锌矿（原矿）产量	03		
镍矿（原矿）产量	04		

单位负责人：　　　　填表人：　　　　联系电话：　　　　报出日期：2 0　　年　月　日

说明：报送时间为 7 月 31 日前。

（三）主要指标解释

原矿产量 （指原矿实物量，即出矿量）是指自掌子面爆破（或冲采）下来，并运出坑口（指坑内开采）、台阶（指露天脉矿）或采场（指露天砂矿），再运至选厂或指定地点的需经选矿的原矿数量和掘进副产矿石，以及不需经选矿而直接送冶炼厂提炼金属的高品位富矿（即块矿）矿石量。原矿产量包括坑内出矿量、露天出矿量和其他出矿量三部分。

铜原矿量 包括铜原矿及以含铜为主的多金属原矿。

铅锌原矿量 包括铅原矿、锌原矿、铅锌混合原矿及以含铅锌为主的多金属原矿。

铝原矿量（即铝土矿） 包括从井下、台阶或采场运至选厂或氧化铝厂的铝土矿，收购的群采铝土矿两部分。

镍原矿量 包括镍原矿及以含镍为主的多金属原矿。

中国互联网金融协会

（一）报表目录

表号	表名	报告期别	填报范围	报送时间及方式	负责单位	备注
HL401 表	互联网金融业务发展情况	季报	开展互联网金融业务的法人单位	季后 5 日前，节假日顺延，电子邮件或内部交换	服务业司	《互联网经济统计报表制度》
HL402 表	网络借贷企业利润表	季报	开展个体网络借贷（P2P）和网络小额贷款业务的法人单位	季后 45 日前，节假日顺延，电子邮件或内部交换		

（二）调查表式

综合定报

互联网金融业务发展情况

表　　号：ＨＬ４０１表
制定机关：国家统计局
文　　号：国统字〔2019〕3 号
有效期至：２０２０年６月

综合机关名称：中国互联网金融协会　　　　２０　年　季　　　　计量单位：万元

指标名称	代码	本季	1-本季
甲	乙	1	2
非银行支付机构交易金额	01		
个体网络借贷（P2P）借款金额	02		
期末个体网络借贷（P2P）借款余额	03		--
网络小额贷款发放金额	04		
期末网络小额贷款余额	05		--

单位负责人：　　　　填表人：　　　　报出日期：２０　年　月

说明：1. 统计范围：开展互联网金融业务的法人单位。
　　2. 报送日期：季后 5 日前，节假日顺延。

网络借贷企业利润表

表　　号：HL402表
制定机关：国家统计局
文　　号：国统字〔2019〕3号
有效期至：2020年6月

综合机关名称：中国互联网金融协会　　　20　年　季　　　计量单位：万元

指标名称	代码	本期	本年累计
甲	乙	1	2
一、营业收入	01		
营业成本	02		
税金及附加	03		
销售费用	04		
管理费用	05		
财务费用	06		
资产减值损失	07		
利息支出	08		
手续费及佣金支出	09		
其他业务支出	10		
公允价值变动收益	11		
投资收益	12		
利息收入	13		
手续费及佣金收入	14		
其他业务收入	15		
二、营业利润	16		
营业外利润	17		
营业外收入	18		
营业外支出	19		
三、利润总额	20		
所得税费用	21		
四、净利润	22		
五、每股收益	23		
六、本年折旧	24		
七、人工成本及增值税	-		
应付职工薪酬（本年贷方累计发生额）	25		
应交增值税	26		

补充资料：期末法人单位数：＿＿＿＿＿个（一、二、三季度免报）

单位负责人：　　　填表人：　　　报出日期：20　年　月

说明：1.统计范围：开展个体网络借贷（P2P）和网络小额贷款业务的法人单位。
2.报送日期：季后45日前，节假日顺延。

（三）主要指标解释

非银行支付机构交易金额 指通过互联网支付引起的非银行支付机构账户和银行账户资金的变动金额。包括客户通过非银行支付机构直接支付的交易金额以及非银行支付机构与银行业金融机构合作，由非银行支付机构发起，通过客户银行账户资金变动支付的交易金额。该指标单边统计资金转出金额，不统计资金转入金额。

个体网络借贷（P2P） 指个体和个体之间通过互联网平台实现的直接借贷。

个体网络借贷(P2P)借款金额 指个体网络借贷机构撮合完成的借款项目的本金总和。

期末个体网络借贷(P2P)借款余额 指报告期末个体网络借贷机构撮合完成且尚未偿还的借款本金总金额（不包括利息部分）。

网络小额贷款 指互联网企业通过其控制的小额贷款公司，利用互联网向客户提供的小额贷款。

网络小额贷款发放金额 指小额贷款公司利用互联网向客户提供的贷款本金总和。

期末网络小额贷款余额 指报告期末小额贷款公司利用互联网向客户提供的贷款尚未偿还的本金总金额（不包括利息部分）。

中国互联网络信息中心

（一）报 表 目 录

表号	表名	报告期别	填报范围	报送日期及方式	负责单位	备注
HW301 表	互联网主要指标发展情况	年报	互联网行业	3 月 31 日前，电子邮件 dczxjtc@stats.gov.cn	服务业司	《运输邮电软件业统计报表制度》

（二）调 查 表 式

综 合 年 报

互联网主要指标发展情况

表　　号：H W 3 0 1 表
制定机关：国　家　统　计　局
文　　号：国统字〔2019〕3 号
有效期至：2 0 1 9 年 6 月

综合机关名称：中国互联网络信息中心　　　　20　　年

指标名称	计量单位	代码	实际
甲	乙	丙	1
一、互联网基础资源			
域名数	万个	01	
网站数	万个	02	
网页数	万个	03	
网页长度（总字节数）	GB	04	
IPv4 地址数	万个	05	
IPv6 地址数	块/32	06	
互联网国际出口带宽	Mbps	07	
二、互联网网民			
互联网上网人数	万人	08	
其中：手机上网人数	万人	09	
互联网普及率	%	10	

单位负责人：　　　　填表人：　　　　报出日期：20　　年　　月

说明：1. 统计范围：互联网行业。
2. 甲栏指标要求同时报送分省数据。
3. 报送时间：年后 3 月 31 日前。

中国铁路总公司

（一）报 表 目 录

表号	表名	报告期别	填报范围	报送时间及方式	负责单位	备注
综合年报						
TL301 表	铁路企业主要能源消费与库存	年报	铁路运输企业	3 月 31 日前；邮寄或电子邮件 nysnyjcc@stats.gov.cn	能源司	《能源统计报表制度》
TL302 表	固定资产投资项目新增生产能力（或工程效益）情况	年报		3 月底前；网上直报	投资司	
701 表	部门服务业企业财务状况	年报	铁路运输业中执行企业会计制度的单位	6 月 30 日前电子邮件或内部交换 dczxjtc@stats.gov.cn	服务业司	《部门服务业财务统计报表制度》（试行）
综合定报						
TL401 表	分地区铁路客运量完成情况	月报	全国铁路	3、4、9、12 月月后 8 日前，其他月月后 6 日前，其中“全国总计”5 日前报快报数；电子邮件 dczxjtc@stats.gov.cn	服务业司	《运输邮电软件业统计报表制度》
TL402 表	分地区铁路旅客周转量完成情况	月报	全国铁路			
TL403 表	分地区铁路货物运输完成情况	月报	全国铁路	3、4、9、12 月月后 8 日前，其他月月后 6 日前。其中“全国总计”25 日前报 1-24 日速报数，5 日前报快报数。电子邮件 dczxjtc@stats.gov.cn	服务业司	《运输邮电软件业统计报表制度》
TL404 表	铁路运输生产主要指标	月报	全国铁路	月后 6 日前；电子邮件 dczxjtc@stats.gov.cn		
TL405 表	全国铁路分货类运输量	月报	全国铁路			
TL406 表	铁路运输主要财务状况	季报	国家铁路（含国家控股合资铁路）	季后 20 日前；电子邮件 dczxjtc@stats.gov.cn		

表号	表名	报告期别	填报范围	报送时间及方式	负责单位	备注
TL407 表	固定资产投资项目情况	月报	500万元以上固定资产投资项目，不含农户投资和军工、国防项目	3、4、6、12 月月后 10 日，9 月月后 12 日，其他月月后 9 日 12：00 前；网上直报	投资司	
TL408 表	铁路运输业电子商务交易平台情况	季报	中国铁路网上售票平台	一季度季后 8 日、二季度季后 9 日、三、四季度季后 10 日 24 时前。电子邮件或内部交换	服务业司	《互联网经济统计制度》

（二）调 查 表 式

综 合 年 报

铁路企业主要能源消费与库存

表　　号：T L 3 0 1 表
制定机关：国　家　统　计　局
文　　号：国统字〔2019〕3 号
有效期至：2 0 1 9 年 6 月

综合机关名称：中国铁路总公司　　　　　　　　2 0　　年

品　　种	计量单位	代码	期初库存量	本年消费量	期末库存量
甲	乙	丙	1	2	3
煤　　炭	万吨	01			
汽　　油	吨	02			
煤　　油	吨	03			
柴　　油	吨	04			
燃 料 油	吨	05			
电　　力	万千瓦时	06			
…	…	…			

单位负责人：　　　　统计负责人：　　　　填表人：　　　　联系电话：　　　　报出日期：2 0　　年　　月　　日

说明：1. 统计范围：铁路运输企业，不包括部门所管理的工业、建筑业等企业及行政、事业单位。
2. 报送时间：3 月 31 日前，报送方式为邮寄或传真。
3. 本表由中国铁路总公司报送分省（区、市）和分路局的数据。

固定资产投资项目新增生产能力（或工程效益）情况

01 单位名称(盖章)：　　　　02 项目名称：

基层表编码 03	项目单位	项目建设地	顺序

表　　号：T L 3 0 2 表
制定机关：国　家　统　计　局
文　　号：国统字〔2019〕3 号
有效期至：2 0 1 9 年 6 月

2 0　　年

新增生产能力(或工程效益)名称	计量单位	代码	建设规模	本年施工规模	本年新开工	累计新增生产能力(或工程效益)	本年新增
甲	乙	丙	401	402	403	404	405

单位负责人：　　　　统计负责人：　　　　填表人：　　　　报出日期：2 0　　年　　月　　日

说明：1. 统计范围：各种登记注册类型的法人单位以及个体经营进行的计划总投资 500 万元及以上的建设项目（不包括农户投资、不含军工、国防项目）中有能力目录的项目。
2. 报送时间及方式：3 月底前网上直报。
3. 本表逻辑审核关系：
(1)401≥402　　(2)401≥404　　(3)402≥403　　(4)404≥405

部门服务业企业财务状况

（表式及指标解释见通用表）

综 合 定 报

分地区铁路客运量完成情况

表　　号：T L 4 0 1 表
制定机关：国　家　统　计　局
文　　号：国统字〔2019〕3 号
有效期至：2 0 2 0 年 1 月

综合机关名称：中国铁路总公司　　　　20　年　月

地　区	代码	客运量(万人)				其中：高铁客运量（万人）			
		本年本月止累计	本月	比上年同期增长(%)		本年本月止累计	本月	比上年同期增长(%)	
				累计	本月			累计	本月
甲	乙	1	2	3	4	5	6	7	8
全国总计	01								
北　京	02								
天　津	03								
河　北	04								
┆	┆								
新　疆	32								

单位负责人：　　　　填表人：　　　　报出日期：20　年　月　日

说明：1. 本表由中国铁路总公司报送。
2. 统计范围：全国铁路。
3. 报送日期及方式：3、4、9、12 月月后 8 日前，其他月月后 6 日前，其中“全国总计”5 日前报快报数。

分地区铁路旅客周转量完成情况

表　　号：T L 4 0 2 表
制定机关：国　家　统　计　局
文　　号：国统字〔2019〕3 号
有效期至：2 0 2 0 年 1 月

综合机关名称：中国铁路总公司　　　　20　年　月

地　区	代码	旅客周转量(万人公里)				其中：高铁旅客周转量(万人公里)			
		本年本月止累计	本月	比上年同期增长(%)		本年本月止累计	本月	比上年同期增长(%)	
				累计	本月			累计	本月
甲	乙	1	2	3	4	5	6	7	8
全国总计	01								
北　京	02								
天　津	03								
河　北	04								
┆	┆								
新　疆	32								

单位负责人：　　　　填表人：　　　　报出日期：20　年　月　日

说明：1. 本表由中国铁路总公司报送。
2. 统计范围：全国铁路。
3. 报送日期及方式：3、4、9、12 月月后 8 日前，其他月月后 6 日前，其中“全国总计”5 日前报快报数。

分地区铁路货物运输完成情况

表　　号：T L 4 0 3 表
制定机关：国　家　统　计　局
文　　号：国统字〔2019〕3 号
有效期至：2 0 2 0 年 1 月

综合机关名称：中国铁路总公司　　　　2 0　　年　　月

地区	代码	货运量（万吨）				货物周转量（万吨公里）			
		本年本月止累计	本月	比上年同期增长（%）		本年本月止累计	本月	比上年同期增长（%）	
				累计	本月			累计	本月
甲	乙	1	2	3	4	5	6	7	8
全国总计	01								
北　　京	02								
天　　津	03								
河　　北	04								
山　　西	05								
内 蒙 古	06								
┆	┆								
新　　疆	32								

单位负责人：　　　　填表人：　　　　报出日期：2 0　　年　　月　　日

说明：1. 统计范围：全国铁路。
　　2. 报送时间：3、4、9、12 月月后 8 日前，其他月月后 6 日前。其中“全国总计”25 日前报 1-24 日速报数，5 日前报快报数。

铁路运输生产主要指标

表　　号：T L 4 0 4 表
制定机关：国　家　统　计　局
文　　号：国统字〔2019〕3 号
有效期至：2 0 2 0 年 1 月

综合机关名称：中国铁路总公司　　　　2 0　　年　　月

指标名称	计量单位	代码	本年本月止累计	本月	比上年同期增减（%）	
					累计	本月
甲	乙	丙	1	2	3	4
货物总运输量	万吨	01				
其中：货物运量	万吨	02				
行包运量	万吨	03				
货运总周转量	亿吨公里	04				
其中：货物周转量	亿吨公里	05				
行包周转量	亿吨公里	06				
客运量	万人	07				
旅客周转量	亿人公里	08				

单位负责人：　　　　填表人：　　　　报出日期：2 0　　年　　月　　日

说明：1. 统计范围：全国铁路。
　　2. 报送时间：月后 6 日前。

全国铁路分货类运输量

表　　号：T L 4 0 5 表
制定机关：国 家 统 计 局
文　　号：国统字〔2019〕3 号
有效期至：2 0 2 0 年 1 月

综合机关名称：中国铁路总公司　　　　2 0　　年　　月

货类品名	代码	货运量（万吨）				货物周转量（万吨公里）				平均运距（公里）
		本年本月止累计	本月	比上年同期增长(%)		本年本月止累计	本月	比上年同期增长(%)		
				累计	本月			累计	本月	
甲	乙	1	2	3	4	5	6	7	8	9
合计	**01**									
煤炭	02									
石油	03									
焦炭	04									
金属矿石	05									
钢铁及有色金属	06									
非金属矿石	07									
磷矿石	08									
矿建材料	09									
水泥	10									
木材	11									
粮食	12									
零担	13									
集装箱	14									

单位负责人：　　　　填表人：　　　　报出日期：2 0　　年　　月　　日

说明：1.统计范围：全国铁路。
　　　2.报送时间：月后 6 日前。

铁路运输主要财务状况

表　　号：T L 4 0 6 表
制定机关：国　家　统　计　局
文　　号：国统字〔2019〕3 号
有效期至：2 0 2 0 年 1 月

综合机关名称：中国铁路总公司　　　　2 0　　年　　季　　　　计量单位：　　万　　元

指标名称	代码	实际
甲	乙	1
营业收入	01	
其中：客运收入	02	
货运收入	03	
营业成本	04	
其中：营业税金及附加	05	
营业外收入	06	
营业利润	07	
应付工资总额	08	

单位负责人：　　　　填表人：　　　　报出日期：2 0　　年　　月　　日

说明：1. 统计范围：国家铁路（含国家控股合资铁路）。
2. 报送时间：季后 20 日前。

固定资产投资项目情况

表　　号：Ｔ Ｌ ４ ０ ７ 表
制定机关：国　家　统　计　局
文　　号：国统字〔2019〕3 号
有效期至：２ ０ ２ ０ 年 １ 月

统一社会信用代码□□□□□□□□□□□□□□□□□□□□
尚未领取统一社会信用代码的填写原组织机构代码□□□□□□□□-□
单位详细名称（盖章）：　　　　　　２ ０ １ ９ 年１－　月

一、项目基本情况

01	项目代码	□□□□□□□□□□-□□□□□□-□□□
02	项目名称	
13	投资项目在线审批监管平台统一代码	□□□□-□□□□□□-□□-□□-□□□□□□
104	报表类别	报表类别　□ A 农业　B 规模以上工业　B1 规模以下工业　C 建筑业　E 批发和零售业 S 住宿和餐饮业　X 房地产开发经营业　F 规模以上服务业　H 投资　U 其他
204	登记注册类型　□□□	**内资** 110 国有　120 集体　130 股份合作　141 国有联营　142 集体联营　143 国有与集体联营　149 其他联营　151 国有独资公司 159 其他有限责任公司　160 股份有限公司　171 私营独资　172 私营合伙　173 私营有限责任公司　174 私营股份有限公司　190 其他 **港澳台商投资** 210 与港澳台商合资经营　220 与港澳台商合作经营　230 港澳台商独资　240 港澳台商投资股份有限公司　290 其他港澳台投资 **外商投资** 310 中外合资经营　320 中外合作经营　330 外资企业　340 外商投资股份有限公司　390 其他外商投资 **个体经营** 410 个体户　420 个人合伙

03	项目建设所在地及区划	______省(自治区、直辖市)______市(地、州、盟)______县(市、区、旗) ______乡(镇)__________街(村)、门牌号 区划代码　□□□□□□□□□□□□			
04	联系电话	□□□□□□□□—□□□□□	05	项目行业编码	□□□□
06	控股情况	□　1 国有控股　2 集体控股　3 私人控股　4 港澳台商控股　5 外商控股　9 其他			
07	隶属关系　□□ 10 中央　11 地方　90 其他				
08	建设性质	□　1 新建　2 扩建　3 改建和技术改造　4 单纯建造生活设施　5 迁建　6 恢复　7 单纯购置			
09	项目类别	1　工业企业技术改造项目 2　棚户区改造项目 3　涉农项目	10	项目开工时间	□□□□年□□月
11	本年全部投产时间	□□□□年□□月	12	期末项目建设状态	□　1 在建　2 全部投产 3 全部停缓建

二、项目投资情况

指标名称	计量单位	代码	1—本月	指标名称	计量单位	代码	1—本月
甲	乙	丙	1	甲	乙	丙	1
计划总投资	万元	101		房屋竣工面积	平方米	132	
自开始建设累计完成投资	万元	103		其中：住宅	平方米	133	
本年完成投资	万元	107		房屋竣工价值	万元	134	
其中：本月完成投资	万元	140		其中：住宅	万元	135	
其中：住宅	万元	118		上年末结余资金	万元	302	
按构成分：				本年实际到位资金	万元	303	
建筑工程	万元	108		国家预算资金	万元	304	
安装工程	万元	109		其中：中央预算资金	万元	328	
设备工器具购置	万元	110		国内贷款	万元	305	
其中：购置旧设备	万元	111		债券	万元	306	
其他费用	万元	112		利用外资	万元	307	
其中：旧建筑物购置费	万元	113		自筹资金	万元	311	
其中：建设用地费	万元	114		其他资金来源	万元	318	
本年新增固定资产	万元	128		各项应付款合计	万元	320	
房屋施工面积	平方米	130		其中：工程款	万元	321	
其中：住宅	平方米	131					

单位负责人：　　统计负责人：　　填表人：　　报出日期：２０　　年　　月　　日

说明：1. 统计范围：各种登记注册类型的法人单位以及个体经营进行的计划总投资 500 万元及以上的建设项目（不包括农户投资、不含军工、国防项目）。

2. 报送日期及方式：3、4、6、12 月月后 10 日，9 月月后 12 日，其他月月后 9 日 12：00 前网上直报。

3. 本表除“计划总投资”、“自开始建设累计完成投资”、“其中：本月完成投资”指标外，其他指标均为自年初至报告期末累计数。

4. 投资项目在线审批监管平台统一代码的填报范围：报告期在建及新开工项目均需填写。该代码由各级发改部门投资项目在线审批监管平台生成。

5. 审核关系：

(1) 103≥107　(2) 107≥140　(3) 107≥118　(4) 107＝108＋109＋110＋112

(5) 110≥111　(6) 112≥113＋114　(7) 130≥131　(8) 132≥133

(9) 134≥135　(10) 303＝304＋305＋306＋307＋311＋318　(11) 304≥328

(12) 320≥321

铁路运输业电子商务交易平台情况

表　　号：T L 4 0 8 表
制定机关：国　家　统　计　局
文　　号：国统字〔2019〕3 号
有效期至：2 0 2 0 年 1 月

综合机关名称：中国铁路总公司　　　　　　　　2 0　年　　季

指标名称	计量单位	代码	合计		对单位（B2B+B2G）		对个人（B2C）	
			1-本季	上年同期	1-本季	上年同期	1-本季	上年同期
甲	乙	丙	1	2	3	4	5	6
平台销售客票金额	万元	01						
按旅客出发地分：	—	—	—	—	—	—	—	—
北　京	万元	02						
天　津	万元	03						
河　北	万元	04						
山　西	万元	05						
内蒙古	万元	06						
辽　宁	万元	07						
吉　林	万元	08						
黑龙江	万元	09						
上　海	万元	10						
江　苏	万元	11						
浙　江	万元	12						
安　徽	万元	13						
福　建	万元	14						
江　西	万元	15						
山　东	万元	16						
河　南	万元	17						
湖　北	万元	18						
湖　南	万元	19						
广　东	万元	20						
广　西	万元	21						
海　南	万元	22						
重　庆	万元	23						
四　川	万元	24						
贵　州	万元	25						
云　南	万元	26						
西　藏	万元	27						
陕　西	万元	28						
甘　肃	万元	29						
青　海	万元	30						
宁　夏	万元	31						
新　疆	万元	32						

单位负责人：　　　　填表人：　　　　联系电话：　　　　报出日期：20　　年　　月　　日

说明：1. 本表由中国铁路总公司报送。
2. 统计范围：中国铁路网上售票平台。
3. 报送日期：一季度季后 8 日、二季度季后 9 日、三、四季度季后 10 日 24 时前。电子邮件或内部交换。
4. 审核关系：　（1）1=3+5　（2）2=4+6。

（三）主要指标解释

铁路运输　指有固定的运行轨道，以铁路机车、客、货车辆为运输工具，承担旅客、货物运送任务的一种运输方式。具有全天候、大批量、长距离、成本低、高效率的现代化运输特点，是我国综合运输体系中，起骨干力量的重要运输方式。我国铁路运输是由国家铁路、地方铁路、合资铁路和铁路专用线及专用铁道组成，主要承担大宗货物中长距离运输和中长途旅客运输。

铁路营业里程　又称营业长度（包括正式营业和临时营业里程），指办理客货运输业务的铁路正线总长度。凡是全线或部分建成双线及以上的线路，以第一线的实际长度计算；复线、站线、段管线、岔线和特殊用途线以及不计算运费的联络线都不计算营业里程。

铁路正线延展里程　指正线第一线、第二线、第三线和其他正线建筑里程之和，不包括站线、段管线、岔线及特殊用途线的延展里程。它是作为计算铁路线上钢轨、枕木及路基砂石需要量的主要依据。

铁路复线里程：指双线及以上的线路长度。营业里程的复线，按与复线相对应的 1 线长度计算，计算方法与营业里程一致。

电气化里程　指具备了电力机车牵引条件，并已交付运营的线路里程。

铁路自动、半自动闭塞里程　为保证列车安全运行，在一个区间、同一时间内，一般只允许一列列车运行，这种保证列车在这个区间安全间隔运行的技术方法称为“闭塞”。自动闭塞是根据列车运行及有关闭塞分区状态，自动变换通过信号机显示而司机凭信号显示行车的闭塞方法。采用此方式的闭塞公里为自动闭塞里程。半自动闭塞是由人工办理闭塞手续，列车凭信号显示发车后，出站信号机自动关机闭塞，靠车站值班员确认列车整列到达，办理区间闭塞复原的一种闭塞方式。采用此方式的闭塞公里为半自动闭塞里程。

无缝线路里程　无缝线路是由多根钢轨焊接成一定长度的长钢轨线路。无缝线路长度，包括固定区、伸缩区、缓冲区三部分长度。按营业里程计算。

铁路机车　指用于牵引货物列车和旅客列车的动力车辆。按照运用情况分为客运机车、货运机车（包括小运转）、调车机车、路用机车和其他机车，按照机车的原动力分为蒸汽机车、电力机车和内燃机车三种。

铁路客车　指用于运送旅客的铁路车辆，一般分为硬座车、软座车、硬卧车、软卧车、餐车、行李车、公务车等。

铁路货车　用于装运货物的铁路车辆，具有经常流动、没有固定地点等特点，按车型可分为棚车、敞车、平车、毒品车、罐车、冷藏车等。

铁路旅客运量　指一定时期内使用铁路客车运送的旅客人数。铁路旅客运量的计算方法：不论票价多少或行程长短，均按单程计算为一人次；不足购票年龄免购客票的儿童，不计算运量；月、季票按每月往返各 21 人次计算。

旅客发送人数　指购买客票在铁路各营业站和乘降所乘车的旅客人数、在列车内补票（即车补）和到站补票（即站补）的旅客人数、由国外及新线接运的旅客人数之和并减去退票人数。

旅客到达人数　指在一定时期内铁路各营业站实际到达的旅客人数。

旅客运送人数　指在一定时期内铁路各车站运送的旅客人数。

铁路旅客周转量　指一定时期内使用铁路客车运送的旅客人数与运输距离的乘积之和。计算公式为：

旅客周转量（人公里）=Σ（实际运送的每一乘客×该旅客出发站与到达站间距离）

=实际运送的旅客人数×旅客平均运程

旅客运输平均运距 指报告期内平均每一位旅客的旅行距离。计算公式为：

旅客运输平均运距=旅客周转量/客运量

铁路货物运量 指使用铁路货车实际运送的货物重量。

货物发送吨数 指在一定时期内全国铁路营业车站所承运的货物总量，包括本站承运的货物和由国外、水路、地方铁路、新线接运的货物和不同轨距倒装的货物，是根据铁路货物运输的原始单据（货票）所记载的重量计算的。

货物到达吨数 指在一定时期内铁路营业车站最终到达的货物总量，包括向国外铁路、水运、铁路新线及地方铁路等其他铁路移交的货物吨数。

货物运送吨数 指在一定时期内经过铁路运输并办理一定运送业务的货物总量。全国铁路由于不存在输入、输出、通过等直通运输，只存在自装自卸的货物运输，所以发送货物吨数或到达吨数就是它的货物运送吨数。但铁路局除了进行在铁路局管界内自装自卸的管内运输以外，还要进行由两个或两个以上的铁路局共同完成的直通运输，为了说明铁路局的全部货物运输工作量，就需要统计货物运送吨数。计算公式为：

全国铁路货物运送吨数=全国铁路发送货物吨数

=全国铁路到达货物吨数

铁路局货物运送吨数=发送货物吨数+接运货物吨数

=到达货物吨数+移交货物吨数

=（管内+输出+输入+通过）货物吨数

铁路货物周转量 指一定时期内使用铁路货车完成的货物运量与运送距离的乘积之和。计算公式为：

货物周转量（吨公里）=Σ（每批货物重量×该批货物的运送距离）

=实际运送货物吨数×货物平均运程

货物运输平均运距 指报告期内平均每吨货物的运输距离。计算公式为：

货物运输平均运距=货物周转量/货运量

铁路装车数 指在铁路营业线或临时营业线上，车站、铁路分局、铁路局或全路在一定时期内运送货物发送时装车完毕的车数。为反映装车数的一般水平，可计算平均一日装车数，计算公式为：

平均一日装车数=报告期装车总数／报告期日历日数

铁路货车平均静载重 指货物在装车时的静止装载重量。计算公式为：

货车平均静载重（吨）=货物发送吨数／装车数

货车载重力利用率 为静载重与标记载重的比值，该指标可以反映货车载重能力的利用程度。计算公式为：

货车载重力利用率（%）=货车平均静载重/货车平均标记载重×100%。

铁路货运机车日产量 指在一定时期内，平均每台货运机车在一昼夜内所完成的总重吨公里数，包括载运货物的重量和车辆本身的自重。该指标从时间和牵引能力两方面反映了机车运用效率。计算公式为：

货运机车平均日产量（吨公里）=货运总重吨公里／货运机车台日数

内燃机车 指牵引动力类型为内燃的机车。

电力机车 指牵引动力类型为电力的机车。

货运机车平均牵引总重 为每台货运机车平均牵引列车的总重量。等于总重吨公里（不包括单机）

除以本务、重联、补机走行公里之和。

货运机车日车公里 为平均每台运用货运机车在一昼夜内走行的公里，等于货运机车沿线公里（不包括补机）除以运用货运机车台日（不包括补机）。

客运机车日车公里 为平均每台运用客运机车在一昼夜内走行的公里，等于客运机车沿线公里（不包括补机）除以运用客运机车台日（不包括补机）。

内燃机车每万吨公里耗油 指内燃机车装载一万吨货物行驶一公里的平均耗油量。

电力机车每万吨公里耗电 指电力机车装载一万吨货物行驶一公里的平均耗电量。

旅客（货物）列车出发（运行）正点率 指正点出发（运行）的旅客（货物）列车占出发（运行）总列数的比率。计算公式为：

铁路旅客（货物）列车出发（运行）正点率（%）=正点出发（运行）的旅客（货物）列车数／旅客（货物）列车出发（运行）总列数×100%

旅客（货物）运输密度 指报告期内营业线路平均每公里线路上所通过的旅客（货物）周转量。计算公式为：

旅客运输密度（人公里/公里）=旅客周转量／线路营业里程

货物运输密度（吨公里/公里）=货物周转量／线路营业里程

旅客（货物）列车技术速度 为旅客（货物）列车在区间内平均每小时走行的公里数。计算公式为：

旅客（货物）列车技术速度（公里/小时）=旅客（货物）列车公里/纯运行时间

旅客（货物）列车旅行速度 为旅客（货物）列车在区段内平均每小时走行的公里数。计算公式为：

旅客（货物）列车旅行速度（公里/小时）=旅客（货物）列车公里/旅行时间

货车周转时间 指货车自第一次装车完了时起至再一次装车完了时止所消耗的时间（天数）。等于运用车辆日除以工作量，或等于旅行时间、货物作业停留时间、中转停留时间之和。

一次货物作业时间 为运用车在站线（包括区间）及专用线（包括路产专用线）内进行装卸、倒装作业所停留的时间。计算公式为：

一次货物作业平均停留时间（小时）=货物作业车辆小时/货物作业次数

货车中转停留时间 指货车在车站进行解体、改编、中转技术作业及其他中转作业（包括变更到站、装载整理、专为加冰及洗罐消毒的货车，按规定进行洗罐的罐车除外）所停留的时间。计算公式为：

货车中转停留时间（小时）=中转车辆小时/中转车数

铁路运输总收入 指铁路运输企业在完成客货运输工作中，按照国家批准的运费标准收取的货币收入。包括货运收入，客运收入，行李、包裹收入，邮运收入，车站和列车补收的旅客客票收入，到站补收的货物和行包运费、货物行包变更手续费等。

基本概况指标

（1）**单位名称** 新建项目填报建设项目的全称。在原有企业、事业单位基础上进行的扩建、改建和技术改造等项目填报本企业、事业单位的全称，不要填简称，也不要随意更改。填项目建设单位的名称，依据立项批复里的内容填写，谁立项填谁，一般来说填该项目投资主体的全称。名称必须是由项目建设单位填报，不允许填基层统计部门或基层政府的名称。

项目名称 主要依据立项批复里的项目名称填写，没有立项的根据项目的具体内容填写。一般来讲，单位名称和项目名称不应相同。

（2）**建设地址** 指建设项目的建设地点。根据实际情况填列：主体工程在现有企业、事业单位内进行建设的，填现有企业、事业单位地址；主体工程在现有企业、事业单位之外进行建设的，填主体工程的建设地址。

建设地址应填××省（自治区、直辖市）××市（地、州、盟）××县（市、区、旗）×××乡（镇、街道、政企合一、开发区）×××居委会（村委会、开发区）

建设地址代码填写所在地区划代码（不是邮政编码）。按国家标准《中华人民共和国行政区划代码》（GB/T2260－2002）执行。代码为十二位数字，第一、二位表示省（自治区、直辖市）；第三、四位表示市（地、州、盟）；第五、六位表示县（市、区、旗）；第七、八、九位是乡（镇、街道、政企合一、开发区）代码；第十、十一、十二位是居委会（村委会、开发区）代码。项目单位填写项目主体工程的详细建设地址即可，由基层政府统计部门填写建设地址代码。

对于跨县（市、区、旗）由地（市）主管部门上报的项目，第五、六位是地市主管部门的代码，由地（市）统计局统一规定，第七至十二位规定为“000000”。

对于跨地（市）由省（自治区、直辖市）主管部门上报的项目，第三、四位是省级主管部门的代码，由省（自治区、直辖市）统计局统一规定。第五、六位规定为“00”。

（3）**登记注册类型**　指企业或企业产业活动单位的登记注册类型，按其在工商行政管理机关登记注册的类型填写。划分企业登记注册类型的依据是工商行政管理部门对企业登记注册的类型，按照国家统计局、国家工商行政管理局联合印发的《关于划分企业登记注册类型的规定》[国统字[2011]86 号] 执行。机关、事业单位和社会团体及其他组织的登记注册类型，按其主要经费来源和管理方式，根据实际情况，比照《关于划分企业登记注册类型的规定》确定。划分个体经营登记注册类型的依据是国家统计局相关规定，按照国家统计局《关于“个体经营”登记注册类型分类及代码的通知》[国统办字（1999）2 号] 执行。

固定资产投资统计报表制度规定，基层统计单位均要填报登记注册类型。登记注册类型由从事固定资产投资活动的企业或个体经营单位填报。已在工商行政管理部门登记的，按登记注册类型填报，未登记的，按投资者的登记注册类型或有关文件的规定填报。

（4）**行业类别**　指根据其从事的社会经济活动性质对各类单位进行的分类。应根据建设项目建成投产后的主要产品种类或主要用途及社会经济活动种类来划分，不能根据项目单位本身的行业类别来划分。如果项目投产后有几种产品，应根据主要产品来确定行业类别。如某矿业公司的“镁及镁合金生产线”项目，行业类别应为“镁冶炼”。

行业类别要根据最新的《国民经济行业分类和代码》（GB/T 4754-2017）来填报。行业代码为四位，根据行业小类填写。

一般情况下，一个建设项目只能属于一种国民经济行业。

在现有企业、事业单位中，为适应市场变化而全厂性转产，改变原有主要产品种类或主要经济活动性质（如军工转民用）的，则可根据转产后的主要产品种类或主要经济活动性质来划分国民经济行业种类。

（5）**隶属关系**　指本单位隶属于哪一级行政管理单位。隶属关系是按建设单位或企业、事业、行政单位主管上级机关确定的。本制度规定基层填报单位的隶属关系有五种：中央、省（自治区、直辖市）、市（地、州、盟）、县（市、区、旗）和其他。项目建设单位由哪一级直接领导或管理，就填哪一级。

（6）**建设性质**　指固定资产再生产的性质，按整个建设项目的具体情况确定，房地产开发单位免填。一个建设项目只能有一种建设性质。

（7）**技术改造**　指企业采用新技术、新工艺、新设备、新材料对现有设施、工艺条件及生产服务等进行改造提升，淘汰落后产能，实现内涵式发展的投资活动。根据建设性质划分，技术改造投资包括改建和技术改造项目投资，以及扩建、迁建、恢复和单纯购置项目中属于技术改造性质的项目投资。

（8）**开工时间** 指项目开始建设的年月。按建设项目设计文件中规定的永久性工程第一次开始施工的年月填写。如果没有设计，按计划方案规定的永久性工程实际开始施工的年月填写。这个指标是计算建设项目建设工期和一定时期内施工项目个数的依据。

建设项目永久性工程的开工时间，一般指永久性工程正式破土开槽开始施工的时间，作为建筑物组成部分的正式打桩也算为开工。在此以前的准备工作，如工程地质勘察、平整场地、旧有建筑物的拆除、临时建筑、施工用临时道路、水、电等工程都不算正式开工。总体设计内的工程开工之前，用迁移补偿费先进行拆迁还建工程的项目不算正式开工。没有土建工程的项目，开工时间填写安装工程开始施工的时间。水利、交通、铁路等需要进行大量土、石方工程的项目，开工时间按开始进行土、石方工程的时间填写。以前年度全部停缓建在本年复工的项目，仍按设计文件中规定的永久性工程第一次正式开工的年月填报，不按复工的时间填报开工时间。

（9）**本年全部建成投产时间** 指建设项目按计划规定的生产能力（或效益）在本年内按合同规定全部建成，经验收合格或达到竣工验收标准（引进项目并应按合同规定经过试生产考核达到验收标准，经双方签字确认）正式移交生产或交付使用的时间。

（10）**控股情况** 以法人企业为分类对象，根据企业实收资本中某种经济成分的出资人的实际投资情况进行分类，并按出资人对企业的控股程度,分为绝对控股和相对控股。非法人单位投资项目按投资比重划分。本制度中控股情况具体分为国有控股、集体控股、私人控股、港澳台商控股、外商控股和其他六类。行政和事业单位的投资项目都填国有控股。

（11）**期末项目建设状态** 指报告期末建设项目状态情况。

在建 指建设项目本年正式进行过建筑或安装施工活动，但在报告期末尚未建成投产,处于建设阶段。包括本期施工项目，也包括以前年度施过工结转到本期尚未开工的建设项目。

报告期末已经成立专门的筹集机构，且财务上可以独立核算的筹建项目，期末建设状态也可以填“在建”，但不计算施工项目个数，不能报送建设用地费，建设用地费只有在项目正式开工时才能报送。不能满足成立筹建机构和独立核算两个条件的项目，只有在项目正式开工时才能上报，不能按筹建项目上报。

（12）**城乡分组**

城镇固定资产投资 指城镇各种登记注册类型的企业、事业、行政单位及个体户进行的计划总投资500万元及500万元以上的建设项目投资。县城及以上区域内发生的投资，县及县以上各级政府及主管部门直接领导、管理的建设项目和企事业单位的投资均为城镇固定资产投资。

农村固定资产投资 指发生在农村区域范围内的非农户固定资产投资项目完成的投资。不包括县及县以上各级政府及主管部门直接领导、管理的建设项目和企事业单位的投资。

固定资产投资额和新增固定资产

固定资产投资额 指以货币形式表现的在一定时期内建造和购置固定资产的工作量以及与此有关的费用的总称。

（1）**计划总投资** 是反应固定资产投资在建总规模的重要指标，也是检查工程进度，计算建设周期的依据之一。

计划总投资是指在建的建设工程按照总体设计（或按设计概算或预算）规定的内容全部建成计划需要的总投资。没有总体设计的建设工程，分别按报告期施工工程的计划总投资合计数填报。单纯购置单位应填报单纯购置的计划总投资。计划总投资按以下办法确定填报：

①有上级批准计划总投资的，填列上级批准数额。在上级批准计划总投资后，又批准调整（追加或

减少）时，应填列批准后的调整数字；

②无上级批准的计划总投资的，填列有关权威单位编制的概算或预算中的计划总投资；

③前两者都没有的，填列年内施工工程计划总投资。

（2）**自开始建设累计完成投资** 是指建设项目从开始建设到本年底止累计完成的全部投资。它是反映整个建设项目或企、事业单位建设总进度的指标，其计算范围原则上应与“计划总投资”指标包括的工程内容相一致。报告期前已建成投产或停、缓建工程完成的投资以及拆除、报废工程的投资，仍应包括在内，但转出的“在建工程”累计投资应予以扣除，转入的“在建工程”以前年度完成的投资应当包括。

（3）**本年完成投资** 指从本年 1 月 1 日起至本年最后一天止完成的全部投资额。本年完成投资是反映本年的实际投资规模，计算有关投资效果，进行国民经济核算和经济分析的重要指标。

自年初累计完成投资 是指从本年 1 月 1 日起至报告期（月、季、半年）末止累计完成的投资。

本月完成投资 指从本月 1 日起至本月最后一天止完成的全部投资额。

实际完成投资额是以货币表示的工作量指标，包括实际完成的建筑安装工程价值，设备、工具、器具的购置费，以及实际发生的其他费用。没用到工程实体的建筑材料、工程预付款和没有进行安装的需要安装的设备等，都不能计算投资完成额。

计算投资额所依据的价格：建筑安装工程投资额一般按预算价格计算。实行招标的工程，按中标价格计算。凡经建设单位与施工单位双方协商同意的工程价差、量差，且经建设银行同意拨款的，应视同修改预算价格。建筑安装工程应按修改后的预算价格计算投资完成额。

对于某些工程已进入施工但施工图预算尚未编出的，统计报表可根据工程进度先按设计概算或套用相同的结构、类型工程的预算综合价格计算，待预算编出后再进行调整。

建设单位议价购料供应给施工单位，材料价差部分未转给施工单位的，建设单位应将这部分价差包括在建安工程投资中。

设备、工具、器具购置投资额一律按实际价格，即支出的全部金额计算。外购设备、工具、器具除设备本身的价格外，还应包括运杂费、仓库保管费等。自制的设备、工具、器具，按实际发生的全部支出计算。

其他费用的价格一般按财务部门实际支付的金额计算。

国内贷款利息按报告期实际支付的利息计算投资完成额，并作为增加固定资产的费用处理。

利用国外资金或国家自有外汇购置的国外设备、工具、器具、材料以及支付的各种费用，按实际结算价格折合人民币计算。

住宅本年完成投资 指为建造专供居住使用的房屋而进行的投资，包括建造职工家属宿舍和集体宿舍（包括职工单身宿舍、学生宿舍）等完成的投资。住宅是根据单项工程的直接用途确定的，在计算住宅投资时应将与其有关的设备购置和其他费用一并计入。投资单位只填报自己建造的住宅，不包括购置的商品房。

（4）**本年新增固定资产** 指已经完成建造和购置过程，并已交付生产或使用单位的固定资产的价值，包括已经建成投入生产或交付使用的工程投资和达到固定资产标准的设备、工具、器具的投资及有关应摊入的费用。

属于增加固定资产价值的其他建设费用，应随同交付使用的工程一并计入新增固定资产。

建设项目个数

施工项目个数、本年投产项目个数和本年新开工项目个数：每一个建设项目只计算为一个项目个数。

施工项目个数　指本年正式进行过建筑或安装施工活动的建设项目个数。包括本年新开工项目，以前年度开工跨入本年继续施工项目，本年全部建成投产项目、以前年度全部停缓建在本年恢复施工的项目，本年进行过施工又在本年内全部停缓建的项目。

本年投产项目个数　指报告期内按设计文件规定建成主体工程和相应配套的辅助设施，形成生产能力或工程效益，经过验收合格，并且已正式投入生产或交付使用的建设项目。建成投产项目个数是反映报告期建设成果和考核投资效果的重要依据。

本年新开工项目个数　指报告期内新开工的建设项目。包括新开工的新建项目、扩建项目、改建项目、单纯建造生活设施项目、迁建项目和恢复项目。新开工项目的确定以总体设计或计划文件中所规定的永久性工程正式开工为准。本年新开工项目个数是反映全年新开工的固定资产投资规模的指标。

房屋建筑面积及价值

房屋施工面积　指报告期内施工的全部房屋建筑面积。包括本期新开工的房屋建筑面积、上期跨入本期继续施工的房屋建筑面积、上期停缓建在本期恢复施工的房屋建筑面积、本期竣工的房屋建筑面积以及本期施工后又停缓建的房屋建筑面积。多层建筑应填各层建筑面积之和。

房屋竣工面积　指报告期内房屋建筑按照设计要求已全部完工，达到住人和使用条件，经验收鉴定合格或达到竣工验收标准，可正式移交使用的各栋房屋建筑面积的总和。

竣工面积以房屋单位工程（栋）为核算对象，在整栋房屋符合竣工条件后按其全部建筑面积一次性计算，而不是按各栋施工房屋中已完成的部分或层次分割计算。

计算本年房屋竣工面积，要求严格执行房屋竣工验收标准。民用建筑一般应按设计要求在土建工程和房屋本身附属的水、电、卫（包括设计中有的煤气、暖气）工程已经完工，通风、电梯等设备已经安装完毕，做到水通、灯亮，经验收鉴定合格，并正式交付给使用单位后，才能计算竣工面积。工业及科研等生产性房屋建筑一般应按设计要求在土建工程（包括水、暖、电、卫、通风）及属于房屋组成部分的生活间、操作间等已经完成（不包括安装设备的基础工程），可以进行工艺设备和管线安装时，方可计算本年房屋竣工面积。

资金来源

本年实际到位资金小计　指固定资产投资单位在报告期收到的，用于固定资产投资的各种货币资金。包括国家预算资金、国内贷款、债券、利用外资、自筹资金和其他资金。

国家预算资金　自 2011 年起，按照全国人大和国务院的要求，各级财政的所有资金，包括税收和非税收入，均必须纳入预算管理，我国已不存在预算外资金的概念，因此各级政府用于固定资产投资的财政资金均为预算资金。由于已经没有预算外资金，因此名称改为国家预算资金，包括中央预算资金和地方预算资金，旧的国家预算内资金的内容和现中央预算资金的内容基本一致。

银行贷款　指报告期内向各商业银行、政策性银行借入的用于项目开发建设的各项贷款。

债券　指企业或金融机构为筹集用于固定资产投资的资金向投资者出具的承诺按一定发行条件还本付息的债务凭证，包括金融债券和企业债券。金融债券是由银行和非银行金融机构发行的债券。在我国目前金融债券主要分两类，一是由国家开发银行、进出口银行等政策性银行发行的政策性金融债券，二是由商业银行、证券公司、财务公司等商业性金融机构发行的商业金融债券。企业债券是工商企业依照法定程序发行的债券。公司债券的发行主体可以是股份公司也可以是非股份公司，可以是上市公司也可以是非上市公司，包括依据《企业债券管理条例》发行的企业债券、依据《公司法》发行的上市公司债券、依据中国人民银行规章发行的中期票据等。

利用外资 指报告期收到的境外（包括外国及港澳台地区）资金（包括设备、材料、技术在内）。包括对外借款（外国政府贷款、国际金融组织贷款、出口信贷、外国银行商业贷款、对外发行债券和股票）、外商直接投资、外商其他投资（包括利用外商投资收益在国内进行固定资产再投资活动的资金）。不包括我国自有外汇资金（国家外汇、地方外汇、留成外汇、调济外汇和国内银行自有资金发放的外汇贷款等）。各类外资按报告期末的外汇牌价（中间价）折成人民币计算。

自筹资金 指固定资产投资单位在报告期收到的，由各企事业单位筹集用于固定资产投资的资金，包括各类企事业单位的自有资金和从其他单位筹集的用于固定资产投资的资金，但不包括各类财政性资金、从各类金融机借入资金和国外资金。与原有的自筹资金概念相比，最大的变化是地方财政资金全部归为国家预算资金，自筹资金中不再含有财政资金。自筹资金包括以下三项内容：

其他资金来源 指在报告期收到的除以上各种资金之外的用于固定资产投资的资金。包括社会集资、个人资金、无偿捐赠的资金及其他单位拨入的资金等。

各项应付款合计 指本年用于固定资产投资的应付未付的投资款，即指拖欠施工单位、生产单位、税务部门、职工个人等的投资款。包括当年应付工程款、应付器材款、应付工资、应付有偿调入器材及工程款、其他应付款、应交税金、应交基建收入、应交能源交通建设基金、应交预算调节基金及其他应交款。各项应付款填报报告期实际增加数（或发生数），即当年因建造和购置固定资产而应付未付的各种应付款，不包括以前年度累计的应付款。

工程款 指应付给施工单位的投资款。

建设规模及新增生产能力（或工程效益）

新增生产能力（或工程效益）名称 指建成投产项目或工程新增生产能力（或工程效益）的名称。基层单位要将建成投产项目或工程的全部生产能力（或工程效益），按《新增生产能力（或工程效益）目录及代码》规定的名称及代码填写。

计量单位 按照《新增生产能力（或工程效益）目录》规定的计量单位填报。

建设规模 指建设项目或工程设计文件中规定的全部设计能力（或工程效益）。包括已经建成投产和尚未建成投产的工程的生产能力（或工程效益）。它是以实物形态表示固定资产投资规模的指标，反映建设项目或工程全部建成投产（或交付使用）后，能够为社会提供多少设计能力（或工程效益）。

建设规模应填写设计任务书或计划文件中规定的全部能力（或效益），如工业企业各主要产品的全部生产能力（设计规定有多种产品的，要将主要产品的设计能力逐一填列），铁路、公路的总长度等。新建项目按全部设计能力（或工程效益）计算；改、扩建项目或企业、事业单位，按改、扩建设计规定的全部新增加的能力（或工程效益）填写，不包括改、扩建以前原有的生产能力（或工程效益）。没有总体设计的企业填本年施工的全部单项工程的设计能力。

本年施工规模 指报告期内施工的单项工程（或更新改造项目）的设计能力（或工程效益），包括报告期以前已开工跨入本年继续施工的工程的设计能力和报告期新开工工程的设计能力。也包括报告期内建成投产或报告期施工后又停缓建的单项工程设计能力。不包括在报告期以前建成投产或已经停、缓建的工程，以及报告期内尚未正式开工的工程的设计能力。

本年施工规模是全部建设规模中在本年正式施工的部分，即本年施工的工程或项目的全部设计能力。例如某发电厂经批准建设四台 10 万千瓦发电机组，在报告期以前已建成投产一台；在报告期内施工的二台，其中一台建成投产，还有一台没有开工。则该电厂建设规模为 40 万千瓦，报告期的施工规模为 20 万千瓦。

自开始建设累计新增生产能力（或工程效益）　指自开始建设至本年底止建成投产的全部单项工程累计新增生产能力（或工程效益）。包括报告期以前已经建成投产和报告期内建成投产的单项工程的生产能力（或工程效益）。没有总体设计的企业只填本年施工的全部工程自开始建设至本年底止的累计新增生产能力（或工程效益）。

本年新增生产能力（或工程效益）　指在本年度内按照新增生产能力（或工程效益）的计算条件和标准，实际建成投入生产或交付使用的生产能力（或工程效益）。

计算新增生产能力，原则上应按工程的设计（计划）能力计算。设计能力是指设计中规定的主体工程（或主体设备）及相应配套的辅助工程（或配套设备）在正常情况下能够达到的生产能力。在建设过程中需要调整设计能力时，必须经原批准设计的管理机关批准后，才能按批准修改后的能力计算。如尚未批准，仍按原设计能力计算，并加以说明。无设计（或计划）能力的，可根据验收时的鉴定能力计算。

建成投产的工程，各生产环节的设备已经配齐，符合计算新增生产能力条件的，应按该工程的全部设计能力计算；各生产环节的设备虽未按设计全部配套建成，但保证生产所需的主体设备、配套设备、主体工程、辅助工程都已部分完成，形成生产作业线，经负荷试运转正式投入生产的，只计算设备配齐部分的能力。

电子商务交易平台

平台销售客票金额　指通过网上售票平台销售客票的金额。

按旅客出发地分　指网上售票平台销售的客票按旅客出发火车站所属省（区、市）汇总的数据。

对单位（B2B+B2G）销售金额　指销售给企业（B2B）和政府及其它公共机构（B2G）的客票金额之和。

对个人（B2C）销售金额　指销售给消费者个人（B2C）的客票金额。

中国石油天然气集团公司

（一）报 表 目 录

表号	表名	报告期别	填报范围	报送时间及方式	负责单位	备注
综合年报						
ZY301 表	输油（气）管道基本情况	年报	中国石油天然气集团公司所属管道运输企业	3 月 31 日前；电子邮件 dczxjtc@stats.gov.cn	服务业司	《运输邮电软件业统计报表制度》
701 表	部门服务业企业财务状况	年报	管道运输业中执行企业会计制度的单位	6 月 30 日前；电子邮件或内部交换 dczxjtc@stats.gov.cn	服务业司	《部门服务业财务统计报表制度》（试行）
综合定报						
ZY401 表	石油生产企业石油产品生产、销售与库存	月报	中国石油天然气股份有限公司所属的石油生产企业	月后 15 日前；邮寄或电子邮件 nysnyjcc@stats.gov.cn	能源司	《能源统计报表制度》
ZY402 表	石油销售企业石油商品购进、销售与库存	月报	中国石油天然气股份有限公司所属的石油销售企业	月后 15 日前；邮寄或电子邮件 nysnyjcc@stats.gov.cn	能源司	《能源统计报表制度》
ZY403 表	天然气销售去向	月报	中国石油天然气股份有限公司所属的天然气销售企业	月后 15 日前；邮寄或电子邮件 nysscxsc@stats.gov.cn	能源司	《能源统计报表制度》
ZY404 表	固定资产投资项目情况	月报		3、4、6、12 月月后 10 日，9 月月后 12 日，其他月月后 9 日 12:00 前；网上直报	投资司	

（二）调 查 表 式

综 合 年 报

输油（气）管道基本情况

表　　号：Z Y 3 0 1 表
制定机关：国　家　统　计　局
文　　号：国统字〔2019〕3 号
综合机关名称：中国石油天然气集团公司　　　2 0　　年　　　有效期至：2 0 1 9 年 6 月

指标名称	代码	条数（条）	输油（气）里　程（公里）	延展长度（公里）	输油（气）能力（万吨/年、千万立方米/年）	输油（气）量（万吨、千万立方米）	输油（气）周转量（万吨公里、千万立方米公里）
甲	乙	1	2	3	4	5	6
一、输原油管道（按企业排列）┆							
二、输成品油管道（同上）┆							
三、输天然气管道（同上）┆							
四、输其他气体管道（同上）┆							

单位负责人：　　　填表人：　　　报出日期：2 0　　年　　月　　日

说明：1. 统计范围：中国石油天然气集团公司所属管道运输企业。
2. 报送时间：年后 3 月底前。

部门服务业企业财务状况

（表式及指标解释见通用表）

综 合 定 报

石油生产企业石油产品生产、销售与库存

表　　号：ＺＹ４０１表
制定机关：国家统计局
文　　号：国统字〔2019〕3号
综合机关名称：中国石油天然气股份有限公司　　２０　　年１—　月　　有效期至：２０２０年１月

能源名称	计量单位	代码	年初库存量	生产量	销售量合计			期末库存量
						自产自用	售于批发零售企业	
甲	乙	丙	1	2	3	4	5	6
原　　油	吨	01						
成品油合计	吨	02						
汽　　油	吨	03						
煤　　油	吨	04						
柴　　油	吨	05						
燃 料 油	吨	06						
润 滑 油	吨	07						

单位负责人：　　统计负责人：　　填表人：　　联系电话：　　报出日期：２０　年　月　日

说明：1. 统计范围：中国石油天然气股份有限公司所属的石油生产企业。
2. 报送时间为月后15日前。

石油销售企业石油商品购进、销售与库存

表　　号：ＺＹ４０２表
制定机关：国家统计局
文　　号：国统字〔2019〕3号
综合机关名称：中国石油天然气股份有限公司　　２０　　年１—　月　　有效期至：２０２０年１月

能源名称	计量单位	代码	年初库存量	购进量			销售量					期末库存量
				合计	直接购自生产企业	进口	合计	直接售予使用单位	批发	零售	出口	
甲	乙	丙	1	2	3	4	5	6	7	8	9	10
原　　油	吨	01										
成品油合计	吨	02										
汽　　油	吨	03										
煤　　油	吨	04										
柴　　油	吨	05										
燃 料 油	吨	06										
润 滑 油	吨	07										

单位负责人：　　统计负责人：　　填表人：　　联系电话：　　报出日期：２０　年　月　日

说明：1. 统计范围：中国石油天然气股份有限公司所属的石油销售企业。
2. 报送时间为月后15日前。

天然气销售去向

表　　号：ＺＹ４０３表
制定机关：国家统计局
文　　号：国统字〔2019〕3 号
有效期至：２０２０年１月
计量单位：万立方米

综合机关名称：中国石油天然气股份有限公司　　　２０　　年　　月

指标名称	代码	销售量	
		1-本月	上年同期
甲	乙	1	2
合计	**01**		
其中销往：北　京	02		
天　津	03		
河　北	04		
山　西	05		
内蒙古	06		
辽　宁	07		
吉　林	08		
黑龙江	09		
上　海	10		
江　苏	11		
浙　江	12		
安　徽	13		
福　建	14		
江　西	15		
山　东	16		
河　南	17		
湖　北	18		
湖　南	19		
广　东	20		
广　西	21		
海　南	22		
重　庆	23		
四　川	24		
贵　州	25		
云　南	26		
西　藏	27		
陕　西	28		
甘　肃	29		
青　海	30		
宁　夏	31		
新　疆	32		
出口	33		

单位负责人：　　　填表人：　　　联系电话：　　　报出日期：２０　　年　月　日

说明：1. 统计范围：中国石油天然气股份有限公司所属的天然气销售企业。
　　2. 报送时间为月后 15 日前。

固定资产投资项目情况

表　　号：Z Y 4 0 4 表
统一社会信用代码□□□□□□□□□□□□□□□□□□　制定机关：国　家　统　计　局
尚未领取统一社会信用代码的填写原组织机构代码□□□□□□□□-□　文　　号：国统字〔2019〕3 号
单位详细名称（盖章）：　２０１９年１－　月　有效期至：２　０　２　０　年　１　月

一、项目基本情况

01	项目代码	□□□□□□□□□□-□□□□□□-□□□			
02	项目名称				
13	投资项目在线审批监管平台统一代码	□□□□-□□□□□□-□□-□□-□□□□□□			
104	报表类别	报表类别　□ A 农业　B 规模以上工业　B1 规模以下工业　C 建筑业　E 批发和零售业 S 住宿和餐饮业　X 房地产开发经营业　F 规模以上服务业　H 投资　U 其他			
204	登记注册类型　□□□	**内资** 110 国有　120 集体　130 股份合作　141 国有联营　142 集体联营　143 国有与集体联营　149 其他联营　151 国有独资公司 159 其他有限责任公司　160 股份有限公司　171 私营独资　172 私营合伙　173 私营有限责任公司　174 私营股份有限公司　190 其他 **港澳台商投资** 210 与港澳台商合资经营　220 与港澳台商合作经营　230 港澳台商独资　240 港澳台商投资股份有限公司　290 其他港澳台投资 **外商投资** 310 中外合资经营　320 中外合作经营　330 外资企业　340 外商投资股份有限公司　390 其他外商投资 **个体经营** 410 个体户　420 个人合伙			
03	项目建设所在地及区划	______省(自治区、直辖市)______市(地、州、盟)______县(市、区、旗) ______乡(镇)__________街(村)、门牌号 区划代码　□□□□□□□□□□□□			
04	联系电话	□□□□□□□□—□□□□□	05	项目行业编码	□□□□
06	控股情况	□　1 国有控股　2 集体控股　3 私人控股　4 港澳台商控股　5 外商控股　9 其他			
07	隶属关系　□□	10 中央　11 地方　90 其他			
08	建设性质	□　1 新建　2 扩建　3 改建和技术改造　4 单纯建造生活设施　5 迁建　6 恢复　7 单纯购置			
09	项目类别	1 工业企业技术改造项目 2 棚户区改造项目 3 涉农项目	10	项目开工时间	□□□□年□□月
11	本年全部投产时间	□□□□年□□月	12	期末项目建设状态	□　1 在建　2 全部投产　3 全部停缓建

二、项目投资情况

指标名称	计量单位	代码	1—本月	指标名称	计量单位	代码	1—本月
甲	乙	丙	1	甲	乙	丙	1
计划总投资	万元	101		房屋竣工面积	平方米	132	
自开始建设累计完成投资	万元	103		其中：住宅	平方米	133	
本年完成投资	万元	107		房屋竣工价值	万元	134	
其中：本月完成投资	万元	140		其中：住宅	万元	135	
其中：住宅	万元	118		上年末结余资金	万元	302	
按构成分：				本年实际到位资金	万元	303	
建筑工程	万元	108		国家预算资金	万元	304	
安装工程	万元	109		其中：中央预算资金	万元	328	
设备工器具购置	万元	110		国内贷款	万元	305	
其中：购置旧设备	万元	111		债券	万元	306	
其他费用	万元	112		利用外资	万元	307	
其中：旧建筑物购置费	万元	113		自筹资金	万元	311	
其中：建设用地费	万元	114		其他资金来源	万元	318	
本年新增固定资产	万元	128		各项应付款合计	万元	320	
房屋施工面积	平方米	130		其中：工程款	万元	321	
其中：住宅	平方米	131					

单位负责人：　　统计负责人：　　填表人：　　报出日期：２０　　年　　月　　日

说明：1. 统计范围：各种登记注册类型的法人单位以及个体经营进行的计划总投资 500 万元及以上的建设项目（不包括农户投资、不含军工、国防项目）　。

2. 报送日期及方式：3、4、6、12 月月后 10 日，9 月月后 12 日，其他月月后 9 日 12：00 前网上直报。

3. 本表除“计划总投资”、“自开始建设累计完成投资”、“其中：本月完成投资”指标外，其他指标均为自年初至报告期末累计数。

4. 投资项目在线审批监管平台统一代码的填报范围：报告期在建及新开工项目均需填写。该代码由各级发改部门投资项目在线审批监管平台生成。

5. 审核关系：

(1) 103≥107　(2) 107≥140　(3) 107≥118　(4) 107＝108＋109＋110＋112

(5) 110≥111　(6) 112≥113＋114　(7) 130≥131　(8) 132≥133

(9) 134≥135　(10) 303＝304＋305＋306＋307＋311＋318　(11) 304≥328

(12) 320≥321

（三）主要指标解释

管道运输 指以管道输送的方式将原油、天然气、成品油、其他气体等输送到用户的一种运输形式。包括油气田企业直接通向炼油厂、化工厂、电站等用户及装车站、油码头的管道，炼油厂通向用户（包括商业石油公司油库）的成品油、气管道，管道运输企业通向用户及装车（站）栈桥、油码头的管道；不包括油气田、炼油厂内的集输管线和工艺管线，油气井口输送到集气站或经集气站到净化处理装置的管线。

输油（气）管道里程 指油、气、成品油等各类介质实际输送距离，是反映运输管线长度的指标，也是计算周转量的依据。对于有复线和备用线的地段，原则上按单线计算管输里程。双线同时输送又不能分开计量的情况下，管输里程为双线长度之和除以 2。

输油（气）管道延展长度 指管道敷设的实际长度，包括复线和备用线的长度。输油气里程和延展长度均不包括各站内工艺管线。

输油（气）能力 指在油气产量及设备正常的条件下，在年度有效工作时间内，最大可能的输油（气）量。一般按设计能力填报，当实际条件发生很大变化时，则按上级批准的查定能力计算。在计算输油气管道的输送能力时，对于一条输油气管道的输送能力只能根据干线的输送能力来确定，可以不考虑干线与支线的能力平衡。在几条输油气管线连网时，该管网的输油气能力则应根据各输油气管网的运行情况由有关部门综合确定，而不是把各条管道的能力简单相加。

输油（气）量 指输油气管道实际输送的油气数量。计算一条管线的管输量指首站和各进油点的输出量之和。一个单位管几条输油气管线，在计算输油气量时，应分别列出每条管线的输油气量。天然气按一千立方米折一吨原油计算。

输油（气）周转量 指在一定时期内输油气管道输送油气数量与输送距离的乘积。计算公式为：

$$输油气周转量=输油气量\times输油气里程-自用量\times输油气里程$$

基本概况指标

单位名称 新建项目填报建设项目的全称。在原有企业、事业单位基础上进行的扩建、改建和技术改造等项目填报本企业、事业单位的全称，不要填简称，也不要随意更改。填项目建设单位的名称，依据立项批复里的内容填写，谁立项填谁，一般来说填该项目投资主体的全称。名称必须是由项目建设单位填报，不允许填基层统计部门或基层政府的名称。

项目名称 主要依据立项批复里的项目名称填写，没有立项的根据项目的具体内容填写。一般来讲，单位名称和项目名称不应相同。

建设地址 指建设项目的建设地点。根据实际情况填列：主体工程在现有企业、事业单位内进行建设的，填现有企业、事业单位地址；主体工程在现有企业、事业单位之外进行建设的，填主体工程的建设地址。

建设地址应填××省（自治区、直辖市）××市（地、州、盟）××县（市、区、旗）×××乡（镇、街

道、政企合一、开发区)×××居委会(村委会、开发区)

建设地址代码填写所在地区划代码(不是邮政编码)。按国家标准《中华人民共和国行政区划代码》(GB/T2260－2002)执行。代码为十二位数字，第一、二位表示省(自治区、直辖市)；第三、四位表示市(地、州、盟)；第五、六位表示县(市、区、旗)；第七、八、九位是乡(镇、街道、政企合一、开发区)代码；第十、十一、十二位是居委会(村委会、开发区)代码。项目单位填写项目主体工程的详细建设地址即可，由基层政府统计部门填写建设地址代码。

对于跨县(市、区、旗)由地(市)主管部门上报的项目，第五、六位是地市主管部门的代码，由地(市)统计局统一规定，第七至十二位规定为“000000”。

对于跨地(市)由省(自治区、直辖市)主管部门上报的项目，第三、四位是省级主管部门的代码，由省(自治区、直辖市)统计局统一规定。第五、六位规定为“00”。

登记注册类型　指企业或企业产业活动单位的登记注册类型，按其在工商行政管理机关登记注册的类型填写。划分企业登记注册类型的依据是工商行政管理部门对企业登记注册的类型，按照国家统计局、国家工商行政管理局联合印发的《关于划分企业登记注册类型的规定》[国统字[2011]86 号] 执行。机关、事业单位和社会团体及其他组织的登记注册类型，按其主要经费来源和管理方式，根据实际情况，比照《关于划分企业登记注册类型的规定》确定。划分个体经营登记注册类型的依据是国家统计局相关规定，按照国家统计局《关于“个体经营”登记注册类型分类及代码的通知》[国统办字(1999)2 号] 执行。

固定资产投资统计报表制度规定，基层统计单位均要填报登记注册类型。登记注册类型由从事固定资产投资活动的企业或个体经营单位填报。已在工商行政管理部门登记的，按登记注册类型填报，未登记的，按投资者的登记注册类型或有关文件的规定填报。

行业类别　指根据其从事的社会经济活动性质对各类单位进行的分类。应根据建设项目建成投产后的主要产品种类或主要用途及社会经济活动种类来划分，不能根据项目单位本身的行业类别来划分。如果项目投产后有几种产品，应根据主要产品来确定行业类别。如某矿业公司的“镁及镁合金生产线”项目，行业类别应为“镁冶炼”。

行业类别要根据最新的《国民经济行业分类和代码》(GB/T 4754-2017) 来填报。行业代码为四位，根据行业小类填写。

一般情况下，一个建设项目只能属于一种国民经济行业。

在现有企业、事业单位中，为适应市场变化而全厂性转产，改变原有主要产品种类或主要经济活动性质(如军工转民用)的，则可根据转产后的主要产品种类或主要经济活动性质来划分国民经济行业种类。

隶属关系　指本单位隶属于哪一级行政管理单位。隶属关系是按建设单位或企业、事业、行政单位主管上级机关确定的。本制度规定基层填报单位的隶属关系有五种：中央、省(自治区、直辖市)、市(地、州、盟)、县(市、区、旗)和其他。项目建设单位由哪一级直接领导或管理，就填哪一级。

建设性质　指固定资产再生产的性质，按整个建设项目的具体情况确定，房地产开发单位免填。一个建设项目只能有一种建设性质。

技术改造　指企业采用新技术、新工艺、新设备、新材料对现有设施、工艺条件及生产服务等进行改造提升，淘汰落后产能，实现内涵式发展的投资活动。根据建设性质划分，技术改造投资包括改建和技术改造项目投资，以及扩建、迁建、恢复和单纯购置项目中属于技术改造性质的项目投资。

开工时间　指项目开始建设的年月。按建设项目设计文件中规定的永久性工程第一次开始施工的年月填写。如果没有设计，按计划方案规定的永久性工程实际开始施工的年月填写。这个指标是计算建设项目建设工期和一定时期内施工项目个数的依据。

建设项目永久性工程的开工时间，一般指永久性工程正式破土开槽开始施工的时间，作为建筑物组成部分的正式打桩也算为开工。在此以前的准备工作，如工程地质勘察、平整场地、旧有建筑物的拆除、临时建筑、施工用临时道路、水、电等工程都不算正式开工。总体设计内的工程开工之前，用迁移补偿费先进行拆迁还建工程的项目不算正式开工。没有土建工程的项目，开工时间填写安装工程开始施工的时间。水利、交通、铁路等需要进行大量土、石方工程的项目，开工时间按开始进行土、石方工程的时间填写。以前年度全部停缓建在本年复工的项目，仍按设计文件中规定的永久性工程第一次正式开工的年月填报，不按复工的时间填报开工时间。

本年全部建成投产时间 指建设项目按计划规定的生产能力（或效益）在本年内按合同规定全部建成，经验收合格或达到竣工验收标准(引进项目并应按合同规定经过试生产考核达到验收标准，经双方签字确认)正式移交生产或交付使用的时间。

控股情况 以法人企业为分类对象，根据企业实收资本中某种经济成分的出资人的实际投资情况进行分类，并按出资人对企业的控股程度,分为绝对控股和相对控股。非法人单位投资项目按投资比重划分。本制度中控股情况具体分为国有控股、集体控股、私人控股、港澳台商控股、外商控股和其他六类。行政和事业单位的投资项目都填国有控股。

期末项目建设状态 指报告期末建设项目状态情况。

在建 指建设项目本年正式进行过建筑或安装施工活动，但在报告期末尚未建成投产,处于建设阶段。包括本期施工项目，也包括以前年度施过工结转到本期尚未开工的建设项目。

报告期末已经成立专门的筹集机构,且财务上可以独立核算的筹建项目,期末建设状态也可以填“在建”,但不计算施工项目个数，不能报送建设用地费，建设用地费只有在项目正式开工时才能报送。不能满足成立筹建机构和独立核算两个条件的项目，只有在项目正式开工时才能上报，不能按筹建项目上报。

城乡分组

城镇固定资产投资 指城镇各种登记注册类型的企业、事业、行政单位及个体户进行的计划总投资500万元及500万元以上的建设项目投资。县城及以上区域内发生的投资，县及县以上各级政府及主管部门直接领导、管理的建设项目和企事业单位的投资均为城镇固定资产投资。

农村固定资产投资 指发生在农村区域范围内的非农户固定资产投资项目完成的投资。不包括县及县以上各级政府及主管部门直接领导、管理的建设项目和企事业单位的投资。

固定资产投资额和新增固定资产

固定资产投资额 指以货币形式表现的在一定时期内建造和购置固定资产的工作量以及与此有关的费用的总称。

计划总投资 是反应固定资产投资在建总规模的重要指标，也是检查工程进度，计算建设周期的依据之一。

计划总投资是指在建的建设工程按照总体设计（或按设计概算或预算）规定的内容全部建成计划需要的总投资。没有总体设计的建设工程，分别按报告期施工工程的计划总投资合计数填报。单纯购置单位应填报单纯购置的计划总投资。计划总投资按以下办法确定填报：

①有上级批准计划总投资的，填列上级批准数额。在上级批准计划总投资后，又批准调整（追加或减少）时，应填列批准后的调整数字；

②无上级批准的计划总投资的，填列有关权威单位编制的概算或预算中的计划总投资；

③前两者都没有的，填列年内施工工程计划总投资。

自开始建设累计完成投资 是指建设项目从开始建设到本年底止累计完成的全部投资。它是反映整个建设项目或企、事业单位建设总进度的指标，其计算范围原则上应与“计划总投资”指标包括的工程内容相一致。报告期前已建成投产或停、缓建工程完成的投资以及拆除、报废工程的投资，仍应包括在内，但转出的“在建工程”累计投资应予以扣除，转入的“在建工程”以前年度完成的投资应当包括。

本年完成投资 指从本年 1 月 1 日起至本年最后一天止完成的全部投资额。本年完成投资是反映本年的实际投资规模，计算有关投资效果，进行国民经济核算和经济分析的重要指标。

自年初累计完成投资 是指从本年 1 月 1 日起至报告期（月、季、半年）末止累计完成的投资。

本月完成投资 指从本月 1 日起至本月最后一天止完成的全部投资额。

实际完成投资额是以货币表示的工作量指标，包括实际完成的建筑安装工程价值，设备、工具、器具的购置费，以及实际发生的其他费用。没用到工程实体的建筑材料、工程预付款和没有进行安装的需要安装的设备等，都不能计算投资完成额。

计算投资额所依据的价格：建筑安装工程投资额一般按预算价格计算。实行招标的工程，按中标价格计算。凡经建设单位与施工单位双方协商同意的工程价差、量差，且经建设银行同意拨款的，应视同修改预算价格。建筑安装工程应按修改后的预算价格计算投资完成额。

对于某些工程已进入施工但施工图预算尚未编出的，统计报表可根据工程进度先按设计概算或套用相同的结构、类型工程的预算综合价格计算，待预算编出后再进行调整。

建设单位议价购料供应给施工单位，材料价差部分未转给施工单位的，建设单位应将这部分价差包括在建安工程投资中。

设备、工具、器具购置投资额一律按实际价格，即支出的全部金额计算。外购设备、工具、器具除设备本身的价格外，还应包括运杂费、仓库保管费等。自制的设备、工具、器具，按实际发生的全部支出计算。

其他费用的价格一般按财务部门实际支付的金额计算。

国内贷款利息按报告期实际支付的利息计算投资完成额，并作为增加固定资产的费用处理。

利用国外资金或国家自有外汇购置的国外设备、工具、器具、材料以及支付的各种费用，按实际结算价格折合人民币计算。

住宅本年完成投资 指为建造专供居住使用的房屋而进行的投资，包括建造职工家属宿舍和集体宿舍（包括职工单身宿舍、学生宿舍）等完成的投资。住宅是根据单项工程的直接用途确定的，在计算住宅投资时应将与其有关的设备购置和其他费用一并计入。投资单位只填报自己建造的住宅，不包括购置的商品房。

本年新增固定资产 指已经完成建造和购置过程，并已交付生产或使用单位的固定资产的价值，包括已经建成投入生产或交付使用的工程投资和达到固定资产标准的设备、工具、器具的投资及有关应摊入的费用。

属于增加固定资产价值的其他建设费用，应随同交付使用的工程一并计入新增固定资产。

建设项目个数

施工项目个数、本年投产项目个数和本年新开工项目个数：每一个建设项目只计算为一个项目个数。

施工项目个数 指本年正式进行过建筑或安装施工活动的建设项目个数。包括本年新开工项目，以前年度开工跨入本年继续施工项目，本年全部建成投产项目、以前年度全部停缓建在本年恢复施工的项目，本年进行过施工又在本年内全部停缓建的项目。

本年投产项目个数 指报告期内按设计文件规定建成主体工程和相应配套的辅助设施，形成生产能力或工程效益，经过验收合格，并且已正式投入生产或交付使用的建设项目。建成投产项目个数是反映报告期建设成果和考核投资效果的重要依据。

本年新开工项目个数 指报告期内新开工的建设项目。包括新开工的新建项目、扩建项目、改建项目、单纯建造生活设施项目、迁建项目和恢复项目。新开工项目的确定以总体设计或计划文件中所规定的永久性工程正式开工为准。本年新开工项目个数是反映全年新开工的固定资产投资规模的指标。

房屋建筑面积及价值

房屋施工面积 指报告期内施工的全部房屋建筑面积。包括本期新开工的房屋建筑面积、上期跨入本期继续施工的房屋建筑面积、上期停缓建在本期恢复施工的房屋建筑面积、本期竣工的房屋建筑面积以及本期施工后又停缓建的房屋建筑面积。多层建筑应填各层建筑面积之和。

房屋竣工面积 指报告期内房屋建筑按照设计要求已全部完工，达到住人和使用条件，经验收鉴定合格或达到竣工验收标准，可正式移交使用的各栋房屋建筑面积的总和。

竣工面积以房屋单位工程（栋）为核算对象，在整栋房屋符合竣工条件后按其全部建筑面积一次性计算，而不是按各栋施工房屋中已完成的部分或层次分割计算。

计算本年房屋竣工面积，要求严格执行房屋竣工验收标准。民用建筑一般应按设计要求在土建工程和房屋本身附属的水、电、卫（包括设计中有的煤气、暖气）工程已经完工，通风、电梯等设备已经安装完毕，做到水通、灯亮，经验收鉴定合格，并正式交付给使用单位后，才能计算竣工面积。工业及科研等生产性房屋建筑一般应按设计要求在土建工程（包括水、暖、电、卫、通风）及属于房屋组成部分的生活间、操作间等已经完成（不包括安装设备的基础工程），可以进行工艺设备和管线安装时，方可计算本年房屋竣工面积。

资金来源

本年实际到位资金小计 指固定资产投资单位在报告期收到的，用于固定资产投资的各种货币资金。包括国家预算资金、国内贷款、债券、利用外资、自筹资金和其他资金。

国家预算资金 自 2011 年起，按照全国人大和国务院的要求，各级财政的所有资金，包括税收和非税收入，均必须纳入预算管理，我国已不存在预算外资金的概念，因此各级政府用于固定资产投资的财政资金均为预算资金。由于已经没有预算外资金，因此名称改为国家预算资金，包括中央预算资金和地方预算资金，旧的国家预算内资金的内容和现中央预算资金的内容基本一致。

银行贷款 指报告期内向各商业银行、政策性银行借入的用于项目开发建设的各项贷款。

债券 指企业或金融机构为筹集用于固定资产投资的资金向投资者出具的承诺按一定发行条件还本付息的债务凭证，包括金融债券和企业债券。金融债券是由银行和非银行金融机构发行的债券。在我国目前金融债券主要分两类，一是由国家开发银行、进出口银行等政策性银行发行的政策性金融债券，二是由商业银行、证券公司、财务公司等商业性金融机构发行的商业金融债券。企业债券是工商企业依照法定程序发行的债券。公司债券的发行主体可以是股份公司也可以是非股份公司，可以是上市公司也可以是非上市公司，包括依据《企业债券管理条例》发行的企业债券、依据《公司法》发行的上市公司债券、依据中国人民银行规章发行的中期票据等。

利用外资　指报告期收到的境外（包括外国及港澳台地区）资金(包括设备、材料、技术在内)。包括对外借款(外国政府贷款、国际金融组织贷款、出口信贷、外国银行商业贷款、对外发行债券和股票)、外商直接投资、外商其他投资(包括利用外商投资收益在国内进行固定资产再投资活动的资金)。不包括我国自有外汇资金(国家外汇、地方外汇、留成外汇、调济外汇和国内银行自有资金发放的外汇贷款等)。各类外资按报告期末的外汇牌价（中间价）折成人民币计算。

自筹资金　指固定资产投资单位在报告期收到的，由各企事业单位筹集用于固定资产投资的资金，包括各类企事业单位的自有资金和从其他单位筹集的用于固定资产投资的资金，但不包括各类财政性资金、从各类金融机借入资金和国外资金。与原有的自筹资金概念相比，最大的变化是地方财政资金全部归为国家预算资金，自筹资金中不再含有财政资金。自筹资金包括以下三项内容：

其他资金来源　指在报告期收到的除以上各种资金之外的用于固定资产投资的资金。包括社会集资、个人资金、无偿捐赠的资金及其他单位拨入的资金等。

各项应付款合计　指本年用于固定资产投资的应付未付的投资款，即指拖欠施工单位、生产单位、税务部门、职工个人等的投资款。包括当年应付工程款、应付器材款、应付工资、应付有偿调入器材及工程款、其他应付款、应交税金、应交基建收入、应交能源交通建设基金、应交预算调节基金及其他应交款。各项应付款填报报告期实际增加数（或发生数），即当年因建造和购置固定资产而应付未付的各种应付款，不包括以前年度累计的应付款。

工程款　指应付给施工单位的投资款。

建设规模及新增生产能力(或工程效益)

新增生产能力(或工程效益)名称　指建成投产项目或工程新增生产能力(或工程效益)的名称。基层单位要将建成投产项目或工程的全部生产能力（或工程效益），按《新增生产能力(或工程效益)目录及代码》规定的名称及代码填写。

计量单位　按照《新增生产能力(或工程效益)目录》规定的计量单位填报。

建设规模　指建设项目或工程设计文件中规定的全部设计能力(或工程效益)。包括已经建成投产和尚未建成投产的工程的生产能力(或工程效益)。它是以实物形态表示固定资产投资规模的指标，反映建设项目或工程全部建成投产（或交付使用）后，能够为社会提供多少设计能力（或工程效益）。

建设规模应填写设计任务书或计划文件中规定的全部能力（或效益），如工业企业各主要产品的全部生产能力(设计规定有多种产品的，要将主要产品的设计能力逐一填列)，铁路、公路的总长度等。新建项目按全部设计能力(或工程效益)计算；改、扩建项目或企业、事业单位，按改、扩建设计规定的全部新增加的能力(或工程效益)填写，不包括改、扩建以前原有的生产能力（或工程效益）。没有总体设计的企业填本年施工的全部单项工程的设计能力。

本年施工规模　指报告期内施工的单项工程（或更新改造项目）的设计能力(或工程效益)，包括报告期以前已开工跨入本年继续施工的工程的设计能力和报告期新开工工程的设计能力。也包括报告期内建成投产或报告期施工后又停缓建的单项工程设计能力。不包括在报告期以前建成投产或已经停、缓建的工程，以及报告期内尚未正式开工的工程的设计能力。

本年施工规模是全部建设规模中在本年正式施工的部分，即本年施工的工程或项目的全部设计能力。例如某发电厂经批准建设四台 10 万千瓦发电机组，在报告期以前已建成投产一台；在报告期内施工的二台，其中一台建成投产，还有一台没有开工。则该电厂建设规模为 40 万千瓦，报告期的施工规模为 20 万千瓦。

自开始建设累计新增生产能力(或工程效益) 指自开始建设至本年底止建成投产的全部单项工程累计新增生产能力(或工程效益)。包括报告期以前已经建成投产和报告期内建成投产的单项工程的生产能力(或工程效益)。没有总体设计的企业只填本年施工的全部工程自开始建设至本年底止的累计新增生产能力(或工程效益)。

本年新增生产能力(或工程效益) 指在本年度内按照新增生产能力(或工程效益)的计算条件和标准，实际建成投入生产或交付使用的生产能力(或工程效益)。

计算新增生产能力，原则上应按工程的设计（计划）能力计算。设计能力是指设计中规定的主体工程（或主体设备）及相应配套的辅助工程（或配套设备）在正常情况下能够达到的生产能力。在建设过程中需要调整设计能力时，必须经原批准设计的管理机关批准后，才能按批准修改后的能力计算。如尚未批准，仍按原设计能力计算，并加以说明。无设计（或计划）能力的，可根据验收时的鉴定能力计算。

建成投产的工程，各生产环节的设备已经配齐，符合计算新增生产能力条件的，应按该工程的全部设计能力计算；各生产环节的设备虽未按设计全部配套建成，但保证生产所需的主体设备、配套设备、主体工程、辅助工程都已部分完成，形成生产作业线，经负荷试运转正式投入生产的，只计算设备配齐部分的能力。

中国石油化工集团公司

（一）报 表 目 录

表号	表名	报告期别	填报范围	报送时间及方式	负责单位	备注
综合年报						
ZS301 表	输油（气）管道基本情况	年报	中国石油化工集团公司所属管道运输企业	3 月 31 日前；电子邮件 dczxjtc@stats. gov. cn	服务业司	《运输邮电软件业统计报表制度》
701 表	部门服务业企业财务状况	年报	管道运输业中执行企业会计制度的单位	6 月 30 日前；电子邮件或内部交换 dczxjtc@stats. gov. cn	服务业司	《部门服务业财务统计报表制度》（试行）
综合定报						
ZS401 表	石油生产企业石油产品生产、销售与库存	月报	中国石油化工股份有限公司所属的石油生产企业	月后 15 日前；邮寄或电子邮件 nysnyjcc@stats. gov. cn	能源司	《能源统计报表制度》
ZS402 表	石油销售企业石油商品购进、销售与库存	月报	中国石油化工股份有限公司所属的石油销售企业			
ZS403 表	天然气销售去向	月报	中国石油化工股份有限公司所属的天然气销售企业	月后 15 日前；邮寄或电子邮件 nysscxsc@stats. gov. cn		

（二）调 查 表 式

综 合 年 报

输油（气）管道基本情况

表　　号：Z S 3 0 1 表
制定机关：国 家 统 计 局
文　　号：国统字〔2019〕3 号
有效期至：2 0 1 9 年 6 月

综合机关名称：中国石油化工股份有限公司　　　　2 0　　年

指标名称	代码	条数（条）	输油（气）里程（公里）	延展长度（公里）	输油（气）能力（万吨/年、千万立方米/年）	输油（气）量（万吨、千万立方米）	输油（气）周转量（万吨公里、千万立方米公里）
甲	乙	1	2	3	4	5	6
一、输原油管道（按企业排列）┆							
二、输成品油管道（同上）┆							
三、输天然气管道（同上）┆							
四、输其他气体管道（同上）┆							

单位负责人：　　　　填表人：　　　　报出日期：2 0　　年　　月　　日

说明：1. 统计范围：中国石油化工集团公司所属管道运输企业。
　　　2. 报送时间：年后 3 月底前。

部门服务业企业财务状况

（表式及指标解释见通用表）

综 合 定 报

石油生产企业石油产品生产、销售与库存

表　　号：Z S 4 0 1 表
制定机关：国 家 统 计 局
文　　号：国统字〔2019〕3 号
有效期至：2 0 2 0 年 1 月

综合机关名称：中国石油化工股份有限公司　　2 0　　年 1 —　　月

能源名称	计量单位	代码	年初库存量	生产量	销售量合计	售于批发零售企业	自产自用	期末库存量
甲	乙	丙	1	2	3	4	5	6
原　　油	吨	01						
成品油合计	吨	02						
汽　　油	吨	03						
煤　　油	吨	04						
柴　　油	吨	05						
燃 料 油	吨	06						
润 滑 油	吨	07						

单位负责人：　　统计负责人：　　填表人：　　联系电话：　　报出日期：2 0　　年　　月　　日

说明：1. 统计范围：中国石油化工股份有限公司所属的石油生产企业。
　　2. 报送时间：月后 15 日前。

石油销售企业石油商品购进、销售与库存

表　　号：Z S 4 0 2 表
制定机关：国 家 统 计 局
文　　号：国统字〔2019〕3 号
有效期至：2 0 2 0 年 1 月

综合机关名称：中国石油化工股份有限公司　　2 0　　年 1 —　　月

能源名称	计量单位	代码	年初库存量	购进量			销售量					期末库存量
				合计	直接购自生产企业	进口	合计	直接售予使用单位	批发	零售	出口	
甲	乙	丙	1	2	3	4	5	6	7	8	9	10
原　　油	吨	01										
成品油合计	吨	02										
汽　　油	吨	03										
煤　　油	吨	04										
柴　　油	吨	05										
燃 料 油	吨	06										
润 滑 油	吨	07										

单位负责人：　　统计负责人：　　填表人：　　联系电话：　　报出日期：2 0　　年　　月　　日

说明：1. 统计范围：中国石油化工股份有限公司所属的石油销售企业。
　　2. 报送时间：月后 15 日前。

天然气销售去向

表　　号：Z S 4 0 3 表
制定机关：国 家 统 计 局
文　　号：国统字〔2019〕3 号
有效期至：2 0 2 0 年 1 月

综合机关名称：中国石油化工股份有限公司　　2 0　　年　　月　　计量单位：万 立 方 米

指标名称	代码	销售量	
		1-本月	上年同期
甲	乙	1	2
合计	**01**		
其中销往：北　京	02		
天　津	03		
河　北	04		
山　西	05		
内蒙古	06		
辽　宁	07		
吉　林	08		
黑龙江	09		
上　海	10		
江　苏	11		
浙　江	12		
安　徽	13		
福　建	14		
江　西	15		
山　东	16		
河　南	17		
湖　北	18		
湖　南	19		
广　东	20		
广　西	21		
海　南	22		
重　庆	23		
四　川	24		
贵　州	25		
云　南	26		
西　藏	27		
陕　西	28		
甘　肃	29		
青　海	30		
宁　夏	31		
新　疆	32		
出口	33		

单位负责人：　　填表人：　　联系电话：　　报出日期：2 0　　年　月　日

说明：1. 统计范围：中国石油化工股份有限公司所属的天然气销售企业。
2. 报送时间：月后 15 日前。

（三）主要指标解释

管道运输　指以管道输送的方式将原油、天然气、成品油、其他气体等输送到用户的一种运输形式。包括油气田企业直接通向炼油厂、化工厂、电站等用户及装车站、油码头的管道，炼油厂通向用户（包括商业石油公司油库）的成品油、气管道，管道运输企业通向用户及装车（站）栈桥、油码头的管道；不包括油气田、炼油厂内的集输管线和工艺管线，油气井口输送到集气站或经集气站到净化处理装置的管线。

输油（气）管道里程　指油、气、成品油等各类介质实际输送距离，是反映运输管线长度的指标，也是计算周转量的依据。对于有复线和备用线的地段，原则上按单线计算管输里程。双线同时输送又不能分开计量的情况下，管输里程为双线长度之和除以 2。

输油（气）管道延展长度　指管道敷设的实际长度，包括复线和备用线的长度。输油气里程和延展长度均不包括各站内工艺管线。

输油（气）能力　指在油气产量及设备正常的条件下，在年度有效工作时间内，最大可能的输油（气）量。一般按设计能力填报，当实际条件发生很大变化时，则按上级批准的查定能力计算。在计算输油气管道的输送能力时，对于一条输油气管道的输送能力只能根据干线的输送能力来确定，可以不考虑干线与支线的能力平衡。在几条输油气管线连网时，该管网的输油气能力则应根据各输油气管网的运行情况由有关部门综合确定，而不是把各条管道的能力简单相加。

输油（气）量　指输油气管道实际输送的油气数量。计算一条管线的管输量指首站和各进油点的输出量之和。一个单位管几条输油气管线，在计算输油气量时，应分别列出每条管线的输油气量。天然气按一千立方米折一吨原油计算。

输油（气）周转量　指在一定时期内输油气管道输送油气数量与输送距离的乘积。计算公式为：

输油气周转量=输油气量×输油气里程-自用量×输油气里程

中国海洋石油总公司

（一）报 表 目 录

表号	表名	报告期别	填报范围	报送时间及方式	负责单位	备注
综合年报						
ZH301 表	输油（气）管道基本情况	年报	中国海洋石油总公司所属管道运输企业	3 月 31 日前；电子邮件 dczxjtc@stats.gov.cn	服务业司	《运输邮电软件业统计报表制度》
701 表	部门服务业企业财务状况	年报	管道运输业中执行企业会计制度的单位	6 月 30 日前；电子邮件或内部交换 dczxjtc@stats.gov.cn	服务业司	《部门服务业财务统计报表制度》（试行）
综合定报						
ZH401 表	石油生产企业石油产品生产、销售与库存	月报	中国海洋石油总公司所属的石油生产企业	月后 15 日前；邮寄或电子邮件 nysnyjcc@stats.gov.cn	能源司	《能源统计报表制度》
ZH402 表	石油销售企业石油商品购进、销售与库存	月报	中国海洋石油总公司所属的石油销售企业			
ZH403 表	天然气销售去向	月报	中国海洋石油总公司所属的天然气销售企业	月后 15 日前；邮寄或电子邮件 nysscxsc@stats.gov.cn		

（二）调 查 表 式

综 合 年 报

输油（气）管道基本情况

表　　号：Z H 3 0 1 表
制定机关：国　家　统　计　局
文　　号：国统字〔2019〕3 号
综合机关名称：中国海洋石油总公司　　　　2 0　　年　　　　有效期至：2 0 1 9 年 6 月

指标名称	代码	条数（条）	输油（气）里程（公里）	延展长度（公里）	输油（气）能力（万吨/年、千万立方米/年）	输油（气）量（万吨、千万立方米）	输油（气）周转量（万吨公里、千万立方米公里）
甲	乙	1	2	3	4	5	6
一、输原油管道 （按企业排列） ┆							
二、输成品油管道 （同上） ┆							
三、输天然气管道 （同上） ┆							
四、输其他气体管道 （同上） ┆							

单位负责人：　　　　填表人：　　　　报出日期：2 0　　年　　月　　日

说明：1. 统计范围：中国海洋石油总公司所属管道运输企业。
　　　2. 报送时间：年后 3 月底前。

部门服务业企业财务状况

（表式及指标解释见通用表）

综 合 定 报

石油生产企业石油产品生产、销售与库存

表　　号：ZH401表
制定机关：国家统计局
文　　号：国统字〔2019〕3号
有效期至：2020年1月

综合机关名称：中国海洋石油总公司　　　　20　年1—　月

能源名称	计量单位	代码	年初库存量	生产量	销售量合计	自产自用	售于批发零售企业	期末库存量
甲	乙	丙	1	2	3	4	5	6
原　　油	吨	01						
成品油合计	吨	02						
汽　　油	吨	03						
煤　　油	吨	04						
柴　　油	吨	05						
燃 料 油	吨	06						
润 滑 油	吨	07						

单位负责人：　　统计负责人：　　填表人：　　联系电话：　　报出日期：20　年　月　日

说明：1. 统计范围：中国海洋石油总公司所属的石油生产企业。
2. 报送时间：月后15日前。

石油销售企业石油商品购进、销售与库存

表　　号：ZH402表
制定机关：国家统计局
文　　号：国统字〔2019〕3号
有效期至：2020年1月

综合机关名称：中国海洋石油总公司　　　　20　年1—　月

能源名称	计量单位	代码	年初库存量	购进量			销售量					期末库存量
				合计	直接购自生产企业	进口	合计	直接售予使用单位	批发	零售	出口	
甲	乙	丙	1	2	3	4	5	6	7	8	9	10
原　　油	吨	01										
成品油合计	吨	02										
汽　　油	吨	03										
煤　　油	吨	04										
柴　　油	吨	05										
燃 料 油	吨	06										
润 滑 油	吨	07										

单位负责人：　　统计负责人：　　填表人：　　联系电话：　　报出日期：20　年　月　日

说明：1. 统计范围：中国海洋石油总公司所属的石油销售企业。
2. 报送时间：月后15日前。

天然气销售去向

表　　号：ZH403表
制定机关：国家统计局
文　　号：国统字〔2019〕3号
有效期至：2020年1月
综合机关名称：中国海洋石油总公司　　20　年1—　月　　计量单位：万立方米

指标名称	代码	销售量	
		1-本月	上年同期
甲	乙	1	2
合计	01		
其中销往：北　京	02		
天　津	03		
河　北	04		
山　西	05		
内蒙古	06		
辽　宁	07		
吉　林	08		
黑龙江	09		
上　海	10		
江　苏	11		
浙　江	12		
安　徽	13		
福　建	14		
江　西	15		
山　东	16		
河　南	17		
湖　北	18		
湖　南	19		
广　东	20		
广　西	21		
海　南	22		
重　庆	23		
四　川	24		
贵　州	25		
云　南	26		
西　藏	27		
陕　西	28		
甘　肃	29		
青　海	30		
宁　夏	31		
新　疆	32		
出口	33		

单位负责人：　　填表人：　　联系电话：　　报出日期：20　年　月　日

说明：1. 统计范围：中国海洋石油总公司所属的天然气销售企业。
2. 报送时间：月后15日前。

（三）主要指标解释

管道运输 指以管道输送的方式将原油、天然气、成品油、其他气体等输送到用户的一种运输形式。包括油气田企业直接通向炼油厂、化工厂、电站等用户及装车站、油码头的管道，炼油厂通向用户（包括商业石油公司油库）的成品油、气管道，管道运输企业通向用户及装车（站）栈桥、油码头的管道；不包括油气田、炼油厂内的集输管线和工艺管线，油气井口输送到集气站或经集气站到净化处理装置的管线。

输油（气）管道里程 指油、气、成品油等各类介质实际输送距离，是反映运输管线长度的指标，也是计算周转量的依据。对于有复线和备用线的地段，原则上按单线计算管输里程。双线同时输送又不能分开计量的情况下，管输里程为双线长度之和除以 2。

输油（气）管道延展长度 指管道敷设的实际长度，包括复线和备用线的长度。输油气里程和延展长度均不包括各站内工艺管线。

输油（气）能力 指在油气产量及设备正常的条件下，在年度有效工作时间内，最大可能的输油（气）量。一般按设计能力填报，当实际条件发生很大变化时，则按上级批准的查定能力计算。在计算输油气管道的输送能力时，对于一条输油气管道的输送能力只能根据干线的输送能力来确定，可以不考虑干线与支线的能力平衡。在几条输油气管线连网时，该管网的输油气能力则应根据各输油气管网的运行情况由有关部门综合确定，而不是把各条管道的能力简单相加。

输油（气）量 指输油气管道实际输送的油气数量。计算一条管线的管输量指首站和各进油点的输出量之和。一个单位管几条输油气管线，在计算输油气量时，应分别列出每条管线的输油气量。天然气按一千立方米折一吨原油计算。

输油（气）周转量 指在一定时期内输油气管道输送油气数量与输送距离的乘积。计算公式为：

输油气周转量=输油气量×输油气里程-自用量×输油气里程

国家电网公司

（一）报 表 目 录

表号	表名	报告期别	统计范围	报送时间及方式	负责单位	备注
DW401 表	全国发受电量情况	5 日报	全国及六大电网区域	每月 5 日、10 日、15 日、20 日、25 日后第一个工作日及月后第一个工作日 13:00 前；电子邮件 nysscxsc@stats.gov.cn	能源司	
DW402 表	分地区发受电量情况	月报	全国及六大电网区域	月后第 2 个工作日 13:00 前；电子邮件 nysscxsc@stats.gov.cn		

（二）调 查 表 式

综 合 定 报

全国发受电量情况

表　　号：DW401 表
制定机关：国家统计局
文　　号：国统字〔2019〕3 号
有效期至：2020 年 1 月
计量单位：亿千瓦时

综合机关名称：国家电网公司　　　　20　年　月　日

指　　标	5 日			本月累计		本年累计	
	发受电量	日均发受电　量	日均同比（%）	发受电量	同比增长（%）	发受电量	同比增长（%）
全国（全口径）							
全国（调度口径）							

单位负责人：　　　填表人：　　　联系电话：　　　报出日期：20　年　月　日

说明：1. 统计范围：全国及六大电网区域。
2. 报送时间：每月 5 日、10 日、15 日、20 日、25 日后第一个工作日及月后第一个工作日 13:00 前，报送方式为电子邮件。

分地区发受电量情况

表　　号：D W 4 0 2 表
制定机关：国　家　统　计　局
文　　号：国统字〔2019〕3 号
综合机关名称：国家电网公司　　　　2 0　　年　　月　　　　有效期至：2 0 2 0 年 1 月

电网名称	本月		1-本月	
	发受电量（亿千瓦时）	同比增长（%）	发受电量（亿千瓦时）	同比增长（%）
甲	1	2	3	4
华　北				
北　京				
天　津				
冀　北				
冀　南				
山　西				
蒙　西				
山　东				
华　东				
上　海				
江　苏				
浙　江				
安　徽				
福　建				
华　中				
河　南				
湖　北				
湖　南				
江　西				
四　川				
重　庆				
东　北				
辽　宁				
吉　林				
黑 龙 江				
蒙　东				
西　北				
陕　西				
甘　肃				
青　海				
宁　夏				
新　疆				
西　藏				
南　网				
广　东				
广　西				
贵　州				
云　南				
海　南				
国网合计				
全网合计				

单位负责人：　　　　填表人：　　　　联系电话：　　　　报出日期：2 0　　年　月　日

说明：1. 统计范围：全国及六大电网区域。
2. 报送时间：月后第 2 个工作日 13:00 时前，报送方式为电子邮件。

部门服务业财务通用表

（一）调 查 表 式

部门服务业企业财务状况

表　　号：7　0　1　表
制定机关：国　家　统　计　局
文　　号：国统字〔2019〕3 号
有效期至：2　0　1　9 年 9 月
计量单位：　万　元

综合机关名称：　　　　20　年

地　区	存货	固定资产原价	累计折旧	本年折旧	资产总计	负债合计	营业收入	营业成本	税金及附加	销售费用	管理费用	差旅费
甲	1	2	3	4	5	6	7	8	9	10	11	12
全国总计												
北　京												
天　津												
河　北												
山　西												
内蒙古												
┆												
新　疆												

续表

财务费用	利息净支出	资产减值损失	公允价值变动收益	投资收益	其他收益	营业利润	营业外收入	政府补助	应付职工薪酬	应交增值税
13	14	15	16	17	18	19	20	21	22	23

单位负责人：　　　　填表人：　　　　报出日期：20　年　月　日

说明：应付职工薪酬按本年贷方累计发生额填报。

部门服务业行政单位财务状况

表　　号：7 0 2 – 1 表
制定机关：国 家 统 计 局
文　　号：国统字〔2019〕3 号
有效期至：2 0 1 9 年 9 月

综合机关名称：　　　　　　　　2 0　　年　　　　　　计量单位：　万　元

地　区	存货	固定资产原价	资产总计	负债合计	本年收入合计	本年支出合计							
							工资福利支出	商品和服务支出					
									取暖费	差旅费	因公出国(境)费用	劳务费	工会经费	福利费
甲	1	2	3	4	5	6	7	8	9	10	11	12	13	14
全国总计														
北　京														
天　津														
河　北														
山　西														
内蒙古														
┆														
新　疆														

续表

对个人和家庭的补助	抚恤金	生活补助	救济费	助学金	奖励金	生产补贴
15	16	17	18	19	20	21

单位负责人：　　　　　　　填表人：　　　　　　　报出日期：2 0　　年　　月　　日

部门服务业事业单位财务状况

表　　号：702－2表
制定机关：国家统计局
文　　号：国统字〔2019〕3号
有效期至：2019年9月

综合机关名称：　　　　20　　年　　　　计量单位：万元

地区	存货	固定资产原价	资产总计	负债合计	本年收入合计	事业收入	经营收入	本年支出合计	工资福利支出	商品和服务支出	取暖费	差旅费	因公出国(境)费用	劳务费	工会经费	福利费
甲	1	2	3	4	5	6	7	8	9	10	11	12	13	14	15	16
全国总计																
北京																
天津																
河北																
山西																
内蒙古																
⋮																
新疆																

续表

对个人和家庭的补助	抚恤金	生活补助	救济费	助学金	奖励金	生产补贴	经营支出	销售税金
17	18	19	20	21	22	23	24	25

单位负责人：　　　　填表人：　　　　报出日期：20　　年　　月　　日

（二）主要指标解释

1. 企业财务状况

存货 指企业在日常活动中持有以备出售的产成品或商品、处在生产过程中的在产品、在生产过程或提供劳务过程中耗用的材料或物料等，通常包括原材料、在产品、半成品、产成品、商品以及周转材料等。根据会计“资产负债表”中“存货”项目的期末余额数填报。其中：“年初存货”根据会计“资产负债表”中“存货”项目的年初余额数填报。注意：“存货”具有实物形态，不属于无形资产，由于企业持有存货的最终目的是为了出售，所以房地产开发企业（单位）购置的土地、尚未销售的商品房等均计入“存货”。

固定资产原价 指固定资产的成本，包括企业在购置、自行建造、安装、改建、扩建、技术改造某项固定资产时所发生的全部支出总额。根据会计“固定资产”科目的期末借方余额填报。

累计折旧 指企业在报告期末提取的历年固定资产折旧累计数。根据会计“累计折旧”科目的期末贷方余额填报。

本年折旧 指企业在报告期内提取的固定资产折旧合计数。可以根据会计“财务状况变动表”中“固定资产折旧”项的数值填报。若企业执行2001年《企业会计制度》，可以根据会计核算中《资产减值准备、投资及固定资产情况表》内“当年计提的固定资产折旧总额”项本年增加数填报。

资产总计 指企业过去的交易或者事项形成的、由企业拥有或者控制的、预期会给企业带来经济利益的资源。资产一般按流动性（资产的变现或耗用时间长短）分为流动资产和非流动资产。其中流动资产可分为货币资金、交易性金融资产、应收票据、应收账款、预付款项、其他应收款、存货等；非流动资产可分为长期股权投资、固定资产、无形资产及其他非流动资产等。根据会计“资产负债表”中“资产总计”项目的期末余额数填报。包括企业拥有的土地、办公楼、厂房、机器、运输工具、存货等实物资产和现金、存款、应收账款和预付账款等金融资产。**负债合计** 指企业过去的交易或者事项形成的，预期会导致经济利益流出企业的现时义务。负债一般按偿还期长短分为流动负债和非流动负债。根据会计资产负债表中“负债合计”项目的期末余额数填报。包括银行贷款、借款、应付账款、应付职工工资、应付职工福利费、应交税金等企业负有偿还责任的债务。

执行《企业会计准则》或《小企业会计准则》的企业：负债合计=流动负债合计+非流动负债合计；执行其他企业会计制度的企业负债包括流动负债和长期负债。**营业收入** 指企业经营主要业务和其他业务所确认的收入总额。营业收入包括“主营业务收入”和“其他业务收入”。根据会计“利润表”中“营业收入”项目的本年累计数填报。

营业成本 指企业经营主要业务和其他业务所发生的成本总额。包括企业（单位）在报告期内从事销售商品、提供劳务等日常活动发生的各种耗费。包括“主营业务成本”和“其他业务成本”。根据会计“利润表”中“营业成本”项目的本期金额数填报。

税金及附加 指企业因从事生产经营活动按税法规定应缴纳的消费税、城市维护建设税、资源税、教育费附加及房产税、土地使用税、车船使用税、印花税等相关税费。根据会计“利润表”中“税金及附加”项目的本年累计数填报。

销售费用 指企业在销售商品和材料、提供劳务的过程中发生的各种费用，包括保险费、包装费、展览费和广告费、商品维修费、预计产品质量保证损失、运输费、装卸费等以及为销售本企业商品而专设的销售机构（含销售网点、售后服务网点等）的职工薪酬、业务费、折旧费等经营费用。房地产企业销售费用指企业在从事主要经营业务过程中所发生的各项销售费用，包括转让、销售、结算和出租开发产品等。执行企业会计准则或《小企业会计准则》的企业,根据会计“利润表”中“销售费用”项目的本年累计数填报。执行其他企业会计制度的企业，根据会计“利润表”中“营业费用（或经营费用）”项目的本年累计数填报。

管理费用　指企业为组织和管理企业生产经营所发生的费用，包括企业在筹建期间内发生的开办费、董事会和行政管理部门在企业经营管理中发生的，或者应当由企业统一负担的公司经费等。根据会计“利润表”中“管理费用”项目的本年累计数填报。执行财政部《关于修订印发 2018 年度一般企业财务报表格式的通知》（财会〔2018〕15 号）的企业，应把研发费用项目的本年累计数归并到管理费用项目中填报。

差旅费　指企业行政管理部门的差旅费，包括市内公出的交通费和外地出差的差旅费。根据“管理费用明细账”中“管理费用——差旅费”的期末借方余额（结转前）分析填报。

财务费用　指企业为筹集生产经营所需资金等而发生的筹资费用，包括企业生产经营期间发生的利息支出（减利息收入）、汇兑损失（减汇兑收益）以及相关的手续费等。根据会计“利润表”中“财务费用”项目的本期金额数填报。

利息净支出　指企业短期借款利息、长期借款利息、应付票据利息、票据贴现利息、应付债券利息、长期应付引进国外设备款利息等利息支出减去银行存款等的利息收入后的净额。

利息收入　指非金融企业存款业务所确认的利息金额。根据企业“财务费用明细账”中“财务费用——利息收入”科目的本期发生额填报。如果未设置该科目，填“0”。

利息支出　指企业短期借款利息、长期借款利息、应付票据利息、票据贴现利息、应付债券利息、长期应付引进国外设备款利息等利息支出。根据企业“财务费用明细账”中“财务费用——利息支出”科目的本期发生额填报。如果企业没有单独设立“利息收入”科目，应填报利息支出减去银行存款等的利息收入后的净额。

资产减值损失　指企业计提各项资产减值准备所形成的损失。根据会计“利润表”中“资产减值损失”项目的本年累计数填报。未执行企业会计准则的企业填 0。执行财政部《关于修订印发 2018 年度一般企业财务报表格式的通知》（财会〔2018〕15 号）的企业，应把信用减值损失项目的本年累计数归并到资产减值损失项目中填报。

公允价值变动收益　指企业的交易性金融资产、交易性金融负债，以及采用公允价值模式计量的投资性房地产、衍生工具、套期保值业务等公允价值变动形成的应计入当期损益的利得或损失。根据会计“利润表”中“公允价值变动收益”项目的本期金额数填报，或根据“公允价值变动损益”会计科目的余额填报。余额在贷方，则为净收益，余额在借方，则为净损失，以“-”号记。未执行《企业会计准则》的企业可免填。

投资收益　指企业确认的投资收益或投资损失，反映企业以各种方式对外投资所取得的收益。根据会计“利润表”中“投资收益”项目的本期金额数填报。如为投资损失以“-”号记。

其他收益　指根据 2017 年 6 月 12 日起施行的《企业会计准则第 16 号——政府补助》，其他收益反映与企业日常活动相关且计入该项目的政府补助。（1）执行《企业会计准则》或《小企业会计准则》的企业，根据会计“利润表”中“其他收益”项目的本年累计数填报；或根据会计“其他收益”科目的本年各月贷方余额（结转前）之和填报。（2）执行其他企业会计制度的企业本指标填 0。

营业利润　指企业从事生产经营活动所取得的利润。执行企业会计准则或《小企业会计准则》的企业，营业利润为营业收入减去营业成本、税金及附加、销售费用、管理费用、财务费用、资产减值损失，再加上公允价值变动收益、投资收益和其他收益后的金额，根据会计“利润表”中“营业利润”项目的本年累计数填报；执行其他企业会计制度的企业，营业利润为营业收入减去营业成本、税金及附加、销售费用、管理费用、财务费用，再加上投资收益后的金额，根据会计“损益表”中“营业利润”项目、“投资收益”项目的本年累计数之和填报。

营业外收入　指企业发生的与经营业务无直接关系的各项收入，主要包括债务重组利得、与企业日常活动无关的政府补助、盘盈利得、捐赠利得等。执行企业会计准则或《小企业会计准则》的企业，根据会计“利润表”中“营业外收入”项目的本年累计数填报；执行其他企业会计制度的企业，根据会计“损益表”中“营业外收入”项目、“补贴收入”项目的本年累计数之和填报。

政府补助　指企业从政府无偿取得货币性资产或非货币性资产，但不包括政府作为所有者投入的资本。包括财政贴息、研究开发补贴、政策性补贴等。根据会计“利润表”中“营业外收入－政府补助”的本期金额数填报。

应付职工薪酬（本年贷方累计发生额）　指企业为获得职工提供的服务而给予各种形式的报酬以及其他相关支出。包括职工工资、奖金、津贴和补贴，职工福利费，医疗保险费、养老保险费、失业保险费、工伤保险费和生育保险费等社会保险费，住房公积金，工会经费和职工教育经费，非货币性福利，因解除与职工的劳动关系给予的补偿，其他与获得职工提供的服务相关的支出。执行企业会计准则或《小企业会计准则》的企业，根据会计科目“应付职工薪酬”的本年贷方累计发生额填报；执行其他企业会计制度的企业，应将本年上述职工薪酬包含的科目归并填报。　指企业为获得职工提供的服务而给予各种形式的报酬以及其他相关支出。包括职工工资、奖金、津贴和补贴，职工福利费，医疗保险费、养老保险费、失业保险费、工伤保险费和生育保险费等社会保险费，住房公积金，工会经费和职工教育经费，非货币性福利，因解除与职工的劳动关系给予的补偿，其他与获得职工提供的服务相关的支出。执行《企业会计准则》或《小企业会计准则》的企业，根据会计科目“应付职工薪酬”的本年贷方累计发生额填报；执行其他企业会计制度的企业，应将本年上述职工薪酬包含的科目归并填报。

应交增值税　指按照税法规定，针对销售货物或提供加工、修理修配劳务以及进口货物实现的增值额，企业在报告期内应交纳的税金。填报本指标时，应按权责发生制核算企业本期应负担的增值税，有两种计算方法，可选其一，一旦确定，原则上不得更改。

计算方法一：

根据本期会计科目（1）“销项税额”、“进项税额转出”、“出口退税”年初至期末贷方累计发生额（一般与期末贷方余额相等，因为年初贷方余额为零），（2）“进项税额”年初至期末借方累计发生额，即期末借方余额 － 年初借方余额，（3）“出口抵减内销产品应纳税额”、“减免税款”年初至期末借方累计发生额（一般与期末借方余额相等，因为年初借方余额为零），取值后按照下述公式计算填报：

应交增值税 = 销项税额 －（进项税额 － 进项税额转出）－ 出口抵减内销产品应纳税额 － 减免税款 + 出口退税

计算方法二：

根据本期《增值税纳税申报表（一般纳税人适用）》（以“国家税务总局公告 2013 年 32 号”版式为例）“销项税额”（第 11 栏）、“进项税额”（第 12 栏）、“进项税额转出”（第 14 栏）、“免、抵、退应退税额”（第 15 栏）、“简易计税办法计算的应纳税额”（第 21 栏）、“按简易计税办法计算的纳税检查应补缴税额”（第 22 栏）、“应纳税额减征额”（第 23 栏）栏目“一般货物、劳务和应税服务”列中“本年累计”列，按照下述公式计算填报：

应交增值税 = 销项税额－（进项税额－进项税额转出－免、抵、退应退税额） + 简易计税办法计算的应纳税额 + 按简易计税办法计算的纳税检查应补缴税额 － 应纳税额减征额

计算方法说明及填报要求：

（1）计算公式均体现权责发生制，本期发生的进项税额全部参与计算，相当于不设置留抵，同时也不抵扣会计账簿或增值税纳税申报表中上年年末留抵的进项税额，公式计算结果可以为负数。

（2）按照公式计算本指标后，不应再加增值税减免税额，因为这部分价值不再形成企业缴纳义务。

2. 行政单位财务状况

存货 指行政单位在开展业务活动及其他活动中为耗用而储存的各种物资，包括材料、燃料、包装物和低值易耗品及未达到固定资产标准的家具、用具、装具等的实际成本。

固定资产原价 指使用年限在一年以上，单位价值在规定标准以上，并在使用过程中基本保持原来物质形态的资产。包括房屋和建筑物、专用设备、一般设备、文物和陈列品、图书、其他固定资产等。根据部门决算“资产负债表”中固定资产有关项目的年末数填报。

资产总计 指单位占有或者使用的，能以货币计量的经济资源。占有是指单位对经济资源拥有法律上的占有权。由单位直接支配，供社会公众使用的政府储备物资、公共基础设施等，也属于单位核算的资产。单位的资产包括流动资产、固定资产、在建工程、无形资产等。根据部门决算“资产负债表”中资产总计有关项目的年末数填报。

负债合计 指单位所承担的能以货币计量，需要以资产等偿还的债务。单位的负债按照流动性，分为流动负债和非流动负债。根据部门决算“资产负债表”中负债合计有关项目的年末数填报。

本年收入合计 指行政单位本年度取得的全部收入，包括财政拨款、上级补助收入、附属单位缴款和其他收入。根据部门决算“收入支出决算总表”中对应项目填报。

本年支出合计 指行政单位本年度全部支出。根据部门决算“收入支出决算总表”中对应项目填报。

工资福利支出 指单位开支的在职职工和编制外长期聘用人员的各类劳动报酬，以及为上述人员缴纳的各项社会保险费等。具体包括基本工资、津贴补贴、奖金、社会保障缴费、伙食费、伙食补助费和绩效工资等。根据部门决算“支出决算明细表”中对应项目填报。

商品和服务支出 指单位购买商品和劳务的支出（不包括用于购置固定资产的支出、战略性和应急储备支出）。具体包括办公费、印刷费、咨询费、手续费、水费、电费、邮电费、取暖费、物业管理费、差旅费、因公出国（境）费用、维修（护）费、租赁费、会议费、培训费、公务接待费、专用材料费、装备购置费、专用燃料费、劳务费、委托业务费、工会经费、福利费、公务用车运行维护费、其他交通费用[1]及上述科目未包括的商品和服务支出。根据部门决算“支出决算明细表”中对应项目填报。

取暖费 指单位取暖用燃料费、热力费、炉具购置费、锅炉临时工的工资、节煤奖以及由单位支付的在职职工和离退休人员宿舍取暖费等。根据部门决算“支出决算明细表”中的“商品和服务支出”的对应项目填报。

差旅费 指单位工作人员出差的住宿费、旅费、伙食补助费、杂费，干部及大中专学生调遣费，调干家属旅费补助等。根据部门决算“支出决算明细表”中的“商品和服务支出”的对应项目填报。

因公出国（境）费用 指单位工作人员公务出国（境）的住宿费、旅费、伙食补助费、杂费、培训

[1] 2012 年支出经济分类科目。

费等支出。根据部门决算“支出决算明细表”中的“商品和服务支出”的对应项目填报。

劳务费 指支付给单位和个人的劳务费用，如临时聘用人员、钟点工工资，稿费、翻译费，评审费等。根据部门决算“支出决算明细表”中的“商品和服务支出”的对应项目填报。

工会经费 指单位按规定提取的工会经费。根据部门决算“支出决算明细表”中的“商品和服务支出”的对应项目填报。

福利费 指单位按规定提取的福利费。根据部门决算“支出决算明细表”中的“商品和服务支出”的对应项目填报。

对个人和家庭的补助 指政府用于对个人和家庭的补助支出。包括离休费、退休费、退职（役）费、抚恤金、生活补助、救济费、医疗费、助学金、奖励金、生产补贴、住房公积金、提租补贴、购房补贴和其他未包括在上述科目的对个人和家庭的补助等。根据部门决算“支出决算明细表”中对应项目填报。

抚恤金 指按规定开支的烈士遗属、牺牲病故人员遗属的一次性和定期抚恤金，伤残人员的抚恤金，离退休人员等其他人员的各项抚恤金。根据部门决算“支出决算明细表”中的“对个人和家庭的补助”的对应项目填报。

生活补助 指按规定开支的优抚对象定期定量生活补助费，退役军人生活补助费，行政单位职工和遗属生活补助，因公负伤等住院治疗、住疗养院期间的伙食补助费，长期赡养人员补助费，由于国家实行退耕还林禁牧舍饲政策补偿给农牧民的现金、粮食支出，对农村党员、复员军人以及村干部的补助支出，看守人员和犯人的伙食费、药费等。根据部门决算“支出决算明细表”中的“对个人和家庭的补助”的对应项目填报。

救济费 指按规定开支的城乡贫困人员、灾民、归侨、外侨及其他人员的生活救济费，包括城市居民的最低生活保障费，随同资源枯竭矿山破产但未参加养老保险统筹的矿山所属集体企业退休人员按最低生活保障标准发放的生活费，农村五保供养对象、贫困户、麻风病人的生活救济费，精简退职老弱残职工救济费，福利、救助机构发生的收养费以及救助支出等。实物形式的救济也在此科目反映。根据部门决算“支出决算明细表”中的“对个人和家庭的补助”的对应项目填报。

助学金 指各类学校学生助学金、奖学金、学生贷款、出国留学（实习）人员生活费，青少年业余体校学员伙食补助费和生活费补贴，按照协议由我方负担或享受我方奖学金的来华留学生、进修生生活费等。根据部门决算“支出决算明细表”中的“对个人和家庭的补助”的对应项目填报。

奖励金 指政府各部门的奖励支出，如对个体私营经济的奖励、计划生育目标责任奖励、独生子女父母奖励等。根据部门决算“支出决算明细表”中的“对个人和家庭的补助”的对应项目填报。

生产补贴 指各种对个人发放的生产补贴支出。如国家对农民发放的农机具购置补贴、良种补贴、粮食直补以及发放给残疾人的各种生产经营补贴。根据部门决算“支出决算明细表”中的“对个人和家庭的补助”的对应项目填报。

3. 事业单位财务状况

存货 指事业单位在开展业务活动及其他活动中为耗用而储存的资产，包括材料、燃料、包装物和低值易耗品等。

固定资产原价 指使用年限在一年以上，单位价值在规定标准以上，并在使用过程中基本保持原来物质形态的资产。包括房屋和建筑物、专用设备、一般设备、文物和陈列品、图书、其他固定资产等。根据部门决算“资产负债表”中固定资产有关项目的年末数填报。

资产总计　指单位占有或者使用的，能以货币计量的经济资源。占有是指单位对经济资源拥有法律上的占有权。由单位直接支配，供社会公众使用的政府储备物资、公共基础设施等，也属于单位核算的资产。单位的资产包括流动资产、固定资产、在建工程、无形资产等。根据部门决算"资产负债表"中资产总计有关项目的年末数填报。

负债合计　指事业单位所承担的能以货币计量，需要以资产或者劳务偿还的债务。事业单位的负债按照流动性，分为流动负债和非流动负债。包括短期借款、应付及预收款项、应付职工薪酬、应缴款项、长期借款、长期应付款等，事业单位的负债应当按照合同金额或实际发生额进行计量。

本年收入合计　指事业单位本年度取得的全部收入，包括财政拨款、上级补助收入、事业收入、经营收入、附属单位缴款和其他收入。根据部门决算"收入支出决算总表"中对应项目填报。

事业收入　指事业单位开展专业业务活动及辅助活动取得的收入。根据部门决算"收入支出决算总表"中对应项目填报。

经营收入　指事业单位在专业业务活动及辅助活动之外开展非独立核算经营活动取得的收入。根据部门决算"收入支出决算总表"中对应项目填报。

本年支出合计　指事业单位本年度全部支出。根据部门决算"收入支出决算总表"中对应项目填报。

工资福利支出　指单位开支的在职职工和编制外长期聘用人员的各类劳动报酬，以及为上述人员缴纳的各项社会保险费等。具体包括基本工资、津贴补贴、奖金、社会保障缴费、伙食费、伙食补助费和绩效工资等。根据部门决算"支出决算明细表"中对应项目填报。

商品和服务支出　指单位购买商品和劳务的支出（不包括用于购置固定资产的支出、战略性和应急储备支出）。具体包括办公费、印刷费、咨询费、手续费、水费、电费、邮电费、取暖费、物业管理费、差旅费、因公出国（境）费用、维修（护）费、租赁费、会议费、培训费、公务接待费、专用材料费、装备购置费、专用燃料费、劳务费、委托业务费、工会经费、福利费、公务用车运行维护费、其他交通费用[1]及上述科目未包括的商品和服务支出。根据部门决算"支出决算明细表"中对应项目填报。

取暖费　指单位取暖用燃料费、热力费、炉具购置费、锅炉临时工的工资、节煤奖以及由单位支付的在职职工和离退休人员宿舍取暖费等。根据部门决算"支出决算明细表"中的"商品和服务支出"的对应项目填报。

差旅费　指单位工作人员出差的住宿费、旅费、伙食补助费、杂费，干部及大中专学生调遣费，调干家属旅费补助等。根据部门决算"支出决算明细表"中的"商品和服务支出"的对应项目填报。

因公出国（境）费用　指单位工作人员公务出国（境）的住宿费、旅费、伙食补助费、杂费、培训费等支出。根据部门决算"支出决算明细表"中的"商品和服务支出"的对应项目填报。

劳务费　指支付给单位和个人的劳务费用，如临时聘用人员、钟点工工资，稿费、翻译费，评审费等。根据部门决算"支出决算明细表"中的"商品和服务支出"的对应项目填报。

工会经费　指单位按规定提取的工会经费。根据部门决算"支出决算明细表"中的"商品和服务支出"的对应项目填报。

福利费　指单位按规定提取的福利费。根据部门决算"支出决算明细表"中的"商品和服务支出"的对应项目填报。

对个人和家庭的补助　指政府用于对个人和家庭的补助支出。包括离休费、退休费、退职（役）费、抚恤金、生活补助、救济费、医疗费、助学金、奖励金、生产补贴、住房公积金、提租补贴、购房补贴和其他未包括在上述科目的对个人和家庭的补助等。根据部门决算"支出决算明细表"中对应项目填报。

---

[1] 2012年支出经济分类科目。

抚恤金 指按规定开支的烈士遗属、牺牲病故人员遗属的一次性和定期抚恤金，伤残人员的抚恤金，离退休人员等其他人员的各项抚恤金。根据部门决算“支出决算明细表”中的“对个人和家庭的补助”的对应项目填报。

生活补助 指按规定开支的优抚对象定期定量生活补助费，退役军人生活补助费，事业单位职工和遗属生活补助，因公负伤等住院治疗、住疗养院期间的伙食补助费，长期赡养人员补助费，由于国家实行退耕还林禁牧舍饲政策补偿给农牧民的现金、粮食支出，对农村党员、复员军人以及村干部的补助支出，看守人员和犯人的伙食费、药费等。根据部门决算“支出决算明细表”中的“对个人和家庭的补助”的对应项目填报。

救济费 指按规定开支的城乡贫困人员、灾民、归侨、外侨及其他人员的生活救济费，包括城市居民的最低生活保障费，随同资源枯竭矿山破产但未参加养老保险统筹的矿山所属集体企业退休人员按最低生活保障标准发放的生活费，农村五保供养对象、贫困户、麻风病人的生活救济费，精简退职老弱残职工救济费，福利、救助机构发生的收养费以及救助支出等。实物形式的救济也在此科目反映。根据部门决算“支出决算明细表”中的“对个人和家庭的补助”的对应项目填报。

助学金 指各类学校学生助学金、奖学金、学生贷款、出国留学（实习）人员生活费，青少年业余体校学员伙食补助费和生活费补贴，按照协议由我方负担或享受我方奖学金的来华留学生、进修生生活费等。根据部门决算“支出决算明细表”中的“对个人和家庭的补助”的对应项目填报。

奖励金 指政府各部门的奖励支出，如对个体私营经济的奖励、计划生育目标责任奖励、独生子女父母奖励等。根据部门决算“支出决算明细表”中的“对个人和家庭的补助”的对应项目填报。

生产补贴 指各种对个人发放的生产补贴支出。如国家对农民发放的农机具购置补贴、良种补贴、粮食直补以及发放给残疾人的各种生产经营补贴。根据部门决算“支出决算明细表”中的“对个人和家庭的补助”的对应项目填报。

经营支出 指事业单位在专业业务活动及辅助活动之外开展非独立核算经营活动发生的各项支出。根据部门决算“收入支出决算总表”中对应项目填报。

销售税金 指事业单位提供劳务或销售产品应负担的税金及附加，包括营业税、城市维护建设税、资源税和教育费附加。根据实际情况计算填报。